경비지도사
최종점검 FINAL 모의고사

1차 [일반·기계경비]

시대에듀

2025 시대에듀
경비지도사
1차 시험
최종점검
FINAL 모의고사
[일반 · 기계경비]

Always with you

사람의 인연은 길에서 우연하게 만나거나 함께 살아가는 것만을 의미하지는 않습니다. 책을 펴내는 출판사와 그 책을 읽는 독자의 만남도 소중한 인연입니다.
시대에듀는 항상 독자의 마음을 헤아리기 위해 노력하고 있습니다. 늘 독자와 함께하겠습니다.

보다 깊이 있는 학습을 원하는 수험생들을 위한
시대에듀의 동영상 강의가 준비되어 있습니다.
www.sdedu.co.kr ➜ 회원가입(로그인) ➜ 강의살펴보기

PREFACE

"생명과 재산을 지켜주는 수호자! 경비지도사"

현대인들은 자신의 의지와 상관없이 외부로부터 가해지는 각종의 위협에 노출되어 있다. 그러나 국가 경찰력이 각종 범죄의 급격한 증가 추세를 따라잡기에는 현실적으로 한계가 있으며, 이에 국가가 사회의 다변화 및 범죄의 증가에 효과적으로 대응하고 경찰력을 보완할 수 있는 전문인력을 양성하고자 경비지도사 국가자격시험을 시행한 지도 28년이 되었다.

경비지도사는 사람의 신변보호, 국가중요시설의 방호, 시설에 대한 안전업무 등을 담당하는 경비인력을 효율적으로 관리, 감독할 수 있는 전문인력으로서 그 중요성이 나날이 커지고 있으며, 그 수요 역시 꾸준히 증가하고 있지만, 합격인원을 한정하고 있기 때문에 경비지도사를 준비하는 수험생들의 부담감 역시 커지고 있다. 해마다 높아지고 있는 합격점에 대한 부담감을 안고 시험 준비에 어려움을 겪고 있는 수험생들을 위하여 본서를 권하는 바이다.

대부분의 자격시험이 그러하듯, 학습을 시작하는 수험생에게는 기출문제를 통해 출제경향과 난이도 등을 파악하는 것이 가장 기초라 할 수 있다. 그 다음이 학습계획에 따라 이론을 숙지하고 반복된 문제풀이를 통하여 지식을 완전히 습득하는 것이라 할 수 있을 것이다. 경비지도사 시험에는 분명 "출제의 흐름"이 있고, 빈출되는 주제와 문제가 있다. 실전문제와 유사하게 구성한 최종모의고사 10회분은 학습한 내용을 최종적으로 점검하고 실전 적응력을 높일 수 있는 기회를 제공할 것이다.

"2025 시대에듀 경비지도사 1차 시험 최종점검 FINAL 모의고사 [일반·기계경비]"의 특징은 다음과 같다.

❶ 최신 개정법령과 최근 기출문제의 출제경향을 완벽하게 반영하여 수록하였다.
❷ 문제편과 해설편을 분리하였고, 해설편에는 각 보기에 대응하는 상세해설을 수록하였다.
❸ 핵심만 콕과 꼼꼼한 첨삭해설, 필요한 법령을 수록하여 심화학습까지 가능하도록 구성하였다.
❹ 최근 5년간의 주제별 출제빈도, 난이도 등을 고려하여 실제 시험과 유사하게 구성하였다.
❺ 시험에 자주 출제되는 중요 부분과 핵심내용을 중심으로 문제를 제작하였다.

끝으로 본서가 모든 수험생들에게 합격의 지름길을 제시하는 안내서가 될 것을 확신하면서 본서로 공부하는 모든 수험생들에게 행운이 함께하기를 기원한다.

대표 편저자 씀

STRUCTURES
도서의 구성 및 특징

PART 01 문제편

최종모의고사 10회분, 핵심만 엄선한 적중예상 800제

▶ 실전 테스트 및 반복 학습이 가능하도록 정답 및 해설편과 분리하여 수록하였다.
▶ 최근 5년간의 주제별 출제빈도, 난이도 등을 고려하여 실제 시험과 유사하게 구성하였다.
▶ 시험에 자주 출제되는 중요 부분과 핵심내용을 중심으로 문제를 제작하였다.

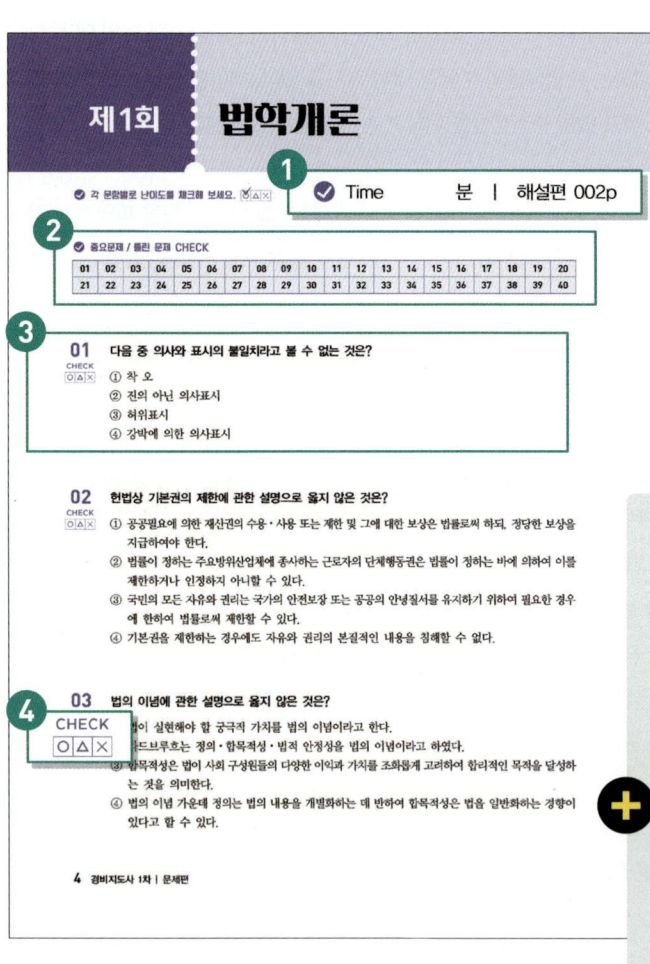

❶ 소요 시간&해당 정답 및 해설 페이지
❷ 중요문제 & 틀린 문제 CHECK
❸ 최종점검 FINAL 모의고사 문제
❹ 난이도 체크 박스

※ 실제 시험장에서 사용되는 답안지와는 규격, 형식, 재질 등이 상이한 연습용 모의 답안지 입니다.

PART 02 정답 및 해설편

최종모의고사 10회분의 정답 및 상세해설

▶ 최근 개정법령 및 최신 출제경향을 완벽하게 반영하여 수록하였다.
▶ 꼼꼼하게 학습할 수 있도록 각 보기에 대응하는 상세해설과 정답을 함께 수록하였다.
▶ 자주 출제되는 중요 부분과 핵심내용에 대한 심화학습까지 가능하도록 구성하였다.

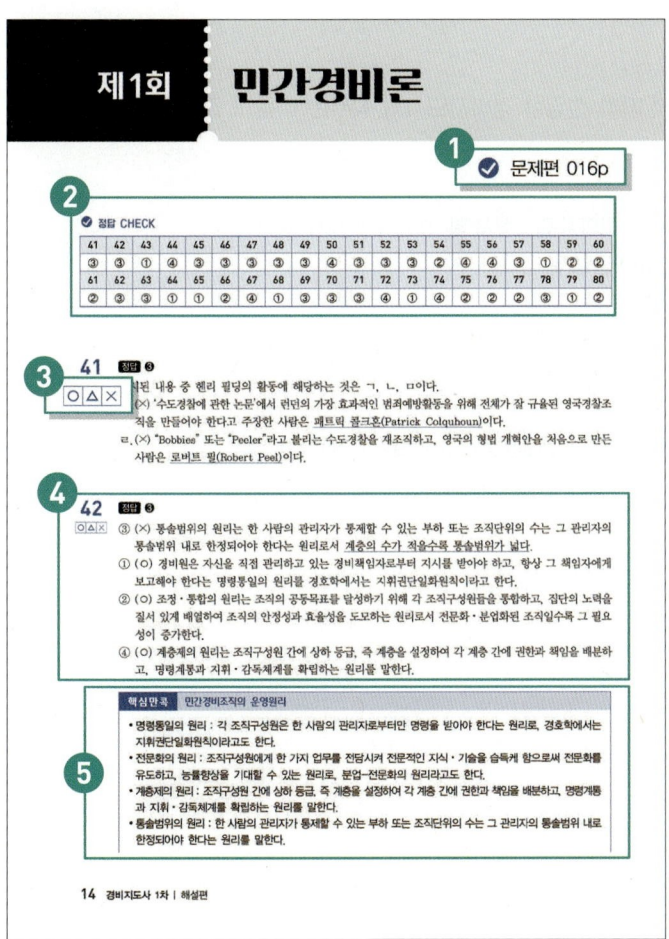

❶ 해당 문제편 페이지
❷ 정답 CHECK
❸ 난이도 확인 CHECK
❹ 정답 및 해설
❺ 심화학습까지 가능한 핵심만 콕&법령

INTRODUCTION
경비지도사 소개 및 시험안내

➕ 경비지도사란?

경비원을 지도·감독 및 교육하는 자를 말하며, 일반경비지도사와 기계경비지도사로 구분한다.

➕ 주요업무

경비업자가 대통령령이 정하는 바에 따라 선임한 경비지도사의 직무는 다음과 같다(경비업법 제12조 제2항, 동법 시행령 제17조 제1항).

> 1. 경비원의 지도·감독·교육에 관한 계획의 수립·실시 및 그 기록의 유지
> 2. 경비현장에 배치된 경비원에 대한 순회점검 및 감독
> 3. 경찰기관 및 소방기관과의 연락방법에 대한 지도
> 4. 집단민원현장에 배치된 경비원에 대한 지도·감독
> 5. 그 밖에 대통령령이 정하는 직무
>   [1] 기계경비업무를 위한 기계장치의 운용·감독(기계경비지도사의 경우에 한한다)
>   [2] 오경보방지 등을 위한 기기관리의 감독(기계경비지도사의 경우에 한한다)

➕ 응시자격 및 결격사유

응시자격	제한 없음
결격사유	경비업법 제10조 제1항 각호의 1에 해당하는 자

※ 결격사유에 해당하는 자는 시험 합격 여부와 관계없이 시험을 무효처리한다.

2025년 일반·기계경비지도사 시험 일정(사전공고 기준)

회 차	응시원서 접수기간	제1차·제2차 시험 동시 실시	합격자 발표일
27	9.22~9.26/ 10.30~10.31(추가)	11.15 (토)	12.31 (수)

합격기준

구 분	합격기준
제1차 시험	매 과목 100점을 만점으로 하여 매 과목 40점 이상, 전 과목 평균 60점 이상 득점한 자
제2차 시험	• 선발예정인원의 범위 안에서 전 과목 평균 60점 이상을 득점한 자 중에서 고득점순으로 결정 • 동점자로 인하여 선발예정인원이 초과되는 때에는 동점자 모두를 합격자로 결정

※ 제1차 시험 불합격자는 제2차 시험을 무효로 한다.

경비지도사 자격시험

구 분	과목구분	일반경비지도사	기계경비지도사	문항수	시험시간	시험방법
제1차 시험	필 수	1. 법학개론 2. 민간경비론		과목당 40문항 (총 80문항)	80분 (09:30~10:50)	객관식 4지택일형
제2차 시험	필 수	1. 경비업법(청원경찰법 포함)		과목당 40문항 (총 80문항)	80분 (11:30~12:50)	객관식 4지택일형
	선택 (택1)	1. 소방학 2. 범죄학 3. 경호학	1. 기계경비개론 2. 기계경비기획 및 설계			

INTRODUCTION
경비지도사 소개 및 시험안내

🟢 일반경비지도사 제1차 시험 검정현황

구 분	대상자	응시자	합격자	합격률
2020년(제22회)	8,090	5,860	3,679	62.78%
2021년(제23회)	7,538	5,317	4,098	77.07%
2022년(제24회)	7,093	4,834	2,656	54.94%
2023년(제25회)	6,414	4,620	2,123	45.95%
2024년(제26회)	6,501	4,692	2,924	62.31%

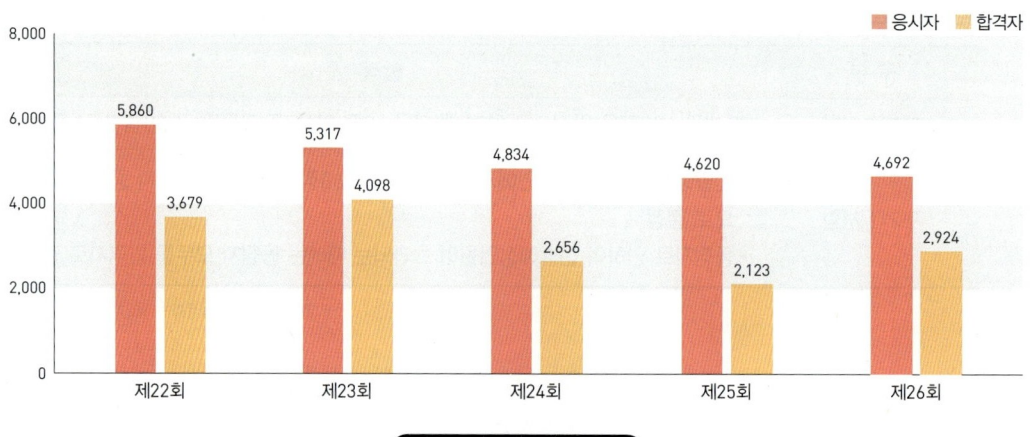

제1차 시험 응시자와 합격자수

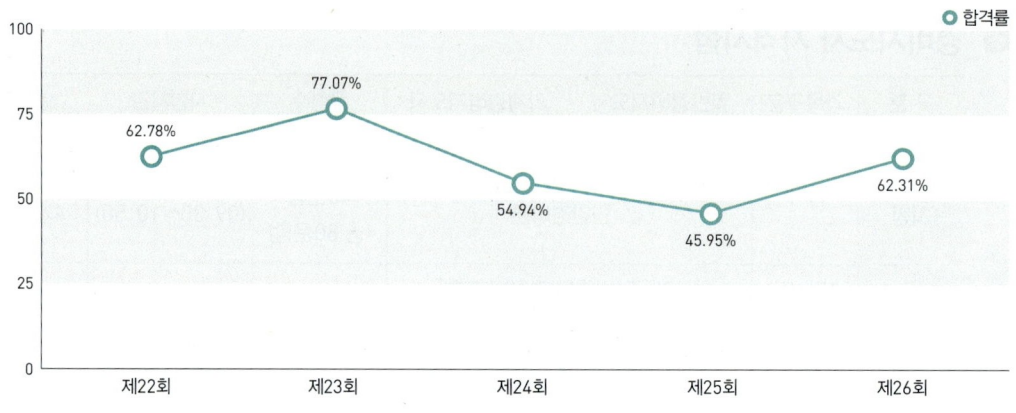

제1차 시험 합격률

REVISED LAW
최신 개정법령 소개

➕ 경비지도사 제1차 시험 관련 법령

본 도서에 반영된 주요 최신 개정법령은 아래와 같다(적색 : 2024년 이후 개정법령).

구 분	법 령	시행일
헌 법	헌 법	1988.02.25
	국민의 형사재판 참여에 관한 법률	2017.07.26
민사법	민 법	2025.01.31
	민사소송법	2025.07.12
형사법	형 법	2025.04.08
	형사소송법	2025.09.19
상 법	상 법	2025.01.31
사회법 일반	근로기준법	2025.10.23
	노동조합 및 노동관계조정법	2021.07.06
	산업재해보상보험법	2025.01.01
	사회보장기본법	2025.06.21
	국민연금법	2024.12.20
	국민건강보험법	2025.04.23
	고용보험법	2025.02.23
행정법 일반	행정절차법	2023.03.24
	행정소송법	2017.07.26
	행정심판법	2023.03.21
	정부조직법	2024.06.27
기타 법령	경비업법	2025.10.02
	청원경찰법	2022.11.15
	경찰관직무집행법	2024.09.20
	국가경찰과 자치경찰의 조직 및 운영에 관한 법률	2023.02.16
	통합방위법	2024.01.16
	대통령 등의 경호에 관한 법률	2025.06.04

※ 경비지도사 자격시험에서 법률 등을 적용하여 정답을 구하여야 하는 문제는 시험 시행일 현재 시행 중인 법률 등을 적용하여 정답을 구하여야 한다.

➕ 개정법령 관련 대처법

❶ 최신 개정사항은 당해 연도 시험에 출제될 확률이 높으므로, 시험 시행일 전까지 최신 개정법령 및 개정사항을 필히 확인해야 한다.

❷ 최신 개정법령은 아래 법제처의 국가법령정보센터 홈페이지 등을 통해 확인이 가능하다.

법제처 국가법령정보센터	www.law.go.kr

❸ 도서 출간 이후의 최신 개정법령 및 개정사항에 대한 도서 업데이트(추록)는 아래의 시대에듀 홈페이지 및 서비스를 통해 제공받을 수 있다.

시대에듀 홈페이지	www.sdedu.co.kr / www.edusd.co.kr
시대에듀 경비지도사 독자지원카페	cafe.naver.com/sdsi

ANALYSIS
최근 5년간 출제경향 분석

제1과목 법학개론

❖ 법학개론 회당 평균 출제횟수 : 법학 일반(8.2문제), 형사법(7.2문제), 민사법(7문제) 순이다.

	출제영역	2020 (제22회)	2021 (제23회)	2022 (제24회)	2023 (제25회)	2024 (제26회)	총 계 (문항수)	회별출제 (평균)
제1장	법학 일반	8	8	8	9	8	41	8.2
제2장	헌 법	5	5	6	5	5	26	5.2
제3장	민사법	7	7	7	7	7	35	7
제4장	형사법	8	7	7	7	7	36	7.2
제5장	상법 일반	4	4	4	4	5	21	4.2
제6장	사회법 일반	4	4	4	4	4	20	4
제7장	행정법 일반	4	5	4	4	4	21	4.2
합계(문항수)		40	40	40	40	40	200	40

⋯ 2024년도 법학개론 총평 : 대부분 주요 빈출 주제에서 출제되었으나, 헌법상 대통령의 헌법기관 구성 권한에 관한 문제(5번), 경비계약과 손해배상에 관한 문제(18번), 상법상 회사에 관한 문제(36번), 상법상 주식회사에 관한 문제(37번)에서 어려움을 겪었을 것으로 생각된다. 특히 36번은 시행령과 관련된 지문이 출제되어 변별력이 있는 문제였다.

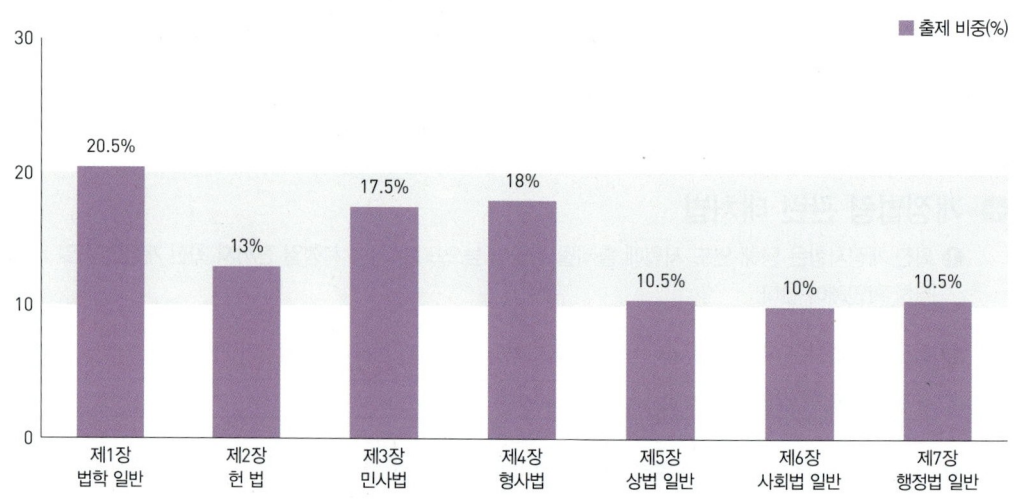

2020~2024년 경비지도사 법학개론 출제경향

2024년 제26회 법학개론 주제별 출제 분석

기본서의 목차별로 정리한 2024년 법학개론 과목의 기출주제입니다(중복 출제된 주제 있음).

CHAPTER	POINT	2024년 제26회 기출주제
제1장 법학 일반	1. 법의 의의	법과 도덕
	2. 법원(法源)	법원(法源)
	3. 법의 구조(체계)와 분류	법의 분류
	4. 법의 적용과 해석	법의 적용, 법의 해석방법(물론해석)
	5. 권리와 의무	사법(私法)상의 권리, 형성권, 권리의 원시취득(原始取得) 사유
제2장 헌 법	1. 헌법 총설	헌법의 수호
	2. 대한민국 헌법	-
	3. 기본권	신체의 자유, 헌법이 규정하는 사회적 기본권
	4. 통치구조	국회의원, 대통령의 헌법기관 구성 권한
제3장 민사법	1. 민 법	법정추인 사유, 담보물권, 사용대차
	2. 경비업무와 손해배상	경비계약, 채무불이행의 유형, 불법행위책임(사용자책임)
	3. 민사소송법 일반	당사자능력
제4장 형사법	1. 형 법	책임능력, 재물을 객체로 하는 범죄
	2. 형사소송법 일반	형사소송의 지도이념, 소송의 주체, (준)현행범인, 공소, 상소
제5장 상법 일반	1. 상법총칙	-
	2. 회사법	회사의 종류, 회사 일반, 주식회사의 자본금
	3. 보험법	보험계약의 성질, 보험계약의 관계자
제6장 사회법 일반	1. 사회법의 이해와 노동법	근로기준법의 내용
	2. 사회보장법	산업재해보상보험법의 내용, 사회보장기본법의 내용, 국민연금법상 급여의 종류
제7장 행정법 일반	1. 행정법의 개요	행정법의 일반원칙(비례의 원칙)
	2. 행정조직법	행정관청
	3. 행정작용법	행정행위의 종류, 행정조사
	4. 행정구제법	-

ANALYSIS
최근 5년간 출제경향 분석

제2과목 민간경비론

❖ 민간경비론 회당 평균 출제횟수 : 경비와 시설보호의 기본원칙(8.2문제), 민간경비의 조직(7.8문제), 세계 각국의 민간경비(7.4문제) 순이다.

출제영역		2020 (제22회)	2021 (제23회)	2022 (제24회)	2023 (제25회)	2024 (제26회)	총 계 (문항수)	회별출제 (평균)
제1장	민간경비 개설	7	7	4	4	5	27	5.4
제2장	세계 각국의 민간경비	8	5	7	10	7	37	7.4
제3장	민간경비의 환경	3	3	2	1	4	13	2.6
제4장	민간경비의 조직	7	8	8	9	7	39	7.8
제5장	경비와 시설보호의 기본원칙	7	9	10	8	7	41	8.2
제6장	컴퓨터 범죄 및 안전관리	5	4	6	5	6	26	5.2
제7장	민간경비산업의 과제와 전망	3	4	3	3	4	17	3.4
합계(문항수)		40	40	40	40	40	200	40

⋯⋯▸ 2024년도 민간경비론 총평 : 앞부분에 생소한 지문 또는 최근 출제되지 않았던 지문이 상당수 출제되었다. 민간경비원의 법적 지위 유형 구분과 관련된 문제(41번, 60번 답항 ①), 민간경비와 공경비를 구분하는 기준에 관한 문제(42번 답항 ③), 민간경비 활동에 있어서 '서비스주체의 다원화'에 초점을 맞추고 등장한 이론에 관한 문제(44번), 민간경비의 개념에 관한 문제(46번), 일본의 민간경비에 관한 문제(49번 답항 ④, 60번 답항 ②), 외곽감지시스템에 관한 문제(66번)에서 어려움을 겪었을 것으로 생각된다.

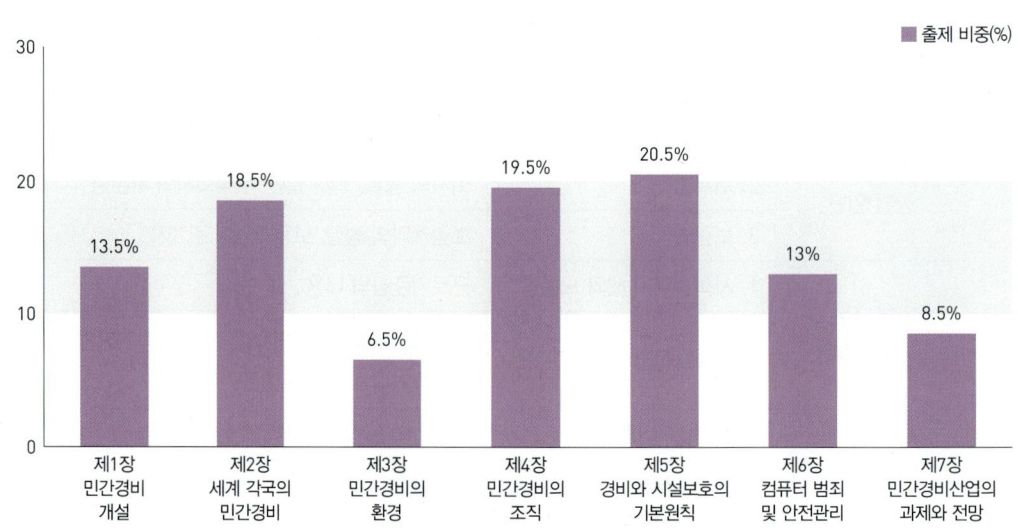

2020~2024년 경비지도사 민간경비론 출제경향

2024년 제26회 민간경비론 주제별 출제 분석

기본서의 목차별로 정리한 2024년 민간경비론 과목의 기출주제이다(중복 출제된 주제 있음).

CHAPTER	POINT	2024년 제26회 기출주제
제1장 민간경비 개설	1. 민간경비와 공경비	민간경비의 개념
	2. 민간경비와 공경비의 제관계	민간경비와 공경비의 관계, 민간경비와 공경비 구분 기준으로서 경비서비스 항목
	3. 민간경비 성장의 이론적 배경	공동화이론, 공동생산이론
제2장 세계 각국의 민간경비	1. 각국 민간경비의 역사적 발전	고대 민간경비, 미국 민간경비의 발전(에드윈 홈즈), 일본 민간경비의 발전, 우리나라 민간경비의 발전
	2. 각국 민간경비산업 현황	각국의 민간경비제도
	3. 각국 민간경비의 법적 지위	각국 민간경비의 법적 지위, 우리나라 민간경비원의 법적 지위
제3장 민간경비의 환경	1. 국내 치안여건의 변화	우리나라 치안환경변화
	2. 국내 경찰의 역할과 방범실태	자치경찰사무, 방범경찰활동의 한계요인, 민간방범활동
제4장 민간경비의 조직	1. 민간경비의 유형	자체경비와 계약경비, 민간경비 조직편성의 원리 (조정 · 통합의 원리)
	2. 경비원 교육 등	경비원 등의 교육, 일반경비원 신임교육 제외 대상, 경비지도사 기본교육 과목, 경비지도사의 직무
	3. 경비원 직업윤리	-
	4. 경비위해요소 분석과 조사업무	경비위해요소
제5장 경비와 시설보호의 기본원칙	1. 경비계획의 수립	경비계획의 수준, 경비계획 수립 순서
	2. 외곽경비	외곽경비, 외곽감지시스템, 환경설계를 통한 범죄예방(CPTED)
	3. 내부경비	자물쇠(핀날름쇠 자물쇠)
	4. 시설물에 따른 경비	시설물 내부 경비요령
	5. 재해예방과 비상계획	-
제6장 컴퓨터 범죄 및 안전관리	1. 컴퓨터 관리 및 안전대책	정보보호의 기본원칙
	2. 컴퓨터 범죄 및 예방대책	컴퓨터 범죄의 특징(고의 입증 곤란성), 컴퓨터 범죄의 유형, 컴퓨터 부정조작 유형, 함정문 수법(trap door), 컴퓨터 범죄의 예방대책(관리적 대책)
제7장 민간경비산업의 과제와 전망	1. 한국 민간경비산업의 문제점	경찰과 민간경비의 협력증진 방안, 청원경찰과 민간경비제도의 이원화에 관한 문제점
	2. 민간경비산업의 전망 등	융합보안, 우리나라 민간경비업의 발전방안

PROCESS
시험접수부터 자격증 취득까지

1. 응시자격조건

- 경비업법 제10조 제1항의 결격사유에 해당하지 않는 어느 누구나 응시할 수 있습니다.
- 결격사유 기준일은 원서접수 마감일 이며, 해당자는 시험합격 여부와 상관 없이 시험을 무효처리합니다.

2. 필기원서접수

※ 인터넷 원서 접수 사이트 : q-net.or.kr

8. 자격증 발급

7. 경비지도사 기본교육

- 경비지도사 기본교육 종료 후 교육 기관에서 일괄 자격증 신청
- 경찰청에서 교육 사항 점검 후, 20일 이내 해당 주소지로 우편 발송

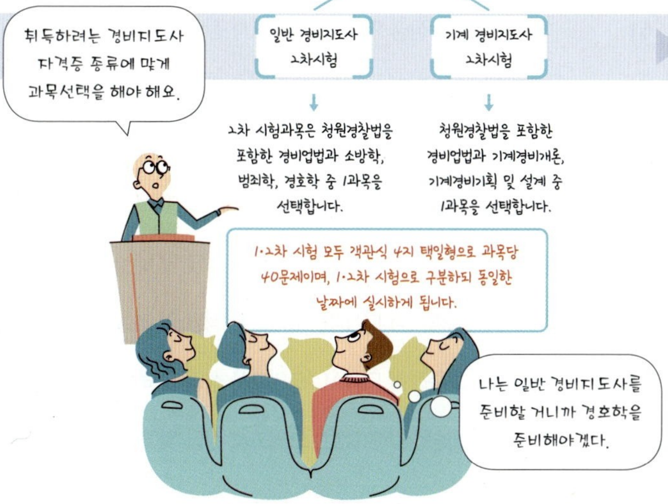

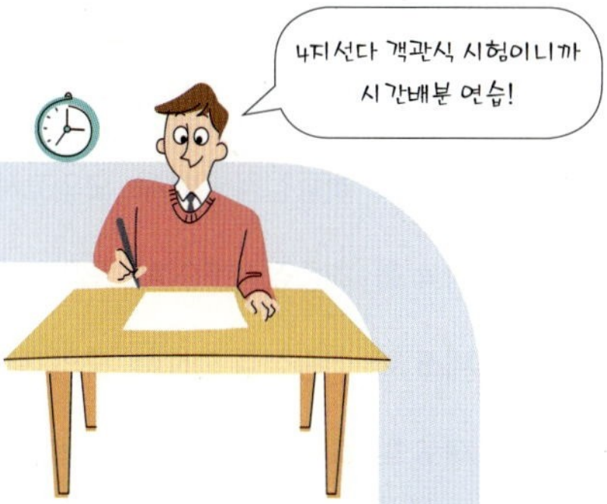

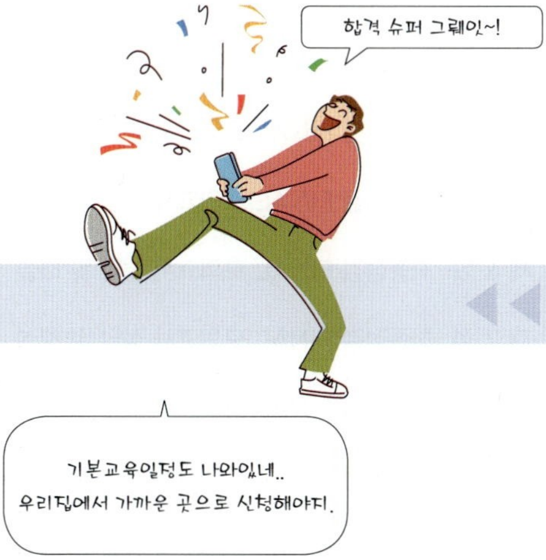

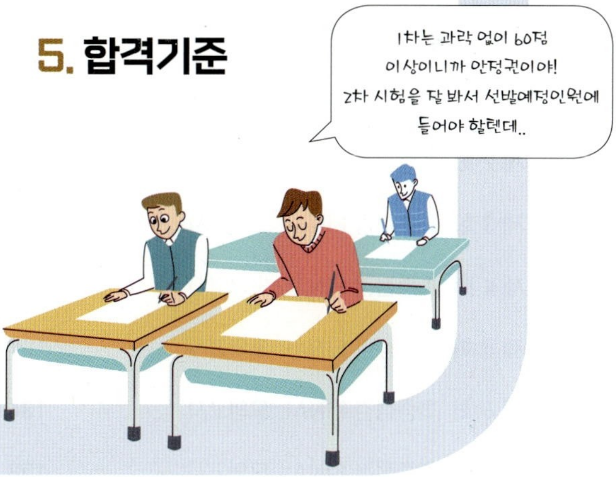

CONTENTS
이 책의 차례

PART 1 | 문제편

제1과목　법학개론

제 1 회 최종점검 FINAL 모의고사	4
제 2 회 최종점검 FINAL 모의고사	28
제 3 회 최종점검 FINAL 모의고사	51
제 4 회 최종점검 FINAL 모의고사	76
제 5 회 최종점검 FINAL 모의고사	98
제 6 회 최종점검 FINAL 모의고사	122
제 7 회 최종점검 FINAL 모의고사	146
제 8 회 최종점검 FINAL 모의고사	171
제 9 회 최종점검 FINAL 모의고사	194
제10회 최종점검 FINAL 모의고사	216

제2과목　민간경비론

제 1 회 최종점검 FINAL 모의고사	16
제 2 회 최종점검 FINAL 모의고사	39
제 3 회 최종점검 FINAL 모의고사	63
제 4 회 최종점검 FINAL 모의고사	87
제 5 회 최종점검 FINAL 모의고사	109
제 6 회 최종점검 FINAL 모의고사	134
제 7 회 최종점검 FINAL 모의고사	158
제 8 회 최종점검 FINAL 모의고사	183
제 9 회 최종점검 FINAL 모의고사	205
제10회 최종점검 FINAL 모의고사	227

PART 2 | 정답 및 해설편

제1과목　법학개론

제 1 회 최종점검 FINAL 모의고사 정답 및 해설	2
제 2 회 최종점검 FINAL 모의고사 정답 및 해설	30
제 3 회 최종점검 FINAL 모의고사 정답 및 해설	53
제 4 회 최종점검 FINAL 모의고사 정답 및 해설	80
제 5 회 최종점검 FINAL 모의고사 정답 및 해설	107
제 6 회 최종점검 FINAL 모의고사 정답 및 해설	135
제 7 회 최종점검 FINAL 모의고사 정답 및 해설	161
제 8 회 최종점검 FINAL 모의고사 정답 및 해설	187
제 9 회 최종점검 FINAL 모의고사 정답 및 해설	213
제10회 최종점검 FINAL 모의고사 정답 및 해설	240

제2과목　민간경비론

제 1 회 최종점검 FINAL 모의고사 정답 및 해설	14
제 2 회 최종점검 FINAL 모의고사 정답 및 해설	41
제 3 회 최종점검 FINAL 모의고사 정답 및 해설	65
제 4 회 최종점검 FINAL 모의고사 정답 및 해설	93
제 5 회 최종점검 FINAL 모의고사 정답 및 해설	121
제 6 회 최종점검 FINAL 모의고사 정답 및 해설	147
제 7 회 최종점검 FINAL 모의고사 정답 및 해설	174
제 8 회 최종점검 FINAL 모의고사 정답 및 해설	199
제 9 회 최종점검 FINAL 모의고사 정답 및 해설	226
제10회 최종점검 FINAL 모의고사 정답 및 해설	252

P/A/R/T/1

문제편

최종모의고사 10회분

제1회	최종점검 FINAL 모의고사
제2회	최종점검 FINAL 모의고사
제3회	최종점검 FINAL 모의고사
제4회	최종점검 FINAL 모의고사
제5회	최종점검 FINAL 모의고사
제6회	최종점검 FINAL 모의고사
제7회	최종점검 FINAL 모의고사
제8회	최종점검 FINAL 모의고사
제9회	최종점검 FINAL 모의고사
제10회	최종점검 FINAL 모의고사

2025
경비지도사 제1차 시험 최종모의고사

❶ 법학개론
❷ 민간경비론

2025년도 제27회 경비지도사 1차 국가자격시험

교시	문제형별	시험시간	시 험 과 목
1교시	A	80분	❶ 법학개론 ❷ 민간경비론

수험번호		성 명	

【 수 험 자 유 의 사 항 】

1. **시험문제지 표지**와 시험문제지 내 **문제형별**의 **동일여부** 및 시험문제지의 **총면수, 문제번호 일련순서, 인쇄상태** 등을 확인하시고, 문제지 표지에 수험번호와 성명을 기재하시기 바랍니다.

2. 답은 각 문제마다 요구하는 **가장 적합하거나 가까운 답 1개**만 선택하고, 답안카드 작성 시 시험문제지 **형별누락, 마킹착오**로 인한 불이익은 전적으로 **수험자에게 책임이 있음**을 알려드립니다.

3. 답안카드는 국가전문자격 공통 표준형으로 문제번호가 1번부터 125번까지 인쇄되어 있습니다. 답안 마킹 시에는 반드시 **시험문제지의 문제번호와 동일한 번호**에 마킹하여야 합니다.

4. **감독위원의 지시에 불응하거나 시험시간 종료 후 답안카드를 제출하지 않을 경우** 불이익이 발생할 수 있음을 알려 드립니다.

5. 시험문제지는 시험 종료 후 가져가시기 바랍니다.

안내사항

1. 수험자는 **QR코드**를 통해 가답안을 확인하시기 바랍니다.
   (※ 사전 설문조사 필수)
2. 시험 합격자에게 '**합격축하 SMS(알림톡) 알림 서비스**'를 제공하고 있습니다.

   - 수험자 여러분의 합격을 기원합니다 -

제1회 법학개론

01 다음 중 의사와 표시의 불일치라고 볼 수 없는 것은?

① 착 오
② 진의 아닌 의사표시
③ 허위표시
④ 강박에 의한 의사표시

02 헌법상 기본권의 제한에 관한 설명으로 옳지 않은 것은?

① 공공필요에 의한 재산권의 수용·사용 또는 제한 및 그에 대한 보상은 법률로써 하되, 정당한 보상을 지급하여야 한다.
② 법률이 정하는 주요방위산업체에 종사하는 근로자의 단체행동권은 법률이 정하는 바에 의하여 이를 제한하거나 인정하지 아니할 수 있다.
③ 국민의 모든 자유와 권리는 국가의 안전보장 또는 공공의 안녕질서를 유지하기 위하여 필요한 경우에 한하여 법률로써 제한할 수 있다.
④ 기본권을 제한하는 경우에도 자유와 권리의 본질적인 내용을 침해할 수 없다.

03 법의 이념에 관한 설명으로 옳지 않은 것은?

① 법이 실현해야 할 궁극적 가치를 법의 이념이라고 한다.
② 라드브루흐는 정의·합목적성·법적 안정성을 법의 이념이라고 하였다.
③ 합목적성은 법이 사회 구성원들의 다양한 이익과 가치를 조화롭게 고려하여 합리적인 목적을 달성하는 것을 의미한다.
④ 법의 이념 가운데 정의는 법의 내용을 개별화하는 데 반하여 합목적성은 법을 일반화하는 경향이 있다고 할 수 있다.

04 통치구조의 형태에 관한 대통령제와 의원내각제에 대한 설명으로 옳은 것은?

① 대통령제는 의원의 정부각료 겸직이 불허된다.
② 대통령제는 정부의 법률안제출권이 인정된다.
③ 엄격한 삼권분립하에 의회는 정부불신임권을 보유하고 정부는 의회해산권을 보유하는 것은 의원내각제의 요소에 해당한다.
④ 국정조사 및 국정감사제도는 의원내각제적 요소에 해당한다.

05 헌법상 자유권적 기본권에 관한 내용으로 옳지 않은 것은?

① 양심의 자유 중 양심실현의 자유는 그 내용을 제한할 수 없는 절대적 기본권에 해당한다.
② 헌법 제23조의 재산권은 사법이나 공법상 경제적 가치가 있는 모든 권리를 의미한다.
③ 직업선택의 자유는 경제적 자유로서의 성격이 강하다.
④ 모든 국민은 고문을 받지 아니하며, 형사상 자기에게 불리한 진술을 강요당하지 아니한다.

06 생존권(사회권)적 기본권에 관한 설명으로 옳지 않은 것은?

① 생존권적 기본권을 최초로 규정한 것은 1919년 바이마르헌법이라고 볼 수 있다.
② 모든 국민은 능력에 따라 균등하게 교육을 받을 권리를 가지고, 국가는 평생교육을 진흥하여야 한다.
③ 국가는 사회적·경제적 방법으로 근로자의 고용의 보장과 적정임금의 보장에 노력하여야 하며, 법률이 정하는 바에 의하여 최저임금제를 시행하여야 한다.
④ 학교교육 및 평생교육을 포함한 교육제도와 그 운영, 교육재정 및 교원의 지위에 관한 기본적인 사항은 법률로 정한다.

07 다음 중 우리 헌법의 기본원리로만 묶인 것을 고르면?

> ㄱ. 문화국가의 원리
> ㄴ. 사회민주주의
> ㄷ. 사유재산절대의 원칙
> ㄹ. 국민주권주의
> ㅁ. 평화국가의 원리

① ㄱ, ㄴ, ㄷ
② ㄱ, ㄹ, ㅁ
③ ㄴ, ㄷ, ㄹ
④ ㄷ, ㄹ, ㅁ

08 다음 ( ) 안의 ㄱ~ㄷ에 들어갈 내용이 알맞게 연결된 것은?

> • 범죄 후 법률이 변경되어 그 행위가 범죄를 구성하지 아니하게 되거나 형이 (ㄱ)보다 가벼워진 경우에는 (ㄴ)에 따른다.
> • 재판이 확정된 후 법률이 변경되어 그 행위가 범죄를 구성하지 아니하게 된 경우에는 형의 집행을 (ㄷ)한다.

① ㄱ : 구법, ㄴ : 신법, ㄷ : 취소
② ㄱ : 구법, ㄴ : 신법, ㄷ : 면제
③ ㄱ : 신법, ㄴ : 구법, ㄷ : 취소
④ ㄱ : 신법, ㄴ : 구법, ㄷ : 면제

09 법의 분류에 관한 설명으로 옳은 것은?

① 사회법은 사법에 있어서의 평균적 정의의 원리에 배분적 정의를 폭넓게 가미하였다.
② 민법이 사법이므로 민사소송법도 사법에 속한다.
③ 공법과 사법으로 분류하는 것은 영미법계의 특징이다.
④ 공법이 축소되고 사법이 확대되는 '공법의 사법화' 경향이 강해지고 있다.

10 권리와 관련된 설명으로 옳은 것은?

① 사권(私權)은 권리의 내용에 의해 지배권, 청구권, 형성권, 항변권으로 구분된다.
② 사원권은 단체의 구성원이 그 구성원의 지위에서 단체에 대하여 갖는 권리로 이에는 의결권, 업무집행감독권, 이익배당청구권 등이 있다.
③ 사권(私權)은 권리의 작용에 의해 인격권, 가족권(신분권), 재산권, 사원권으로 구분된다.
④ 사권은 권리의 이전성에 따라 절대권과 상대권으로 구분된다.

11 다음 중 계속범을 모두 고르면?

| ㄱ. 살인죄 | ㄴ. 상해죄 |
| ㄷ. 체포감금죄 | ㄹ. 주거침입죄 |

① ㄱ, ㄴ
② ㄱ, ㄷ
③ ㄴ, ㄷ
④ ㄷ, ㄹ

12 다음 중 연대채무자 1인에게 생긴 사유의 효력에 절대적 효력이 있는 경우가 아닌 것은 모두 몇 개인가?

ㄱ. 대물변제
ㄴ. 공 탁
ㄷ. 경 개
ㄹ. 이행청구 이외의 사유로 인한 시효의 중단
ㅁ. 채무자 한 사람에게 생긴 무효·취소 원인

① 없 음
② 1개
③ 2개
④ 3개

13 상법상 회사의 종류에 관한 설명으로 옳지 않은 것은?

① 상법상 회사에는 합명회사, 합자회사, 유한책임회사, 주식회사, 유한회사의 5종이 있다.
② 합명회사는 회사채권자에 대하여 직접·연대하여 무한책임을 지는 무한책임사원만으로 구성되는 회사이다.
③ 합자회사의 무한책임사원은 출자를 함과 아울러 업무집행권과 대표권을 가지나, 유한책임사원은 업무집행이나 대표행위를 하지 못하며, 감사권을 가지는 데 그친다.
④ 유한회사는 회사에 대하여 일정한 출자의무만을 지는 유한책임사원으로 구성되는 회사이므로 사원지분의 양도는 제한할 수 없다.

14 형사소송법상 수사에 관한 설명으로 옳은 것은?

① 임의수사가 원칙이고, 강제수사는 법의 규정이 있을 때 예외적으로 가능하다.
② 긴급체포한 피의자에 대해서는 검사가 72시간 이내에 판사에게 구속영장을 청구하여야 한다.
③ 공소제기 후에는 수사를 할 수 없다.
④ 객관적 혐의가 없는 경우 수사를 개시할 수 없다.

15 권리의 충돌에 관한 설명으로 옳지 않은 것은?

① 동일 채무자에 대한 여러 개의 채권은 원칙적으로 성립의 선후에 따른 우선순위의 차이가 없다.
② 종류를 달리하는 제한물권 상호 간에는 일정한 원칙은 없고, 법률의 규정에 의하여 순위가 정하여진다.
③ 하나의 물건에 대하여 물권과 채권이 병존하는 경우에는 그 성립시기를 불문하고 원칙적으로 물권이 우선한다.
④ 대항요건을 갖춘 부동산의 임차권이라도 나중에 성립한 전세권이 우선한다.

16 다음 ㄱ~ㄷ에 해당하는 법의 해석방법을 바르게 연결한 것은?

> ㄱ. '소멸시효의 이익은 미리 포기하지 못한다'는 규정이 있는 경우, 시효완성 후의 포기는 허용된다고 해석하는 것과 '미성년자가 혼인을 할 때에는 부모의 동의를 얻어야 한다'는 규정이 있는 경우, 성년자가 혼인을 할 때에는 부모의 동의를 필요로 하지 않는다고 해석한다.
> ㄴ. '배우자'의 개념에 대해서, 법률상 배우자뿐만 아니라 사실상 배우자를 포함한다고 해석한다.
> ㄷ. '자전거 통행금지'라는 게시판이 있는 경우, 오토바이도 통행하지 못한다고 해석한다.

① ㄱ : 반대해석, ㄴ : 논리해석, ㄷ : 확장해석
② ㄱ : 반대해석, ㄴ : 확장해석, ㄷ : 물론해석
③ ㄱ : 축소해석, ㄴ : 확장해석, ㄷ : 확장해석
④ ㄱ : 축소해석, ㄴ : 논리해석, ㄷ : 물론해석

17 다음 ( ) 안에 들어갈 법의 목적(이념)이 올바르게 연결된 것은?

> ㄱ. ( )을 강조하면 "민중의 행복이 최고의 법률이다"라고 하고, "국민이 원하는 것이 법이다"라고 주장하게 된다.
> ㄴ. ( )을 강조하면 "악법도 법이다"라고 하고, "정의(법)의 극치는 부정의(불법)의 극치"라고 한다.

① ㄱ : 정 의, ㄴ : 합목적성
② ㄱ : 정 의, ㄴ : 법적 안정성
③ ㄱ : 합목적성, ㄴ : 법적 안정성
④ ㄱ : 법적 안정성, ㄴ : 합목적성

18 행정행위의 부관에 관한 설명으로 옳지 않은 것은?

① 행정행위의 효력을 제한하거나 보충하기 위하여 주된 행정행위에 부가된 종된 규율을 부관이라 한다.
② 재량행위에는 부관을 붙일 수 있으나 기속행위에는 법률에 근거가 있어야 부관을 붙일 수 있다.
③ 부관의 사후변경은 인정되지 않는다.
④ 법령에서 직접 행정행위의 조건, 기한 등을 정한 경우, 이는 행정행위의 부관에 해당하지 않는다.

19 사회보장기본법에 관한 설명으로 옳지 않은 것은?

① 국가와 지방자치단체는 가정이 건전하게 유지되고 그 기능이 향상되도록 노력하여야 한다.
② 사회보장에 관한 다른 법률을 제정하거나 개정하는 경우에는 사회보장기본법에 부합되도록 하여야 한다.
③ 국내에 거주하는 외국인에게 사회보장제도를 적용할 때에는 상호주의의 원칙에 따르되, 관계법령에서 정하는 바에 따른다.
④ 고용노동부장관은 사회보장에 관한 기본계획을 매년 수립하여야 한다.

20 처분할 수 있는 자의 승낙에 의하여 그 법익을 훼손한 행위는 법률에 특별한 규정이 없는 한 벌하지 아니하는 경우를 무엇이라고 하는가?

① 정당방위
② 피해자의 승낙
③ 의무의 충돌
④ 정당행위

21 헌법개정절차의 내용으로 옳지 않은 것은?

① 헌법개정은 국회재적의원 과반수 또는 대통령의 발의로 제안된다.
② 제안된 헌법개정안은 20일 이상 공고하여야 한다.
③ 국회는 헌법개정안의 공고가 종료된 날로부터 60일 이내에 의결해야 한다.
④ 국회 의결 시 수정의결은 불가능하다.

22 형사소송법상 증거에 관한 설명으로 옳지 않은 것은?

① 사실의 인정은 증거에 의하여야 하고, 범죄사실의 인정은 합리적인 의심이 없는 정도의 증명에 이르러야 한다.
② 공소범죄사실에 대한 거증책임은 원칙적으로 검사에게 있다.
③ 적법절차에 따르지 아니하고 수집한 자료는 증거로 할 수 없다.
④ 피의자에 대하여 진술거부권을 고지하지 않은 상태에서 수집한 증거의 증거능력은 인정된다.

23 상법상 손해보험증권의 필요적 기재사항이 아닌 것은?

① 보험계약의 종류
② 보험사고의 성질
③ 보험료와 그 지급방법
④ 무효와 실권의 사유

24 주물과 종물에 관한 설명으로 옳지 않은 것은?

① 종물은 주물의 처분에 따른다는 규정은 강행규정이 아니고 당사자의 의사에 따라 달리 정할 수 있는 임의규정이다.
② 주물 소유자의 상용에 공여되고 있더라도 주물 그 자체의 효용과 직접 관계없는 물건은 종물이 아니다.
③ 주물의 구성부분도 종물이 될 수 있다.
④ 주물과 종물은 원칙적으로 소유자가 동일한 사람이어야 한다.

25 청구권의 행사에 대하여 급부를 거절할 수 있는 권리로, 타인의 공격을 막는 방어적 수단으로 사용되며 상대방에게 청구권이 있음을 부인하는 것이 아니라 그것을 전제하고, 다만 그 행사를 배척하는 권리를 무엇이라고 하는가?

① 지배권
② 청구권
③ 형성권
④ 항변권

26 甲이 경비업 허가신청을 하였는데, 관할 행정청 乙이 신청에 대하여 묵묵부답인 경우 甲이 취할 수 있는 행정소송법상 구제수단은?

① 취소소송
② 의무이행소송
③ 무효등확인소송
④ 부작위위법확인소송

27 지방자치법에 관한 설명으로 옳지 않은 것은?

① 지방자치단체는 법인으로 한다.
② 지방자치단체는 사무를 처리할 때 주민의 편의와 복리증진을 위하여 노력하여야 한다.
③ 지방자치단체의 구역에 주소를 가진 자는 그 지방자치단체의 주민이 된다.
④ 지방자치단체의 주민은 지방세의 감면에 관한 조례제정청구권을 가진다.

28 다음 중 행정상 강제집행의 수단을 모두 고르면?

ㄱ. 직접강제	ㄴ. 집행벌(이행강제금)
ㄷ. 과태료	ㄹ. 대집행
ㅁ. 강제징수	ㅂ. 즉시강제
ㅅ. 행정조사	

① ㄱ, ㄴ, ㅁ
② ㄱ, ㄹ, ㅂ
③ ㄱ, ㄴ, ㄹ, ㅁ
④ ㄱ, ㄴ, ㄹ, ㅁ, ㅂ

29 민법상 조건에 관한 설명으로 옳지 않은 것은?

① 정지조건 있는 법률행위는 조건이 성취한 때로부터 그 효력이 생긴다.
② 해제조건 있는 법률행위는 조건이 성취한 때로부터 그 효력을 잃는다.
③ 조건 있는 법률행위의 당사자는 조건의 성부가 미정한 동안에 조건의 성취로 인하여 생길 상대방의 이익을 해하지 못한다.
④ 조건의 성취가 미정한 권리의무는 일반규정에 의하여 처분, 상속, 보존 또는 담보로 할 수 없다.

30 경비계약에 관한 설명으로 옳지 않은 것은?

① 경비계약은 위임계약의 일종이라고 할 수 있다.
② 경비계약은 유상・쌍무계약의 성질을 갖는다.
③ 민간경비계약의 당사자는 경비업자와 고객이다.
④ 경비계약은 낙성・불요식계약이므로 당사자 간 의사의 합치만으로 성립한다.

31 다음 중 사회법에 해당하는 것을 모두 고른 것은?

ㄱ. 근로기준법
ㄴ. 소비자기본법
ㄷ. 국민기초생활보장법
ㄹ. 아동복지법

① ㄱ, ㄹ
② ㄱ, ㄴ, ㄷ
③ ㄴ, ㄷ, ㄹ
④ ㄱ, ㄴ, ㄷ, ㄹ

32 다음 중 친고죄에 관한 설명으로 옳은 것은 모두 몇 개인가?

ㄱ. 고소는 서면 또는 구술로써 하여야 한다.
ㄴ. 피해자의 법정대리인은 고소할 수 있다.
ㄷ. 고소는 취소한 자도 다시 고소할 수 있다.
ㄹ. 친고죄의 공범 중 그 1인 또는 수인에 대한 고소 또는 그 취소는 다른 공범자에게 효력이 없다.
ㅁ. 친고죄에 대하여는 범인을 알게 된 날로부터 1년을 경과하면 고소하지 못한다.

① 1개
② 2개
③ 3개
④ 4개

33 공무집행을 방해할 의사로 공무집행 중인 공무원을 상해한 경우는 다음 중 어느 것에 해당하는가?

① 법조경합
② 포괄적 일죄
③ 상상적 경합
④ 실체적 경합

34 우리 헌법 제8조에 따르면 정당의 목적이나 활동이 민주적 기본질서에 위배될 때에는 정부는 헌법재판소에 그 해산을 제소할 수 있다. 이는 헌법상의 어느 원리가 구체화된 것인가?

① 자유민주주의
② 국민주권의 원리
③ 방어적 민주주의
④ 사회적 시장경제주의

35 다음이 설명하는 행정행위의 특성은 무엇인가?

> 행정행위의 성립에 하자가 있는 경우에도 그것이 중대·명백하여 무효로 인정되는 경우를 제외하고는, 권한 있는 기관에 의하여 취소되기까지 유효한 것으로 통용되는 힘을 말한다.

① 불가쟁력
② 불가변력
③ 공정력
④ 강제력

36 다음 중 대리가 허용될 수 있는 행위는 어느 것인가?

① 매매계약
② 유언
③ 사실행위
④ 불법행위

37 형사소송법상 소송주체에 관한 설명으로 옳은 것은?

① 형사소송의 주체는 법원, 검사, 피고인, 변호인이다.
② 검사는 형사소송의 원고에 해당한다.
③ 구속적부심사청구권은 피고인의 권리이다.
④ 법관이 불공평한 재판을 할 염려가 있는 경우 법관의 제척을 신청할 수 있다.

38 다음 중 불법행위에 관한 설명으로 옳은 것은 모두 몇 개인가?

ㄱ. 고의 또는 과실로 인한 위법행위로 타인에게 손해를 가한 자는 그 손해를 배상할 책임이 있다.
ㄴ. 불법행위에서 고의 또는 과실의 증명책임은 원칙적으로 가해자가 부담한다.
ㄷ. 타인의 신체, 자유 또는 명예를 해하거나 기타 정신상 고통을 가한 자는 재산 이외의 손해에 대하여도 배상할 책임이 있다.
ㄹ. 타인의 생명을 해한 자는 피해자의 직계존속, 직계비속 및 배우자에 대하여는 재산상의 손해 없는 경우에도 손해배상의 책임이 있다.
ㅁ. 미성년자가 타인에게 손해를 가한 경우에 그 행위의 책임을 변식할 지능이 없는 경우에도 배상책임이 있다.

① 2개
② 3개
③ 4개
④ 5개

39 다음 중 불법행위에 관한 설명으로 옳지 않은 것은 모두 몇 개인가?

ㄱ. 동물의 점유자는 그 동물이 타인에게 가한 손해를 배상할 책임이 있다.
ㄴ. 미성년자가 타인에게 손해를 가한 경우에 그 행위의 책임을 변식할 지능이 없는 때에는 배상의 책임이 없다.
ㄷ. 고의 또는 과실로 심신상실을 초래하였더라도 심신상실의 상태에서 행해진 것이라면, 배상책임이 인정되지 않는다.
ㄹ. 태아는 불법행위에 대한 손해배상청구에 있어서는 이미 출생한 것으로 본다.
ㅁ. 피해자가 수인의 공동불법행위로 인하여 손해를 입은 경우 가해자 각자의 기여도에 대해서만 그 손해의 배상을 청구할 수 있다.

① 없음
② 1개
③ 2개
④ 3개

40 권리의 주체와 분리하여 양도할 수 없는 권리는?

① 인격권
② 법정지상권
③ 분묘기지권
④ 특허권

제1회 민간경비론

41. 헨리 필딩(Henry Fielding)의 활동에 관한 설명으로 옳은 것은 모두 몇 개인가?

ㄱ. 시민들 중 지원자로 구성한 소규모 단위의 범죄예방조직을 만들어 보수를 지급하였다.
ㄴ. 범죄예방을 위해서는 시민 스스로가 단결해야 한다는 개념을 확립하고, 영구적이며 직업적으로 충분한 급료를 받는 민간경비를 제안했다.
ㄷ. '수도경찰에 관한 논문'에서 런던의 가장 효과적인 범죄예방활동을 위해 전체가 잘 규율된 영국경찰조직을 만들어야 한다고 주장하였다.
ㄹ. Peeler 또는 Bobbies라는 애칭으로 불리는 수도경찰을 재조직하였다.
ㅁ. 도보경찰, 기마경찰, 보우가의 주자 등을 만드는 데 공헌하였다.

① 1개
② 2개
③ 3개
④ 4개

42. 민간경비조직의 운영원리에 관한 설명으로 옳지 않은 것은?

① 각 조직구성원은 한 사람의 관리자로부터만 명령을 받아야 한다는 명령통일의 원리를 경호학에서는 지휘권단일화원칙이라고 한다.
② 조직의 목표 달성을 위해 업무의 조화를 추구한다는 조정·통합의 원리는 전문화·분업화된 조직일수록 그 필요성이 증가한다.
③ 통솔범위는 한 사람의 관리자가 효과적으로 관리할 수 있는 최대한의 직원 수를 말하는 것으로서 계층의 수가 많을수록 통솔범위가 넓다.
④ 계층제의 원리는 권한과 책임에 따라 직무를 등급화함으로써 상하 간 지휘·감독 관계를 수립하는 것을 말한다.

43 민간경비 성장이론에 관한 설명으로 옳지 않은 것은?

① 공동화이론은 민간경비 활동에 있어서 '서비스주체의 다원화'에 초점을 맞추고 등장한 이론이다.
② 경제환원이론은 경제적 관점의 이론이다.
③ 이익집단이론은 그냥 내버려 두면 보호받지 못한 채로 방치될 재산을 민간경비가 보호한다는 이론이다.
④ 수익자부담이론은 경찰의 공권력 작용은 질서유지, 체제수호와 같은 거시적 측면에서 이루어지고, 개인의 안전과 보호는 해당 개인이 책임져야 한다는 자본주의체제하에서 주장되는 이론이다.

44 다음 중 경비관리 책임자의 역할이 바르게 연결된 것은?

① 관리상 역할 - 경비의 명확성, 회사규칙의 위반과 모든 손실에 대한 조사, 회계 감사, 경찰과 소방서와의 유대관계, 관련 문서의 분류 등이 해당된다.
② 예방상 역할 - 예산과 재정상의 감독, 사무행정, 경비문제를 관할하는 정책의 설정, 조직체계와 절차의 개발 등이 해당된다.
③ 조사상의 역할 - 경비원에 관한 감독·순찰, 화재와 경비원의 안전, 출입금지구역에 관한 감시 등을 일컫는 활동이다.
④ 경영상의 역할 - 기획, 조직화, 채용, 지도, 감독, 혁신 등이 해당된다.

45 환경설계를 통한 범죄예방(CPTED)에 관한 설명으로 옳지 않은 것은 모두 몇 개인가?

ㄱ. 범죄의 원인을 환경적 요인보다는 개인적 요인에서 찾는다.
ㄴ. CPTED의 기본전략은 자연적인 접근통제와 감시, 영역성의 완화에서 출발한다.
ㄷ. 물리적 환경을 개선하여 범죄를 억제하고 주민의 불안감을 해소하고자 하는 이론이다.
ㄹ. 브랜팅햄(P. Brantingham)과 파우스트(F. Faust)의 범죄예방 구조모델 개념과 관련된다.
ㅁ. 뉴만(O. Newman)의 방어공간 개념과는 무관하다.

① 1개
② 2개
③ 3개
④ 4개

46 일본 민간경비원의 법적 지위에 관한 설명으로 옳은 것은?

① 민간경비원의 법적 지위는 민간인 지위 이상의 특권이나 권한을 부여받는다.
② 민간경비원은 법집행 권한이 있다.
③ 민간경비원은 업무의 특수성으로 인해 헌법에 규정된 국민의 권리를 침해할 우려가 있으므로 주의가 필요하다.
④ 현행범 체포는 위법성이 조각되지 않는다.

47 다음 중 컴퓨터 범죄의 특징에 관한 설명으로 옳지 않은 것은?

① 컴퓨터 시스템이나 회사 경영조직에 전문적인 지식을 갖춘 자들이 범죄를 저지른다.
② 범행이 연속적·광역적·자동적으로 이루어질 수 있다.
③ 대부분이 내부인의 소행이며, 완전범죄의 가능성은 낮다.
④ 컴퓨터 지식을 갖춘 비교적 젊은 층의 컴퓨터 범죄자들이 많다.

48 다음 설명에 해당하는 경비개념은?

> 물리적 보안요소(CCTV, 출입통제장치 등), 기술적 보안요소(불법출입자 정보인식시스템 등), 관리적 보안요소(조직·인사관리 등)를 상호 연계하여 시큐리티의 효율성을 높이고자 하는 접근방법이다.

① 혼성(Hybrid) 시큐리티
② 종합(Total) 시큐리티
③ 융합(Convergence) 시큐리티
④ 도시(Town) 시큐리티

49 민영화이론에 관한 설명으로 옳지 않은 것은?

① 국가독점에 의한 비효율성을 극복하기 위해 시장경쟁논리를 도입하여 효율성을 증대시키고자 하는 이론이다.
② 민간의 활동이 활성화될 수 있으며, 자원이용의 효율성을 높일 수 있다.
③ 중앙정부 기능의 분산화와 신자유주의의 쇠퇴에 따라 민영화이론이 대두되었다고 할 수 있다.
④ 민영화이론은 정부의 비용절감을 위하여 공경비의 역할을 줄이는 대신 민간경비의 역할이 확대된다는 이론이다.

50 기계경비의 장점에 관한 설명으로 옳지 않은 것은?

① 장기적으로 운영비용의 절감효과를 기대할 수 있다.
② 화재예방과 같은 다른 예방시스템과 통합운용이 가능하다.
③ 24시간 동일한 조건으로 지속적 감시가 가능하다.
④ 기계경비를 잘 아는 범죄자에게 역이용당할 우려가 있다.

51 범죄예방 및 안전사고 방지를 위해 관내 금융기관 등 현금다액취급업소, 상가, 여성운영업소 등에 대하여 방범시설 및 안전설비의 설치상황, 자위방범역량 등을 점검하여 미비점을 보완하도록 지도하기 위한 경찰활동은?

① 방범홍보
② 경찰방문
③ 방범진단
④ 생활방범

52 다음 제시문은 경비실시방식에 따른 경비의 분류에 대한 내용이다. (   ) 안의 ㉠, ㉡에 들어갈 알맞은 말을 바르게 묶은 것은?

> 단지 특정한 손실이 발생할 때마다 그 사건에만 대응하는 경비형태는 (㉠)이고, 포괄적·전체적 계획 없이 필요할 때마다 손실예방 등의 역할을 수행하기 위해 추가되는 경비형태는 (㉡)이라고 한다.

① ㉠ : 1차원적 경비, ㉡ : 단편석 경비
② ㉠ : 단편적 경비, ㉡ : 1차원적 경비
③ ㉠ : 반응적 경비, ㉡ : 단편적 경비
④ ㉠ : 단편적 경비, ㉡ : 반응적 경비

53 경비계획 수립의 기본원칙으로 옳은 것은?

① 직원의 출입구는 주차장으로부터 가급적 가까운 곳에 위치해야 한다.
② 경비원의 대기실은 시설물의 출입구와 비상구에서 가급적 멀리 떨어진 곳에 위치해야 한다.
③ 경비관리실은 출입자 등의 통행이 많은 곳에 설치해야 한다.
④ 경계구역과 건물출입구 수는 최대한으로 유지되어야 한다.

54 고대 민간경비에 관한 설명으로 옳은 것은?

① 원시시대에는 동해보복형(同害報復形)의 처벌을 하였다.
② 공경비와 민간경비가 분리된 시대는 함무라비 시대이다.
③ 그리스시대에는 법 집행을 위해 최초의 국가경찰인 자경단원제도를 운영하였다.
④ 로마시대에는 최초의 무장 수도경찰을 운영하였고, 민간경비가 크게 성장하여 경비책임이 개인에게 귀속되었다.

55 경비조명등의 종류와 그 특징에 관한 설명으로 옳지 않은 것은?

① 백열등 : 가정집에서 보편적으로 사용되지만 수명이 짧다.
② 수은등 : 푸른빛을 띠고 매우 강한 빛을 방출하며, 백열등보다 수명이 길어 효과적이다.
③ 나트륨등 : 연한 노란색을 발하며, 안개가 자주 끼는 지역에 효과적이다.
④ 석영등 : 수은등처럼 매우 밝은 푸른빛을 빠르게 발산하므로 경계구역과 사고 발생 다발지역에 유용하나 가격이 비싸다는 단점이 있다.

56 다음의 경보체계 종류는?

> 일반적으로 활용하고 있는 경보체계로서 경계가 필요한 곳에 CCTV를 설치하여 활용하므로 사태파악이나 조치가 빠르고 오경보나 오작동에 대한 염려가 없는 경보체계

① 상주경보시스템
② 제한적 경보시스템
③ 외래경보시스템
④ 중앙통제관리시스템

57 민간경비의 개념에 대한 설명으로 옳지 않은 것은?

① 우리나라 경비업법에 의한 민간경비는 개념적으로 형식적 의미의 민간경비에 해당한다.
② 협의의 민간경비 개념은 주체 면에서 개인, 단체, 영리기업에 한정한다.
③ 영미법계는 형식적 개념의 민간경비로 이해하고, 민간경비의 업무범위가 경찰과 유사하나 집행권한에 차이가 있다고 하였다.
④ 대륙법계는 전통적으로 국가권력의 우월적 지위를 인정하므로 민간경비는 국가의 지도·감독하에 제한적인 기능만을 담당한다.

58 다음 중 컴퓨터 보호대책으로서의 백업(Back-up)시스템에 관한 설명으로 옳지 않은 것은 모두 몇 개인가?

> ㄱ. 백업시스템은 주된 장치가 장애를 일으켰을 때 진행 중이던 작업을 완결시키거나 새로 시작할 수 있도록 설계된 장치를 말한다.
> ㄴ. 데이터 파일, 변경 전의 마스터 파일, 거래기록 파일 등은 기본적으로 백업을 해두어야 한다.
> ㄷ. 컴퓨터 시스템 사용이 불가능하게 될 경우를 대비하여 백업용 컴퓨터 기기를 준비해 둔다.
> ㄹ. 오퍼레이팅시스템과 업무처리프로그램의 경우에 반드시 복제프로그램을 준비해 둔다.

① 없 음
② 1개
③ 2개
④ 3개

59 치안서비스 공동생산의 유형 중 제Ⅳ유형(집단적·적극적 자율방범활동)에 관한 설명을 모두 고른 것은?

> ㄱ. 시민자율순찰대 활동
> ㄴ. 주민공동 경비원의 고용
> ㄷ. 목격한 범죄행위 신고·증인 행위
> ㄹ. 이웃안전감시단 활동

① ㄱ, ㄷ
② ㄱ, ㄹ
③ ㄴ, ㄷ
④ ㄴ, ㄹ

60 외곽감지시스템에 관한 설명으로 옳지 않은 것을 모두 고른 것은?

> ㄱ. 적외선변화감지시스템은 침입에 따른 적외선의 증가량을 감지한다.
> ㄴ. 광케이블감지시스템은 펜스에 설치된 광케이블의 충격과 절단을 감지한다.
> ㄷ. 장력변화감지시스템은 철선이나 광케이블의 장력변화를 감지한다.
> ㄹ. 전자계감지시스템은 울타리 침입 시 발생되는 진동, 충격을 감지한다.

① ㄱ, ㄴ
② ㄱ, ㄹ
③ ㄴ, ㄷ
④ ㄷ, ㄹ

61 우리나라 민간경비산업의 발전과정이 순서대로 나열된 것은?

> ㄱ. 주한 미8군부대의 용역경비 실시
> ㄴ. 용역경비업법 제정
> ㄷ. 경비지도사의 직무로 집단민원현장에 배치된 경비원에 대한 지도·감독 추가
> ㄹ. 특수경비원 제도 도입
> ㅁ. 사단법인 한국경비협회 설립

① ㄱ - ㄴ - ㄹ - ㅁ - ㄷ
② ㄱ - ㄴ - ㅁ - ㄹ - ㄷ
③ ㄱ - ㅁ - ㄴ - ㄹ - ㄷ
④ ㄱ - ㅁ - ㄹ - ㄴ - ㄷ

62 국가중요시설 분류 중 "다"급에 해당하지 않는 것은?

① 한국은행 각 지역본부
② 중앙행정기관의 청사
③ 대검찰청
④ 국가정보원 지부

63 경비위해요소에 관한 설명으로 옳지 않은 것은?

① 경비위해요소는 일반적으로 자연적 위해와 인위적 위해, 특정한 위해 등으로 구분할 수 있다.
② 경비위해요소의 분석에 있어서 첫 번째 단계는 위해요소를 인지하는 것이다.
③ 경비위해요소의 평가 및 분석에 있어서 경비활동의 비용효과 분석을 실시할 필요가 없다.
④ 경비위해요소는 경비대상의 안전성에 위험을 끼치는 제반요소를 의미한다.

64 미국의 민간경비 발전과정에 관한 설명으로 옳은 것을 모두 고른 것은?

ㄱ. 18세기 무렵 신개척지에 거주하고 있던 주민들을 보호하기 위해 밤에만 활동하는 야간경비원이 생겨났다.
ㄴ. 범죄에 대응하는 방식에 있어서 자치경찰조직의 형태를 추구하는 것보다 강력한 경찰조직의 형태를 추구하였다.
ㄷ. 1858년 에드윈 홈즈가 홈즈방호회사를 설립하여 최초의 중앙감시방식의 경보서비스 사업을 시작하였다.
ㄹ. 1883년 워싱턴 페리 브링스가 트럭수송회사를 설립, 방탄장갑차를 이용한 현금수송을 개시하였다.

① ㄱ, ㄷ
② ㄱ, ㄹ
③ ㄴ, ㄷ
④ ㄴ, ㄹ

65 경비업법상 경비업무에 대한 설명으로 옳지 않은 것은?

① 경비를 필요로 하는 시설 및 장소에서의 도난・화재 그 밖의 혼잡 등으로 인한 위험발생을 방지하는 업무는 혼잡・교통유도경비업무에 해당한다.
② 운반 중에 있는 현금・유가증권・귀금속・상품 그 밖의 물건에 대하여 도난・화재 등 위험발생을 방지하는 업무는 호송경비업무에 해당한다.
③ 경비대상시설에 설치한 기기에 의하여 감지・송신된 정보를 그 경비대상시설 외의 장소에 설치한 관제시설의 기기로 수신하여 도난・화재 등 위험발생을 방지하는 업무는 기계경비업무에 해당한다.
④ 사람의 생명이나 신체에 대한 위해의 발생을 방지하고 그 신변을 보호하는 업무는 신변보호업무에 해당한다.

66 경비업법령상 경비업의 허가를 받은 법인이 신고하여야 할 사항이 아닌 것은?

① 영업을 폐업하거나 휴업한 때
② 기계경비업무를 개시하거나 종료한 때
③ 법인의 명칭이나 대표자・임원을 변경한 때
④ 법인의 주사무소나 출장소를 신설・이전 또는 폐지한 때

67 경보장치에 관한 설명으로 옳지 않은 것은?

① 경보장치의 핵심 역할은 침입사실을 외부에 알리고, 전달하는 것이다.
② 경보장치 설치를 통해 경비원이 미처 인식하지 못하는 감시 사각지역이나 경비 취약지역까지도 경비업무가 가능하다.
③ 열감지기는 침입자의 인체에서 발산하는 원적외선 에너지의 변화량을 감지하는 수동형 감지기이다.
④ 전자파 울타리는 레이저광선을 그물망처럼 만들어 전자벽을 만드는 것으로 오보율이 낮다.

68 각국의 경비업 허가에 관한 설명으로 옳은 것은?

① 미국은 대부분 주정부 차원에서 경비업 허가가 이루어지므로 주에 따라 규제방식과 실태가 다르다.
② 독일에서는 국가경찰청장이 경비업의 허가권자이다.
③ 일본에서 경비업을 하고자 하는 자는 경시청에 신고하여야 한다.
④ 우리나라에서는 법인이 아니라도 경비업 허가 대상이 될 수 있다.

69 청원경찰법과 경비업법을 이원적으로 운용함으로써 발생되는 현상이 아닌 것은?

① 청원경찰이 의무적으로 배치되어야 할 중요시설물에 기술상의 문제로 기계경비를 운용하게 되어 시설주인 청원주에게 이중의 부담이 된다.
② 청원경찰과 민간경비의 보수면에서 상당한 차이가 발생해 청원주가 청원경찰의 배치를 기피한다.
③ 청원경찰의 근무배치 및 감독, 임용 및 해임 등의 권한이 모두 민간경비업자에게 위임되고 있다.
④ 민간경비원들의 사기가 저하되고 이직률이 높다.

70 자체경비와 계약경비에 관한 설명으로 옳은 것은?

① 자체경비는 경비회사로부터 훈련된 경비원을 파견받아서 운용한다.
② 계약경비는 기업체 등이 조직 내에 자체적으로 경비인력을 조직화하여 운용하는 것을 말한다.
③ 계약경비는 자체경비보다 다양한 경비분야에 전문성을 갖춘 경비인력을 쉽게 제공할 수 있다.
④ 자체경비는 경비인력의 추가 및 감축에 있어 계약경비보다 탄력적 운용이 가능하다.

71 폭발물 테러 위협에 대한 대응으로 옳지 않은 것은?

① 테러 협박전화가 걸려오면 경비책임자에게 보고하고, 위험이 감지되면 경찰서나 소방서 등 관련기관에 신속하게 연락한다.
② 폭발물을 이용한 협박전화 시 우선적으로 사람들을 건물 밖으로 대피시켜야 한다.
③ 경비원은 폭발물이 발견되면 그 지역을 자주 출입하는 사람이나 출입이 제한된 사람들의 명단을 파악한 후 신속하게 폭발물을 제거한다.
④ 폭발물의 폭발력 약화를 위해서 모든 창문과 문은 열어 두어야 한다.

72 한국 민간경비원의 법적 지위에 관한 설명으로 옳지 않은 것은?

① 민간경비원이 증거를 수집할 수 있는 형사소송법상의 규정은 없다.
② 민간경비원은 자구행위를 할 수 있다.
③ 경비업법상의 특수경비원의 직무는 공무수탁사인의 한 형태로 볼 수 있다.
④ 일반경비원은 사인(私人)적 지위와 특별한 권한을 갖는다.

73 경찰과 민간경비의 관계개선을 위해서는 향후 경찰조직 내의 전담부서의 확대가 요구된다. 현재 경찰청에서 경비업법상 경비업을 관리하고 있는 부서는?

① 범죄예방대응국
② 생활안전교통국
③ 경비국
④ 치안정보국

74 민간방범활동에 관한 설명으로 옳지 않은 것은?

① 경찰방범활동의 한계로 인하여 민간방범활동의 필요성이 부각되고 있다.
② 주민들의 안전의식 제고로 범죄예방활동에 대한 참여 욕구가 증가하고 있다.
③ 자율방범대는 관할 지구대와 상호 협력관계를 갖고 방범활동을 하는 자율봉사 조직이다.
④ 비용공동부담이론은 민간방범활동의 활성화를 뒷받침하는 이론이다.

75 민간경비의 국내·외 치안환경 변화에 관한 설명으로 옳지 않은 것은?

① 이념적 대결의 양극체제가 붕괴되고 다극화된 경제실리체제로 변화하였다.
② 인접국가 간의 오랜 종교적·문화적·민족적 갈등과 대립으로 국제적 연대는 기대할 수 없다.
③ 마약 및 소형 총기거래, 해적행위 등 초국가적 범죄가 중요 문제로 부각되었다.
④ 국제화·개방화로 인해 외국인 범죄가 증가하고 있다.

76 다음 중 ( ) 안의 ㄱ~ㄷ에 들어갈 내용으로 알맞은 것은?

- (ㄱ) : 전혀 패턴이 없는 외부와 내부의 이상행동 및 침입을 감지하고 저지, 방어, 대응공격을 위한 경비수준
- (ㄴ) : 대부분의 패턴이 없는 불법적인 외부침입과 일정한 패턴이 없는 일부 내부침입을 방해·탐지·사정할 수 있도록 계획된 것으로, 제조공장, 대형 소매점 등에서 이루어지는 경비수준
- (ㄷ) : 대부분의 패턴이 없는 외부 및 내부의 행동을 발견·저지·방어·예방하도록 계획되어진 것으로, 교도소나 제약회사 또는 전자회사 등에서 이루어지는 경비수준

① ㄱ : 최고수준경비, ㄴ : 상위수준경비, ㄷ : 중간수준경비
② ㄱ : 최고수준경비, ㄴ : 중간수준경비, ㄷ : 상위수준경비
③ ㄱ : 상위수준경비, ㄴ : 중간수준경비, ㄷ : 하위수준경비
④ ㄱ : 상위수준경비, ㄴ : 하위수준경비, ㄷ : 중간수준경비

77 다음 중 ( ) 안의 ㄱ과 ㄴ에 들어갈 컴퓨터 범죄 유형으로 알맞은 것은?

- (ㄱ) : 대규모 프로그램을 개발할 때 프로그램을 수정할 수 있는 명령어가 끼어 있고 프로그램 개발이 완성되면 명령어를 삭제해야 하나 고의 또는 과실에 의해 이를 삭제하지 않아 이 명령어를 이용하여 프로그램을 조작하는 방법이다.
- (ㄴ) : 컴퓨터 작업 수행 후 주변에서 정보를 획득하는 방법으로, 쓰레기통이나 주위에 버려진 명세서 또는 복사물을 찾아 습득하거나 컴퓨터 기억장치에 남아 있는 것을 찾아내서 획득하는 방법이다.

① ㄱ : 트랩도어(Trap Door), ㄴ : 살라미 기법(Salami Techniques)
② ㄱ : 트랩도어(Trap Door), ㄴ : 스캐빈징(Scavenging)
③ ㄱ : 슈퍼재핑(Super Zapping), ㄴ : 스캐빈징(Scavenging)
④ ㄱ : 스캐빈징(Scavenging), ㄴ : 살라미 기법(Salami Techniques)

78 시설물의 물리적 통제시스템에 관한 설명으로 옳은 것은?

① 출입문의 경첩(Hinge)은 출입문 바깥쪽에 설치하여 보안성을 강화해야 한다.
② 외부 침입 시 경비시스템 중 1차 보호시스템은 내부 출입통제 시스템이고, 2차 보호시스템은 외부 출입통제시스템이다.
③ 체인링크(Chain Link)는 콘크리트나 석재 담장과 유사한 보호기능을 하면서도 저렴하다는 장점이 있다.
④ 안전유리(Security Glass)는 동일한 두께의 콘크리트 벽에 비해 충격에는 약하나 외관상 미적 효과가 있다.

79 형법에 규정된 컴퓨터 범죄로 옳지 않은 것은?

① 불법감청죄
② 컴퓨터 업무방해죄
③ 전자기록 손괴죄
④ 컴퓨터 등 사용사기죄

80 민간경비와 공경비에 관한 설명으로 옳지 않은 것은?

① 공경비는 일반 국민들을 위하여 관할 구역 내에서 법 집행의 권한을 가진다.
② 민간경비는 소비자(고객)의 경제능력과 상관없이 이용할 수 있다.
③ 공경비 분야에서 나타난 한계와 비생산성은 민간경비가 등장하는 계기가 되었다.
④ 민간경비는 공경비에 비해 사전적·특정적·제한적 활동을 하는 특징을 가진다.

제2회 법학개론

01 '추정'과 '간주'에 관한 설명으로 옳은 것은?

① 추정은 입증부담을 완화하기 위하여 불명확한 사실에 대하여 일정한 법적 효과를 부여하는 것이다.
② 추정은 반증으로 그 효과를 번복할 수 없다.
③ 2인 이상이 동일한 위난으로 사망한 경우에는 동시에 사망한 것으로 간주한다.
④ 가정법원의 선고에 의해 사망한 것으로 간주되는 사법상의 효과는 반증에 의해 번복될 수 있다.

02 헌법의 수호에 관한 설명으로 옳지 않은 것은?

① 저항권은 헌법상 명문 규정이 없는 헌법수호수단에 해당한다.
② 대통령의 헌법수호의무의 선서(헌법 제69조)는 평상적 헌법수호수단 중 사전예방적 수단에 해당한다.
③ 위헌법률심판제도(헌법 제107조 제1항)는 평상적 헌법수호수단 중 사전예방적 수단에 해당한다.
④ 국가긴급권과 저항권은 비상적 헌법수호수단에 해당한다.

03 민법의 법원(法源)에 관한 설명으로 옳지 않은 것은?

① 민법 제1조의 '법률'에는 민법전, 민사특별법, 조약, 명령, 규칙, 자치법규, 조례 등이 포함된다.
② 분묘기지권은 판례상 인정된 관습법에 해당한다.
③ 건전가정의례준칙의 규정과 배치되는 관습법도 그 효력이 인정된다.
④ 조리란 사물의 본질적 법칙, 도리를 의미하며 법원성이 인정된다.

04 현행 헌법상 정당설립과 활동의 자유에 관한 설명으로 옳지 않은 것은?

① 정당의 설립은 자유이며, 복수정당제는 보장된다.
② 정당은 그 목적·조직과 활동이 민주적이어야 하며, 당원의 정치적 의사형성에 필요한 조직을 가져야 한다.
③ 정당의 목적이나 활동이 민주적 기본질서에 위배될 때에는 정부는 헌법재판소에 그 해산을 제소할 수 있고, 정당은 헌법재판소의 심판에 의하여 해산된다.
④ 정당은 법률이 정하는 바에 의하여 국가의 보호를 받으며, 국가는 법률이 정하는 바에 의하여 정당운영에 필요한 자금을 보조할 수 있다.

05 상법상 주식회사의 이사에 관한 설명으로 옳지 않은 것은?

① 이사의 임기는 3년을 초과하지 못한다.
② 이사는 언제든지 주주총회의 특별결의로 해임할 수 있다.
③ 이사의 임기를 정한 경우에는 정당한 이유 없이 그 임기 만료 전에 이를 해임한 때에는 그 이사는 회사에 대하여 해임으로 인한 손해배상을 청구할 수 있다.
④ 이사의 보수는 정관에 그 액을 정하지 아니한 때에는 이사회의 결의로 이를 정한다.

06 법 목적의 상관관계에 관한 설명으로 옳지 않은 것은?

① 정의나 합목적성은 법실증주의 시대에서도 중시되었다.
② 정의는 법의 내용을 일반화하고 합목적성은 그것을 개별화하는 경향이 있다.
③ 합목적성을 강조하면 "민중의 행복이 최고의 법률이다."라고 하고, "국민이 원하는 것이 법이다."라고 주장하게 된다.
④ 정의만 강조하면 "세상은 망하더라도 정의는 세우라."고 하고, "정의만이 통치의 기초이다."라고 주장한다.

07 청구권적 기본권에 관한 설명으로 옳지 않은 것은?

① 재판청구권에는 신속한 재판을 받을 권리도 포함된다.
② 헌법은 범죄행위로 인한 피해구조에 관해 규정하고 있다.
③ 경찰공무원이 훈련 중에 받은 손해에 대하여는 법률이 정하는 보상 외에는 이중배상이 금지된다.
④ 형사피의자 또는 형사피고인으로서 구금되었던 자가 법률이 정하는 불기소처분을 받거나 무죄판결을 받은 때에는 법률이 정하는 바에 의하여 국가에 상당한 보상을 청구할 수 있다.

08 의사가 환자를 치료하기 위해서 환자의 배를 절개하는 행위는 위법성이 조각되는데 그 근거는 무엇인가?

① 정당방위
② 피해자의 승낙
③ 자구행위
④ 업무상 정당행위

09 법해석의 방법과 관련하여 (　　) 안에 들어갈 용어는?

> (　　)은 두 개의 유사한 사실 중 법규에서 어느 하나의 사실에 관해서만 규정하고 있는 경우에 나머지 다른 사실에 대해서도 마찬가지의 효과를 인정하는 해석방법이다.

① 유추해석
② 물론해석
③ 확장해석
④ 반대해석

10 권리에 관한 설명으로 옳은 것은?

① 권원이란 일정한 법률상 또는 사실상 행위의 결과로 나타나는 효과를 말한다.
② 권한은 타인(본인 또는 권리자)을 위하여 일정한 법률효과를 발생케 하는 행위를 할 수 있는 법률상의 자격을 말한다.
③ 반사적 이익이란 특정인이 법률 규정에 따라 일정한 행위를 하였을 때 그 법률상 이익을 직접 누릴 수 있는 권리를 말한다.
④ 권능은 일정한 법률상 또는 사실상의 행위를 하는 것을 정당화하는 법률상의 원인이다.

11 甲은 12세인 乙을 교사하여 편의점에서 절도를 저지르게 하였다. 甲의 범죄 형태는 무엇인가?

① 간접정범
② 공동정범
③ 미수범
④ 방조범

12 경비계약에 관한 설명으로 옳지 않은 것은?

① 경비계약은 당사자의 합의만으로 성립한다.
② 경비업무 도급인은 특별한 사정이 없는 한 경비업무를 완성한 후 지체 없이 경비업자에게 그 보수를 지급하여야 한다.
③ 경비업무 도급인은 경비업자가 경비업무를 완성하기 전에는 손해를 배상하더라도 계약을 해제할 수 없다.
④ 경비업무 도급인은 경비업자의 귀책사유로 그 업무의 이행이 불능하게 된 경우에 경비업자를 상대로 전보배상을 청구할 수 있다.

13 상법상 보험계약의 관계자에 관한 설명으로 옳지 않은 것은?

① 보험계약자로부터 보험료를 받는 조건으로 보험사고가 발생한 때에 보험금액을 지급할 의무를 부담하는 자를 보험자라 한다.
② 자기명의로 보험계약을 체결하고 보험료 지급의무를 부담하는 자를 보험계약자라 한다.
③ 손해보험에서 보험사고가 발생한 경우 또는 만기가 도래한 경우 보험금의 지급을 청구할 수 있는 보험금청구권자를 보험수익자라 한다.
④ 인보험에서 자신의 생명이나 신체를 보험에 붙인 보험사고의 객체를 피보험자라 한다.

14 형사소송에서 법관이 불공평한 재판을 할 염려가 있는 경우에 자발적으로 직무집행에서 탈퇴하는 것은?

① 기 피
② 회 피
③ 제 척
④ 거 부

15 우리나라 형사소송법의 기본구조와 관련이 없는 것은?

① 규문주의
② 증거재판주의
③ 직접심리주의
④ 구두변론주의

16 법의 분류에 관한 설명으로 옳지 않은 것은?

① 자연법은 시·공간을 초월하여 보편적으로 타당한 법을 의미한다.
② 임의법은 당사자의 의사에 의하여 그 적용이 배제될 수 있는 법을 말한다.
③ 부동산등기법은 사법이며, 실체법이다.
④ 오늘날 국가의 개입이 증대되면서 '사법의 공법화' 경향이 생겼다.

17 다음 중 법과 도덕에 관한 설명으로 옳은 것은 모두 몇 개인가?

ㄱ. 권리 및 의무의 측면에서 법은 일면적이나, 도덕은 양면적이다.
ㄴ. 법에 위반되는 행위가 있었을 때에는 강제가 따르는데 도덕의 명령에 위반했을 때에는 이러한 강제가 따르지 않는다.
ㄷ. 법은 복종자에 대하여 밖에서 의무를 지우는 타율성의 규범이고, 도덕은 고유한 인격을 통한 자발적인 자율성의 규범이다.
ㄹ. 법은 외면성을 갖기 때문에 행위자의 고의나 과실을 고려하지 않는다.
ㅁ. 도덕은 법보다 평균인이 지키기 어려운 높은 이상을 지향한다.

① 2개
② 3개
③ 4개
④ 5개

18 행정절차법상 행정지도에 관한 설명으로 옳지 않은 것은?

① 행정지도는 그 목적 달성에 필요한 최소한도에 그쳐야 하며, 행정지도의 상대방의 의사에 반하여 부당하게 강요하여서는 아니 된다.
② 행정기관은 행정지도의 상대방이 행정지도에 따르지 아니하였다는 것을 이유로 불이익한 조치를 하여서는 아니 된다.
③ 행정지도를 하는 자는 그 상대방에게 그 행정지도의 취지 및 내용과 신분을 밝혀야 한다.
④ 행정지도는 반드시 서면으로 이루어져야 한다.

19 다음 중 ( ) 안의 ㄱ~ㄷ에 들어갈 숫자의 합은?

- 노동조합은 매년 (ㄱ)회 이상 총회를 개최하여야 한다.
- 노동조합의 임원의 임기는 규약으로 정하되 (ㄴ)년을 초과할 수 없다.
- 단체협약의 유효기간은 (ㄷ)년을 초과하지 않는 범위에서 노사가 합의하여 정할 수 있다.

① 5
② 7
③ 9
④ 11

20 형법상 범죄의 성립요건이 아닌 것은?

① 구성요건해당성
② 위법성
③ 책임성
④ 객관적 처벌조건

21 다음 중 헌법상 명문의 규정이 없음에도 불구하고 헌법상 권리로서 인정되는 것은?

① 청원권
② 알권리
③ 단체행동권
④ 신속한 재판을 받을 권리

22 다음 중 노동법의 법원(法源)이 아닌 것은 모두 몇 개인가?

ㄱ. 노사자치법규(단체협약, 취업규칙, 조합규약, 근로계약)
ㄴ. 헌법, 노동관계법령
ㄷ. 우리나라가 비준·공포한 ILO 협약들
ㄹ. 판례 및 행정해석

① 1개
② 2개
③ 3개
④ 4개

23 다음 중 형사소송법상 고소권자에 관한 설명으로 옳지 않은 것은?

① 범죄로 인한 피해자는 고소할 수 있다.
② 피해자의 법정대리인이 피의자인 때에는 피해자의 친족은 독립하여 고소할 수 없다.
③ 사자명예훼손죄에 대하여는 그 친족 또는 자손이 고소권자에 해당한다.
④ 절도죄 피해자의 채권자는 형사소송법상 고소권자에 해당하지 아니한다.

24 甲은 경비업자 乙과 경비계약을 체결하였으나, 乙이 고용한 경비원 丙의 경비업무 수행 중 과실로 甲의 아들 丁이 사망하는 손해가 발생하였다. 이에 관한 설명으로 옳은 것은 모두 몇 개인가?

> ㄱ. 甲은 乙에게 사용자책임을 물을 수 있다.
> ㄴ. 乙이 甲에게 손해를 배상하더라도 乙은 원칙적으로 丙에게 구상권을 행사할 수 없다.
> ㄷ. 甲은 乙에게 丁의 사망을 이유로 한 정신적 손해의 배상을 청구할 수 있다.
> ㄹ. 甲의 위자료청구권과 丁의 위자료청구권은 별개의 권리이다.

① 없음
② 1개
③ 2개
④ 3개

25 민사소송절차 중 특별소송절차에 해당하지 않는 것은?

① 소액사건심판절차
② 파산절차
③ 독촉절차
④ 집행보전절차

26 국민건강보험법상의 부가급여에 해당하는 것은?

① 간 호
② 장제비
③ 예방·재활
④ 처치·수술 및 그 밖의 치료

27 다음은 행정심판청구의 기간과 관련한 행정심판법 제27조의 내용의 일부이다. (   )의 ㄱ~ㄹ에 들어갈 숫자의 합은?

> ① 행정심판은 처분이 있음을 알게 된 날부터 (ㄱ)일 이내에 청구하여야 한다.
> ② 청구인이 천재지변, 전쟁, 사변(事變), 그 밖의 불가항력으로 인하여 제1항에서 정한 기간에 심판청구를 할 수 없었을 때에는 그 사유가 소멸한 날부터 (ㄴ)일 이내에 행정심판을 청구할 수 있다. 다만, 국외에서 행정심판을 청구하는 경우에는 그 기간을 (ㄷ)일로 한다.
> ③ 행정심판은 처분이 있었던 날부터 (ㄹ)일이 지나면 청구하지 못한다. 다만, 정당한 사유가 있는 경우에는 그러하지 아니하다.

① 300
② 304
③ 310
④ 314

28 민법상 법인(法人)의 기관에 관한 설명으로 옳지 않은 것은?

① 이사가 수인인 경우에는 정관에 다른 규정이 없으면 법인의 사무집행은 이사의 과반수로써 결정한다.
② 이사가 없거나 결원이 있는 경우에 이로 인하여 손해가 생길 염려 있는 때에는 법원은 이해관계인이나 검사의 청구에 의하여 직무대행자를 선임하여야 한다.
③ 법인과 이사의 이익이 상반하는 사항에 관하여는 이사는 대표권이 없다.
④ 법인은 정관 또는 총회의 결의로 감사를 둘 수 있다.

29 소멸시효에 관한 설명으로 옳지 않은 것은?

① 주된 권리의 소멸시효가 완성한 때에는 종속된 권리에 그 효력이 미친다.
② 소멸시효의 이익은 미리 포기할 수 있다.
③ 소멸시효는 법률행위에 의하여 이를 배제, 연장 또는 가중할 수 없으나 이를 단축 또는 경감할 수 있다.
④ 시효이익을 포기한 경우에는 그때부터 새로이 소멸시효가 진행한다.

30 甲의 임의대리인 乙은 자신의 이름으로 甲의 대리인 丙을 선임하였다. 다음 설명 중 옳은 것은?

① 乙은 언제나 甲의 대리인을 선임할 수 있는 권한을 가진다.
② 丙이 甲의 지명에 의해 선임된 경우에는 乙은 丙이 부적임자임을 알고 甲에게 통지하지 않았더라도 선임감독의 책임을 지지 않는다.
③ 甲과 丙 사이에는 아무런 권리·의무관계가 없다.
④ 乙의 대리권이 소멸하면 丙의 대리권도 소멸한다.

31 근로기준법령상 휴게·휴일에 관한 설명으로 옳지 않은 것은?

① 사용자는 근로시간이 4시간인 경우에는 30분 이상, 8시간인 경우에는 1시간 이상의 휴게시간을 근로시간 도중에 주어야 한다.
② 휴게시간은 근로자가 자유롭게 이용할 수 있다.
③ 사용자는 근로자에게 1주에 평균 1회 이상의 유급휴일을 일요일에 부여하여야 한다.
④ 1주에 평균 1회 이상 보장하여야 하는 유급휴일은 1주 동안의 소정근로일을 개근한 자에게 주어야 한다.

32 형사소송법상 공소에 관한 설명으로 옳지 않은 것은?

① 공소는 검사가 제기하여 수행하며, 검사는 형법 제51조(양형의 조건) 사항을 참작하여 공소를 제기하지 아니할 수 있다.
② 공소의 효력은 검사가 피고인으로 지정한 자에게만 미치고, 범죄사실의 일부에 대한 공소의 효력은 범죄사실 일부에만 미친다.
③ 공소시효는 범죄행위의 종료한 때로부터 진행한다.
④ 범인이 형사처분을 면할 목적으로 국외에 있는 경우 그 기간 동안 공소시효는 정지된다.

33 다음 중 민법상 전형계약에 해당하는 것은?

① 경 개
② 공 탁
③ 대물변제
④ 종신정기금

34 헌법전문에 관한 설명으로 옳지 않은 것은?

① 우리 헌법전문은 헌법제정권력의 소재를 밝힌 전체적 결단으로서 헌법의 본질적 부분을 내포하고 있다.
② 헌법전의 일부를 구성하며 당연히 본문과 같은 법적 성질을 내포한다.
③ 헌법전문은 헌법본문을 비롯한 모든 하위 법령의 해석에 있어 기준이 된다.
④ 헌법전문은 대한민국의 모든 법질서에 있어 최고규범으로서의 성격을 지닌다.

35 다음 중 준법률행위적 행정행위에 해당하지 않는 것은?

① 신 고
② 확 인
③ 공 증
④ 통 지

36 채권자가 그의 채권을 담보하기 위하여 채무의 변제기까지 채무자로부터 인도받은 동산을 점유·유치하기로 채무자와 약정하고, 채무의 변제가 없는 경우에 그 동산의 매각대금으로부터 우선변제를 받을 수 있는 담보물권은?

① 질 권
② 유치권
③ 저당권
④ 양도담보권

37 상법상 회사의 종류와 그 해산사유의 연결이 옳지 않은 것은?

① 합명회사 - 사원이 1인으로 된 때
② 유한책임회사 - 사원이 없게 된 때
③ 합자회사 - 무한책임사원 또는 유한책임사원의 전원이 퇴사한 때
④ 주식회사 - 주주총회의 특별결의에 의해서만 해산된다.

38 법의 의의에 관한 설명으로 옳지 않은 것은?

① 법은 작위나 부작위를 지시하거나 금지하는 행위규범이다.
② 법은 재판규범이 되기도 한다.
③ 법을 위반할 경우 강제력이 동원되며 양심 등 인간내면을 직접 강제할 수 있다.
④ 법은 당위법칙이지만 자연현상은 존재법칙이다.

39 형사소송법상 비상상고에 관한 설명으로 옳지 않은 것은?

① 검찰총장은 판결이 확정한 후 그 사건의 심판이 법령에 위반한 것을 발견한 때에는 대법원에 비상상고를 할 수 있다.
② 공판기일에는 검사는 신청서에 의하여 진술하여야 한다.
③ 대법원은 신청서에 포함된 이유에 한하여 조사하여야 한다.
④ 비상상고가 이유 없다고 인정한 때에는 결정으로써 이를 기각하여야 한다.

40 다음 중 행정기관에 의하여 기본권이 침해된 경우의 행정상 구제수단으로서 부적당한 것은?

① 행정소송
② 형사재판청구권
③ 국가배상청구권
④ 이의신청과 행정심판청구

제2회 민간경비론

중요문제 / 틀린 문제 CHECK

| 41 | 42 | 43 | 44 | 45 | 46 | 47 | 48 | 49 | 50 | 51 | 52 | 53 | 54 | 55 | 56 | 57 | 58 | 59 | 60 |
| 61 | 62 | 63 | 64 | 65 | 66 | 67 | 68 | 69 | 70 | 71 | 72 | 73 | 74 | 75 | 76 | 77 | 78 | 79 | 80 |

41 경비의 개념에 관한 설명으로 옳은 것은?

① 경비란 경비사태가 발생하거나 발생할 우려가 있을 때 사회공공의 안녕과 질서를 해하는 불법행위를 조직적인 부대활동으로서 예방·경계·진압하는 경찰활동을 말한다.
② 실질적 개념의 민간경비는 공경비와 명확하게 구별된다.
③ 민간경비와 공경비 모두 업무 수행에 있어 강제력을 동반한다.
④ 민간경비는 영리성을 본질로 하므로 민간경비에게 공공성을 요구할 수 없다.

42 민간경비를 활용한 국가중요시설 경비의 효율화 방안으로 옳지 않은 것은?

① 전문경비자격증제도 도입
② 경비원의 최저임금보장
③ 경비전문화를 위한 교육훈련의 강화
④ 인력경비의 확대와 기계경비시스템의 최소화

43 다음 사례에 해당되는 개념은?

> A회사는 출입통제, 접근감시, 잠금장치 등 물리적 보안요소와 불법 침입자 정보인식시스템 등 정보보안요소를 상호 연계하여 보안의 효과성을 높이고자 한다.

① 융합보안
② 절차적 통제
③ 방화벽
④ 정보보호

44 빠른 설치의 필요성 때문에 주로 군부대에서 많이 사용하는 6각형 모양의 가시철선은?

① 구리철사
② 콘서티나철사
③ 가시철사
④ 철조망

45 경비부서 관리자의 통솔범위의 결정요인에 관한 설명으로 옳지 않은 것은?

① 업무가 비전문적이고 단순할수록 관리자의 통솔범위가 넓다.
② 막료부서의 지원능력이 클수록 관리자의 통솔범위가 넓다.
③ 지리적 분산 정도가 작을수록 관리자의 통솔범위가 넓다.
④ 신설조직 관리자가 기존조직 관리자보다 통솔범위가 넓다.

46 미국 민간경비원의 법적 지위에 관한 설명으로 옳지 않은 것은?

① 미국에서 민간경비원의 불법행위는 일반인의 불법행위와 동일한 민사책임을 부담한다.
② 미국에서 경찰관이 행하는 수색과 민간경비원이 행하는 수색에는 차이가 있다.
③ 빌렉(A. J. Bilek)의 민간경비원 구분 중 '특별한 권한이 있는 민간경비원'은 우리나라의 청원경찰과 같은 개념이라고 할 수 있다.
④ 경찰과 민간경비원은 경비원 선발을 위한 배경조사에 있어서 상호협력이 되고 있지 않다.

47 다음 중 컴퓨터 범죄의 유형에 관한 설명으로 옳지 않은 것은?

① 컴퓨터 부정조작은 입력 조작, 프로그램 조작, 콘솔 조작, 출력 조작으로 구분된다.
② 컴퓨터 스파이는 컴퓨터 시스템의 자료를 권한 없이 획득, 불법 이용 또는 누설하는 행위를 말한다.
③ CD(Cash Dispenser) 범죄는 현금자동지급기를 중심으로 하는 범죄를 말한다.
④ 컴퓨터 부정사용은 권한 없는 자가 컴퓨터 시설을 파괴하는 행위를 말한다.

48 국내 민간경비산업의 전망에 관한 설명으로 옳지 않은 것은?

① 과거에 비해 기계경비의 비중이 높아지고 있으며, 이 경향은 앞으로도 지속될 것이다.
② 시설경비업은 국가중요시설의 경비를 담당하는 경비원 제도로 청원경찰과의 이원적 체제로 인한 문제점이 상존하고 있어 관련 정비가 시급한 실정이다.
③ 지역의 특성과 경비 수요에 맞는 민간경비 상품의 개발이 요구될 것이다.
④ 경비업체 업무의 다양화가 필요하다.

49 민영화이론에서 말하는 민영화의 내용에 관한 설명으로 옳지 않은 것은?

① 자원이용의 효율성을 높일 수 있다.
② 민간의 활동이 활성화될 수 있다.
③ 공공지출과 행정비용의 증가효과를 유발하기 위한 방법이다.
④ 재화나 서비스의 생산이 공공분야에서 민간분야로 이전되는 것이다.

50 위험관리(risk management)에 관한 설명으로 옳지 않은 것은?

① 기본적으로 위험요소의 확인 → 위험요소의 분석 → 우선순위의 결정 → 위험요소의 감소 → 보안성·안전성 평가 등의 순서로 이루어진다.
② 위험관리의 대상이 되는 인적·물적 보호대상의 우선순위를 설정하기보다는 포괄적으로 접근하는 것이 바람직하다.
③ 위험관리가 효율적으로 이루어지기 위해서는 관련 절차에 관한 표준운영절차(SOP : Standard Operational Procedures)를 개발하는 것이 바람직하다.
④ 확인된 위험에 대한 대응은 위험의 제거, 회피, 감소, 분산, 대체, 감수 등의 방법이 적용된다.

51 다음 중 인력경비의 장점으로 옳지 않은 것은?

① 경비업무 이외에 안내, 질서유지, 보호·보관 업무 등을 하나로 통합한 통합서비스의 제공이 가능하다.
② 인력이 상주함으로써 현장의 실시간 상황에 신속한 조치가 가능하다.
③ 고용창출 효과와 고객접점서비스 효과가 있다.
④ 야간에도 경비활동의 효율성이 높아진다.

52 다음에서 설명하는 경비계획의 수준으로 옳은 것은?

> 대부분의 패턴이 없는 외부 및 내부의 침입을 발견·저지·방어·예방할 수 있도록 계획되어진 경비시스템을 말한다. CCTV, 경계경보시스템, 고도의 조명시스템, 고도로 훈련받은 무장경비원, 경비원과 경찰의 협력시스템 등을 갖추고 있다. 교도소, 제약회사, 전자회사 수준의 경비가 대표적이다.

① 하위수준경비
② 중간수준경비
③ 상위수준경비
④ 최고수준경비

53 다음 사례에 해당하는 신종금융범죄는?

> 문자메시지(SMS)와 피싱(Phishing)의 합성어로 '무료쿠폰 제공, 돌잔치 초대장, 모바일 청첩장' 등을 내용으로 하는 문자메시지 내의 인터넷 주소를 클릭하면 악성코드가 스마트폰에 설치되어 피해자가 모르는 사이에 소액결제 피해를 발생시키거나(소액결제 방식으로 돈을 편취하거나) 개인의 금융정보를 탈취하는 신종금융범죄 수법이다.

① 피싱(Phishing)
② 파밍(Pharming)
③ 스미싱(Smishing)
④ 메모리 해킹(Memory Hacking)

54 각국의 경비업 허가에 관한 설명으로 옳지 않은 것은?

① 독일에서 경비업의 허가권자는 국가경찰청장이다.
② 일본의 경비업은 신고제에서 허가제로 바뀌었다.
③ 한국에서 자연인은 경비업을 영위할 수 없다.
④ 미국은 대부분 주정부 차원에서 경비업 허가가 이루어진다.

55 민간경비의 법적 관계에 관한 설명으로 옳지 않은 것은?

① 국가중요시설에 근무하는 특수경비원은 필요한 경우 무기 휴대가 가능하지만 수사권이 인정되지는 않는다.
② 특수경비원은 국가중요시설에 대한 경비업무 수행 중 국가중요시설의 정상적인 운영을 해치는 장해를 일으켜서는 아니 된다.
③ 청원경찰은 근무지 밖 100미터 이내에서 경찰관직무집행법을 준용하여 근무한다.
④ 민간경비원이 수집한 증거가 법정에서 원용될 경우 증거능력이 인정된다.

56 경비계획 수립의 기본원칙으로 옳지 않은 것을 모두 고른 것은?

ㄱ. 건물출입구 수는 안전규칙 범위 내에서 최소한으로 유지되어야 한다.
ㄴ. 경비관리실은 건물 내부에서 통행이 가급적 적은 곳에 설치하여야 한다.
ㄷ. 정상적인 출입구 외에 건물 외부와 연결되는 천장, 환풍기, 하수도관 등에 대한 안전확보방안을 강구하여야 한다.
ㄹ. 경비원의 대기실은 시설물 출입구와 비상구에서 멀리 떨어진 곳에 설치하여야 한다.
ㅁ. 효과적인 경비를 위해서는 물건을 선적하거나 수령하는 지역은 동일 지역에서 이루어지도록 설계되어야 한다.

① ㄱ, ㄴ, ㄷ
② ㄱ, ㄷ, ㄹ
③ ㄴ, ㄹ, ㅁ
④ ㄷ, ㄹ, ㅁ

57 각국의 민간경비산업의 현황에 관한 설명으로 옳지 않은 것은?

① 한국의 경비지도사는 경비원의 지도·감독·교육에 관한 계획의 수립·실시 및 그 기록의 유지 등의 직무를 수행하도록 하고 있다.
② 미국의 교통유도원(flagger)제도는 교육이수만으로 자격을 부여하는 방식으로 운영하여 정식 자격제도로 보기 어렵다.
③ 독일의 민간경비산업의 시장은 통일 이후 치안수요의 급격한 증가에 의해 고속성장하였다.
④ 일본의 경비택시제도는 긴급사태 발생 시 택시가 출동하여 관계기관에 연락하거나 가까운 의료기관에 통보하는 제도이다.

58 각국 민간경비원의 실력행사에 관한 설명으로 옳은 것은?

① 미국의 민간경비원은 타인의 재산에 대한 침해를 막을 수 있는 경우에만 예외적으로 정당성을 인정받는다.
② 일본의 민간경비원은 형사법상 문제 발생 시 일반 사인(私人)과 동일하게 취급된다.
③ 독일은 민간경비원의 실력행사에 관한 명시적 규정을 두고 있으며, 예외적인 경우 공권력의 행사로 인정받는다.
④ 한국의 민간경비원은 법률상 실력행사에 관한 특별한 권한을 가지고 있다.

59 다음 중 비상계획 수립 시 고려할 사항이 아닌 것은?

① 비상위원회 구성에 있어 경비감독관은 반드시 포함되어야 한다.
② 초기에 사태대응을 보다 신속하게 할 수 있도록 체계가 잘 갖추어 있어야 한다.
③ 비상사태에 책임을 지고 있는 자에게는 그 책임관계를 명확히 규정하여야 한다.
④ 비상업무를 수행하면서 대중 및 언론에 대한 정보제공은 최대한 은폐하여야 한다.

60 다음은 경비관리 책임자의 역할 구분이다. ( ) 안의 ㄱ~ㄷ에 들어갈 내용으로 알맞은 것은?

- (ㄱ)상의 역할 : 경비원에 대한 감독, 순찰, 화재와 경비원의 안전, 경비활동에 대한 규칙적인 감사 등
- (ㄴ)상의 역할 : 예산과 재정상의 감독, 경비문제를 관할하는 정책의 설정, 경비부서 직원에 대한 교육·훈련 과정의 개발 등
- (ㄷ)상의 역할 : 경비의 명확성, 회사규칙의 위반과 이에 따르는 모든 손실에 대한 조사, 회계 감사, 일반 경찰과 소방서와의 유대관계 등

① ㄱ : 예방, ㄴ : 관리, ㄷ : 경영
② ㄱ : 관리, ㄴ : 경영, ㄷ : 조사
③ ㄱ : 예방, ㄴ : 관리, ㄷ : 조사
④ ㄱ : 조사, ㄴ : 경영, ㄷ : 예방

61 미국 민간경비의 역사적 발전에 관한 설명으로 옳지 않은 것은?

① 식민지 시대의 법집행과 관련된 기본적 제도로는 영국의 영향을 받은 보안관(Sheriff), 치안관(Constable), 경비원(Watchman) 등이 있었다.
② 남캐롤라이나의 찰스턴 시경비대(A City Guard of Armed Officers)는 1846년 시경찰국으로 발전하였다.
③ 본격적으로 민간경비가 출현한 것은 19세기 중엽 서부개척시대이다.
④ 시카고 경찰국 최초의 탐정인 핑커톤은 1854년 탐정사무소를 설립한 후 1857년에 핑커톤 국가탐정회사(Pinkerton National Detective Agency)로 회사명을 바꾸고 철도수송 안전 확보에 일익을 담당하였다.

62 다음 중 높은 가치의 화물만을 취급하고 보관하기 위한 곳으로서 일반적으로 제한지역 내의 조그마한 방, 금고실 등으로 구성되어 있으며, 이 지역의 출입을 허가받은 사람의 수는 지극히 제한되어 있고, 항상 감시하에 있어야 하는 지역을 무엇이라고 하는가?

① 배제지역
② 통제지역
③ 제한지역
④ 금지지역

63 경비계획에 관한 내용으로 옳지 않은 것은?

① 경비계획이란 경비위해요소 분석과 조사활동을 통해 수집된 자료와 경영상 환경을 종합적으로 고려하여 경비실시의 과정을 구체적으로 결정하는 계획을 말한다.
② 경비계획은 계약처가 요구하는 경비 내용을 구체적으로 실시할 방법을 정하는 것이다.
③ 경비계획은 경비부서의 조직관리·실행과정과 평가과정의 관계 속에서 역동적으로 작용하고 있다.
④ 현장조사는 직접 현장에 가서 시설물의 상태를 확인하고 실무자들의 의견을 청취하여 잠재된 위험을 찾아내는 업무이다.

64 미국의 민간경비산업에 관한 설명으로 옳지 않은 것은?

① 경찰과 민간경비는 업무수행에 있어 긴밀한 상호 협조체제를 유지하고 있다.
② 계약경비업체가 자체경비업체보다 비약적인 발전을 보이고 있다.
③ 미국의 민간경비산업은 2001년 9·11테러 이후 국토안보부의 신설 등 정부역할의 확대로 공항경비 등에서의 매출과 인력이 축소되었다.
④ 제2차 세계대전 이후 산업경비의 필요성에 대한 인식이 증대되었다.

65 경비업무형태를 경비실시방식에 따라 분류하였을 경우 포괄적·전체적 계획 없이 필요할 때마다 손실예방 등의 역할을 수행하기 위해 추가되는 경비형태는 무엇인가?

① 1차원적 경비
② 단편적 경비
③ 반응적 경비
④ 총체적 경비

66 민간경비의 조직화 및 관리과정에 관한 설명으로 옳지 않은 것은?

① 민간경비의 조직화 과정에서 경비업무의 특수성을 고려해야 한다.
② 민간경비부서를 독립적으로 설치하지 않고 다른 관리부서와 연계시켜 통합적으로 설치하게 되면 전문성은 저하된다.
③ 자체경비와 계약경비로 구분할 때 편의점, 소규모 상점 등 보호대상 시설의 규모가 작을수록 자체경비를 운용하는 경우가 많다.
④ 보호대상의 특성에 따라 인력경비와 기계경비를 운용할 수 있는데, 일반적으로 순수한 형태의 기계경비는 존재하지 않는다.

67 보호대상인 물건에 직접적으로 센서를 부착하여 그 물건이 움직이게 되면 진동이 발생되어 경보가 발생하는 장치로 정확성이 높아 일반적으로 전시 중인 물건이나 고미술품 보호에 사용되는 경보센서(감지기)는?

① 음파 경보시스템
② 초음파 탐지장치
③ 적외선감지기
④ 진동감지기

68 다음 중 컴퓨터 범죄의 특징이 아닌 것은?

① 범죄행위 측면에서 범행의 연속성, 광역성과 자동성, 발각과 증명의 곤란, 고의의 입증 곤란을 특징으로 한다.
② 일반 형사범에 비해 죄의식이 희박하다.
③ 범죄행위자 측면에서 연소화 경향을 보인다.
④ 행위자의 대부분은 재범자인 경우가 많다.

69 민간경비의 조직형태에 관한 설명으로 옳지 않은 것은?

① 자체경비는 개인 및 기관, 기업 등이 중요하다고 판단되는 자신들의 보호대상을 보호하기 위하여 자체적으로 관련 업무를 수행할 수 있는 경비부서를 조직화하는 것이다.
② 청원경찰은 자체경비의 일종이다.
③ 계약경비는 고용주를 의식하지 않고 소신껏 경비업무에 전념할 수 있다.
④ 자체경비는 이직률이 높은 편이며 고용주의 요구에 신속하게 대처하기 힘들다.

70 한국 민간경비산업의 발전방안 중 국가정책적 육성방안에 해당하지 않는 것은?

① 민간경비 관련 법규 정비
② 경비협회 활동의 활성화
③ 경찰체제의 개편 및 첨단경비의 개발
④ 금융지원을 통한 민간경비업체의 보호 육성

71 다음의 내용이 설명하는 것은 무엇인가?

- 잘못된 행정서비스에 대한 불만제기권을 시민에게 부여하고 이를 시정하는 장치이다.
- 일선기관의 권한과 재량의 폭이 넓어져야만 효과적으로 활용할 수 있다.
- 치안행정상 주민참여와 관련이 있는 것으로 고객이 만족하는 행정서비스의 제공을 목표로 한다.

① 방범홍보
② 방범진단
③ 방범리콜
④ 방범심방

72 산업스파이와 관련된 내용으로 옳지 않은 것은?

① 산업스파이 활동을 합법적인 방법으로도 할 수 있다.
② 특정정보의 입수를 위한 상대회사 사원의 스카우트는 산업스파이 활동에 해당하지 않는다.
③ 상대회사가 기밀이 누설된 사실을 눈치채지 못하게 하는 데 가장 역점을 두고 있다.
④ 화이트칼라(White-collar) 범죄의 유형으로서 적발이 어려운 편이다.

73 수익자부담이론에 관한 설명으로 옳지 않은 것은?

① 자본주의 사회에서 공경비가 갖는 근본적인 성격과 역할 및 기능에 관한 통념적 인식에 의문을 제기하면서 출발한다.
② 공익보호뿐만 아니라 사익보호 측면에서도 경찰의 공권력 작용의 증대가 요청된다.
③ 개인이나 단체의 사유재산보호는 기본적으로 해당 개인이나 단체가 담당하여야 한다.
④ 개인이 자신의 건강이나 사유재산을 각종 위험으로부터 보호하기 위해서 보험에 가입하는 것과 같이 개인적 비용의 지출에 의해 개인의 신체나 재산을 보호하여야 한다.

74 민간경비산업에서 청원경찰과 민간경비제도의 이원화에 관한 문제점이 아닌 것은?

① 지휘체계의 문제
② 보수 문제
③ 특수경비원 배치 기피
④ 신분보장 문제

75 민간경비의 국내·외 치안환경 변화에 관한 설명으로 옳지 않은 것은?

① 국제화, 개방화로 인하여 국제범죄조직과 국제테러조직의 국내잠입 및 활동이 우려되고 있다.
② 지역별 또는 권역별 경제적 공동체가 활성화되고 있다.
③ 노동력 부족으로 유입되는 개발도상국가 인력의 불법취업과 체류의 증가로 인하여 새로운 치안수요가 발생하고 있다.
④ 공격대상이 특정화된 뉴테러리즘은 국제협력의 필요성을 부각시키는 요인이다.

76 다음은 화재의 예방과 진압에 관한 설명이다. 내용상 옳지 않은 것은?

① 화재 발생 시 본인의 역할에 대한 사전 분담 교육을 실시하여야 한다.
② 화재진압장비의 사용법에 대한 교육과 대피방법에 대한 교육을 실시하여야 한다.
③ 화재가 직접적으로 발생했을 경우 화재 초동진압과 소방관들이 출동하였을 때 이들에 대한 지원업무의 담당을 사전에 분배한다.
④ 평상시에 화재예방에 대한 철저한 관리를 해야 하지만, 유사시 일사불란하게 화재진압을 할 수 있는 명령지휘체제까지 유지할 필요는 없다.

77 컴퓨터 시스템의 안전대책에 관한 설명으로 옳지 않은 것은?

① 컴퓨터실은 벽면이나 바닥을 강화 콘크리트 등으로 보호하고, 화재에 대비하여 불연재를 사용하여야 한다.
② 컴퓨터실은 출입자기록제도를 시행하고, 지정된 비밀번호는 주기적으로 변경해 주는 것이 좋다.
③ 컴퓨터 시스템의 보안성 유지를 위하여 프로그램 개발자와 컴퓨터 운영자를 통합하여 운용하여야 한다.
④ 컴퓨터실의 위치 선정 시 화재, 홍수, 폭발의 위험과 외부 침입자에 의한 위험으로부터 안정성을 고려하여야 한다.

78 한 문이 잠길 경우에 전체의 문이 동시에 잠기도록 되어 있는 잠금장치로 교도소에서 많이 사용하는 것은?

① 일체식 잠금장치
② 압력식 잠금장치
③ 전기식 잠금장치
④ 기억식 잠금장치

79 외곽경비에 관한 설명으로 옳은 것은 모두 몇 개인가?

ㄱ. 외곽경비의 기본 목적은 불법침입을 지연시키는 것이다.
ㄴ. 외곽경비는 자연적 장애물과 인공적 구조물 등을 이용하여 시설을 보호한다.
ㄷ. 모든 출입구 수를 파악하고 공기흡입관, 배기관 등은 경비계획에 포함시킬 필요가 없다.
ㄹ. 안전유리의 설치 목적은 침입자의 침입시도를 완벽하게 저지하는 것보다는 침입 시간을 지연시키는 데 있다.
ㅁ. 비상시에만 사용하는 출입구는 평상시에 개방되어 있어야 한다.
ㅂ. 차량출입구는 충분히 넓어야 하며 평상시에는 한쪽 방향으로만 유지한다.

① 1개
② 2개
③ 3개
④ 4개

80 민간경비와 공경비에 관한 설명으로 옳은 것은?

① 민간경비의 대상은 특정인과 일반시민들이다.
② 민간경비업자는 불특정 다수인에게 경비서비스를 제공할 의무가 없다.
③ 현행범의 경우 공경비는 영장 없이 체포할 수 있으나, 민간경비는 영장 없이 체포할 수 없다.
④ 민간경비의 주된 임무는 범죄예방과 범인구인이다.

제3회 법학개론

01 동산과 부동산을 모두 객체로 할 수 있는 물권은?

① 질권
② 지역권
③ 지상권
④ 유치권

02 기본권에 관한 설명으로 옳지 않은 것은?

① 우리 헌법재판소가 기본권의 침해 여부를 심사하는 위헌판단원칙인 과잉금지원칙이란 국가의 권력은 무제한적으로 행사되어서는 안 되고 국민의 기본권을 제한하는 법률은 목적의 정당성·방법의 적절성·침해의 최소성·법익의 균형성을 갖추어야 한다는 원칙이다.
② 甲 건설회사가 A지역에 고층 건물을 건설하려 하자, 인근 주민 乙이 고층 건물 건설로 인해 햇빛을 받지 못하게 된다며 건설을 반대하는 경우, 이를 기본권의 경합이라 한다.
③ 양심형성의 자유는 그 내용을 제한할 수 없는 절대적 기본권이다.
④ 기본권의 효력은 대국가적 효력을 갖는 것이 원칙이다.

03 불문법에 관한 설명으로 옳은 것은?

① 불문법에는 사실인 관습, 판례, 조리가 있다.
② 불문법은 법의 존재와 그 의미가 명확하므로 법적 행동을 하는 데 편리하다.
③ 관습법은 사법보다 공법의 영역에서 중요한 법원이다.
④ 헌법재판소는 관습헌법을 인정한다.

04 헌법에서 명시적으로 단체행동권을 제한하거나 인정하지 아니할 수 있다고 규정하고 있는 근로자는?

① 외국인근로자
② 사립학교교원
③ 법률이 정하는 공기업에 종사하는 근로자
④ 법률이 정하는 주요방위산업체에 종사하는 근로자

05 상법상 주식회사의 기관이 아닌 것은?

① 주주총회
② 지배인
③ 대표이사
④ 이사회

06 다음 글에 나타난 법사상에 관한 설명으로 옳은 것을 〈보기〉에서 모두 고른 것은?

> 이 사상은 규범 이외의 역사적·사회적·정치적·철학적 요소를 고려하지 않고 법 자체만을 형식논리적으로 파악하며 법을 만능의 수단으로 이해한 결과, 정의의 관념이나 정당성 대신에 합법성만을 강조하는 결과를 초래하기도 한다.

〈보기〉
ㄱ. 천부인권을 신성불가침의 권리로 인정한다.
ㄴ. 악법도 법으로 인정될 수 있는 근거가 된다.
ㄷ. 법과 도덕을 엄격히 구별하여 법의 우위를 강조하고 있다.
ㄹ. 시·공간을 초월하여 존재하는 보편타당한 질서를 추구한다.

① ㄱ, ㄴ
② ㄱ, ㄹ
③ ㄴ, ㄷ
④ ㄴ, ㄹ

07 다음 ( ) 안의 ㄱ, ㄴ에 들어갈 내용으로 알맞은 것은?

> 비상계엄이 선포된 때에는 법률이 정하는 바에 의하여 영장제도, 언론·출판·집회·결사의 자유, (ㄱ)나 (ㄴ)의 권한에 관하여 특별한 조치를 할 수 있다.

① ㄱ : 정부, ㄴ : 국회
② ㄱ : 국회, ㄴ : 헌법재판소
③ ㄱ : 국회, ㄴ : 법원
④ ㄱ : 정부, ㄴ : 법원

08 다음 중 ( ) 안의 ㄱ~ㄹ에 들어갈 위법성조각사유로 알맞은 것은?

> - (ㄱ) : 도망가는 절도범을 추격하여 탈취당한 재물을 탈환하였다.
> - (ㄴ) : 강도가 칼을 들고 위협하므로 몽둥이로 격퇴하던 중 상해를 입혔다.
> - (ㄷ) : 다가오는 차를 피하려다 옆에 있는 사람이 들고 있던 꽃병을 깨뜨렸다.
> - (ㄹ) : 군인이 전투 중 적병을 살해하였다.

① ㄱ : 자구행위, ㄴ : 정당방위, ㄷ : 긴급피난, ㄹ : 피해자의 승낙
② ㄱ : 자구행위, ㄴ : 긴급피난, ㄷ : 정당방위, ㄹ : 정당행위
③ ㄱ : 자구행위, ㄴ : 정당방위, ㄷ : 긴급피난, ㄹ : 정당행위
④ ㄱ : 정당행위, ㄴ : 긴급피난, ㄷ : 정당방위, ㄹ : 피해자의 승낙

09 사회법에 관한 설명으로 옳은 것은?

① 자본주의 사회를 근본적으로 부정한다.
② 사법(私法)원리를 배제하고, 공공복리의 관점에서 사회적 약자보호와 실질적 평등을 목적으로 한다.
③ 사법(私法)에 있어서의 평균적 정의의 원리에 배분적 정의를 폭넓게 가미하였다.
④ 공법(公法)의 사법(私法)화 경향을 말한다.

10 대한민국영역 외에서 외국인이 범하여도 우리 형법이 적용되는 범죄가 아닌 것은?

① 외환죄
② 국기에 관한 죄
③ 유가증권, 우표와 인지에 관한 죄
④ 사문서에 관한 죄

11 민법상 이행불능에 따른 효과가 아닌 것은?

① 손해배상청구권
② 계약해제권
③ 대상(代償)청구권
④ 강제이행청구권

12 다음 중 유상·쌍무계약에 해당하지 않는 것은?

① 여행계약
② 매매계약
③ 사용대차계약
④ 도급계약

13 다음 중 상호에 관한 설명으로 옳지 않은 것은?

① 지점의 상호에는 본점과의 종속관계를 표시할 필요는 없다.
② 상호는 재산적 가치가 인정되어 상속도 가능하다.
③ 상호는 영업을 폐지하거나 영업과 함께 하는 경우에 한하여 이를 양도할 수 있다.
④ 상호를 등기한 자가 정당한 사유 없이 2년간 상호를 사용하지 아니하는 때에는 이를 폐지한 것으로 본다.

14 형사소송법상 상소에 관한 설명으로 옳지 않은 것은?

① 검사 또는 피고인은 상소를 할 수 있고, 검사 또는 피고인 아닌 자가 결정을 받은 때에는 항고할 수 있다.
② 피고인의 법정대리인은 피고인을 위하여 상소할 수 있다.
③ 피고인의 배우자와 직계친족은 피고인의 명시한 의사에 반하더라도 피고인을 위하여 상소할 수 있다.
④ 상소의 포기 또는 취하는 서면으로 해야 하지만, 공판정에서는 구술로써 할 수 있다.

15 다음 중 물론해석의 예에 해당하는 것을 모두 고른 것은?

ㄱ. '자전거 통행금지'라는 게시판이 있는 경우, 오토바이도 통행하지 못한다고 해석하는 경우
ㄴ. 과실책임을 물을 때 그보다 중한 고의책임은 당연히 포함되는 것으로 해석하는 경우
ㄷ. 미성년자 통행금지 규정이 있는 경우 성년자는 통행 가능하다고 해석하는 경우
ㄹ. 생명침해로 인한 위자료를 청구할 수 있는 배우자에 사실혼관계의 배우자가 포함된다고 해석하는 경우

① ㄱ, ㄴ
② ㄱ, ㄴ, ㄷ
③ ㄱ, ㄷ, ㄹ
④ ㄱ, ㄴ, ㄷ, ㄹ

16 다음 중 법의 분류에 관한 설명으로 옳지 않은 것을 모두 고른 것은?

ㄱ. 사회법은 사법(私法)원리를 배제하고, 공공복리의 관점에서 사회적 약자 보호와 실질적 평등을 목적으로 한다.
ㄴ. 절차법에서는 원칙적으로 신법우선의 원칙이 적용된다.
ㄷ. 권리나 의무의 발생·변경·소멸을 규율하는 법은 실체법이다.
ㄹ. 강행법과 임의법은 실정성 여부에 따른 구분이다.
ㅁ. 일반법과 특별법의 관계는 단일 법률의 규정 상호 간에는 적용되지 않는다.

① ㄱ, ㄴ, ㄷ
② ㄱ, ㄹ, ㅁ
③ ㄴ, ㄷ, ㄹ
④ ㄴ, ㄹ, ㅁ

17 법원(法源)에 관한 설명으로 옳지 않은 것은?

① 법원은 법에 대한 인식수단 내지는 존재형식을 가리킨다.
② 영미법계 국가에서는 판례의 법원성이 인정된다.
③ 성문법이라 함은 그 제정의 주체가 반드시 의회인 경우에 국한된다.
④ 대통령령과 부령은 헌법에 근거를 두고 있다.

18 행정청이 법률의 근거가 없음에도 불구하고 상대방에게 영업취소 처분을 하였다면 어떤 원칙에 위배되는가?

① 비례의 원칙
② 법률유보의 원칙
③ 법률우위의 원칙
④ 신뢰보호의 원칙

19 산업재해보상보험법에 관한 설명으로 옳지 않은 것은?

①「산업재해보상보험법」은 가구 내 고용활동에는 적용되지 않는다.
② 근로자의 업무와 상당인과관계가 없는 재해는 업무상 재해로 인정되지 않는다.
③「산업재해보상보험법」에 따른 산업재해보상보험 사업은 보건복지부장관이 관장한다.
④ 사망한 자의 사실혼 관계에 있는 배우자는 유족급여 대상이다.

20 우리 형법에 규정이 없는 것은?

① 피교사자가 실행에 착수하였으나 미수에 그친 경우
② 피교사자가 응하지 않거나 교사 전에 이미 결의하고 있는 경우
③ 피교사자의 행위가 미수에 그칠 것을 예견하면서 교사하는 경우
④ 피교사자가 승낙하였으나 실행의 착수에 이르지 아니한 경우

21 현행 헌법상 정당 설립과 활동의 자유에 관한 설명으로 옳지 않은 것은?

① 정당의 설립은 자유이며, 복수정당제는 보장된다.
② 정당은 그 목적, 조직과 활동이 민주적이어야 한다.
③ 정당의 목적과 활동이 민주적 기본질서에 위배될 때에는 국회는 헌법재판소에 그 해산을 제소할 수 있다.
④ 국가는 법률이 정하는 바에 의하여 정당의 운영에 필요한 자금을 보조할 수 있다.

22 우리나라 형사소송의 지도이념과 기본구조에 해당하는 것으로 보기 어려운 것은?

① 직권주의 원칙
② 적법절차의 원리
③ 실체적 진실주의
④ 신속한 재판의 원칙

23 해고의 예고에 관한 설명으로 옳지 않은 것은?

① 사용자는 근로자를 해고하고자 할 때에는 적어도 30일 전에 그 예고를 하여야 하며, 30일 전에 예고를 하지 아니한 때에는 30일분 이상의 통상임금을 지급하여야 한다.
② 근로자가 계속 근로한 기간이 6개월 미만인 경우에는 해고 예고제가 적용되지 않는다.
③ 근로자가 고의로 사업에 막대한 지장을 초래하거나 재산상 손해를 끼친 경우로서 고용노동부령으로 정하는 사유에 해당하는 경우에는 해고 예고제가 적용되지 않는다.
④ 천재·사변, 그 밖의 부득이한 사유로 사업을 계속하는 것이 불가능한 경우에도 해고 예고제가 적용되지 않는다.

24 다음 (　) 안의 ㄱ~ㄷ에 들어갈 내용이 알맞게 연결된 것은?

- 목적을 확정할 수 없는 법률행위는 (ㄱ)이다.
- 법률행위의 목적이 개개의 강행법규에 위반하지는 않더라도 '선량한 풍속 기타 사회질서'에 위반하는 경우에는 그 법률행위는 (ㄴ)가 된다.
- 사회질서에 반하는 법률행위는 (ㄷ)로서 이행을 하기 전이면 이행할 필요가 없고, 이미 이행하였으면 반환을 청구하지 못한다.

① ㄱ : 취소, ㄴ : 취소, ㄷ : 취소
② ㄱ : 무효, ㄴ : 무효, ㄷ : 취소
③ ㄱ : 무효, ㄴ : 무효, ㄷ : 무효
④ ㄱ : 취소, ㄴ : 무효, ㄷ : 취소

25. 경비업자의 손해배상책임에 관한 설명으로 옳지 않은 것은?

① 경비원이 부주의로 경비대상 시설을 파손한 경우 경비업자는 채무불이행책임을 부담한다.
② 경비원이 경비업무 수행 중 경비시스템장비를 오작동하여 고객의 신체 및 재산에 중대한 손해를 발생하게 한 경우 경비업자는 불완전이행책임을 부담한다.
③ 경비업자는 경비원이 업무수행 중 고의로 제3자에게 손해를 입힌 경우에만 이를 배상할 책임이 있다.
④ 경비원이 경비업무 중 과실로 제3자에게 입힌 손해를 경비업자가 배상한 경우, 경비업자는 경비원에게 구상권을 행사할 수 있다.

26. 근로기준법상 용어의 정의에 관한 설명으로 옳은 것은 모두 몇 개인가?

ㄱ. "근로자"란 직업의 종류와 관계없이 임금을 목적으로 사업이나 사업장에 근로를 제공하는 사람을 말한다.
ㄴ. "사용자"란 사업주 또는 사업 경영 담당자, 그 밖에 근로자에 관한 사항에 대하여 사업주를 위하여 행위하는 자를 말한다.
ㄷ. "평균임금"이란 이를 산정하여야 할 사유가 발생한 날 이전 3개월 동안에 그 근로자에게 지급된 임금의 총액을 그 기간의 총일수로 나눈 금액을 말한다. 근로자가 취업한 후 3개월 미만인 경우에는 적용하지 않는다.
ㄹ. "근로계약"이란 근로자가 사용자에게 근로를 제공하고 사용자는 이에 대하여 임금을 지급하는 것을 목적으로 체결된 계약을 말한다.
ㅁ. "소정(所定)근로시간"이란 법정근로시간의 범위에서 근로자와 사용자 사이에 정한 근로시간을 말한다.
ㅂ. "단시간근로자"란 4주 동안(4주 미만으로 근로하는 경우에는 그 기간)을 평균하여 1주 동안의 소정근로시간이 15시간 미만인 근로자를 말한다.

① 1개
② 2개
③ 3개
④ 4개

27. 행정벌에 관한 설명 중 옳지 않은 것은?

① 죄형법정주의 원칙상 법률의 근거를 요하며 소급입법은 허용되지 않는다.
② 행정질서벌은 형법총칙이 적용된다.
③ 행정형벌은 형법에 규정되어 있는 벌이 가해지는 행정벌을 의미한다.
④ 행정질서벌은 일반사회의 법익에 직접 영향을 미치지는 않으나 행정상의 질서에 장해를 야기할 우려가 있는 의무위반에 대해 과태료가 가해지는 제재를 말한다.

28 민법상 선의취득에 관한 설명으로 옳은 것을 모두 고르면?

ㄱ. 선의취득할 수 있는 물권은 소유권과 질권이다.
ㄴ. 선의취득을 위해서는 평온·공연·선의·무과실로 점유를 시작해야 한다.
ㄷ. 선의취득에 의한 권리취득은 승계취득으로 본다.
ㄹ. 동산이라면 등기·등록에 의해서 공시되는 것이라도 선의취득의 대상이 될 수 있다.

① ㄱ, ㄴ
② ㄱ, ㄷ
③ ㄴ, ㄷ
④ ㄴ, ㄹ

29 헌법재판소에 관한 설명으로 옳은 것은?

① 헌법재판소는 법관의 자격을 가진 9인의 재판관으로 구성하며, 재판관은 대통령이 임명한다.
② 헌법재판소장의 임기는 6년으로 하며, 법률이 정하는 바에 의하여 연임할 수 있다.
③ 헌법재판소 사무관리 규칙은 법률과 동등한 효력을 가진다.
④ 헌법재판소는 포괄적인 재판권과 사법권을 가진다.

30 형사소송법상 구속에 관한 설명으로 옳지 않은 것은?

① 피의자가 죄를 범하였다고 의심할 만한 상당한 이유가 있고 증거를 인멸할 염려가 있는 때에는 검사는 관할 지방법원판사에게 청구하여 구속영장을 받아 피의자를 구속할 수 있다.
② 사법경찰관이 피의자를 구속한 때에는 10일 이내에 피의자를 검사에게 인치하지 아니하면 석방하여야 한다.
③ 검사가 피의자를 구속한 때 또는 사법경찰관으로부터 피의자의 인치를 받은 때에는 10일 이내에 공소를 제기하지 아니하면 석방하여야 한다.
④ 체포영장 또는 구속영장의 발부를 받은 후 피의자를 체포 또는 구속하지 아니한 때에는 24시간 이내에 검사는 영장을 발부한 법원에 그 사유를 서면으로 통지하여야 한다.

31 산업재해보상보험법상 급여에 해당하는 것은 모두 몇 개인가?

> ㄱ. 요양급여
> ㄴ. 휴업급여
> ㄷ. 구직급여
> ㄹ. 직업능력개발 수당
> ㅁ. 장례비

① 1개
② 2개
③ 3개
④ 4개

32 형사소송에서 '사실인정의 기초가 되는 경험적 사실을 경험자 자신이 직접 법원에 진술하지 않고, 타인의 진술 등의 방법으로 간접적으로 법원에 보고하는 형태의 증거는 원칙적으로 증거능력이 인정되지 않는다'는 원칙은?

① 전문법칙
② 자백배제법칙
③ 자백의 보강법칙
④ 위법수집증거배제원칙

33 민사소송의 심리와 재판의 과정을 지배하는 원칙이 아닌 것은?

① 변론주의
② 서면심리주의
③ 직접심리주의
④ 쌍방심리주의

34 현행 헌법상 근로의 권리에 관한 설명 중 옳지 않은 것은?

① 모든 국민은 근로의 의무를 진다.
② 근로조건의 기준은 인간의 존엄성을 보장하도록 법률로 정한다.
③ 여자의 근로 및 장애인의 근로는 특별한 보호를 받으며, 고용·임금 및 근로조건에 있어서 부당한 차별을 받지 아니한다.
④ 국가유공자·상이군경 및 전몰군경의 유가족은 법률이 정하는 바에 의하여 우선적으로 근로의 기회를 부여받는다.

35 행정행위의 부관 중 처분성이 인정되어 항고소송의 대상이 되는 것은?

① 조 건
② 기 한
③ 부 담
④ 철회권의 유보

36 다음 중 ( ) 안의 ㄱ~ㄷ에 들어갈 내용으로 알맞은 것은?

- 이사가 없거나 결원이 있는 경우에 이로 인하여 손해가 생길 염려 있는 때에는 법원은 이해관계인이나 검사의 청구에 의하여 (ㄱ)을(를) 선임하여야 한다.
- 법인과 이사의 이익이 상반하는 사항에 관하여는 이사는 대표권이 없다. 이 경우에는 전조의 규정에 의하여 (ㄴ)을(를) 선임하여야 한다.
- 이사의 직무집행을 정지하거나 (ㄷ)을(를) 선임하는 가처분을 하거나 그 가처분을 변경·취소하는 경우에는 주사무소가 있는 곳의 등기소에서 이를 등기하여야 한다.

① ㄱ : 임시이사, ㄴ : 직무대행자, ㄷ : 특별대리인
② ㄱ : 임시이사, ㄴ : 특별대리인, ㄷ : 직무대행자
③ ㄱ : 특별대리인, ㄴ : 임시이사, ㄷ : 직무대행자
④ ㄱ : 직무대행자, ㄴ : 특별대리인, ㄷ : 임시이사

37 다음 중 상법이 규정하는 손해보험의 종류에 해당하는 것을 모두 고른 것은?

ㄱ. 화재보험	ㄴ. 해상보험
ㄷ. 책임보험	ㄹ. 재보험
ㅁ. 보증보험	ㅂ. 상해보험
ㅅ. 질병보험	ㅇ. 자동차보험

① ㄱ, ㄴ, ㄷ, ㅁ, ㅇ
② ㄱ, ㄴ, ㄷ, ㄹ, ㅁ, ㅇ
③ ㄱ, ㄴ, ㄷ, ㄹ, ㅂ, ㅇ
④ ㄱ, ㄷ, ㄹ, ㅁ, ㅂ, ㅅ, ㅇ

38 법의 시간적 효력에 관한 설명으로 옳지 않은 것은?

① 대통령령, 총리령 및 부령은 특별한 규정이 없으면 공포한 날부터 20일이 경과함으로써 효력을 발생한다.
② 구법(舊法)에 의해 취득한 기득권은 신법(新法)의 시행으로 소급하여 박탈하지 못한다는 원칙은 절대적인 것이어서 입법으로도 제한할 수 없다.
③ 형법에서는 범죄 후 법률이 변경되어 형이 구법(舊法)보다 가벼워진 경우에는 신법(新法)에 따른다.
④ 구법(舊法)과 신법(新法) 사이의 법적용의 문제를 해결하기 위해 제정된 법을 경과법이라고 한다.

39 검사의 공소제기가 없는 사건에 대하여 법원이 독자적으로 심판할 수 없고, 청구한 사실에 대해서만 심리 및 판결을 할 수 있다는 원칙은 무엇인가?

① 불고불리의 원칙
② 일사부재리의 원칙
③ 일사부재의의 원칙
④ 불이익변경금지의 원칙

40 행정심판법상 사정재결에 관한 설명으로 옳지 않은 것은?

① 사정재결은 인용재결의 일종이다.
② 행정심판위원회는 사정재결을 하는 경우 재결의 주문(主文)에서 그 처분 또는 부작위가 위법하거나 부당하다는 것을 구체적으로 밝혀야 한다.
③ 행정심판위원회는 사정재결을 할 때에는 청구인에 대하여 상당한 구제방법을 취하거나 상당한 구제방법을 취할 것을 피청구인에게 명할 수 있다.
④ 무효등확인심판에서는 사정재결을 할 수 없다.

제3회 민간경비론

41 다음 중 각국의 민간경비에 관한 설명으로 옳지 않은 것은?

① 영국의 민간경비는 산업혁명 시대에 크게 성장하였다.
② 미국은 제2차 세계대전을 계기로 민간경비가 비약적으로 발전하였다.
③ 일본은 제2차 세계대전 이후에 현대적 민간경비업의 출현을 맞이하게 되었다.
④ 한국의 청원경찰제도는 다른 나라에서도 활성화되어 있다.

42 경비계획 수립의 기본원칙에 관한 설명으로 옳지 않은 것은?

① 경비원 1인이 경계해야 할 구역의 범위는 안전규칙상 적당해야 한다.
② 경계구역과 건물출입구 수는 안전규칙의 범위 내에서 최대한으로 유지되어야 한다.
③ 건물 외부의 틈으로 접근·탈출이 가능한 지점 및 경계구역은 보호되어야 한다.
④ 잠금장치는 정교하고 파손이 어렵게 만들어져야 한다.

43 컴퓨터 부정조작의 유형과 그 설명으로 옳은 것은?

① 입력조작 : 올바르게 출력된 출력인쇄를 사후에 변조하는 것이다.
② 프로그램조작 : 개개의 명령을 변경 혹은 삭제하거나 새로운 명령을 삽입하여 기존의 프로그램을 변경하는 것이다.
③ 출력조작 : 컴퓨터 시스템의 자료를 권한 없이 획득, 이용, 누설하여 타인에게 재산적 손해를 야기하는 것이다.
④ 콘솔조작 : 입력될 자료를 조작하여 컴퓨터로 하여금 거짓 처리결과를 만들어내게 하는 것이다.

44 각국의 민간경비원의 법적 지위에 관한 설명으로 옳지 않은 것은?

① 한국에서 민간경비원이 증거를 수집할 수 있는 형사소송법상 규정은 없다.
② 미국의 민간경비원은 정당한 목적을 실현하는 데 합리적으로 필요한 양만큼의 실력행사만 허용된다.
③ 독일은 민간경비원의 실력행사에 관한 명시적 규정을 두고 있지 않다.
④ 일본의 민간경비원은 심문, 수색, 범죄의 예방과 제지를 할 수 있다.

45 한국 민간경비산업의 발전방안으로 옳지 않은 것은?

① 경비관련 자격증제도의 전문화
② 인력경비 중심의 민간경비산업 지향
③ 민간경비체제의 다양화 및 업무의 다변화
④ 국가전담기구의 설치와 행정지도

46 인력경비와 기계경비의 장점에 관한 설명으로 옳지 않은 것은?

① 인력경비는 경비업무 외에 안내, 보호·보관 업무 등을 하나로 통합한 서비스를 제공할 수 있다.
② 인력경비는 현장에서의 상황 발생 시 신속한 조치가 가능하다.
③ 기계경비는 24시간 지속적으로 감시할 수 있다.
④ 기계경비는 고객과의 친밀한 관계형성이 용이하다.

47 다음 중 강력한 고온의 열이 감지되고 계속적으로 불이 외부로 확장되며 공기는 가열되어 위험할 정도로 팽창되는 상태는 화재의 4단계 중 어느 단계에 속하는가?

① 초기 단계
② 그을린 단계
③ 불꽃발화 단계
④ 열 단계

48 우리나라의 민간경비와 경찰의 관계 개선방안으로 옳지 않은 것은?

① 지휘·감독 강화를 통한 수직적 관계의 유지
② 전임책임자제도와 합동순찰제도 실시
③ 상호 비상연락망 구축
④ 책임자 간담회의 정기적 개최

49 다음에서 설명하는 민간경비 성장의 이론은 무엇인가?

> 경찰의 범죄예방능력이 국민의 욕구를 충족시키지 못할 때의 공동상태를 민간경비가 보충함으로써 민간경비가 성장한다는 이론이다.

① 공동화이론
② 경제환원론
③ 이익집단이론
④ 수익자부담이론

50 경비부서의 조직화에서 통솔범위의 결정요인에 관한 설명으로 옳지 않은 것은?

① 업무가 비전문적이고 단순할수록 상관의 통솔범위가 넓다.
② 부하의 자질이 높을수록 상관의 통솔범위가 좁다.
③ 계층의 수가 적을수록 상관의 통솔범위가 넓다.
④ 작업장소의 지역적 분산 정도가 작을수록 상관의 통솔범위가 넓다.

51 우리나라 민간경비의 역사적 발전에 관한 설명으로 옳은 것은?

① 용역경비업법에 근거하여 미8군부대 용역경비를 실시한 것이 민간경비의 효시라 할 수 있다.
② 용역경비업법이 경비업법으로 변경됨으로써 포괄적인 개념의 전문경비제도를 도입하는 계기가 되었다.
③ 1980년대 대기업이 민간경비산업에 진출하면서 무인경비시설이 확대되기 시작하였다.
④ 2001년 경비업법 전면개정으로 신변보호업무가 경비업의 종류에 추가되었다.

52 시설물의 물리적 통제시스템 구축과 관련하여 보호가치가 높은 자산일수록 보다 많은 방어공간을 형성해야 한다는 이론을 제시한 사람은 누구인가?

① J. Dingle
② Jonathan Wild
③ V.L. Folley
④ Henry Fielding

53 입법적 대책과 관련하여 형법에 규정된 컴퓨터 범죄에 관한 설명으로 옳지 않은 것은?

① 재물손괴죄 : 컴퓨터등 정보처리장치를 손괴하여 정보처리에 장애를 발생하게 하여 타인의 업무를 방해한 행위
② 컴퓨터등 사용사기죄 : 컴퓨터등 정보처리장치에 허위의 정보를 입력하여 정보처리를 하게 함으로써 제3자로 하여금 재산상의 이득을 취득하게 하는 행위
③ 비밀침해죄 : 봉함 기타 비밀장치한 전자기록등을 기술적 수단을 이용하여 그 내용을 알아낸 행위
④ 사전자기록의 위작·변작죄 : 사무처리를 그르치게 할 목적으로 타인의 권리·의무 또는 사실증명에 관한 전자기록을 위작 또는 변작한 행위

54 경찰관직무집행법상 불심검문에 관한 설명으로 옳지 않은 것은?

① 경찰관은 수상한 행동이나 그 밖의 주위 사정을 합리적으로 판단하여 볼 때 어떠한 죄를 범하였거나 범하려 하고 있다고 의심할 만한 상당한 이유가 있는 사람을 정지시켜 질문할 수 있다.
② 경찰관은 이미 행하여진 범죄나 행하여지려고 하는 범죄행위에 관한 사실을 안다고 인정되는 사람에게 질문할 때에 그 사람이 흉기를 가지고 있는지를 조사할 수 있다.
③ 경찰관은 질문을 할 경우 자신의 신분을 표시하는 증표를 제시하면서 소속과 성명을 밝히고 질문의 목적과 이유를 설명하여야 한다.
④ 경찰관은 사람을 정지시킨 장소에서 질문을 하는 것이 그 사람에게 불리하거나 교통에 방해가 된다고 인정될 때에는 질문을 하기 위하여 가까운 경찰서·지구대·파출소 또는 출장소로 동행할 것을 요구할 수 있는데 동행을 요구받은 사람은 그 요구를 거절할 수 없다.

55 다음에 해당하는 경비위해 분석단계는?

경비의 위해요소 분석에 있어서 가장 선행되어야 하는 것으로, 경비대상시설이 안고 있는 경비상의 취약점을 파악하는 단계

① 위험요소의 분류
② 경비위해요소의 인지
③ 경비위험도의 평가
④ 경비비용효과의 분석

56 다음 중 경비원의 바람직한 근무자세에 관한 내용 중 옳은 것을 모두 고른 것은?

ㄱ. 사명감을 가진 근무자세
ㄴ. 책임감과 소명의식을 구비한 근무자세
ㄷ. 청렴하고 도덕성을 지닌 근무자세
ㄹ. 자신의 안전을 고려하지 않고, 고객의 안전을 중시하는 근무자세
ㅁ. 서비스정신에 입각한 근무자세
ㅂ. 상급자의 위법한 지시명령에 절대복종하는 근무자세

① ㄱ, ㄴ, ㄷ
② ㄱ, ㄴ, ㄷ, ㅁ
③ ㄱ, ㄴ, ㄷ, ㄹ, ㅁ
④ ㄱ, ㄴ, ㄷ, ㅁ, ㅂ

57 다음 중 경보센서(감지기)와 특징의 연결이 옳지 않은 것은?

[경보센서]
㉠ 광전자식 센서
㉡ 자력선식 센서
㉢ 전자기계식 센서
㉣ 압력반응식 센서

[특 징]
ⓐ 반도체와 두 단자 간의 전류를 활용하여 자장의 변화와 이동원리를 이용하는 장치로서 주로 교도소나 대규모 은행 등의 지붕, 천장, 담벼락 등에 설치한다.
ⓑ 비교적 넓은 범위에서 침입자를 탐지하는 장치로서 레이저광선을 외부 침입자가 건드리면 경보되는 감지기이다.
ⓒ 금고와 금고문, 각종 철제로 제작된 문, 담 등 모든 종류의 금속장치를 보호하기 위해 개발된 장치이다.
ⓓ 접촉의 유무를 감지하는 가장 단순한 경비센서로서 문틀과 문 사이에 접지극을 설치해 두고서 이것이 붙어 있을 경우에는 정상적으로 작동하게 되고 문이 열리게 되면 회로가 차단되어 센서가 작동하게 된다.
ⓔ 센서에 직·간접적인 압력이 가해지면 작동하는 센서로서 주로 자동문이나 카펫 밑에 지뢰 매설식으로 설치한다.

① ㉠ - ⓑ
② ㉡ - ⓐ
③ ㉢ - ⓓ
④ ㉣ - ⓒ

58 민간경비와 공경비에 관한 설명으로 옳지 않은 것은?

① 민간경비와 공경비는 공통적으로 범죄예방, 범죄감소 및 재산보호를 그 임무로 한다.
② 민간경비의 법률관계의 근거는 경비계약이고 공경비의 법률관계의 근거는 법령이다.
③ 민간경비는 공경비에 비해 강제력 사용에 제약을 받기 때문에 현행범의 경우 공경비는 영장 없이 체포할 수 있으나, 민간경비는 영장 없이 체포할 수 없다.
④ 오늘날 민간경비의 도움 없이 공경비만으로 공동체의 안전과 질서를 유지하기 어렵다.

59 계약경비서비스 유형에 관한 설명으로 옳지 않은 것은?

① 사설탐정은 개인·조직의 정보와 관련된 서비스의 제공을 주 업무로 하는데, 현재 우리나라에서는 제도적으로 시행되고 있지 않다.
② 경보응답서비스는 보호하는 지역 내 설치된 경보감지장비 및 이와 연결된 중앙통제시스템과 연결되어 있다.
③ 순찰서비스는 계약경비의 일종으로서 고객의 시설물들을 내·외곽에서 순찰하는 형태이다.
④ 기계경비서비스는 고층빌딩, 교육시설, 숙박시설, 의료시설, 판매시설, 금융시설 등에 대한 각종 위해로부터 시설물 내의 인적·물적 가치를 보호하는 형태이다.

60 시설물의 물리적 통제시스템에 관한 설명으로 옳지 않은 것은?

① 기본적으로 경계지역, 건물 외부지역, 건물 내부지역이라는 3가지 방어선으로 구분된다.
② 외부 침입 시 경비시스템 중 1차 보호시스템은 외부 출입통제시스템이고, 2차 보호시스템은 내부 출입통제시스템이다.
③ 시설물 내에 존재하는 내부자산들은 그 가치가 다르기 때문에 상이한 경비보호계획을 수립하여 대응해야 한다.
④ 안전유리는 콘크리트나 석재 담장과 유사한 보호기능을 하면서도 저렴하다는 장점이 있다.

61 민간경비차원에서 실시되던 경비활동을 국가적 치안개념으로 발전시킨 영국의 제도는?

① 규환제도(Hue and Cry)
② 상호보증제도(Frank Pledge System)
③ 윈체스터법(The Statute of Winchester)
④ 레지스 헨리시법(The Legis Henrici Law)

62 다음 ( ) 안의 ㄱ과 ㄴ에 들어갈 내용을 알맞게 고른 것은?

- (ㄱ) : 건물의 낙서를 비롯하여 무차별적으로 문화재 및 타인의 물건이나 건물, 시설물 등을 파괴하는 반사회적인 행동이다. 어떠한 사전경고도 없으며, 목적 없이 무차별적으로 발생하므로 주의를 기울이는 것만이 최선의 예방책이다.
- (ㄴ) : 고의적인 사유재산 파괴나 태업(怠業) 등을 통한 노동자의 쟁의행위로, 중세 유럽 농민들이 영주의 부당한 처사에 항의하여 수확물을 사보(Sabot : 나막신)로 짓밟은 데서 유래하였다.

① ㄱ : 사보타주, ㄴ : 반달리즘
② ㄱ : 사보타주, ㄴ : 훌리거니즘
③ ㄱ : 반달리즘, ㄴ : 훌리거니즘
④ ㄱ : 반달리즘, ㄴ : 사보타주

63 금융시설경비에 관한 설명으로 옳지 않은 것은?

① 금융시설 내에 한정하지 않고 외부경계 및 차량감시도 경비활동의 대상에 포함된다.
② 금융시설의 특성상 개·폐점 직후나 점심시간 등이 취약시간대로 분석되고 있다.
③ 특수경비업의 성장으로 인해, 특수경비원이 금융시설경비를 전담하고 있다.
④ 현금수송은 원칙적으로 현금수송 전문경비회사에 의뢰해야 한다.

64 민간경비의 유형에 관한 설명으로 옳은 것은 모두 몇 개인가?

ㄱ. 자체경비는 개인 및 기관, 기업 등이 중요하다고 판단되는 자신들의 보호대상을 보호하기 위하여 자체적으로 관련 업무를 수행할 수 있는 경비부서를 조직화하는 것이다.
ㄴ. 계약경비는 개인 및 기관, 기업 등이 중요하다고 판단되는 자신들의 보호대상을 보호하기 위하여 외부와의 계약을 통해서 경비인력 또는 경비시스템을 도입·운영하는 것이다.
ㄷ. 청원경찰은 계약경비의 일종이다.
ㄹ. 현행 경비업법은 자체경비를 전제로 한 것이다.

① 1개
② 2개
③ 3개
④ 4개

65. 소화방법에 관한 설명 중 ( )에 들어갈 용어로 옳은 것은?

- (ㄱ)소화 – 연소반응에 관계된 가연물이나 그 주위의 가연물을 (ㄱ)하여 소화하는 방법
- 질식소화 – 연소범위의 산소공급원을 차단시켜 연소가 되지 않도록 하는 방법
- (ㄴ)소화 – 연소물을 (ㄴ)하여 연소물을 착화온도 이하로 떨어뜨려 소화하는 방법으로 물을 많이 사용함
- (ㄷ)소화 – 연소의 연쇄반응을 부촉매 작용에 의해 (ㄷ)하는 소화방법

① ㄱ : 억제, ㄴ : 냉각, ㄷ : 제거
② ㄱ : 억제, ㄴ : 제거, ㄷ : 냉각
③ ㄱ : 냉각, ㄴ : 억제, ㄷ : 제거
④ ㄱ : 제거, ㄴ : 냉각, ㄷ : 억제

66. 국가중요시설에 관한 설명으로 옳지 않은 것은?

① 국가중요시설은 중요도에 따라 가급, 나급, 다급으로 분류된다.
② 국가중요시설은 적에 의하여 점령 또는 파괴되거나 기능이 마비될 경우 국가안보와 국민생활에 심각한 영향을 주는 시설을 의미한다.
③ 공항·항만, 원자력발전소 등의 시설 중 국방부장관이 지정하는 국가보안목표시설과 통합방위법의 규정에 의하여 국가정보원장이 지정하는 국가중요시설을 말한다.
④ 국가중요시설은 시설의 중요도와 취약성을 고려하여 보호지역을 설정하고 있다.

67. 우리나라의 치안환경에 관한 설명으로 옳지 않은 것은?

① 고령화 현상으로 생계형 노인범죄가 사회적 문제로 대두되고 있다.
② 경제적 양극화 심화로 인해 다양한 유형의 범죄가 발생하고 있다.
③ 교통·통신시설의 발달로 범죄가 지역화·국지화되고 있다.
④ 과학기술의 발달로 인해 사이버범죄가 날로 지능화·전문화되고 있다.

68 경보시스템에 관한 설명으로 옳지 않은 것은?

① 상주경보시스템은 주요 지점마다 경비원을 배치하여 경비하는 방식으로 즉각적인 대응이 가능한 시스템이다.
② 중앙관제시스템은 전용 전화회선을 통해 비상 감지 시 직접 외부의 각 관계기관에 자동으로 연락이 취해지는 방식이다.
③ 제한적 경보시스템은 사이렌이나 종, 비상등과 같은 제한된 경보장치를 설치하여 화재예방시설에 주로 사용되며 사람이 없으면 대응할 수 없는 단점이 있다.
④ 다이얼 경보시스템은 비상사태가 발생하였을 경우 사전에 입력된 전화번호로 긴급연락을 하는 것으로 설치가 간단하고 유지비가 저렴하다.

69 컴퓨터의 각종 사이버테러에 관한 설명으로 옳지 않은 것은?

① 허프건(Huffgun) : 컴퓨터에 고출력 전자기장을 발생시켜 컴퓨터의 하드디스크 자기기록 정보를 파괴시키는 행위
② 스팸(Spam) : 악의적인 내용을 담은 전자우편을 인터넷상의 불특정 다수에게 무차별로 살포하여 컴퓨터 시스템을 마비시키거나 온라인 공해를 일으키는 행위
③ 플레임(Flame) : 네티즌들이 공통의 관심사를 논의하기 위해 개설한 토론방에 고의로 가입하여 개인 등에 대한 악성루머를 유포하는 행위
④ 스푸핑(Spoofing) : 인터넷상에 떠도는 IP(Internet Protocol) 정보를 몰래 가로채는 행위

70 국가경찰과 자치경찰의 조직 및 운영에 관한 법률에 규정된 자치경찰사무에 해당하는 것은?

① 범죄피해자 보호
② 대간첩·대테러 작전 수행
③ 주민참여 방범활동의 지원 및 지도
④ 외국 정부기관 및 국제기구와의 국제협력

71 화재경보센서 중 연기센서에 해당하지 않는 것은?

① 이온화식 스포트형
② 광전식 스포트형
③ 광전식 분리형
④ 차동식 스포트형

72 확인된 위험의 대응방법에 관하여 옳게 연결된 것은?

> ㄱ. 물리적·절차적 관점에서 위험요소를 감소시키거나 최소화시키는 방법을 강구한다.
> ㄴ. 범죄 및 손실이 발생할 기회를 전혀 제공하지 않는 것과 관련된다.

① ㄱ : 위험의 감소, ㄴ : 위험의 회피
② ㄱ : 위험의 감소, ㄴ : 위험의 분산
③ ㄱ : 위험의 제거, ㄴ : 위험의 감수
④ ㄱ : 위험의 제거, ㄴ : 위험의 대체

73 정보보호의 기본원칙 중 다음 설명에 해당하는 것은?

> 정보시스템과 정보시스템의 보안은 타인의 권리와 합법적 이익이 존중·보호될 수 있도록 제공·사용되어야 한다는 원칙

① 윤리성의 원칙
② 다중협력성의 원칙
③ 균형성·비례성의 원칙
④ 인식성의 원칙

74 컴퓨터 범죄의 특성에 관한 설명으로 옳은 것은?

① 컴퓨터 범죄는 범죄행위 측면에서 범행의 적발과 원인규명이 용이하다.
② 컴퓨터 범죄 행위자는 대부분 상습범이거나 누범자이다.
③ 컴퓨터 부정조작의 경우 행위자가 조작방법을 터득하게 되면 임의로 사용이 가능하기 때문에 조작행위가 빈번할 가능성이 높다.
④ 외부인에 의한 범죄가 대다수이며 완전범죄의 가능성이 높다.

75 다음 중 수익자부담이론의 성립조건에 해당하지 않는 것은?

① 전반적인 국민소득의 증가
② 실제적인 범죄의 증가
③ 민간경비제도나 서비스의 유용성에 대한 인식변화
④ 국가공권력에 대한 불신

76 CCTV의 효과에 관한 설명으로 옳지 않은 것은?

① CCTV의 사용으로 인하여 범죄자의 범법행위가 다른 장소, 대상으로 이동될 가능성은 없다.
② CCTV를 통하여 범죄를 범할 기회를 감소시킬 수 있다.
③ CCTV는 한 사람에 의해 여러 곳을 감시할 수 있다.
④ 녹화된 CCTV의 자료는 증거로서의 역할을 할 수 있다.

77 청원경찰법과 경비업법을 이원적으로 운용함으로써 발생되는 현상이 아닌 것은?

① 청원경찰은 신분상 공무원이 아니지만 벌칙 적용에 있어서는 공무원 신분을 적용하여 불이익을 당하고 있다.
② 현재 특수한 경비대상시설이나 기타 분야를 제외하고는 대부분의 중요 경비시설에 있어서 청원경찰과 민간경비가 동시에 이루어지거나, 청원경찰을 점차 민간경비로 전환하는 추세이다.
③ 청원경찰의 근무배치 및 감독, 임용 및 해임 등의 권한이 모두 민간경비업자에게 위임되고 있다.
④ 민간경비원은 청원경찰보다 직업안정성이 낮고 이직률이 높은 편이다.

78 브랜팅햄(P. J. Brantingham)과 파우스트(F. L. Faust)가 주장한 범죄예방 구조모델론 중 다음에 해당하는 것은?

> 잠재적 범죄자를 초기에 발견하고 이들의 범죄행위를 저지하기 위한 예방활동

① 1차적 범죄예방
② 2차적 범죄예방
③ 3차적 범죄예방
④ 상황적 범죄예방

79 경비업법령상 경비원의 교육에 관한 설명으로 옳은 것은?

① 일반경비원은 시설경비·호송경비·신변보호·특수경비업무를 수행한다.
② 경비업자는 경비업무를 적정하게 실시하기 위하여 경비원으로 하여금 행정안전부령으로 정하는 바에 따라 경비원 신임교육 및 직무교육을 받게 하여야 한다.
③ 경비원이 되려는 사람은 행정안전부령으로 정하는 교육기관에서 미리 일반경비원 신임교육을 받을 수 있다.
④ 특수경비원의 교육 시 관할 경찰서 소속 경찰공무원이 교육기관에 입회하여 대통령령이 정하는 바에 따라 지도·감독하여야 한다.

80 다음 중 민간경비의 개념을 형식적·실질적 의미로 파악하는 것과 거리가 먼 것은?

① 경비업법에 의해 허가받은 법인이 경비업법상의 업무를 수행하는 활동을 의미한다.
② 민간이 주체가 되는 계약경비와 자체경비를 불문한 모든 경비활동을 의미한다.
③ 공경비와 민간경비를 명확히 구별한다.
④ 고객의 생명·신체·재산보호 및 사회적 손실 감소와 질서유지를 위한 일체의 활동을 의미한다.

제4회 법학개론

01 다음 중 용익물권과 담보물권의 성질을 겸유하는 물권은?

① 지상권
② 전세권
③ 유치권
④ 저당권

02 다음은 재산권에 관한 헌법 제23조 규정이다. ( ) 안의 ㄱ~ㄷ에 들어갈 용어가 옳게 연결된 것은?

> 헌법 제23조
> ① 모든 국민의 재산권은 보장된다. 그 내용과 한계는 (ㄱ)(으)로 정한다.
> ② 재산권의 행사는 (ㄴ)에 적합하도록 하여야 한다.
> ③ 공공필요에 의한 재산권의 수용·사용 또는 제한 및 그에 대한 보상은 법률로써 하되, (ㄷ) 보상을 지급하여야 한다.

① ㄱ : 민법,   ㄴ : 공공복리,   ㄷ : 상당한
② ㄱ : 민법,   ㄴ : 사회상규,   ㄷ : 정당한
③ ㄱ : 법률,   ㄴ : 공공복리,   ㄷ : 정당한
④ ㄱ : 법률,   ㄴ : 사회상규,   ㄷ : 상당한

03 법원(法源)에 관한 설명으로 옳은 것은?

① 성문법은 사회적 변화에 신속히 대응할 수 있는 장점이 있다.
② 성문법은 법적 안정성을 확보하기 어려운 점이 있다.
③ 대륙법계의 특징은 제정법에 대한 판례법의 우위, 독일법계와 프랑스법계 중심, 성문법 중심, 일반적·추상적 규범으로 체계화 등을 들 수 있다.
④ 오늘날 영미법계 국가에서는 불문법의 불비를 보충 또는 수정·보완하기 위해 성문법을 제정하기도 한다.

04 국회의 특별의결정족수 중 재적의원 과반수의 찬성을 요하는 경우가 아닌 것은?

① 헌법개정안 발의
② 대통령을 포함한 탄핵소추 의결
③ 계엄해제 요구
④ 국회의장 및 부의장의 원칙적인 선출

05 상법상 상업사용인에 관한 설명으로 옳지 않은 것은?

① 지배인은 영업주에 갈음하여 그 영업에 관한 재판상 또는 재판 외의 모든 행위를 할 수 있다.
② 본점 또는 지점의 본부장, 지점장, 그 밖에 지배인으로 인정될 만한 명칭을 사용하는 자는 본점 또는 지점의 지배인과 동일한 권한이 있는 것으로 본다. 다만, 재판상 행위에 관하여는 그러하지 아니하다.
③ 영업의 특정한 종류 또는 특정한 사항에 대한 위임을 받은 사용인은 이에 관한 재판 외의 모든 행위를 할 수 있다.
④ 영업의 특정한 종류 또는 특정한 사항에 대한 위임을 받은 사용인에 관한 사항은 등기사항이다.

06 법의 효력에 관한 설명으로 옳지 않은 것은?

① 법의 실현이 국가권력에 의하여 보장되어 있는 상태의 법의 효력을 법의 실효성이라고 한다.
② 법이 실효성이 있으나 타당성이 없는 경우 법은 사문화될 가능성이 있다.
③ 국제사법(國際私法)에 따르면 사람의 권리능력은 그의 본국법에 의한다.
④ 한시법에 있어서 시행기간이 경과하여 적용되지 않게 된 경우, 이는 명시적 폐지에 해당한다.

07 다음 중 의원내각제적 요소를 모두 고르면?

```
ㄱ. 행정부 구성원의 탄핵소추
ㄴ. 국무회의제
ㄷ. 대통령의 법률안 거부권
ㄹ. 국회의원과 국무위원의 겸직 허용
```

① ㄱ, ㄴ
② ㄱ, ㄷ
③ ㄴ, ㄷ
④ ㄴ, ㄹ

08 형사소송법에 관한 설명으로 옳지 않은 것은?

① 형법에 기초하여 발생한 형벌권을 구체적으로 실현하기 위한 법적 절차를 규율하는 절차법이다.
② 직권주의와 당사자주의를 아울러 채택하고 있다.
③ 공판절차뿐만 아니라 수사절차, 형집행절차에 대해서도 규정하고 있다.
④ 형식적 진실주의, 적정절차의 원칙, 신속한 재판의 원칙을 지도이념으로 하고 있다.

09 법의 체계에 관한 설명으로 옳은 것은?

① 국제사법은 섭외적 법률관계를 규율하는 것으로 국제법에 속한다.
② 법이 규율하는 내용을 기준으로 일반법·특별법으로 구분할 수 있다.
③ 대법원규칙은 법률과 동등한 효력을 가진다.
④ 대통령의 긴급명령은 국회가 제정한 법률과 같은 지위의 효력을 가진다.

10 법의 적용에 관한 설명으로 옳은 것은?

① 법의 적용은 구체적 사안을 상위개념(대전제)으로 하고, 추상적인 법규범을 하위개념(소전제)으로 하여 결론을 도출하는 것이다.
② 확정의 대상인 사실이란 자연적으로 인식한 현상 자체를 말한다.
③ 구체적 사실을 확정하는 것은 법률문제이다.
④ 법의 적용이 법원의 재판에 한정되는 것은 아니다.

11 형을 가중·감경할 사유가 경합된 때, 가중·감경의 순서로 옳은 것은?

① 각칙 본조에 의한 가중 → 제34조 제2항의 가중 → 경합범 가중 → 법률상 감경 → 누범 가중 → 정상참작감경
② 각칙 본조에 의한 가중 → 제34조 제2항의 가중 → 누범 가중 → 법률상 감경 → 경합범 가중 → 정상참작감경
③ 제34조 제2항의 가중 → 각칙 본조에 의한 가중 → 경합범 가중 → 법률상 감경 → 누범 가중 → 정상참작감경
④ 제34조 제2항의 가중 → 각칙 본조에 의한 가중 → 누범 가중 → 법률상 감경 → 경합범 가중 → 정상참작감경

12 보증채무에 관한 설명으로 옳지 않은 것은?

① 보증인은 주채무자가 이행하지 아니하는 채무를 이행할 의무가 있다.
② 보증은 장래의 채무에 대하여도 할 수 있다.
③ 보증은 그 의사가 보증인의 기명날인 또는 서명이 있는 서면으로 표시되어야 효력이 발생한다.
④ 보증은 불확정한 다수의 채무에 대해서도 할 수 있으므로 보증하는 채무의 최고액을 특정할 필요는 없다.

13 상법상 회사에 관한 설명으로 옳지 않은 것은?

① 유한회사는 사원의 지분에 관하여 지시식 또는 무기명식의 증권을 발행하지 못한다.
② 유한책임회사를 대표하는 자는 업무집행자이다.
③ 회사는 사단성, 법인성, 영리성을 그 특성(개념요소)으로 한다.
④ 주식회사 중 상장회사는 반드시 사외이사를 선임하여야 한다.

14 상법상 주식회사에 허용될 수 없는 것은?

① 주주의 제명
② 무액면주식
③ 자본금의 감소
④ 회사채의 발행

15 법규정의 결과로 각 사람이 저절로 받는 이익으로서 적극적으로 어떤 힘이 부여되어 있는 것이 아니기 때문에 타인이 그 이익의 향유를 방해하더라도 그것의 보호를 청구하지 못하는 것은?

① 권 능
② 권 한
③ 반사적 이익
④ 권 리

16 법의 분류에 관한 설명으로 옳은 것은?

① 민사소송법은 사법이다.
② 공법이 축소되고 사법이 확대되는 '공법의 사법화' 경향이 강해지고 있다.
③ 형법은 범죄를 저지른 사람에게만 적용된다는 점에서 특별법이다.
④ 권리나 의무의 발생·변경·소멸을 규율하는 법은 실체법이다.

17 법의 개념에 대한 견해와 학자가 바르게 연결된 것은?

① 법은 도덕의 '최대한'이다. - 슈몰러(Schmoller)
② 법은 법이념에 봉사한다는 의미를 지니는 현실이다. - 라렌츠(Larenz)
③ 법은 도덕의 '최소한'이다. - 라드부르흐(Radbruch)
④ 법은 사회적 조직체의 공동정신이다. - 키케로(Cicero)

18 국가나 지방자치단체로부터 공권을 부여받아 자신의 이름으로 공권력을 행사하는 사인이나 사법인을 무엇이라고 하는가?

① 공공조합
② 공재단
③ 영조물법인
④ 공무수탁사인

19 사회보장법 관련 분야에 해당하는 법률은?

① 노동조합 및 노동관계조정법
② 산업재해보상보험법
③ 소비자기본법
④ 독점규제 및 공정거래에 관한 법률

20 형법상 형벌에 관한 설명으로 옳지 않은 것은?

① 형벌의 종류는 크게 생명형, 자유형, 재산형, 명예형으로 구분할 수 있다.
② 징역 또는 금고는 무기 또는 유기로 하고 유기는 1개월 이상 30년 이하로 한다.
③ 자격정지는 1년 이상 10년 이하로 한다.
④ 과료는 2천원 이상 5만원 미만으로 하고, 벌금은 5만원 이상으로 한다.

21 현행 헌법상 신체의 자유에 관한 설명으로 옳지 않은 것은?

① 누구든지 법률에 의하지 아니하고는 체포·구속·압수·수색 또는 심문을 받지 아니하며, 법률과 적법한 절차에 의하지 아니하고는 처벌·보안처분 또는 강제노역을 받지 아니한다.
② 모든 국민은 고문을 받지 아니하며, 형사상 자기에게 불리한 진술을 강요당하지 아니한다.
③ 체포·구속·압수·수색 또는 심문을 할 때에는 적법한 절차에 따라 검사의 신청에 의하여 법관이 발부한 영장을 제시하여야 한다.
④ 정식재판에 있어서 피고인의 자백이 그에게 불리한 유일한 증거일 때에는 이를 유죄의 증거로 삼거나 이를 이유로 처벌할 수 없다.

22 죄수론에 관한 설명으로 옳지 않은 것은?

① 법조경합이란 한 개 또는 수개의 행위가 외관상 수개의 형벌 법규에 해당하는 것같이 보이지만 형벌법규의 성질상 하나의 법규만 적용되고 다른 법규는 배척되는 것을 말한다.
② 포괄일죄는 수개의 행위가 포괄적으로 한 개의 구성요건에 해당하여 일죄를 구성하는 경우를 말한다.
③ 상상적 경합범은 한 개의 행위가 여러 개의 죄에 해당하나 처벌상 하나의 죄로 취급되는 경우로, 가장 경한 죄에 대하여 정한 형으로 처벌한다.
④ 실체적 경합범은 판결이 확정되지 아니한 수개의 죄 또는 금고 이상의 형에 처한 판결이 확정된 죄와 그 판결확정 전에 범한 죄를 말한다.

23 노동조합 및 노동관계조정법상 사용자의 쟁의행위에 해당하는 것은?

① 직장점거
② 직장폐쇄
③ 피케팅
④ 보이콧

24 다음 중 강행규정이 아닌 것은?

① 신의성실의 원칙에 관한 민법 제2조
② 미성년자의 행위능력에 관한 민법 제5조
③ 사단법인의 사원권의 양도, 상속금지에 관한 민법 제56조
④ 법인해산 시 잔여재산의 귀속에 관한 민법 제80조

25 법의 해석에 관한 설명으로 옳지 않은 것은?

① 과실책임을 물을 때 그보다 중한 고의책임은 당연히 포함되는 것으로 해석하는 경우 물론해석에 해당한다.
② '소멸시효의 이익은 미리 포기하지 못한다'는 규정이 있는 경우, 시효완성 후의 포기는 허용된다고 해석하는 경우 반대해석에 해당한다.
③ 형법 제329조 절도죄의 객체인 '재물'에 부동산은 포함되지 아니한다고 해석하는 것은 축소해석에 해당한다.
④ 법령 자체에 그 법령의 해석에 관한 방침을 명확히 제시하기 위하여 해석규정을 두는 것을 사법해석이라고 한다.

26 근로기준법에 관한 설명으로 옳지 않은 것은?

① 근로조건은 근로자와 사용자가 동등한 지위에서 자유의사에 따라 결정하여야 한다.
② 근로자와 사용자는 각자가 단체협약, 취업규칙과 근로계약을 지키고 성실하게 이행할 의무가 있다.
③ 근로기준법은 사용자가 근로자를 모집·채용할 때 차별을 금지하는 규정을 두고 있다.
④ 사용자는 폭행, 협박, 감금, 그 밖에 정신상 또는 신체상의 자유를 부당하게 구속하는 수단으로써 근로자의 자유의사에 어긋나는 근로를 강요하지 못한다.

27 행정기관이 정책을 결정하거나 직무를 수행하는 데 필요한 정보나 자료를 수집하기 위하여 현장조사·문서열람·시료채취 등을 하거나 조사대상자에게 보고요구·자료제출요구 및 출석·진술요구를 행하는 활동은?

① 청 문
② 사전통지
③ 의견제출
④ 행정조사

28 타인의 계산(計算)하에 자기의 명의로 법률행위를 하고 그 법률효과도 자기에게 귀속한 후 취득한 권리 등을 그 타인에게 이전하는 제도는?

① 사 자
② 대 표
③ 대 리
④ 간접대리

29 다음 무효행위 중에서 추인이 가능한 것은?

① 사회질서에 반하는 행위
② 허위표시
③ 인륜에 반하는 행위
④ 폭리행위

30 형법상 재산범죄에 관한 설명으로 옳지 않은 것은?

① 재산범죄 중 강도죄와 손괴죄에는 친족상도례가 적용되지 않는다.
② 절도죄와 장물죄는 재물만을 객체로 하는 범죄이다.
③ 배임죄와 컴퓨터등 사용사기죄는 재산상 이익만을 객체로 하는 범죄이다.
④ 횡령죄와 사기죄는 재물 및 재산상 이익을 객체로 하는 범죄이다.

31 ( )에 들어갈 내용으로 옳은 것은?

> 행정청이 자기에게 주어진 권한의 일부를 법에 근거하여 타자에게 이전하여 그 자의 이름과 권한과 책임으로 특정의 사무를 처리하게 하는 것을 ( )(이)라고 한다.

① 대 결
② 위임전결
③ 권한의 대리
④ 권한의 위임

32 형사소송법상 고발에 관한 설명으로 옳지 않은 것은?

① 공무원은 그 직무를 행함에 있어 범죄가 있다고 사료하는 때에는 고발하여야 한다.
② 자기 또는 배우자의 직계존속을 고발하지 못한다.
③ 검사 또는 사법경찰관이 구술에 의한 고발을 받은 때에는 조서를 작성하여야 한다.
④ 고발을 취소한 자는 다시 고발할 수 없다.

33 계약기간 중 경비하지 않은 날이 있거나, 심야에 경비계약대로 순회하지 않고 경비계약에 정한 인원수보다 적은 수의 경비원을 파견했다. 이 사례에 대한 설명 중 옳지 않은 것은?

① 위 사례는 경비업무에서의 불법행위 사례이다.
② 채권자는 본인이 입은 손해로 지연배상이나 전보배상을 청구할 수 있다.
③ 위 사례의 결과로 이행지체 또는 이행불능이 생긴 때에는 계약을 해제할 수 있다.
④ 이행되더라도 채무의 내용에 하자가 있으면 재차 채무의 내용의 이행을 요구할 수 있다.

34 다음 중 선거제도에 관한 설명으로 옳은 것은 모두 몇 개인가?

> ㄱ. 보통선거제는 선거인의 투표가치가 평등하게 취급되는 제도이다.
> ㄴ. 평등선거제는 일정한 연령에 달한 모든 사람에게 선거권을 부여하는 제도이다.
> ㄷ. 직접선거제는 선거인이 직접 선거하는 제도이다.
> ㄹ. 비밀선거제는 선거인이 누구에게 투표했는가를 제3자가 알 수 없게 하는 제도이다.
> ㅁ. 임의선거제는 투표를 선거인의 자유에 맡기고 기권에 대해서도 하등의 제재를 과하지 않는 제도이다.

① 1개
② 2개
③ 3개
④ 4개

35 민법상 능력에 관한 설명으로 옳지 않은 것은?

① 권리능력은 권리를 갖고 의무를 부담할 수 있는 자격을 말하며, 민법상 자연인만이 권리능력을 가진다.
② 의사능력은 행위의 의미·결과를 변별 및 판단할 수 있는 능력으로 의사무능력자의 행위는 무효이다.
③ 행위능력은 단독으로 완전하고 유효한 법률행위를 할 수 있는 지위 또는 자격으로, 행위무능력자의 행위는 취소할 수 있다.
④ 책임능력은 불법행위책임을 변식할 수 있는 판단능력으로, 의사능력을 기초로 한다.

36 산업재해보상보험법에 관한 설명으로 옳은 것은?

① 보험급여의 수급권자가 사망한 경우 아직 지급되지 아니한 보험급여는 그 수급권자의 유족의 청구가 있어도 지급하지 아니한다.
② 근로자의 보험급여를 받을 권리는 퇴직과 동시에 소멸한다.
③ 보험급여를 받을 권리는 압류하거나 담보로 제공할 수는 없지만, 양도는 가능하다.
④ 근로복지공단은 거짓이나 그 밖의 부정한 방법으로 보험급여를 받은 사람에게 그 급여액의 2배에 해당하는 금액을 징수하여야 한다.

37 다음은 보험계약자 등의 고지의무 위반으로 인한 보험계약해지와 관련한 상법 제651조의 내용이다. ( )의 ㄱ과 ㄴ에 들어갈 내용을 바르게 연결한 것은?

> 보험계약 당시에 보험계약자 또는 피보험자가 고의 또는 중대한 과실로 인하여 중요한 사항을 고지하지 아니하거나 부실의 고지를 한 때에는 보험자는 그 사실을 안 날로부터 (ㄱ)월 내에, 계약을 체결한 날로부터 (ㄴ)년 내에 한하여 계약을 해지할 수 있다. 그러나 보험자가 계약 당시에 그 사실을 알았거나 중대한 과실로 인하여 알지 못한 때에는 그러하지 아니하다.

① ㄱ : 1, ㄴ : 1
② ㄱ : 1, ㄴ : 3
③ ㄱ : 3, ㄴ : 1
④ ㄱ : 3, ㄴ : 3

38 형법의 장소적 적용범위에 관한 설명 중 옳은 것은 모두 몇 개인가?

ㄱ. 속지주의 : 자국영토 내의 범죄는 자국의 형법을 적용한다.
ㄴ. 속인주의 : 자국민의 범죄에 대해서는 자국의 형법을 적용한다.
ㄷ. 보호주의 : 외국에서의 범죄라도 자국 또는 자국민의 이익이 침해되는 경우에는 자국의 형법을 적용한다.
ㄹ. 세계주의 : 반인도적 범죄행위에 대하여는 세계적 공통의 연대성을 가지고 각국이 자국의 형법을 적용한다.
ㅁ. 우리 형법은 속지주의, 속인주의, 보호주의, 세계주의를 명문화하고 있다.

① 2개
② 3개
③ 4개
④ 5개

39 형사소송법상 변호인에 관한 설명으로 옳은 것은?

① 피고인은 변호인을 선임할 수 있지만, 피의자는 변호인을 선임할 수 없다.
② 변호인은 변호사 중에서 선임하여야 하지만, 대법원 이외의 법원은 특별한 사정이 있으면 변호사 아닌 자를 변호인으로 선임함을 허가할 수 있다.
③ 공소제기 전에 선임된 변호인은 제1심의 변호인이 될 수 없다.
④ 변호인은 독립하여 소송행위를 할 수 없지만, 법률에 다른 규정이 있는 때에는 예외로 한다.

40 다음 중 ( ) 안의 ㄱ과 ㄴ에 들어갈 내용으로 알맞은 것은?

• 미결수용자가 수감되어 있는 동안 수사 또는 재판을 받을 때에도 사복을 입지 못하게 하고 재소자용 의류를 입게 한 행위는 위헌이라는 결정에서 나타난 행정법의 일반원칙은 (ㄱ)이다.
• 지방자치단체장이 사업자에게 주택사업계획승인을 하면서 그 주택사업과는 아무런 관련이 없는 토지를 기부채납하도록 하는 부관을 주택사업계획승인에 붙인 경우, 그 부관은 위법하다는 판결에서 나타난 행정법의 일반원칙은 (ㄴ)이다.

① ㄱ : 평등의 원칙, ㄴ : 신뢰보호의 원칙
② ㄱ : 비례의 원칙, ㄴ : 신뢰보호의 원칙
③ ㄱ : 평등의 원칙, ㄴ : 부당결부금지의 원칙
④ ㄱ : 비례의 원칙, ㄴ : 부당결부금지의 원칙

제4회 민간경비론

41 민간경비의 개념에 관한 설명으로 옳지 않은 것은?

① 영리성을 본질로 하는 민간경비에도 공공성이 요구된다.
② 우리나라 경비업법에 의한 개념은 실질적 의미의 개념이다.
③ 경비업법상 경비업의 종류는 시설경비, 호송경비, 신변보호, 기계경비, 특수경비, 혼잡·교통유도 경비에 한한다.
④ 경비업법은 자연인은 경비업을 영위할 수 없다고 규정하고 있다.

42 경비위해분석에 관한 설명으로 옳지 않은 것은?

① 경비활동의 대상이 되는 위험요소들을 파악하는 경비진단활동이다.
② 위험요소의 척도화는 대상물이 갖고 있는 인지된 사실들의 환경을 고려하여 무작위로 배열하는 것이다.
③ 비용효과분석은 투입비용 대비 산출효과를 비교하여 적정한 경비수준을 결정하는 과정이다.
④ 위험요소분석에 있어서 가장 선행되어야 하는 것은 위험요소를 인지하는 것이다.

43 영국의 민간경비 발전과정에 관한 설명으로 옳지 않은 것은?

① 공경찰활동이 사경찰활동보다 먼저 존재하여 사경찰 도입의 필요성을 불러오는 계기가 되었다.
② 규환제도는 개인과 집단이 치안에 대해 공동책임을 진 것으로 인식하였다.
③ 최초의 형사기동대에 해당하는 범죄예방조직 창설에 기여한 사람은 헨리 필딩이다.
④ 수도경찰법을 의회에 제출하여 수도경찰을 창설한 사람은 로버트 필이다.

44 총체적 경비에 관한 설명으로 옳은 것은?

① A경비회사는 2019년 1월에 시설경비원을 고용하여 단일 예방체제를 구축하였다.
② B경비회사는 2019년 9월(1개월간)에만 경비가 필요하여 손실예방을 위해 전체적인 계획 없이 단편적인 경비체제를 추가하였다.
③ C경비회사는 2019년 10월에 특정한 손실이 발생하여 이에 대응하기 위해 경비체제를 마련하였다.
④ D경비회사는 2020년 1월부터는 언제 발생할지 모를 상황에 대비하고 각종 위해요소를 차단하기 위해 인력경비와 기계경비를 종합한 표준화된 경비체제를 갖출 것이다.

45 미국에서 경비원의 역량을 강화시키기 위해서 전문자격증 제도가 필요하다고 주장한 사람은?

① 포프(A. Pope)
② 홈즈(E. Holmes)
③ 브링크(W. Brink)
④ 콜링(R. Colling)

46 한국 민간경비원의 법적 지위에 관한 설명으로 옳지 않은 것은?

① 특수경비원은 배치된 기관·시설 또는 사업장 등의 구역을 관할하는 시·도 경찰청장의 감독을 받아 그 경비구역만의 경비를 목적으로 경찰관직무집행법에 따른 경찰관의 권한을 행사한다.
② 청원경찰은 경비구역 내에서 경비목적을 위해 필요한 경우 불심검문 및 무기사용을 할 수 있다.
③ 특수경비원이 휴대할 수 있는 무기종류는 권총 및 소총으로 한다.
④ 민간경비원은 현행범 체포, 정당방위, 긴급피난에 있어 일반 시민과 동일한 권한을 행사하고 있다.

47 다음에서 설명하는 컴퓨터 범죄 유형은?

- 컴퓨터 시스템의 자료를 권한 없이 획득하거나 불법이용 또는 누설하여 타인에게 경제적 손해를 야기하는 행위를 말한다.
- 자료와 프로그램의 불법획득과 이용이라는 2개의 행위로 이루어진다.

① 컴퓨터 부정조작
② 컴퓨터 스파이
③ 컴퓨터 부정사용
④ 컴퓨터 파괴

48 핑커톤(Allan Pinkerton)에 관한 설명으로 옳지 않은 것은?

① 철도경찰의 설립과 민간경비의 발전에 큰 역할을 하였다.
② 범죄자를 유형별로 정리하여 프로파일링 수사기법의 전형을 세웠다.
③ 남북전쟁 당시에 링컨 대통령의 경호업무를 담당하기도 하였다.
④ 최초의 중앙감시방식의 경보서비스 사업을 시작하였다.

49 공동화이론에 관한 설명으로 옳지 않은 것은?

① 민간경비와 공경비의 관계를 상호 갈등·경쟁관계가 아니라 상호 보완적·역할분담적 관계를 갖는다고 한다.
② 경찰에게 부여된 범죄예방이나 통제능력이 감소됨으로써 발생한 '사각지대'를 민간경비가 보완해준다고 한다.
③ 사회의 다원화와 분화에서 초래되는 사회적 긴장과 갈등, 대립 등에 의한 무질서나 범죄의 증가에 대응하기 위해서는 경찰력의 증가가 필요하다고 한다.
④ 경찰력의 증가가 현실적으로 어려운 상태에서 그냥 내버려두면 보호받지 못한 채로 방치될 재산을 민간경비가 보호한다고 한다.

50 국가경찰과 자치경찰의 조직 및 운영에 관한 법률상 국가경찰의 임무가 아닌 것은?

① 대테러, 국제범죄조직에 관한 정보의 수집·작성 및 배포
② 경비·요인경호 및 대간첩·대테러 작전 수행
③ 외국 정부기관 및 국제기구와의 국제협력
④ 공공안녕에 대한 위험의 예방과 대응을 위한 정보의 수집·작성 및 배포

51 인력경비의 장단점으로 옳지 않은 것은?

① 인건비의 부담으로 경비에 많은 비용이 드는 편이다.
② 고용창출 효과와 고객접점서비스 효과가 있다.
③ 상황 발생 시 현장에서 신속하게 대응할 수 있다.
④ 넓은 장소를 효과적으로 감시할 수 있다.

52 경비계획의 수립과정에 맞게 ( ) 안의 ㄱ~ㄹ에 들어갈 내용을 순서대로 옳게 나열한 것은?

(ㄱ) → (ㄴ) → 자료 및 정보의 분석 → (ㄷ) → (ㄹ) → 최선안 선택 → 실시 → 평가

① ㄱ : 목표의 설정
  ㄴ : 문제의 인지
  ㄷ : 전체계획 검토
  ㄹ : 비교검토

② ㄱ : 문제의 인지
  ㄴ : 전체계획 검토
  ㄷ : 비교검토
  ㄹ : 목표의 설정

③ ㄱ : 문제의 인지
  ㄴ : 목표의 설정
  ㄷ : 전체계획 검토
  ㄹ : 비교검토

④ ㄱ : 비교검토
  ㄴ : 문제의 인지
  ㄷ : 목표의 설정
  ㄹ : 전체계획 검토

53 정보보호의 기본원칙에 관한 설명으로 옳지 않은 것은?

① 적시성의 원칙은 정보시스템의 소유자, 공급자, 사용자 및 기타 관련자들은 시스템에 일관된 보안을 유지할 수 있도록 시스템에 대한 관련 지식을 쌓고 위험요소의 존재를 인식하고 이에 대한 대책을 파악할 수 있어야 한다는 것을 말한다.
② 책임성의 원칙은 정보시스템 소유자와 공급자의 책임을 명확하게 해야 한다는 것을 말한다.
③ 민주주의 원칙은 정보시스템보안은 정보의 합법적 사용 및 전달과 상호조화를 이루도록 해야 한다는 것을 말한다.
④ 재평가의 원칙은 시간이 지남에 따라 정보보호의 요구사항이 변하므로 주기적으로 재평가되어야 한다는 것을 말한다.

54 일본의 민간경비 발전과정에 관한 설명으로 옳지 않은 것은?

① 경비업법 제정 당시 허가제로 운영하였으나, 그 후 신고제로 바뀌었다.
② 제2차 세계대전 이전에는 야경, 순시, 보안원 등의 이름으로 자체경비를 실시하여 왔다.
③ 1950년대 말부터 1960년대 초에 미국으로부터 민간경비 제도를 도입하였다.
④ 일본의 민간경비는 범죄예방활동에 있어서 경찰과 긴밀한 협력관계를 유지하고 있다.

55 군중이 운집한 상황에서 돌발사태 발생 시 기본원칙에 대한 설명으로 옳지 않은 것은?

① 밀도의 희박화
② 이동의 다양화
③ 경쟁적 상황의 해소
④ 지시의 철저

56 컴퓨터 사이버테러에 관한 설명으로 옳지 않은 것은?

① 허프건(Huffgun) - 고출력 전자기장을 발생시켜 컴퓨터의 자기기록정보를 파괴한다.
② 플레임(Flame) - 네티즌들이 공통의 관심사를 논의하기 위해 개설한 토론방에 고의로 가입하여 개인 등에 대한 악성루머를 유포한다.
③ 스누핑(Snooping) - 인터넷상에 떠도는 IP(Internet Protocol) 정보를 몰래 가로채는 행위이다.
④ 논리폭탄(Logic bomb) - 고출력 에너지로 순간적인 마이크로웨이브파를 발생시켜 컴퓨터 내의 전자 및 전기회로를 파괴한다.

57 민영화이론에 관한 설명으로 옳은 것은?

① 복지국가 확장의 부작용에 따른 재정위기를 극복하기 위해 국가의 역할범위를 축소하고 재정립한다.
② 그냥 내버려 두면 보호받지 못한 채로 방치될 만한 재산을 민간경비가 보호한다.
③ 경기침체에 따른 실업자의 증가로 범죄가 증가함으로써 민간경비시장이 성장·발전한다.
④ 경찰의 치안서비스 제공과정에서 시민과 민간경비의 능동적 참여를 다각적으로 유도한다.

58 경비업법령상 경비원의 교육훈련에 관한 설명으로 옳은 것은?

① 일반경비원의 교육 시 관할 경찰서 소속 경찰공무원이 교육기관에 입회하여 지도·감독하여야 한다.
② 경비원이 되려는 사람은 대통령령으로 정하는 교육기관에서 미리 일반경비원 신임교육을 받을 수 있다.
③ 민간경비의 교육훈련 목적 중 하나는 경비원의 업무상 실수에 대한 제재 수단으로의 이용이다.
④ 특수경비업자는 특수경비원으로 채용되기 전 5년 이내에 특수경비업무에 종사했던 경력이 있는 사람은 신임교육 대상에서 제외할 수 있다.

59 혼잡경비에 관한 설명으로 옳지 않은 것은?

① 혼잡경비란 기념행사, 경기대회, 제례행사, 기타 요인으로 모인 군중에 의하여 발생되는 자연적·인위적 혼잡상태를 사전에 예방하거나 경계하고, 위험한 사태가 발생할 경우에는 신속히 진압하여 확대되는 것을 방지하는 예비활동을 말한다.
② 과거에는 혼잡경비를 경찰력에 주로 의존하여 행하여졌으나 이제는 수익자부담의 원칙에 따라 행사를 주관하는 사람 또는 단체가 경비를 책임지는 방향으로 바뀌어 가고 있다.
③ 일본의 경우 혼잡경비를 경비업법에서 규정하고 있으며, 교통유도업무가 대부분을 차지하고 있다.
④ 혼잡경비업무의 대상은 장소와 시설에 국한된다.

60 경보센서에 관한 설명으로 옳지 않은 것은?

① 창문을 통한 침입을 감지하기 위해 전자기계식 센서가 설치되면 비용 면에서도 저렴하다.
② 초음파 탐지장치는 센서가 매우 민감하여 오경보 가능성이 낮은 편이다.
③ 자석감지기는 감지장치로서 동작전원이 필요 없고 구조가 간단하여 쉽게 설치할 수 있다.
④ 무선주파수 장치는 침입자에게서 나오는 열에 의해 전파의 이동이 방해받으면 그 즉시 경보를 울리는 방식이다.

61 미국 민간경비의 발전에 관한 설명으로 옳은 것을 모두 고른 것은?

> ㄱ. 건국 초기부터 영국식의 강력한 중앙집권적 경찰조직이 발전하였다.
> ㄴ. 서부개척시대 철도운송의 발달과 함께 민간경비가 획기적으로 발전하였다.
> ㄷ. 핑커톤(A. Pinkerton)은 경찰당국의 자료요청에 응하여 경찰과 민간 경비업체의 바람직한 관계를 정립하는 데 공헌하였다.
> ㄹ. 2001년 9·11 테러와 같은 국가적 위기상황은 민간경비가 발전하는 중요한 계기가 되었다.
> ㅁ. 현재 산업보안자격증인 CPP(Certified Protection Professional) 제도를 연방정부 차원에서 시행하고 있다.

① ㄱ, ㄴ, ㄷ
② ㄱ, ㄹ, ㅁ
③ ㄴ, ㄷ, ㄹ
④ ㄷ, ㄹ, ㅁ

62 시설경비에 관한 설명으로 옳지 않은 것은?

① ATM의 증가는 금융시설에 대한 범죄자들의 범행 욕구를 충분히 유발시킬 수 있으므로 지속적인 경비순찰 실시 및 CCTV 설치 확충 등 안전대책이 수립되어야 한다.
② 의료시설은 지속적으로 수용되는 환자 및 방문객 등의 출입으로 관리상의 어려움이 있기 때문에 사후통제보다는 사전예방에 초점을 두는 것이 바람직하다.
③ 숙박시설경비는 국제화 및 국제행사의 증가로 내국인의 잦은 해외출장, 외국 주요 인사들의 국내 체류가 증가함에 따라 그 중요성이 커지고 있다.
④ 교육시설의 위험요소 조사 시 지역사회와의 상호관계는 고려대상에서 제외된다.

63 형사사범, 경찰법규 위반행위 또는 각종 사고를 예방하거나 단속하기 위하여 방범지도, 불심검문, 경고, 제지, 출입, 조사 또는 검사하는 경찰활동은?

① 방범심방
② 방범단속
③ 임의동행
④ 방범홍보

64 외곽경비에 관한 설명으로 옳지 않은 것은?

① 외곽경비의 근본 목적은 자연적 장애물과 인공적 구조물을 이용하여 범죄자의 침입을 어렵게 하여 내부의 시설·물건 및 사람을 보호하는 것이다.
② 자연적 방벽에 인공적인 구조물을 설치하여 보강할 수 있다.
③ 비상구나 긴급 목적을 위한 출입구의 경우 평상시에는 개방되어 있어야 한다.
④ 울타리를 침입할 때 발생하는 충격을 감지하는 외곽감지시스템은 펜스충격감지시스템이다.

65 경비업법령상 경비지도사의 직무에 해당하지 않는 것은?

① 경비원의 지도·감독·교육에 관한 계획의 수립·실시 및 그 기록의 유지
② 경비현장에 배치된 경비원에 대한 순회점검 및 감독
③ 집단민원현장에 배치되는 일반경비원의 명부 작성·비치
④ 경찰기관 및 소방기관과의 연락방법에 대한 지도

66 경비부서의 조직화에 관한 설명으로 옳지 않은 것은?

① 최고관리자는 중간관리자에게 책임의 범위 내에서 업무를 수행할 수 있도록 재량권을 부여하여야 한다.
② 상급자의 통솔범위는 부하의 자질이 높을수록 넓다.
③ 경비원은 자신을 직접 관리하고 있는 경비책임자로부터 지시를 받아야 하고, 항상 그 책임자에게 보고해야 한다.
④ 경비인력 수요는 일반적으로 해당 경비시설물의 규모에 반비례한다.

67 경비등에 관한 설명으로 옳지 않은 것은?

① 투광조명등은 상당히 밝은 빛을 만들어 주기 때문에 특정지역에 빛을 집중시키거나 직접적으로 비추는 데 사용된다.
② 수은등은 연한 노란색의 빛을 내며 안개지역에 사용된다.
③ 석영등은 매우 밝은 하얀 빛을 내며 경계구역과 사고발생 다발지역에 사용된다.
④ 백열등은 가정집에서 주로 사용되며, 가장 보편적으로 사용되나 수명이 짧다는 단점이 있다.

68 우리나라의 치안여건에 해당하지 않는 것은?

① 범죄의 양적·질적 심화로 인해 경찰은 역할 한계에 직면하고 있다.
② 2006년부터 제주특별자치도에서 자치경찰제도를 도입하여 실시 중이다.
③ 경찰 1인당 담당하는 시민의 비율이 선진국에 비해 높은 편이다.
④ 경찰은 범죄예방은 민간경비에 맡기고 범죄대응에 초점을 두고 있다.

69 다음의 사례에 해당하는 신종금융범죄는?

> '9월의 카드 거래내역'이라는 제목의 이메일에서 안내하는 인터넷주소를 클릭하자 가짜 은행사이트에 접속되었고, 보안카드번호 전부를 입력한 결과 범행계좌로 자신의 돈이 무단이체되는 사건이 발생하였다.

① 피싱(Phishing)
② 파밍(Pharming)
③ 스미싱(Smishing)
④ 메모리 해킹(Memory Hacking)

70 인력경비와 기계경비에 관한 설명으로 옳지 않은 것은?

① 과학기술의 발달로 기계경비의 오경보 문제가 해결되었다.
② 기계경비는 경비시스템을 잘 아는 범죄자에게 역이용당할 우려가 있다.
③ 인력경비는 인력이 상주함으로써 현장에서 상황이 발생했을 때 신속한 조치가 가능하다.
④ 인력경비는 고용 창출 효과가 있다.

71 비상사태 발생 시 민간경비의 대응으로 옳은 것을 모두 고른 것은?

ㄱ. 응급환자에 대한 조치
ㄴ. 경제적 가치가 있는 자산의 보호
ㄷ. 비상계획서 작성 및 책임자 지정
ㄹ. 발생지역 내의 질서유지 및 출입통제

① ㄱ, ㄴ, ㄷ
② ㄱ, ㄴ, ㄹ
③ ㄱ, ㄷ, ㄹ
④ ㄴ, ㄷ, ㄹ

72 물리적 통제시스템인 CCTV에 관한 설명으로 옳은 것은 모두 몇 개인가?

ㄱ. 고정형 영상정보처리기기의 무분별한 설치는 인권침해 가능성이 높아 개인정보보호법에서 엄격하게 규제하고 있다.
ㄴ. 영상정보를 불특정 다수에게 전달함으로써 범죄 발생 시 신속한 대응이 가능하다.
ㄷ. 국가보안시설에 고정형 영상정보처리기기를 설치·운영하려는 자는 관련 안내판을 설치하여 정보주체가 쉽게 알아볼 수 있도록 해야 한다.
ㄹ. 아날로그(VCR) 방식에서 디지털(DVR) 방식으로 전환되었다.

① 없음
② 1개
③ 2개
④ 3개

73 다음 도표의 공경비와 민간경비의 비교 내용 중 옳지 않은 것은?

	구 분	공경비	민간경비
①	대 상	일반국민	특정 고객
②	주 체	정부 및 영리기업	영리기업
③	주요 기능	법집행 (범인체포 및 범죄수사·조사)	범죄예방
④	권한의 근거	통치권	위탁자의 사권(私權)

74 한국의 민간경비산업의 특징이 아닌 것은?

① 한국의 청원경찰제도는 외국에서는 볼 수 없는 특별한 제도이다.
② 1976년 용역경비업법이 제정되었고 1978년 사단법인 한국용역경비협회가 설립되었다.
③ 현대적 의미의 한국 민간경비제도는 1960년대부터이다.
④ 1993년 대전 엑스포 박람회를 계기로 한국에 기계경비가 도입되었다.

75 다음 ( ) 안의 ㄱ~ㄷ에 들어갈 내용으로 옳은 것은?

- (ㄱ) 화재 : 종이, 쓰레기, 나무와 같이 일반적인 가연성 물질이 발화하는 경우로 백색연기를 발생하는 화재유형이다. 물을 사용하여 온도를 발화점 밑으로 떨어뜨려 진압하는 것이 가장 효과적이다.
- (ㄴ) 화재 : 전압기나 변압기, 기타의 전기설비에 의해 발생한 화재로 일반적인 소화방식으로 화재를 진압하지만 물을 사용할 때는 절연성의 방전복을 입는 것이 중요하다.
- (ㄷ) 화재 : 취급자의 부주의와 시설 불량으로 촉발되어 순식간에 대형화재로 발전한다.

① ㄱ : A형, ㄴ : B형, ㄷ : D형
② ㄱ : A형, ㄴ : C형, ㄷ : E형
③ ㄱ : B형, ㄴ : C형, ㄷ : E형
④ ㄱ : C형, ㄴ : D형, ㄷ : E형

76 경비진단을 위한 물리적 사전조사의 착안사항으로 옳지 않은 것은?

① 위험을 야기할 수 있는 인물의 유무
② 시설 내의 주요 시설물 및 재산
③ 시설 내의 경비장비 및 시스템
④ 인접 건물 가까이 사람들이 접근할 수 있는 공간이 있는지 여부

77 컴퓨터 안전대책에 있어 외부 침입에 대한 안전조치로 옳지 않은 것은?

① 외부 침입자가 은폐물로 이용할 수 있는 장식적인 식수나 조경은 삼가야 한다.
② 환기용 창문, 공기 조절용 배관이나 배수구 등을 통한 침입을 차단할 수 있어야 한다.
③ 각 출입구마다 안전검사 절차를 거치고, 법에서 정해진 규격에 맞춘 방화문이 설치되어야 한다.
④ 시설물이 안전하다 판단되면 외부에는 컴퓨터센터를 보호하는 담이나 장벽을 설치하지 않아도 된다.

78 융합보안에 관한 설명으로 옳지 않은 것은?

① 내·외적 정보침해에 따른 기술적 대응은 포함되지 않는다.
② 물리적 보안요소와 정보보안요소를 통합해 효율성을 높이는 활동이다.
③ 4차 산업혁명에 따른 위협의 다변화에 따라 필요성이 대두되었다.
④ 보안산업의 새로운 트렌드이며, 차세대 고부가가치 산업으로 급부상하고 있다.

79 홈 시큐리티(Home Security)의 기능에 관한 설명으로 옳은 것은?

① 개별빌딩이나 단독주택 단위가 아닌 지역 단위의 방범활동에 해당한다.
② 고령시대에 맞춰 노인들의 위급상황에 대비할 수 있다.
③ 인력경비를 중심으로 서비스를 제공한다.
④ 비상경보가 전화회선을 통하여 전달되기 때문에 정보량에 한계가 없다.

80 우리나라 민간경비산업의 전망에 관한 설명으로 옳은 것은 모두 몇 개인가?

> ㄱ. 고객의 수가 증가하면서 모든 경비업체의 매출이 증가할 것이다.
> ㄴ. 경찰업무의 과다로 민간경비업은 급속히 발전할 것이다.
> ㄷ. 지역 특성에 맞는 민간경비 상품의 개발이 요구될 것이다.
> ㄹ. 경찰 및 교정업무의 민영화 추세는 민간경비업 증가의 한 요인이 된다.
> ㅁ. 기계경비산업보다 인력경비산업의 성장속도가 훨씬 빠를 것이다.

① 1개
② 2개
③ 3개
④ 4개

제5회 법학개론

01 법의 효력에 관한 설명으로 옳은 것은?

① 법이 효력을 발생하려면 타당성과 실효성이 있어야 한다.
② 법의 실효성은 궁극적으로 국제법에 의하여 보장된다.
③ 법률은 특별한 규정이 없는 한 공포일로부터 30일을 경과하면 효력이 발생한다.
④ 법의 효력기간이 미리 정해진 법률을 특별법이라 한다.

02 법의 해석에 관한 설명으로 옳지 않은 것은?

① 물론해석은 법문에 일정한 사항을 정하고 있을 때 그 이외의 사항에 관해서도 사물의 성질상 당연히 그 규정에 포함되는 것으로 해석하는 것이다.
② 문리해석은 유권해석의 한 유형이다.
③ 입법해석은 법률 자체에 법의 해석규정을 두는 것을 말하며 유권해석의 일종이다.
④ 유추해석은 두 개의 유사한 사실 중 법규에서 어느 하나의 사실에 관해서만 규정하고 있는 경우에 나머지 다른 사실에 대해서도 마찬가지의 효과를 인정하는 해석방법이다.

03 사실확정을 위한 실정법의 추정규정으로 옳지 않은 것은?

① 공유자의 지분은 균등한 것으로 추정한다.
② 아내가 혼인 중에 임신한 자녀는 남편의 자녀로 추정한다.
③ 2인 이상이 동일한 위난으로 사망한 경우에는 동시에 사망한 것으로 추정한다.
④ 실종선고를 받은 자는 실종기간이 만료한 때에 사망한 것으로 추정한다.

04 다음 중 기본권의 주체에 관한 설명으로 옳지 않은 것은 모두 몇 개인가?

> ㄱ. 태아는 제한적으로 기본권의 주체가 될 수 있다.
> ㄴ. 성질상 법인(法人)에게 제한되는 기본권이 있다.
> ㄷ. 언론·출판의 자유, 재산권, 프라이버시권은 헌법상 법인(法人)이 누릴 수 있는 기본권에 해당한다.
> ㄹ. 외국인은 대한민국에 입국할 자유를 보장받는다.
> ㅁ. 외국인에게는 자유권적 기본권이 대부분 제한된다.
> ㅂ. 외국인에게는 사회적 기본권이 원칙적으로 보장되지 않는다.

① 1개
② 2개
③ 3개
④ 4개

05 형사소송법상 현행범인의 체포에 관한 설명으로 옳지 않은 것은?

① 범죄를 실행하고 있거나 실행하고 난 직후의 사람을 현행범인이라 한다.
② 사법경찰관리는 현행범인을 영장 없이 체포할 수 있다.
③ 사법경찰관리가 현행범인의 인도를 받은 때에는 체포자의 성명, 주거, 체포의 사유를 물어야 하고 필요한 때에는 체포자에 대하여 경찰관서에 동행함을 요구할 수 있다.
④ 사법경찰관은 범행 직후의 범죄 장소에서 현행범인을 체포할 때 긴급을 요하더라도 영장 없이 수색할 수 없다.

06 법과 도덕의 차이점에 관한 설명으로 옳은 것은?

① 법은 도덕보다 상대적으로 내면성이 강하다.
② 도덕은 법보다 상대적으로 타율성이 강하다.
③ 법은 양면성이 강하고 도덕은 일면성이 강하다.
④ 도덕은 법보다 규범적인 측면에서 강제성이 강하다.

07 국회에 관한 설명으로 옳은 것은?

① 국회의원이 회기 전에 현행범으로 체포되어 구금된 경우라도 국회의 요구가 있으면 회기 중에 석방하여야 한다.
② 국정감사는 정기적으로 국정 전반에 관하여 감사하는 것이고, 국정조사는 특정 사안을 대상으로 수시로 행할 수 있다.
③ 국회의원의 직무집행이 헌법과 법률에 위배된 경우에 국회의원은 탄핵소추의 대상이 된다.
④ 국회는 정부의 동의 없이 정부가 제출한 지출예산 각항의 금액을 증가하거나 새 비목을 설치할 수 있다.

08 부당노동행위의 구제절차에 관한 설명으로 옳지 않은 것은?

① 부당노동행위로 인하여 그 권리를 침해당한 근로자는 노동위원회에 그 구제를 신청할 수 있다.
② 노동위원회에 대한 구제의 신청은 부당노동행위를 안 날로부터 6월 이내에 하여야 한다.
③ 노동위원회는 부당노동행위가 성립한다고 판정한 때에는 사용자에게 구제명령을 발하여야 하며, 부당노동행위가 성립되지 아니한다고 판정한 때에는 그 구제신청을 기각하는 결정을 하여야 한다.
④ 노동위원회의 구제명령·기각결정 또는 재심판정은 제85조의 규정에 의한 중앙노동위원회에의 재심신청이나 행정소송의 제기에 의하여 그 효력이 정지되지 아니한다.

09 헌법의 내용에 관한 설명으로 옳은 것은?

① 국회 외의 국가기관이 법규를 제정하는 것은 위헌이다.
② 국회는 정부의 동의 없이 정부가 제출한 지출예산 각항의 금액을 증가할 수 있다.
③ 국방부장관은 현역군인의 신분을 유지할 수 있다.
④ 대법원장과 대법관의 임명권자는 대통령이다.

10 법의 분류에 관한 설명으로 옳지 않은 것은?

① 사회법은 공법 영역에 사법적 요소를 가미하는 제3의 법 영역이다.
② 노동법, 경제법, 사회보장법은 사회법에 속한다.
③ 민사소송법, 민사집행법, 형사소송법, 행정소송법, 채무자회생 및 파산에 관한 법률, 부동산등기법은 절차법에 해당한다.
④ 일반법과 특별법은 적용되는 법의 효력 범위가 일반적인가 또는 특수적인가에 의한 분류로서, 대체로 일반법은 그 효력 범위가 넓고 특별법은 비교적 좁은 효력 범위를 갖는다.

11 "법률이 없으면 범죄도, 형벌도 없다"고 하는 경우의 '법률'은 어느 것을 의미하는가?

① 형법전
② 협의의 형법
③ 형식적 의미의 형법
④ 실질적 의미의 형법

12 유치권에 관한 설명으로 옳은 것은?

① 유치권의 행사는 채권의 소멸시효의 진행에 영향을 미친다.
② 점유의 상실로 유치권이 소멸하는 것은 아니다.
③ 유치권자는 채권의 변제를 받기 위하여 유치물을 경매할 수 있다.
④ 유치권자는 자기재산과 동일한 주의로 유치물을 점유하여야 한다.

13 주식회사 정관의 변태설립사항이 아닌 것은?

① 발기인의 성명과 주소
② 현물출자를 하는 자의 성명
③ 회사 성립 후에 양수할 것을 약정한 재산의 가격
④ 회사가 부담할 설립비용

14 검사의 불기소처분에 대해 고소인 또는 고발인이 고등법원에 불복을 구하는 제도로서 고등법원의 공소제기 결정을 통해 불기소처분의 시정을 구하는 제도는 무엇인가?

① 재정신청
② 검찰항고
③ 비상상고
④ 재심청구

15 법원과 헌법재판소에 관한 설명으로 옳지 않은 것은?

① 대법원장은 헌법재판소 재판관 3인, 중앙선거관리위원회 위원 3인의 지명권을 가진다.
② 법관은 탄핵 또는 금고 이상의 형의 선고에 의하지 아니하고는 파면되지 아니한다.
③ 자기 아닌 제3자에 대한 기본권 침해행위에 대해서도 인도적 차원에서 헌법소원을 인정하고 있다.
④ 헌법재판소에서 법률의 위헌결정, 탄핵의 결정, 정당해산의 결정 또는 헌법소원에 관한 인용결정을 할 때에는 재판관 6인 이상의 찬성이 있어야 한다.

16 다음 중 ( ) 안의 ㄱ~ㄷ에 들어갈 내용으로 알맞은 것은?

- 물건이 지분에 의하여 수인의 소유로 된 때에는 (ㄱ)로 한다.
- 법률의 규정 또는 계약에 의하여 수인의 조합체로서 물건을 소유하는 때에는 (ㄴ)로 한다.
- 법인이 아닌 사단의 사원이 집합체로서 물건을 소유할 때에는 (ㄷ)로 한다.

① ㄱ : 공유, ㄴ : 합유, ㄷ : 총유
② ㄱ : 공유, ㄴ : 총유, ㄷ : 합유
③ ㄱ : 총유, ㄴ : 합유, ㄷ : 공유
④ ㄱ : 합유, ㄴ : 공유, ㄷ : 총유

17 다음은 헌법재판소 결정문의 일부이다. 밑줄 친 부분에서 중시하는 법이념을 나타내는 법언(法諺)은?

호주제를 규정한 민법 조항은 성역할에 관한 고정관념에 기초한 차별의 성격이 강하므로 위헌의 소지가 있다. 하지만 단순위헌 결정을 하게 될 경우 해당 민법 조항과 이를 기준으로 제정된 호적법의 효력이 즉각 상실되어 호적 관련 사무에 심각한 혼란이 발생할 것이 우려된다. 따라서 <u>호주제를 전제로 하지 않는 새로운 호적 체계로 호적법이 개정될 때까지 해당 민법 조항들의 효력을 그대로 유지하는 것이 적절하다</u>고 판단하여 헌법불합치 결정을 선고한다.

① 법에도 눈물이 있다.
② 정의만이 통치의 기초이다.
③ 국민이 원하는 것이 법이다.
④ 정의의 극치는 부정의의 극치이다.

18 행정행위의 효력에 관한 설명으로 옳은 것은?

① 행정행위에 비록 위법·부당의 하자가 있더라도 그것이 중대·명백하여 당연무효가 아닌 한, 권한 있는 기관에 의하여 취소되기 전까지는 유효한 것으로 통용되는 효력을 행정행위의 공정력이라고 한다.
② 행정행위에 대한 쟁송제기기간이 경과한 후에는 상대방 또는 이해관계인은 더 이상 그에 대하여 다툴 수 없게 하는 행정행위의 효력을 행정행위의 불가변력이라고 한다.
③ 일정한 경우 행정행위를 발한 행정청 자신도 행정행위의 하자 등을 이유로 직권으로 취소·변경·철회할 수 없는 제한을 받게 되는 효력을 행정행위의 불가쟁력이라고 한다.
④ 행정행위가 적법요건을 갖추어 행하여진 경우에는 그 내용에 따라 당사자들을 구속하는 법적 효과를 발생시키는 효력을 행정행위의 강제력이라고 한다.

19 산업재해보상보험법상 진폐에 따른 보험급여의 종류에 해당하지 않는 것을 모두 고른 것은?

ㄱ. 요양급여　　　　　ㄴ. 휴업급여
ㄷ. 간병급여　　　　　ㄹ. 장례비
ㅁ. 상병보상연금　　　ㅂ. 진폐유족연금

① ㄴ, ㅁ
② ㄴ, ㄷ, ㄹ
③ ㄴ, ㄷ, ㅁ
④ ㄱ, ㄷ, ㄹ, ㅂ

20 아파트 경비원 A씨는 평소처럼 취약지를 순찰하던 중 자전거 보관대 주변에 서성거리는 남성들을 발견하고 순찰을 강화하다, 이내 자전거를 절취하여 달아나는 B군 등 2명을 추격해 검거하였고, 즉시 경찰에 인도하였다. 이 경우 아파트 경비원 A씨의 행위로 알맞은 것은?

① 긴급피난
② 정당방위
③ 자구행위
④ 정당행위

21 다음 중 헌법상 비상적 헌법보호수단을 모두 고른 것은?

ㄱ. 저항권
ㄴ. 대통령의 계엄선포권
ㄷ. 위헌정당해산제도
ㄹ. 국회의 계엄해제요구제도
ㅁ. 공무원 및 군의 정치적 중립성 보장

① ㄱ, ㄴ
② ㄱ, ㄴ, ㄷ
③ ㄱ, ㄴ, ㄷ, ㄹ
④ ㄱ, ㄴ, ㄷ, ㄹ, ㅁ

22 형법상 미수범 등에 관한 설명으로 옳지 않은 것은?

① 미수범의 형은 기수범보다 감경하여야 한다.
② 범인이 실행에 착수한 행위를 자의(自意)로 중지한 때에는 형을 감경 또는 면제한다.
③ 범죄의 음모가 실행의 착수에 이르지 아니한 때에는 법률에 특별한 규정이 있어야 처벌할 수 있다.
④ 실행 수단의 착오로 인하여 결과발생이 불가능하더라도 위험성이 있는 때에는 처벌하되, 형을 감경 또는 면제할 수 있다.

23 보험자가 보험계약자의 피보험자에 대한 계약상의 채무불이행 또는 법령상의 의무불이행으로 인한 손해를 보상해주는 보험은?

① 보증보험
② 생명보험
③ 상해보험
④ 책임보험

24 다음 중 (   ) 안의 ㄱ~ㄷ에 들어갈 내용으로 알맞은 것은?

> • (ㄱ)은 민사소송의 주체가 될 수 있는 일반적 능력으로 소송법상의 권리능력이라 할 수 있다.
> • (ㄴ)은 법정대리인의 동의 없이 유효하게 스스로 소송행위를 하거나 소송행위를 받을 수 있는 능력으로 소송법상의 행위능력이라 할 수 있다.
> • (ㄷ)은 법정에서 유효하게 소송행위를 하기 위하여 사실을 진술하거나 법률적 의견을 진술할 수 있는 능력을 말한다.

① ㄱ : 당사자능력, ㄴ : 변론능력, ㄷ : 소송능력
② ㄱ : 소송능력,   ㄴ : 당사자능력, ㄷ : 변론능력
③ ㄱ : 당사자능력, ㄴ : 소송능력, ㄷ : 변론능력
④ ㄱ : 변론능력,   ㄴ : 소송능력, ㄷ : 당사자능력

25 민법상 법인(法人)에 관한 설명으로 옳지 않은 것은?

① 법인은 법률의 규정에 의함이 아니면 성립하지 못한다.
② 비영리법인의 설립에는 주무관청의 허가가 있어야 한다.
③ 법인은 법률의 규정에 좇아 정관으로 정한 목적의 범위 내에서 권리와 의무의 주체가 된다.
④ 법인의 대표자가 그 직무에 관하여 타인에게 가한 손해에 대해 법인은 배상할 책임이 없다.

26 영장주의에 관한 헌법 제12조 제3항 규정이다. (　)에 들어갈 내용으로 옳은 것은?

> 체포·구속·압수 또는 수색을 할 때에는 적법한 절차에 따라 (ㄱ)의 신청에 의하여 (ㄴ)이(가) 발부한 영장을 제시하여야 한다. 다만, (ㄷ)인 경우와 장기 (ㄹ) 이상의 형에 해당하는 죄를 범하고 도피 또는 증거인멸의 염려가 있을 때에는 사후에 영장을 청구할 수 있다.

① ㄱ : 경찰
② ㄴ : 검사
③ ㄷ : 현행범인
④ ㄹ : 5년

27 행정소송법상 행정소송의 종류에 해당하지 않는 것은?

① 항고소송
② 당사자소송
③ 민중소송
④ 권한쟁의심판

28 민법상 물건에 관한 설명으로 옳지 않은 것은?

① 물건이라 함은 유체물 및 전기 기타 관리할 수 있는 자연력을 말한다.
② 관리할 수 있는 자연력은 동산이다.
③ 건물은 토지로부터 독립한 부동산으로 다루어질 수 있다.
④ 타인의 토지 위에 권원 없이 식재한 수목의 소유권은 특별한 사정이 없는 한 식재한 자에게 속한다.

29 민법상 조건에 관한 설명으로 옳은 것은?

① 당사자가 합의하더라도 조건 성취의 효력을 소급시킬 수 없다.
② 선량한 풍속에 반하는 불법조건이 붙은 법률행위는 불법조건만 무효이며, 법률행위 자체는 무효로 되지 않는다.
③ 불능조건이 정지조건이면 조건 없는 법률행위로 하고 해제조건이면 그 법률행위는 무효로 한다.
④ 조건의 성취로 인하여 이익을 받을 당사자가 신의성실에 반하여 조건을 성취시킨 때에는 상대방은 그 조건이 성취하지 아니한 것으로 주장할 수 있다.

30 경비업자 甲은 乙과 도급계약의 형식으로 경비계약을 체결하였다. 이에 관한 설명으로 옳지 않은 것은 모두 몇 개인가?

> ㄱ. 甲과 乙 사이의 경비계약은 유상계약이다.
> ㄴ. 甲은 경비계약상 채무를 선량한 관리자의 주의로 이행하여야 한다.
> ㄷ. 乙이 파산한 경우 甲은 경비계약을 해제할 수 있다.
> ㄹ. 甲이 경비업무를 이행하지 않는 경우 乙은 법원에 직접강제를 청구할 수 있다.
> ㅁ. 乙은 甲이 경비업무를 완성하기 전이라면 甲의 손해를 배상하고 甲과의 경비계약을 해제할 수 있다.

① 없음
② 1개
③ 2개
④ 3개

31 다음 ( ) 안의 ㄱ과 ㄴ에 각각 들어갈 내용을 순서대로 나열한 것은?

> • 사용자는 해고를 피하기 위한 방법과 해고의 기준 등에 관하여 그 사업 또는 사업장에 근로자의 과반수로 조직된 노동조합이 있는 경우에는 그 노동조합(근로자의 과반수로 조직된 노동조합이 없는 경우에는 근로자의 과반수를 대표하는 자를 말한다)에 해고를 하려는 날의 (ㄱ) 전까지 통보하고 성실하게 협의하여야 한다.
> • 사용자는 대통령령으로 정하는 일정한 규모 이상의 인원을 해고하려면 대통령령으로 정하는 바에 따라 (ㄴ)에게 신고하여야 한다.

① ㄱ : 30일, ㄴ : 보건복지부장관
② ㄱ : 30일, ㄴ : 고용노동부장관
③ ㄱ : 50일, ㄴ : 보건복지부장관
④ ㄱ : 50일, ㄴ : 고용노동부장관

32 다음 중 형법상 국가적 법익에 관한 죄가 아닌 것은?

① 내란죄
② 외환죄
③ 소요죄
④ 위증죄

33 보증채무에 관한 설명으로 옳지 않은 것은?

① 주채무가 소멸하면 보증채무도 소멸한다.
② 채무를 변제한 보증인은 선의의 주채무자에 대해서는 구상권을 행사하지 못한다.
③ 보증채무는 주채무가 이행되지 않을 때 비로소 이행하게 된다.
④ 보증채무는 주채무와는 독립한 별개의 채무이다.

34 다음 중 현행 헌법전문에서 명문으로 규정하고 있는 내용이 아닌 것은 모두 몇 개인가?

ㄱ. 자유민주적 기본질서의 확립
ㄴ. 대한민국의 건국이념(3·1운동, 대한민국임시정부의 법통과 4·19이념의 계승)
ㄷ. 모든 영역에서 각인의 기회 균등
ㄹ. 국민생활의 균등한 향상
ㅁ. 침략전쟁의 부인
ㅂ. 개인과 기업의 경제상의 자유와 창의

① 1개
② 2개
③ 3개
④ 4개

35 민법상 기한의 이익에 관한 설명으로 옳은 것은?

① 무상임치의 경우 채무자만이 기한의 이익을 가진다.
② 기한의 이익을 가지는 자는 그 이익을 포기할 수 없다.
③ 채무자가 담보제공의 의무를 이행하지 아니하는 때에는 기한의 이익을 상실한다.
④ 당사자 사이에 체결한 기한이익의 상실에 관한 특약은 효력이 없다.

36 감사원에 관한 설명으로 옳지 않은 것은?

① 헌법상 감사원은 원장을 포함한 5인 이상 11인 이하의 감사위원으로 구성한다.
② 감사원의 감사위원과 중앙선거관리위원회 위원의 임기는 동일하다.
③ 감사원장은 국회의 동의를 얻어 대통령이 임명한다.
④ 감사원은 세입·세출의 결산을 매년 검사하여 대통령과 차년도국회에 그 결과를 보고하여야 한다.

37 사회보험에 관한 설명으로 옳은 것은?

① 사회보험에 따른 비용은 국가가 그 전부를 부담하는 것이 원칙이다.
② 사회보험 및 사보험은 임의가입이 원칙이다.
③ 우리나라는 특수직역 종사자를 모두 포괄한 국민 단일연금체계로 운영하여 사회통합에 기여하고 있다.
④ 「국민연금법」상 수급권은 이를 압류하거나 담보로 제공할 수 없다.

38 우리나라 소송에 관한 설명으로 옳지 않은 것은?

① 사실의 인정은 증거에 의하여야 한다.
② 사실확정에 있어서 추정은 반증에 의해 그 효과가 부인될 수 있다.
③ 증인신문은 원칙적으로 법원의 신문 후에 당사자에 의한 교호신문(交互訊問)의 형태로 진행된다.
④ 형사소송에서 피고인의 자백이 그 피고인에게 불이익한 유일한 증거인 때에는 이를 유죄의 증거로 하지 못한다.

39 형법상 선고유예의 규정 내용이 아닌 것은?

① 선고유예기간 중 벌금형 이상의 판결이 확정된 때에는 유예한 형을 선고한다.
② 형을 병과할 경우에도 형의 전부 또는 일부에 대하여 그 선고를 유예할 수 있다.
③ 형의 선고를 유예하는 경우에 보호관찰을 명할 수 있다.
④ 형의 선고유예를 받은 날로부터 2년을 경과한 때에는 면소된 것으로 간주한다.

40 다음 중 명령적 행정행위에 해당하는 것을 모두 고른 것은?

ㄱ. 하 명	ㄴ. 허 가
ㄷ. 인 가	ㄹ. 특 허
ㅁ. 확 인	ㅂ. 공 증
ㅅ. 통 지	ㅇ. 수 리

① ㄱ, ㄴ
② ㄷ, ㄹ
③ ㄱ, ㄴ, ㄹ
④ ㅁ, ㅂ, ㅅ, ㅇ

제5회 민간경비론

41. 민간경비 개념에 대한 설명으로 옳은 것은?

① 실질적 개념의 민간경비는 공경비와 명확히 구분된다.
② 형식적 개념의 민간경비는 개인적 차원의 범죄예방활동도 포함한다.
③ 대륙법계 개념의 민간경비는 국가의 지도·감독하에서 제한적인 기능만 담당한다.
④ 영미법계 개념의 민간경비는 공경비와 업무범위가 명확하게 구별된다.

42. 다음에서 설명하는 경비위해요소 분석단계는 무엇인가?

> 범죄피해로 인한 인적·물적 피해의 정도, 고객의 정신적 안정성, 개인 및 기업체의 비용부담 정도 등을 고려하는 단계이다.

① 경비위험요소 인지단계
② 손실발생 가능성 예측단계
③ 경비위험도 평가단계
④ 경비비용효과 분석단계

43. 경보시스템에 관한 설명으로 옳지 않은 것은?

① 일반적으로 진동감지기는 전시 중인 물건이나 고미술품 보호를 위하여 설치한다.
② 압력감지기는 침입이 예상되는 통로나 출입문 앞에 설치한다.
③ 제한적 경보시스템은 전화회선 등을 이용하여 외부의 경찰서 등으로 비상사태가 감지되면 자동으로 연락이 취해지는 경보체계이다.
④ 전자파 울타리는 레이저광선을 그물망처럼 만들어 전자벽을 만드는 것이다.

44 경비관리 책임자의 관리상의 역할로 옳은 것은?

① 예산과 재정상의 감독
② 기획의 조직화, 채용
③ 경비활동에 대한 규칙적인 감사
④ 회사규칙의 위반 확인, 관련 문서의 확인

45 경비조명 설치 시 유의사항으로 옳지 않은 것은?

① 보호조명은 경계구역 내의 지역과 건물에 적합하도록 설계되어야 한다.
② 경비조명은 침입자의 탐지 외에 경비원의 시야를 확보하는 기능이 있으므로 경비원의 감시활동, 확인점검활동을 방해하는 강한 조명이나 각도, 색깔 등을 고려해야 한다.
③ 인근 지역을 너무 밝게 하거나 영향을 미침으로써 타인의 사생활을 침해하지 않도록 해야 한다.
④ 도로, 고속도로, 항해수로 등에 인접한 시설물의 조명장치는 통행에 영향을 미치더라도 모든 부분을 구석구석 비출 수 있도록 설치되어야 한다.

46 각국의 민간경비 역사에 관한 설명으로 옳지 않은 것은?

① 일본은 1964년 동경올림픽과 1970년 오사카 만국박람회를 계기로 민간경비가 급성장하였다.
② 18세기 영국의 헨리 필딩(Henry Fielding)은 보우가의 주자(Bow Street Runners)를 만드는 데 공헌하였다.
③ 미국은 제2차 세계대전 때 군수물자 수송을 위해서 기마경찰대가 최초로 창설되었다.
④ 우리나라는 2010년에 최초로 민영교도소가 설립되었다.

47
甲과 乙의 대화내용에 해당하는 민간경비의 이론적 배경이 올바르게 연결된 것은?

> 甲 : "경찰의 역할 수행은 사실상 근본적으로 한정적일 수밖에 없어."
> 乙 : "그래. 경찰은 질서유지·체제수호와 같은 거시적 측면에서 공적 임무를 수행하고, 개인의 안전과 보호는 해당 개인이 책임져야 해."

> ㄱ. 민영화이론
> ㄴ. 경제환원론
> ㄷ. 이익집단이론
> ㄹ. 수익자부담이론
> ㅁ. 공동생산이론

① 甲 - ㄱ, 乙 - ㅁ
② 甲 - ㄷ, 乙 - ㄹ
③ 甲 - ㄷ, 乙 - ㄱ
④ 甲 - ㅁ, 乙 - ㄹ

48
다음 내용이 설명하는 것은?

> 모든 사람은 자신의 행동뿐만 아니라 이웃의 행동에 대해서도 책임이 있음을 명시하고, 범죄가 발생하면 고함소리를 지르고 사람을 모아 그 지역에 침범한 범죄자를 추적하는 것이 시민 각자의 임무라고 하였으며, 만일 범죄자를 체포하지 못하면 모든 사람은 국왕으로부터 벌금이 부과되었다. 건장한 모든 사람들은 범법자 체포에 참여하여야 하는데, 이것은 현대 사회에 있어 '시민체포'의 발상이라고 할 수 있다.

① 윈체스터법(The Statute of Winchester)
② 상호보증제도(Frank Pledge System)
③ 보우가의 주자(Bow Street Runner)
④ 규환제도(Hue and Cry)

49
민간에 의한 방범활동으로 옳지 않은 것은?

① 시민단체에 의한 방범활동
② 언론매체에 의한 방범활동
③ 범죄의 예방·진압 및 수사
④ 자율방범대에 의한 방범활동

50 경비부서 관리자의 통솔범위의 결정요인에 관한 설명으로 옳지 않은 것은?

① 업무가 비전문적이고 단순할수록 관리자의 통솔범위가 넓다.
② 막료부서의 지원능력이 클수록 관리자의 통솔범위가 넓다.
③ 지리적 분산 정도가 작을수록 관리자의 통솔범위가 넓다.
④ 신설조직 관리자가 기존조직 관리자보다 통솔범위가 넓다.

51 경찰의 범죄예방활동에 관한 설명으로 옳지 않은 것은?

① 지역경찰관이 개괄적인 경찰임무의 수행과 관내 정황을 파악하기 위하여 일정한 지역을 순회·시찰하는 근무를 순찰이라고 한다.
② 경찰관이 관할구역 내의 각 가정, 상가 및 기타 시설 등을 방문하여 사회적 약자 보호활동 및 안전사고 방지 등의 지도·상담·홍보 등을 행하며 민원사항을 청취하는 활동을 경찰방문이라고 한다.
③ 이미 행하여진 범죄나 행하여지려고 하는 범죄행위에 관한 사실을 안다고 인정되는 사람을 경찰관이 정지시켜 질문을 하는 것을 불심검문이라고 한다.
④ 불심검문은 지역 경찰관이 관내에 진출하여 직접 주민을 상대로 하는 범죄예방에 관한 활동을 의미하는 현장방범활동에 포함된다.

52 다음 중 인위적으로 발생하는 위해가 아닌 것은?

① 절도, 좀도둑, 사기
② 방화, 시민폭동
③ 산업스파이, 태업, 교통사고
④ 수재, 산사태, 해일, 지진

53 치안서비스의 순수공공재 이론의 특성과 해당 내용을 바르게 연결한 것은?

ㄱ. 비경합성
ㄴ. 비배제성
ㄷ. 비거부성

A : 치안서비스라는 재화는 이용 또는 접근에 대해서 제한할 수 없다.
B : 치안서비스의 객체인 시민들은 서비스의 이용에 대한 선택권이 없다.
C : 치안서비스의 이용에 있어서 추가이용자의 추가비용이 발생하지 않는다.

① ㄱ : A, ㄴ : C, ㄷ : B
② ㄱ : B, ㄴ : A, ㄷ : C
③ ㄱ : C, ㄴ : A, ㄷ : B
④ ㄱ : C, ㄴ : B, ㄷ : A

54 우리나라의 민간경비산업의 현황에 관한 설명으로 옳은 것은?

① 민간조사 관련 분야에 종사하고자 하는 자는 관할관청에서 서비스업으로 허가를 받아야 한다.
② 특수경비원은 청원경찰제도가 도입되면서 상호 대등한 입지를 갖게 되었다.
③ 공경비에 비해 민간경비산업은 성장에 많은 어려움을 겪고 있다.
④ 초기 국내 기계경비산업은 외국과의 합작 또는 기술제휴 방식으로 이루어졌다.

55 패드록에 관한 설명으로 옳지 않은 것은?

① 패드록은 자물쇠의 단점을 보완하고 경비안전성을 강화하기 위해 고안되었다.
② 패드록은 시설물 자체에 부착된 잠금장치라기 보다는 시설물과 탈부착이 가능한 형태로 작동한다.
③ 기억식 잠금장치는 문에 전자장치가 설치되어 있어서 일정 시간에만 문이 열리는 장치를 말한다.
④ 전기식 잠금장치는 전기나 전자기 방식으로 암호가 입력된 카드를 인식시킴으로써 출입문이 열리도록 한 장치를 말한다.

56. 다음은 화재의 유형과 소화기 표시색과 관련된 표이다. ( ) 안에 들어갈 내용이 올바르게 연결된 것은?

구 분	화재의 유형	표시색
A	일반화재	백색
B	( )화재	황색
C	전기화재	( )
D	( )화재	무색
E	( )화재	황색

① B - 금속
② C - 백색
③ D - 유류
④ E - 가스

57. 민간경비와 공경비의 차이점에 관한 설명으로 옳지 않은 것은?

① 공경비의 주체는 정부이나 민간경비는 영리기업이다.
② 민간경비의 목적은 사익보호이고, 공경비의 목적은 공익보호에만 한정되어 있다.
③ 공경비는 주로 공공의 이익을 위해 행하나 민간경비는 특정한 의뢰자를 위해 행한다.
④ 공경비의 역할은 범죄예방 및 범죄대응에 있으나 민간경비는 범죄예방에 있다.

58. 컴퓨터 안전대책 중 외부 침입에 대한 안전조치에 관한 설명으로 옳지 않은 것은?

① 외부 침입자가 은폐물로 이용할 수 있는 장식적인 식수나 조경은 삼가야 한다.
② 다른 건물과 충분한 거리를 두고 있는 경우에는 화재로 불이 옮겨 붙는 위험을 막기 위하여 건물 내 각종 방화설비를 설치해야 할 필요가 없다.
③ 정사각형 모양의 환기용 창문, 쓰레기 낙하구멍, 공기 조절용 배관이나 배수구 등을 통한 침입을 차단할 수 있어야 한다.
④ 각 출입구마다 화재 관련 법규와 안전검사 절차를 거친 방화문이 설치되어야 한다.

59. 다음 내용이 설명하고 있는 경비는?

- 유지보수에 적지 않은 비용과 전문인력이 요구된다.
- 단기적으로 설치비용이 많이 드나, 장기적으로 소요비용이 절감된다.
- 외부환경에 영향을 받지 않고 감시가 가능하다.

① 자체경비
② 계약경비
③ 인력경비
④ 기계경비

60. 경비와 시설보호의 기본원칙에 관한 설명으로 옳지 않은 것은?

① 경계구역과 건축물 입구 수는 안전규칙의 범위 내에서 최소한으로 유지되어야 한다.
② 잠금장치는 정교하고 파손이 어렵게 만들어져야 하고, 열쇠를 분실할 경우에 대비하여 적절한 조치를 취할 수 있어야 한다.
③ 효과적인 경비를 위해서는 안전경비조명이 설치되어야 하고, 물건을 선적하거나 수령하는 지역은 분리되어야 한다.
④ 경비관리실은 가능한 한 건물에서 통행이 많은 곳에 설치하고 직원의 출입구는 주차장으로부터 가까운 곳에 위치해야 한다.

61. 미국의 민간경비산업의 현황에 관한 설명으로 옳지 않은 것은?

① 제2차 세계대전을 계기로 산업경비의 필요성에 대한 인식 증대로 민간경비가 비약적으로 발전하였다.
② 계약경비업체가 자체경비업체보다 비약적으로 발전하고 있다.
③ 9·11 테러사건 이후 공항, 항만, 은행 등 주요 시설과 건물들이 테러의 주요 대상으로 되면서 민간경비는 사회안전망의 중요한 축을 담당하게 되었다.
④ 민간경비에 대한 인식 제고에도 불구하고 경찰과 민간경비는 업무수행에 있어 수직적인 상명하복의 관계가 명확하다.

62 다음 중 경비대상시설과 적절한 경비수준을 바르게 연결한 것은?

〈경비대상시설〉
㉠ 작은 소매상점, 저장창고
㉡ 일반가정
㉢ 교도소, 제약회사, 전자회사
㉣ 큰 물품창고, 제조공장, 대형 소매점

〈경비수준〉
ⓐ 최저수준경비(Level-1)
ⓑ 하위수준경비(Level-2)
ⓒ 중간수준경비(Level-3)
ⓓ 상위수준경비(Level-4)
ⓔ 최고수준경비(Level-5)

① ㉠ - ⓐ
② ㉡ - ⓑ
③ ㉢ - ⓔ
④ ㉣ - ⓒ

63 재해예방과 비상계획 수립과정으로 옳은 것은?

ㄱ. 문제의 인지
ㄴ. 목표의 설정
ㄷ. 경비계획안 비교·검토
ㄹ. 전체계획 검토
ㅁ. 경비위해요소 조사·분석
ㅂ. 최선안 선택

① ㄱ → ㄴ → ㄷ → ㄹ → ㅁ → ㅂ
② ㄱ → ㄴ → ㄹ → ㅁ → ㄷ → ㅂ
③ ㄱ → ㄴ → ㅁ → ㄹ → ㄷ → ㅂ
④ ㄱ → ㄷ → ㅁ → ㄹ → ㄴ → ㅂ

64 우리나라의 민간경비 발전과정에 관한 설명으로 옳은 것은?

① 1995년 경찰청에서는 용역경비의 담당을 방범과에서 경비과로 이관했다.
② 1997년 제1회 경비지도사 자격시험이 실시되었다.
③ 2001년 경비업법이 전면개정되면서 경비업의 종류에 신변보호업무가 추가되었다.
④ 2000년대 어려움을 겪던 기존의 영세한 민간경비업체들이 대기업의 경비시장 진출을 환영하였다.

65 호송경비업무의 방식 중 다음 제시문이 설명하는 방식은?

> 경비업자가 무장 호송차량 또는 일반 차량을 이용하여 운송과 경비업무를 겸하는 호송경비방식이다.

① 동승호송방식
② 통합호송방식
③ 휴대호송방식
④ 편성호송방식

66 청원경찰법령상 내용에 관한 설명으로 옳지 않은 것은?

① 청원경찰의 임용자격, 임용방법 등에 관하여는 대통령령으로 정한다.
② 청원경찰의 신임교육의 기간은 10일로 한다.
③ 청원경찰은 경비구역 내에서 경비목적을 위해 필요한 경우, 불심검문, 무기사용 등 경찰관직무집행법에 따른 경찰관의 직무를 수행할 수 있는 권한을 갖는다.
④ 청원주는 청원경찰의 봉급과 수당 등의 청원경찰경비를 부담해야 한다.

67 외곽경비에 관한 설명으로 옳지 않은 것은?

① 외곽경비의 1차적인 경계지역은 건물주변이다.
② 자연적 장벽에 인공구조물을 설치하여 보강할 수 있다.
③ 모든 출입구의 수를 파악하고 하수구, 배수관, 배기관 등도 경비계획에 포함시켜야 한다.
④ 펜스에 설치된 광케이블의 충격과 절단을 감지하는 외곽감지시스템은 펜스충격감지시스템이다.

68 컴퓨터 범죄의 특징으로 옳지 않은 것은?

① 행위자의 대부분은 재범자인 경우가 많다.
② 일반적으로 죄의식이 희박하고, 컴퓨터 전문가가 많다.
③ 컴퓨터 지식을 갖춘 비교적 젊은 층이 많다.
④ 대부분 내부인의 소행이며, 완전범죄의 가능성이 높다.

69 정보보호의 목표 중 다음 설명에 해당하는 것은?

> 한 번 생성된 정보는 원칙적으로 수정되어서는 안 되며, 원래의 그 상태로 유지되어야 한다. 만약 수정이 필요할 경우, 허가받은 사람에 의해서 허용된 절차에 따라 수정되어야 한다.

① 적법성
② 가용성
③ 무결성
④ 비밀성

70 민간경비의 유형에 관한 설명으로 옳은 것은?

① 인사관리 및 행정관리가 용이하다는 점은 자체경비의 장점이다.
② 최근에는 자체경비가 계약경비보다 더 빠르게 증가하고 있다.
③ 경비업법상 기계경비는 오늘날 가장 많이 행하여지고 있는 경비유형이다.
④ 기계경비시스템의 구성요소는 경비대상시설, 관제시설, 기계경비원(관제경비원, 출동경비원) 등이다.

71 비상사태 발생 시 민간경비원의 대응으로 적절하지 않은 것은?

① 재난 발생 시 경찰관서나 소방관서 등 관계기관에 신속히 신고한다.
② 부상자에 대한 의료구조와 방치된 사람에 대한 피난처 확보에 주력한다.
③ 비상사태 발생 시 조직상 가장 높은 계급의 사람에게 명령권이 주어져야 한다.
④ 범죄현장에서 발견자나 목격자는 중요한 참고인인 경우가 많으므로 남아 있도록 요청한다.

72 경비업법과 청원경찰법의 손해배상에 관한 설명으로 옳지 않은 것은?

① 국가기관에 근무하는 청원경찰의 직무상 불법행위에 대한 배상책임에 관하여서는 민법의 규정을 따른다.
② 청원경찰은 손해배상에 있어서는 민간인 신분, 형사책임에 있어서는 공무원의 신분을 적용받으므로 업무수행에 있어서 갈등을 겪고 있다.
③ 경비업자는 경비원이 업무수행 중 고의 또는 과실로 제3자에게 손해를 입힌 경우에는 이를 배상하여야 한다.
④ 청원주가 손해배상책임의 당사자인 동시에 피해자가 될 수 있다.

73 다음 중 사이버공격의 유형에서 분산 서비스거부 공격은 모두 몇 개인가?

> ㄱ. 바이러스
> ㄴ. 마이둠
> ㄷ. 버퍼 오버플로
> ㄹ. 트로이 목마
> ㅁ. 슬래머

① 없음
② 1개
③ 2개
④ 3개

74 다음은 컴퓨터 안전대책 중 어떤 관리적 대책에 대한 설명인가?

> 컴퓨터의 각 운용자에게 할당된 기억장치와 입력장치의 상황을 프로그래머에게 건네고 프로그래머는 프로그램의 테이프와 디스크 내용을 면밀히 검토하여 부정의 여지가 없는지 점검한다.

① 레이블링 관리
② 스케줄러 점검
③ 감사증거기록 삭제 방지
④ 액세스 제한제도의 도입

75 다음 중 현대사회 범죄현상의 특징에 해당하는 것으로만 묶인 것은?

ㄱ. 범죄의 국지화
ㄴ. 범죄의 조직화
ㄷ. 범죄의 소형화
ㄹ. 범죄의 기동화
ㅁ. 범죄의 국제화

① ㄱ, ㄴ, ㄷ
② ㄱ, ㄷ, ㅁ
③ ㄴ, ㄹ, ㅁ
④ ㄷ, ㄹ, ㅁ

76 일반시설물 경비계획 중 출입구 경비요령에 관한 설명으로 옳지 않은 것은?

① 출입문은 일정 수로 통제하고, 출입용도에 따라 달리 사용하도록 한다.
② 폐쇄된 출입구를 제외한 모든 출입문은 정기적인 확인이 필요하다.
③ 출입문은 출입자의 편리성과 안전성이 함께 고려되어야 한다.
④ 상품판매시설의 경우 직원용 출입문과 고객용 출입문을 구분하는 것이 좋다.

77 각종 경찰업무에 대한 사항과 민원사항, 중요시책 등을 매스컴 등을 통해 주민에게 널리 알려서 방범의식을 고양하는 동시에 각종 범죄를 방지하기 위한 경찰활동은?

① 경찰방문
② 방범진단
③ 방범홍보
④ 생활방범

78 국가중요시설에 대한 보호지역의 분류 중 비밀 또는 국·공유재산의 보호를 위하여 울타리 또는 방호·경비인력에 의하여 승인을 받지 않은 사람의 접근이나 출입에 대한 감시가 필요한 지역은?

① 제한지역
② 통제지역
③ 배제지역
④ 보호구역

79 우리나라의 경찰과 민간경비 간의 관계 개선방안에 해당하지 않는 것은 모두 몇 개인가?

> ㄱ. 경찰과 민간경비원의 개별순찰제도 활성화
> ㄴ. 민간경비와 경찰 간 관련 정보의 적극적 교환
> ㄷ. 경찰조직 내 일정규모 이상의 민간경비 전담부서 설치
> ㄹ. 민간경비원에 대한 감독 강화
> ㅁ. 업무 기준의 명확화를 통한 마찰 해소

① 없음
② 1개
③ 2개
④ 3개

80 개별빌딩이나 단독주택 단위가 아닌 지역단위의 방범활동으로서 아파트나 연립 공동주택의 방범에 대단히 유용한 시스템으로 인식되고 있는 것은?

① 융합 시큐리티(Convergence Security)
② 종합 시큐리티(Total Security)
③ 도시 시큐리티(Town Security)
④ 홈 시큐리티(Home Security)

제6회 법학개론

각 문항별로 난이도를 체크해 보세요. ☑△✕   Time   분 | 해설편 135p

중요문제 / 틀린 문제 CHECK

01	02	03	04	05	06	07	08	09	10	11	12	13	14	15	16	17	18	19	20
21	22	23	24	25	26	27	28	29	30	31	32	33	34	35	36	37	38	39	40

01 다음의 ㄱ, ㄴ에 들어갈 용어는?

- 경비협회에 관하여 경비업법에 특별한 규정이 있는 것을 제외하고는 민법 중 사단법인에 관한 규정을 (ㄱ).
- 청원경찰 업무에 종사하는 사람은 「형법」이나 그 밖의 법령에 따른 벌칙을 적용할 때에는 공무원으로 (ㄴ).

① ㄱ : 적용한다, ㄴ : 추정한다
② ㄱ : 적용한다, ㄴ : 본다
③ ㄱ : 준용한다, ㄴ : 추정한다
④ ㄱ : 준용한다, ㄴ : 본다

02 다음 중 의무의 성격을 동시에 갖는 기본권이 아닌 것은?

① 환경권
② 근로3권
③ 근로의 권리
④ 교육을 받을 권리

03 "형법 제329조 절도죄의 객체인「재물」에 부동산은 포함되지 아니한다"고 해석한다면 이는 무슨 해석인가?

① 축소해석
② 유추해석
③ 반대해석
④ 확장해석

04 인간의 존엄과 가치·행복추구권에 관한 설명으로 옳지 않은 것은?

① 인간의 존엄과 가치는 헌법상 기본권 보장의 대전제가 되는 최고의 원리이다.
② 인간의 존엄과 가치·행복추구권은 평등권과 같은 포괄적 기본권으로 다른 기본권에 대한 보충적 기본권으로서의 성격을 지닌다.
③ 행복추구권을 처음으로 규정한 것은 1776년 버지니아 권리장전이고, 우리나라에서는 1980년 헌법에서 행복추구권을 명시적으로 규정하였다.
④ 자연인뿐만 아니라 법인(法人)도 행복추구권의 주체에 해당한다.

05 형사소송법상 공소기각의 판결을 해야 하는 경우는?

① 사면이 있은 때
② 공소가 취소되었을 때
③ 공소장에 기재된 사실이 진실하다 하더라도 범죄가 될 만한 사실이 포함되지 아니하는 때
④ 고소가 있어야 공소를 제기할 수 있는 사건에서 고소가 취소되었을 때

06 다음 중 법의 장소적 효력에 관한 설명으로 옳지 않은 것을 모두 고른 것은?

> ㄱ. 속지주의는 국가의 법은 자국의 영토 내에 있는 모든 사람에게 적용된다는 주의를 말한다.
> ㄴ. 외국에서 범죄를 저지른 한국인에게 우리나라 형법이 적용되는 것은 속인주의에 따른 것이다.
> ㄷ. 속인주의는 영토주권이 적용되는 원칙이다.
> ㄹ. 타국의 영역 내에 있는 자국의 선박·항공기 내에서의 범죄에는 속지주의에 따라 타국법이 적용된다.

① ㄱ, ㄴ
② ㄱ, ㄷ
③ ㄴ, ㄷ
④ ㄷ, ㄹ

07 법원(法院)에 관한 설명으로 옳지 않은 것은?

① 대법원장은 국회의 동의를 얻어 대통령이 임명한다.
② 대법관은 대법원장의 제청으로 국회의 동의를 얻어 대통령이 임명한다.
③ 대법원장과 대법관이 아닌 법관은 대법관회의의 동의를 얻어 대통령이 임명한다.
④ 법률이 헌법에 위반되는지 여부가 재판의 전제가 된 경우, 당해 사건을 담당하는 법원이 헌법재판소에 위헌법률심판을 제기한다.

08 다음 중 형법상 사회적 법익에 대한 죄가 아닌 것은?

① 통화위조죄
② 신용훼손죄
③ 일반교통방해죄
④ 공공장소 흉기소지죄

09 다음 중 절차법에 해당하는 것들을 모두 고르면?

ㄱ. 헌 법
ㄴ. 민 법
ㄷ. 형 법
ㄹ. 부동산등기법
ㅁ. 채무자회생 및 파산에 관한 법률

① ㄱ, ㄴ
② ㄱ, ㄹ
③ ㄴ, ㅁ
④ ㄹ, ㅁ

10 권리만 있고 그에 대응하는 의무는 존재하지 않는 권리에 해당하지 않는 것은?

① 취소권
② 항변권
③ 해제권
④ 상계권

11 다음의 밑줄 친 '이것'에 관한 설명으로 적절한 것을 고르면?

> 총을 들고 협박하는 은행 강도로부터 자신을 방어하기 위하여 그 강도를 넘어뜨려 상해를 입힌 행위는 위법성조각사유 중의 하나인 이것에 해당하여 범죄가 성립하지 아니한다.

① 현재의 부당한 침해로부터 자기 또는 타인의 법익(法益)을 방위하기 위한 상황에서 인정된다.
② 공무원의 직무집행행위가 여기에 해당한다.
③ 두 개 이상의 작위의무 중 하나만 이행함으로써 다른 의무를 이행하지 못한 상황에서 인정된다.
④ 법률에서 정한 절차에 따라서는 청구권을 보전(保全)할 수 없는 경우에 그 청구권의 실행이 불가능해지거나 현저히 곤란해지는 상황에서 인정된다.

12 민법상 물권에 관한 설명으로 옳지 않은 것은?

① 물권은 객체를 직접 배타적으로 지배하는 권리이다.
② 상속, 공용징수, 판결, 경매 기타 법률의 규정에 의한 부동산 물권취득은 등기를 요하지 아니하나, 등기를 하지 아니하면 이를 처분하지 못한다.
③ 점유권은 소유권이 있어야만 인정되는 물권이다.
④ 일물일권주의(一物一權主義)의 원칙상 하나의 물건 위에 둘 이상의 소유권을 인정할 수 없다.

13 주식회사에 관한 설명으로 옳지 않은 것은?

① 자본금은 특정 시점에서 회사가 보유하고 있는 재산의 현재가치로서 주식으로 균등하게 분할되어 있다.
② 무액면주식의 발행도 허용되며, 액면주식이 발행되는 경우 1주의 금액은 100원 이상 균일하여야 한다.
③ 주주의 책임은 그가 가진 주식의 인수가액을 한도로 한다.
④ 주권 발행 이후 주주는 자신의 주식을 자유롭게 양도 및 처분을 할 수 있다.

14 형사소송법상 임의수사에 해당하는 경우를 모두 고른 것은?

ㄱ. 검 증
ㄴ. 피의자 신문
ㄷ. 사실조회
ㄹ. 수 색

① ㄱ, ㄴ
② ㄱ, ㄷ
③ ㄴ, ㄷ
④ ㄴ, ㄹ

15 권리의 충돌에 관한 설명으로 옳은 것은?

① 채권 상호 간에는 원칙적으로 성립의 선후에 따른 우선순위의 차이가 없다.
② 물권과 채권이 충돌할 경우에는 원칙적으로 채권이 우선한다.
③ 소유권과 이를 제한하는 제한물권 사이에서는 원칙적으로 소유권이 우선한다.
④ 동일물에 성립한 전세권과 저당권은 그 성립시기에 상관없이 저당권이 우선한다.

16 소멸시효에 관한 설명으로 옳지 않은 것은?

① 시효의 중단은 당사자 및 그 승계인 간에만 효력이 있다.
② 재판상의 청구는 소송의 각하, 기각 또는 취하의 경우에는 시효중단의 효력이 없다.
③ 시효가 중단된 때에는 중단까지에 경과한 시효기간은 이를 산입하지 아니하고 중단사유가 종료한 때로부터 새로이 진행한다.
④ 소멸시효의 기간만료 전 3개월 내에 제한능력자에게 법정대리인이 없는 경우에는 그가 능력자가 되거나 법정대리인이 취임한 때부터 3개월 내에는 시효가 완성되지 아니한다.

17 아리스토텔레스의 정의에 대한 개념 중 옳지 않은 것은?

① 정의를 일반적 정의와 특수적 정의로 나누고 특수적 정의는 다시 평균적 정의와 배분적 정의로 구분하였다.
② 평균적 정의를 본질적 정의라고 하였다.
③ 배분적 정의는 실질적·상대적 평등을 의미한다.
④ 평균적 정의는 형식적·절대적 평등을 의미한다.

18 행정상 사실행위에 관한 설명으로 옳지 않은 것은?

① 권력적 사실행위는 행정쟁송의 대상이 될 수 있다.
② 사실행위는 행정조직법적 근거가 필요하다.
③ 사실행위에는 법률우위의 원칙이 적용되지 않는다.
④ 행정조사는 사실행위의 일종이다.

19 산업재해보상보험법상 업무상 사고에 해당하지 않는 것은?

① 근로자가 근로계약에 따른 업무나 그에 따르는 행위를 하던 중 발생한 사고
② 사업주가 주관하거나 사업주의 지시에 따라 참여한 행사나 행사준비 중에 발생한 사고
③ 사업주가 제공하지 않은 시설물 등을 이용하던 중 그 시설물 등의 결함이나 관리소홀로 발생한 사고
④ 휴게시간 중 사업주의 지배관리하에 있다고 볼 수 있는 행위로 발생한 사고

20 형법상 형의 감면에 관한 설명으로 옳지 않은 것은?

① 죄를 지은 후 수사기관에 자수한 경우에는 형을 감경하거나 면제한다.
② 장애미수범의 형은 기수범보다 감경할 수 있다.
③ 중지미수범의 형은 감경하거나 면제한다.
④ 종범의 형은 정범의 형보다 감경한다.

21 청구권적 기본권에 관한 설명으로 옳지 않은 것은?

① 국민이 국가기관에 청원할 때에는 법률이 정하는 바에 따라 문서로 해야 한다.
② 형사피고인과 달리 형사피의자에게는 형사보상청구권이 없다.
③ 군인이 훈련 중에 받은 손해에 대하여는 법률이 정하는 보상 외에는 이중배상이 금지된다.
④ 재판청구권에는 공정하고 신속한 공개재판을 받을 권리뿐만 아니라 재판절차에서 진술할 권리도 포함된다.

22 건물에 폭발물을 설치한 다음 원격조종으로 폭발케 하여 1인이 사망하고 다수인이 상해를 입고 해당 건물이 전파한 경우 살인죄, 상해죄, 손괴죄의 관계는?

① 상상적 경합범
② 실체적 경합범
③ 법조경합
④ 포괄일죄

23 다음 중 인보험이 아닌 것은?

① 화재보험
② 상해보험
③ 사망보험
④ 혼합보험

24 권리자가 장기간에 걸쳐 그 권리를 행사하지 아니함에 따라 그 의무자인 상대방이 더 이상 권리자가 그 권리를 행사하지 아니할 것으로 신뢰할 만한 정당한 기대를 가지게 되는 경우에 새삼스럽게 권리자가 그 권리를 행사하는 것은 법질서 전체를 지배하는 신의성실의 원칙에 위반되어 허용되지 않는다는 것을 의미하는 원칙은?

① 권리남용금지의 원칙
② 금반언의 원칙
③ 사정변경의 원칙
④ 실효의 원칙

25 권리의 변동에 관한 설명으로 옳지 않은 것은?

① 甲이 건물을 신축한 경우, 이는 원시취득에 해당한다.
② 乙이 자신이 소유하는 주택을 丙에게 매도한 경우, 이는 권리의 이전적 승계이자 상대적 소멸에 해당한다.
③ 상속에 의하여 피상속인이 가지고 있던 권리가 상속인에게 승계된 경우 이는 권리의 이전적 승계에 해당한다.
④ 1순위 저당권이 소멸되어 2순위 저당권이 순위승진을 한 경우 이는 권리의 내용상 변경에 해당한다.

26 근로기준법에 관한 설명으로 옳지 않은 것은?

① 사용자가 근로자를 폭행한 경우 피해자인 근로자의 명시적인 의사와 다르게 공소를 제기할 수 없다.
② 사용자는 근로자가 근로시간 중에 선거권, 그 밖의 공민권(公民權) 행사 또는 공(公)의 직무를 집행하기 위하여 필요한 시간을 청구하면 거부하지 못한다.
③ 사용자는 근로자가 근로시간 중에 선거권 행사를 위해 필요한 시간을 청구한 경우, 그 행사에 지장이 없으면 청구한 시간을 변경할 수 있다.
④ 근로기준법은 상시 5명 이상의 근로자를 사용하는 모든 사업 또는 사업장에 적용하지만, 동거하는 친족만을 사용하는 사업 또는 사업장과 가사(家事) 사용인에 대하여는 적용하지 아니한다.

27 다음의 내용이 설명하는 판결은?

> 원고의 청구가 이유 있다(처분 등이 위법하다)고 인정하는 경우에도 처분등을 취소하는 것이 현저히 공공복리에 적합하지 않다고 판단될 때 법원이 원고의 청구를 기각하는 판결이다.

① 인용판결
② 각하판결
③ 기각판결
④ 사정판결

28 권리와 구별되는 개념에 관한 설명으로 옳은 것은?

① 권원은 권리의 내용을 이루는 개개의 법률상 작용을 말한다.
② 권능은 일정한 법률상 또는 사실상의 행위를 하는 것을 정당화하는 법률상의 원인이다.
③ 권한은 타인을 위하여 그 자에게 일정한 법률효과를 발생하게 하는 행위를 할 수 있는 법률상 자격이다.
④ 반사적 이익은 법에 의해 보호되는 이익으로서 그것이 침해된 자도 법률상 구제를 받을 수 있음이 원칙이다.

29 사단법인과 재단법인에 공통한 해산이유가 아닌 것은?

① 파 산
② 총회의 결의
③ 법인의 목적달성
④ 설립허가의 취소

30 경비계약에 관한 설명으로 옳지 않은 것은?

① 보수는 시기의 약정이 없으면 관습에 의하고, 관습이 없으면 경비업무를 종료한 후 지체 없이 지급하여야 한다.
② 고객은 경비계약상의 채무가 이행되지 않은 경우 강제이행을 청구할 수 없다.
③ 경비업무 중 경비원의 근무태만으로 도난사고가 발생하여 고객이 재산상의 손해를 입은 경우 경비업자는 채무불이행책임을 부담한다.
④ 경비업자의 채무불이행으로 인한 손해배상은 통상의 손해를 그 한도로 한다.

31 고용보험법에서 규정하는 급여에 해당하지 않는 것은?

① 육아휴직급여
② 출산전후휴가급여
③ 실업급여
④ 휴업급여

32 형사소송법상 공판절차의 기본원칙에 해당하지 않는 것은?

① 공판중심주의
② 집중심리주의
③ 서면심리주의
④ 직접심리주의

33 다음 중 무효인 법률행위로만 묶인 것은?

ㄱ. 의사무능력자의 법률행위
ㄴ. 제한능력자의 법률행위
ㄷ. 강행규정에 반하는 법률행위
ㄹ. 착오에 의한 의사표시
ㅁ. 사기·강박에 의한 의사표시
ㅂ. 진의 아닌 의사표시임을 상대방이 알았던 경우
ㅅ. 불법조건이 붙은 법률행위

① ㄱ, ㄴ, ㄷ, ㄹ
② ㄱ, ㄴ, ㅁ, ㅂ
③ ㄱ, ㄷ, ㅂ, ㅅ
④ ㄴ, ㄷ, ㅂ, ㅅ

34 헌법전문에 관한 설명으로 옳지 않은 것은?

① 헌법전문은 전면 개정을 할 수 없다.
② 전문에 선언된 헌법의 기본원리는 헌법해석의 기준이 된다.
③ 헌법재판소는 헌법전문의 재판규범성을 인정하고 있다.
④ 헌법재판소는 헌법전문을 통하여 곧바로 개별적 기본권을 도출할 수 있다는 입장이다.

35 행정행위에 관한 설명으로 옳지 않은 것은?

① 국민에게 일정한 작위의무를 부과하는 하명은 명령적 행정행위에 해당한다.
② 상대방에게 특정한 권리나 능력 또는 포괄적 법률관계 기타 법률상의 힘을 발생·변경·소멸시키는 형성적 행정행위에는 면제, 특허, 인가가 있다.
③ 상대방에 대해서는 수익적이나 제3자에 대해서는 침익적으로 작용하거나 또는 그 역으로 작용하는 행위를 복효적 행정행위라고 한다.
④ 확인과 공증은 준법률행위적 행정행위에 해당한다.

36 헌법 규정상 헌법재판소가 관장하는 사항으로 옳은 것은?

① 위헌·위법명령 심사권
② 선거와 관련된 선거소송과 당선소송
③ 지방자치단체 상호 간의 권한쟁의 심판
④ 재판에 대한 헌법소원심판

37 상법상 보험계약에 관한 설명으로 옳지 않은 것은?

① 계약관계자에게 선의가 요구되는 선의계약이다.
② 보험자가 보험계약 체결 전 서면으로 질문한 사항은 중요한 사항으로 추정한다.
③ 보험계약은 그 계약 전의 어느 시기를 보험기간의 시기(始期)로 할 수 있다.
④ 보험료 반환의무는 보험계약자가 부담한다.

38 다음 ( ) 안의 ㄱ~ㄷ에 들어갈 법원(法源)이 바르게 연결된 것은?

- (ㄱ) - 국회의 의결을 거치지 않고 행정기관에 의해 제정되는 성문법규
- (ㄴ) - 지방자치단체가 법령의 범위 안에서 그 사무에 관하여 제정한 법규
- (ㄷ) - 지방자치단체의 장이 법령이나 (ㄴ)이/가 위임한 범위에서 그 권한에 속하는 사무에 관하여 제정한 법규

① ㄱ : 명령, ㄴ : 조례, ㄷ : 규칙
② ㄱ : 명령, ㄴ : 규칙, ㄷ : 조례
③ ㄱ : 조례, ㄴ : 명령, ㄷ : 규칙
④ ㄱ : 조례, ㄴ : 규칙, ㄷ : 명령

39 다음 중 국가적 법익에 대한 죄를 모두 고른 것은?

ㄱ. 범죄단체조직죄
ㄴ. 내란죄
ㄷ. 소요죄
ㄹ. 외환유치죄

① ㄱ
② ㄱ, ㄴ
③ ㄴ, ㄹ
④ ㄴ, ㄷ, ㄹ

40 사인이 국가 또는 지방자치단체에 대해 부담하고 있는 공법상 금전급부의무를 불이행한 경우에 행정청이 강제적으로 그 의무가 이행된 것과 같은 상태를 실현하는 작용은?

① 행정대집행
② 직접강제
③ 강제징수
④ 이행강제금

제6회 민간경비론

41 치안서비스의 순수공공재 이론 중 다음 내용에 해당되는 특성은 무엇인가?

> 소비를 위하여 어떤 대가를 치르지 않은 사람을 소비에서 배제할 수는 없는 것으로, 무임승차자 문제가 발생한다.

① 비경합성
② 비거부성
③ 비배제성
④ 비한정성

42 공경비에 관한 설명으로 옳지 않은 것은?

① 민간경비와 가장 구별되는 공경비의 임무는 범죄예방이다.
② 공경비는 공공성, 공익성, 비영리성을 그 특징으로 한다.
③ 공공서비스 중 공공성의 정도가 강할수록 민간보다는 정부에서 그 서비스를 제공하는 것이 바람직하다.
④ 소방기관과 교정기관도 사회 전반적인 질서유지와 개인의 생명과 신체 및 재산보호를 임무로 한다는 점에서 공경비의 주체에 해당한다.

43 다음 중 대륙법계 국가에서의 경비에 관한 설명에 해당하지 않는 것은 모두 몇 개인가?

> ㄱ. 개인의 생명, 신체 그리고 재산의 보호뿐만 아니라 국가의 정책을 유지하기 위해 필요한 행정까지도 경찰 개념 속에 포함시킨다.
> ㄴ. 중앙집권적인 경찰조직을 가지고 있다.
> ㄷ. 경비활동을 국가경찰의 고유한 임무의 하나로 본다.
> ㄹ. 민간경비는 국가의 지도·감독하에 관련법규에 한정된 소극적 역할만 수행하였다.
> ㅁ. 민간경비는 사전적·예방적 기능만을 제한적으로 담당한다.

① 없음
② 1개
③ 2개
④ 3개

44 경비업법상 특수경비원의 결격사유에 대한 설명으로 옳지 않은 것은?

① 18세 미만이거나 60세 이상인 사람 또는 피성년후견인은 특수경비원이 될 수 없다.
② 금고 이상의 형의 선고유예를 받고 그 유예기간 중에 있는 자는 특수경비원이 될 수 없다.
③ 파산선고를 받고 복권되지 아니한 자는 일반경비원의 결격사유에는 해당하지 않지만, 특수경비원의 결격사유에는 해당한다.
④ 심신상실자는 특수경비원이 될 수 없다.

45 다음 중 시설경비의 기본원칙에 해당하지 않는 것은 모두 몇 개인가?

> ㄱ. 시설경비계획에 따른 경비
> ㄴ. 경비위해요소에 대한 사전확인 및 숙지
> ㄷ. 시설경비대상물의 특성 파악
> ㄹ. 적절한 방호시설물의 이용
> ㅁ. 위해 발생 시 신속한 경보 전달

① 없 음
② 1개
③ 2개
④ 3개

46 우리나라의 민간경비 관련 제도에 관한 설명으로 옳지 않은 것은?

① 1962년 청원경찰법과 1976년 용역경비업법이 제정되면서 민간경비의 법적·제도적 기틀이 마련되었다.
② 우리나라의 청원경찰제도는 외국에서 흔히 볼 수 없는 제도이다.
③ 경비지도사의 직무는 경비업법에서 구체적으로 규정하고 있다.
④ 민간조사제도는 경비업법상 규정되어 있다.

47 각국의 민간경비 발전과정에 관한 설명으로 옳지 않은 것은?

① 영국에서 최초의 형사기동대에 해당하는 범죄예방조직을 만든 사람은 올리버 크롬웰(Oliver Cromwell)이다.
② 미국의 민간경비는 신개척지에 거주하던 주민들을 보호하기 위한 야간경비원으로부터 시작된다.
③ 일본은 2006년 탐정업법을 제정하여 운용 중에 있다.
④ 한국은 특수경비원 제도 도입으로 청원경찰과 민간경비 간 지휘체계, 신분보장 등 이원화문제가 대두되었다.

48 우리나라 민간경비산업의 개선방안에 관한 설명으로 옳지 않은 것은?

① 민간경비원은 고객이 아닌 일반 시민과 상호작용하는 것은 바람직하지 않다.
② 경비업체의 영세성과 지역편중으로 인하여 지역사회와 상호협력을 구축하는 것이 필요하다.
③ 장비의 현대화가 필요하다.
④ 민간경비원 전문자격제도 도입은 경비인력의 전문화 방안이 될 수 있다.

49 민간경비성장이론에 관한 설명으로 옳은 것은?

① 비용공동부담이론은 경기침체로 인해 실업자가 증가하면 범죄율이 증가하고 민간경비의 발전으로 이어진다는 이론이다.
② 수익자부담이론에 따르면 개인이나 단체의 사유재산보호는 기본적으로 경찰의 역할이라고 본다.
③ 민영화이론은 복지국가 확장의 부작용에 따른 재정위기를 극복하기 위해 국가의 역할범위를 축소하고 재정립한다.
④ 치안서비스 공동생산이론은 민간경비는 집단적 이익의 실현을 위해 규모를 팽창시킨다는 입장이다.

50 다음 중 자체경비에서 경비책임자의 역할이 바르게 연결된 것은?

① 관리상의 역할 - 기획, 조직화, 채용, 지도, 감독 등
② 예방적의 역할 - 순찰, 경비원의 안전, 경비활동에 대한 규칙적인 감사 등
③ 조사상의 역할 - 교통통제, 출입금지구역에 대한 감시 등
④ 경영상의 역할 - 예산과 재정상의 감독, 사무행정, 직원 교육훈련 등

51 경찰관이 관할구역 내의 각 가정, 상가 및 기타시설 등을 방문하여 청소년선도, 소년소녀가장 및 독거노인 · 장애인 등 사회적 약자 보호활동 및 안전사고방지 등의 지도 · 상담 · 홍보 등을 행하며 민원사항을 청취하고, 필요시 주민의 협조를 받아 방범진단을 하는 등의 예방경찰활동은?

① 방범홍보
② 경찰방문
③ 방범진단
④ 생활방범

52 경비업무 형태를 1차원적 경비, 단편적 경비, 반응적 경비, 총체적 경비로 분류한 것은 어떤 유형으로 분류한 것인가?

① 성격에 따른 분류
② 형태에 따른 분류
③ 목적에 따른 분류
④ 실시방식에 따른 분류

53 컴퓨터 범죄 예방대책에 관한 설명으로 옳지 않은 것은?

① 거래기록 파일 등 데이터 파일에 대한 백업을 할 때는 내부와 외부에 이중으로 파일을 보관해서는 안 된다.
② 극비의 경영자료 등이 수록된 파일이나 중요한 상품의 프로그램이 수록되어 있는 테이프나 디스크 파일에는 별도의 명칭을 부여한다.
③ 컴퓨터 사용에 대한 회계감사나 사후평가를 면밀히 해야 한다.
④ 프로그래머는 기기조작을 하지 않고 오퍼레이터는 프로그래밍을 하지 않는다는 원칙을 철저히 준수한다.

54 최근 민간경비의 치안환경변화에 관한 설명으로 옳지 않은 것을 모두 고른 것은?

> ㄱ. 국제화·개방화에 따라 내국인의 해외범죄, 외국인의 국내범죄가 증가하고 있다.
> ㄴ. 인터넷 등 컴퓨터통신망의 발달에 따라 해킹 등 첨단사이버범죄가 대폭 증가하고 있다.
> ㄷ. 청소년에 의한 마약범죄 증가가 사회문제로 대두되었다.
> ㄹ. 인구의 고령화로 인하여 노인범죄 및 노인대상범죄가 증가하고 있다.
> ㅁ. 전체적으로 도시와 농촌 간 범죄 발생차이가 적어 통일적인 치안활동이 요구된다.
> ㅂ. 다문화가정에 대한 치안수요가 감소하고 있다.

① 없음
② 1개
③ 2개
④ 3개

55 우리나라의 민간경비 발전과정에 관한 설명으로 옳지 않은 것은?

① 고대는 부족이나 촌락단위의 공동체 성격을 가진 자체경비조직을 활용하였다.
② 삼국시대는 지방의 실력자들이 해상을 중심으로 사적 경비조직을 활용하였다.
③ 고려시대는 지방호족이나 중앙의 세도가들이 무사를 고용하는 등 다양한 형태의 경비조직이 출현하였다.
④ 조선시대는 권력자나 재력가들로 인해 민간경비조직의 활성화를 가져왔다.

56 환경설계를 통한 범죄예방(CPTED)에 관한 설명으로 옳지 않은 것은?

① 물리적 환경을 개선함으로써 범죄를 억제하고 주민의 불안감을 해소하는 제도이다.
② 개인의 본래 활동에 상관없이 범죄예방효과를 극소화시키는 데 목표를 두고 있다.
③ 범죄원인을 개인적 요인보다는 환경적 요인에서 찾고 있다.
④ 현대적 CPTED는 시민들의 삶의 질 향상까지 고려하여 시행하고 있다.

57 미국 민간경비의 역사적 발전과정으로 옳지 않은 것은?

① 1861년 핑커톤(A. Pinkerton)은 국가탐정회사를 설립하였다.
② 서부개척시대의 귀금속 운송을 위한 철도의 개발은 미국 민간경비산업의 획기적인 발달을 가져왔다.
③ 식민지시대 법집행과 관련된 기본적 제도는 영국의 영향을 받은 보안관(sheriff), 치안관(constable), 경비원(watchman) 등이 있다.
④ 2001년 9·11 테러가 발생하면서 공항경비 등 민간경비산업이 급성장하게 되었다.

58 기계경비의 장점에 해당하지 않는 것은?

① 장기적으로 소요비용이 절감된다.
② 잠재적 범죄자에 대한 경고 효과가 크다.
③ 화재예방시스템 등과 동시에 통합운용할 수 있다.
④ 경비업무 외에 안내 및 보호·보관 업무 등을 하나로 통합하여 서비스할 수 있다.

59 국가중요시설 경비에 관한 설명으로 옳지 않은 것은?

① 3지대 방호 개념은 제1지대는 핵심방어지대, 제2지대는 주방어지대, 제3지대는 경계지대이다.
② 국가중요시설의 통합방위사태는 갑종사태, 을종사태, 병종사태로 구분된다.
③ 국가중요시설 내 보호지역은 제한지역, 제한구역, 통제구역으로 구분된다.
④ 국가중요시설은 국방부장관이 관계 행정기관의 장 및 국가정보원장과 협의하여 지정한다.

60 프레이넬등에 관한 설명으로 옳지 않은 것은?

① 넓은 폭의 빛을 내는 조명으로 경계구역에의 접근을 방지하기 위해 길고 수평하게 빛을 확장하는 데 유용하게 사용된다.
② 비교적 어두운 시설물의 침입을 감시하는 경우 유용하게 사용된다.
③ 수평으로 약 180°정도, 수직으로 15°~30° 정도의 폭이 좁고 긴 광선을 투사한다.
④ 특정지역에 빛을 집중시키거나 직접적으로 비출 필요가 있을 때 사용한다.

61 일본의 민간경비산업에 관한 설명으로 옳지 않은 것은?

① 일본의 민간경비산업은 1964년 동경올림픽과 1970년 오사카 만국박람회를 계기로 급성장하였다.
② 긴급사태가 발생하였을 때 택시가 출동하여 관계기관에 연락하거나 가까운 의료기관에 통보하는 경비택시제도가 있다.
③ 민간경비업은 경비업법 제정 당시에는 허가제로 운영되었다가 1982년 신고제로 바뀌었다.
④ 일본 민간경비는 1980년대 초에 한국에 진출하고, 1980년대 후반에는 중국에까지 진출하였다.

62 경비업법령상 경비원이 휴대할 수 있는 장비에 해당하지 않는 것은?

① 목 검
② 경 적
③ 단 봉
④ 안전방패

63 경비계획 수립의 기본원칙에 관한 설명으로 옳지 않은 것을 모두 고른 것은?

ㄱ. 경비원의 대기실은 시설물의 출입구와 비상구에서 인접한 곳에 위치해야 한다.
ㄴ. 경비관리실은 출입자 등의 통행이 많은 곳에 설치하여야 한다.
ㄷ. 직원의 출입구는 주차장으로부터 가급적 인접한 곳에 위치해야 한다.
ㄹ. 항구·부두지역은 차량운전자가 바로 물건을 창고지역으로 움직일 수 있도록 해야 한다.
ㅁ. 효과적인 경비를 위해서는 안전경비조명이 설치되어야 하고, 물건을 선적하거나 수령하는 지역은 분리되어서는 안 된다.

① ㄱ, ㄴ, ㄷ
② ㄱ, ㄹ, ㅁ
③ ㄴ, ㄷ, ㄹ
④ ㄷ, ㄹ, ㅁ

64 컴퓨터 시스템의 기술적 안전대책에 해당하지 않는 것은?

① 데이터의 암호화
② 침입탐지시스템
③ 침입차단시스템
④ 컴퓨터실 출입통제

65 경비위해요소 분석에 관한 설명으로 옳지 않은 것은?

① 경비위해요소란 경비대상의 안전성에 위험을 끼치는 제반요소를 의미한다.
② 모든 시설물마다 표준화된 인력경비시스템을 적용하는 것은 아니다.
③ 총체적 경비는 특정한 손실이 발생할 때마다 그 사건에만 대응하는 경비형태이다.
④ 손실예방을 위한 최적의 방어책을 세우기 위해서는 위해요소에 대한 인지와 평가가 우선적으로 선행되어야 한다.

66 민간경비의 조직형태에 관한 설명으로 옳지 않은 것은?

① 청원경찰은 자체경비의 일종이다.
② 자체경비는 결원의 보충 및 추가인력의 배치가 용이하다.
③ 현행 경비업법은 계약경비를 전제로 한 것이다.
④ 자체경비는 계약경비에 비해 다른 부서의 직원들과 지나치게 친밀한 관계를 형성함으로써 효과적인 직무수행을 하지 못할 수 있다.

67 외곽경비에 관한 설명으로 옳지 않은 것은?

① 담장의 설치는 시설물 내의 업무활동을 은폐하고, 내부 관찰이 불가능하도록 해야 한다.
② 폐쇄된 출입구의 잠금장치는 특수하게 만들고, 외견상 즉시 확인할 수 없어야 한다.
③ 가시지대 내에서 감시활동이 이루어질 때에는 잠금장치가 설치된 문을 주의 깊게 살펴야 한다.
④ 차량 출입구는 평상시에는 양방향을 유지하지만 특별하게 차량통제에 대한 필요성에 맞추어 일방으로 통행을 제한할 수 있다.

68 컴퓨터 범죄에 관한 설명으로 옳지 않은 것은?

① 트로이 목마는 프로그램 속에 은밀히 범죄자만 아는 명령문을 삽입하여 이를 범죄자가 이용하는 수법을 말한다.
② 장소, 국경 등에 관계없이 컴퓨터 침입이 가능하며 증거가 남지 않고 증거인멸이 용이하기 때문에 범죄의 발견이 어렵다.
③ 범죄행위 측면에서 범행이 연속성과 광역성 및 자동성을 가지고 있고 고의를 입증하기 힘들다.
④ 플레임(Flame)은 고출력 전자기장을 발생시켜 컴퓨터의 자기기록 정보를 파괴하는 사이버테러이다.

69 4차 산업혁명의 주요 특징 중 다음 ( ) 안의 ㄱ~ㄷ에 들어갈 내용을 순서대로 바르게 연결한 것은?

- (ㄱ)화 – 전면적 디지털화에 기초한 전면적 온라인화에 따른 현실과 가상의 경계 소멸 및 데이터베이스화를 의미한다.
- (ㄴ)화 – 데이터 분석 및 기계학습을 통한 인공지능의 발전, 이를 통한 전면적 기계-자율의 확대가 핵심이다.
- (ㄷ)화 – (ㄱ)과 (ㄴ)의 확대는 결과적으로 기존에 분리되어 있던 다양한 영역들의 (ㄷ)으로 이어지게 된다.

① ㄱ : 초연결, ㄴ : 초지능, ㄷ : 융복합
② ㄱ : 초지능, ㄴ : 초연결, ㄷ : 융복합
③ ㄱ : 초가상, ㄴ : 초지능, ㄷ : 통합
④ ㄱ : 초연결, ㄴ : 초가상, ㄷ : 통합

70 대규모 상업·주거시설의 민간경비에 관한 설명으로 옳지 않은 것은?

① 대규모 주거시설에서의 범죄예방활동과 위험관리는 공동체 구성원의 참여가 중요하다.
② 대규모 상업시설에서의 민간경비는 공중의 접근이 허용되는 사적인 시설물들의 비율이 증가할수록 확대된다.
③ 대규모 상업시설의 소유자들은 시설의 접근성 및 편리성을 극대화시킴과 동시에 이에 대한 보안과 안전에 대한 책임 역시 비례적으로 증가한다.
④ 고급 주거시설의 경우에는 주변과의 관계성을 구축하는 데에 초점을 둔다.

71 비상사태 발생 시 민간경비원의 역할로 옳은 것을 모두 고른 것은?

ㄱ. 경찰과의 통신업무
ㄴ. 경제적으로 보호해야 할 가치가 있는 것들에 대한 보호조치 실행
ㄷ. 비상인력과 시설 내의 이동통제
ㄹ. 출입구와 비상구 및 위험지역의 출입통제

① ㄱ
② ㄱ, ㄴ
③ ㄱ, ㄴ, ㄷ
④ ㄱ, ㄴ, ㄷ, ㄹ

72 민간경비원의 직무 및 형사상 법적 문제에 관한 설명으로 옳은 것은?

① 민간경비원의 지위는 일반시민과 동일하다.
② 민간경비원의 모든 업무행위는 위법성이 조각된다.
③ 근무구역 내에서 경찰관직무집행법에 따라 직무를 행한다.
④ 민간경비원도 공권력을 가지고 수사를 할 수 있다.

73 민간경비의 개념에 관한 설명으로 옳은 것은?

① 형식적 개념은 공경비와 민간경비가 명확히 구별된다.
② 광의의 개념은 국민의 생명과 재산을 보호하기 위하여 일정한 비용을 지불한 특정 고객에게 안전 관련 서비스를 제공하는 개인만을 의미한다.
③ 협의의 개념은 주체면에서 민간과 국가를 포함한다.
④ 실질적 개념은 실정법인 경비업법에서 규정하는 허가를 받고 경비업무를 수행하는 활동을 말한다.

74 화재경보센서에 관한 설명으로 옳지 않은 것은?

① 연기센서의 종류로는 이온화식 스포트형, 광전식 스포트형, 광전식 분리형이 있다.
② 불꽃센서는 옥외에서도 사용할 수 있다.
③ 천장 안쪽의 높이가 0.5m 미만인 장소에는 센서를 설치할 필요가 없다.
④ 열센서는 설치장소의 아래쪽 0.6m 이내, 연기센서는 설치장소의 아래쪽 0.3m 이내의 위치에 설치한다.

75 경찰방범활동의 장애요인에 관한 설명으로 옳지 않은 것은?

① 범죄의 양적·질적 심화로 인해 경찰은 역할 한계에 직면하고 있다.
② 열악한 근무조건 외에 개인 방범장비의 부족과 노후화는 효율적인 방범활동을 수행하는 데 있어서 장애가 되고 있다.
③ 타 부처의 협조업무 감소로 업무협조가 원활하지 못하여 경찰의 민생치안 업무 수행에 막대한 지장을 초래하고 있다.
④ 경찰에 대한 부정적 이미지나 불신 등 주민의 이해 부족으로 범죄 발생 시 주민의 신고 등의 협조가 미비하다.

76 화재의 분류와 소화기 표시색상의 연결이 옳지 않은 것은?

① 일반화재 - 백색
② 유류화재 - 황색
③ 금속화재 - 무색
④ 가스화재 - 청색

77 다음 사례에 해당하는 신종금융범죄는?

> A씨는 자신이 사용하는 PC가 악성코드에 감염된 것을 모르고, 정상 홈페이지라고 여긴 가짜 사이트로 유도되어 요구하는 금융정보를 입력하였는데, 자신도 모르게 금융정보를 탈취당하여 범행계좌로 이체되는 금융사기를 당하였다.

① 메모리해킹(Memory Hacking)
② 스미싱(Smishing)
③ 파밍(Pharming)
④ 피싱(Phishing)

78 다음이 설명하는 자물쇠는 무엇인가?

> - 일반적으로 가장 많이 사용되는 자물쇠이며, 이 자물쇠를 열기 위해서는 통상적으로 3분 정도가 소요된다.
> - 열쇠의 홈이 한쪽 면에만 있으며 열쇠 구조가 복잡하여 맞는 열쇠를 꽂지 않으면 열리지 않는다.
> - 책상, 서류함, 패드록 등 경비산업에서 보편적으로 사용되고 있다.

① 돌기 자물쇠(Warded Locks)
② 판날름쇠 자물쇠(Disc Tumbler Locks)
③ 핀날름쇠 자물쇠(Pin Tumbler Locks)
④ 숫자맞춤식 자물쇠(Combination Locks)

79 융합보안에 관한 설명으로 옳지 않은 것은?

① 물리적·기술적·관리적 보안요소를 상호 연계하여 보안의 효과성을 높이는 것을 내용으로 한다.
② 물리적 보안인증과 사이버 보안인증을 통합적으로 관리하여 보안관리를 강화한다.
③ 정보보안요소에는 출입통제, 접근감시, 잠금장치 등이 있다.
④ 개인, 기업, 정부단체 등의 데이터를 통합해 정확한 사고징후를 감지하고 총체적으로 대응할 수 있다.

80 민간경비원의 동기부여이론에 관한 설명이다. (   ) 안의 ㄱ~ㄷ에 들어갈 내용으로 알맞은 것은?

- (ㄱ)의 동기-위생이론 중 동기요인은 도전감, 성취감, 인정, 책임감, 성장·발전, 일 그 자체 등 직무내용과 관련된다.
- (ㄴ)의 욕구계층이론은 하위단계의 욕구가 충족되지 못하면 상위단계의 욕구가 발현되지 못한다는 입장이다.
- (ㄷ)의 X·Y이론 중 Y이론은 인간잠재력의 능동적 발휘와 관련된다.

① ㄱ : 허즈버그, ㄴ : 맥그리거, ㄷ : 매슬로
② ㄱ : 허즈버그, ㄴ : 매슬로, ㄷ : 맥그리거
③ ㄱ : 맥그리거, ㄴ : 매슬로, ㄷ : 허즈버그
④ ㄱ : 매슬로, ㄴ : 허즈버그, ㄷ : 맥그리거

제7회 법학개론

중요문제 / 틀린 문제 CHECK

| 01 | 02 | 03 | 04 | 05 | 06 | 07 | 08 | 09 | 10 | 11 | 12 | 13 | 14 | 15 | 16 | 17 | 18 | 19 | 20 |
| 21 | 22 | 23 | 24 | 25 | 26 | 27 | 28 | 29 | 30 | 31 | 32 | 33 | 34 | 35 | 36 | 37 | 38 | 39 | 40 |

01 다음 중 사회규범에 관한 내용으로 옳지 않은 것을 모두 고른 것은?

> ㄱ. 법실증주의자들은 법과 도덕의 구별을 부인한다.
> ㄴ. 법은 합목적성에 기초하는 반면, 관습은 당위성에 기초한다.
> ㄷ. 법은 권리·의무의 양 측면을 규율하고 도덕은 의무적 측면만을 규율하므로 권리가 없거나 의무가 없는 법은 존재하지 않는다.
> ㄹ. 법도 때에 따라서는 '선의' 또는 '악의'와 같은 인간의 내부적 의사를 중요시한다.

① ㄱ, ㄴ
② ㄱ, ㄴ, ㄷ
③ ㄱ, ㄷ, ㄹ
④ ㄱ, ㄴ, ㄷ, ㄹ

02 국회에 관한 설명으로 옳은 것은?

① 국회는 헌법 또는 법률에 특별한 규정이 없는 한 재적의원 과반수의 출석과 출석의원 과반수의 찬성으로 의결하며, 가부동수인 때에는 국회의장이 결정한다.
② 국회 재적의원 과반수의 찬성이 있으면 국회의 회의를 공개하지 않을 수 있다.
③ 국회는 국무총리 또는 국무위원의 해임을 대통령에게 건의할 수 있다.
④ 국회의원을 제명하려면 국회재적의원 과반수의 출석과 출석의원 3분의 2 이상의 찬성이 있어야 한다.

03 법의 체계에 관한 설명으로 옳지 않은 것은?

① 법단계설을 주장한 학자는 켈젠(H. Kelsen)이다.
② 대법원규칙은 법률과 동등한 효력을 가진다.
③ 대통령령은 총리령·부령보다 상위의 법령에 해당한다.
④ 대통령은 법률의 효력을 가지는 긴급명령을 발할 수 있다.

04 헌법상 국회의원의 권리와 의무에 관한 설명으로 옳은 것은?

① 현행범인이라도 회기 중에는 국회의 동의 없이 체포 또는 구금되지 아니한다.
② 국회의원이 회기 전에 체포 또는 구금된 때에는 현행범인이 아닌 한 국회의 요구가 있으면 회기 중 석방된다.
③ 국회의원은 국회에서 직무상 행한 발언과 표결에 관하여 국회 내·외에서 책임을 지지 아니한다.
④ 국회의원은 탄핵 대상에 해당한다.

05 상법상 주식회사 정관의 절대적 기재사항이 아닌 것은?

① 회사가 발행할 주식의 총수
② 현물출자를 하는 자의 성명
③ 회사가 공고를 하는 방법
④ 발기인의 성명·주민등록번호 및 주소

06 법원(法源)에 관한 설명으로 옳지 않은 것을 모두 고른 것은?

ㄱ. 「경비업법 시행령」은 행정안전부령이다.
ㄴ. 민사관계에서 법률에 규정이 없으면 조리가 관습법에 우선하여 적용된다.
ㄷ. 상사(商事)에 관하여 「상법」에 규정이 없으면 「민법」에 의하고, 「민법」의 규정이 없으면 상관습법에 의한다.
ㄹ. 조례, 규칙, 교육규칙은 지방자치단체의 자치입법에 해당한다.

① ㄱ, ㄴ
② ㄱ, ㄴ, ㄷ
③ ㄱ, ㄷ, ㄹ
④ ㄱ, ㄴ, ㄷ, ㄹ

07 다음 중 포괄적 기본권은 모두 몇 개인가?

ㄱ. 인간의 존엄과 가치	ㄴ. 근로 3권
ㄷ. 평등권	ㄹ. 환경권
ㅁ. 청원권	ㅂ. 행복추구권

① 1개
② 2개
③ 3개
④ 4개

08 국무위원 및 국무회의에 관한 설명으로 옳지 않은 것은?

① 국무회의는 대통령·국무총리와 15인 이상 30인 이하의 국무위원으로 구성한다.
② 국무회의는 정부의 권한에 속하는 중요한 정책을 심의하는데, 국가안전보장에 관련되는 대외정책·군사정책과 국내정책의 수립에 관하여 국무회의의 심의에 앞서 대통령의 자문에 응하기 위하여 국가안전보장회의를 둘 수 있다.
③ 정부에 제출 또는 회부된 정부의 정책에 관계되는 청원의 심사는 국무회의의 심의를 거쳐야 한다.
④ 국무총리는 국무위원의 해임을 대통령에게 건의할 수 있다.

09 민법상 기간에 관한 설명으로 옳지 않은 것은?

① 기간의 계산에 관하여 법률행위에서 다르게 정하고 있더라도 민법의 기간 계산방법이 우선한다.
② 기간을 시, 분, 초로 정한 때에는 즉시로부터 기산한다.
③ 기간을 주, 월 또는 연으로 정한 때에는 역에 의하여 계산하고, 월 또는 연으로 정한 경우에 최종의 월에 해당일이 없는 때에는 그 월의 말일로 기간이 만료한다.
④ 초일이 공휴일이라고 해서 다음 날부터 기간을 기산하는 것은 아니다.

10 민사소송의 주체에 관한 설명으로 옳지 않은 것은?

① 보통재판적은 원칙적으로 원고의 주소지이므로, 일단 원고의 주소지의 관할 지방법원에 소를 제기하면 토지관할을 갖추게 된다.
② 당사자는 법관에게 공정한 재판을 기대하기 어려운 사정이 있는 때에는 기피신청을 할 수 있다.
③ 미성년자는 소송능력이 없으므로 그 법정대리인이 소송행위를 대리한다.
④ 소송대리인은 원칙상 변호사이어야 한다.

11 형법상 책임능력에 관한 설명으로 옳지 않은 것은?

① 14세 되지 아니한 자의 행위는 벌하지 아니한다.
② 심신장애로 인하여 사물을 변별하거나 의사를 결정할 능력이 미약한 자의 행위는 형을 감경할 수 있다.
③ 위험의 발생을 예견하고 자의로 심신장애를 야기하였다 하더라도 사물을 변별할 능력이 없거나 의사를 결정할 능력이 없는 자의 행위는 벌하지 아니한다.
④ 듣거나 말하는 데 모두 장애가 있는 사람의 행위에 대해서는 형을 감경한다.

12 채권자가 채무자 또는 제3자(물상보증인)로부터 점유를 옮기지 않고 그 채권의 담보로 제공된 목적물(부동산)에 대하여 우선변제를 받을 수 있는 담보물권은?

① 질권
② 지역권
③ 유치권
④ 저당권

13 상법상 보험계약의 성질로 옳지 않은 것은?

① 사행계약성
② 요식계약성
③ 쌍무계약성
④ 유상계약성

14 상법상 회사에 관한 설명으로 옳지 않은 것은?

① 회사는 다른 회사의 무한책임사원이 될 수 있다.
② 회사의 주소는 본점소재지에 있는 것으로 한다.
③ 회사는 본점소재지에서 설립등기를 함으로써 성립한다.
④ 회사는 합명회사, 합자회사, 유한책임회사, 주식회사와 유한회사로 분류된다.

15 산업재해보상보험법에 관한 설명으로 옳지 않은 것은?

① 요양급여는 근로자가 업무상의 사유로 부상을 당하거나 질병에 걸린 경우에 그 근로자에게 지급한다.
② 장해급여는 근로자가 업무상의 사유로 부상을 당하거나 질병에 걸려 치유된 후 신체 등에 장해가 있는 경우에 그 근로자에게 지급한다.
③ 근로기준법상 재해보상으로서의 장례비와 산업재해보상보험법상 보험급여로서의 장례비는 금액이 동일하다.
④ 휴업급여는 업무상 사유로 부상을 당하거나 질병에 걸린 근로자에게 요양으로 취업하지 못한 기간에 대하여 지급하되, 1일당 지급액은 평균임금의 100분의 70에 상당하는 금액으로 한다.

16 법의 적용 및 해석에 관한 설명으로 옳지 않은 것은?

① 재판의 과정을 살펴보면, 먼저 적용될 추상적 법규를 대전제로 하고, 구체적 사건을 소전제로 하며 여기에 재판이라는 결론을 도출하는 3단 논법의 형식이 적용된다.
② 법해석의 목표는 법적 안정성을 저해하지 않는 범위 내에서 구체적 타당성을 찾는 데 두어야 한다.
③ 법문을 형성하는 용어, 문장을 기초로 하여 그 문자가 가지는 의미에 따라서 법규 전체의 의미를 해석하는 것을 논리해석이라고 한다.
④ 권한을 가진 국가기관에 의하여 행하여지는 해석을 유권해석이라고 한다.

17 다음에 제시된 법에 관한 설명으로 옳은 것을 〈보기〉에서 모두 고른 것은?

> 제1조 이 법은 일본 제국주의의 식민통치에 협력하고 우리 민족을 탄압한 반민족행위자가 그 당시 친일반민족행위로 축재한 재산을 국가에 귀속시키고 … 정의를 구현하고 민족의 정기를 바로 세우며 일본제국주의에 저항한 3·1 운동의 헌법이념을 구현함을 목적으로 한다.
> 제3조 ① 친일재산은 그 취득·증여 등 원인 행위시에 이를 국가의 소유로 한다.

〈보기〉
ㄱ. 기본권 제한의 근거가 된다.
ㄴ. 법률의 소급효를 인정하고 있다.
ㄷ. 일본과의 관계에서 국제법적 성격을 지닌다.
ㄹ. 합목적성을 희생시키고 법적 안정성을 중시한다.

① ㄱ, ㄴ
② ㄱ, ㄹ
③ ㄴ, ㄷ
④ ㄴ, ㄹ

18 하자 있는 행정행위가 다른 행정행위의 적법요건을 갖춘 경우, 다른 행정행위의 효력 발생을 인정하는 것은 무엇인가?

① 하자의 치유
② 하자의 승계
③ 하자 있는 행정행위의 전환
④ 행정행위의 철회

19 국민연금법상 국민연금의 특성에 관한 설명으로 옳지 않은 것은?

① 국민연금은 사회보험에 해당한다.
② 국민연금은 공적연금에 해당한다.
③ 국민연금은 공무원, 군인, 사립학교교직원 등과 같이 특수직역에 종사하는 자를 제외한 모든 국민을 단일한 연금체계로 편입·관리하고 있다.
④ 국민연금은 퇴직연금과 같이 급여로 나갈 돈을 보험료 등의 수입으로 미리 적립해두는 완전(전부)적립방식을 채택하고 있다.

20 형사소송법상 법관의 제척·기피·회피에 관한 설명으로 옳지 않은 것은?

① 제척은 법관이 불공평한 재판을 할 현저한 법정의 사유가 있을 때, 해당 법관을 그 재판에서 배제하는 제도이다.
② 소송의 지연을 목적으로 하는 것이 명백한 기피신청을 기각한 결정에 대하여는 즉시항고를 할 수 있으며, 이에 따라 재판집행정지의 효력이 발생한다.
③ 합의부법원의 법관에 대한 기피는 그 법관의 소속법원에, 단독판사에 대한 기피는 당해 법관에게 신청하여야 한다.
④ 회피는 소속법원에 서면으로 신청하여야 한다.

21 헌법의 제정과 개정에 관한 설명으로 옳지 않은 것은?

① 슈미트(C. Schmitt)는 결단주의에 입각하여 헌법을 국가의 근본상황에 관하여 헌법 제정권자가 내린 근본적 결단이라고 하였다.
② 시에예스(A. Sieyes)는 헌법제정권력을 시원적이고 창조적인 권력으로 보았다.
③ 헌법의 개정은 헌법의 기본적 동일성이 변경되는 것을 의미한다.
④ 우리나라의 헌법개정은 대통령이나 국회 재적의원 과반수의 발의로 제안된다.

22 형법상 형의 집행에 관한 설명으로 옳지 않은 것은?

① 벌금은 판결확정일로부터 60일 내에 납입해야 한다.
② 과료를 납입하지 아니한 자는 1일 이상 30일 미만의 기간 노역장에 유치하여 작업에 복무하게 한다.
③ 징역은 교정시설에 수용하여 집행하며, 정해진 노역(勞役)에 복무하게 한다.
④ 벌금이나 과료를 선고할 때에는 이를 납입하지 아니하는 경우의 노역장 유치기간을 정하여 동시에 선고하여야 한다.

23 산업재해보상보험법상 용어의 정의에 관한 설명으로 옳지 않은 것은?

① "업무상의 재해"란 업무상의 사유에 따른 근로자의 부상·질병·장해 또는 사망을 말한다.
② "유족"이란 사망한 사람의 배우자(사실상 혼인 관계에 있는 사람은 제외)·자녀·부모·손자녀·조부모 또는 형제자매를 말한다.
③ "치유"란 부상 또는 질병이 완치되거나 치료의 효과를 더 이상 기대할 수 없고 그 증상이 고정된 상태에 이르게 된 것을 말한다.
④ "장해"란 부상 또는 질병이 치유되었으나 정신적 또는 육체적 훼손으로 인하여 노동능력이 상실되거나 감소된 상태를 말한다.

24 형법상 '상당한 이유'를 요건으로 하고 있지 않은 위법성조각사유는?

① 피해자의 승낙
② 긴급피난
③ 자구행위
④ 정당방위

25 권리에 관한 설명으로 옳지 않은 것은?

① 인격권은 상속이나 양도를 할 수 없는 것이 원칙이다.
② 사원권은 단체의 구성원이 그 구성원의 지위에서 단체에 대하여 가지는 권리이다.
③ 친권은 권리이면서 의무적 성질을 가진다.
④ 사권(私權)은 권리의 작용에 의해 인격권, 사원권, 재산권, 신분권으로 구분된다.

26 다음 중 민사소송법상 상소에 관한 설명으로 옳지 않은 것은 모두 몇 개인가?

ㄱ. 항소는 제1심 법원이 선고한 종국판결에 대하여 할 수 있다.
ㄴ. 항소권의 포기는 항소를 하기 이전에는 제1심 법원에, 항소를 한 뒤에는 소송기록이 있는 법원에 서면으로 하여야 한다.
ㄷ. 항소는 판결서 송달 전에는 할 수 없고, 판결서가 송달된 날로부터 2주 이내에 하여야 한다.
ㄹ. 원심판결이 적법하게 확정한 사실이라 하더라도 상고법원을 기속하지 아니한다.
ㅁ. 소송절차에 관한 신청을 기각한 결정이나 명령에 대하여 불복하면 항고할 수 있다.

① 1개
② 2개
③ 3개
④ 4개

27 甲이 乙을 상대로 대여금반환청구의 소를 서울중앙지방법원에 제기한 뒤, 이 소송의 계속 중 동일한 소를 대전지방법원에 제기한 경우 저촉되는 민사소송법상 원리는?

① 재소의 금지
② 불이익변경금지
③ 중복된 소제기의 금지
④ 실기한 공격·방어방법의 각하

28 행정법의 일반원칙에 관한 설명으로 옳지 않은 것은?

① 평등의 원칙이란 행정청은 합리적 이유 없이 국민을 차별하여서는 아니 된다는 것을 의미한다.
② 신뢰보호의 원칙이란 행정청은 공익 또는 제3자의 이익을 현저히 해칠 우려가 있는 경우를 제외하고는 행정에 대한 국민의 정당하고 합리적인 신뢰를 보호하여야 한다는 것을 의미한다.
③ 법치행정의 원칙이란 행정청은 권한 행사의 기회가 있음에도 불구하고 장기간 권한을 행사하지 아니하여 국민이 그 권한이 행사되지 아니할 것으로 믿을 만한 정당한 사유가 있는 경우에는 그 권한을 행사해서는 아니 된다는 것을 의미한다.
④ 부당결부금지의 원칙이란 행정청은 행정작용을 할 때 상대방에게 해당 행정작용과 실질적인 관련이 없는 의무를 부과해서는 아니 된다는 것을 의미한다.

29 다음 중 3년의 단기소멸시효에 해당하지 않는 것은?

① 변호사 및 변리사의 직무에 관한 채권
② 도급받은 자, 기사 기타 공사의 설계 또는 감독에 종사하는 자의 공사에 관한 채권
③ 여관, 음식점, 대석, 오락장의 숙박료, 음식료, 대석료, 입장료, 소비물의 대가 및 체당금의 채권
④ 의사, 조산사, 간호사 및 약사의 치료, 근로 및 조제에 관한 채권

30 법의 분류에 관한 설명으로 옳지 않은 것은?

① 대한민국 국민에게 적용되는 헌법은 특별법이다.
② 당사자의 의사와 관계없이 강제적으로 적용되는 법은 강행법이다.
③ 권리나 의무의 발생·변경·소멸을 규율하는 법은 실체법이다.
④ 절차법에서는 원칙적으로 신법우선의 원칙이 적용된다.

31 사회보장기본법상 용어의 정의에 관한 설명으로 옳지 않은 것은?

① "사회보장"이란 국가와 지방자치단체의 책임하에 생활 유지 능력이 없거나 생활이 어려운 국민의 최저생활을 보장하고 자립을 지원하는 제도를 말한다.
② "사회서비스"란 국가·지방자치단체 및 민간부문의 도움이 필요한 모든 국민에게 복지, 보건의료, 교육, 고용, 주거, 문화, 환경 등의 분야에서 인간다운 생활을 보장하고 상담, 재활, 돌봄, 정보의 제공, 관련 시설의 이용, 역량 개발, 사회참여 지원 등을 통하여 국민의 삶의 질이 향상되도록 지원하는 제도를 말한다.
③ "평생사회안전망"이란 생애주기에 걸쳐 보편적으로 충족되어야 하는 기본욕구와 특정한 사회위험에 의하여 발생하는 특수욕구를 동시에 고려하여 소득·서비스를 보장하는 맞춤형 사회보장제도를 말한다.
④ "사회보장 행정데이터"란 국가, 지방자치단체, 공공기관 및 법인이 법령에 따라 생성 또는 취득하여 관리하고 있는 자료 또는 정보로서 사회보장 정책 수행에 필요한 자료 또는 정보를 말한다.

32 공소제기 후 피고인이 사망하였을 때, 법원이 행하는 재판의 종류는?

① 공소기각의 결정
② 공소기각의 판결
③ 면소의 판결
④ 무죄의 판결

33 경비원이 근무 중 과실로 경비대상에게 부상을 입힌 경우와 제3자에게 부상을 입힌 경우에 관한 설명으로 옳지 않은 것은?

① 경비원이 과실로 경비대상에게 부상을 입힌 경우 경비업자의 책임은 채무불이행책임이다.
② 수인(數人)의 경비원이 업무수행 중 고의 또는 과실로 경비대상에 손해를 발생시킨 경우에는 연대하여 그 손해를 배상하여야 한다.
③ 경비원이 과실로 제3자에게 부상을 입힌 경우 경비업자의 사용자책임을 묻기 위해서 피해자인 제3자는 경비업자의 선임·감독상의 과실을 증명하여야 한다.
④ 경비업자가 제3자에게 손해를 배상한 경우 판례는 경비원에 대한 경비업자의 구상액을 제한한다.

34 다음 중 헌법이 규정하고 있는 사회적 기본권에 해당하는 것을 모두 고른 것은?

ㄱ. 인간다운 생활을 할 권리
ㄴ. 근로의 권리
ㄷ. 형사보상청구권
ㄹ. 생명권
ㅁ. 교육을 받을 권리

① ㄱ, ㄴ, ㄷ
② ㄱ, ㄴ, ㅁ
③ ㄴ, ㄷ, ㄹ
④ ㄷ, ㄹ, ㅁ

35 국가뿐만 아니라 지방자치단체의 의사를 결정하여 자신의 이름으로 외부에 표시할 수 있는 권한을 가진 행정기관은?

① 행정청
② 의결기관
③ 집행기관
④ 자문기관

36 헌법재판에 관한 설명으로 옳지 않은 것은?

① 헌법재판소는 국가기관과 지방자치단체 간의 권한쟁의심판을 관장한다.
② 헌법재판소에서 법률의 위헌결정, 탄핵의 결정, 정당해산의 결정 또는 헌법소원에 관한 인용결정을 할 때에는 재판관 6인 이상의 찬성이 있어야 한다.
③ 법률이 헌법에 위반되는지 여부가 재판의 전제가 되었을 때 법원은 직권 또는 당사자의 신청에 의한 결정으로 헌법재판소에 위헌법률심판을 제청한다.
④ 자기 아닌 제3자에 대한 기본권 침해행위에 대해서도 인도적 차원에서 헌법소원을 인정하고 있다.

37 상법이 규정하는 손해보험의 종류에 해당하지 않는 것은?

① 자동차보험
② 책임보험
③ 보증보험
④ 질병보험

38 형사소송법상 피고인에 관한 설명으로 옳지 않은 것은?

① 피고인은 공판정에서 진술을 거부할 수 있다.
② 피고인은 불공평한 재판을 할 염려가 있는 경우 법관의 제척을 신청할 수 있다.
③ 피고인이 법인인 때에는 그 대표자가 소송행위를 대표한다.
④ 신체구속을 당한 피고인은 변호인과 접견할 수 있다.

39 형사소송법상 수사 개시의 단서에 해당하지 않는 것은?

① 현행범인의 체포
② 변사자의 검시
③ 고 소
④ 증거조사

40 행정절차법상 행정지도에 관한 설명으로 옳지 않은 것은?

① 행정기관이 그 소관 사무의 범위에서 일정한 행정목적을 실현하기 위하여 특정인에게 일정한 행위를 하거나 하지 아니하도록 지도, 권고, 조언 등을 하는 행정작용을 말한다.
② 행정지도의 상대방은 행정지도의 내용에 동의하지 않는 경우 이를 따르지 않을 수 있으므로, 행정지도의 내용이나 방식에 대해 의견제출권을 갖지 않는다.
③ 행정기관이 같은 행정목적을 실현하기 위하여 많은 상대방에게 행정지도를 하려는 경우에는 특별한 사정이 없으면 행정지도에 공통적인 내용이 되는 사항을 공표하여야 한다.
④ 위법한 행정지도에 따라 행한 사인의 행위는 법령에 명시적으로 정함이 없는 한 위법성이 조각된다고 할 수 없다.

제7회 민간경비론

41. 민간경비에 관한 설명으로 옳지 않은 것은?

① 현행 경비업법은 6종의 경비업무를 규정하고 있다.
② 민간경비원의 신분은 민간인과 같이 취급된다.
③ 민간경비도 공공성을 가지므로 불특정 다수인에게 경비서비스를 제공할 의무가 있다.
④ 민간경비의 역할은 범죄예방과 손실방지에 있다.

42. 민간경비와 공경비를 구분하는 기준으로서 경비서비스 항목이 아닌 것은?

① 역 할
② 적법성
③ 전달조직
④ 서비스 대상

43. 다음의 내용을 우리나라 민간경비 연혁의 역사적 순서에 따라 배열하는 경우에 세 번째에 해당하는 것은?

ㄱ. 용역경비업법 제정
ㄴ. 특수경비원 제도 도입
ㄷ. 청원경찰법 제정
ㄹ. 한국경비협회 설립

① ㄱ
② ㄴ
③ ㄷ
④ ㄹ

44. 경비업법령상 경비지도사 또는 일반경비원의 결격사유로 옳지 않은 것은 모두 몇 개인가?

ㄱ. 18세 미만이거나 60세 이상인 사람
ㄴ. 피성년후견인
ㄷ. 금고 이상의 실형의 선고를 받고 그 집행이 종료(집행이 종료된 것으로 보는 경우를 포함한다)되거나 집행이 면제된 날부터 5년이 지나지 아니한 자
ㄹ. 금고 이상의 형의 집행유예선고를 받고 그 유예기간 중에 있는 자
ㅁ. 금고 이상의 형의 선고유예를 받고 그 유예기간 중에 있는 자

① 1개
② 2개
③ 3개
④ 4개

45. 일본의 민간경비산업에 관한 설명으로 옳지 않은 것은?

① 경비업법 제정 당시에는 신고제로 운영되었다가 1982년 허가제로 바뀌었다.
② 현재 일본의 민간경비원은 매년 증가세를 보이며 1972년과 비교할 때 10배 이상 증가하였다.
③ 경비택시제도가 있는데, 이는 긴급사태가 발생하였을 때 택시가 출동하여 관계기관에 연락하거나 가까운 의료기관에 통보하는 제도이다.
④ 법적 강제력이 있는 교통유도경비에 관한 검정제도가 있다.

46. 다음에서 설명하는 경비수준으로 옳은 것은?

이 수준의 경비는 불법적인 일부 외부침입을 방해하고 탐지할 수 있도록 계획된 경비시스템을 말한다. 일단 단순한 물리적 장벽과 자물쇠가 설치되고 거기에 보강된 출입문, 창문의 창살, 보다 복잡한 수준의 자물쇠, 조명시스템, 기본적인 경비시스템, 기본적인 안전장치가 설치되며, 작은 소매상점, 저장창고 등이 대표적인 예이다.

① 최저수준경비(Level Ⅰ : Minimum Security)
② 하위수준경비(Level Ⅱ : Low-Level Security)
③ 중간수준경비(Level Ⅲ : Medium Security)
④ 상위수준경비(Level Ⅳ : High-Level Security)

47 경찰청 경비국 대테러위기관리과장의 분장사무에 해당하지 않는 것은?

① 청원경찰의 운영 및 지도
② 대테러 종합대책 연구·기획 및 지도
③ 경찰부대 운영·지도 및 전국단위 경력운용
④ 경찰작전과 경찰 전시훈련에 관한 계획의 수립 및 지도

48 경찰이 관내의 각 가정, 기업체, 기타 시설을 방문하여 범죄예방, 선도, 안전사고 방지 등에 대해 지도·계몽하는 활동은?

① 방범심방
② 임의동행
③ 방범단속
④ 불심검문

49 다음에서 설명하는 민간경비 성장이론은 무엇인가?

- 치안서비스 생산과정에서 경찰의 역할수행과 민간경비의 공동참여로 인해 민간경비가 성장했으며, 민간경비가 독립된 주체로서 참여한다.
- 민간경비를 공경비의 보조적 차원이 아닌 주체적 차원으로 인식하는 이론으로 민간경비 활동에 있어서 '서비스주체의 다원화'에 초점을 맞추고 등장하였다.

① 경제환원론
② 공동화이론
③ 공동생산이론
④ 수익자부담이론

50 청원경찰의 교육에 관한 설명 중 옳지 않은 것은?

① 청원주는 소속 청원경찰에게 그 직무집행에 필요한 교육을 매월 6시간 이상 실시하여야 한다.
② 청원경찰의 신임교육의 기간은 2주로 한다.
③ 교육과목으로 정신교육, 형사법, 체포술 및 호신술 등이 있다.
④ 관할 경찰서장은 필요한 경우 청원경찰이 배치된 사업장에 소속공무원을 파견하여 직무집행에 필요한 교육을 할 수 있다.

51 방범리콜제도에 관한 설명으로 옳지 않은 것은?

① 잘못된 행정서비스에 대한 불만제기권을 시민에게 부여하고 있다.
② 일선기관의 권한과 재량의 폭이 넓어져야만 효과적으로 활용할 수 있다.
③ 방범리콜제도는 치안행정상 주민참여와는 관련이 없다.
④ 고객이 만족하는 행정서비스의 제공이 최종목표이다.

52 경비위해요소 분석에 관한 설명으로 옳은 것은?

① 경비위해분석을 통해 손실의 취약성, 손실가능성을 주관적으로 파악하며 분석 결과에 따라 장비 및 인원 등의 투입이 결정된다.
② 인지단계에서는 경비보호대상의 보호가치에 따른 손실발생 가능성을 예측하는 단계이다.
③ 경비위해요소의 분석단계는 '경비위험요소의 인지 → 손실발생 가능성 예측 → 경비위험도 평가 → 경비비용효과 분석' 순이다.
④ 각종 사고 및 손실 예방과 안전 확보를 위해서는 경비위해요소에 대한 인지와 평가가 후행되어야 한다.

53 다음 중 컴퓨터 범죄의 예방대책 중 관리적 대책을 모두 고른 것은?

ㄱ. 엑세스 제한 제도의 도입
ㄴ. 감사증거기록 삭제 방지
ㄷ. 방화벽
ㄹ. 스케줄러 점검
ㅁ. 출입통제
ㅂ. 건물에 대한 안전조치

① ㄱ, ㄴ, ㄷ
② ㄱ, ㄴ, ㄹ
③ ㄴ, ㄹ, ㅁ
④ ㄷ, ㅁ, ㅂ

54 한국 민간경비산업의 특징으로 옳지 않은 것은?

① 한국의 청원경찰제도는 미국으로부터 도입한 제도이다.
② 비용절감 등의 효과로 인하여 자체경비보다 계약경비가 발전하고 있다.
③ 현재까지는 기계경비보다 인력경비에 대한 의존도가 높다.
④ 향후 인건비 절감을 위해 인력경비보다 기계경비의 성장이 가속화될 것으로 전망된다.

55 비상사태의 유형에 따른 경비원의 대응에 관한 설명으로 옳지 않은 것은?

① 지진 : 지진 발생 후 치안 공백으로 인한 약탈과 방화행위에 대비
② 가스폭발 : 가스폭발 우려가 있을 시 우선 물건이나 장비를 고지대로 이동
③ 홍수 : 폭우가 예보되면 우선적으로 침수 가능한 지역에 대해 배수시설 점검
④ 건물 붕괴 : 자신이 관리하는 건물의 벽에 금이 가거나 균열이 있는지 확인

56 다음 중 옳지 않은 것은?

① 셉테드(CPTED)는 환경설계를 통한 범죄예방의 줄인 말로 물리적 환경을 개선함으로써 범죄를 억제한다는 제도이다.
② 환경의 효율적인 이용을 통해 범죄예방의 목적을 달성하기 위하여 자연적 전략에서 조직적·기계적 전략으로 그 중심을 바꾸는 데 기여하였다.
③ 2007년 이후 혁신도시 건설사업 실시계획에 CPTED기법이 반영된 이후 2008년도에 CPTED의 기반규격 표준을 개발·공고하였다.
④ CPTED의 1차적 기본전략은 자연적인 접근통제, 자연적인 감시, 영역성의 강화라는 세 가지 차원에서 출발한다.

57 다음 설명에 해당하는 사이버테러 유형은?

> 데이터가 일시적으로 저장되는 공간에 할당된 버퍼의 양을 초과하는 데이터를 입력함으로써 프로그램이 비정상적으로 동작하도록 하는 공격 행위

① 버퍼 오버플로(Buffer Overflow)
② 플레임(Flame)
③ 슈퍼재핑(Super Zapping)
④ 허프건(Huffgun)

58 백업시스템의 비상계획 수립 시 고려사항으로 옳지 않은 것은?

① 제3자에 의한 핫 사이트(Hot Site)를 구비해서는 안 된다.
② 시스템 간의 지속적인 호환성 유무를 확인하기 위해 정기적으로 시험가동이 수행되어야 한다.
③ 다수의 기업체와 공백 셸[Empty Shell(cold)] 계약방식에 의한 계약체결을 고려한다.
④ 컴퓨터를 설치할 때는 분산 형태의 보완시스템이 갖춰진 컴퓨터를 구비한다.

59 자체경비와 비교하여 계약경비의 장점으로 옳은 것은?

① 자체경비에 비해 조직에 대한 충성심이 높다.
② 인사관리 차원에서 결원의 보충 및 추가인력의 배치가 용이하다.
③ 자체경비에 비해 이직률이 낮은 편이다.
④ 회사내부의 기밀이나 중요정보가 외부에 유출될 가능성이 낮다.

60 경비등의 형태에 관한 설명으로 옳은 것은?

① 투광조명등은 특정 지역에 빛을 집중시키거나 직접적으로 비추는 광선의 형태로 상당히 많은(밝은) 빛을 만들 수 있다.
② 프레이넬등은 사고 발생 가능지역을 정확하게 관찰하기 위한 조명장비로서, 휴대가 가능하며 잠재적으로 사고가 일어날 만한 지역의 원거리 표적을 정확하게 관찰하기 위해 사용된다.
③ 탐조등은 넓은 폭의 빛을 내는 조명으로 경계구역에의 접근을 방지하기 위해 길고 수평하게 빛을 확장하는 데 유용하게 사용된다.
④ 프레이넬등은 외딴 산간지역이나 작은 배로 쉽게 시설물에 접근할 수 있는 위치에 설치한다.

61 미국의 민간경비 발전과정에 관한 설명으로 옳은 것은?

① 건국 초기 미국 국민들은 영국식의 권위주의적인 통치방식보다 자치적인 지방분권주의적 통치방식을 선호하였다.
② 홈스테드 파업분쇄사건은 민간경비산업의 발전을 촉진시켰다.
③ 포프(A. Pope)는 경비원의 역량을 강화시키기 위해서 전문자격증 제도가 필요하다고 주장하였다.
④ 현재 산업보안자격증인 CPP(Certified Protection Professional) 제도를 연방정부 차원에서 시행하고 있다.

62 다음 중 경비계획 수립의 순서가 올바르게 연결된 것은?

ㄱ. 문제의 인지
ㄴ. 목표의 설정
ㄷ. 경비계획안 비교·검토
ㄹ. 전체계획 검토
ㅁ. 경비위해요소 조사·분석
ㅂ. 최선안 선택

① ㄱ → ㄴ → ㄷ → ㄹ → ㅁ → ㅂ
② ㄱ → ㄴ → ㄹ → ㅁ → ㄷ → ㅂ
③ ㄱ → ㄴ → ㅁ → ㄹ → ㄷ → ㅂ
④ ㄱ → ㄷ → ㅁ → ㄹ → ㄴ → ㅂ

63 경보체계에 관한 설명으로 옳지 않은 것은?

① 국부적 경보시스템은 가장 원시적인 경보체계로 일정지역에 국한해 한두 개의 경보장치를 설치하거나 단순히 사이렌이나 경보음이 울리는 것이다.
② 외래경보시스템은 전용 전화회선 등을 이용하여 직접 외부의 각 관계기관에 자동으로 연락하는 경보체계이다.
③ 제한적 경보시스템은 경비원들이 시설물의 감시센터에 근무를 하면서 이상이 발견되거나 감지될 때 사고발생현장으로 출동하여 사고에 대처하는 경비방식이다.
④ 다이얼 경보시스템은 비상사태가 발생하였을 경우 사전에 입력된 전화번호로 긴급연락을 하는 것으로 설치가 간단하고 유지비가 저렴하지만, 전화선이 끊기거나 통화 중인 경우에는 전혀 연락이 되지 않는 단점이 있다.

64 우리나라의 민간경비 발전과정에 관한 설명으로 옳지 않은 것은?

① 1977년 설립된 한국경비실업은 경비업 허가 제1호를 취득하였다.
② 1978년 한국용역경비협회가 설립되었다.
③ 1980년부터 기계경비업이 경비업의 한 형태로 제도화되었다.
④ 1980년대에 기계경비가 성장하면서 경비업무의 기계화 및 과학화가 활성화되었다.

65 경비업법령상 일반경비원의 신임교육과목에 해당되지 않는 것은?

① 범죄예방론
② 사 격
③ 체포·호신술
④ 직업윤리 및 서비스

66 다음 〈보기〉의 ( ) 안의 ㉠, ㉡에 들어갈 알맞은 말을 바르게 묶은 것은?

- 경비업무 형태를 (㉠)에 따라 분류하면 1차원적 경비, 단편적 경비, 반응적 경비, 총체적 경비로 나눌 수 있다.
- (㉡)는 특정의 위해요소와 관계없이 언제 발생할지 모르는 상황에 대비하여 인력경비와 기계경비를 종합한 표준화된 경비 행태를 말한다.

① ㉠ : 경비실시방식, ㉡ : 반응적 경비
② ㉠ : 경비실시방식, ㉡ : 총체적 경비
③ ㉠ : 경비투입요소, ㉡ : 반응적 경비
④ ㉠ : 경비투입요소, ㉡ : 총체적 경비

67 외곽경비에 관한 설명으로 옳지 않은 것은?

① 지붕은 침입자가 지붕을 통하여 창문으로 들어올 수 있는 취약지점이기 때문에 주의하여야 한다.
② 담장은 시설물 내의 업무활동을 은폐하기 위해서 설치될 수 있다.
③ 시설물에 대한 물리적 통제는 기본적으로 경계지역, 건물 외부지역, 건물 내부지역이라는 세 가지 방어선으로 구분된다.
④ 경비시설물 내에 존재하는 내부자산에 대한 경비보호계획은 별도로 수립하지 않아도 된다.

68 다음 중 컴퓨터 범죄의 특징에 관한 설명으로 옳지 않은 것은?

① 컴퓨터 전반에 걸쳐 정통한 전문가보다는 특수하고 전문화된 일정 기술에만 정통한 기술자들이 대다수이다.
② 장소, 국경 등에 관계없이 컴퓨터 침입이 가능하며 증거가 남지 않고 증거인멸이 용이하기 때문에 범죄의 발견이 어렵다.
③ 컴퓨터 범죄 행위자는 대부분 상습범이거나 누범자이다.
④ 컴퓨터의 기술개발 측면에만 연구를 집중하고 컴퓨터 사고 방지와 범죄방지 측면에는 소홀한 면이 있다.

69 다음에 해당하는 민간경비의 조직운영원리는?

> 민간경비부서에서 근무하는 경비원은 자신을 직접 관리하고 있는 경비책임자로부터 지시를 받아야 하고, 항상 그 상관에게 보고해야 한다. 만약 관련 경비원이 계통이 다른 부서의 여러 관리자들로부터 지시를 받게 된다면 업무수행에 차질이 생기고 결과적으로 상황을 악화시킬 가능성이 높게 될 것이다. 또한 지휘계통이 다원화되어 있다면 결과에 대한 책임 소재가 불분명하게 될 것이다.

① 계층제의 원리
② 명령통일의 원리
③ 조정·통합의 원리
④ 전문화의 원리

70 다음은 화재발생의 단계 및 감지기에 관한 표이다. ( )의 ㄱ~ㄹ에 들어갈 내용을 바르게 연결한 것은?

구 분	감지원	적합한 감지기
초기 단계	가연성 물질	(ㄷ)
그을린 단계	(ㄱ)	(ㄹ), 광전자감지기
불꽃발화 단계	(ㄴ)	적외선감지기
열 단계	열	열감지기

① ㄱ : 불꽃, ㄴ : 연기, ㄷ : 이온감지기, ㄹ : 연기감지기
② ㄱ : 불꽃, ㄴ : 연기, ㄷ : 연기감지기, ㄹ : 이온감지기
③ ㄱ : 연기, ㄴ : 불꽃, ㄷ : 이온감지기, ㄹ : 연기감지기
④ ㄱ : 연기, ㄴ : 불꽃, ㄷ : 연기감지기, ㄹ : 이온감지기

71 인력경비의 유형에 관한 설명으로 옳지 않은 것은?

① 상주경비란 산업시설, 빌딩, 아파트, 학교, 상가 등의 시설 내에서 24시간 고정적으로 상주하면서 경비하는 것을 말한다.
② 호송경비란 경제인, 정치인, 연예인 등 특정인의 신변보호와 질서유지를 목적으로 하는 경비활동을 말한다.
③ 혼잡경비란 각종 경기대회, 기념행사 등에서 참석한 군중의 혼잡한 상태를 사전에 예방하고 경계하며 위험한 상황이 발생할 때 신속히 대처할 수 있도록 하는 경비활동을 말한다.
④ 순찰경비란 정기적으로 일정 구역을 순찰하여 범죄 등으로부터 고객의 안전을 확보하거나 도보나 차량을 이용하여 정해진 노선을 따라 시설물의 상태를 점검하는 경비활동을 말한다.

72 일본의 민간경비 발전과정에 관한 설명으로 옳은 것은?

① 일본에서는 '장병위'라는 이름의 직업군인이 출현하여 민간경비의 발전에 장애가 되었다.
② 1960년대에 한국과 중국으로 진출하면서 비약적인 발전을 하였다.
③ 일본의 민간경비산업은 1964년 동경올림픽과 1970년 오사카만국박람회를 계기를 급성장하였다.
④ 일본은 1972년에 경비업법을 제정하여 민간경비의 규제보다는 보호 및 자율적 성장을 위한 계기를 마련하였다.

73 민간경비산업 성장의 이론적 배경에 관한 설명으로 옳지 않은 것은?

① 경제환원론 - 민간경비 시장의 성장을 범죄의 증가에 따른 직접적 대응으로 보았다.
② 민영화이론 - 치안서비스의 생산과 공급에 민간의 역할을 증대시킨다.
③ 수익자부담이론 - 그냥 내버려두면 보호받지 못한 채로 방치될 재산을 민간경비가 보호한다.
④ 공동화이론 - 경찰의 범죄예방능력이 국민의 욕구를 충족시키지 못할 때의 공동상태(Gap)를 민간경비가 보충함으로써 민간경비시장이 성장한다.

74 다음의 내용을 우리나라 민간경비 연혁의 역사적 순서에 따라 배열하는 경우에 세 번째에 해당하는 것은?

ㄱ. 용역경비업법 제정
ㄴ. 주한 미8군부대의 용역경비 실시
ㄷ. 특수경비원 제도 도입
ㄹ. 사단법인 한국경비협회 설립

① ㄱ
② ㄴ
③ ㄷ
④ ㄹ

75 다음은 국제정세에 따라 최근의 한반도 치안상태의 변화를 설명한 것이다. 적절하지 못한 것은?

① 4.27 판문점 선언을 통해 남과 북은 한반도 비핵화를 실현한다는 공동의 목표를 확인하였다.
② 국제사회에서의 위상과 정세에 따라 한국 경찰의 역할은 점점 증가할 것이다.
③ 국제적인 테러나 범죄에 대응하기 위해서는 공조수사체제가 크게 요구되고 있다.
④ 외국인에 대한 범죄가 점차 감소하고 있다.

76 경비시설물의 물리적 통제시스템에 관한 설명으로 옳지 않은 것은?

① 외부 침입 시 경비시스템 중 1차 보호시스템은 내부 출입통제시스템이고, 2차 보호시스템은 외부 출입통제시스템이다.
② 시설물 내에 존재하는 내부 자산들은 그 가치가 다르기 때문에 상이한 경비보호계획을 수립하여 대응해야 한다.
③ 체인링크(Chain Link)는 콘크리트나 석재 담장과 유사한 보호기능을 하면서도 저렴하다는 장점이 있다.
④ 안전유리(Security Glass)는 동일한 두께의 콘크리트 벽에 비해 충격에 강하고 외관상 미적 효과가 있다.

77 컴퓨터 범죄의 관리상 안전대책으로 옳은 것은?

① 사후구제방법이 우선적으로 수립되어야 한다.
② 전체적인 시각에서 단기적으로 추진되어야 한다.
③ 예기치 못한 사고에 대비하기 위해 시스템 백업과 프로그램 백업이 필요하다.
④ 네트워크 취약성으로 발생하는 문제는 물리적 통제절차의 개선으로 해결해야 한다.

78 우리나라 청원경찰과 민간경비원의 민·형사상 책임에 관한 설명으로 옳은 것을 모두 고른 것은?

> ㄱ. 경비원에게 경비업무의 범위를 벗어난 행위를 하게 할 경우 징역 또는 벌금형에 처해진다.
> ㄴ. 청원경찰이 직권을 남용하여 국민에게 해를 끼친 경우 징역이나 금고형에 처해진다.
> ㄷ. 청원경찰은 일반적으로 준공무원이므로 형법이나 기타 벌칙을 적용할 때에는 공무원으로 보아야 한다.

① ㄱ
② ㄱ, ㄴ
③ ㄱ, ㄷ
④ ㄴ, ㄷ

79 우리나라 민간경비업의 발전방안으로 옳지 않은 것은?

① 민간경비와 경찰의 협업체계 구축
② 방범서비스산업에 대한 규제 강화
③ 첨단장비의 개발·보급을 통한 장비의 현대화
④ 민간경비원 전문자격증제도 확립 및 교육·훈련 내실화

80 민간경비산업에서 청원경찰과 민간경비제도의 이원화에 관한 설명으로 옳지 않은 것은?

① 청원경찰에 의한 경비와 민간경비가 동시에 실시되는 경우 지휘체계의 문제로 사건 발생 시 신속하고 책임 있는 대응조치가 어려울 수 있다.
② 민간경비원의 보수 수준은 청원경찰에 비해 낮아 민간경비원 인력 확보 및 유지가 어렵다.
③ 청원경찰 인력이 지속적으로 증가하는 추세이다.
④ 청원경찰을 임용하는 청원주의 비용 부담이 가중되고 있다.

제8회 법학개론

01 권리와 의무의 주체와 객체에 관한 설명으로 옳지 않은 것은?

① 자연인과 법인은 권리와 의무의 주체가 된다.
② 권리는 권리의 객체가 될 수 없다.
③ 인격권은 권리자 자신을 객체로 하는 권리이다.
④ 저작인격권은 권리의 주체와 분리하여 양도할 수 없는 권리이다.

02 선거제도에 관한 설명으로 옳지 않은 것은?

① 소선거구제는 대표 결정 방식 중 다수대표제와 결합하여 시행되는 것이 일반적이다.
② 우리나라 지방자치단체 기초의회 의원 선거에서는 중·대선거구제를 적용하고 있다.
③ 비례대표제는 군소정당의 난립이 방지되어 정국의 안정을 가져온다.
④ 선거구 간의 인구편차가 너무 벌어지도록 선거구를 분할하는 것은 평등선거에 위배될 소지가 있다.

03 법의 분류 등에 관한 설명으로 옳지 않은 것은?

① 국제사법은 섭외적 법률관계를 규율하는 것으로 국제법에 속한다.
② 일반법과 특별법이 충돌하는 경우에는 특별법이 우선한다.
③ 절차법은 권리나 의무의 실질적 내용을 실현하는 절차, 즉 권리나 의무의 행사·보전·이행·강제 등을 규율하는 법으로 민사소송법, 민사집행법, 형사소송법, 부동산등기법, 채무자회생 및 파산에 관한 법률 등이 있다.
④ 강행법은 당사자의 의사와는 관계없이 절대적·일반적으로 적용되는 법으로 헌법·형법 등 공법의 대부분이 이에 해당한다.

04 국회에 관한 다음 설명 중 옳지 않은 것은?

① 대법원장은 국회의 동의를 얻어 대통령이 임명한다.
② 국회의원과 정부는 법률안을 제출할 수 있다.
③ 국회의원은 표결에 있어 투표함이 폐쇄되기 전까지는 표시한 의사를 변경할 수 있다.
④ 국회에서 의결된 법률안은 정부에 이송되어 15일 이내에 대통령이 공포한다.

05 다음은 보험금청구권 등의 소멸시효와 관련한 상법 제662조의 내용이다. ( )의 ㄱ~ㄷ에 들어갈 숫자의 합은?

> 보험금청구권은 (ㄱ)년간, 보험료 또는 적립금의 반환청구권은 (ㄴ)년간, 보험료청구권은 (ㄷ)년간 행사하지 아니하면 시효의 완성으로 소멸한다.

① 7
② 8
③ 9
④ 10

06 다음의 내용이 설명하는 아리스토텔레스의 정의는 무엇인가?

> 개인은 동일한 가치를 가지고 평등하게 다루어져야 한다는 형식적·절대적 평등을 주장하는 산술적·교환적 정의

① 일반적 정의
② 특수적 정의
③ 평균적 정의
④ 배분적 정의

07 헌법 규정상 헌법재판소의 관장사항이 아닌 것은?

① 법원의 제청에 의한 법률의 위헌여부 심판
② 법률이 정하는 헌법소원에 관한 심판
③ 정당의 해산 심판
④ 국회의원에 대한 탄핵심판

08 다음 중 상상적 경합범의 성립요건에 해당하지 않는 것을 모두 고르면?

ㄱ. 한 개의 행위가 여러 개의 죄에 해당해야 한다.
ㄴ. 여러 개의 죄는 여러 개의 구성요건에 해당함을 의미한다.
ㄷ. 여러 개의 죄는 동종의 죄이어야 한다.
ㄹ. 여러 개의 죄는 모두 고의범이어야 한다.

① ㄱ, ㄴ
② ㄴ, ㄷ
③ ㄴ, ㄹ
④ ㄷ, ㄹ

09 민법상 물건에 관한 설명으로 옳은 것은?

① 주물과 종물의 관계에 관한 법리는 물건 상호 간의 관계에 관한 것이므로 주된 권리와 종된 권리 상호 간에는 적용되지 않는다.
② 주물·종물은 동산에 한한다.
③ 물건의 용법에 의하여 수취하는 산출물은 법정과실이다.
④ 천연과실은 그 원물로부터 분리하는 때에 이를 수취할 권리자에게 속한다.

10 권리와 의무에 관한 설명으로 옳은 것은?

① 권리와 의무는 사법(私法)관계에서만 표리관계를 이룬다.
② 의무 없이는 권리가 없고, 권리 없이는 의무도 없다.
③ 간접의무(책무)란 일정한 사항을 준수하지 않은 경우 법이 정한 일정한 불이익을 받을 뿐 상대방이 그 이행을 강제하거나 손해배상을 청구할 수 없는 경우를 말한다.
④ 경비업자가 경비원을 허가받은 경비업무 외에 종사하게 하여서는 아니 되는 의무는 작위의무이다.

11 형사소송법상 상고이유에 해당하지 않는 것은?

① 판결에 영향을 미친 헌법·법률·명령 또는 규칙의 위반이 있는 때
② 판결 후 형의 폐지나 변경 또는 사면이 있는 때
③ 재심청구의 사유가 있는 때
④ 사형, 무기 또는 5년 이상의 징역이나 금고가 선고된 사건에 있어서 중대한 사실의 오인이 있어 판결에 영향을 미친 때

12 다음 중 집행유예의 요건으로 옳지 않은 것은?

① 형을 병과할 경우에는 그 형의 일부에 대하여 집행을 유예할 수 있다.
② 금고 이상의 형을 선고한 판결이 확정된 때부터 그 집행을 종료하거나 면제된 후 3년이 지난 후 범한 범죄에 대하여 형을 선고하는 경우 집행유예가 가능하다.
③ 집행유예기간은 1년 이상 5년 이하이다.
④ 3년 이하의 징역이나 금고, 자격정지 또는 500만원 이하의 벌금의 형의 대상자에 한한다.

13 상법상 주주총회의 특별결의사항에 해당하지 않는 것은?

① 영업 전부의 경영위임
② 영업의 중요한 일부 양도
③ 타인과 영업의 손익 일부를 같이 하는 계약
④ 회사의 영업에 중대한 영향을 미치는 다른 회사의 영업 일부의 양수

14 다음 중 형사소송법상 증거의 기본원칙에 해당하는 것은 모두 몇 개인가?

> ㄱ. 자백보강법칙
> ㄴ. 자백배제법칙
> ㄷ. 위법수집증거배제법칙
> ㄹ. 전문법칙

① 1개
② 2개
③ 3개
④ 4개

15 다음 중 ( ) 안의 ㄱ과 ㄴ에 들어갈 내용으로 알맞은 것은?

> 채무자가 채권자를 해함을 알면서 자신의 일반재산을 감소시키는 법률행위(사해행위)를 하였을 때 채권자가 이를 취소하고 채무자의 재산을 회복시킬 수 있는 권리인 채권자취소권은 채권자가 취소원인을 안 날로부터 (ㄱ)년, 법률행위 있은 날로부터 (ㄴ)년 내에 반드시 법원에 소를 제기하는 방법으로 행사하여야 한다.

① ㄱ : 1, ㄴ : 5
② ㄱ : 1, ㄴ : 10
③ ㄱ : 3, ㄴ : 5
④ ㄱ : 3, ㄴ : 10

16 법의 해석에 관한 설명으로 옳지 않은 것은?

① 법해석의 목표는 법적 안정성을 저해하지 않는 범위 내에서 구체적 타당성을 찾는 데 두어야 한다.
② 민법, 형법, 행정법에서는 유추해석이 원칙적으로 허용된다.
③ 법해석 방법 중 가장 우선적이고 기본적인 해석은 문리해석이다.
④ 법해석의 방법은 해석의 구속력 여부에 따라 유권해석과 학리해석으로 나눌 수 있다.

17 법의 본질에 관한 설명으로 옳지 않은 것은?

① 법은 존재법칙이지만 자연현상은 당위법칙이다.
② 사회의 공동선을 목적으로 하는 사회규범이다.
③ 일반 국민에게 어떠한 행위를 하도록 명령하거나 하지 않도록 금지하는 행위규범이다.
④ 공동사회를 운영하기 위하여 필요한 조직체의 구성과 운영에 관한 조직규범이다.

18 행정조직법상 행정기관에 관한 설명으로 옳지 않은 것은?

① 행정청이란 행정주체의 의사를 결정하여 이를 자기의 이름으로 외부에 표시하는 권한을 가진 행정기관을 말한다.
② 자문기관이란 부속기관 중 행정기관의 자문에 응하여 행정기관에 전문적인 의견을 제공하거나, 자문을 구하는 사항에 관하여 심의·조정·협의하는 등 행정기관의 의사결정에 도움을 주는 행정기관을 말한다.
③ 보좌기관이란 행정기관이 그 기능을 원활하게 수행할 수 있도록 그 기관장이나 보조기관을 보좌함으로써 행정기관의 목적달성에 공헌하는 기관을 말한다.
④ 보조기관이란 행정권의 직접적인 행사를 임무로 하는 기관에 부속하여 그 기관을 지원하는 행정기관을 말한다.

19 국민에게 발생하는 사회적 위험을 보험의 방식으로 대처함으로써 국민의 건강과 소득을 보장하는 제도는 무엇인가?

① 사회보험
② 공공부조
③ 사회서비스
④ 평생사회안전망

20 다음 중 범죄의 분류상 성질이 다른 것은?

① 협박죄 ② 공갈죄
③ 사기죄 ④ 배임죄

21 다음 중 헌법개정절차에 관한 설명으로 옳은 것은?

① 헌법개정은 국회재적의원 과반수 또는 대통령의 발의로 제안되며, 제안된 개정안은 대통령이 15일 이상의 기간 이를 공고하여야 한다.
② 헌법개정안은 발의된 날부터 60일 이내 국회 출석의원 3분의 2 이상이 찬성해야 의결된다.
③ 헌법개정안은 국회가 의결한 후 30일 이내 국민투표에 부쳐야 하며, 국회의원 선거권자 과반수의 투표와 투표자 과반수의 찬성으로 확정된다.
④ 헌법개정이 확정되면 대통령은 15일 이내 국회의 동의를 얻어 공포하여야 한다.

22 다음 중 형법상 국가적 법익에 대한 죄가 아닌 것은?

① 내란죄
② 외환유치죄
③ 공중협박죄
④ 직무유기죄

23 우리 상법에서 채택하고 있는 회사 설립에 관한 입법주의는 무엇인가?

① 자유설립주의
② 특허주의
③ 허가주의
④ 준칙주의

24 우리 민법에서 채택하고 있는 법인 설립에 관한 입법주의는 무엇인가?

① 자유설립주의
② 준칙주의
③ 허가주의
④ 특허주의

25 탄핵소추에 관한 설명으로 옳지 않은 것은?

① 대통령이 그 직무집행에 있어서 헌법이나 법률을 위배한 때에는 탄핵소추의 대상이 된다.
② 탄핵결정으로 공직으로부터 파면되면 민사상의 책임은 져야 하나, 형사상의 책임은 면제된다.
③ 헌법재판소 재판관에 대한 탄핵소추는 국회재적의원 3분의 1 이상의 발의가 있어야 하며, 그 의결은 국회재적의원 과반수의 찬성이 있어야 한다.
④ 대통령이 탄핵소추의 의결을 받은 때에는 국무총리, 법률이 정한 국무위원의 순서로 그 권한을 대행한다.

26 근로기준법령상 임금에 관한 설명으로 옳지 않은 것은?

① 일용근로자의 평균임금은 고용노동부장관이 사업이나 직업에 따라 정하는 금액으로 한다.
② 임금은 통화(通貨)로 직접 근로자에게 그 전액을 지급하여야 한다.
③ 임금은 매월 1회 이상 일정한 날짜를 정하여 지급하여야 한다.
④ 노동조합은 조합원인 근로자의 임금을 대리하여 수령할 수 있다.

27 지방자치법상 지방자치단체의 종류에 해당하지 않는 것은?

① 제주특별자치도
② 세종특별자치시
③ 서울특별시 동작구
④ 성남시 분당구

28 다음 중 법정추인 사유에 해당하지 않는 것은?(단, 취소권자는 추인할 수 있는 상태이며, 행위자가 취소할 수 있는 법률행위에 관하여 이의보류 없이 한 행위임을 전제함)

① 강제집행을 하는 경우
② 담보를 체공하거나 받은 경우
③ 채무이행을 청구한 경우 및 이행청구를 받은 경우
④ 취소할 수 있는 행위로 취득한 권리의 일부를 양도하는 경우

29 경비계약이 무효로 되는 경우가 아닌 것은?

① 상대방과 통정하여 허위의 청약의사표시를 한 경우
② 진의가 아닌 청약임을 알고서 승낙한 경우
③ 무경험으로 인하여 계약내용이 현저하게 공정을 잃은 경우
④ 동기의 착오로 승낙의 의사표시를 한 경우

30 형사소송법상 재심청구에 관한 설명으로 옳지 않은 것은?

① 재심의 청구는 원판결의 법원이 관할한다.
② 재심의 청구는 형의 집행을 종료하거나 형의 집행을 받지 아니하게 된 때에도 할 수 있다.
③ 재심의 청구는 형의 집행을 정지하는 효력이 없지만, 관할법원에 대응한 검찰청검사는 재심청구에 대한 재판이 있을 때까지 형의 집행을 정지할 수 있다.
④ 재심의 청구가 이유 있다고 인정하여 재심개시의 결정을 할 때에는 결정으로 형의 집행을 정지하여야 한다.

31 국민연금법상 급여에 해당하는 것은 모두 몇 개인가?

ㄱ. 노령연금
ㄴ. 장애연금
ㄷ. 직업재활급여
ㄹ. 유족연금
ㅁ. 장례비
ㅂ. 반환일시금

① 1개
② 2개
③ 3개
④ 4개

32 국민의 형사재판 참여에 관한 법률의 내용으로 옳지 않은 것은?

① 국민참여재판의 목적은 국민의 재판 참여를 통하여 사법의 민주적 정당성과 신뢰를 확보하기 위함에 있다.
② 배심원은 법령을 준수하고 독립하여 성실히 직무를 수행하여야 하며, 직무상 알게 된 비밀을 누설하거나 재판의 공정을 해하는 행위를 하여서는 아니 된다.
③ 법원은 배심원의 평결결과와 다른 판결을 선고할 수 없다.
④ 누구든지 배심원·예비배심원 또는 배심원후보자인 사실을 이유로 해고하거나 그 밖의 불이익한 처우를 하여서는 아니 된다.

33 다음 중 수사의 일반원칙에 해당하지 않는 것은?

① 영장주의 원칙
② 강제수사 법정주의 원칙
③ 수사비례의 원칙
④ 수사공개의 원칙

34 헌법상 기본권 보장의 대전제가 되는 최고의 원리는?

① 인간의 존엄과 가치
② 사유재산권의 보장
③ 근로3권의 보장
④ 생명권의 보호

35 다음 중 준법률행위적 행정행위가 아닌 것은?

① 타인의 행위를 유효한 행위로 받아들이는 행위
② 특정한 사실이나 법률관계를 공적으로 증명하는 행위
③ 특정인 또는 불특정 다수인에게 특정한 사실을 알리는 행위
④ 타인의 법률행위를 보충하여 그 행위의 효력을 완성시켜 주는 행위

36 민법상 합유에 관한 설명으로 옳은 것은?

① 합유는 조합계약에 의하여만 성립한다.
② 합유물의 보존행위는 합유자 각자가 할 수 없다.
③ 합유자 전원의 동의 없이 합유물에 대한 지분을 처분하지 못한다.
④ 합유가 종료하기 전이라도 합유물의 분할을 청구할 수 있다.

37 사회보장기본법상 사회보장수급권에 관한 설명으로 옳지 않은 것은?

① 사회보장수급권은 정당한 권한이 있는 기관에 서면으로 통지하여 포기할 수 있다.
② 사회보장수급권을 포기하는 것이 다른 사람에게 피해를 주거나 사회보장에 관한 관계법령에 위반되는 경우에는 사회보장수급권을 포기할 수 없다.
③ 제3자의 불법행위로 피해를 입은 국민이 그로 인하여 사회보장수급권을 가지게 된 경우 사회보장제도를 운영하는 자는 그 불법행위의 책임이 있는 자에 대하여 관계법령에서 정하는 바에 따라 구상권(求償權)을 행사할 수 있다.
④ 사회보장수급권은 다른 사람에게 양도할 수 없으나 관계법령에서 정하는 바에 따라 담보로 제공할 수는 있다.

38 우리나라 법의 체계에 관한 설명으로 옳은 것은?

① 대법원규칙은 법률과 동등한 효력을 가진다.
② 대통령령과 총리령은 동등한 효력을 가진다.
③ 헌법에 의하여 체결·공포된 조약은 국내법에 우선한다.
④ 대통령은 법률의 효력을 가지는 긴급명령을 발할 수 있다.

39 다음 중 피고인의 청구가 있어야 국선변호인을 선임하는 경우는?

① 피고인이 구속된 때
② 피고인이 미성년자이거나 70세 이상인 때
③ 피고인이 사형, 무기 또는 단기 3년 이상의 징역이나 금고에 해당하는 사건으로 기소된 때
④ 피고인이 빈곤이나 그 밖의 사유로 변호인을 선임할 수 없는 때

40 다음 중 형성적 행정행위에 해당하는 것을 모두 고른 것은?

ㄱ. 하 명	ㄴ. 허 가
ㄷ. 인 가	ㄹ. 특 허
ㅁ. 확 인	ㅂ. 공 증
ㅅ. 통 지	ㅇ. 수 리

① ㄱ, ㄴ　　　　　　　　　② ㄷ, ㄹ
③ ㄱ, ㄴ, ㄹ　　　　　　　④ ㅁ, ㅂ, ㅅ, ㅇ

제8회 민간경비론

41
민간경비와 공경비에 관한 설명으로 옳지 않은 것은?

① 민간경비와 가장 구별되는 공경비의 임무는 범죄수사 및 범인체포이다.
② 공경비는 모든 시민을 상대로 경비업무를 수행한다.
③ 우리나라 경비업법은 시설경비, 호송경비, 신변보호, 기계경비, 특수경비, 혼잡·교통유도경비를 경비업무로 규정하고 있다.
④ 우리나라에는 경찰관 신분을 가진 민간경비원이 있다.

42
공동목표의 달성을 위해 하부조직 사이에서 수행하고 있는 업무가 통일성 내지 조화를 이루도록 하는 민간경비조직의 운영원리는?

① 계층제의 원리
② 명령통일의 원리
③ 전문화의 원리
④ 조정·통합의 원리

43
최근 민간경비의 치안환경변화에 관한 설명으로 옳은 것은?

① 1인 가구 증가로 조직범죄가 줄어들고 있다.
② 과거에 비해 인터넷, 클럽, SNS 등 마약류의 구입경로가 다양하지만 마약범죄는 감소추세에 있다.
③ 치안환경이 변화되면서 보이스피싱 등 신종사기범죄는 많이 줄어들었다.
④ 금융·보험, 컴퓨터 등과 관련된 화이트칼라 범죄가 증가하고 있다.

44 경비업법령상 특수경비원의 교육에 관한 설명으로 옳지 않은 것은?

① 특수경비업자는 특수경비원 신임교육을 받지 아니한 자를 특수경비업무에 종사하게 해서는 아니된다.
② 특수경비업자는 소속 특수경비원에 대하여 매월 4시간 이상의 직무교육을 실시해야 한다.
③ 특수경비원의 교육 시 관할 경찰서 소속 경찰공무원이 교육기관에 입회하여 대통령령이 정하는 바에 따라 지도·감독하여야 한다.
④ 특수경비업자는 채용 전 3년 이내에 특수경비업무에 종사하였던 경력이 있는 사람을 특수경비원으로 채용한 경우에는 해당 특수경비원을 특수경비원 신임교육대상에서 제외할 수 있다.

45 국가중요시설 경비에 관한 설명으로 옳은 것은?

① 국가중요시설의 분류에 따라 국가보안상 국가경제, 사회생활에 중대한 영향을 미치는 행정시설을 가급으로 분류한다.
② 경비구역 제3지대(핵심방어지대)는 시설의 가동에 결정적으로 영향을 미치는 특성을 갖는 구역이다.
③ 제한구역은 비인가자의 출입이 일체 금지되는 보안상 극히 중요한 구역이다.
④ 통합방위사태는 4단계(갑·을·병·정)로 구분된다.

46 시설물의 물리적 통제시스템에 관한 설명으로 옳지 않은 것은?

① 기본적으로 경계지역, 건물 외부지역, 건물 내부지역이라는 3가지 방어선으로 구분된다.
② 경비시설물 내에 존재하는 내부 자산에 대한 경비보호계획은 별도로 수립하지 않아도 된다.
③ 출입문의 경첩은 출입문 내부에 설치하여 보안성을 강화해야 한다.
④ 체인링크(chain link)는 콘크리트나 석재 담장과 유사한 보호기능을 하면서도 저렴하다는 장점이 있다.

47 다음에서 설명하는 컴퓨터의 부정조작의 종류는 무엇인가?

> 컴퓨터의 시동·정지, 운전상태의 감시, 정보처리 내용과 방법의 변경·수정의 경우 사용되는 콘솔을 거짓으로 조작하여 컴퓨터의 자료처리 과정에서 프로그램의 지시나 처리될 기억정보를 변경시키는 것을 말한다.

① 입력 조작
② 프로그램 조작
③ 콘솔 조작
④ 출력 조작

48 한국 민간경비의 발전과정을 올바르게 나열한 것을 고른 것은?

> ㄱ. 청원경찰법 제정
> ㄴ. 용역경비업법 제정
> ㄷ. 경비지도사시험 실시
> ㄹ. 한국경비협회 설립

① ㄱ → ㄴ → ㄷ → ㄹ
② ㄱ → ㄴ → ㄹ → ㄷ
③ ㄴ → ㄱ → ㄷ → ㄹ
④ ㄴ → ㄷ → ㄹ → ㄱ

49 공동생산이론에 관한 설명으로 옳은 것을 모두 고른 것은?

> ㄱ. 민간경비를 공경비의 보조적 차원이 아닌 주체적 차원으로 인식한다.
> ㄴ. 경찰이 안고 있는 한계를 일부 극복하고 시민의 안전욕구를 증대시키기 위하여 민간부문의 능동적 참여를 다각적으로 유도한다.
> ㄷ. 치안서비스 제공은 경찰의 역할수행과 민간경비의 공동참여로 이루어진다.
> ㄹ. 민간경비는 집단적 이익의 실현을 위해 규모를 팽창시킨다.

① ㄱ
② ㄱ, ㄴ
③ ㄱ, ㄴ, ㄷ
④ ㄱ, ㄴ, ㄷ, ㄹ

50 인력경비 중 순찰경비에 관한 설명으로 옳지 않은 것은?

① 순찰경비는 순찰인원 수에 따라 단독순찰과 복수순찰로 구분된다.
② 복수순찰은 단독순찰에 비해 인원의 경제적 배치가 가능하고 여러 지역을 분산하여 순찰할 수 있다.
③ 순찰근무자는 정해진 노선을 규칙적으로 순찰하는 정선순찰을 하되, 청원주가 필요하다고 인정할 때에는 요점순찰 또는 난선순찰을 할 수 있다.
④ 요점순찰은 순찰구역 내 지정된 중요지점을 순찰하는 것을 말하고, 난선순찰은 경비원(순찰근무자)의 판단에 따라 임의로 순찰지역이나 노선을 선정하여 불규칙적으로 순찰하는 것을 말한다.

51 다음 중 경찰방범활동의 한계요인에 해당하지 않는 것은?

① 경찰인력의 부족
② 민생치안부서 근무기피 현상
③ 경찰에 대한 주민의 이해 부족
④ 민간경비업체의 증가

52 경비관리 책임자의 역할에 관한 설명으로 옳은 것은?

① 관리상의 역할은 조직 내에 있는 모든 다른 부서의 경영자들과 일치하는 역할로서 기획, 조직화(기획의 조직화), 채용, 지도, 감독, 혁신 등을 포함한다.
② 경영상의 역할은 경비원에 대한 감독, 순찰, 화재와 경비원의 안전, 경비활동에 대한 규칙적인 감사, 출입금지구역에 대한 감시, 교통통제, 경보시스템, 조명, 울타리, 통신장비 등과 같은 모든 경비장비들의 상태 점검 등을 포함한다.
③ 예방상의 역할은 예산과 재정상의 감독, 경비문제를 관할하는 정책의 설정, 사무행정, 조직체계와 절차의 개발, 경비부서 직원에 대한 교육·훈련 과정의 개발, 모든 고용인들에 대한 경비교육 등을 포함한다.
④ 조사상의 역할은 경비의 명확성, 회사규칙의 위반과 이에 따르는 모든 손실에 대한 조사, 회계감사, 일반 경찰과 소방서와의 유대관계, 관련 문서의 분류(확인) 등을 포함한다.

53 컴퓨터 범죄의 예방대책 중 관리적 대책이 아닌 것은?

① 프로그램 개발 통제
② 스케줄러 점검
③ 컴퓨터 프로그램 보호법 제정
④ 감사증거기록 삭제 방지

54 각국 민간경비의 발전과정에 관한 설명으로 옳은 것은?

① 영국은 공경찰활동이 사경찰활동보다 먼저 존재하여 사경찰 도입의 필요성을 불러오는 계기가 되었다.
② 미국의 민간경비산업은 소규모화되고 있으며, 변화속도가 느려지는 특징을 가진다.
③ 일본 경비업체 세콤(SECOM)은 스웨덴 경비회사 SP(Security Patrol)와 제휴하여 경비시스템을 도입하였다.
④ 한국은 1972년 청원경찰법과 1980년 용역경비업법을 제정하여 경비업이 정착되었다.

55 재난재해에 관한 대처요령으로 옳지 않은 것은?

① 경비원은 폭발물 협박이 있는 경우 책임자에게 보고하고 내부 인원을 대피시킨 후 폭발물 설치 여부를 탐색한다.
② 지진 발생 시 가스밸브를 잠그고 건물 밖 공터 등으로 대피한다.
③ 엘리베이터 안에서 지진 발생 시 모든 층을 누르고 가장 먼저 정지하는 층에 내려서 대피한다.
④ 화재 대피 시에는 수건 등을 물에 적셔서 입과 코를 막고 낮은 자세로 대피한다.

56 보안업무와 관련하여 비인가자가 비밀, 주요시설 및 Ⅲ급 비밀 소통용 암호자재에 접근하는 것을 방지하기 위하여 안내를 받아 출입하여야 하는 구역은?

① 제한지역
② 통제구역
③ 금지구역
④ 제한구역

57 다음 글에 해당하는 민간경비의 성장배경 이론은?

- 경찰이 수행하고 있는 경찰 본연의 기능이나 역할을 민간경비가 보완하거나 대체한다는 이론이다.
- 사회의 다원화와 분화에서 초래되는 사회적 긴장과 갈등, 대립 등에 의한 무질서나 범죄의 증가에 대응하기 위해서는 경찰력이 증가하여야 하나 현실적으로 어려운 상태이므로 그 결과 생겨나는 공백을 메우기 위해서는 민간경비가 발전한다는 이론이다.

① 경제환원론적 이론
② 공동화이론
③ 이익집단이론
④ 수익자부담이론

58 컴퓨터 시스템의 물리적 안전대책에 관한 설명으로 옳지 않은 것은?

① 컴퓨터실 내부에는 예비전력장치를 구비하여야 한다.
② 컴퓨터실 내부에는 화재방지장치를 설치하여야 한다.
③ 불의의 사고에 대비하여 프로그램 백업과 시스템 백업을 선택적으로 할 수 있다.
④ 컴퓨터실의 위치 선정 시 화재, 홍수, 폭발의 위험과 외부침입자에 의한 위험으로부터 안정성을 고려하여야 한다.

59 지역주민들이 독립적 · 자율적으로 주민단체를 결성하여 지역순찰과 야간등 보수 및 증설작업을 하는 것은 치안서비스 공동생산의 유형 중 어느 유형에 속하는가?

① 개별적 · 소극적 공동생산(제Ⅰ유형)
② 개별적 · 적극적 공동생산(제Ⅱ유형)
③ 집단적 · 소극적 공동생산(제Ⅲ유형)
④ 집단적 · 적극적 공동생산(제Ⅳ유형)

60 화재유형에 따른 화재대책에 관한 설명으로 옳지 않은 것은?

① 유류화재는 옥내소화전을 사용하여 온도를 발화점 밑으로 떨어뜨리는 것이 가장 효과적인 진압방법이다.
② 금속화재는 물과 반응하여 강한 수소를 발생하는 것이 대부분이므로 화재 시 수계 소화약제를 사용해서는 안 된다.
③ 가스화재는 점화원을 차단하고 살수 및 냉각으로 진압하는 것이 효과적이다.
④ 전기화재는 소화 시 물 등의 전기전도성을 가진 약제를 사용하면 감전의 위험이 있으므로 주의해야 한다.

61 미국 민간경비 역사에서 핑커톤(A. Pinkerton)에 관한 설명으로 옳지 않은 것은?

① 1850년 탐정사무소를 설립한 후 1857년에 국가탐정회사로 회사명을 바꿨다.
② 남북전쟁 당시 북부군을 위해 육군첩보부를 설립하고 북부지역 경제교란을 위해 대량 유포된 위조화폐 적발 임무를 수행하는 데 큰 공헌을 하였다.
③ 최초의 중앙감시방식 경보서비스 회사를 설립하였다.
④ 범죄자들에 대한 각종 신상정보와 범죄수법을 기록하여 경찰당국의 요청이 있을 때 제공함으로써 경찰과 민간경비업체의 바람직한 관계를 정립하였다.

62 출입통제방법에 관한 설명으로 옳지 않은 것은?

① 외부인이 예약 없이 방문하는 경우에는 별도의 대기실에 대기시킨 후 방문 대상자에게 통보해야 한다.
② 경비원은 상근직원이라도 매일 모든 출입자의 신분증을 확인해야 한다.
③ 직원용 출입구는 외부 방문객과 구분하여 하나의 문만 사용하도록 하고 출입구의 폭은 최대한 넓어야 한다.
④ 신원이 확인된 외부인이라 하더라도 이동 가능한 지역을 반드시 지정해 주어야 한다.

63 확인된 위험의 대응방법에 관한 설명으로 옳지 않은 것은?

① 위험의 제거 : 위험관리에서 최선의 방법은 확인된 모든 위험요소를 제거하는 것이다.
② 위험의 회피 : 범죄 및 손실이 발생할 기회를 아예 제공하지 않는 것이다.
③ 위험의 감소 : 위험성이 높은 보호대상을 한 곳에 집중시키지 않고 여러 곳에 분산시키는 것이다.
④ 위험의 대체 : 직접적으로 위험을 제거하거나 감소 및 최소화시키기보다는 보험과 같은 대체수단을 통해서 손실을 전보하는 방법이다.

64 우리나라의 민간경비산업의 현황에 관한 설명으로 옳지 않은 것은?

① 청원경찰제도는 외국에서 볼 수 없는 특별한 제도이다.
② 경비회사의 수나 인원 면에서 인력경비보다 기계경비의 비중이 높다.
③ 민간경비업의 경비인력 및 업체 수가 일부 지역에 편중되어 있다.
④ 경비원이 되려는 사람은 대통령령으로 정하는 교육기관에서 미리 일반경비원 신임교육을 받을 수 있다.

65 기계경비와 인력경비에 관한 설명으로 옳지 않은 것은?

① 인력경비란 화재, 절도, 분실, 파괴, 기타 범죄 내지 피해로부터 개인이나 기업의 인적·물적 안전을 확보하기 위해서 경비원 등의 인력으로 경비하는 것을 말한다.
② 인력경비의 장점은 경비업무를 전문화할 수 있고, 고용창출 효과와 고객접점서비스 효과가 있다는 점이다.
③ 인력경비의 단점은 야간에는 경비활동의 제약을 받아 효율성이 감소된다는 점이다.
④ 순수 무인기계경비는 불법침입을 감지한 센서가 컴퓨터에 음성이나 문자 등으로 표시하여 이를 본 사람이 조치를 취하도록 하는 경비형태이다.

66 다음에서 설명하는 민간경비의 유형은?

- 혼잡한 상황에서 발생할 가능성이 있는 여러 가지 안전사고를 경계하고 예방하는 제반활동이다.
- 지방자치단체가 주관하는 축제·행사에서 안전사고에 대비하는 질서유지활동이다.
- 일본의 경우 이것을 경비업법에서 규정하고 있으며, 교통유도업무가 대부분을 차지하고 있다.

① 혼잡경비
② 호송경비
③ 특수경비
④ 경호경비

67 대부분의 패턴이 없는 외부 및 내부의 침입을 발견·저지·방어·예방할 수 있도록 계획된 경비시스템을 갖춘 경비수준은?

① 하위수준경비(Level Ⅱ)
② 중간수준경비(Level Ⅲ)
③ 상위수준경비(Level Ⅳ)
④ 최고수준경비(Level Ⅴ)

68 다음 중 컴퓨터 범죄의 특징으로 옳지 않은 것은?

① 범행의 증거가 남지 않고 증거인멸이 용이하다.
② 범행이 연속적이며 지속적으로 이루어질 수 있다.
③ 컴퓨터 시스템이나 회사 경영조직에 전문적인 지식을 갖춘 자들이 범죄를 저지른다.
④ 대부분 외부인의 소행이며, 범죄행위자들은 초범자인 경우가 드물다.

69 민간경비와 관련된 인물과 내용의 연결이 옳지 않은 것은?

① 로버트 필(Robert Peel) : 1829년 수도경찰법을 의회에 제출하여 영국 수도경찰 창설
② 헨리 필딩(Henry Fielding) : 영국에서 급료를 받는 민간경비제도를 제안했으며, 보우가의 주자(The Bow Street Runners) 등을 만드는 데 기여
③ 헨리(Henry)국왕 : 민간경비 차원에서 공경비 차원의 경비개념으로 바뀌게 되는 「레지스 헨리시법(The legis Henrici Law)」 공포
④ 에드윈 홈즈(Edwin Holmes) : 시카고 경찰국 최초의 탐정으로, 철도수송 경비회사 설립

70 자체경비와 계약경비에 관한 설명으로 옳지 않은 것은?

① 현행 경비업법은 계약경비를 전제로 한 것이다.
② 계약경비는 자체경비보다 상대적으로 이직률이 낮은 편이다.
③ 자체경비원은 경비부서에 오래 근무함으로써 회사의 운영·매출·인사 등에 관한 지식이 높다.
④ 계약경비는 신규모집, 직원관리, 교육훈련 등에 대한 비용부담이 적은 편이다.

71 경비위해요소 분석에 관한 설명으로 옳지 않은 것은?

① 경비계획에 있어 가장 먼저 실시해야 하는 것은 경비위해요소 분석이다.
② 경비위해요소 중 화학공장의 화학적 화재나 폭발 위험은 인위적 위해에 해당한다.
③ 경비위해요소 분석단계는 '경비위험요소 인지 → 손실발생 가능성 예측 → 경비위험도 평가 → 경비비용효과 분석'의 순이다.
④ 경비비용효과 분석은 투입비용에 대한 산출효과를 비교하여 적절한 경비수준을 결정하는 과정을 말한다.

72 우리나라와 일본의 민간조사제도에 관한 설명으로 옳지 않은 것은?

① 일본은 2006년 민간조사업과 관련된 법령이 제정되었으며, 2007년부터 시행되었다.
② 한국에서 공인탐정제도와 관련된 법안은 발의된 적이 없다.
③ 일본의 민간조사업은 신고제 형식을 취하고 있다.
④ 한국에서 경비업법상 민간조사업무는 경비업무의 한 영역이라고 보기 어렵다.

73 순수공공재 이론에서 "치안서비스의 객체인 시민들은 서비스의 이용에 대한 선택권이 없다"는 내용에 해당하는 것은?

① 비경합성
② 비순수성
③ 비거부성
④ 비배제성

74 우리나라 민간경비업의 발전 방안에 관한 설명으로 옳지 않은 것은 모두 몇 개인가?

> ㄱ. 민간경비와 청원경찰제도의 단일화
> ㄴ. 경비의 전문화를 위한 경비원 교육훈련의 내실화
> ㄷ. 민간경비체계의 다양화 및 업무의 다변화
> ㄹ. 방범서비스산업에 대한 규제 강화

① 없음
② 1개
③ 2개
④ 3개

75 비상사태 발생 시 민간경비원의 대응으로 적절하지 않은 것은?

① 응급환자에 대한 조치
② 비상계획서 작성 및 책임자 지정
③ 출입구·비상구 및 위험지역의 출입통제
④ 외부지원기관(경찰서, 소방서, 병원 등)과의 통신업무

76 경보체계에 관한 설명으로 옳지 않은 것은?

① 중앙관제시스템(중앙통제관리시스템)은 일반적으로 활용하고 있는 경보체계로서 경계가 필요한 곳에 CCTV를 설치하여 활용하므로 사태파악이나 조치가 빠르고 오경보나 오작동에 대한 염려도 거의 없다.
② 상주경보시스템은 조직이 자체적으로 경비부서를 조직하고 경비활동을 실시하는 가장 고전적인 방법으로 각 주요 지점마다 경비원을 배치하여 비상시에 대응하는 방식이다.
③ 제한적 경보시스템은 사이렌이나 종, 비상등과 같은 제한된 경보장치를 설치한 시스템으로, 사람이 없으면 대응할 수 없다는 단점이 있다.
④ 다이얼 경보시스템은 전용 전화회선을 통하여 비상 감지 시에 직접 외부의 각 관계기관에 자동으로 연락이 취해지는 방식이다.

77 네티즌들이 공통의 관심사를 논의하기 위해 개설한 토론방에 고의로 가입하여 개인 등에 대한 악성 루머를 유포하여 개인이나 기업을 곤경에 빠뜨리는 수법은 무엇인가?

① 스토킹
② 전자폭탄
③ 플레임
④ 허프건

78 다음 지문이 설명하는 경비등의 형태는 무엇인가?

> 휴대가 가능하며 잠재적으로 사고가 일어날 만한 지역의 원거리 표적을 정확하게 관찰하기 위해 사용되며, 외딴 산간지역이나 작은 배로 쉽게 시설물에 접근할 수 있는 위치에 설치한다.

① 가로등
② 투광조명등
③ 프레이넬등
④ 탐조등

79 경찰과 민간경비의 협력증진방안으로 옳지 않은 것은?

① 민간경비업체와 경찰책임자의 정기적인 회의 개최
② 민간경비원의 복장 및 장비를 경찰과 유사하게 하여 치안활동의 가시성 제고
③ 비상연락망 및 합동순찰제도 구축
④ 경찰의 민간경비 전담 부서 운영

80 홈 시큐리티(Home Security)의 기능에 대한 설명으로 옳지 않은 것은?

① 고령사회에 있어서 좋은 대안이 되고 있다.
② 주로 기계경비시스템을 중심으로 서비스를 제공한다.
③ 홈 시큐리티의 발전은 풍부한 부가가치를 창출할 수 있다.
④ 비상경보가 전화회선을 통하여 전달되기 때문에 정보량에 한계가 없다.

제9회 법학개론

01 권리의 보호에 관한 설명으로 옳지 않은 것은?

① 근대의 법치국가에 있어서의 권리의 보호는 국가구제가 원칙이다.
② 국가구제의 제도로서 재판제도와 재판 외 분쟁해결제도가 있다.
③ 우리 민법은 자력구제에 대한 일반규정을 두고 있다.
④ 민법상 정당방위와 긴급피난이 사력구제로서 인정된다.

02 다음 ( ) 안의 ㄱ~ㄹ에 들어갈 내용이 올바르지 않은 것은?

> 보통선거의 원칙이 (ㄱ)에 대응된 개념으로 선거권의 (ㄴ)에 관하여 차별을 금지하는 것이라면, 평등선거의 원칙은 (ㄷ)에 대응된 개념으로 선거권의 (ㄹ)에 관하여 차별을 금지하는 것이다.

① ㄱ : 강제선거
② ㄴ : 유무
③ ㄷ : 차등선거
④ ㄹ : 내용

03 헌법의 내용에 관한 설명으로 옳지 않은 것은?

① 중앙선거관리위원회 위원은 정당에 가입하거나 정치에 관여할 수 없다.
② 지방자치단체는 주민의 복리에 관한 사무를 처리하고 재산을 관리하며, 법령의 범위 안에서 자치에 관한 규정을 제정할 수 있다.
③ 군인은 현역을 면한 후가 아니면 국무총리와 국무위원으로 임명될 수 없다.
④ 대통령후보자가 1인일 때에는 그 득표수가 선거권자 총수의 과반수가 아니면 대통령으로 당선될 수 없다.

04 법원에 관한 설명으로 옳지 않은 것은?

① 선거와 관련된 선거소송과 당선소송은 대법원이 관장한다.
② 법관은 탄핵 또는 금고 이상의 형의 선고에 의하지 아니하고는 파면되지 아니하며, 징계처분에 의하지 아니하고는 정직·감봉 기타 불리한 처분을 받지 아니한다.
③ 대법원장은 감사원 감사위원 3인, 헌법재판소 재판관 3인, 중앙선거관리위원회 위원 3인의 지명권을 가진다.
④ 대법원은 법률에 저촉되지 아니하는 범위 안에서 소송에 관한 절차, 법원의 내부규율과 사무처리에 관한 규칙을 제정할 수 있다.

05 상법상 상행위에 관한 설명으로 옳은 것은?

① 상인이 영업을 위하여 하는 행위는 상행위로 본다.
② 상인의 행위는 영업을 위하여 하는 것으로 본다.
③ 상행위의 위임을 받은 자는 위임의 본지에 반하지 아니한 범위 내라 하더라도 위임을 받지 아니한 행위를 할 수 없다.
④ 상인이 그 영업에 관하여 수여한 대리권은 본인의 사망으로 인하여 소멸한다.

06 법의 효력에 관한 설명으로 옳지 않은 것은?

① 법률의 시행기간은 시행일부터 폐지일까지이다.
② 법률은 특별한 규정이 없는 한 공포일로부터 30일을 경과하면 효력이 발생한다.
③ 범죄 후 법률의 변경이 피고인에게 유리한 경우에는 소급적용이 허용된다.
④ 외국에서 범죄를 저지른 한국인에게 우리나라 형법이 적용되는 것은 속인주의에 따른 것이다.

07 헌법재판에 관한 설명으로 옳은 것은?

① 재판에 대한 헌법소원심판은 헌법재판소 관장사항이 아니다.
② 법원이 법률의 위헌 여부 심판의 제청에 관한 결정을 한 경우, 그 결정에 대하여 항고할 수 있다.
③ 국가 등의 공권력의 행사로 인한 경우뿐만 아니라 사인(私人)으로부터 받은 기본권 침해행위로부터 구제받기 위해 헌법소원심판을 청구할 수 있다.
④ 정당의 목적이나 활동이 민주적 기본질서에 위배될 때에는 대통령은 국무회의의 심의를 거쳐 헌법재판소에 정당해산심판을 청구할 수 있다.

08 A는 부주의로 개의 꼬리를 밟아 달려드는 개를 주위에 있던 벽돌로 때려 죽였다. A의 행위는 무엇에 해당하는가?

① 정당행위
② 정당방위
③ 긴급피난
④ 자구행위

09 법의 분류에 관한 설명으로 옳지 않은 것은?

① 절차법에서는 원칙적으로 신법우선의 원칙이 적용된다.
② 일반법과 특별법이 충돌하는 경우에는 특별법이 우선한다.
③ 당사자가 임의법과 다른 의사를 표시한 때에는 그 의사에 의한다.
④ 사회법은 사법(私法)원리를 배제하고, 공공복리의 관점에서 사회적 약자보호와 실질적 평등을 목적으로 한다.

10 "필요 없으면 형벌 없다, 불법 없으면 형벌 없다"로 표현되는 죄형법정주의의 파생원칙은?

① 관습형법금지의 원칙
② 소급효금지의 원칙
③ 명확성의 원칙
④ 적정성의 원칙

11 다음 중 ( ) 안의 ㄱ~ㄹ에 들어갈 내용으로 알맞은 것은?

- (ㄱ) : 결과의 발생을 구성요건의 내용으로 하는 범죄
- (ㄴ) : 결과의 발생과 동시에 범죄도 완성되는 범죄
- (ㄷ) : 행위자 자신이 직접 실행해야 범할 수 있는 범죄
- (ㄹ) : 구성요건의 객관적 요소의 범위를 초과하는 일정한 주관적 목적이 구성요건상 전제로 되어 있는 범죄

① ㄱ : 실질범, ㄴ : 계속범, ㄷ : 신분범, ㄹ : 경향범
② ㄱ : 실질범, ㄴ : 즉시범, ㄷ : 신분범, ㄹ : 목적범
③ ㄱ : 실질범, ㄴ : 즉시범, ㄷ : 자수범, ㄹ : 목적범
④ ㄱ : 형식범, ㄴ : 계속범, ㄷ : 자수범, ㄹ : 목적범

12 경비견을 보관하는 경비원의 책임에 관한 설명으로 옳지 않은 것은?

① 경비원의 과실로 경비견이 고객의 애완동물을 죽인 경우, 형사상 재물손괴죄의 책임을 진다.
② 경비견이 지나가는 행인을 물어 사망케 한 경우, 형사상 과실치사죄의 책임을 질 수 있다.
③ 경비견이 지나가는 행인을 물어 손해를 가한 경우, 민사상 손해배상책임이 있다.
④ 경비견의 보관에 상당한 주의의무를 다한 것을 입증한 경우, 민사상 손해배상책임을 지지 않는다.

13 상법상 회사별 지배인 선임·해임방법에 관한 설명으로 옳은 것은?

① 합명회사의 경우 지배인의 선임과 해임은 정관에 다른 정함이 없으면 업무집행사원이 있는 경우에는 업무집행사원 과반수, 업무집행사원이 없는 경우에는 총사원 과반수의 결의에 의하여야 한다.
② 합자회사의 경우 지배인의 선임과 해임은 업무집행사원이 있는 경우에는 업무집행사원 과반수, 업무집행사원이 없는 경우에는 무한책임사원 과반수의 결의에 의하여야 한다.
③ 주식회사의 경우 지배인의 선임과 해임은 이사 과반수의 출석과 출석이사의 과반수로 하여야 한다.
④ 유한회사의 경우 지배인의 선임과 해임은 이사 과반수의 결의 또는 사원총회의 보통결의(정관 또는 본법에 다른 규정이 있는 경우 외에는 총사원의 과반수의 출석과 출석사원의 과반수)에 의하여야 한다.

14 국민의 형사재판 참여에 관한 법률의 내용으로 옳지 않은 것은?

① 누구든지 이 법으로 정하는 바에 따라 국민참여재판을 받을 권리를 가진다.
② 대한민국 국민은 이 법으로 정하는 바에 따라 국민참여재판에 참여할 권리와 의무를 가진다.
③ 배심원은 국민참여재판을 하는 사건에 관하여 사실의 인정, 법령의 적용 및 형의 양정에 관한 의견을 제시할 권한이 있다.
④ 심리에 관여한 판사의 의견과 배심원의 평결은 법원을 기속한다.

15 상법상 손해보험에 관한 설명으로 옳지 않은 것은?

① 손해보험계약의 보험자는 보험사고로 인하여 생길 피보험자의 재산상의 손해를 보상할 책임이 있다.
② 보험사고로 인하여 상실된 피보험자가 얻을 이익이나 보수는 당사자 간에 다른 약정이 없으면 보험자가 보상할 손해액에 산입하지 아니한다.
③ 보험금액이 보험계약의 목적의 가액을 현저하게 초과한 때에는 보험계약자는 소급하여 보험료의 감액을 청구할 수 있다.
④ 보험금액이 보험계약의 목적의 가액을 현저하게 초과한 경우의 보험계약의 목적의 가액은 계약 당시의 가액에 의하여 정한다.

16 법의 적용에 관한 설명으로 옳지 않은 것은?

① 어떠한 구체적 사건이 발생하였을 경우 실정법의 어느 규정이 그 사건에 적용될 것인지를 판단하는 과정을 법의 적용이라 한다.
② 사실의 확정은 법규를 적용하기 전에 법적으로 가치 있는 사실만을 확정하는 법적 인식작용으로, 객관적 증거에 의함을 원칙으로 한다.
③ 추정된 사실과 다른 주장을 하는 자는 반증을 들어 추정의 효과를 뒤집을 수 있다.
④ 간주는 입증부담을 완화하기 위하여 입증이 용이하지 않은 확정되지 않는 사실을 통상의 상태를 기준으로 하여 사실로 인정하고 이에 상당한 법률효과를 주는 것을 말한다.

17 다음은 헌법재판소 결정문의 일부이다. 밑줄 친 부분에서 중시하는 법이념을 나타내는 법언(法諺)이 아닌 것은?

> 시설경비업을 허가받은 경비업자로 하여금 허가받은 경비업무 외의 업무에 경비원을 종사하게 하는 것을 금지하고, 이를 위반한 경비업자에 대한 허가를 취소하도록 정하고 있는 경비업법 제7조 제5항 중 '시설경비업무'에 관한 부분과 경비업법 제19조 제1항 제2호 중 '시설경비업무'에 관한 부분이 시설경비업을 수행하는 경비업자의 직업의 자유를 침해한다. <u>하지만 심판대상조항에 대해 단순위헌결정을 하게 되면 경비업자가 경비업무의 전념성을 직접적으로 훼손하는 업무에 경비원을 종사하게 한 경우에도 그 경비업 허가를 취소할 수 없게 되는 불합리한 결과가 발생할 수 있고, 위헌성을 해소하기 위한 구체적인 방법을 정하는 것은 입법자의 재량에 속하므로, 심판대상조항에 대하여 단순위헌결정을 하는 대신 헌법불합치결정을 선고하고 그 적용을 중지한다.</u>

① 정의의 극치는 부정의의 극치이다.
② 국민이 원하는 것이 법이다.
③ 무질서한 것보다 오히려 불평등한 것이 낫다.
④ 권리 위에 잠자는 자는 보호받지 못한다.

18 행정입법 중 행정규칙에 관한 설명으로 옳지 않은 것은?

① 행정조직 내부에서 그 조직과 활동을 규율하기 위해서 발하는 일반적·추상적인 명령이다.
② 원칙적으로 대외적 구속력이 없다.
③ 행정규칙 자체는 행정소송법상 처분에 해당하지 않는다.
④ 제정권자를 기준으로 대통령령, 총리령, 부령 등으로 구분할 수 있다.

19 국민연금법상 소멸시효기간에 관한 설명으로 옳지 않은 것은?

① 연금보험료를 징수할 권리는 3년간 행사하지 아니하면 소멸시효가 완성된다.
② 환수금을 환수할 권리는 3년간 행사하지 아니하면 소멸시효가 완성된다.
③ 급여를 지급받을 권리는 5년간 행사하지 아니하면 소멸시효가 완성된다.
④ 과오납금을 반환받을 권리는 3년간 행사하지 아니하면 소멸시효가 완성된다.

20 형의 선고유예에 관한 설명으로 옳지 않은 것은?

① 1년 이하의 징역, 금고, 자격정지 또는 벌금의 형을 대상으로 한다.
② 자격정지 이상의 형을 받은 전과가 없어야 한다.
③ 재범방지를 위하여 2년의 기간 동안 보호관찰을 받을 것을 명할 수 있다.
④ 형의 선고유예를 받은 날로부터 2년을 경과한 때에는 면소된 것으로 간주한다.

21 현대 복지국가 헌법의 특징에 해당하지 않는 것은?

① 실질적 법치주의
② 자유권 중심의 기본권 보장
③ 사회적 기본권 보장의 실질화
④ 행정국가화 경향

22 형법상 여럿이 함께 모여 거액의 도박을 한 경우의 공범 유형은?

① 공동정범
② 공모공동정범
③ 필요적 공범
④ 간접정범

23 근로기준법의 내용에 관한 설명으로 옳지 않은 것은?

① 근로조건은 최저기준이므로 근로관계 당사자는 이 기준을 이유로 근로조건을 낮출 수 없다.
② 누구든지 법률에 의하지 아니하고는 영리로 타인의 취업에 개입하거나 중간인으로서 이익을 취득하지 못한다.
③ 동거의 친족만을 사용하는 사업 또는 사업장과 가사사용인에 대해서는 근로기준법이 적용되지 않는다.
④ 근로계약은 계약의 형식이나 명칭을 불문하고 명시 및 묵시의 계약의 체결도 가능하지만 반드시 서면으로 작성하여야 효력이 발생한다.

24 다음 중 판결의 종류에 관한 설명으로 옳은 것을 모두 고른 것은?

> ㄱ. 종국판결은 소송사건의 심리가 다 끝난 뒤에 선고하여 그 심급을 종결시키는 판결로서, 일반적으로 판결이라 하면 이를 말한다.
> ㄴ. 중간판결은 소송의 진행 중에 문제가 된 실체상 또는 소송상의 개개의 쟁점을 미리 판단·해결해두고 종국판결을 준비하기 위해서 행하여지는 판결이다.
> ㄷ. 형성판결은 권리·법률관계의 존재나 부존재를 확정하는 것을 내용으로 하는 판결이다.
> ㄹ. 이행판결은 원고의 청구권을 인정하고 피고에게 의무이행을 명하는 것을 내용으로 하는 판결이다.
> ㅁ. 각하판결은 원고의 청구가 이유 없다고 배척하는 판결이다.

① ㄱ, ㄴ, ㄷ
② ㄱ, ㄴ, ㄹ
③ ㄴ, ㄷ, ㅁ
④ ㄷ, ㄹ, ㅁ

25 다음 중 권리의 변동과 그 예의 연결이 틀린 것은?

① 원시취득 - 선의취득, 취득시효
② 이전적 승계 - 증여, 포괄유증
③ 절대적 소멸 - 목적물 멸실, 소멸시효
④ 내용의 변경 - 임차권의 대항력 취득, 대물변제

26 사회보장기본법에 관한 설명으로 옳지 않은 것은?

① 국가와 지방자치단체는 사회보장에 관한 책임과 역할을 합리적으로 분담해야 한다.
② 사회보장에 관한 주요 시책을 심의·조정하기 위하여 국무총리 소속으로 사회보장위원회를 둔다.
③ 사회보장수급권은 포기할 수 있으나, 그 포기는 취소할 수 없다.
④ 사회보장수급권은 관계법령에서 정하는 바에 따라 다른 사람에게 양도하거나 담보로 제공할 수 없으며, 이를 압류할 수 없다.

27 법원(法源)에 관한 설명으로 옳은 것은?

① 지방자치단체는 법령의 범위 안에서 자치에 관한 규정을 제정할 수 있다.
② 일반적으로 승인된 국제법규라도 국회의 비준을 거치지 않은 경우 국내법과 같은 효력은 인정되지 않는다.
③ 성문법은 불문법에 비해 사회변화에 따른 필요에 신속히 대응할 수 있다는 장점이 있다.
④ 대법원 판결은 모든 사건의 하급심을 기속한다.

28 경비회사 甲이 乙과 경비계약을 체결하기 위하여 제안서를 교부하였을 때, 다음 중 옳지 않은 설명은?

① 甲의 의사표시가 진의가 아님을 乙이 알았다면 甲의 의사표시는 무효이다.
② 甲의 의사표시가 乙의 강박에 의하여 의사결정을 스스로 할 수 있는 여지가 완전히 박탈된 상태에서 이루어진 것이라면 甲의 의사표시는 무효이다.
③ 甲의 의사표시가 제3자 丙의 사기로 인한 것을 乙이 알았던 경우라면 甲의 의사표시는 무효이다.
④ 甲과 乙이 서로 통정한 허위의 의사표시라면 甲의 의사표시는 무효이다.

29 다음 중 형법상 친고죄에 해당하지 않는 것을 모두 고른 것은?

ㄱ. 모욕죄(제311조)
ㄴ. 명예훼손죄(제307조)
ㄷ. 출판물 등에 의한 명예훼손죄(제309조)
ㄹ. 비밀침해죄(제316조)
ㅁ. 업무상비밀누설죄(제317조)

① ㄱ, ㄴ   ② ㄴ, ㄷ
③ ㄷ, ㄹ   ④ ㄹ, ㅁ

30 민법상 기한에 관한 설명으로 옳지 않은 것은?

① 기한의 이익은 포기할 수 있으나 상대방의 이익을 해하지 못한다.
② 당사자의 특약이 없거나 법률행위의 성질상 분명하지 않으면 기한의 이익은 채권자에게 있는 것으로 추정된다.
③ 시기 있는 법률행위는 기한이 도래한 때로부터 그 효력이 생긴다.
④ 종기 있는 법률행위는 기한이 도래한 때로부터 그 효력을 잃는다.

31 노동위원회법에 관한 설명으로 옳지 않은 것은?

① 노동위원회는 중앙노동위원회, 지방노동위원회 및 특별노동위원회로 구분한다.
② 특별노동위원회는 관계 법률에서 정하는 사항을 관장하기 위하여 필요한 경우에 해당 사항을 관장하는 중앙행정기관의 장 소속으로 둔다.
③ 중앙노동위원회 위원장은 중앙노동위원회 및 지방노동위원회의 예산·인사·교육훈련, 그 밖의 행정사무를 총괄하며, 소속 공무원을 지휘·감독한다.
④ 노동위원회는 근로자위원과 사용자위원 및 정부위원으로 구성한다.

32 형사소송법상 체포에 관한 설명으로 옳은 것은?

① 준현행범인은 누구든지 영장 없이 체포할 수 있다.
② 검사 또는 사법경찰관리가 아닌 자가 현행범인을 체포한 때에는 24시간 이내에 수사기관에 인도해야 한다.
③ 사법경찰관리가 현행범인의 인도를 받은 때에는 체포자의 성명, 주거, 체포의 사유를 물어야 하고 체포자에 대하여 경찰관서에 동행함을 요구하여야 한다.
④ 긴급체포한 피의자에 대해서는 검사가 72시간 이내에 구속영장을 청구하여야 한다.

33 민사소송법상 심리의 원칙에 관한 설명으로 옳지 않은 것은?

① 직접심리주의 원칙상 변론에 관여한 법관이 바뀐 경우에는 다시 처음부터 심리를 하여야 한다.
② 공개심리주의는 재판의 심리와 판결은 공개하여야 한다는 원칙이다.
③ 적시제출주의는 당사자가 소송을 지연시키지 않도록 소송의 정도에 따라 공격방어방법을 적시에 제출하여야 한다는 원칙이다.
④ 구술심리주의는 심리에 있어 당사자 및 법원의 소송행위, 특히 변론과 증거조사를 구술로 행하도록 하는 절차상 원칙이다.

34 참정권에 관한 설명으로 옳지 않은 것은?

① 국민이 주권자로서 국정에 참여할 수 있는 기본권을 말한다.
② 선거권, 공무담임권, 국민표결(투표)권을 내용으로 한다.
③ 직접 민주제적 요소로 국민투표, 국민발안, 국민소환제도가 있는데, 우리 헌법은 국민투표와 국민발안을 채택하고 있다.
④ 지방자치법과 지방교육자치에 관한 법률에서는 주민소환제도를 규정하고 있다.

35 행정입법 중 법규명령에 관한 설명으로 옳지 않은 것은?

① 일반적으로 행정청이 정립하는 일반적·추상적 규정으로서 법규의 성질을 가지는 것을 말한다.
② 법규명령이 헌법이나 법률에 위반되는지 여부에 관한 심사권은 헌법재판소의 배타적 권한이다.
③ 법규명령에 위반하는 행정행위는 위법하다.
④ 근거법률의 벌칙에서 형벌의 종류와 상한을 정하고 그 범위 내에서 구체적인 것을 명령으로 정하는 것은 허용된다.

36 다음 중 제한능력자의 상대방 보호를 위한 제도가 아닌 것은 모두 몇 개인가?

ㄱ. 법정추인
ㄴ. 상대방의 철회권과 거절권
ㄷ. 상대방의 최고권
ㄹ. 후견인
ㅁ. 취소권의 단기소멸
ㅂ. 제한능력자의 취소권 배제

① 없 음
② 1개
③ 2개
④ 3개

37 손해보험증권과 인보험증권의 공통적인 필요적 기재사항이 아닌 것은?

① 보험의 목적
② 보험금액
③ 보험계약의 종류
④ 보험기간을 정한 때에는 그 시기와 종기

38 우리나라 행정법의 기본원리에 해당하지 않는 것은?

① 법치행정의 원리
② 민주행정의 원리
③ 중앙집권주의의 원리
④ 복지행정의 원리

39 범죄의 혐의가 인정되고 소송조건이 구비되었으나 범인의 연령, 범행의 동기, 범행 후의 정황 등을 참작하여 공소를 제기하지 아니하는 검사의 수사종결처분은 무엇인가?

① 기소중지
② 기소유예
③ 공소권 없음
④ 타관송치

40 행정청이 공개적인 토론을 통하여 어떠한 행정작용에 대하여 당사자등, 전문지식과 경험을 가진 사람, 그 밖의 일반인으로부터 의견을 널리 수렴하는 절차는?

① 청 문
② 공청회
③ 사전통지
④ 의견제출

제9회 민간경비론

41. 민간경비의 개념에 관한 설명으로 옳은 것은 모두 몇 개인가?

ㄱ. 협의의 개념 : 주체 면에서 민간과 국가를 포함한다.
ㄴ. 광의의 개념 : 국민의 생명과 재산을 보호하기 위하여 일정한 비용을 지불한 특정고객에게 안전 관련 서비스를 제공하는 개인만을 의미한다.
ㄷ. 대륙법계 개념 : 민간경비는 국가의 지도·감독하에 제한적인 기능만을 담당한다.
ㄹ. 영미법계 개념 : 민간경비의 업무범위가 경찰과 유사하나 집행 권한에 차이가 있다.
ㅁ. 실질적 개념 : 실정법인 경비업법에서 규정하는 허가를 받고 경비업무를 수행하는 활동을 말한다.
ㅂ. 형식적 개념 : 공경비와 민간경비가 명확히 구별된다.

① 없음
② 1개
③ 2개
④ 3개

42. 경비업법령상 특수경비원 교육에 관한 설명으로 옳지 않은 것은?

① 특수경비업자는 대통령령으로 정하는 바에 따라 특수경비원으로 하여금 특수경비원 신임교육과 정기적인 직무교육을 받게 하여야 한다.
② 특수경비원의 교육 시 관할경찰서 소속 경찰공무원이 교육기관에 입회하여 대통령령이 정하는 바에 따라 지도·감독하여야 한다.
③ 특수경비업자는 소속 특수경비원에게 선임한 경비지도사가 수립한 교육계획에 따라 매월 6시간 이상 직무교육을 받도록 하여야 한다.
④ 특수경비원 신임교육을 받지 아니한 자를 특수경비업무에 종사하게 하여서는 아니 된다.

43 고대 민간경비에 관한 설명 중 틀린 것은?

① 원시시대의 대표적인 경비 형태는 절벽 동굴이나 수상가옥 등 주거지를 이용한 방법이다.
② 함무라비 시대에는 정부가 법 집행을 할 수 있고 개인에게 책임을 부여할 수 있었다.
③ 고대 그리스 도시국가에서는 최초의 국가경찰로 추정되는 자경단원(Vigilance man)제도가 있었다.
④ 고대 문헌이나 성서와 같은 많은 자료에서 개인의 안전과 재산을 지키기 위해 야간감시자나 신변보호요원을 이용했음을 발견할 수 있다.

44 다음 중 우리나라의 인력경비와 기계경비의 실정에 관한 설명으로 옳지 않은 것은?

① 아직까지 많은 경비업체가 인력경비 위주의 영세성을 벗어나지 못하고 있는 부분도 있다.
② 인력경비 없이 기계경비시스템만으로도 경비활동의 목표달성이 가능한 수준에 이르고 있다.
③ 이들 양자 가운데 어디에 비중을 둘 것인가 하는 문제는 경비대상의 특성과 관련된다.
④ 최근 선진국과 기술제휴 등을 통한 첨단 기계경비시스템의 개발뿐만 아니라 국내 자체적으로도 새로운 기술이 개발되고 있다.

45 외곽시설물 경비에 관한 설명으로 옳은 것은?

① 일정기간이나 비상시에만 사용하는 출입구의 경우 평상시에는 폐쇄하고 잠겨 있어야 한다.
② 맨홀 뚜껑, 낙하 장치, 엘리베이터 등은 경비계획에 포함시킬 필요가 없다.
③ 출입문은 출입자의 편리성보다는 안전성이 우선적으로 고려되어야 한다.
④ 침입자들은 주로 출입문을 통해 침입하며 일반 유리창문은 가시성으로 인해 침입이 드물다.

46 특수경비원과 청원경찰에 관한 내용으로 옳지 않은 것은?

① 특수경비원은 소속상사의 허가 또는 정당한 사유 없이 경비구역을 벗어나서는 아니 된다.
② 특수경비원과 청원경찰은 파업·태업 그 밖에 업무의 정상적인 운영을 저해하는 일체의 쟁의행위를 하여서는 아니 된다.
③ 청원경찰을 배치받으려는 자는 행정안전부령으로 정하는 바에 따라 관할 시·도 경찰청장에게 청원경찰 배치를 신청하여야 한다.
④ 청원경찰은 형법이나 기타 벌칙을 적용할 때에는 공무원으로 간주된다.

47 핑커톤(Allan Pinkerton)에 관한 설명으로 옳지 않은 것은?

① 범죄자들에 대한 각종 신상정보와 범죄수법을 기록하여 경찰당국의 요청이 있을 때 제공함으로써 경찰과 민간경비업체의 바람직한 관계를 정립하였다.
② 철도수송의 안전을 담당하는 경비회사를 설립하였다.
③ 링컨 대통령의 경호를 담당하는 것은 남북전쟁 종료 이후부터이다.
④ 위폐사범 일당을 검거하는 데 결정적 공헌을 하여 부보안관으로 임명되었다.

48 우리나라의 민간경비산업의 현황에 관한 설명으로 옳지 않은 것은?

① 경비회사의 수나 인원 면에서 인력경비에 대한 의존도가 높지만, 향후 인력경비보다 기계경비의 성장이 가속화될 것으로 전망된다.
② 비용절감 등의 효과로 계약경비보다 자체경비가 발전하고 있다.
③ 민간경비의 수요 및 시장규모는 전국에 걸쳐 보편화되었다기보다는 일부 지역에 편중되어 있다.
④ 민영교도소 개소 등 교정업무의 민영화 추세는 민간경비업 확장의 한 요인이라 할 수 있다.

49 공동화이론에 관한 설명으로 옳은 것은?

① 거시적 차원에서 범죄의 증가 원인을 실업의 증가에서 찾으려고 하는 것이 특징이다.
② 경찰이 수행하고 있는 경찰 본연의 기능이나 역할을 민간경비가 보완하거나 대체한다는 이론이다.
③ 민간경비를 공경비의 보조적 차원이 아닌 주체적 차원으로 인식하는 이론으로 민간경비 활동에 있어서 '서비스주체의 다원화'에 초점을 맞추고 등장한 이론이다.
④ 경찰의 공권력 작용은 질서유지, 체제수호와 같은 거시적 측면에서 이루어지고, 개인의 안전과 보호는 해당 개인이 책임져야 한다는 이론이다.

50 경비진단을 위한 물리적 조사에 관한 설명으로 옳지 않은 것은?

① 경비진단을 위한 물리적 사전조사는 경비대상시설의 물리적 구조와 환경을 조사하여 경비위험요소를 파악하고 이를 개선하기 위한 방안 마련을 목적으로 이루어진다.
② 물리적 조사의 착안사항 중 시설의 형태와 용도는 경비대상시설의 경비환경을 파악하기 위한 중요한 요소이다.
③ 물리적 조사의 착안사항 중 시설 내의 경비장비 및 시스템은 경비대상시설의 경비수준을 파악하기 위한 중요한 요소이다.
④ 물리적 조사의 착안사항 중 시설 내의 예측할 수 있는 침입경로는 경비대상시설의 경비취약점을 파악하기 위한 중요한 요소이다.

51 시설경비 시 직접적으로 고려해야 할 사항이 아닌 것은?

① 시설물의 용도 및 내부 귀중품
② 시설물 내부구성원의 업무형태 및 행동
③ 시설물 주변 주민들의 경제적 수준
④ 시설물 주변 경찰관서, 소방관서, 병원 등의 위치

52 일반시설물의 경비계획에 관한 설명으로 옳지 않은 것은?

① 경비계획수립은 시설물에 대한 기본적 경비조사를 실시하여 각 대상물의 특수성을 고려해야 한다.
② 낡은 시설물의 경우 시설물 보수에 치중하여 경비계획을 세울 필요가 있다.
③ 이웃 건물과 가로지르는 옥상이나 사용하지 않고 방치된 문 등은 잠재적인 침입경로가 될 수 있으므로 일반시설물 경비계획에서 반드시 고려되어야 한다.
④ 현대식 건물의 경우 안전요소를 고려하여 설계되는 경우도 있으나 완벽한 것은 아니므로 일반시설물 경비계획에서 제외할 수 없다.

53 컴퓨터 범죄에 관한 관리적 안전대책으로 옳지 않은 것은?

① 중요한 데이터의 경우 특정 직급 이상만 접근할 수 있도록 키(key)나 패스워드 등을 부여한다.
② 컴퓨터실과 파일 보관장소는 허가받은 자만 출입할 수 있도록 통제한다.
③ 근무자들에 대하여 정기적인 배경조사를 실시한다.
④ 회사 내부의 컴퓨터 기술자, 사용자, 프로그래머의 기능을 분리한다.

54 미국의 민간경비와 관련된 인물에 관한 설명으로 옳지 않은 것은?

① 빌렉(A. J. Bilek)은 민간경비원의 유형을 '경찰관 신분을 가진 민간경비원', '특별한 권한이 있는 민간경비원', '일반시민과 같은 민간경비원'으로 구분하였다.
② 홈즈(E. Holmes)가 1858년에 설립한 야간경비회사인 홈즈방호회사는 최초의 중앙감시방식 경보서비스 사업을 시작하였다.
③ 포프(A. Pope)는 미국 경비협회의 책임자로서 경비원의 기능을 통제하고 역량을 향상시키기 위해 경비원자격증제도가 필요하다고 주장하였다.
④ 핑커톤(A. Pinkerton)은 남북전쟁 당시에 링컨 대통령의 경호업무를 담당하기도 하였다.

55 환경설계를 통한 범죄예방(CPTED)의 활용 예로 적절하지 않은 것은?

① 조도가 높은 가로등을 설치한다.
② 주민의 동의 아래 범죄가 잦은 골목길에 CCTV를 설치한다.
③ 담장을 쌓거나 담장 위에 철조망을 설치한다.
④ 도시계획 때부터 범인이 쉽게 도망갈 수 없도록 골목을 설계한다.

56 민간산업보안에 관한 설명으로 옳지 않은 것은?

① 첨단 전자장비의 혁신적 발전으로 산업스파이에 의한 산업기밀이 유출될 수 있는 위험요소들이 더욱 많아지고 있다.
② 국내외 경제침체와 기업의 구조조정 등 사회적·경제적 불안정으로 인한 도덕적 해이 현상이 심화되면서 산업스파이 행위가 사회적 문제가 되고 있다.
③ 보안구역 출입자는 임직원, 상주 협력업체, 상시출입자, 방문객 등으로 구분되지만, 출입권한을 차등화할 필요는 없다.
④ 외부 방문객에 대한 별도의 면회실을 운영하고, 외부인 예약방문제도를 실시하는 등 외부인에 대한 시설관리대책이 필요하다.

57 공경비의 주요 임무로 보기 어려운 것은?

① 사전적 범죄예방 임무
② 범죄수사 및 범인의 체포 임무
③ 안전에 관련된 특정인에 대한 경비서비스 임무
④ 개인의 생명과 신체, 재산보호의 임무

58 피해자 컴퓨터에 상주한 악성코드로 인하여 메모리에 있는 수취인의 계좌번호, 송금액을 변조하거나, 보안카드 비밀번호를 절취한 후 돈을 빼돌리는 신종금융범죄 수법은 무엇인가?

① 보이스 피싱(Voice Phishing)
② 메모리 해킹(Memory Hacking)
③ 스미싱(Smishing)
④ 파밍(Pharming)

59 다음 중 계약경비의 장점으로 보기 어려운 것은?

① 일반적으로 고용, 훈련, 보험 등의 비용을 절감할 수 있어 경제적이다.
② 경비수요의 변화에 따라 기존 경비인력을 감축하거나 추가적으로 고용을 확대할 수 있다.
③ 비교적 높은 급료를 받을 뿐만 아니라, 경비원에 대한 위상이 높기 때문에 자질이 우수한 사람들이 지원한다.
④ 구성원 중에 질병이나 해임 등으로 인해 업무수행상의 문제가 발생했을 때 인사이동과 대체에 따른 행정상의 문제를 쉽게 해결할 수 있다.

60 잠금장치에 관한 설명으로 옳지 않은 것은?

① 패드록은 시설물과 탈부착이 가능한 형태로 작동하며 강한 외부충격에도 견딜 수 있도록 되어 있다.
② 핀날름 자물쇠는 열쇠의 홈이 한쪽에만 있어 홈과 맞지 않는 열쇠를 꽂으면 열리지 않도록 되어 있다.
③ 카드식 잠금장치는 전기나 전자기 방식으로 암호가 입력된 카드를 인식시킴으로써 출입문이 열리도록 한 장치이다.
④ 돌기 자물쇠는 단순 철판에 홈도 거의 없는 것이 대부분이며 예방기능이 취약하다.

61 일본의 민간경비에 관한 설명으로 옳은 것은?

① 제2차 세계대전 이전, 대부분의 일본 산업계에서는 야경, 수위, 순시 또는 보안원 등의 이름으로 각기 자체경비를 실시하여 왔다.
② 1970년 동경올림픽 선수촌 경비를 계기로 민간경비의 역할이 널리 인식되었다.
③ 1964년 오사카 만국박람회(EXPO) 개최 시 민간경비가 투입되었다.
④ 일본 민간경비는 1990년대에 한국과 중국에 진출하였다.

62 안전유리(UL-Listed 유리)에 관한 설명 중 옳지 않은 것은?

① 안전유리는 작고 동그란 모양의 파편으로 쪼개지기 때문에 사람들에게 손상을 주지 않는 장점이 있다.
② 안전유리는 설치하기 어렵고, 가격이 비싸다는 단점이 있다.
③ 불연성 물질이기 때문에 화재 시에도 타지 않는다.
④ 안전유리의 설치목적은 외부에서 불법침입을 시도하는 도둑이 창문을 깨는 시간을 최대한 지연시킴으로써 그 사이에 경비원이나 경찰이 출동할 수 있는 시간적 여유를 갖게 하여 외부침입을 막고자 하는 데 있다.

63 내부절도의 경비요령에 관한 내용으로 옳지 않은 것은?

① 직원의 채용단계에서부터 인사담당자와의 협조하에 신원조사를 실시한다.
② 경비프로그램을 수시로 변화시킨다.
③ 감사부서와의 협조하에 정기적으로 정밀한 회계감사를 실시하는 것도 한 방법이다.
④ 주기적인 순찰은 필요하나 감시경비원 및 CCTV의 확충, 경비인력의 다중화는 비용부담이 커서 바람직하지 않다.

64 우리나라 민간경비의 발전과정에 관한 설명으로 옳지 않은 것은?

① 1976년 용역경비업법이 제정되었고, 1978년에는 사단법인 한국경비협회가 설립되었다.
② 청원경찰제도는 우리나라뿐만 아니라 유럽에도 있는 제도이다.
③ 2001년 경비업법이 전면개정되면서 경비업의 종류에 특수경비업무가 추가되었고, 기계경비산업이 급속히 발전하여 기계경비업무를 신고제에서 허가제로 변경하였다.
④ 1962년에 청원경찰법이 제정되었다.

65 기계경비시스템의 범죄 대응과정에 관한 설명으로 옳지 않은 것은?

① 기계경비시스템은 '불법침입에 대한 감지 및 경고 → 침입에 대한 대응 → 침입정보의 전달' 과정을 거친다.
② 불법침입에 대한 감지 및 경고과정은 기계경비시스템이 외부의 침입행위로 인한 상태변화를 감지하여 경비기기 운용자뿐만 아니라 침입자에게 경고하는 것이다.
③ 침입에 대한 대응과정은 현장에 투입되는 대처요원에게 신속하게 연락하고 각종 물리적 보호장치가 작동하도록 하는 것이다.
④ 경비업법령상 관제시설에서 경보를 수신한 경우 늦어도 25분 이내에 도착할 수 있는 대응체계를 갖추어야 한다.

66 민간경비 조직의 특수성에 해당하지 않는 것은?

① 위험성 ② 조직성
③ 권력성 ④ 기동성

67 경비조명에 관한 설명으로 옳지 않은 것은?

① 보안조명은 타인의 사생활을 방해하도록 설치되어서는 안 된다.
② 보안조명은 경계구역의 안과 밖을 비출 수 있도록 적당한 밝기와 높이에 설치한다.
③ 외부조명은 경계대상물이 경계선에서 가깝거나 건물 자체가 경계선의 일부분일 경우 건물을 직접적으로 비추도록 해야 한다.
④ 가스방전등은 매우 높은 빛을 빨리 발산하기 때문에 경계구역과 사고 발생지역에 사용하기가 유용하다.

68 컴퓨터 시스템 안전대책에 관한 설명으로 옳지 않은 것은?

① 컴퓨터 시스템센터에는 최소한의 출입구만 설치되어야 하고, 출입구에는 항상 안전장치가 되어 있어야 한다.
② 컴퓨터기기의 경우 물에 접촉하면 치명적인 손상을 가져오기 때문에 이산화탄소나 할로겐화합물을 이용한 소화장비를 설치·사용하여야 한다.
③ 컴퓨터실 및 파일 보관장소는 접근 권한의 정기적인 갱신이 검토될 필요는 없다.
④ 컴퓨터실의 내부에는 화재방지장치를 설치해야 하며 갑작스러운 정전에 대비하여 무정전장치를 설치해야 한다.

69 민간경비업을 허가받은 법인의 신고사항이 아닌 것은?

① 법인의 임원을 변경한 때
② 출장소를 폐지한 때
③ 특수경비업무를 개시한 때
④ 도급받은 경비업무를 변경한 때

70 다음에서 설명하는 경비위해요소의 형태는 무엇인가?

> 위해에 노출되는 정도가 시설물 또는 특정 상황에 따라 다양하게 나타나는 위해를 말한다. 예컨대, 화재나 폭발의 위험은 화학공장에서 더 크게 나타나고, 강도나 절도는 소매점이나 백화점에서 더 크게 나타난다.

① 자연적 위해
② 인위적 위해
③ 특정한 위해
④ 일반적 위해

71 비상사태에 대한 대응으로써 비상계획의 수립에 관한 설명으로 옳지 않은 것은?

① 비상계획은 재난에서 생존할 수 있는 기회의 증가에 중점을 두어야 한다.
② 비상사태나 경비업무에 책임을 지고 있는 자에게 상응하는 책임관계를 명확하게 규정해 주어야 한다.
③ 비상사태 발생 시 초기에 사태대응을 보다 신속하게 할 수 있도록 가장 신속하게 명령을 내릴 수 있는 사람에게 명령권을 준다.
④ 경비감독관은 비상위원회에 반드시 포함되어야 하는 것은 아니다.

72 우리나라의 치안환경에 관한 설명으로 옳은 것은?

① 이기주의로 인한 집단행동이 감소하고 있다.
② 다문화가정에 대한 치안수요가 감소하고 있다.
③ 인구의 탈도시화 현상으로 범죄가 감소하게 되어 도시 유형에 맞는 치안활동의 필요성이 줄어든다.
④ 우리나라 인구구조의 특징상 혼자 사는 여성들이 범죄에 노출될 가능성이 높다.

73 이익집단이론에 관한 설명으로 옳지 않은 것은?

① 경제환원론이나 공동화이론을 부정하는 입장에서 그냥 내버려 두면 보호받지 못한 채로 방치될 만한 재산을 민간경비가 보호한다는 이론이다.
② 민간경비도 자신의 집단적 이익을 극대화하기 위해 규모를 팽창시키고 새로운 규율이나 제도를 창출시키는 등의 노력을 해야 한다.
③ 민간경비의 양적 성장은 초기적 단계에서 일어나는 현상이며, 궁극적으로는 이익집단으로서의 내부적 결속과 제도화 및 조직화를 통해 세력과 입지를 강화하게 된다.
④ 경찰과 민간경비의 관계에 대한 성격을 밝혀내고자 한다는 점에서 민간경비를 하나의 독립적인 행위자로 인식하고 민간경비가 자체적으로 고유한 이해관계를 가질 수 있는 것으로 파악하는 공동화이론과 구별된다.

74 다음 중 우리나라의 민간경비업체 업무 중에서 민간경비원이 무기를 소지할 수 있는 경비업무의 종류는?

① 호송경비업무
② 신변보호업무
③ 특수경비업무
④ 혼잡・교통유도경비업무

75 다음이 설명하고 있는 컴퓨터 사이버테러는?

- 고출력 전자기장을 발생시켜 컴퓨터의 자기기록 정보를 파괴시키는 사이버테러용 무기이다.
- 전자회로로 구성되어 있는 컴퓨터는 고출력 전자기파를 받으면 오작동하거나 정지되기 때문에 기업들의 핵심 정보가 수록된 하드디스크(HDD)가 주요 공격 목표가 된다.

① 플레임(Flame)
② 허프건(Huffgun)
③ 논리폭탄(Logic Bomb)
④ 전자폭탄(Electronic Bomb)

76 비상사태 발생 시 민간경비원의 역할에 관한 설명으로 옳지 않은 것은?

① 출입구와 비상구의 출입을 통제(Control)하여야 한다.
② 비상인력과 경비대상시설 밖의 이동을 통제(Control)하여야 한다.
③ 보호할 가치가 있는 자산에 대하여 보호조치를 실시하여야 한다.
④ 장애인 등 특별한 대상의 보호 및 응급조치를 실시하여야 한다.

77 컴퓨터 범죄의 특징 중 범죄행위자의 측면에서 본 것으로 적당한 것은?

① 범행이 연속적이며 지속적이다.
② 광범위적이며 자동적이다.
③ 범행을 발각하거나 증명하기 곤란하다.
④ 죄의식이 희박한 편이다.

78 컴퓨터 범죄의 수법에 관한 설명으로 옳은 것은?

① 컴퓨터의 일정한 작동 시마다 부정행위가 이루어질 수 있도록 프로그램을 조작하는 수법은 데이터 디들링(Data Diddling)이다.
② 악성코드에 감염된 사용자 PC를 조작하여 금융정보를 빼내는 수법은 스푸핑(Spoofing)이다.
③ 금융기관의 컴퓨터 시스템에서 이자 계산이나 배당금 분배 시 단수 이하의 적은 수를 특정 계좌로 모이게 하는 수법은 살라미 기법(Salami Techniques)이다.
④ 프로그램 속에 은밀히 범죄자만 아는 명령문을 삽입하여 이를 이용하는 수법은 스팸(Spam)이다.

79 민·경 협력 범죄예방에 관한 설명으로 옳지 않은 것은 모두 몇 개인가?

> ㄱ. 언론매체는 범죄예방활동에 효과적이다.
> ㄴ. 지역사회 경찰활동의 핵심은 민경협력체제 강화에 있다.
> ㄷ. 경찰은 지역주민들의 자발적인 참여를 이끌어내기 위하여 지속적인 홍보활동을 해야 한다.
> ㄹ. 자율방범대의 경우 자원봉사자인 지역주민이 지구대 등 경찰관서와 협력관계를 갖고 범죄예방활동을 행한다.

① 없음
② 1개
③ 2개
④ 3개

80 홈 시큐리티에 관한 설명으로 옳지 않은 것은?

① 쾌적하고 안전한 주거환경 제공을 위한 가정용 기계경비시스템이라 할 수 있다.
② 고령시대에 맞춰 노인들의 위급상황에 대비할 수 있다.
③ 광케이블을 사용하는 CCTV를 통해 쌍방향 정보를 주고받을 수 있지만, 비상경보가 전화회선을 통하여 전달되기 때문에 정보량에 한계가 있다.
④ 지역단위의 방범활동이며, 선진국에서는 일반화되고 있는 추세이다.

제10회 법학개론

01
다음 ( ) 안의 ㄱ~ㄹ에 들어갈 내용이 알맞게 연결된 것은?

- (ㄱ)선거의 원칙은 (ㄴ)선거에 대응되는 개념으로 사회적 신분·재산·납세·교육·신앙·인종·성별 등에 차별을 두지 않고 원칙적으로 모든 성년자에게 선거권을 부여하는 원칙이다.
- (ㄷ)선거의 원칙은 (ㄹ)선거에 대응된 개념으로 선거인의 투표가치가 평등하게 취급되는 원칙이다.

① ㄱ : 평등, ㄴ : 차등, ㄷ : 보통, ㄹ : 제한
② ㄱ : 보통, ㄴ : 차등, ㄷ : 평등, ㄹ : 제한
③ ㄱ : 보통, ㄴ : 제한, ㄷ : 평등, ㄹ : 차등
④ ㄱ : 평등, ㄴ : 제한, ㄷ : 보통, ㄹ : 차등

02
여러 채무자가 같은 내용의 급부에 관하여 각각 독립해서 전부의 급부를 하여야 할 채무를 부담하고 그중 한 채무자가 전부의 급부를 하면 모든 채무자의 채무가 소멸하게 되는 다수 당사자의 채무관계는?

① 가분채무
② 보증채무
③ 연대채무
④ 양도담보

03 민법에 관한 설명으로 옳지 않은 것은?

① 민법은 사인 상호 간의 관계를 규율하는 사법(私法)이다.
② 민법은 당사자의 권리·의무를 규정하는 실체법이다.
③ 우리나라 민법은 성문법주의를 취함과 동시에 관습법과 조리의 법원성도 인정하고 있다.
④ 어떤 관행이 관습법으로 승인된 이상, 사회구성원들이 그러한 관행의 법적 구속력에 대하여 확신을 갖지 않게 되었더라도, 그 관습법은 법규범으로서의 효력에 영향을 받지 않는다.

04 소선거구제의 장점에 관한 설명으로 옳은 것은?

① 득표율과 정당별 의석수의 불일치 해소
② 인물 선택의 범위가 넓어 국민대표에 적합한 후보자 선택 가능
③ 게리맨더링의 위험성 감소
④ 군소정당 난립 방지와 정국 안정

05 상법에 관한 설명으로 옳지 않은 것은?

① 상사에 관한 법규범 적용순서에 있어서 상사특별법이 상사자치법에 우선한다.
② 상사에 관하여 상관습법은 민법에 우선하여 적용된다.
③ 공법인의 상행위에 대하여는 법령에 다른 규정이 없는 경우에 한하여 상법을 적용한다.
④ 당사자 중 그 1인의 행위가 상행위인 때에는 전원에 대하여 상법을 적용한다.

06 아리스토텔레스의 정의론에서 말하는 평균적 정의에 관한 설명으로 적절한 것은?

> ㄱ. 형식적·절대적 평등
> ㄴ. 산술적·교환적 정의
> ㄷ. 실질적·상대적 평등
> ㄹ. 상대적·비례적 정의

① ㄱ, ㄴ
② ㄱ, ㄷ
③ ㄴ, ㄷ
④ ㄴ, ㄹ

07 국회와 행정부 간의 관계를 설명한 것으로 옳지 않은 것은?

① 국회는 국정을 감사하거나 특정한 국정사안에 대하여 조사할 수 있다.
② 대통령은 국회에서 의결된 법률안의 일부에 대하여 재의를 요구할 수 있다.
③ 대통령은 국회에 출석하여 발언하거나 서한으로 의견을 표시할 수 있다.
④ 국회가 재적의원 과반수의 찬성으로 계엄의 해제를 요구한 때에는 대통령은 이를 해제하여야 한다.

08 새로운 법률관계를 발생시키거나 기존의 법률관계를 변경·소멸하게 하는 소송에 해당될 수 있는 것은?

① 물건의 인도를 구하는 경우
② 금전의 지급을 구하는 경우
③ 공유물의 분할을 구하는 경우
④ 대여금채권의 부존재 확인을 구하는 경우

09 다음의 개념들이 나타내는 것은 무엇인가?

- 경험법칙
- 사회통념
- 공서양속

① 관 행
② 성문법
③ 조 리
④ 풍 속

10 범죄의 성립과 처벌에 관한 설명으로 옳지 않은 것은?

① 범죄의 성립과 처벌은 행위 시의 법률에 따른다.
② 재판이 확정된 후 법률이 변경되어 그 행위가 범죄를 구성하지 아니하게 된 경우에는 형의 집행을 면제한다.
③ 대한민국 영역 외에서 '통화에 관한 죄'를 범한 외국인에게는 우리나라 형법을 적용할 수 있다.
④ 미국 항구에 정박 중이던 우리나라 선박에서 선적작업을 하던 일본인 선원이 중국인 선원을 살해한 경우에 속지주의 원칙상 미국 형법으로만 처벌할 수 있다.

11 국민의 형사재판 참여에 관한 법률의 내용으로 옳지 않은 것은?

① 피고인이 국민참여재판을 원하지 않는 경우에는 국민참여재판을 할 수 없다.
② 법원은 공소사실의 일부 철회 또는 변경으로 인하여 국민참여재판의 대상사건에 해당하지 아니하게 된 경우에도 이 법에 따른 재판을 계속 진행한다.
③ 국민참여재판은 필요적 국선변호사건이다.
④ 검사·피고인 또는 변호인의 배심원후보자에 대한 기피신청을 기각하는 법원의 결정에 대하여는 즉시 이의신청을 할 수 있고, 이의신청에 대한 결정에 대한 불복도 허용된다.

12 민법상 상속과 유언에 관한 설명으로 옳은 것은?

① 18세에 달하지 못한 자는 유언을 하지 못한다.
② 피성년후견인은 유언을 하지 못한다.
③ 상속인은 상속개시 있음을 안 날로부터 1월 내에 단순승인이나 한정승인 또는 포기를 할 수 있다.
④ 피상속인의 형제자매는 유류분의 권리자에 해당하지 않는다.

13 상법상 회사에 관한 설명으로 옳지 않은 것은?

① 회사는 합명회사, 합자회사, 유한책임회사, 주식회사와 유한회사의 5종으로 한다.
② 회사의 종류 중 유한책임회사는 2011년 상법 개정으로 도입되었다.
③ 회사의 사단성은 상법전에 명시되어 있다.
④ 합자회사는 무한책임사원과 유한책임사원으로 조직된 이원적 회사이다.

14 상법상 상인에 관한 설명으로 옳지 않은 것은?

① 미성년자가 법정대리인의 허락을 얻어 회사의 무한책임사원이 된 때에는 그 사원자격으로 인한 행위에는 능력자로 본다.
② 미성년자가 법정대리인의 허락을 얻어 영업을 하는 때에는 등기를 하여야 한다.
③ 법정대리인이 미성년자, 피한정후견인 또는 피성년후견인을 위하여 영업을 하는 때에는 등기를 하여야 한다.
④ 자본금액이 1천만원에 미치지 못하는 상인으로서 회사가 아닌 자를 의제상인이라고 한다.

15 권리 등과 관련된 설명으로 옳지 않은 것은?

① 사권은 권리의 이전성에 따라 절대권과 상대권으로 구분된다.
② 공권은 사권에 대립되는 말로서 국가적 공권과 개인적 공권으로 나눌 수 있다.
③ 국가적 공권은 권리의 목적을 기준으로 군정권·재정권·외교권 등으로 분류할 수 있다.
④ 권능은 권리의 내용을 이루는 개개의 법률상의 힘을 말한다.

16 다음 중 ( ) 안의 ㄱ~ㄷ에 들어갈 내용으로 알맞은 것은?

- (ㄱ)는 당사자 일방이 상대방에게 무상으로 사용, 수익하게 하기 위하여 목적물을 인도할 것을 약정하고 상대방은 이를 사용, 수익한 후 그 물건을 반환할 것을 약정함으로써 그 효력이 생긴다.
- (ㄴ)는 당사자 일방이 상대방에게 목적물을 사용, 수익하게 할 것을 약정하고 상대방이 이에 대하여 차임을 지급할 것을 약정함으로써 그 효력이 생긴다.
- (ㄷ)는 당사자 일방이 금전 기타 대체물의 소유권을 상대방에게 이전할 것을 약정하고 상대방은 그와 같은 종류, 품질 및 수량으로 반환할 것을 약정함으로써 그 효력이 생긴다.

① ㄱ : 사용대차, ㄴ : 소비대차, ㄷ : 임대차
② ㄱ : 사용대차, ㄴ : 임대차, ㄷ : 소비대차
③ ㄱ : 소비대차, ㄴ : 임대차, ㄷ : 사용대차
④ ㄱ : 임대차, ㄴ : 사용대차, ㄷ : 소비대차

17 다음 기사의 밑줄 친 부분과 관련된 법언(法諺)으로 가장 적절한 것은?

정부가 다음 달부터 신규 분양 아파트의 취득·등록세율을 거래가의 4%에서 2%로 내리기로 하자, 이미 아파트에 입주하고 세금을 낸 납세자들의 불만이 커지고 있다. 관련 부처의 홈페이지에는 세율 인하 조치를 소급 적용하여 과다 납부한 세금을 돌려 달라는 민원이 줄을 잇고 있다. 이에 대해 <u>정부는 세제(稅制)를 소급 적용하는 것은 법 원칙에도 맞지 않으며, 세금을 돌려준다면 과세 체계가 크게 흔들리므로 받아들일 수 없다는 입장이다.</u>

― ○○일보

① 국민이 원하는 것이 법이다.
② 사회가 있는 곳에 법이 있다.
③ 세상이 망하더라도 정의는 세우라.
④ 정의롭지 못한 법도 무질서보다는 낫다.

18 다음 중 ( ) 안의 ㄱ~ㄷ에 들어갈 내용으로 알맞은 것은?

- (ㄱ) : 행정기관의 의사 또는 판단의 결정이나 표시를 보조함으로써 행정기관의 목적달성에 공헌하는 기관
- (ㄴ) : 행정기관이 그 기능을 원활하게 수행할 수 있도록 그 기관장이나 보조기관을 보좌함으로써 행정기관의 목적달성에 공헌하는 기관
- (ㄷ) : 행정기관의 회계처리 및 사무집행을 감시하고 검사하는 권한을 가진 기관

① ㄱ : 보조기관, ㄴ : 자문기관, ㄷ : 집행기관
② ㄱ : 보조기관, ㄴ : 보좌기관, ㄷ : 감사기관
③ ㄱ : 행정청, ㄴ : 자문기관, ㄷ : 감사기관
④ ㄱ : 행정청, ㄴ : 보좌기관, ㄷ : 집행기관

19 국민건강보험법의 목적과 관련이 없는 것은?

① 질병에 대한 진단
② 부상에 대한 치료
③ 사고에 대한 예방
④ 건강증진

20 물에 빠진 2명 중 1명만 구할 수 있는 상황에서 구조대원이 1명만 구조하여 나머지 1명이 사망한 경우, 구조대원의 행위의 위법성조각사유는 무엇인가?

① 긴급피난
② 자구행위
③ 피해자의 승낙
④ 의무의 충돌

21 대통령에 관한 설명으로 옳은 것은?

① 대통령은 계엄을 선포한 때에는 지체 없이 국회에 통고하여야 한다.
② 비상계엄이 선포된 때에는 법률이 정하는 바에 의하여 영장제도, 언론·출판·집회·결사의 자유, 국회나 법원의 권한에 관하여 특별한 조치를 할 수 있다.
③ 중앙선거관리위원회 위원장은 국회의 동의를 얻어 대통령이 임명한다.
④ 위헌법률심판제청권은 대통령의 권한에 속한다.

22 경비원이 현행범인을 체포한 후 즉시 경찰관서에 인도하지 않고 장기간 구속한 경우에 성립할 수 있는 범죄는 무엇인가?

① 공무집행방해죄
② 권리행사방해죄
③ 협박죄
④ 감금죄

23 쟁의행위 참가자들이 당해 쟁의행위로 인하여 중단된 업무를 수행하려고 하는 자들에게 업무수행을 하지 말 것을 평화적으로 설득하거나 권고하는 것은?

① 직장점거
② 보이콧(boycott)
③ 피케팅(picketing)
④ 태업(怠業)

24 법률행위의 취소에 관한 설명으로 옳은 것은?

① 취소할 수 있는 법률행위는 추인권자의 추인이 있은 후에는 취소하지 못한다.
② 취소할 수 있는 법률행위에서 취소권자의 상대방이 이행을 청구하는 경우에는 법정추인이 된다.
③ 취소할 수 있는 행위로부터 취득한 권리의 전부를 취소권자의 상대방이 제3자에게 양도하는 경우에는 법정추인이 된다.
④ 취소권은 추인할 수 있는 날로부터 10년 내에 행사하면 된다.

25 법규범을 구체적 사안에 적용할 수 있도록 그 의미·내용을 명확히 하는 과정은 무엇인가?

① 사실의 확정
② 법의 해석
③ 법의 적용
④ 입 증

26 노동조합 및 노동관계조정법상 용어의 정의에 관한 설명으로 옳지 않은 것은?

① "사용자단체"라 함은 노동관계에 관하여 그 구성원인 사용자에 대하여 조정 또는 규제할 수 있는 권한을 가진 사용자의 단체를 말한다.
② "노동조합"이라 함은 근로자가 주체가 되어 자주적으로 단결하여 근로조건의 유지·개선 기타 근로자의 경제적·사회적 지위의 향상을 도모함을 목적으로 조직하는 단체 또는 그 연합단체를 말한다.
③ "쟁의행위"라 함은 노동조합과 사용자 또는 사용자단체 간에 임금·근로시간·복지·해고 기타 대우 등 근로조건의 결정에 관한 주장의 불일치로 인하여 발생한 분쟁상태를 말한다.
④ ③의 "주장의 불일치"라 함은 당사자 간에 합의를 위한 노력을 계속하여도 더 이상 자주적 교섭에 의한 합의의 여지가 없는 경우를 말한다.

27 행정심판법상 행정심판의 종류에 해당하지 않는 것은?

① 취소심판
② 무효등확인심판
③ 의무이행심판
④ 부작위위법확인심판

28 민법상 계약의 성립에 관한 설명으로 옳지 않은 것은?

① 승낙의 기간을 정한 계약의 청약은 청약자가 그 기간 내에 승낙의 통지를 받지 못한 때에는 그 효력을 잃는다.
② 승낙의 기간을 정하지 아니한 계약의 청약은 청약자가 상당한 기간 내에 승낙의 통지를 받지 못한 때에는 그 효력을 잃는다.
③ 격지자 간의 계약은 승낙의 통지가 도달한 때에 계약이 성립한다.
④ 교환계약은 당사자 쌍방이 금전 이외의 재산권을 상호이전할 것을 약정함으로써 성립한다.

29 다음 중 유치권의 소멸사유가 아닌 것은?

① 포 기
② 목적물의 전부 멸실
③ 피담보채권의 소멸
④ 소유자의 목적물 양도

30 "형법은 일반국민뿐만 아니라 범죄인의 마그나 카르타(Magna Carta)이다"와 관련된 형법의 기능은?

① 보장적 기능
② 보호적 기능
③ 규제적 기능
④ 사회보전적 기능

31 다음은 무엇에 관한 설명인가?

> 고용조건에서는 조합원 자격을 문제삼지 않지만 사용자에 의하여 고용된 근로자는 일정기간 내에 노동조합에 가입해야 할 것을 정한 단체협약의 조항

① 유니언 숍
② 클로즈드 숍
③ 오픈 숍
④ 프리퍼렌셜 숍

32 형사소송법상 재판에 관한 설명으로 옳은 것은?

① 공소사실이 모두 증명되었다면 책임조각사유가 존재하더라도 유죄판결을 해야 한다.
② 공소기각의 재판을 하는 경우에는 대리인의 출석이 허용되지 않는다.
③ 보통항고의 항고기간은 1개월이다.
④ 형의 면제 판결이 선고된 때에는 구속영장은 효력을 잃는다.

33 도급에 관한 설명으로 옳지 않은 것은?

① 도급은 당사자 일방이 어느 일을 완성할 것을 약정하고 상대방이 그 일의 결과에 대하여 보수를 지급할 것을 약정함으로써 그 효력이 생긴다.
② 보수는 그 완성된 목적물의 인도와 동시에 지급하여야 한다.
③ 도급인이 파산선고를 받은 때에는 파산관재인은 계약을 해제할 수 없다.
④ 도급인이 파산선고를 받은 때에는 수급인은 도급인에 대하여 계약해제로 인한 손해의 배상을 청구하지 못한다.

34 다음 중 행정행위의 특징으로 보기 어려운 것은?

① 일정기간이 지나면 그 효력을 다투지 못하는 불가쟁성
② 당연 무효가 아닌 한 일단 유효하게 통용되는 공정력
③ 다음 행정처분에 대한 내용적인 구속력인 기판력
④ 행정의사의 실효성 확보를 위해 우월한 힘이 인정되는 집행력

35 밑줄 친 '이 기본권'을 보장하기 위한 제도에 관한 설명으로 옳은 것을 〈보기〉에서 모두 고르면?

> 이 기본권은 정신적 자유와 더불어 헌법의 이념인 인간의 존엄과 가치를 구현하기 위한 가장 기본적인 자유로서 모든 기본권 보장의 전제가 된다. 이 기본권이 보장되지 아니하면 그 밖의 자유나 권리는 물론이고, 인간의 존엄성 유지와 민주주의 그 자체의 존립마저 불가능한 것이 되고 만다. 그리하여 현행 헌법 제12조 및 제13조는 이를 보장하기 위한 상세한 규정을 두고 있다.

〈보기〉
ㄱ. 체포·구속을 당한 국민은 변호인의 조력을 받을 수 있다.
ㄴ. 모든 국민은 동일한 범죄에 대하여 거듭 처벌되지 아니한다.
ㄷ. 공무원의 직무상 불법행위로 손해를 받은 국민은 국가에 배상을 청구할 수 있다.
ㄹ. 피고인의 자백이 그에게 불리한 유일한 증거인 경우에는 유죄의 증거로 삼을 수 없다.

① ㄱ, ㄴ
② ㄱ, ㄷ
③ ㄷ, ㄹ
④ ㄱ, ㄴ, ㄹ

36 대리에 관한 설명으로 옳지 않은 것은?

① 대리인이 그 권한 내에서 본인을 위한 것임을 표시한 의사표시는 직접 본인에게 대하여 효력이 생긴다.
② 의사표시의 효력이 의사의 흠결로 인하여 영향을 받을 경우에 그 사실의 유무는 본인을 표준하여 결정한다.
③ 대리인이 본인을 위한 것임을 표시하지 아니한 때에는 그 의사표시는 자기를 위한 것으로 본다.
④ 대리에 있어 본인을 위한 것임을 표시하는 현명은 묵시적으로도 할 수 있다.

37 상법상 손해보험의 종류에 관한 설명으로 옳지 않은 것은?

① 해상보험은 항해에 관한 사고로 인하여 생길 수 있는 손해의 보상을 목적으로 하며 보험의 목적물은 선박 또는 적하물이다.
② 자동차보험은 피보험자가 자동차를 소유, 사용 또는 관리하는 동안에 발생한 사고로 인하여 생긴 손해의 보상을 목적으로 한다.
③ 보증보험은 피보험자가 보험기간 중의 사고로 인하여 제3자에게 배상할 책임을 진 경우에 이의 보상을 목적으로 한다.
④ 운송보험은 운송인이 운송물을 수령한 때로부터 수하인에게 인도할 때까지 생길 손해의 보상을 목적으로 한다.

38 법원(法源)에 관한 설명으로 옳지 않은 것은?

① 법원은 크게 성문법원과 불문법원으로 나누어진다.
② 성문법은 문서화된 법으로, 법률·명령·조약·규칙 등이 있다.
③ 불문법은 관습법·판례법·조례가 있다.
④ 우리나라는 성문법주의를 원칙으로 하고 불문법은 성문법의 결함을 보충한다.

39 다음 중 죄형법정주의의 파생원칙에 관한 설명으로 옳지 않은 것은?

① 관습형법금지의 원칙은 형법의 법원이 될 수 있는 것은 오직 성문법에 한정되며, 관습법의 적용은 형법에서 배척하는 원칙으로 관습법이 피고인에게 유리하더라도 적용할 수 없다.
② 소급효금지의 원칙은 형법은 그 실시 이후의 행위만 규율할 뿐, 그 이전의 행위에는 효력이 미치지 않는다는 원칙이다.
③ 유추해석금지의 원칙은 형법은 문서에 좇아 엄격히 해석되어야 하며(문리해석), 법문의 의미를 넘는 유추해석은 허용되지 않는다는 원칙이다.
④ 명확성의 원칙은 범죄의 구성요건과 형사제재에 관한 규정을 구체적으로 명확하게 규정하여야 한다는 원칙으로 여기에는 절대적 부정기형 금지의 원칙이 포함된다.

40 법무부장관이 외국인 A에게 귀화를 허가한 경우, 선거관리위원장은 귀화 허가가 무효가 아닌 한 귀화허가에 하자가 있더라도 A가 한국인이 아니라는 이유로 선거권을 거부할 수 없고, 법무부장관의 귀화허가에 구속되는 행정행위의 효력은?

① 공정력
② 구속력
③ 형식적 존속력
④ 구성요건적 효력

제10회 민간경비론

중요문제 / 틀린 문제 CHECK

| 41 | 42 | 43 | 44 | 45 | 46 | 47 | 48 | 49 | 50 | 51 | 52 | 53 | 54 | 55 | 56 | 57 | 58 | 59 | 60 |
| 61 | 62 | 63 | 64 | 65 | 66 | 67 | 68 | 69 | 70 | 71 | 72 | 73 | 74 | 75 | 76 | 77 | 78 | 79 | 80 |

41 민간경비와 공경비의 차이점으로 옳지 않은 것은?

① 전달조직 : 민간경비는 영리기업이고, 공경비는 정부이다.
② 서비스대상 : 민간경비는 특정 고객이고, 공경비는 일반시민이다.
③ 권한의 근거 : 민간경비는 위탁자의 사권(私權)이고, 공경비는 일반통치권이다.
④ 역할 및 기능 : 민간경비는 범죄대응이고, 공경비는 범죄예방이다.

42 다음 중 경비업법령상 특수경비원이 될 수 있는 사람은?

① 18세 미만이거나 60세 이상인 사람 또는 피성년후견인
② 행정안전부령이 정하는 신체조건에 미달되는 자
③ 금고 이상의 실형의 선고를 받고 그 집행이 종료된 날부터 5년이 지난 자
④ 금고 이상의 형의 선고유예를 받고 그 유예기간 중에 있는 자

43 특정한 손실 발생 시 회사에 얼마나 심각한 영향을 미치는지를 고려하고, 손실에 의한 위험의 빈도를 조사하는 경비위해요소 분석단계는?

① 경비위해요소 인지
② 손실발생 가능성 예측
③ 손실(경비위험도) 평가
④ 경비활동 비용효과 분석

44 경비실시방식에 따른 경비의 분류에 관한 설명으로 옳은 것은?

① 경비원에 의한 경비 등과 같이 단일 예방체제에 의존하는 경비형태는 반응적 경비이다.
② 단지 특정한 손실이 발생할 때마다 그 사건에만 대응하는 경비형태는 단편적 경비이다.
③ 포괄적·전체적 계획 없이 필요할 때마다 단편적으로 손실예방 등의 역할을 수행하기 위해 추가되는 경비형태는 1차원적 경비이다.
④ 특정의 위해요소와 관계없이 언제 발생할지도 모르는 상황에 대비하여 인력경비와 기계경비를 종합한 표준화된 경비형태는 총체적 경비이다.

45 우리나라의 민간경비 발전과정에 관한 설명으로 옳지 않은 것은?

① 2001년 경비업법 개정으로 특수경비업무(특수경비원제도)가 도입되어 청원경찰의 입지가 축소되었다.
② 한국의 청원경찰제도는 경찰과 민간경비제도를 혼용한 것으로 외국에서는 볼 수 없는 특별한 제도이다.
③ 비용절감 등의 정책시행으로 인하여 계약경비보다 자체경비가 발전하고 있다.
④ 2013년 경비업법 개정으로 집단민원현장에 배치된 경비원의 지도·감독 규정이 강화되었다.

46 경찰법상 경찰의 사무에 관한 설명으로 옳지 않은 것은?

① 국가경찰사무는 경찰법 제3조에서 정한 경찰의 임무를 수행하기 위한 사무를 말한다.
② 자치경찰사무는 경찰법 제3조에서 정한 경찰의 임무 범위에서 관할 지역의 생활안전·교통·경비·수사 등에 관한 일정한 사무를 말한다.
③ 국가경찰사무는 자치경찰사무를 포함한다.
④ 지역 내 주민의 생활안전활동, 교통활동, 다중운집 행사 관련 혼잡 교통 및 안전관리 등은 자치경찰사무에 해당한다.

47 컴퓨터 시스템 안전관리에 관한 설명으로 옳지 않은 것은?

① 컴퓨터 시스템의 보안성 유지를 위하여 프로그램 개발자와 컴퓨터 운영자 상호 간의 접촉을 가능한 한 줄이거나 없애야 한다.
② 시설 내 중앙컴퓨터실은 화재 발생 시 그 피해가 심각하기 때문에 스프링클러(Sprinkler) 등 화재대응시스템을 구축해야 한다.
③ 컴퓨터보안을 위한 체계적 암호관리는 숫자·특수문자 등을 사용하고, 최소 암호수명을 설정하여 주기적으로 관리해야 한다.
④ 컴퓨터실의 화재감지는 초기단계에서 감지할 수 있는 감지기를 사용하도록 한다.

48 최초의 중앙감시방식의 경보서비스 사업에 관한 설명이다. (   ) 안의 ㄱ, ㄴ에 들어갈 내용으로 알맞은 것은?

- (ㄱ)는 1853년 최초로 전자 도난방지 경보시스템의 특허를 받았으며, 이를 (ㄴ)에게 판매하였다.
- (ㄴ)는 1858년에 야간 경비회사인 (ㄴ) 방호회사를 설립하여 최초의 중앙감시방식의 경보서비스 사업을 시작하였다.

① ㄱ : 포프, ㄴ : 홈즈
② ㄱ : 홈즈, ㄴ : 핑커톤
③ ㄱ : 콜링, ㄴ : 홈즈
④ ㄱ : 포프, ㄴ : 핑커톤

49 민간경비의 성장이론과 그 내용의 연결이 옳지 않은 것은?

[성장이론]
㉠ 수익자부담이론
㉡ 공동화이론
㉢ 비용공동부담이론
㉣ 이익집단이론

[내 용]
ⓐ 경기 침체로 인해 실업자가 증가하면 범죄율이 증가하고 민간경비의 발전으로 이어진다는 이론
ⓑ 경찰의 공권력 작용은 질서유지나 체제수호 등과 같은 거시적 역할에 한정하고 개인이나 집단의 안전과 보호는 해당 개인이나 집단이 담당하여야 한다는 이론
ⓒ 경찰이 수행하고 있는 본연의 기능이나 역할을 민간경비가 보완하거나 대체하면서 성장했다는 이론
ⓓ '그냥 내버려두면 보호받지 못한 채로 방치될 재산을 민간경비가 보호한다.'는 시각에서 출발한 이론

① ㉠ - ⓑ
② ㉡ - ⓒ
③ ㉢ - ⓐ
④ ㉣ - ⓓ

50 민간경비 조직과 경찰 조직의 공통적인 특수성에 해당하지 않는 것은?

① 조직성
② 돌발성
③ 기동성
④ 고립성

51 계약경비와 비교하여 자체경비의 장점이 아닌 것은?

① 결원의 보충 및 추가인력의 배치가 용이하다.
② 고용주에 대한 충성심이 상대적으로 높다.
③ 회사의 운영·매출·인사 등에 관한 지식이 높다.
④ 자체경비원은 고용주에 의해 조직의 구성원으로 채용됨으로써 안정적이기 때문에 고용주로부터 업무수행능력을 인정받기를 원하며, 자기발전과 자기개발을 위한 노력을 아끼지 않는다.

52 경비계획에 관한 설명으로 옳지 않은 것은?

① 경비계획은 계약처가 요구하는 경비내용을 구체적으로 실시할 방법을 정하는 것이다.
② 경비계획서는 사전조사를 통한 경비진단에서 파악된 내용을 기초로 작성하는데, 사전조사는 현장청취와 현장조사로 이루어진다.
③ 현장조사는 직접 현장에 가서 시설물의 상태를 확인하고 실무자들의 의견을 청취하여 잠재된 위험을 찾아내는 업무이다.
④ 경비계획 및 평가의 순환과정은 경비계획 → 경비 조직관리·실행 → 경비평가 순이다.

53 사이버공격의 유형에서 멀웨어(Malware) 공격이 아닌 것을 모두 고른 것은?

ㄱ. 바이러스
ㄴ. 마이둠
ㄷ. 버퍼 오버플로
ㄹ. 트로이 목마
ㅁ. 슬래머

① ㄴ, ㅁ
② ㄱ, ㄴ, ㄷ
③ ㄱ, ㄴ, ㄹ
④ ㄴ, ㄷ, ㄹ, ㅁ

54 미국 민간경비원의 법적 지위에 관한 설명으로 옳지 않은 것은?

① 주(州)마다 차이는 있지만 경찰관 신분으로 민간경비회사에서 Part-time job을 하기도 하며, 경찰과 민간경비원 상호 간에 보수, 신분상의 차이를 느끼지 않는다.
② 미국에서 민간경비원이 경찰과 협력 또는 기소를 목적으로 증거를 수집하여 경찰에 제공하는 대리인으로 활동한 경우 헌법적 제한이 따른다.
③ 빌렉(A. J. Bilek)은 민간경비원의 법적 지위를 크게 3가지 유형으로 구분하였다.
④ 빌렉(A. J. Bilek)이 구분한 민간경비원 유형 중 '경찰관 신분을 가진 민간경비원'이 우리나라의 청원경찰과 같은 개념이라고 할 수 있다.

55 현재 경찰청에서 경비업법상 경비업을 관리하고 있는 부서는 범죄예방대응국이다. 다음 중 범죄예방정책과장의 분장 사무가 아닌 것은?

① 환경설계를 통한 범죄예방(CPTED) 기획·운영
② 경비업에 관한 연구 및 지도
③ 총포·도검·화약류 등의 지도·단속
④ 소년에 대한 범죄의 예방에 관한 업무

56 확인된 위험의 대응방법과 그에 관한 설명이 올바르게 연결되지 않은 것은?

[대응방법]
㉠ 위험의 제거
㉡ 위험의 회피
㉢ 위험의 감소
㉣ 위험의 대체

[내용]
ⓐ 위험관리에서 최선의 방법은 확인된 모든 위험요소를 제거하는 것이다.
ⓑ 범죄 및 손실이 발생할 기회를 아예 제공하지 않는 것이다.
ⓒ 위험성이 높은 보호대상을 한 곳에 집중시키지 않고 여러 곳에 분산시키는 것이다.
ⓓ 직접적으로 위험을 제거하거나 감소 및 최소화시키기보다는 보험과 같은 수단을 통해서 손실을 전보하는 방법이다.

① ㉠ - ⓐ
② ㉡ - ⓑ
③ ㉢ - ⓒ
④ ㉣ - ⓓ

57 일본의 민간경비산업의 현황에 관한 설명으로 옳은 것은?

① 일본의 경비원지도교육책임자는 국가공안위원회에서 관리한다.
② 일본에는 경비원지도교육책임자 제도와 기계경비업무관리자 제도가 있으나, 경비원검정 제도는 없다.
③ 일본에서 민간경비원의 교통유도경비는 경찰관의 교통정리와 같은 법적 강제력이 있다.
④ 일본경비협회가 실시하는 신변보호사 제도가 국가공인으로 활성화되어 있다.

58 컴퓨터 에러(Error) 방지 대책으로 옳지 않은 것은?

① 정보 접근 권한을 가진 취급자만 컴퓨터 운용에 투입
② 적절한 컴퓨터 언어를 사용했는지 여부를 검토하는 시스템 작동 재검토
③ 데이터 갱신을 통한 지속적인 시스템의 재검토
④ 정해진 절차에 따라 프로그램이 실행되는지에 대한 절차상의 재평가

59 기계경비에 관한 설명으로 옳은 것은?

① 단기적으로 설치비용이 적게 든다는 장점이 있다.
② 잠재적인 범죄자 등에 대해 경고 효과가 크지 않다.
③ 정확성을 기할 수 있으나, 넓은 장소를 효과적으로 감시할 수 없다.
④ 유지보수에 적지 않은 비용과 전문인력이 요구된다.

60 외곽경비에 관한 설명으로 옳지 않은 것은?

① 시설물의 경계지역은 시설물 자체의 특성과 위치에 의해 결정된다.
② 담장을 설치할 경우 가시지대를 넓히기 위해 주변 장애물을 제거해야 한다.
③ 경계구역 내 옥상이 없는 건물이나 외곽지역도 경비활동의 대상으로 고려되어야 한다.
④ 경비조명은 시설물에 대한 감시활동보다는 미적인 효과가 더 중요하다.

61 미국의 민간경비 발전과정에 관한 설명으로 옳지 않은 것은?

① 제1차 세계대전 시 민간경비업은 군수물자를 생산하는 기업체들을 파업이나 적군의 첩정으로부터 보호해야 하는 임무를 띠게 되었다.
② 핑커톤은 미국 경비협회의 책임자로서 경비원의 기능을 통제하고 역량을 향상시키기 위해 경비원자격증제도가 필요하다고 주장하였다.
③ 제2차 세계대전 이후에는 군사, 산업시설의 안전보호와 군수물자 및 장비 또는 기밀 등의 보호를 위한 경비 수요의 증가가 민간경비 발전의 토대가 되었다.
④ 2001년 9·11테러 이후 국토안보부를 설립하였으며 이는 공항경비 등 민간경비산업이 발전하는 중요한 계기가 되었다.

62 시설물의 물리적 통제시스템 구축과 관련하여 보호가치가 높은 자산일수록 보다 많은 방어공간을 형성해야 한다는 동심원영역론(concentric zone theory)을 제시한 사람은?

① 번즈(W.J. Burns)
② 딘글(J. Dingle)
③ 윌슨(O.W. Wilson)
④ 커닝햄(W.C. Cunningham)

63 경비조명에 관한 설명으로 옳지 않은 것은?

① 경비조명은 시설물에 대한 감시활동보다는 미적인 효과가 더 중요하다.
② 예비조명은 경비원이 의심스러운 활동을 탐지하거나 경보장치의 작동으로 의심이 생겼을 때 자동 또는 수동으로 조명할 수 있게 한 것이다.
③ 조명시설의 위치가 경비원의 시야를 방해해서는 안 되며, 가능한 한 그림자가 생기지 않도록 설치해야 한다.
④ 조명은 침입자의 침입의도를 사전에 포기하도록 하는 심리적 압박작용을 한다.

64 민간경비의 법적 근거 및 규제에 관한 설명으로 옳지 않은 것은?

① 개인은 자신의 신체와 재산을 보호하기 위하여 타인의 권리를 침해하지 않는 범위 내에서 민간경비원을 고용할 수 있다.
② 민간경비의 규제와 관련하여 일본에서는 신고제를 취하고 있지만, 우리나라에서는 허가제를 취하고 있어 이에 대한 규제가 보다 엄격하다.
③ 모든 민간경비원을 전형적인 공무수탁사인(公務受託私人)으로 보기는 어렵지만, 경비업법상의 특수경비원의 직무는 공무수탁사인의 한 형태로 볼 수 있다.
④ 민간경비의 활동영역은 경비업법 외에도 청원경찰법, 재난 및 안전관리 기본법 등과도 관련된다.

65 열쇠의 양쪽에 홈이 불규칙적으로 파여져 있는 형태로 일반 산업뿐만 아니라 일반 주택에서도 널리 사용되는 자물쇠는?

① 돌기 자물쇠(Warded Locks)
② 판날름쇠 자물쇠(Disc Tumbler Locks)
③ 핀날름쇠 자물쇠(Pin Tumbler Locks)
④ 암호사용 자물쇠(Code Operated Locks)

66 모든 종류의 금속장치를 보호하기 위해 개발된 경보장치로서 계속적인 전류의 흐름을 방해할 경우 경보가 울리는 것은?

① 광전자식 센서
② 콘덴서 경보시스템
③ 자력선식 센서
④ 전자기계식 센서

67 민간경비원의 윤리의식 제고방안에 관한 설명으로 옳지 않은 것은?

① 직무교육 강화를 통한 전문화가 필요하다.
② 선발기준의 완화를 통한 충분한 인력 확보가 필요하다.
③ 직업윤리의 법제화가 필요하다.
④ 법령 준수의식의 제고가 필요하다.

68 화재의 단계와 감지기의 연결로 옳지 않은 것은?

① 초기 단계 - 이온감지기
② 그을린 단계 - 광전자감지기
③ 불꽃 단계 - 연기감지기
④ 열 단계 - 열감지기

69 컴퓨터 범죄의 수법에 관한 설명으로 옳지 않은 것은?

① 함정문(Trap Door) - 컴퓨터 시험가동을 이용한 정상작업을 가장하면서 실제로는 컴퓨터를 범행도구로 이용하는 수법이다.
② 트로이 목마(Trojan Horse) - 프로그램 속에 범죄자만 아는 명령문을 삽입하여 이용하는 수법이다.
③ 데이터 디들링(Data Diddling) - '자료의 부정변개'라고도 하며 데이터를 입력하는 동안이나 변환하는 시점에서 최종적인 입력 순간에 자료를 절취 또는 변경, 추가, 삭제하는 모든 행동을 말한다.
④ 슈퍼 재핑(Super Zapping) - 컴퓨터의 고장을 수리하는 것처럼 하면서 그 안에 수록되어 있는 자료를 부정조작하거나 입수하는 컴퓨터 범죄의 수법이다.

70 다음에 해당하는 호송경비의 방식은?

> 호송대상 물건은 운송업자의 차량으로 운송하고, 경비업자는 경비차량과 경비원을 투입하여 물건을 호송하는 방식이다.

① 통합호송방식
② 분리호송방식
③ 휴대호송방식
④ 동승호송방식

71 브랜팅햄(P. J. Brantingham)과 파우스트(F. L. Faust)가 주장한 범죄예방 구조모델론 중 다음에 해당하는 것은?

> 실제 범죄자(전과자)를 대상으로 더 이상 범죄가 발생하지 않도록 하는 예방활동

① 상황적 범죄예방
② 1차적 범죄예방
③ 2차적 범죄예방
④ 3차적 범죄예방

72 우리나라 민간경비산업의 전망에 관한 설명으로 옳은 것은?

① 긴급통보 시큐리티 시스템이 구축됨으로써 노인인구와 관련된 경비서비스는 점점 사라질 것이다.
② 컴퓨터 시스템이 광범위하게 보급됨으로써 안전관리 서비스를 제공하는 경비서비스가 감소할 것이다.
③ 민간경비는 건축물이 인텔리전트화되면서 예방적인 시큐리티 시스템의 운용을 추구할 것이다.
④ 정보통신기술의 발달로 토탈 시큐리티보다는 인력경비 시스템 중심으로 발달할 것이다.

73 고대 민간경비에 관한 설명으로 옳지 않은 것은?

① 공경비와 민간경비가 분리된 시대는 로마시대이다.
② 경비제도를 역사적으로 볼 때 민간경비가 공경비보다 앞서 있다.
③ 함무라비왕에 의해 법집행 개념이 최초로 명문화되었다.
④ 법 집행을 위해 최초의 국가경찰인 자경단원제도를 운영한 것은 로마시대 아우구스투스 황제이다.

74 치안서비스 공동생산이론에 관한 설명으로 옳지 않은 것은?

① 치안서비스의 전달 과정에서 민간이 치안서비스 생산활동에 주체적으로 참여하는 것을 말한다.
② 정부와 시민을 치안서비스의 공동주체로 본다.
③ 치안서비스의 생산에 시민들을 적극적으로 참여시켜야 한다는 접근법을 취하고 있다.
④ 치안서비스의 생산과 공급에 민간의 역할을 증대시킨다.

75 경찰청 경비국 대테러위기관리과장의 분장사무에 해당하는 것은?

① 주요 인사의 보호에 관한 사항
② 청원경찰의 운영 및 지도
③ 경찰부대 운영·지도 및 전국단위 경력운용
④ 국가 중요행사 및 선거경비 지원 관련 업무

76 기계경비 오경보의 폐해 및 방지에 관한 설명으로 옳지 않은 것은?

① 기계경비시스템의 오경보로 인한 경찰의 헛출동은 경찰력 운용의 효율성에 장애가 되고 있다.
② 실제 상황이 아님에도 불구하고 기계장치의 자체결함, 이용자의 부적절한 작동 등 다양한 원인으로 오경보의 문제가 발생할 수 있다.
③ 오경보를 방지하기 위한 유지·보수에도 적지 않은 비용이 들며, 이를 위해 전문인력이 투입되어야 한다.
④ 오경보로 인한 경찰력 낭비를 줄이기 위해 경찰관서에 직접 연결하는 기계경비시스템 운용의 확대가 필요하다.

77 다음 중 경비등의 형태와 그에 대한 특징의 연결이 옳지 않은 것은?

[경비등의 형태]
㉠ 가로등
㉡ 투광조명등
㉢ 프레이넬등
㉣ 탐조등

[특 징]
ⓐ 특정 지역에 빛을 집중시키거나 직접적으로 비추는 광선의 형태로 상당히 많은 빛을 만들 수 있다.
ⓑ 잠재적으로 사고가 발생할 만한 지역을 정확하게 관찰하기 위해 사용되며, 외딴 산간지역이나 작은 배로 쉽게 시설물에 접근할 수 있는 위치에 설치한다.
ⓒ 넓은 폭의 빛을 내는 조명으로 경계구역에의 접근을 방지하기 위해 길고 수평하게 빛을 확장하는 데 유용하게 사용된다.
ⓓ 비교적 어두운 시설물의 침입을 감시하는 경우 유용하게 사용된다.

① ㉠ - ⓓ
② ㉡ - ⓐ
③ ㉢ - ⓒ
④ ㉣ - ⓑ

78 다음이 설명하고 있는 것은?

> 외부의 불법침입에 대비하여 가시적인 범위 내에서의 감시가 가능하도록 양쪽 벽면을 유지시키고, 경계구역 내에서 가시지대를 가능한 한 넓히기 위하여 모든 장애물을 양쪽 벽으로부터 제거하는 것이다.

① Security Zone
② Danger Zone
③ Clear Zone
④ Pedestrian Zone

79 민간경비원의 임용과 직무에 관한 설명으로 옳지 않은 것은?

① 일반경비원은 시설경비, 호송경비, 신변보호, 기계경비, 혼잡·교통유도경비업무를 수행한다.
② 금고 이상의 형의 선고유예를 받고 그 유예기간 중에 있는 자는 일반경비원과 특수경비원의 공통적인 결격사유에 해당한다.
③ 청원경찰은 경비구역 내에서 경비목적을 위해 필요한 경우, 불심검문, 무기사용 등 경찰관직무집행법에 따른 경찰관의 직무를 수행할 수 있는 권한을 갖는다.
④ 청원경찰은 청원주가 임용하되, 임용을 할 때에는 미리 시·도 경찰청장의 승인을 받아야 한다.

80 우리나라 민간경비의 문제점으로 볼 수 없는 것은?

① 경비업법과 청원경찰법은 교육훈련을 의무적으로 실시하도록 규정하고 있지만, 교육장소 및 강사 등의 부족으로 효율적인 교육훈련이 어려운 것이 현실이다.
② 경비업체는 정규직원보다 임시계약직이나 시간제 근로자를 주로 채용하기 때문에, 경비원들은 조금 더 조건이 좋은 경비업체로 쉽게 이직을 하고 있다.
③ 경비업체들이 활동할 수 있는 경비업종이 다른 국가에 비해 다양하게 되어 있다.
④ 청원경찰의 총기소지에 대한 효용성과 존속의 필요성에 대하여 검토할 필요가 있다.

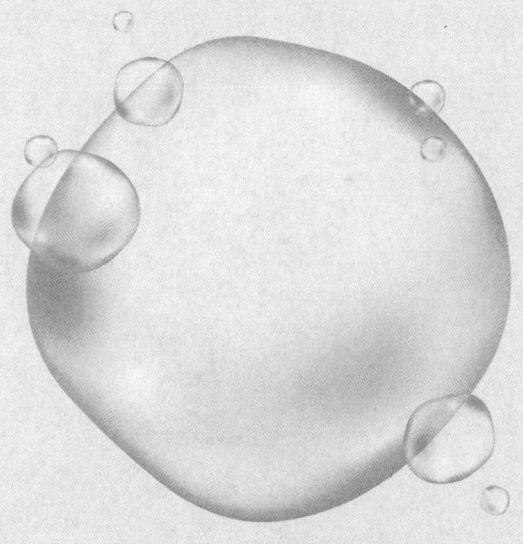

실패하는 길은 여럿이나 성공하는 길은 오직 하나다.

- 아리스토텔레스 -

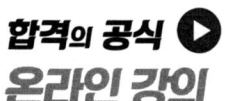 혼자 공부하기 힘드시다면 방법이 있습니다.
시대에듀의 동영상 강의를 이용하시면 됩니다.
www.sdedu.co.kr → 회원가입(로그인) → 강의 살펴보기

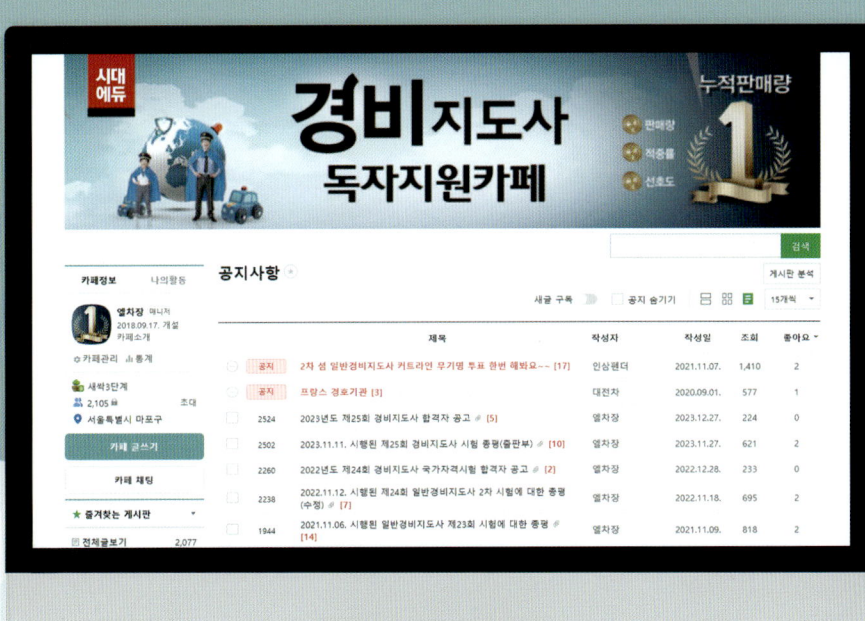

2025
A SUCCESSFUL PROJECT

2025년 제27회 시험 대비
최신 개정법령 완벽 반영

최종모의고사 총 10회분

경비지도사
최종점검 FINAL 모의고사

1차 [일반·기계경비]

정답 및 해설편

시대에듀 최강교수진!

합격에 최적화된 수험서와 최고 교수진의 名品 강의를 확인하세요!

시대에듀만의 경비지도사 수강혜택

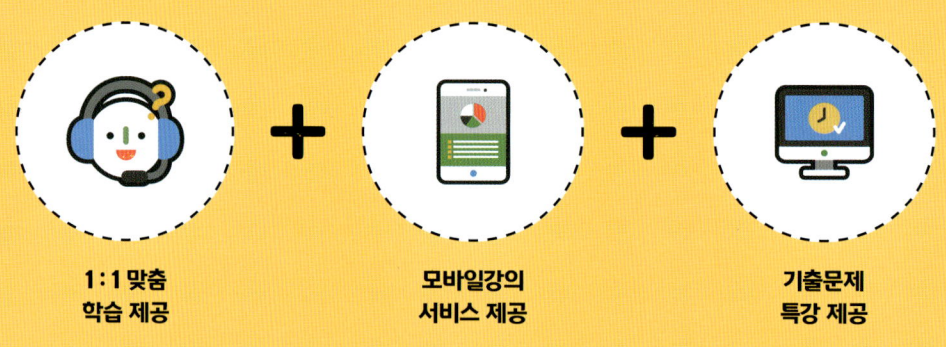

1:1 맞춤 학습 제공 + **모바일강의 서비스 제공** + **기출문제 특강 제공**

한눈에 보이는 경비지도사 동영상 합격 커리큘럼

1차	
기본이론	과목별 필수개념 수립
문제풀이	예상문제를 통한 실력 강화
모의고사	동형 모의고사로 실력 점검
기출특강	기출문제를 통한 유형 파악
마무리특강	시험 전 최종 마무리

2차	
기본이론	과목별 필수개념 수립
문제풀이	예상문제를 통한 실력 강화
모의고사	동형 모의고사로 실력 점검
기출특강	기출문제를 통한 유형 파악
마무리특강	시험 전 최종 마무리

※ 과정별 커리큘럼 및 강사진은 내부사정에 따라 변경될 수 있습니다.

P/A/R/T/2

정답 및 해설

최종모의고사 10회분

제1회 최종점검 FINAL 모의고사
제2회 최종점검 FINAL 모의고사
제3회 최종점검 FINAL 모의고사
제4회 최종점검 FINAL 모의고사
제5회 최종점검 FINAL 모의고사
제6회 최종점검 FINAL 모의고사
제7회 최종점검 FINAL 모의고사
제8회 최종점검 FINAL 모의고사
제9회 최종점검 FINAL 모의고사
제10회 최종점검 FINAL 모의고사

제1회 법학개론

✓ 정답 CHECK

01	02	03	04	05	06	07	08	09	10	11	12	13	14	15	16	17	18	19	20
④	③	④	①	①	③	②	②	①	②	④	③	④	①	④	②	③	③	④	②
21	22	23	24	25	26	27	28	29	30	31	32	33	34	35	36	37	38	39	40
③	④	①	③	④	④	④	③	④	①	④	②	③	③	③	①	②	②	③	①

01 정답 ④

의사와 표시의 불일치란 내심의 효과의사(진의)와 표시상의 효과의사가 불일치하는 경우를 말한다. 이러한 의사와 표시의 불일치 가운데 진의 아닌 의사표시(민법 제107조)와 허위표시(민법 제108조)는 표의자가 그 불일치를 알고 있는 경우이고, 착오(민법 제109조)는 표의자가 그 불일치를 알고 있지 못하는 경우이다. 사기·강박에 의한 의사표시(민법 제110조)에 있어서는 의사와 표시의 불일치는 존재하지 않으며, 단지 의사의 형성과정에 하자가 존재할 뿐이다.

02 정답 ③

③ (×), ④ (○) 국민의 모든 자유와 권리는 국가안전보장·질서유지 또는 공공복리를 위하여 필요한 경우에 한하여 법률로써 제한할 수 있으며, 제한하는 경우에도 자유와 권리의 본질적인 내용을 침해할 수 없다(헌법 제37조 제2항).
① (○) 헌법 제23조 제3항
② (○) 헌법 제33조 제3항

03 정답 ④

④ (×) 정의는 모든 법에 공통되는 법의 추상적 목적이고, 합목적성은 정의에 대한 지침과 구체적 방식에 대한 답을 제시하는 법의 이념이다. 정의가 법의 내용을 일반화하는 데 반하여 합목적성은 법을 개별화하는 경향이 있다.
① (○) 법의 목적(이념)은 인간이 법을 통해 실현하려고 하는 사회생활의 실천목표로 법의 배후에서 법의 원동력이 되는 하나의 이념가치이며, 효력의 근거이고 법가치를 평가하는 척도이다. 또한 법이 존재하는 이유가 되기도 한다.
② (○) 라드브루흐는 정의, 합목적성, 법적 안정성의 3가지 기본가치의 추구를 법의 목적(이념)이라고 하였다.
③ (○) 합목적성은 상충하는 이익과 가치 사이에서 균형을 찾고, 사회 구성원들의 기대와 요구를 만족시키며, 사회 전반의 복리를 증진하는 데 중요한 역할을 한다.

04 정답 ①

① (O) 대통령제는 의원의 정부각료 겸직이 허용되지 않고, 의원내각제는 의원의 정부각료 겸직이 허용된다.
② (X) 정부의 법률안제출권은 의원내각제적 요소이고, 법률안거부권은 대통령제적 요소이다.
③ (X) 의원내각제는 행정부가 의회에 의하여 구성되고 의회의 신임을 그 존립 요건으로 하는 정부형태로 입법권과 행정권의 융합을 특징으로 한다.
④ (X) 의회의 정부 견제수단인 국정조사 및 국정감사제도는 대통령제적 요소에 해당한다.

핵심만콕 대통령제와 의원내각제의 비교

구 분	대통령제	의원내각제
성립·존속 관계 (본질)	• 엄격한 삼권분립, 정부와 국회의 관계 대등 • 대통령 : 민선 • 정부 : 대통령이 독자적으로 구성 • 대통령이 의회에 대해 무책임	• 입법권과 행정권의 융합 • 대통령 : 의회에서 간선 • 정부 : 의회에서 간선 • 의회는 정부불신임권 보유, 정부는 의회 해산권 보유
정부의 구조관계	국가대표와 행정수반이 대통령에 귀속 (실질적 권한)	• 국가대표는 대통령(또는 군주)에게 귀속 (형식적·의례적 권한) • 행정수반은 수상(또는 총리)에게 귀속 (실질적 행정권)
기능상의 관계	• 의원의 정부각료 겸직 불허 • 정부의 법률안제출권, 정부의 의회출석·발언권 없음	• 의원의 정부각료 겸직 허용 • 정부의 법률안제출권, 정부의 의회출석·발언권 있음
기타 제도상의 관계	• 민선의 부통령제를 채택 • 대통령의 법률안거부권 인정 • 국무회의는 법률상 기관, 임의적 기관, 자문기관	• 총리제 : 의회의 동의를 얻어 국가 원수가 총리를 임명 • 부서제도를 채택 • 국무회의는 헌법상 기관, 필수적 기관, 의결기관
장 점	• 대통령 임기동안 정국안정 • 국회 다수당의 횡포견제 가능	• 정치적 책임에 민감(책임정치) • 독재방지
단 점	• 정치적 책임에 둔감 • 독재의 우려	• 정국불안정 • 다수당의 횡포 우려

05 정답 ①

① (X) 양심형성의 자유와 양심적 결정의 자유는 내심에 머무르는 한 절대적 자유라고 할 수 있지만, 양심실현의 자유는 타인의 기본권이나 다른 헌법적 질서와 저촉되는 경우 헌법 제37조 제2항에 따라 국가안전보장·질서유지 또는 공공복리를 위해 법률에 의해 제한될 수 있는 상대적 자유이다(헌재결[전] 1998.7.16. 96헌바35).
② (O) 우리 헌법상 보호되는 재산권의 개념으로서는 공·사법을 불문한 경제적 가치가 있는 모든 권리를 말하며 법률이 정하는 바에 의하여 보장된다.
③ (O) 경제적 자유권은 직업선택의 자유, 재산권의 보장 및 소비자의 권리를 그 내용으로 한다.
④ (O) 헌법 제12조 제2항

06 정답 ③

③ (×) 국가는 사회적·경제적 방법으로 근로자의 고용의 증진과 적정임금의 보장에 노력하여야 하며, 법률이 정하는 바에 의하여 최저임금제를 시행하여야 한다(헌법 제32조 제1항 후문).
① (O) 생존권(사회권)적 기본권은 인간다운 생활을 영위하기 위하여 국가에 대하여 어떠한 행위를 요구할 수 있는 적극적 권리로서 1919년 독일 바이마르헌법에 의하여 최초로 규정되었다.
② (O) 헌법 제31조 제1항·제5항
④ (O) 헌법 제31조 제6항

07 정답 ②

제시된 내용 중 우리 헌법의 기본원리에 해당하는 것은 ㄱ, ㄹ, ㅁ이다.
우리 헌법의 기본원리는 국민주권주의, 권력분립주의, 자유민주주의, 기본권존중주의, 사회(복지)국가원리, 법치국가원리, 평화국가원리(평화통일지향), 문화국가원리 등이 있다.

08 정답 ②

( ) 안의 ㄱ~ㄷ에 들어갈 내용은 순서대로 ㄱ : 구법, ㄴ : 신법, ㄷ : 면제이다.

> **관계법령** 범죄의 성립과 처벌(형법 제1조)
> ① 범죄의 성립과 처벌은 행위 시의 법률에 따른다.
> ② 범죄 후 법률이 변경되어 그 행위가 범죄를 구성하지 아니하게 되거나 형이 구법(舊法)보다 가벼워진 경우에는 신법(新法)에 따른다.
> ③ 재판이 확정된 후 법률이 변경되어 그 행위가 범죄를 구성하지 아니하게 된 경우에는 형의 집행을 면제한다.

09 정답 ①

① (O) 사회법은 주로 사법의 영역에 대한 국가의 개입이라는 형태로 나타났으며, 사법에 있어서의 평균적 정의의 원리에 배분적 정의를 폭넓게 가미한 것을 뜻한다.
② (×) 민사·형사소송법은 절차법으로서 공법에 해당한다.
③ (×) 영미법계는 공법과 사법을 엄격히 구별하지 않는 보통법체계이다. 공법과 사법의 구별은 대륙법계의 특징이다.
④ (×) 사법이 축소되고 공법이 확대되는 '사법의 공법화' 경향이 강해지고 있다.

10 정답 ❷

①은 권리의 작용(효력), ③은 권리의 내용, ④는 권리의 효력 범위에 따른 분류에 해당한다.

핵심만콕	사권의 분류 ★★
권리의 내용	• 인격권 : 생명, 신체, 자유, 명예, 성명 등에 부착된 권리 • 신분권 : 가족, 부부, 친자, 친족 등 일정한 신분관계에서 발생하는 권리 • 재산권 : 경제적 이익을 목적으로 하는 권리 • 사원권 : 단체구성원의 지위에서 발생하는 권리
권리의 작용(효력)	지배권, 청구권, 형성권, 항변권
권리의 효력 범위	절대권, 상대권
권리의 양도성 여부	일신전속권, 비전속권
권리의 독립성 여부	주된 권리, 종된 권리

11 정답 ❹

계속범이란 범죄의 완성 후에도 위법상태가 계속되는 범죄를 말하며 체포감금죄와 주거침입죄 등이 있다. 살인죄와 상해죄는 즉시범에 해당한다.

12 정답 ❸

제시된 내용 중 절대적 효력이 있는 경우가 아닌 것은 ㄹ과 ㅁ이다.

ㄹ. (×) 이행청구는 절대적 효력이 있으므로(민법 제416조) 이행청구에 따른 시효중단과 이행지체의 발생에도 절대적 효력이 있다. 다만, 이행청구 이외의 다른 사유(압류·가압류·가처분, 승인)로 인한 시효중단에는 절대적 효력이 없다.

ㅁ. (×) 어느 연대채무자에 대한 법률행위의 무효나 취소의 원인은 다른 연대채무자의 채무에 영향을 미치지 아니한다(민법 제415조).

ㄱ. (○), ㄴ. (○) 채권의 목적을 달성시키는 변제와 같은 사유는 연대채무자 또는 연대보증채무자 전원에 대하여 절대적 효력을 가지므로 어느 채무자의 변제 등으로 다른 채무자와 공동으로 부담하는 부분의 채무가 소멸되면 그 채무소멸의 효과는 다른 채무자 전원에 대하여 미친다(대판 2013.3.14. 2012다85281). 변제와 변제의 제공은 절대적 효력이 있으며 변제와 동일한 효력이 있는 대물변제와 공탁도 절대적 효력이 있다(명문규정은 없으나 변제, 대물변제, 공탁은 채권자에게 만족을 줌으로써 연대채무의 궁극적 목적을 달성케 하는 것이므로 절대적 효력을 가진다는 데 이견이 없다).

ㄷ. (○) 어느 연대채무자와 채권자 간에 채무의 경개가 있는 때에는 채권은 모든 연대채무자의 이익을 위하여 소멸한다(민법 제417조).

13 정답 ④

④ (×) 유한회사의 사원은 그 지분의 전부 또는 일부를 양도하거나 상속할 수 있다. 다만, 정관으로 지분의 양도를 제한할 수 있다(상법 제556조).
① (○) 상법 제170조
② (○) 상법 제178조, 제212조 제1항 참고
③ (○) 상법 제273조, 제277조, 제278조 참조

14 정답 ①

① (○) 임의수사가 원칙이고, 강제수사는 예외적으로 법률에 규정된 경우에 한하여 그 요건과 절차에 따라서만 할 수 있다.
② (×) 검사 또는 사법경찰관이 긴급체포한 피의자를 구속하고자 할 때에는 지체 없이 검사는 관할지방법원 판사에게 구속영장을 청구하여야 하고, 사법경찰관은 검사에게 신청하여 검사의 청구로 관할지방법원판사에게 구속영장을 청구하여야 한다. 이 경우 구속영장은 피의자를 체포한 때부터 48시간 이내에 청구하여야 하며, 긴급체포서를 첨부하여야 한다(형사소송법 제200조의4 제1항).
③ (×) 공소제기 후에도 공소유지를 위하여 수사를 할 수 있고, 불기소처분이 내려진 이후에도 얼마든지 수사를 재개하여 공소제기를 할 수 있다.
④ (×) 수사는 수사기관이 주관적으로 범죄의 혐의가 있다고 판단하는 때에는 객관적 혐의가 없을 경우에도 수사를 개시할 수 있다(형사소송법 제197조 제1항).

15 정답 ④

④ (×) 대항요건을 갖춘 부동산 임차권은 나중에 성립한 전세권에 우선한다.
① (○) 채권자 평등의 원칙에 따라, 동일채무자에 대한 여러 개의 채권은 그의 발생 원인·발생 시기의 선후·채권액의 다소를 묻지 않고 평등하게 다루어진다.
② (○) 동종의 제한물권 상호 간에는 먼저 성립된 순서에 의하나, 다른 종류의 제한물권 상호 간에는 법률의 규정에 의하여 순위가 정하여진다.
③ (○) 하나의 물건에 대하여 물권과 채권이 병존하는 경우에는 그 성립시기를 불문하고 원칙적으로 물권이 우선한다. 다만, 특별법상 물권보다 선순위 권리가 인정되는 경우에는 예외적으로 채권이 우선하게 된다.

16 정답 ②

제시된 내용은 ㄱ : 반대해석, ㄴ : 확장해석, ㄷ : 물론해석에 해당한다.
ㄱ : 반대해석은 법문이 규정하는 요건과 반대의 요건이 존재하는 경우에 그 반대의 요건에 대해 법문과 반대의 법적 판단을 하는 해석방법이다.
ㄴ : 일반적으로 배우자는 법률상 배우자를 의미하므로, 배우자의 개념에 사실상 배우자까지 포함하여 해석하는 경우, 이는 확장해석에 해당한다.
ㄷ : 물론해석은 법문이 일정한 사항을 정하고 있을 때 그 이외의 사항에 관해서도 사물의 성질상 당연히 그 규정에 포함되는 것으로 보는 해석이다.

17 정답 ❸

ㄱ에는 합목적성이, ㄴ에는 법적 안정성이 들어간다.

> **핵심만콕** 법언(法諺)
>
> - 사회규범 : 사회가 있는 곳에 법이 있다.
> - 강제성 : 강제력이 없는 법은 타지 않는 불이요, 비치지 않는 등불이다.
> - 정의(正義) : 세상이 망하더라도 정의를 세우라.
> - 합목적성
>   - 민중의 행복이 최고의 법률이다.
>   - 국민이 원하는 것이 법이다.
> - 법적 안정성
>   - 정의의 극치는 부정의의 극치이다.
>   - 무질서한 것보다 오히려 불평등한 것이 낫다.
>   - 악법도 법이다.
> - 법과 도덕과의 관계 : 도덕은 법의 최대한이고, 법은 도덕의 최소한이다.
> - 법치주의 : 국왕도 법 아래에 있다.
> - 권리의 절대성 : 자기 권리를 행사하는 자는 어느 누구도 해하지 않는다.

18 정답 ❸

③ (×) 행정기본법 제17조 제3항은 행정청이 부관을 붙일 수 있는 처분을 한 후에도 부관을 새로 붙이거나 종전의 부관을 변경할 수 있는 사유(법률에 근거가 있는 경우, 당사자의 동의가 있는 경우, 사정이 변경되어 부관을 새로 붙이거나 종전의 부관을 변경하지 아니하면 해당 처분의 목적을 달성할 수 없다고 인정되는 경우)를 규정하고 있다.

① (○) 부관은 행정의 합리성·신축성 확보라는 순기능이 있는 반면, 행정편의에 치우쳐 남용되는 경우에는 상대방에게 불이익을 주는 역기능도 있다.

② (○) 행정청은 처분에 재량이 있는 경우에는 부관(조건, 기한, 부담, 철회권의 유보 등을 말한다. 이하 이 조에서 같다)을 붙일 수 있다(행정기본법 제17조 제1항). 행정청은 처분에 재량이 없는 경우에는 법률에 근거가 있는 경우에 부관을 붙일 수 있다(행정기본법 제17조 제2항).

④ (○) 법령에서 직접 행정행위의 조건, 기한 등을 정한 것을 법정부관이라고 하는데, 이는 본질이 법령이므로 본래 의미의 부관이 아니고, 부관의 한계에 관한 일반적인 원칙도 적용되지 않는다.

19 정답 ❹

④ (×) 보건복지부장관은 관계 중앙행정기관의 장과 협의하여 사회보장 증진을 위하여 사회보장에 관한 기본계획을 5년마다 수립하여야 한다(사회보장기본법 제16조 제1항).

① (○) 사회보장기본법 제6조 제1항
② (○) 사회보장기본법 제4조
③ (○) 사회보장기본법 제8조

20 정답 ❷

|O|△|X| 설문의 내용은 위법성조각사유 중 피해자의 승낙에 해당한다.

> **핵심만콕**
>
> ① (×) 정당방위 : 현재의 부당한 침해로부터 자기 또는 타인의 법익(法益)을 방위하기 위한 상당한 이유 있는 행위를 말한다(형법 제21조 제1항).
> ③ (×) 의무의 충돌 : 두 개 이상의 작위의무 중 하나만 이행함으로써 다른 의무를 이행하지 못한 상황을 의미한다.
> ④ (×) 정당행위 : 법령에 의한 행위 또는 업무로 인한 행위 기타 사회상규에 위배되지 아니하는 행위를 말한다(형법 제20조).

21 정답 ❸

|O|△|X| 국회는 헌법개정안이 공고된 날로부터 60일 이내에 의결하여야 한다(헌법 제130조 제1항 전단).

> **핵심만콕**
>
> ① (O) 헌법 제128조 제1항
> ② (O) 헌법 제129조
> ④ (O) 국회 의결 시 수정의결은 불가능하다. 이는 제안 후 공고가 이루어지면 공고로 알려진 내용에 대해서 국회의 의결과 국민의 투표가 이루어지게 되기 때문이다.

22 정답 ❹

|O|△|X| ④ (×) 형사소송법이 보장하는 피의자의 진술거부권은 헌법이 보장하는 형사상 자기에 불리한 진술을 강요당하지 않는 자기부죄거부의 권리에 터 잡은 것이므로 수사기관이 피의자를 신문함에 있어서 피의자에게 미리 진술거부권을 고지하지 않은 때에는 그 피의자의 진술은 위법하게 수집된 증거로서 진술의 임의성이 인정되는 경우라도 증거능력이 부인되어야 한다(대판 2011.11.10. 2010도8294).
① (O) 형사소송법 제307조
② (O) 거증책임과 관련하여 증명불능으로 인한 불이익을 누구에게 부담시킬 것인지가 문제되는데, 형사소송법의 기본원칙은 무죄추정이고, 의심스러울 때는 피고인의 이익으로 판단하여야 하므로, 거증책임은 원칙적으로 검사가 부담한다.
③ (O) 형사소송법 제308조의2

23 정답 ❶

○△✕ 보험계약의 종류는 손해보험증권의 필요적 기재사항에 포함되지 않는다.

관계법령 **손해보험증권(상법 제666조)**

손해보험증권에는 다음의 사항을 기재하고 보험자가 기명날인 또는 서명하여야 한다.
1. 보험의 목적
2. 보험사고의 성질
3. 보험금액
4. 보험료와 그 지급방법
5. 보험기간을 정한 때에는 그 시기와 종기
6. 무효와 실권의 사유
7. 보험계약자의 주소와 성명 또는 상호
7의2. 피보험자의 주소, 성명 또는 상호
8. 보험계약의 연월일
9. 보험증권의 작성지와 그 작성연월일

24 정답 ❸

○△✕
③ (✕) 종물은 독립된 물건이어야 하기 때문에 주물의 구성부분은 종물이 될 수 없다.
① (○) 종물은 주물의 처분에 수반된다는 민법 제100조 제2항은 임의규정이므로, 당사자는 주물을 처분할 때에 특약으로 종물을 제외할 수 있고 종물만을 별도로 처분할 수도 있다(대판 2012.1.26. 2009다76546).
② (○) 주물의 상용에 이바지한다 함은 주물 그 자체의 경제적 효용을 다하게 하는 것을 말하는 것으로서, 주물의 소유자나 이용자의 사용에 공여되고 있더라도 주물 그 자체의 효용과 직접 관계가 없는 물건은 종물이 아니다(대결 2000.11.2. 2000마3530).
④ (○) 종물은 물건의 소유자가 그 물건의 상용에 공하기 위하여 자기 소유인 다른 물건을 이에 부속하게 한 것을 말하므로(민법 제100조 제1항) 주물과 다른 사람의 소유에 속하는 물건은 종물이 될 수 없다(대판 2008.5.8. 2007다36933).

25 정답 ❹

○△✕ 권리의 작용(효력)에 따른 분류 중 항변권에 관한 설명이다.

핵심만콕 **권리의 작용(효력)에 따른 분류 (두 : 작·지·청·형·항)**

지배권(支配權)	권리의 객체를 직접·배타적으로 지배할 수 있는 권리를 말한다(예 물권, 무체재산권, 친권 등).
청구권(請求權)	타인에 대하여 일정한 급부 또는 행위(작위·부작위)를 적극적으로 요구하는 권리이다(예 채권, 부양청구권 등).
형성권(形成權)	권리자의 일방적인 의사표시에 의하여 일정한 법률관계를 발생·변경·소멸시키는 권리이다(예 취소권, 해제권, 추인권, 해지권 등).
항변권(抗辯權)	청구권의 행사에 대하여 급부를 거절할 수 있는 권리로서, 타인의 공격을 막는 방어적 수단으로 사용되며 상대방에게 청구권이 있음을 부인하는 것이 아니라 그것을 전제하고, 다만 그 행사를 배척하는 권리를 말한다(예 보증인의 최고 및 검색의 항변권, 동시이행의 항변권 등).

26 정답 ④

행정소송법은 행정심판법상의 의무이행심판에 대응하는 의무이행소송을 규정하고 있지 아니하므로, 무명항고소송으로 의무이행소송의 인정 여부에 대한 학설의 대립이 있으나 판례는 인정하고 있지 않다. 행정청의 부작위에 대해서는 행정소송법 제4조 제3호에 규정된 부작위위법확인소송을 제기하여 구제받을 수밖에 없다.

27 정답 ④

④ (×) 지방세의 감면에 관한 사항은 주민의 조례제정청구 대상에 해당하지 않는다(지방자치법 제19조 제2항, 주민조례발안에 관한 법률 제4조 제2호).
① (○) 지방자치법 제3조 제1항
② (○) 지방자치법 제12조 제1항
③ (○) 지방자치법 제16조

28 정답 ③

제시된 내용 중 행정상 강제집행의 수단에 해당하는 것은 ㄱ, ㄴ, ㄹ, ㅁ이다.

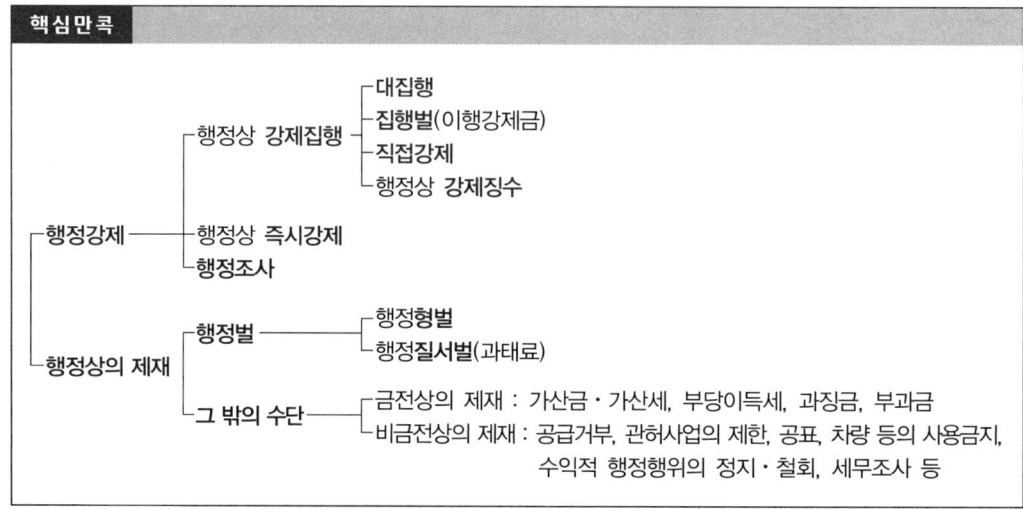

29 정답 ④

④ (×) 조건의 성취가 미정한 권리의무는 일반규정에 의하여 처분, 상속, 보존 또는 담보로 할 수 있다(민법 제149조).
① (○) 민법 제147조 제1항
② (○) 민법 제147조 제2항
③ (○) 민법 제148조

30 정답 ❶

① (×), ② (○) 경비업법 제2조 제1호는 "경비업이라 함은 경비업무의 전부 또는 일부를 도급받아 행하는 영업을 말한다"고 규정하고 있고, 도급은 당사자 일방이 어느 일을 완성할 것을 약정하고 상대방이 그 일의 결과에 대하여 보수를 지급할 것을 약정함으로써 그 효력이 생기는(민법 제664조) 일의 완성과 그에 대한 보수 지급이 대가적 의미를 갖는 유상·쌍무계약이다. 따라서 도급계약의 일종인 경비계약은 유상·쌍무계약의 성질을 갖는다.
③ (○) 민간경비계약의 당사자는 도급인 고객과 수급인 경비업자이다.
④ (○) 경비계약은 민법상 도급계약의 일종으로 당사자의 의사표시 합치만으로도 성립하는 낙성·불요식의 계약이다.

31 정답 ❹

제시된 내용은 모두 사회법에 해당한다. 사회법의 종류에는 노동법, 경제법, 사회보장법이 있다.
ㄱ. (○) 노동법에는 근로기준법, 노동조합 및 노동관계조정법, 노동위원회법, 산업안전보건법 등이 있다.
ㄴ. (○) 경제법에는 소비자기본법, 독점규제 및 공정거래에 관한 법률 등이 있다.
ㄷ. (○), ㄹ. (○) 사회보장법에는 아동복지법, 국민기초생활보장법, 국민건강보험법, 산업재해보상보험법 등이 있다.

32 정답 ❷

제시된 내용 중 옳은 것은 ㄱ과 ㄴ이다.
ㄱ. (○) 고소 또는 고발은 서면 또는 구술로써 검사 또는 사법경찰관에게 하여야 한다(형사소송법 제237조 제1항).
ㄴ. (○) 범죄로 인한 피해자의 법정대리인은 독립하여 고소할 수 있다(형사소송법 제255조 제1항).
ㄷ. (×) 고소를 취소한 자는 다시 고소할 수 없다(형사소송법 제232조 제2항).
ㄹ. (×) 친고죄의 공범 중 그 1인 또는 수인에 대한 고소 또는 그 취소는 다른 공범자에 대하여도 효력이 있다(형사소송법 제233조).
ㅁ. (×) 친고죄에 대하여는 범인을 알게 된 날로부터 6월을 경과하면 고소하지 못한다(형사소송법 제230조 제1항 본문).

33 정답 ❸

③ (○) 공무집행방해죄의 행위가 단순히 폭행·협박에 그쳤을 경우에는 폭행죄·협박죄는 공무집행방해죄에 흡수되지만, 단순폭행의 정도를 넘어 체포·감금·살인·상해·준강도·강도치사상·소요 등의 죄를 범한 경우에는 공무집행방해죄와 상상적 경합이 된다(대판 2009.6.25. 2009도3505).
① (×) 법조경합 : 1개의 행위 또는 수개의 행위가 외형상으로는 수개의 구성요건(형벌법규)에 해당하는 것 같지만, 성질상 실제로는 한 구성요건이 다른 구성요건을 배척하여 1개의 구성요건에만 해당되어 단순일죄로 되는 경우이다.
② (×) 포괄적 일죄 : '형법상 수개의 행위'가 각각 구성요건에 해당하나 각 행위가 일정한 관련성을 가지는 것으로 인해 포괄하여 1개의 구성요건에 해당하는 것으로 1죄에 해당하는 경우이다.
④ (×) 실체적 경합 : 2개 이상의 행위로 2개 이상의 죄를 범하게 된 경우이다.

34 정답 ❸

방어적 민주주의는 민주주의의 근간을 무너뜨리려는 세력으로부터 민주주의 스스로 방어를 위해 민주주의에 반하는 권리나 자유, 사상을 제한할 필요가 있다는 정치철학이다. 형식적인 가치 상대주의를 극복하고 민주주의의 본질적 요소를 수호함으로써, 실질적 법치를 보장하는 데 목적이 있다. 정당해산제도는 헌법에 내재된 가치 및 질서를 훼손할 목적으로 조직했거나 활동하는 정당을 헌법재판에 따라 해산하는 제도로서 민주주의의 적에게는 자유를 인정할 수 없다는 방어적 민주주의가 구체화된 것이다.

35 정답 ❸

제시문이 설명하는 행정행위의 특성은 공정력이다.

> **핵심만콕**
>
> ① (×) 불가쟁력 : 쟁송제기기간이 경과하거나 법적 구제수단을 포기 또는 쟁송수단을 다 거친 후에는 행정행위의 상대방 기타 이해관계인이 더 이상 그 효력을 다툴 수 없게 되는 힘을 의미한다.
> ② (×) 불가변력 : 행정청은 행정행위가 위법하거나 공익에 적합하지 않을 때에는 직권에 의하여 이를 취소하거나 철회할 수 있는 것이 원칙이나 일정한 경우 행정청 자신도 직권으로 자유로이 이를 취소·변경·철회할 수 없는데, 이를 불가변력 또는 실질적 존속력이라고 한다.
> ④ (×) 강제력 : 행정청이 법원의 힘을 빌리지 않고 자신의 목적 실현을 위해 자력으로 강제력을 행사할 수 있는 자력집행권을 의미한다.

36 정답 ❶

① (O) 대리가 인정되는 범위는 원칙적으로 법률행위에 한정되므로 매매, 소비대차, 임대차 등과 같은 계약은 당연히 대리가 허용된다.
② (×) 혼인, 이혼, 유언 등과 같이 본인의 의사결정이 절대적으로 중요한 가족법상 법률행위에 대하여는 대리가 허용되지 않는다.
③ (×) 사실행위는 의사표시를 요소로 하지 않으므로 대리를 인정할 수 없다.
④ (×) 불법행위는 이를 행한 사람이 직접 그 책임을 부담하는 것이므로 당연히 대리가 허용되지 않는다. 대리인이 본인의 피용자인 경우에 대리인의 불법행위에 대하여 본인이 손해배상책임을 지는 경우가 있으나 이는 민법 제756조의 사용자책임이 적용된 결과일 뿐이다.

37 정답 ❷

② (O) 형사소송법상 검사와 피고인을 당사자라 하고, 공소권의 주체인 검사를 원고라 한다.
① (×) 재판을 하는 주체인 법원과 재판을 청구하거나 받는 당사자(검사와 피고인)가 형사소송의 주체이다. 변호인은 소송주체에 해당하지는 않지만(형사소송 관계인), 피고인의 방어권을 보충하기 위하여 선임된 제3자인 보조자로서 형사소송상 피고인의 정당한 이익 옹호를 임무로 하는 자이다.
③ (×) 구속적부심사제도란 구속영장에 의하여 구속된 피의자에 대하여 일정한 사람의 청구가 있을 때에 법원이 그 구속이 적법한지 여부와 구속을 계속할 필요가 있는지 여부를 심사하여 구속이 부적법 또는 부당하다고 판단되는 경우에는 피의자를 석방하는 제도이다. 청구권자는 구속된 피의자 본인은 물론 피의자의 변호인, 법정대리인, 배우자, 직계친족, 형제자매나 동거인 또는 고용주이다(형사소송법 제214조의2 제1항 참조). 피고인은 청구권자가 아니다.

④ (×) 법관이 불공평한 재판을 할 염려가 있는 경우 검사 또는 피고인은 <u>법관의 기피를 신청할 수 있다</u>(형사소송법 제18조 제1항 제2호).

38 정답 ②

제시된 내용 중 옳은 것은 ㄱ, ㄷ, ㄹ이다.
- ㄱ. (○) 민법 제750조
- ㄷ. (○) 민법 제751조 제1항
- ㄹ. (○) 민법 제752조
- ㄴ. (×) 채무불이행책임을 면하기 위해서는 채무자가 자기에게 과실 없음을 증명해야 하나, <u>불법행위에서 고의 또는 과실의 증명책임은 원칙적으로 피해자(채권자)가 부담한다</u>.
- ㅁ. (×) 책임능력이 없는 미성년자의 경우 배상책임이 없고, 그의 감독자 책임만이 문제된다(민법 제755조 참조).

39 정답 ③

제시된 내용 중 옳지 않은 것은 ㄷ과 ㅁ이다.
- ㄷ. (×) 고의 또는 과실로 심신상실을 초래하였으므로 <u>배상책임이 인정된다</u>(민법 제754조 단서 참조).
- ㅁ. (×) 공동불법행위책임은 가해자 각 개인의 행위에 대하여 개별적으로 그로 인한 손해를 구하는 것이 아니라 그 가해자들이 공동으로 가한 불법행위에 대하여 그 책임을 추궁하는 것이므로, <u>공동불법행위로 인한 손해배상책임의 범위는 피해자에 대한 관계에서 가해자들 전원의 행위를 전체적으로 함께 평가하여 정하여야 하고, 그 손해배상액에 대하여는 가해자 각자가 그 금액의 전부에 대한 책임을 부담하는 것이며, 가해자의 1인이 다른 가해자에 비하여 불법행위에 가공한 정도가 경미하다고 하더라도 피해자에 대한 관계에서 그 가해자의 책임 범위를 위와 같이 정하여진 손해배상액의 일부로 제한하여 인정할 수 없다</u>(대판 2005.10.13. 2003다24147).
- ㄱ. (○) 민법 제759조 제1항 본문
- ㄴ. (○) 민법 제753조
- ㄹ. (○) 민법 제762조

40 정답 ①

권리의 주체와 긴밀한 관계에 있어 양도 또는 상속으로 타인에게 귀속될 수 없거나 혹은 그 주체만이 행사할 수 있는 권리를 일신전속권이라고 한다. 일신전속권은 귀속상의 일신전속권(인격권, 초상권, 친권 등)과 행사상의 일신전속권(위자료청구권 등)으로 구분할 수 있으며, 보통은 양자가 일치하나 위자료청구권과 같이 행사상의 일신전속권이지만 귀속상의 일신전속권은 아니어서 양도·상속될 수 있는 경우도 있다.

제1회 민간경비론

문제편 016p

정답 CHECK

41	42	43	44	45	46	47	48	49	50	51	52	53	54	55	56	57	58	59	60
③	③	①	④	③	③	③	③	③	④	③	③	③	②	④	④	③	①	②	②
61	62	63	64	65	66	67	68	69	70	71	72	73	74	75	76	77	78	79	80
②	③	③	①	①	②	④	②	③	③	③	④	①	④	②	②	②	③	①	②

41 정답 ③

제시된 내용 중 헨리 필딩의 활동에 해당하는 것은 ㄱ, ㄴ, ㅁ이다.
- ㄷ.(×) '수도경찰에 관한 논문'에서 런던의 가장 효과적인 범죄예방활동을 위해 전체가 잘 규율된 영국경찰조직을 만들어야 한다고 주장한 사람은 패트릭 콜크혼(Patrick Colquhoun)이다.
- ㄹ.(×) "Bobbies" 또는 "Peeler"라고 불리는 수도경찰을 재조직하고, 영국의 형법 개혁안을 처음으로 만든 사람은 로버트 필(Robert Peel)이다.

42 정답 ③

③ (×) 통솔범위의 원리는 한 사람의 관리자가 통제할 수 있는 부하 또는 조직단위의 수는 그 관리자의 통솔범위 내로 한정되어야 한다는 원리로서 계층의 수가 적을수록 통솔범위가 넓다.
① (○) 경비원은 자신을 직접 관리하고 있는 경비책임자로부터 지시를 받아야 하고, 항상 그 책임자에게 보고해야 한다는 명령통일의 원리를 경호학에서는 지휘권단일화원칙이라고 한다.
② (○) 조정·통합의 원리는 조직의 공동목표를 달성하기 위해 각 조직구성원들을 통합하고, 집단의 노력을 질서 있게 배열하여 조직의 안정성과 효율성을 도모하는 원리로서 전문화·분업화된 조직일수록 그 필요성이 증가한다.
④ (○) 계층제의 원리는 조직구성원 간에 상하 등급, 즉 계층을 설정하여 각 계층 간에 권한과 책임을 배분하고, 명령계통과 지휘·감독체계를 확립하는 원리를 말한다.

> **핵심만콕** 민간경비조직의 운영원리
>
> - 명령통일의 원리 : 각 조직구성원은 한 사람의 관리자로부터만 명령을 받아야 한다는 원리로, 경호학에서는 지휘권단일화원칙이라고도 한다.
> - 전문화의 원리 : 조직구성원에게 한 가지 업무를 전담시켜 전문적인 지식·기술을 습득케 함으로써 전문화를 유도하고, 능률향상을 기대할 수 있는 원리로, 분업-전문화의 원리라고도 한다.
> - 계층제의 원리 : 조직구성원 간에 상하 등급, 즉 계층을 설정하여 각 계층 간에 권한과 책임을 배분하고, 명령계통과 지휘·감독체계를 확립하는 원리를 말한다.
> - 통솔범위의 원리 : 한 사람의 관리자가 통제할 수 있는 부하 또는 조직단위의 수는 그 관리자의 통솔범위 내로 한정되어야 한다는 원리를 말한다.

- 명령통일의 원리 : 각 조직구성원은 한 사람의 관리자로부터만 명령을 받아야 한다는 원리로, 경호학에서는 지휘권단일화원칙이라고도 한다.
- 전문화의 원리 : 조직구성원에게 한 가지 업무를 전담시켜 전문적인 지식·기술을 습득케 함으로써 전문화를 유도하고, 능률향상을 기대할 수 있는 원리로, 분업-전문화의 원리라고도 한다.
- 계층제의 원리 : 조직구성원 간에 상하 등급, 즉 계층을 설정하여 각 계층 간에 권한과 책임을 배분하고, 명령계통과 지휘·감독체계를 확립하는 원리를 말한다.
- 통솔범위의 원리 : 한 사람의 관리자가 통제할 수 있는 부하 또는 조직단위의 수는 그 관리자의 통솔범위 내로 한정되어야 한다는 원리를 말한다.
- 조정·통합의 원리 : 조직의 공동목표를 달성하기 위해 각 조직구성원들을 통합하고, 집단의 노력을 질서 있게 배열하여 조직의 안정성과 효율성을 도모하는 원리를 말한다.

43 정답 ❶

① (×) 공동생산이론에 관한 설명이다. 공동생산이론은 치안서비스 생산과정에서 경찰의 역할수행과 민간경비의 공동참여로 인해 민간경비가 성장했으며, 민간경비가 독립된 주체로서 참여한다는 이론으로서 민간경비를 공경비의 보조적 차원이 아닌 주체적 차원으로 인식한다. 미국·영국 등에서는 치안활동에 대한 접근에 있어서 서비스주체의 다원화에 초점을 두고 있다. 치안활동에 있어서 다원화는 경찰이 독자적으로 치안서비스를 수행하는 것이 아니라 민간부문이 하나의 독립된 주체로서 참여하게 되었다는 것이다.
② (○) 경제환원이론은 특정한 사회현상이 직접적으로는 경제와 무관한 것임에도 불구하고 그 발생원인을 경제문제에서 찾으려는 이론이다.
③ (○) 플레빌의 이익집단이론은 경제환원이론이나 공동화이론을 부정하는 입장에서 '그냥 내버려 두면 보호받지 못한 채로 방치될 만한 재산을 민간경비가 보호한다'는 이론이다.
④ (○) 경찰의 근본적 역할 및 기능은 개인의 안전과 사유재산의 보호에 있다는 일반적 통념에 대한 의문에서 출발한 수익자부담이론은 경찰의 공권력 작용은 질서유지, 체제수호와 같은 거시적 측면에서 이루어지고, 개인의 안전과 보호는 해당 개인이 책임져야 한다는 입장이다.

44 정답 ❹

경비관리 책임자의 역할이 바르게 연결된 것은 ④이다.
①은 조사상의 역할(조사활동), ②는 관리상의 역할, ③은 예방상의 역할에 관한 내용이다.

핵심만콕	경비관리 책임자(=경비부서 관리자)의 역할

구 분	내 용
예방상의 역할	경비원에 대한 감독, 순찰, 화재와 경비원의 안전, 경비활동에 대한 규칙적인 감사, 출입금지구역에 대한 감시, 교통통제, 경보시스템, 조명, 울타리, 통신장비 등과 같은 모든 경비장비들의 상태 점검 등
관리상의 역할	예산과 재정상의 감독, 경비문제를 관할하는 정책의 설정, 사무행정, 조직체계와 절차의 개발, 경비부서 직원에 대한 교육·훈련 과정의 개발, 모든 고용인들에 대한 경비교육 등
경영상의 역할	기획, 조직화(기획의 조직화), 채용, 지도, 감독, 혁신 등
조사상의 역할	경비의 명확성, 회사규칙의 위반과 이에 따르는 모든 손실에 대한 조사, 회계 감사, 일반 경찰과 소방서와의 유대관계, 관련 문서의 분류(확인) 등

45 정답 ❸

제시된 내용 중 옳지 않은 것은 ㄱ, ㄴ, ㅁ이다.

ㄱ.(×) 개인의 본래 활동을 방해하지 않으면서 범죄예방효과를 극대화시키는 데 목표를 두고, 범죄의 원인을 개인적 요인보다는 환경적 요인에서 찾는다.
ㄴ.(×) CPTED의 기본전략은 자연적인 접근통제와 감시, 영역성의 강화에서 출발한다.
ㅁ.(×) 뉴만이 확립한 방어공간(Defensible Space) 개념으로부터 제퍼리(Jeffery)가 CPTED의 개념을 제시하였다.
ㄷ.(○) CPTED는 물리적 환경을 개선함으로써 범죄를 억제하고 주민의 불안감을 해소하는 제도로, 환경적인 요소가 인간의 행동 및 심리적 성향을 자극하여 범죄를 예방한다고 보는 환경행태적인 이론과 모든 인간이 잠재적 범죄 욕망을 가지고 있다는 전제하에 사전에 범행기회를 차단한다는 것에 기초를 두고 있다.
ㄹ.(○) 범죄예방 구조모델 개념은 사회현상에서 발생하는 모든 문제에 대한 예방은 본질적인 문제인식과 접근방법이 동일하다고 보는 관점으로서 CPTED와 관련된다.

46 정답 ❸

③ (○) 일본에서 민간경비원들은 업무의 특수성으로 말미암아 헌법에 규정된 국민의 권리를 침해할 염려가 있으므로 이에 대한 각별한 주의를 필요로 한다.
① (×) 일본 민간경비원은 사인(私人)으로서의 지위 이상의 특권이나 권한을 부여받지 않는다.
② (×) 일본의 민간경비원은 특별한 권한이 주어져 있지 않고, 일반 시민이 활동할 수 있는 범위와 동일하기 때문에 법집행 권한이 없다.
④ (×) 일본 민간경비원의 현행범 체포는 위법성이 조각된다.

47 정답 ❸

컴퓨터 범죄의 경우 대부분 내부인의 소행이며, 단독범행이 쉽고 완전범죄의 가능성이 높다.

핵심만콕	컴퓨터 범죄의 특징
범죄동기 측면	• 단순한 유희나 향락 추구 • 지적 탐험심의 충족 욕구 • 정치적 목적이나 산업경쟁 목적 • 회사에 대한 사적 보복 목적
범죄행위자 측면	• 컴퓨터 전문가 : 컴퓨터 시스템이나 회사 경영조직에 전문적인 지식을 갖춘 자들이 범죄를 저지른다. • 범죄의식 희박 • 연소화 경향 • 초범성 : 컴퓨터 범죄행위는 대부분 초범자들이 많다. • 완전범죄 : 대부분 내부인의 소행이며, 단독범행이 쉽고 완전범죄의 가능성이 높으며, 범행 후 도주할 수 있는 시간적 여유가 충분하다.

범죄행위 측면	• 범행의 연속성 : 컴퓨터 부정조작의 경우 행위자가 조작방법을 터득하면 범행이 연속적이며 지속적으로 이루어질 수 있다.
	• 범행의 광역성과 자동성
	   - 광역성(광범위성) : 컴퓨터 조작자는 원격지에서 단말기를 통하여 단시간 내에 대량의 데이터를 처리하므로 광범위하게 영향을 미친다.
	   - 자동성 : 불법한 프로그램을 삽입한 경우나 변경된 고정자료를 사용할 때마다 자동적으로 범죄를 유발하게 된다.
	• 발각과 증명의 곤란 : 데이터가 그 대상이 되므로 자료의 폐쇄성, 불가시성, 은닉성 때문에 범죄 사건의 발각과 증명이 어렵다.
	• 고의의 입증 곤란 : 단순한 데이터의 변경, 소멸 등의 형태에 불과할 경우 범죄의 고의성을 입증하기 어렵다.

48 정답 ❸

융합보안에 관한 설명이다.

핵심만콕   융합보안(Convergence Security)

- 물리보안과 정보보안을 융합한 경비개념으로, 물리적 보안요소(출입통제, 접근감시, 잠금장치 등)·기술적 보안요소(방화벽, 바이러스·취약성 관리, 사용자 인가절차, 백업복구 등)·관리적 보안요소(범죄조사, 정책개발, 인사관리, 윤리조사, 보안감사 등)를 상호 연계하여 보안의 효과성을 높이는 것을 내용으로 한다.
- 보안산업의 새로운 트렌드로 자리 잡은 광역화·통합화·융합화의 사회적 요구를 수용하기 위해 각종 내외부적 정보침해에 따른 대응으로서 침입탐지, 접근통제, 재난·재해 상황에 대한 관제 등을 포함한다.
- 전통 보안산업은 물리영역과 정보(IT)영역으로 구분되어 성장해 왔으나, 현재는 출입통제, CCTV, 영상보안 등의 물리적 환경에서 이루어지는 전통 보안산업과, 네트워크상 정보를 보호하는 정보보안을 접목한 융합보안이 차세대 고부가가치 보안산업으로서 급부상하고 있다.

49 정답 ❸

③ (×) 신자유주의의 확대에 따라 중앙정부 기능의 분산화 또는 쇠퇴와 민영화에 대한 요구가 증가하였고 이는 민간경비산업의 발전을 가져다주는 계기가 되었다.
① (O) 민영화이론은 1980년대 이후 복지국가의 이념에 대한 반성으로서 국가독점에 의한 비효율성을 극복하고자 시장경쟁논리를 도입한 이론으로, 공공지출과 행정비용의 감소효과를 유발하기 위한 방법으로서 제시되었다.
② (O) 민영화를 통하여 서비스에 대한 공급을 줄이게 되면 상대적으로 민간부문이 확대되어 민간의 활동이 활성화될 수 있으며, 자원이용의 효율성을 높일 수 있다.
④ (O) 민영화의 목적은 중앙 또는 지방정부의 공공지출과 행정비용 부담을 줄여 공경비의 역할을 축소하는 대신 국민들이 직접 서비스공급에 참여할 수 있게 하여 서비스의 질 향상과 선택의 폭을 넓히는 것이라고 할 수 있다.

50 정답 ④

[O△X] 기계경비의 단점에 관한 설명이다.

핵심만콕 　인력경비와 기계경비

구 분	인력경비	기계경비
장 점	• 경비업무 이외에 안내, 질서유지, 보호·보관업무 등을 하나로 통합한 통합서비스가 가능 • 인력이 상주함으로써 현장에서 상황이 발생했을 때 신속한 조치가 가능 • 인적 요소이기에 경비업무를 전문화할 수 있고, 고용창출 효과와 고객접점서비스 효과가 있음	• 24시간 경비가 가능 • 장기적으로 소요비용이 절감되는 효과가 있음 • 감시지역이 광범위하고 정확성을 기할 수 있음 • 시간적 취약대인 야간에도 효율성이 높아 시간적 제약을 적게 받음 • 화재예방시스템 등과 동시에 통합운용이 가능 • 강력범죄와 화재, 가스 등으로 인한 인명사상을 예방하거나 최소화할 수 있음 • 기록장치에 의해 사고발생 상황이 저장되어 증거보존의 효과와 책임한계를 명확히 할 수 있음 • 오작동(오경보)률이 낮을 경우 범죄자에게는 경고의 효과가 있고, 사용자로부터는 신뢰를 얻을 수 있음
단 점	• 인건비의 부담으로 경비에 많은 비용이 소요 • 사건이 발생했을 때 인명피해의 가능성이 있음 • 상황연락이 신속하게 이루어지지 않아 사건의 전파에 장애가 발생 • 야간에는 경비활동의 제약을 받아 효율성이 감소 • 경비원이 저임금, 저학력, 고령일 경우 경비의 질 저하가 우려	• 사건 발생 시 현장에서의 신속한 대처가 어려우며, 현장에 출동하는 시간이 필요 • 최초의 기초 설치비용이 많이 소요 • 허위경보 및 오경보 등의 발생률이 비교적 높음 • 전문인력이 필요하며, 유지보수에 비용이 많이 소요 • 고장 시 신속한 대처가 어려움 • 방범 관련 업무에만 가능하며, 경비시스템을 잘 알고 있는 범죄자들에게 역이용당할 우려가 있음

51 정답 ③

[O△X] 방범진단에 관한 설명이다.

핵심만콕

① (×) 방범홍보 : 지역경찰관의 지역경찰활동과 매스컴 등을 통해 각종 경찰업무에 대한 사항과 민원사항, 중요시책 등을 주민에게 널리 알려서 방범의식을 고양하는 동시에 각종 범죄를 방지하기 위한 지도활동
② (×) 경찰방문 : 경찰관이 관할구역 내의 각 가정, 상가 및 기타시설 등을 방문하여 청소년선도, 소년소녀가장 및 독거노인·장애인 등 사회적 약자 보호활동 및 안전사고방지 등의 지도·상담·홍보 등을 행하며 민원사항을 청취하고, 필요시 주민의 협조를 받아 방범진단을 하는 등의 예방경찰활동
④ (×) 생활방범 : 다양한 종류의 실시간 감시카메라와 영상 분석, 영상 저장, VMS 등의 시스템을 연계하여 대규모의 광역감시체계를 운영하는 시스템

52 정답 ❸

( ) 안에 들어갈 내용은 ㉠ : 반응적 경비, ㉡ : 단편적 경비이다.

> **핵심만콕** 경비실시방식에 따른 분류
>
> - 1차원적 경비 : 경비원에 의한 경비 등과 같이 단일 예방체제에 의존하는 경비형태를 말한다.
> - 단편적 경비 : 포괄적·전체적 계획 없이 필요할 때마다 단편적으로 손실예방 등의 역할을 수행하기 위해 추가되는 경비형태를 말한다.
> - 반응적 경비 : 단지 특정한 손실이 발생할 때마다 그 사건에만 대응하는 경비형태를 말한다.
> - 총체적 경비(종합적 경비) : 모든 상황에 대비하기 위하여 인력경비와 기계경비를 종합한 경비형태를 말한다. 특정의 위해요소와 관계없이 언제 발생할지 모르는 상황에 대비하여 인력경비와 기계경비를 종합한 표준화된 경비형태를 말한다.

53 정답 ❸

③ (○) 경비관리실은 가능한 한 건물에서 통행이 많은 곳에 설치한다.
① (×) 직원의 출입구는 주차장으로부터 <u>가급적 멀리 떨어진 곳</u>에 위치해야 한다.
② (×) 경비원의 대기실은 시설물의 출입구와 비상구에서 <u>인접한 곳</u>에 위치해야 한다.
④ (×) 경계구역과 건물출입구 수는 <u>안전규칙의 범위 내에서 최소한으로 유지되어야</u> 한다.

> **핵심만콕** 경비계획 수립의 기본원칙
>
> - 직원의 출입구는 주차장으로부터 가급적 멀리 떨어진 곳에 위치해야 한다.
> - 경비원의 대기실은 시설물의 출입구와 비상구에서 인접한 곳에 위치해야 한다.
> - 경비관리실은 출입자 등의 통행이 많은 곳에 설치해야 한다.
> - 경계구역과 건물출입구 수는 안전규칙의 범위 내에서 최소한으로 유지되어야 한다.
> - 경비원 1인이 경계해야 할 구역의 범위는 안전규칙상 적당해야 한다.
> - 건물 외부의 틈으로 접근·탈출이 가능한 지점 및 경계구역(천장, 공기환풍기, 하수도관, 맨홀 등)은 보호되어야 한다.
> - 잠금장치는 정교하고 파손이 어렵게 만들어져야 하고, 열쇠를 분실할 경우에 대비하여 적절한 조치를 취해야 한다.
> - 비상시에만 사용하는 외부출입구에는 경보장치를 설치해야 하고, 외부출입구의 통행은 통제가 가능해야 한다.
> - 항구·부두 지역은 차량운전자가 바로 물건을 창고 지역으로 움직이지 못하도록 하고, 경비원에게 물건의 선적이나 하차를 보고할 수 있도록 설계되어야 한다.
> - 효과적인 경비를 위해서는 안전경비조명이 설치되어야 하고, 물건을 선적하거나 수령하는 지역은 분리되어야 한다.
> - 외딴 곳이나 비상구의 출입구는 경보장치를 설치해 둔다.
> - 유리창이 지면으로부터 약 4m 이내의 높이에 설치되어 있는 경우에는 센서, 강화유리 등 안전장치를 설치해야 한다.

54 정답 ❷

② (○) 함무라비왕 시대부터 개인차원의 민간경비의 개념과 국가차원의 공경비의 개념이 분리되기 시작하였다.
① (×) 고대 바빌로니아의 함무라비왕에 의해 제정된 함무라비법전에 "눈에는 눈, 이에는 이"라는 말과 같이 같은 피해에는 같은 방법으로 보복을 하는 동해보복형(同害報復形)의 처벌을 규정하고 있었다.
③ (×) 법 집행을 위해 최초의 국가경찰인 자경단원제도를 운영한 것은 기원전 27년 고대 로마시대 아우구스투스 황제이다.
④ (×) 고대 로마시대에는 최초의 비무장 수도경찰을 운영하였다. 즉, 국가적 차원의 경비가 실시되었다. 그러나 로마제국의 몰락 시기(동로마·서로마 분리 : 서기 395년)에는 경비책임이 다시 국가적 차원에서 개인적 차원으로 귀속되었다.

55 정답 ❹

석영등은 백열등처럼 매우 밝은 하얀 빛을 발하며, 빨리 빛을 발산하므로 매우 밝은 조명을 요하는 곳, 경계구역과 사고발생 다발지역에 사용하기에 매우 유용하지만 가격이 비싸다는 단점이 있다.

핵심만콕 경비조명등의 종류 및 경비등의 형태

	경비조명등의 종류	
백열등	• 가정집에서 주로 사용되는 조명으로 점등과 동시에 빛을 방출 • 경비조명으로 광범위하게 이용	
가스방전등	수은등	푸른색의 강한 빛, 긴 수명
	나트륨등	연한 노란색의 빛을 내며 안개지역에 사용
석영등	• 매우 밝은 하얀 빛 • 경계구역과 사고 발생 다발지역에 사용 • 가격이 비쌈	
	경비등의 형태	
가로등	• 설치 장소와 방법에 따라 대칭적인 방법과 비대칭적인 방법으로 설치 • 대칭적인 가로등은 빛을 골고루 발산하며, 특별히 높은 지점의 조명을 필요로 하지 않는 넓은 지역에서 사용되며, 설치 위치도 보통 빛이 비춰지는 지역의 중앙에 위치한다. • 비대칭적인 가로등은 조명이 필요한 지역에서 다소 떨어진 장소에 사용된다.	
투광조명등	• 300~1,000W까지 사용 • 특정 지역에 빛을 집중시키거나 직접적으로 비추는 광선의 형태로 상당히 밝은 빛을 만들 수 있다.	
프레이넬등	• 300~500W까지 사용 • 넓은 폭의 빛을 내는 조명으로 경계구역에의 접근방지를 위해 길고 수평하게 빛을 확장하는 데 유용하게 사용 • 수평으로 약 180°, 수직으로 15~30° 정도의 폭이 좁고 긴 빛을 투사 • 비교적 어두운 시설물에서 침입을 감시하는 경우 유용하게 사용	
탐조등	• 250~3,000W까지 다양하게 사용 • 사고 우려지역을 정확하게 관찰하기 위해 사용하는 데 백열등이 자주 이용된다. • 휴대가 가능 • 외딴 산간지역이나 작은 배로 쉽게 시설물에 접근할 수 있는 위치에 설치	

56 정답 ❹

[○△×] 제시문은 중앙통제관리시스템에 관한 설명이다.

핵심만콕	경보체계(시스템)의 종류
중앙관제시스템 (중앙통제관리시스템)	• 일반적으로 활용하고 있는 경보체계로서 경계가 필요한 곳에 CCTV를 설치하여 활용 • 사태파악이나 조치가 빠르고 오경보나 오작동에 대한 염려가 거의 없음
다이얼 경보시스템	• 비상사태가 발생하였을 경우 사전에 입력된 전화번호(강도 등의 침입이 감지되는 경우는 112, 화재 발생 시는 119)로 긴급연락을 하는 시스템 • 설치가 간단하고 유지비가 저렴한 반면에, 전화선이 끊기거나 통화 중인 경우에는 전혀 연락이 되지 않는 단점이 있음
상주경보시스템	• 조직이 자체적으로 경비부서를 조직하고 경비활동을 실시하는 가장 고전적인 방법으로 각 주요 지점마다 경비원을 배치하여 비상시에 대응하는 방식 • 즉각적인 대응이 가능하고 가장 신속한 대응방법이지만 많은 인력이 필요함
제한적 경보시스템	• 사이렌이나 종, 비상등과 같은 제한된 경보장치를 설치한 시스템으로, 일반적으로 화재예방시설이 이 시스템의 전형 • 사람이 없으면 대응할 수 없다는 단점이 있음
국부적 경보시스템	• 가장 원시적인 경보체계 • 일정 지역에 국한해 한두 개의 경보장치를 설치하여 단순히 사이렌이나 경보음이 울리게 하거나 비상 경고등이 켜지게 하는 방식
로컬경비시스템	경비원들이 시설물의 감시센터에 근무를 하면서 이상이 발견되거나 감지될 때 사고 발생 현장으로 출동하여 사고에 대처하는 방식
외래경보시스템 (외래지원경보시스템)	전용 전화회선을 통하여 비상 감지 시에 직접 외부의 각 관계기관에 자동으로 연락이 취해지는 방식

57 정답 ❸

[○△×] ③ (×) 영미법계는 실질적 개념의 민간경비로 이해하고 민간경비와 공경비의 업무범위가 유사하나, 법 집행 권한에 대한 차이가 있다고 하였다. 일반적으로 영미법계 민간경비원은 대륙법계 민간경비원에 비해 그 권한이 많다고 할 수 있다.
① (○) 실정법에서 규정하고 있는 민간경비는 개념적으로 형식적인 의미의 민간경비에 해당된다. 반면 실질적 의미의 민간경비는 고객(국민)의 생명과 신체 그리고 재산보호, 사회적 손실 감소와 질서유지를 위한 일체의 활동을 말한다.
② (○) 협의의 민간경비 개념은 주체 면에서 고객으로부터 보수를 받고 이에 따른 경비서비스를 제공하는 개인, 단체, 영리기업에 한정한다.
④ (○) 대륙법계는 전통적으로 국가권력의 우월적 지위를 인정하므로 민간경비는 국가(경찰)의 지도・감독 하에 관련법규에 한정된 소극적 역할을 맡았고 사전적・예방적 기능만을 제한적으로 담당한다.

58 정답 ❶

[○△×] 제시된 내용은 모두 백업시스템에 관한 옳은 설명이다.
ㄱ. (○) 백업시스템은 주된 장치가 장애를 일으켰을 때 진행 중이던 작업을 완결시키거나 새로 시작할 수 있도록 설계된 장치로서, 기업체의 모든 업무를 컴퓨터로 처리할 경우 비상사태가 발생하여 컴퓨터에 의해 이루어지는 모든 업무가 마비되는 경우를 대비하여 백업시스템을 수립하여야 한다.
ㄴ. (○) 데이터 파일에 대한 백업 대책으로 옳은 설명이다.

ㄷ. (○) 컴퓨터 기기에 대한 백업 대책으로 옳은 설명이다.
ㄹ. (○) 프로그램에 대한 백업 대책으로 옳은 설명이다.

> **핵심만콕** 백업(Back-up) 대책
>
> - 컴퓨터 기기에 대한 백업 : 컴퓨터 시스템 사용이 불가능하게 될 경우를 대비하여 백업용 컴퓨터 기기를 준비해 둔다.
> - 프로그램에 대한 백업 : 오퍼레이팅시스템과 업무처리프로그램의 경우에 반드시 복제프로그램을 준비해 둔다.
> - 도큐멘테이션(Documentation)에 대한 백업 : 오퍼레이팅시스템의 추가선택 기능에 대한 설명 및 오퍼레이팅시스템의 갱신 및 기록, 사용 중인 업무처리프로그램의 설명서, 주요파일의 구성·내용 및 거래코드 설명서, 오퍼레이팅 매뉴얼, 사용자 매뉴얼 등이 포함되어야 한다.
> - 데이터 파일에 대한 백업 : 데이터 파일, 변경 전의 마스터 파일, 거래기록 파일 등은 기본적으로 백업을 해두어야 한다.

59 정답 ❷

제시된 내용 중 치안서비스 공동생산의 제Ⅳ유형에 해당하는 것은 ㄱ과 ㄹ이다. ㄴ은 제Ⅲ유형, ㄷ은 제Ⅱ유형에 해당한다.

> **핵심만콕** 치안서비스 공동생산
>
> 1. 의 의
>   치안서비스 공동생산이란 '치안서비스의 전달과정에서 주민들이 서비스 생산활동에 참여하는 것'을 의미한다. 공동생산은 정부의 서비스 전달 담당자와의 상호작용을 하면서 주민들의 생산활동에의 참여를 의미한다.
> 2. 특 징
>   ① 경찰 자원의 한계, 공공 및 개인의 안전에 대한 관심의 증가로 인하여 경찰과 주민의 협력에 의한 치안서비스 공동생산이 범죄예방을 위한 주요한 과제로 떠오르게 되었다.
>   ② 최근에는 민간경비 분야도 공동생산의 한 주체로 파악하는 경향이 있다. 특히 자치경찰제를 도입할 때 유용한 개념으로 적용될 것이다.
> 3. 치안서비스 공동생산의 유형

구 분		시민들 간의 협동 수준	
		개인적 활동	집단적 활동
경찰과의 협조 수준	소극적	제Ⅰ유형(개인적·소극적 자율방범활동) • 집을 범죄로부터 보호하는 활동 : 비상벨 설치, 추가 자물쇠 설치, 집 바깥에 야간등 설치 활동 • 자신의 몸을 보호하는 활동 : 호신술 훈련, 호루라기 휴대, 위험한 곳 피해 다니기 등의 활동	제Ⅲ유형(집단적·소극적 자율방범활동) • 지역주민이 독립적, 자율적으로 주민단체를 결성(강도, 주택침입, 성범죄 등 범죄대처) : 지역주민의 범죄예방을 위한 정보 제공, 특정범죄에 대한 주민의 경계심 제고, 자체적인 지역순찰, 야간등 보수 및 증설, 경찰서비스의 대응성 향상을 위한 활동 • 주민공동 경비원의 고용
	적극적	제Ⅱ유형(개인적·적극적 자율방범활동) • 경찰 신고 행위(절도, 강도 등) • 목격한 범죄행위 신고·증인 행위	제Ⅳ유형(집단적·적극적 자율방범활동) • 이웃안전감시단 활동(자율순찰) • 시민자율순찰대 활동

60 정답 ❷

제시된 내용 중 옳지 않은 것은 ㄱ과 ㄹ이다.
ㄱ.(×) 적외선변화감지시스템은 사람 눈에 보이지 않는 근적외선을 쏘는 투광기와 이를 받는 수광기로 되어 있는데, 그 사이를 차단하면 감지하는 원리이다.
ㄹ.(×) 전자계감지시스템은 일정하게 형성된 전기장이나 자기장에 침입이 감지되면 변화되는 전자계를 감지한다. 울타리 침입 시 발생되는 진동, 충격을 감지하는 것은 펜스충격감지시스템이다.
ㄴ.(○) 광케이블감지시스템은 펜스에 설치된 광케이블의 충격과 절단을 감지한다. 낙뢰에 의한 오작동이 있을 수 있고, 펜스 밑이나 위로 침입하는 경우에 대책이 필요하다.
ㄷ.(○) 장력변화감지시스템은 물체에 작용하는 힘과 운동의 관계를 이용하여 일정하게 형성된 철선이나 광케이블의 장력의 변화(절단 포함)를 감지한다.

61 정답 ❷

우리나라 민간경비산업의 발전과정은 ㄱ. 주한 미8군부대의 용역경비 실시(1962년) → ㄴ. 용역경비업법 제정(1976년) → ㅁ. 사단법인 한국경비협회 설립(1978년) → ㄹ. 특수경비원 제도 도입(2001년) → ㄷ. 경비지도사의 직무로 집단민원현장에 배치된 경비원에 대한 지도·감독 추가(2013년) 순이다.

62 정답 ❸

대검찰청은 "나"급에 속하는 국가중요시설이다.

핵심만콕 국가중요시설의 분류 기준

구 분	국가중요시설의 분류 기준	
	중앙경찰학교 2009, 경비	국가중요시설 지정 및 방호 훈령
"가"급 중요시설	국방·국가기간산업 등 국가안전보장에 <u>고도의</u> 영향을 미치는 행정 및 산업시설	• 적에 의하여 점령 또는 파괴되거나, 기능마비 시 <u>광범위한 지역의 통합방위작전 수행</u>이 요구되고, 국민생활에 <u>결정적인</u> 영향을 미칠 수 있는 시설 • 대통령 집무실(용산 대통령실), 국회의사당, 대법원, 정부중앙(서울) 청사, 국방부, 국가정보원 청사, 한국은행 본점
"나"급 중요시설	국가보안상 국가경제·사회생활에 <u>중대한 영향</u>을 끼치는 행정 및 산업시설	• 적에 의하여 점령 또는 파괴되거나, 기능마비 시 <u>일부 지역의 통합방위작전 수행</u>이 요구되고, 국민생활에 <u>중대한</u> 영향을 미칠 수 있는 시설 • 중앙행정기관 각 부(部)·처(處) 및 이에 준하는 기관, 대검찰청, 경찰청, 기상청 청사, 한국산업은행, 한국수출입은행 본점
"다"급 중요시설	국가보안상 국가경제·사회생활에 <u>중요하다고</u> 인정되는 행정 및 산업시설	• 적에 의하여 점령 또는 파괴되거나, 기능마비 시 <u>제한된 지역에서 단기간 통합방위작전 수행</u>이 요구되고, 국민생활에 <u>상당한</u> 영향을 미칠 수 있는 시설 • 중앙행정기관의 청사, 국가정보원 지부, 한국은행 각 지역본부, 다수의 정부기관이 입주한 남북출입관리시설, 기타 중요 국·공립기관
"기타"급 중요시설	<u>중앙부처의 장 또는 시·도지사가 필요하다고 지정한 행정 및 산업시설</u>	–

63 정답 ❸

|O△X| 경비위해요소의 평가 및 분석에 있어서 경비활동의 비용효과 분석을 실시하여야 한다.

> **핵심만콕**
>
> ① (O) 경비위해요소의 형태에는 ⊙ 화재, 폭풍 등의 자연적 위해, ⓒ 신체를 위협하는 범죄, 절도, 좀도둑, 사기 및 특정상황하에서 공공연하게 발생하는 폭력 등의 인위적 위해, ⓒ 화학공장에서의 화재, 강·절도 등에 의해 잠재적 손실이 매우 큰 소매점처럼 위해에 노출되는 정도가 시설물의 처한 상황에 따라 다양하게 나타나는 특정한 위해 3가지가 있다.
> ② (O) 경비위해요소의 분석은 경비위해요소의 인지 → 경비위해요소의 손실발생 가능성 예측 → 예상된 손실에 대한 평가 → 경비활동의 비용효과 분석 순으로 이루어진다.
> ④ (O) 경비위해요소란 경비대상의 안전성에 위험을 끼치는 모든 제반요소를 의미하며, 각종 사고로부터 손실을 예방하고 최적의 안전확보를 위해서는 경비위해요소에 대한 인지와 평가가 선행되어야 한다.

64 정답 ❶

|O△X| ㄱ, ㄷ의 내용이 옳다.
ㄴ. (×) 범죄에 대응하는 방식에 있어서 강력한 경찰조직보다는 자치경비조직의 형태를 추구하였다.
ㄹ. (×) 워싱턴 페리 브링스가 트럭수송회사를 설립, 방탄장갑차를 이용한 현금수송을 개시한 연도는 1859년이다.

65 정답 ❶

|O△X| ① (×) 경비를 필요로 하는 시설 및 장소에서의 도난·화재 그 밖의 혼잡 등으로 인한 위험발생을 방지하는 업무는 시설경비업무이고(경비업법 제2조 제1호 가목), 혼잡·교통유도경비업무는 도로에 접속한 공사현장 및 사람과 차량의 통행에 위험이 있는 장소 또는 도로를 점유하는 행사장 등에서 교통사고나 그 밖의 혼잡 등으로 인한 위험발생을 방지하는 업무이다(경비업법 제2조 제1호 바목).
② (O) 경비업법 제2조 제1호 나목
③ (O) 경비업법 제2조 제1호 라목
④ (O) 경비업법 제2조 제1호 다목

> **관계법령** 정의(경비업법 제2조)
>
> 이 법에서 사용하는 용어의 정의는 다음과 같다. 〈개정 2024.1.30.〉
> 1. "경비업"이라 함은 다음 각목의 1에 해당하는 업무(이하 "경비업무"라 한다)의 전부 또는 일부를 도급받아 행하는 영업을 말한다.
>   가. 시설경비업무 : 경비를 필요로 하는 시설 및 장소(이하 "경비대상시설"이라 한다)에서의 도난·화재 그 밖의 혼잡 등으로 인한 위험발생을 방지하는 업무
>   나. 호송경비업무 : 운반 중에 있는 현금·유가증권·귀금속·상품 그 밖의 물건에 대하여 도난·화재 등 위험발생을 방지하는 업무
>   다. 신변보호업무 : 사람의 생명이나 신체에 대한 위해의 발생을 방지하고 그 신변을 보호하는 업무
>   라. 기계경비업무 : 경비대상시설에 설치한 기기에 의하여 감지·송신된 정보를 그 경비대상시설 외의 장소에 설치한 관제시설의 기기로 수신하여 도난·화재 등 위험발생을 방지하는 업무
>   마. 특수경비업무 : 공항(항공기를 포함한다) 등 대통령령이 정하는 국가중요시설(이하 "국가중요시설"이라 한다)의 경비 및 도난·화재 그 밖의 위험발생을 방지하는 업무
>   바. 혼잡·교통유도경비업무 : 도로에 접속한 공사현장 및 사람과 차량의 통행에 위험이 있는 장소 또는 도로를 점유하는 행사장 등에서 교통사고나 그 밖의 혼잡 등으로 인한 위험발생을 방지하는 업무

66 정답 ❷

경비업법령상 경비업 허가를 받은 법인이 신고하여야 하는 경우는 기계경비업무가 아닌 특수경비업무를 개시하거나 종료한 때이다(경비업법 제4조 제3항 제5호).

> **관계법령** 경비업의 허가(경비업법 제4조)
>
> ③ 제1항의 규정에 의하여 경비업의 허가를 받은 법인은 다음 각호의 어느 하나에 해당하는 때에는 시·도 경찰청장에게 신고하여야 한다. 〈개정 2024.2.13.〉
> 1. 영업을 폐업하거나 휴업한 때
> 2. 법인의 명칭이나 대표자·임원을 변경한 때
> 3. 법인의 주사무소나 출장소를 신설·이전 또는 폐지한 때
> 4. 기계경비업무의 수행을 위한 관제시설을 신설·이전 또는 폐지한 때
> 5. 특수경비업무를 개시하거나 종료한 때
> 6. 그 밖에 대통령령이 정하는 중요사항을 변경한 때
>
> **폐업 또는 휴업 등의 신고(경비업법 시행령 제5조)**
> ④ 법 제4조 제3항 제6호에서 "그 밖에 대통령령이 정하는 중요사항"이라 함은 정관의 목적을 말한다.

67 정답 ❹

④ (×) 전자파 울타리는 광전자식 센서를 보다 복잡하게 개발한 장치로서 레이저광선을 3가닥 내지는 9가닥 정도까지 쏘아서 하나의 전자벽(電子壁)을 만드는 것으로 오보율이 높다.
① (O) 경보장치는 어떤 비정상적인 사건이 발생했을 때 중앙통제센터, 지령실 또는 경찰서 등 관계기관에 신호를 전달하는 장치로 경보장치의 핵심 역할은 침입사실을 외부에 알리고, 전달하는 것이다.
② (O) 경비원이 미처 인식하지 못하는 감시 사각지역이나 경비 취약지역까지도 경비업무를 할 수 있도록 도와주는 2차적인 방어장치라 할 수 있다.
③ (O) 열감지기는 물체나 인체에서 발산하는 원적외선 에너지의 변화량을 감지하는 수동형 감지기이다.

68 정답 ❶

① (O) 미국은 대부분 주정부 차원에서 경비업 인·허가 및 면허증·자격증 발급과 관련된 법규를 제정하고 있다. 따라서 주에 따라 규제방식과 실태가 다르다고 할 수 있다.
〈참고〉 김두현·박형규, 「신민간경비론」, 솔과학, 2018, P. 100
② (×) 독일의 일반적인 경찰행정은 주 관할하에 놓여 있으며, 독일 헌법에서는 민간경비에 관한 특별한 조항은 두고 있지 않다. 또한 민간경비에 관한 허가제는 영업법 제34a조에서 규정하고 있다. 즉, 영업적인 생활 또는 타인의 재산을 경비하고자 하는 자는 관할청의 허가를 필요로 한다(영업법 제34a조 제1항 제1단). 따라서 독일에서는 국가경찰청장이 경비업의 허가권자라는 지문은 옳지 않다.
〈참고〉 김두현·박형규, 「신민간경비론」, 솔과학, 2018, P. 111
③ (×) 일본의 경우 경비업법 제정 당시에는 신고제로 운영되었다가 1982년 허가제로 바뀌었다.
④ (×) 우리나라는 법인이 아니면 경비업을 영위할 수 없다(경비업법 제3조).

69 정답 ❸

청원경찰의 근무배치 및 감독은 청원주가 동일 경비지역 내에서는 민간경비업자에게 위임하고 있지만(청원경찰법 시행령 제19조 제1항), 임용 및 해임 등의 집행권한은 위임하고 있지 않다. 그러므로 실제적으로 일관된 지휘를 통한 신속한 대응이 미흡하여 경비업무의 비능률성을 초래한다.

70 정답 ❸

③ (○) 계약경비는 자체경비보다 고용주의 요구에 맞는 경비서비스를 제공함으로써 경비 프로그램 전반에 걸쳐 전문성을 갖춘 경비인력을 쉽게 제공할 수 있다.
① (×) 경비회사로부터 훈련된 경비원을 파견받아서 운용하는 것은 계약경비이다. 즉, 경비서비스를 전문으로 하는 외부 경비업체와의 계약을 통해 운용하는 것을 말한다.
② (×) 자체경비는 개인 및 기관, 기업 등이 중요하다고 판단되는 자신들의 보호대상을 보호하기 위하여 자체적으로 관련 업무를 수행할 수 있는 경비부서를 조직화하는 것이다.
④ (×) 계약경비는 자체경비보다 경비수요의 변화에 따라 탄력적으로 기존 경비인력을 감축하거나 추가적으로 고용을 확대할 수 있다.

71 정답 ❸

③ (×) 경비원은 폭발물이 설치되어 있을 것으로 예상되는 지역을 전부 봉쇄한 다음 전문가를 동원하여 폭발물이 있는지 여부를 탐색하게 하고, 폭발물의 제거는 오로지 폭발물전문가에 의해서만 처리되어야 한다.
① (○) 협박전화 시 대응으로 경비원은 경비책임자에게 보고하고, 건물 내 폭발물에 의한 위협이 감지되면 경찰서나 소방서 등 관련기관에 신속하게 연락하여야 한다.
② (○) 폭발물에 의한 테러 위협을 당하면 우선적으로 사람을 건물 밖으로 대피시켜야 한다. 다만, 폭발물을 설치한 범인이 사람의 이동을 감지하여 그대로 폭파시킬 수 있으므로 대피는 매우 신중해야 한다.
④ (○) 경비원은 대피활동으로써 폭발물의 폭발력을 약화시키기 위해서 모든 창문과 문은 열어 두어야 한다.

72 정답 ❹

④ (×) 일반경비원은 경비업의 허가를 받은 법인(경비업자)이 채용한 피고용인으로 시설경비업무, 호송경비업무, 신변보호업무, 기계경비업무의 4가지 종류의 경비업무를 수행하는 자를 말한다. 일반경비원의 권한은 사인과 같으며 특별한 권한을 갖지 않는다. 다만 정당방위, 긴급피난, 자구행위가 가능하며 현행범 체포가 가능하다.
① (○) 사인(私人)적 지위를 가진 민간경비원이 증거를 수집할 수 있다는 형사소송법상 규정은 존재하지 않는다. 다만, 민간경비원이 수집한 증거를 어떻게 처리할 것인가와 관련하여 증거능력(추상적으로 증거조사의 대상이 될 수 있는 자격)이 인정되지는 않으나, 법정에서 소송 당사자에 의하여 증거로서 원용될 경우 증거력(증명력, 증거가치)이 인정될 수는 있다.
② (○) 민간경비원의 법적 지위는 일반 사인과 같으므로 일정한 경우에 정당방위, 긴급피난, 자구행위 등을 할 수 있다.
③ (○) 모든 민간경비원을 전형적인 공무수탁사인으로 보기는 어렵지만, 경비업법상의 특수경비원의 직무는 공무수탁사인의 한 형태로 볼 수 있다.

73 정답 ❶

현재 경찰청에서 경비업법상 경비업을 관리하고 있는 부서는 범죄예방대응국이다(경찰청과 그 소속기관 직제 시행규칙 제7조 제5항 제7호).

74 정답 ❹

④ (✕) 민간경비성장이론 중 치안서비스 공동생산이론은 민간경비를 공경비의 보조적 차원이 아닌 주체적 차원으로 인식하여, 치안서비스 생산과정에서 공공부분의 역할수행과 민간부분의 공동참여로 인해 민간경비가 성장했으며, 민간경비가 독립된 주체로서 참여한다는 이론으로 민간의 참여를 활성화하는 데 기여하고 있다고 할 것이다. 비용공동부담이론은 민간경비의 성장이론과 직접적인 관련이 없는 이론으로서 민간방범활동의 활성화와 관련이 없다.

① (○), ② (○) 현대사회의 발전과 더불어 범죄의 양적 · 질적 심화로 인해 경찰은 역할 한계에 직면하여 효율적인 범죄예방역할을 하지 못하게 되었고 국민들의 안전의식 확대로 인해 범죄예방활동에 대한 참여 욕구는 점차 증가하고 있다. 이러한 범죄환경의 변화와 국민들의 안전의식 제고로 민간의 자발적인 협조와 민 · 경 간의 공동노력이 활성화되고 있다.

③ (○) 자율방범대는 자원봉사자를 중심으로 지역 주민이 지역 단위로 조직하여 관할 지구대와 상호 협력관계를 갖고 방범활동을 하는 자율봉사 조직이다.

75 정답 ❷

② (✕) 인접국가 간의 오랜 종교적 · 문화적 · 민족적 갈등과 대립 심화로 국제 테러리즘의 위협이 증가하여 국제사회가 공동으로 협력 · 대응하고 있다.

① (○) 이념적 대결의 양극체제가 붕괴되면서 미국 독주의 다극화된 경제실리주의로 국제정세가 변화되었다.

③ (○) 마약 및 소형 총기거래, 해적행위, 컴퓨터 범죄, 불법이민, 불법자금세탁 등 초국가적 범죄가 중요 문제로 부각되면서 국제적 연대가 활성화되었다.

④ (○) 국제화, 개방화로 인해 내국인의 해외범죄, 외국인의 국내범죄, 밀수, 테러 등의 국제범죄가 증가하고 있다.

76 정답 ❷

제시문의 ㄱ~ㄷ에 들어갈 내용은 순서대로 최고수준경비(Level Ⅴ), 중간수준경비(Level Ⅲ), 상위수준경비(Level Ⅳ)이다.

핵심만콕	경비의 중요도에 따른 분류(경비계획의 수준)
\multicolumn{2}{l}{최저수준경비, 하위수준경비, 중간수준경비, 상위수준경비, 최고수준경비의 5단계로 구분할 수 있다.}
최저수준경비 (Level Ⅰ)	일정한 패턴이 없는 불법적인 외부침입을 방해할 수 있도록 계획된 경비시스템으로, 보통 출입문, 자물쇠를 갖춘 창문과 같은 단순한 물리적 장벽이 설치된다(예 일반가정 등).
하위수준경비 (Level Ⅱ)	일정한 패턴이 없는 불법적인 외부침입을 방해하고 탐지할 수 있도록 계획된 경비시스템으로, 일단 최저수준경비의 단순한 물리적 장벽이 설치되고, 거기에 보강된 출입문, 창문의 창살, 보다 복잡한 수준의 자물쇠, 조명시스템, 기본적인 경보시스템 및 안전장치가 설치된다(예 작은 소매상점, 저장창고 등).
중간수준경비 (Level Ⅲ)	대부분의 패턴이 없는 불법적인 외부침입과 일정한 패턴이 없는 일부 내부침입을 방해·탐지·사정할 수 있도록 계획된 경비시스템으로, 경계지역의 보다 높은 수준의 물리적 장벽, 보다 발전된 원거리 경보시스템, 기본적인 의사소통장비를 갖춘 경비원 등을 갖추고 있다(예 큰 물품창고, 제조공장, 대형 소매점 등).
상위수준경비 (Level Ⅳ)	대부분의 패턴이 없는 외부 및 내부의 침입을 발견·저지·방어·예방할 수 있도록 계획된 경비시스템으로, CCTV, 경계경보시스템, 고도의 조명시스템, 고도로 훈련받은 무장경비원, 경비원과 경찰의 협력시스템 등을 갖추고 있다(예 교도소, 제약회사, 전자회사 등).
최고수준경비 (Level Ⅴ)	일정한 패턴이 전혀 없는 외부 및 내부의 침입을 발견·억제·사정·무력화할 수 있도록 계획된 경비시스템으로, 최첨단의 경보시스템과 현장에서 즉시 대응할 수 있는 24시간 무장체계 등을 갖추고 있다(예 핵시설물, 중요 군사시설 및 교도소, 정부의 특별연구기관, 일부 외국 대사관 등).

77 정답 ❷

제시문의 ㄱ과 ㄴ에 들어갈 내용은 순서대로 트랩도어(Trap Door), 스캐빈징(Scavenging)이다.

핵심만콕	컴퓨터 범죄
살라미 기법 (부분잠식수법)	금융기관의 컴퓨터 시스템에서 이자 계산 시나 배당금 분배 시 단수 이하로 떨어지는 적은 금액을 특정 계좌로 모으는 수법, 즉 어떤 일을 정상적으로 수행하면서 관심 밖에 있는 조그마한 이익을 긁어모으는 수법이다.
슈퍼재핑 (운영자 가장수법)	컴퓨터의 고장을 수리하는 것처럼 하면서 그 안에 수록되어 있는 자료를 수퍼잽(컴퓨터가 고장으로 인해 가동이 불가능할 때 비상용으로 사용되는 프로그램)을 통하여 부정조작하거나 입수하는 수법이다.
스캐빈징 (쓰레기 주워 모으기)	컴퓨터 작업 수행 후 주변에서 정보를 획득하는 방법으로, 쓰레기통이나 주위에 버려진 명세서 또는 복사물을 찾아 습득하거나 컴퓨터 기억장치에 남아 있는 것을 찾아내서 획득하는 방법이다.
트랩도어 (함정문수법)	OS나 대형 응용프로그램을 개발하면서 전체 시험실행을 할 때 발견되는 오류를 쉽게 수정하거나 처음부터 중간에 내용을 볼 수 있는 부정루틴을 삽입해 컴퓨터의 정비나 유지보수를 핑계 삼아 컴퓨터 내부의 자료를 뽑아가는 행위를 말한다.

78 정답 ❸

③ (O) 체인링크(Chain link)의 기능과 장점에 관한 설명으로 옳다.
① (×) 경첩은 외부로 노출되면 파손가능성이 있으므로 되도록 내부에 설치해야 하며, 연결핀은 유동적이어야 한다.
② (×) 외부 출입통제가 1차 보호시스템이고, 내부통제가 2차 보호시스템이다.
④ (×) 안전유리는 동일한 두께의 콘크리트 벽에 비해 충격에 강하고 외관상 미적 효과가 있다.

79 정답 ❶

① (×) 불법감청은 형법이 아닌 통신비밀보호법에서 규제하고 있다.
②는 형법 제314조 제2항에서, ③은 형법 제366조에서, ④는 형법 제347조의2에서 각각 규정하고 있다.

80 정답 ❷

② (×) 민간경비분야는 대표적인 수익자부담의 원리가 적용되는 분야이다. 경찰력과 같은 공경비는 국민의 세금으로 운용되나 개인의 필요에 의한 민간경비는 소비자의 경제능력이 이용에 큰 영향을 미친다.
① (O) 공경비는 일반 국민(모든 시민)을 위하여 경비업무를 수행하고 민간경비는 특정고객을 위하여 경비업무를 수행한다.
③ (O) 과거 공경비 중심의 치안 체계는 인력 부족, 비효율성, 부패 등의 문제점을 드러내면서 민간경비의 등장을 촉진하였다.
④ (O) 민간경비는 불특정 일반국민을 대상으로 범죄예방을 포함한 법에 근거한 다양한 법집행을 담당하는 공경비와 달리 특정한 의뢰인(고객)의 생명, 신체, 재산보호 및 질서유지(범죄예방활동)를 담당한다. 즉, 민간경비는 공경비에 비해 사전적·특정적·제한적 활동을 특징으로 한다.

제2회 법학개론

문제편 028p

정답 CHECK

01	02	03	04	05	06	07	08	09	10	11	12	13	14	15	16	17	18	19	20
①	③	③	②	④	①	④	④	①	②	①	③	③	②	①	③	②	④	②	④
21	22	23	24	25	26	27	28	29	30	31	32	33	34	35	36	37	38	39	40
②	①	②	④	④	②	④	②	②	④	③	②	④	②	①	①	④	③	④	②

01 정답 ❶

① (○) 추정은 증거로 확정하지 못한 사실을 우선 있는 그대로 확정하여 법률효력을 발생시키는 것이다.
② (×) 추정으로 인하여 발생한 법률효과는 당사자의 반증으로 번복될 수 있다.
③ (×) 2인 이상이 동일한 위난으로 사망한 경우에는 동시에 사망한 것으로 추정한다(민법 제30조).
④ (×) 생사불명의 상태가 장기간 계속되고 있는 자를 일정한 요건과 절차에 의하여 사망한 것으로 하는 가정법원의 신고를 실종선고라고 한다. 실종선고로 인하여 실종자는 사망한 것으로 간주되며, 생존의 사실 등의 반증만으로 실종선고의 효과를 다툴 수는 없다.

02 정답 ❸

③ (×) 위헌법률심판제도는 평상적 헌법수호수단 중 사후교정적 수단에 해당한다.
① (○) 저항권이란 헌법질서 또는 기본권을 침해하는 공권력에 대하여 주권자로서의 국민이 헌법질서를 유지·회복하고 기본권을 수호하기 위하여 공권력에 저항할 수 있는 비상수단적 권리인 동시에 헌법수호제도에 해당한다. 우리 헌법상 저항권에 관한 직접적인 규정이 없어, 저항권을 인정할 수 있을지 문제되는데, 대법원은 부정하나 헌법재판소는 긍정하는 입장이다.
② (○) 헌법수호수단에는 평상적 헌법수호수단과 비상적 헌법수호수단이 있으며 평상적 헌법수호수단에는 사전예방적 수단과 사후교정적 수단이 있는데, 대통령의 헌법수호의무의 선서는 사전예방적 수단에 해당한다.
④ (○) 비상적 헌법수호수단에는 국가긴급권(대통령의 계엄선포권, 긴급명령권, 긴급재정경제처분·명령권)과 저항권이 있다.

03 정답 ③

③ (×) 관습법은 법원(法源)으로서 법령에 저촉되지 아니하는 한 법칙으로서의 효력이 있는 것이고, 또 사회의 거듭된 관행으로 생성한 어떤 사회생활규범이 법적 규범으로 승인되기에 이르렀다고 하기 위하여는 헌법을 최상위 규범으로 하는 전체 법질서에 반하지 아니하는 것으로서 정당성과 합리성이 있다고 인정될 수 있는 것이어야 하고, 그렇지 아니한 사회생활규범은 비록 그것이 사회의 거듭된 관행으로 생성된 것이라고 할지라도 이를 법적 규범으로 삼아 관습법으로서의 효력을 인정할 수 없다(대판[전합] 2005.7.21. 2002다1178). 가정의례준칙은 대통령령으로 제정된 법령이므로 가정의례준칙에 배치되는 사회생활규범은 관습법으로서의 효력을 인정할 수 없다.

① (○) 민사에 관하여 법률에 규정이 없으면 관습법에 의하고 관습법이 없으면 조리에 의한다(민법 제1조). 민법 제1조의 '법률'은 광의의 법률(실질적 의미의 법률)로서 민법전, 민사특별법, 조약, 명령, 규칙, 자치법규, 조례 등이 포함된다.

② (○) 분묘기지권, 관습법상의 법정지상권, 동산의 양도담보 등이 판례상 인정된 관습법에 해당한다.

④ (○) 조리란 사람의 건전한 상식으로 판단할 수 있는 사물의 본질적 도리로서 경험법칙 · 사회통념 · 사회적 타당성 · 공서양속 · 신의성실 · 정의 · 형평의 원칙 등을 총칭하는 것으로 법의 흠결 시에 최후의 법원으로서 재판의 준거가 된다.

04 정답 ②

② (×) 정당은 그 목적 · 조직과 활동이 민주적이어야 하며, 국민의 정치적 의사형성에 참여하는 데 필요한 조직을 가져야 한다(헌법 제8조 제2항).

① (○) 헌법 제8조 제1항
③ (○) 헌법 제8조 제4항
④ (○) 헌법 제8조 제3항

05 정답 ④

④ (×) 이사의 보수는 정관에 그 액을 정하지 아니한 때에는 주주총회의 결의로 이를 정한다(상법 제388조).

① (○) 상법 제383조 제2항
② (○) 상법 제385조 제1항 본문
③ (○) 상법 제385조 제1항 단서

06 정답 ①

법실증주의 시대에서는 법의 실증성과 안정성을 유지하기 위하여 정의나 합목적성이 소홀히 취급되었으며, 근대 자연법의 전성기에는 정의를 가장 중시하였다.

07 정답 ❹

④ (×) 형사피의자 또는 형사피고인으로서 구금되었던 자가 법률이 정하는 불기소처분을 받거나 무죄판결을 받은 때에는 법률이 정하는 바에 의하여 국가에 정당한 보상을 청구할 수 있다(헌법 제28조).
① (○) 적법절차에 의한 공정한 공개재판을 받을 권리는 가장 중요한 국민의 기본권의 하나이어서 헌법 제12조 제1항에서 적법절차에 의하지 아니하고는 처벌을 받지 않을 권리와 제27조 제1항 및 제3항에는 법관의 법률에 의한 공정하고 신속한 공개재판을 받을 권리(재판청구권)를, 그 제4항에는 무죄추정의 원칙을 명문으로 규정하였고, 이러한 기본권들의 실현을 위하여 피고인의 불리한 증거에 대하여는 법관의 면전에서 직접 진술·심리되어야 하고 피고인의 반대신문을 하여 탄핵할 수 있는 권리가 보장되었다(헌재결[전] 1994.4.28. 93헌바26).
② (○) 타인의 범죄행위로 인하여 생명·신체에 대한 피해를 받은 국민은 법률이 정하는 바에 의하여 국가로부터 구조를 받을 수 있다(헌법 제30조).
③ (○) 군인·군무원·경찰공무원 기타 법률이 정하는 자가 전투·훈련 등 직무집행과 관련하여 받은 손해에 대하여는 법률이 정하는 보상 외에 국가 또는 공공단체에 공무원의 직무상 불법행위로 인한 배상은 청구할 수 없다(헌법 제29조 제2항).

08 정답 ❹

의사의 치료행위는 업무로 인한 정당행위로서 위법성이 조각된다.

> **핵심만콕** 정당행위
>
> 사회상규에 위배되지 아니하여 국가적·사회적으로 정당시되는 행위로서 법령에 의한 행위 또는 업무로 인한 행위 기타 사회상규에 위배되지 아니하는 행위를 말한다.
> - 법령에 의한 행위 : 공무원의 직무집행행위, 징계행위, 사인의 현행범 체포행위, 노동쟁의행위 등
> - 업무로 인한 행위 : 의사의 치료행위, 안락사, 변호사·성직자의 직무수행행위 등
> - 기타 사회상규에 위배되지 아니하는 행위 : 소극적 저항행위, 징계권 없는 자의 징계행위, 권리실행행위 등

09 정답 ❶

법의 해석방법 중 (   ) 안에 들어갈 해석방법은 유추해석이다.

10 정답 ❷

② (○) 권한은 타인을 위하여 법률행위를 할 수 있는 법률상의 자격이나 범위로, 이사의 대표권이나 국무총리의 권한, 대리인의 대리권 등이 대표적이다.
① (×) 권원(權原)이란 일정한 법률상 또는 사실상의 행위를 하는 것을 정당화하는 법률상의 원인(근거)이다.
③ (×) 반사적 이익은 법이 일정한 사실을 명하거나 금하고 있는 결과로써 어떠한 자가 저절로 받게 되는 이익으로 법규의 직접 상대방으로 누리는 이익이 아니라 간접적으로 누리는 이익을 말한다. 그 이익을 누리는 자에게 법적인 힘이 부여된 것은 아니므로, 타인이 그 이익의 향유를 방해하더라도 그 보호를 청구하지 못한다.
④ (×) 권능은 권리의 내용을 이루는 개개의 법률상의 힘을 말하며, 대표적으로 소유권자의 소유권에서 파생되는 사용·수익·처분의 권능이 있다.

11 정답 ❶

甲은 형사미성년자인 乙을 교사하여 절도죄를 범하게 하였으므로 어느 행위로 인하여 처벌되지 아니하는 자를 교사하여 범죄행위의 결과를 발생하게 한 자인 간접정범에 해당한다. 간접정범은 교사 또는 방조의 예에 의하여 처벌하므로(형법 제34조 제1항), 교사인 때에는 정범과 동일한 형으로(형법 제31조 제1항), 방조인 때에는 형을 감경하여 처벌한다(형법 제32조 제2항).

12 정답 ❸

③ (×) 수급인이 일을 완성하기 전에는 도급인은 손해를 배상하고 계약을 해제할 수 있다(민법 제673조).
① (○) 경비계약은 민법상 도급계약의 일종으로 당사자의 의사표시 합치만으로도 성립하는 낙성·불요식의 계약이다(민법 제664조 참고).
② (○) 민법 제665조 제1항 단서
④ (○) 전보배상은 본래의 채무이행을 대신하는 손해배상으로 이행에 갈음하는 손해의 배상을 의미한다(민법 제390조 참고).

13 정답 ❸

③ (×) 인보험에서 보험사고가 발생한 경우 또는 만기가 도래한 경우 보험금의 지급을 청구할 수 있는 보험금청구권자를 보험수익자라 한다. 보험수익자는 인보험계약을 체결한 후 피보험자의 보험사고 발생 시 보험금을 지급받게 되는 사람으로 인보험에서만 존재한다.
① (○), ② (○) 보험계약은 당사자 일방(보험계약자)이 약정한 보험료를 지급하고 재산 또는 생명이나 신체에 불확정한 사고가 발생할 경우에 상대방(보험자)이 일정한 보험금이나 그 밖의 급여를 지급할 것을 약정함으로써 효력이 생긴다(상법 제638조).
④ (○) 인보험에서는 자신의 생명이나 신체를 보험에 붙인 보험사고의 객체, 손해보험에서는 피보험이익의 주체로서 보험사고로 인한 손해에 대한 보험금을 보험자에게 청구할 수 있는 보험금청구권자를 피보험자라 한다.

핵심만콕 보험계약의 관계자

보험자	보험사고가 발생하는 경우 보험금 지급의무를 지는 보험회사를 말한다. ★
보험계약자	자기명의로 보험자와 보험계약을 체결하고, 보험료 지급의무를 부담하는 자를 말한다.
피보험자	• 손해보험에서는 피보험이익의 주체로서 보험사고로 인한 재산상의 손해에 대한 보험금을 보험자에게 청구할 수 있는 보험금청구권자를 말한다. ★ • 인보험에서는 자기의 생명이나 신체를 보험에 붙인 보험사고의 객체를 의미한다. ★
보험수익자	인보험에서 보험사고가 발생한 경우 또는 만기가 도래한 경우 보험금의 지급을 청구할 수 있는 보험금청구권자를 의미한다. ★

〈출처〉 이재열 외 6인, 「법학개론」, 집현재, 2023, P. 321

14 정답 ❷

② (○) 회피에 관한 설명이다. 즉, 회피는 법관이 기피의 사유가 있다고 생각하여 스스로 직무집행에서 탈퇴하는 제도이다.
① (×) 기피 : 제척사유가 있는 법관이 재판에 관여하거나, 기타 불공정한 재판을 할 우려가 있을 때 당사자의 신청에 의해 그 법관을 직무집행에서 탈퇴하게 하는 제도이다.
③ (×) 제척 : 법관이 불공평한 재판을 할 현저한 법정의 사유가 있을 때, 그 법관을 직무집행에서 당연히 배제하는 제도이다.
④ (×) 재판 거부 : 일반적으로 국내 법원이 외국인에 대하여 재판을 거부하는 것을 말하며 이에는 외국인의 소송을 수리하지 않는 경우(협의의 재판의 거부), 심리 또는 재판의 부당한 지연이나 재판상 보호 절차를 거부하는 경우(재판 절차의 불공정), 명백히 불공평한 재판을 하는 경우(재판 내용의 불공평), 내국인에 대하여 유죄판결을 집행하지 않거나 집행의 부당한 연기·특사를 하는 경우(재판 집행의 불공평) 등을 포함한다.

15 정답 ❶

규문주의란 소추기관과 재판기관이 분리되지 않고 법관이 소추권과 재판권을 독점하는 주의(主義), 즉 법원이 검사의 소추를 전제로 하지 않고 법원이 직권으로 심리를 개시하여 재판하는 주의이다. 근세 초기 절대주의 시대의 형사절차로서 프랑스혁명을 계기로 자취를 감추었다. 우리나라 형사소송법은 불고불리의 원칙(탄핵주의)을 채택하고 있다.

  우리나라 형사소송법의 기본구조 ★★

- 불고불리의 원칙 : 검사가 공소를 제기하지 않으면 법원은 심판을 개시할 수 없으며, 검사가 공소장에 적시한 피고인과 범죄사실에 한해서만 심판할 수 있는 원칙(국가소추주의, 기소독점주의, 탄핵주의)
- 당사자주의와 직권주의 절충 : 당사자주의를 기본적인 소송구조로 삼고 형벌권의 적정·신속을 위하여 직권주의도 아울러 채택하여 직권주의와 당사자주의를 혼합
- 증거재판주의 : 공소범죄사실의 인정은 적법한 증거에 의하고, 증거에 대한 가치판단은 법관의 자유재량에 맡기는 자유심증주의를 채택 → 증거법정주의의 예외 인정
- 공판중심주의 : 공개주의, 구두변론주의, 직접심리주의, 계속심리주의(집중심리주의)

16 정답 ❸

③ (×) 사법은 개인 상호 간의 권리·의무관계를 규율하는 법으로 민법, 상법, 회사법, 어음법, 수표법 등이 있으며, 실체법은 권리·의무의 실체, 즉 권리나 의무의 발생·변경·소멸 등을 규율하는 법으로 헌법, 민법, 형법, 상법 등이 이에 해당한다. 부동산등기법은 부동산등기에 관한 사항을 규정함을 목적으로 하는 사법이며, 절차법(권리나 의무의 실질적 내용을 실현하는 절차 등을 규율하는 법)이라는 소수 견해가 있으나 다수 견해는 부동산등기법은 공법이며, 절차법이라는 입장이다.
① (○) 자연법(自然法)은 인간이 제정한 법이 아니고 또한 시간과 장소에 따라 변하지 않는 보편타당한 선험적 규범이다.
② (○) 임의법은 당사자의 의사에 따라 그 적용 여부가 결정되는 법이다. 민법·상법 등 대부분의 사법이 이에 해당한다.
④ (○) 근대 자본주의사회에서 일어나는 사회적 부조리를 해결하고자 국가의 개입이 증대되면서 수정자본주의에 입각한 사회법(사법과 공법의 중간영역)이 등장하는 등 사법의 공법화 경향이 생겼다.

17 정답 ❷

|O△X| 제시된 내용 중 옳은 것은 ㄴ, ㄷ, ㅁ이다.
ㄱ.(×) 법은 권리에 대응하는 의무가 있는 반면(양면적), 도덕은 의무에 대응하는 권리가 없다(일면적).
ㄹ.(×) 법이 비록 외면만을 강조하더라도 최근 입법례에 있어서는 민법에서의 선의·악의라든지 형법에서의 고의·과실 등 내면적(내부적) 의사를 고려한다. 즉, 고의나 과실에 따라 그로 인한 법적 효과가 달라질 수 있다.

18 정답 ❹

|O△X| ④ (×) 행정지도가 말로 이루어지는 경우에 상대방이 행정지도의 취지 및 내용과 신분을 적은 서면의 교부를 요구하면 그 행정지도를 하는 자는 직무 수행에 특별한 지장이 없으면 이를 교부하여야 한다(행정절차법 제49조 제2항). 반드시 서면으로 이루어져야 하는 것은 아니다.
① (○) 행정절차법 제48조 제1항
② (○) 행정절차법 제48조 제2항
③ (○) 행정절차법 제49조 제1항

19 정답 ❷

|O△X| 제시문의 ㄱ~ㄷ에 들어갈 숫자는 순서대로 1, 3, 3이므로 그 합은 7이다.

> **관계법령**
>
> **총회의 개최(노동조합 및 노동관계조정법 제15조)**
> ① 노동조합은 매년 1회 이상 총회를 개최하여야 한다.
>
> **임원의 자격 등(노동조합 및 노동관계조정법 제23조)**
> ② 임원의 임기는 규약으로 정하되 3년을 초과할 수 없다.
>
> **단체협약 유효기간의 상한(노동조합 및 노동관계조정법 제32조)**
> ① 단체협약의 유효기간은 3년을 초과하지 않는 범위에서 노사가 합의하여 정할 수 있다.

20 정답 ❹

|O△X| 구성요건해당성·위법성·책임성(유책성)을 범죄의 성립요건이라고 한다. 즉, 구성요건에 해당하는 위법한 행위를 한 자에게 책임이 있는 경우 형법상 범죄가 성립되는 것이고 이들 3요소 중 어느 하나라도 결여되면 범죄는 성립하지 않는 것이다. 객관적 처벌조건은 범죄의 성부와 관계없이 범죄에 대한 형벌권의 발생을 좌우하는 외부적·객관적 사유를 말한다.

21 정답 ❷

|O△X| ② (○) 헌법상 명문의 규정이 없음에도 불구하고 학설과 판례는 알권리를 헌법상의 권리로서 인정하고 있다. 구체적으로 헌법재판소는 알권리를 헌법 제21조의 표현의 자유에서 도출될 수 있다고 하였다(헌재결[전] 1989.9.4. 88헌마22, 1991.5.13. 90헌마133 등).
① 청원권은 헌법 제26조 제1항에서, ③ 단체행동권은 헌법 제33조에서, ④ 신속한 재판을 받을 권리는 헌법 제27조 제3항 전문에서 각각 규정하고 있다.

22 정답 ❶

제시된 내용 중 노동법의 법원에 해당하는 것은 ㄱ, ㄴ, ㄷ이다.
ㄹ. (×) 판례, 고용노동부 등의 예규・질의회신, 지침, 예규 등 행정해석은 노동법의 법원으로 인정되지 않는다.

23 정답 ❷

② (×) 피해자의 법정대리인이 피의자이거나 법정대리인의 친족이 피의자인 때에는 피해자의 친족은 독립하여 고소할 수 있다(형사소송법 제226조).
① (○) 형사소송법 제223조
③ (○) 형사소송법 제227조
④ (○) 절도죄의 피해자가 형사소송법상 고소권자(형사소송법 제223조)이고, 피해자의 채권자는 고소권자에 해당하지 않고 고발할 수 있을 뿐이다.

24 정답 ❹

제시된 내용 중 옳은 것은 ㄱ, ㄷ, ㄹ이다.
ㄱ. (○) 타인을 사용하여 어느 사무에 종사하게 한 자는 피용자가 그 사무집행에 관하여 제3자에게 가한 손해를 배상할 책임이 있다. 그러나 사용자가 피용자의 선임 및 그 사무감독에 상당한 주의를 한 때 또는 상당한 주의를 하여도 손해가 있을 경우에는 그러하지 아니하다(민법 제756조 제1항). 사용자책임 요건을 충족할 경우 甲은 乙에게 손해배상을 청구할 수 있다.
ㄷ. (○) 타인의 생명을 해한 자는 피해자의 직계존속, 직계비속 및 배우자에 대하여는 재산상의 손해 없는 경우에도 손해배상의 책임이 있다(민법 제752조). 사용자책임의 요건을 충족할 경우 甲은 乙에게 丁의 사망을 이유로 한 정신적 손해의 배상을 청구할 수 있다.
ㄹ. (○) 피해자 본인인 丁의 위자료청구권은 민법 제750조에 근거한 것이고, 피해자의 직계존속인 甲의 위자료청구권은 민법 제752조에 근거한 것으로 양자는 별개의 권리이다.
ㄴ. (×) 사용자 또는 감독자가 피용자의 불법행위로 인한 손해를 배상한 경우에는 피용자에 대하여 구상권을 행사할 수 있다(민법 제756조 제3항). 따라서 乙이 甲에게 손해를 배상한 경우에는 乙은 丙에게 구상권을 행사할 수 있다.

25 정답 ❹

④ (×) 집행보전절차는 통상(보통)소송절차 중 판결절차나 강제집행절차에 부수하여 이들 절차의 기능을 돕는 부수절차에 해당한다. 현상을 방치하면 장래의 강제집행이 불가능하거나 현저히 곤란하게 될 염려가 있는 경우에 그 현상의 변경을 금하는 절차로 가압류와 가처분이 있다.
① (○) 소액사건심판절차는 소송물 가액이 3,000만원을 초과하지 아니하는 제1심의 민사사건에 관하여 소송의 신속하고 경제적인 해결을 도모하기 위해서 간이절차에 따라 재판이 진행될 수 있도록 특례를 인정한 절차이다.
② (○) 파산절차는 채무자의 자력이 불충분하여 총채권자에게 채권의 만족을 주지 못할 상태에 이른 경우에 채권자들의 개별적인 소송이나 강제집행을 배제하고 강제적으로 채무자의 전 재산을 관리・환가하여 총채권자의 채권비율에 따라 공평한 금전적 배당을 할 것을 목적으로 행하는 재판상의 절차이다.
③ (○) 독촉절차는 민사분쟁에서 채권자에게 금전 또는 동일한 종류의 것으로 대체될 수 있는 대체물이나 수표와 같은 유가증권을 지급하라는 청구에 대해 변론이나 판결 없이 곧바로 지급명령을 내리도록 하는 간이소송절차이다.

26 정답 ②

간호, 예방·재활, 처치·수술 및 그 밖의 치료는 요양급여에 해당하고(국민건강보험법 제41조 제1항), 장제비는 국민건강보험법상의 부가급여에 해당한다(국민건강보험법 제50조).

> **관계법령** 부가급여(국민건강보험법 제50조)
> 공단은 이 법에서 정한 요양급여 외에 대통령령으로 정하는 바에 따라 임신·출산 진료비, 장제비, 상병수당, 그 밖의 급여를 실시할 수 있다.

27 정답 ④

제시문의 ( )의 ㄱ~ㄹ에 들어갈 숫자의 합은 314이다.
- ㄱ : 행정심판은 처분이 있음을 알게 된 날부터 90일 이내에 청구하여야 한다.
- ㄴ : 청구인이 천재지변, 전쟁, 사변(事變), 그 밖의 불가항력으로 인하여 제1항에서 정한 기간에 심판청구를 할 수 없었을 때에는 그 사유가 소멸한 날부터 14일 이내에 행정심판을 청구할 수 있다.
- ㄷ : 다만, 국외에서 행정심판을 청구하는 경우에는 그 기간을 30일로 한다.
- ㄹ : 행정심판은 처분이 있었던 날부터 180일이 지나면 청구하지 못한다. 다만, 정당한 사유가 있는 경우에는 그러하지 아니하다.

28 정답 ②

② (×) 이사가 없거나 결원이 있는 경우에 이로 인하여 손해가 생길 염려 있는 때에는 법원은 이해관계인이나 검사의 청구에 의하여 임시이사를 선임하여야 한다(민법 제63조).
① (○) 민법 제58조 제2항
③ (○) 민법 제64조 전문
④ (○) 민법 제66조

29 정답 ②

② (×) 소멸시효의 이익은 미리 포기하지 못한다(민법 제184조 제1항).
① (○) 민법 제183조
③ (○) 민법 제184조 제2항
④ (○) 채무자가 소멸시효 완성 후에 채권자에 대하여 채무를 승인함으로써 그 시효의 이익을 포기한 경우에는 그때부터 새로이 소멸시효가 진행한다(대판 2009.7.9. 2009다14340).

30 정답 ④

④ (○) 복대리인은 대리인의 복임권에 의하여 선임된 자이므로, 대리인의 감독을 받을 뿐만 아니라 복대리인의 대리권은 대리인의 대리권의 존재 및 범위에 의존한다. 따라서 복대리인이 선임된 후 대리인의 대리권이 소멸하면 복대리권도 소멸한다.

① (×) 임의대리인 乙은 본인 甲의 승낙이 있거나 부득이한 사유가 있는 때에 한하여 복대리인을 선임할 수 있을 뿐이다(민법 제120조).

② (×) 복대리인 丙이 본인 甲의 지명에 의하여 선임된 경우라도 대리인 乙은 丙이 부적임자임을 알고 甲에게 통지하지 않았다면 책임을 진다(민법 제121조 제2항).

③ (×) 복대리인 丙은 대리인 乙이 자신의 이름으로 선임한 본인 甲의 대리인이므로 본인이나 제3자에 대하여 대리인과 동일한 권리의무가 있다(민법 제123조 제2항).

31 정답 ③

③ (×) 사용자는 근로자에게 1주에 평균 1회 이상의 유급휴일을 보장하여야 한다(근로기준법 제55조 제1항). 주휴일은 반드시 일요일에 부여하여야 하는 것은 아니다.

① (○) 근로기준법 제54조 제1항
② (○) 근로기준법 제54조 제2항
④ (○) 법 제55조 제1항에 따른 유급휴일은 1주 동안의 소정근로일을 개근한 자에게 주어야 한다(근로기준법 시행령 제30조 제1항).

32 정답 ②

② (×) 범죄사실의 일부에 대한 공소의 효력은 범죄사실 전부에 미친다(형사소송법 제248조 제2항).
① (○) 형사소송법 제246조·제247조
③ (○) 형사소송법 제252조 제1항
④ (○) 형사소송법 제253조 제3항

33 정답 ④

「민법」상 규정된 15가지 전형계약에는 증여, 매매, 교환, 소비대차, 사용대차, 임대차, 고용, 도급, 여행계약, 현상광고, 위임, 임치, 조합, 종신정기금, 화해가 있다. 경개, 공탁, 대물변제 등은 무명계약에 속한다.

34 정답 ②

② (×) 헌법전문의 법적 효력에 대해서는 학설 대립으로 논란의 여지가 있으므로 전문이 본문과 같은 법적 성질을 '당연히' 내포한다고 단정할 수 없다.

① (○) 우리 헌법전문은 헌법을 만들 권한이 국민에게 있다는 것과 헌법의 내용이 국민의 의사에 따라 결정된다는 것을 밝히고 있다.

③ (○) 헌법전문은 헌법본문을 비롯한 모든 하위 법령의 해석기준이 될 뿐만 아니라, 헌법재판소에 의하면 헌법전문은 구체적이고 개별적인 입법을 함에 있어 따라야 할 기준이 된다(헌재결[전] 1989.1.25. 88헌가7).

④ (○) 헌법전문은 본문을 비롯한 모든 법규범의 내용을 한정하고 그 타당성의 근거가 된다. 따라서 한 국가의 법체계에서 최상위의 근본규범이다.

35 정답 ①

① (×) 신고는 사인(私人)이 공법적 효과의 발생을 목적으로 행정청에 대하여 일정한 사항을 알리는 공법상의 행위를 말한다.
② (O) 특정한 법률사실 또는 법률관계의 존부(存否)·정부(正否)에 관하여 의문이나 분쟁이 있는 경우에 행정청이 이를 공권적으로 판단·확정하는 준법률행위적 행정행위이다. 확인행위의 공통된 효과는 그것이 판단의 표시로서 기존의 사실 또는 법률관계를 유권적으로 확정하는 행위이므로 불가변력 내지 존속력이 발생하는 점에 있다. 확인행위의 예로는 국가시험합격자 결정, 도로구역의 결정, 발명권의 특허, 교과서의 검정 등을 들 수 있다.
③ (O) 특정한 법률사실 또는 법률관계의 존재를 공적으로 증명하는 준법률행위적 행정행위이다. 그 예로는 부동산등기부·외국인등록부에의 등기·등록, 선거인명부·토지대장 등에의 등재(登載), 회의록·의사록에의 기재, 졸업증서·등록증·공정증서와 같은 각종 증명서발부, 여권발급 등이 있다. 공증행위의 공통적인 효과는 증명이 반증에 의하지 아니하고는 전복될 수 없는 공적 증거력을 발생하는 점에 있다.
④ (O) 특정인 또는 불특정다수인에 대하여 특정한 사실을 알리는 준법률행위적 행정행위이다. 통지의 효과는 직접 법령에 의하여 발생한다. 통지행위에는 특허출원의 공고, 귀화공고 등과 같은 관념의 통지와 대집행계고, 납세독촉 등과 같은 의사의 통지 등이 있다. 그런데 통지가 아무런 법률적 효과를 발생하지 아니할 때도 있는바, 이 경우의 통지는 사실행위에 지나지 않으며 준법률행위적 행정행위가 아니다. 법률에 의하여 일정한 법률적 효과가 부여되었을 때에만 통지가 준법률행위적 행정행위에 속한다.

36 정답 ①

① (O) 설문은 질권 중 동산질권(민법 제329조)에 대한 설명이다. 권리질권은 물건(동산)이 아닌 재산권(채권, 주식 등)을 목적으로 하는 질권을 말한다(민법 제345조 참조).
② (×) 타인의 물건이나 유가증권을 점유한 자가 그 물건이나 유가증권에 관하여 생긴 채권이 있는 경우에 변제받을 때까지 그 물건이나 유가증권을 유치할 수 있는 담보물권을 말한다(민법 제320조 제1항 참조).
③ (×) 채권자가 채무자 또는 제3자가 점유를 이전하지 아니하고 채무의 담보로 제공한 부동산에 대하여 다른 채권자보다 자기채권의 우선변제를 받을 수 있는 담보물권을 말한다(민법 제356조 참조).
④ (×) 채권담보의 목적으로 물건의 소유권을 채권자에게 이전하고 채무자가 이행하지 아니한 경우에는 채권자가 그 목적물로부터 우선변제를 받게 되지만, 채무자가 이행을 하는 경우에는 목적물을 다시 원소유자에게 반환하는 비전형담보물권이다. ★

37 정답 ④

④ (×) 주식회사는 공통된 해산사유뿐만 아니라 회사의 분할 또는 분할합병, 주주총회의 특별결의로 해산된다(상법 제517조).
① (O) 상법 제227조 제3호
② (O) 상법 제287조의38 제2호
③ (O) 상법 제285조 제1항

핵심만콕	회사의 해산사유	
공통된 해산사유		존립기간의 만료 기타 정관으로 정한 사유의 발생, 합병, 파산, 법원의 명령 또는 판결
개별적 해산사유	합명회사	총사원의 동의, 사원이 1인으로 된 때(상법 제227조 제2호 · 제3호)
	합자회사	• 총사원의 동의, 사원이 1인으로 된 때(상법 제269조~제227조 제2호 · 제3호) • 무한책임사원 또는 유한책임사원 한쪽의 전원 퇴사(상법 제285조 제1항)
	유한회사	사원총회의 특별결의(상법 제609조 제1항 제2호)
	주식회사	주주총회의 특별결의 및 회사의 분할 또는 분할합병(상법 제517조 제1호의2 · 제2호)
	유한책임회사	총사원의 동의, 사원이 없게 된 경우(상법 제287조의38 제1호 · 제2호)

38 정답 ❸

③ (×) 법을 위반할 경우 강제력이 동원되지만 양심 등 인간내면을 직접 강제할 수는 없다.
① (○) 법은 어떠한 행위를 행하도록 명하거나 어떠한 행위를 하지 말도록 금지하는 관계를 규정하여 인간의 행위를 규율한다.
② (○) 행위규범이 정하고 있는 명령 또는 금지에 위반하는 경우에는 강제력(형벌, 강제집행)이 발동된다. 이때 강제력의 발동은 재판을 통해서 하게 되므로 이를 재판규범이라고 한다.
④ (○) 법은 '~해야 한다'는 당위법칙(Sollen)이지만, 자연현상은 '~하다'는 존재법칙(Sein)이다.

39 정답 ❹

④ (×) 비상상고가 이유 없다고 인정한 때에는 판결로써 이를 기각하여야 한다(형사소송법 제445조).
① (○) 형사소송법 제441조
② (○) 형사소송법 제443조
③ (○) 형사소송법 제444조 제1항

40 정답 ❷

형사재판청구권은 불법행위로 인한 개인의 기본권 침해가 발생한 경우 그 회복 또는 구제를 청구하는 것으로, 일반 국민은 직접 형사재판을 청구할 권리를 가지지 아니하며 원칙적으로 검사만이 이를 갖는다(형사소송법 제246조).

제2회 민간경비론

> 문제편 039p

정답 CHECK

41	42	43	44	45	46	47	48	49	50	51	52	53	54	55	56	57	58	59	60
①	④	①	②	④	④	④	②	③	②	④	③	③	①	③	③	②	②	④	③
61	62	63	64	65	66	67	68	69	70	71	72	73	74	75	76	77	78	79	80
④	①	④	③	②	③	④	④	④	②	②	②	③	④	④	③	①	②	②	②

41 정답 ①

① (○) 경비란 일반적으로 국가비상사태 또는 긴급중요사태 등 경비사태가 발생하거나 발생할 우려가 있을 때 사회공공의 안녕과 질서를 해하는 개인적 또는 집단적인 불법행위를 조직적인 부대활동으로서 예방·경계·진압하는 경찰활동을 말한다.
② (×) 실질적 개념의 민간경비는 고객의 생명과 신체에 대한 위해를 방지하고 재산을 보호하는 제반활동으로 인식되므로 공공의 안녕과 질서유지 등 공경비가 수행하는 경비활동과 본질적인 차이가 없다. 다만, 경비활동의 주체가 민간과 국가라는 차이만 있을 뿐이다.
③ (×) 양자는 범죄의 예방과 진압, 생산의 손실예방을 통해 사회 공공질서를 유지하는 활동이라는 점에서는 차이가 없으나, 공경비가 업무 수행에 있어 민간경비와는 대조적으로 강제력을 동반한다는 점에서 차이가 있다.
④ (×) 민간경비는 기본적으로 특정 의뢰자로부터 보수를 받고 경비 및 안전에 필요한 서비스를 제공한다는 점에서 영리성을 본질로 하지만, 민간경비의 주요 업무인 범죄예방, 질서유지, 위험방지활동은 공공성과 관련된 활동이므로 민간경비에도 공공성이 요구된다.

42 정답 ④

기계경비시스템을 확대하고 인력경비를 줄이는 것이 민간경비를 활용한 국가중요시설 경비의 효율화 방안이다.

43 정답 ①

제시문이 설명하는 내용은 융합보안이다.

> **핵심만콕** 융합보안(Convergence Security)
>
> • 물리보안과 정보보안을 융합한 경비개념으로, 물리적 보안요소(출입통제, 접근감시, 잠금장치 등)·기술적 보안요소(방화벽, 바이러스·취약성 관리, 사용자 인가절차, 백업복구 등)·관리적 보안요소(범죄조사, 정책개발, 인사관리, 윤리조사, 보안감사 등)를 상호 연계하여 보안의 효과성을 높이는 것을 내용으로 한다.

- 보안산업의 새로운 트렌드로 자리 잡은 광역화·통합화·융합화의 사회적 요구를 수용하기 위해 각종 내외부적 정보침해에 따른 대응으로서 침입탐지, 접근통제, 재난·재해 상황에 대한 관제 등을 포함한다.
- 전통 보안산업은 물리영역과 정보(IT)영역으로 구분되어 성장해 왔으나, 현재는 출입통제, CCTV, 영상보안 등의 물리적 환경에서 이루어지는 전통 보안산업과, 네트워크상 정보를 보호하는 정보보안을 접목한 융합보안이 차세대 고부가가치 보안산업으로서 급부상하고 있다.

44 정답 ❷

가시철선을 6각형 모양으로 만든 철사로 강철철사의 코일형이며, 이는 빠른 설치의 필요성 때문에 주로 군부대에서 많이 사용하고 있다.

45 정답 ❹

④ (×) 신설조직보다 안정된 기존조직의 관리자가 더 많은 부하를 통솔할 수 있다.
① (○) 단순하고 동질적인 업무일수록 통솔범위가 넓어진다.
② (○) 막료부서(참모)의 지원을 많이 받을수록 관리자의 통솔범위가 넓어진다.
③ (○) 분산된 장소보다 집결된 장소에서 더 많은 부하를 통솔할 수 있다.

46 정답 ❹

④ (×) 경비원 선발을 위한 배경조사에 있어서 상호협력이 잘 이루어지고 있다. 우선 경비원의 신원확인을 하고자 하는 경비업주는 민간경비원의 배경조사를 위한 전과조회에 대한 규정을 명시하고 있는 「민간경비고용인가법」에 의해 미국 법무부 장관의 면허를 받아야 한다. 다음으로 면허를 받은 민간경비원의 고용주는 경비원이 되고자 하는 사람으로부터 동의서를 받고 그 사람의 지문을 채취(전자지문도 가능)하여 주(州)의 신원식별국(SIB)으로 보내게 되면, SIB에서 대상자에 대한 주단위의 전과기록을 조회하게 된다.
① (○) 미국에서 민간경비원의 불법행위는 일반인의 불법행위와 동일한 민사책임을 부담하도록 하고 있다. 불법행위법은 민간경비원에게 특별한 권한을 부여하고 있지 않으며, 민간경비원의 행위에 대하여 어느 정도의 제한 규정을 두고 있다.
② (○) 미국에서 경찰관이 행하는 수색과 민간경비원이 행하는 수색에는 상당한 차이가 있다. 민간경비원이 경찰과의 협조하에 활동하거나 민간경비원을 "준경찰(quasi-police)"로 인정하여 주법이나 지방법의 권한하에서 활동하지 않는 한 민간경비원의 행위는 어떠한 경우에 있어서도 일반인과 동일하다.
③ (○) 빌렉(A. J. Bilek)은 민간경비원의 유형을 '경찰관 신분을 가진 민간경비원', '특별한 권한이 있는 민간경비원', '일반시민과 같은 민간경비원'으로 구분하였는데, 그중 우리나라의 청원경찰과 같은 개념이라고 할 수 있는 유형은 '특별한 권한이 있는 민간경비원'이다. 특별한 권한이 있는 민간경비원은 제한된 근무지역 내에서 경찰업무를 일부 행하는 경비원으로서 학교, 공원지역이나 주지사, 보안관, 시 당국, 정부기관에 의해 특별한 경찰업무를 위임받은 민간경비원을 말한다.

47 정답 ❹

④ (×) 컴퓨터 부정사용은 컴퓨터에 관한 업무에 대해 전혀 권한이 없는 자가 컴퓨터가 있는 곳에 잠입하거나 원격단말장치를 사용하는 방법으로 컴퓨터를 자기 목적 달성을 위하여 일정한 시간 동안 사용하는 행위로서, 시간절도라고도 한다.
① (○) 컴퓨터 부정조작은 행위자가 컴퓨터의 처리결과나 출력인쇄를 변경시켜서 타인에게 손해를 끼쳐 자신이나 제3자의 재산적 이익을 얻도록 컴퓨터 시스템 자료처리 영역의 정상적인 운영을 방해하는 행위로 입력·프로그램·콘솔·출력 조작으로 구분된다.

② (○) 컴퓨터 스파이는 컴퓨터 시스템의 자료를 권한 없이 획득하거나 불법이용 또는 누설하여 타인에게 재산적 손해를 야기시키는 행위로, 자료와 프로그램의 불법획득과 이용이라는 2개의 행위로 구성된다.
③ (○) 주로 현금자동지급기를 이용한 절도, 사기, 부정사용 등의 범죄를 말한다.

핵심만콕	컴퓨터 부정조작의 종류
입력 조작	불법적인 목적을 달성하기 위해 입력될 자료를 조작하여 컴퓨터로 하여금 거짓 처리결과를 만들어내게 하는 행위로 천공카드, 천공테이프, 마그네틱테이프, 디스크 등의 입력매체를 이용한 입력장치나 입력타자기에 의하여 행하여진다.
프로그램 조작	프로그램을 구성하는 개개의 명령을 변경 혹은 삭제하거나 새로운 명령을 삽입하여 기존의 프로그램을 변경하는 것이다.
콘솔 조작	컴퓨터의 시동·정지, 운전상태 감시, 정보처리 내용과 방법의 변경·수정의 경우 사용되는 콘솔을 거짓으로 조작하여 컴퓨터의 자료처리 과정에서 프로그램의 지시나 처리될 기억정보를 변경시키는 것을 말한다.
출력 조작	특별한 컴퓨터 지식 없이도 할 수 있는 방법으로 올바르게 출력된 출력인쇄를 사후에 변조하는 것이다.

48 정답 ②

② (×) 시설경비업이 아닌 특수경비업에 관한 설명이다.
① (○) 현재 우리나라 민간경비산업은 인력경비업체가 대부분을 차지하고 있으나 향후 인건비 절감을 위해서 인력경비보다 기계경비의 성장이 가속화될 것이다.
③ (○) 민간경비의 수요 및 시장규모가 일부 지역에 편중된 것이 현실이나, 향후에는 지역의 특성과 경비수요에 맞는 민간경비 상품의 개발이 요구될 것이다.
④ (○) 민간경비업체들의 영세성을 탈피하기 위한 경비업체 업무의 다변화가 필요하다. 경비업체 업무의 다변화와 관련하여 경비업법도 2024.1.30. 개정으로 혼잡·교통유도경비업무를 경비업무로 추가하여 2025.1.31.부터 시행 중이다.

49 정답 ③

민영화이론은 1980년대 이후 복지국가의 이념에 대한 반성으로서 국가독점에 의한 비효율성을 극복하고자 시장경쟁논리를 도입한 이론이다. 즉, 공공지출과 행정비용의 감소효과를 유발하기 위한 방법이다.

50 정답 ②

경비위해요소를 분석할 때는 경비활동의 대상이 되는 위험요소들을 각 대상별로 추출해 성격을 파악하여 각각의 요소마다 보호수단을 다르게 적용하여야 한다.

51 정답 ④

야간에는 경비활동의 제약을 받아 효율성이 감소된다.

52 정답 ❸

|O△X| 제시문의 내용은 상위수준경비에 관한 설명이다.

핵심만콕	경비의 중요도에 따른 분류(경비계획의 수준)

최저수준경비, 하위수준경비, 중간수준경비, 상위수준경비, 최고수준경비의 5단계로 구분할 수 있다.

최저수준경비 (Level Ⅰ)	일정한 패턴이 없는 불법적인 외부침입을 방해할 수 있도록 계획된 경비시스템으로, 보통 출입문, 자물쇠를 갖춘 창문과 같은 단순한 물리적 장벽이 설치된다(예 일반가정 등).
하위수준경비 (Level Ⅱ)	일정한 패턴이 없는 불법적인 외부침입을 방해하고 탐지할 수 있도록 계획된 경비시스템으로, 일단 최저수준경비의 단순한 물리적 장벽이 설치되고, 거기에 보강된 출입문, 창문의 창살, 보다 복잡한 수준의 자물쇠, 조명시스템, 기본적인 경보시스템 및 안전장치가 설치된다(예 작은 소매상점, 저장창고 등).
중간수준경비 (Level Ⅲ)	대부분의 패턴이 없는 불법적인 외부침입과 일정한 패턴이 없는 일부 내부침입을 방해·탐지·사정할 수 있도록 계획된 경비시스템으로, 경계지역의 보다 높은 수준의 물리적 장벽, 보다 발전된 원거리 경보시스템, 기본적인 의사소통장비를 갖춘 경비원 등을 갖추고 있다(예 큰 물품창고, 제조공장, 대형 소매점 등).
상위수준경비 (Level Ⅳ)	대부분의 패턴이 없는 외부 및 내부의 침입을 발견·저지·방어·예방할 수 있도록 계획된 경비시스템으로, CCTV, 경계경보시스템, 고도의 조명시스템, 고도로 훈련받은 무장경비원, 경비원과 경찰의 협력시스템 등을 갖추고 있다(예 교도소, 제약회사, 전자회사 등).
최고수준경비 (Level Ⅴ)	일정한 패턴이 전혀 없는 외부 및 내부의 침입을 발견·억제·사정·무력화할 수 있도록 계획된 경비시스템으로, 최첨단의 경보시스템과 현장에서 즉시 대응할 수 있는 24시간 무장체계 등을 갖추고 있다(예 핵시설물, 중요 군사시설 및 교도소, 정부의 특별연구기관, 일부 외국 대사관 등).

53 정답 ❸

|O△X| 제시된 사례는 스미싱(Smishing)에 관한 설명에 해당한다.

핵심만콕	신종금융범죄

신종금융범죄란 기망행위(전기통신수단을 이용한 비대면거래)로써 타인의 재산을 편취하는 특수사기범죄로, 주로 금융 분야에서 발생한다.

피싱(Phishing)	개인정보(Private Data)와 낚시(Fishing)의 합성어로, 금융기관으로 가장하여 이메일 등을 발송하고, 그 이메일 등에서 안내하는 인터넷주소를 클릭하면 가짜 사이트로 접속을 유도하여 은행계좌정보나 개인신상정보를 불법적으로 알아내 이를 이용하는 수법을 말한다.
스미싱(Smishing)	문자메시지(SMS)와 피싱(Phishing)의 합성어로, '무료쿠폰 제공, 모바일 청첩장, 돌잔치 초대장' 등을 내용으로 하는 문자메시지를 발송하고, 그 문자메시지 내 인터넷주소를 클릭하면 스마트폰에 악성코드가 설치되어 소액결제 피해를 발생시키거나(소액결제 방식으로 돈을 편취하거나) 개인의 금융정보를 탈취하는 수법을 말한다.
파밍(Pharming)	PC가 악성코드에 감염되어 정상 사이트에 접속해도 가짜 사이트로 유도되고, 이를 통해 금융정보를 빼돌리는 수법을 말한다
메모리 해킹 (Memory Hacking)	PC의 메모리에 상주한 악성코드로 인해 정상 은행사이트에서 보안카드번호 앞뒤 2자리만 입력해도 부당인출되는 수법을 말한다.

54 정답 ❶

① (✕) 독일의 일반적인 경찰행정은 주 관할하에 놓여 있으며, 독일 헌법에서는 민간경비에 관한 특별한 조항은 두고 있지 않다. 또한 민간경비에 관한 허가제는 영업법 제34a조에서 규정하고 있다. 즉, 영업적인 생활 또는 타인의 재산을 경비하고자 하는 자는 관할청의 허가를 필요로 한다(영업법 제34a조 제1항 제1단). 따라서 독일에서는 국가경찰청장이 경비업의 허가권자라는 지문은 옳지 않다.
〈참고〉 김두현·박형규, 「신민간경비론」, 솔과학, 2018, P. 111
② (○) 일본의 경우 경비업법 제정 당시에는 신고제로 운영되었다가 1982년 허가제로 바뀌었다.
③ (○) 경비업은 법인이 아니면 이를 영위할 수 없다(경비업법 제3조). 따라서 자연인은 경비업을 영위할 수 없다.
④ (○) 미국은 대부분 주정부 차원에서 경비업 인·허가 및 면허증·자격증 발급과 관련된 법규를 제정하고 있다. 따라서 주에 따라 규제방식과 실태가 다르다고 할 수 있다.
〈참고〉 김두현·박형규, 「신민간경비론」, 솔과학, 2018, P. 100

55 정답 ❸

③ (✕) 청원경찰은 청원경찰의 배치결정을 받은 자(청원주)와 배치된 기관·시설 또는 사업장 등의 구역을 관할하는 경찰서장의 감독을 받아 그 경비구역만의 경비를 목적으로 필요한 범위에서 경찰관직무집행법에 따른 경찰관의 직무를 수행한다(청원경찰법 제3조).
① (○) 특수경비원은 국가중요시설의 경비를 위하여 무기를 사용하지 아니하고는 다른 수단이 없다고 인정되는 때에는 필요한 한도 안에서 무기를 사용할 수 있다(경비업법 제14조 제8항 본문). 그러나 현행범인을 제외하고는 수사권이 인정되지는 않는다.
② (○) 경비업법 제14조 제2항. 이를 위반할 경우 경비업법 제28조 제1항 및 제2항 제7호에 규정된 벌칙이 적용된다.
④ (○) 민간경비원의 활동에 의한 증거는 형사소송법상 직접적인 규정이 없다. 다만 법정에서 증거로서 원용될 경우 증거능력이 인정된다.

56 정답 ❸

제시된 내용 중 옳지 않은 것은 ㄴ, ㄹ, ㅁ이다.
ㄴ. (✕) 경비관리실은 건물 내부에서 출입자 등의 통행이 많은 곳에 설치하여야 한다.
ㄹ. (✕) 경비원의 대기실은 시설물의 출입구와 비상구에서 인접한 곳에 위치해야 한다.
ㅁ. (✕) 효과적인 경비를 위해서는 안전경비조명이 설치되어야 하고, 물건을 선적하거나 수령하는 지역은 분리되어야 한다.
ㄱ. (○) 경계구역과 건물출입구 수는 안전규칙의 범위 내에서 최소한으로 유지되어야 한다.
ㄷ. (○) 건물 외부의 틈으로 접근·탈출이 가능한 지점 및 경계구역(천장, 공기환풍기, 하수도관, 맨홀 등)은 보호되어야 한다.

57 정답 ❷

② (✕) 미국의 교통유도원(flagger)제도는 각 주에서 다양한 방법 및 기관을 통해 교육과정을 개설하고 있으며, 일부 주에서는 필기 및 실기시험을 통과한 후 인증서를 발급하여 유도원 채용 시 반드시 인증서를 제출하도록 하는 등 체계적으로 관리하고 있다.
① (○) 경비업법 제12조 제2항 제1호
③ (○) 독일의 민간경비산업은 유럽에서 보기 드물 정도로 일찍이 1901년 최초의 민간경비회사가 설립되었으며, 독일 통일 이후 치안수요의 급격한 증가추세에 힘입어 민간경비산업은 고속성장을 거듭해 오고 있다. 참고로 2001년 독일 전체 민간경비 관련 시장규모는 약 92억 유로(한화 11조 4백억원)였다.
〈출처〉 김재광, 「민간경비 관련법제의 개선방안 연구」, 한국법제연구원, 2004, P. 122~124
④ (○) 경비택시 제도는 불의의 사고, 응급 환자의 발생, 화재, 강도 및 외부인의 불법 침입 등의 긴급 사태가 발생하였을 때, 경비 택시가 출동하여 관계기관에 연락하거나 가까운 의료기관에 통보하는 제도를 말한다.

58 정답 ❷

② (○) 일본의 민간경비원에 대한 법적 지위는 미국과는 달리 사인(私人)으로서의 지위 이상의 특권이나 권한을 부여하고 있지 않다. 따라서 민간경비원의 법집행 권한은 사인의 재산관리권 범위 내에서만 정당화될 수 있으며, 민·형사상 책임에 있어서는 사인과 동일한 지위에서 취급된다.
〈출처〉 김두현·박형규, 「신민간경비론」, 솔과학, 2018, P. 110
① (✕) 미국의 민간경비원에 의한 실력행사는 특권이나 동의 없이 타인의 권리에 대한 침해가 민간경비원에 의해서 발생한 경우 그에게 책임이 발생할 수 있다. 다만, 동의가 없더라도 일반적으로 재산소유자가 자신의 재산에 대한 침해를 막을 수 있는 재산보호라는 자기방어의 경우와 신체적 해악을 가하려는 의도가 명백한 타인에 대하여 정당한 실력행사를 할 수 있는 경우에는 경비활동의 정당성을 부여할 수 있다.
〈출처〉 김두현·박형규, 「신민간경비론」, 솔과학, 2018, P. 101~102
③ (✕) 독일은 민간경비원의 무력행사에 권한을 부여하는 명시적인 법적 근거는 없다.
〈출처〉 김두현·박형규, 「신민간경비론」, 솔과학, 2018, P. 111
④ (✕) 한국의 민간경비원은 법률상 실력행사에 관한 특별한 권한을 가지고 있지 않다. 따라서 민간경비원의 범인체포 등의 행위는 현행범체포를 제외하고는 체포, 감금죄(형법 제276조)를 구성하게 된다. 다만, 정당성이 있는 경우에는 위법성이 조각될 수 있다.

59 정답 ❹

비상계획서에는 대중과 언론에 대한 정보제공에 관한 사항이 포함되어야 한다.

핵심만콕 비상계획서에 포함되어야 할 사항
• 비상업무를 수행할 기관명, 명령지휘부 지정 • 비상시 명령체계와 보고업무체계의 수립(전화번호, 기관) • 경비감독관은 비상위원회에 반드시 포함 • 신속한 이동을 위한 비상팀의 훈련과 조직 • 특별한 대상의 보호, 응급구조 조치 • 비상시 사용될 장비, 시설의 위치 지정(목록, 위치, 수량, 설계도면 등) • 외부기관과의 통신수단 마련과 대중 및 언론에 대한 정보제공

60 정답 ❸
제시문의 ㄱ~ㄷ에 들어갈 내용은 순서대로 예방, 관리, 조사이다.

61 정답 ❹
핑커톤이 탐정사무소를 설립한 연도는 1850년이다.

62 정답 ❶
배제지역에 관한 설명이다.

핵심만콕	운송화물 경비 수립 시 지역별 통제 (무 : 통 > 제 > 배)
통제지역	• 허가된 개인과 차량을 제외한 모든 것의 출입과 행동이 제약을 받게 되는 지역이다. • 일반 사무실, 화장실, 화물도착지, 개개인에 의해 사용될 수 있는 라커룸 등 제한된 한 지역 내에 위치한 모든 시설들을 통제지역으로 지정할 수 있다.
제한지역	• 보다 세심한 정도의 안전이 요구되는 **통제지역 내의 장소**이다. • 파손된 물품, 저장탱크의 분류 및 처리, 그리고 컨테이너의 재수선 등이 이루어진다.
배제지역	• 높은 가치의 화물만을 취급하고 보관하기 위한 곳이다. • 일반적으로 **제한지역 내의 조그마한 방, 금고실** 등으로 구성되어 있다. • 이 지역은 출입을 허가받은 사람의 수가 지극히 제한되어 있고, 항상 감시하에 있어야 한다.

63 정답 ❹
④는 현장조사가 아닌 현장청취에 관한 내용이다. 현장조사는 관련 정보를 확인하고 실제 조사를 통해 잠재된 위험을 찾아내는 업무이다.

64 정답 ❸
③ (×) 미국은 2001년 9·11테러 이후 국토안보부를 설치하였으며, 이는 공항경비 등 민간경비산업이 발전하는 중요한 계기가 되었다. 9·11 테러 이후 공항, 항만, 은행 등 금융기관, 백화점, 호텔, 운동경기장 등 주요시설과 건물들이 테러의 주요대상이 되면서 민간경비는 사회 안전망의 중요한 축이 되었다.
① (O) 현재 미국에서 경찰과 민간경비는 범죄예방활동을 위해 긴밀한 상호 협조체계를 유지하고 있다. 각 주마다 약간의 차이는 있지만, 직업소개소 역할을 하는 경찰노조를 통해 경찰의 50% 정도가 민간경비 회사에서 부업을 하고 있을 만큼, 상호 간의 신분이나 직위 그리고 보수 등에 큰 차이 없이 함께 범죄예방 활동을 수행한다.
② (O) 경비업체는 크게 계약경비업체와 자체경비업체로 나눌 수 있는데, 계약경비업체가 자체경비업체보다 비약적으로 발전하고 있다.
④ (O) 제2차 세계대전 이후 산업경비 필요성에 대한 인식 제고로 민간경비산업이 급속히 발전하였다.

65 정답 ❷

|O|△|X| 단편적 경비에 관한 설명이다.

> **핵심만콕** 경비실시방식에 따른 분류
>
> - 1차원적 경비 : 경비원에 의한 경비 등과 같이 단일 예방체제에 의존하는 경비형태를 말한다.
> - 단편적 경비 : 포괄적·전체적 계획 없이 필요할 때마다 단편적으로 손실예방 등의 역할을 수행하기 위해 추가되는 경비형태를 말한다.
> - 반응적 경비 : 단지 특정한 손실이 발생할 때마다 그 사건에만 대응하는 경비형태를 말한다.
> - 총체적 경비(종합적 경비) : 모든 상황에 대비하기 위하여 인력경비와 기계경비를 종합한 경비형태를 말한다. 특정의 위해요소와 관계없이 언제 발생할지 모르는 상황에 대비하여 인력경비와 기계경비를 종합한 표준화된 경비형태를 말한다.

66 정답 ❸

|O|△|X|
③ (×) 자체경비를 위해서는 많은 인력과 비용이 필요하므로, 보호대상 시설의 규모가 작을수록 자체경비보다는 계약경비를 운용하는 경우가 많다.
① (○) 민간경비의 조직화 과정에서 위험성, 돌발성, 기동성, 조직성 등 경비업무의 특수성을 고려해야 한다.
② (○) 조직구성원에게 한 가지 업무를 전담시켜 전문적인 지식·기술을 습득케 함으로써 전문화를 유도하고, 능률향상을 기대할 수 있는 원리에 의하면, 민간경비부서를 독립적으로 설치하지 않을 경우 전문성이 저하될 수밖에 없다.
④ (○) 인력경비 없이 기계경비 시스템만으로는 경비활동의 목표달성이 가능한 수준에 이르지 못하고 있으므로, 인력경비와 기계경비 중 어디에 비중을 둘 것인가 하는 문제는 경비(보호)대상의 특성과 관련된다.

67 정답 ❹

|O|△|X|
④ (○) 진동감지기에 관한 설명이다.
① (×) 음파 경보시스템 : 소음탐지 경보기, 음향 경보기, 가청주파수 경보기라고도 하며, 외부인이 침입한 경우 침입자의 소리를 감지하여 경보를 내는 장치이다.
② (×) 초음파 탐지장치 : 송신장치와 수신장치를 설치하여 양 기계 간에 진동파를 주고받는 과정에서 어떠한 물체가 들어오면 그 파동의 변화를 감지하는 장치이다. 센서가 매우 민감하여 오경보 가능성이 높은 편이다.
③ (×) 적외선감지기 : 사람의 눈에 보이지 않는 근적외선을 쏘는 투광기와 이를 받는 수광기로 되어 있는데, 그 사이를 차단하면 감지하는 원리를 이용한다.

68 정답 ❹

|O|△|X| 범죄행위자 측면에서 대부분 초범자이다.

> **핵심만콕** 컴퓨터 범죄의 특징
>
> | 범죄동기 측면 | • 단순한 유희나 향락 추구
• 지적 탐험심의 충족 욕구
• 정치적 목적이나 산업경쟁 목적
• 회사에 대한 사적 보복 목적 |
> | --- | --- |

범죄행위자 측면	• 컴퓨터 전문가 : 컴퓨터 시스템이나 회사 경영조직에 전문적인 지식을 갖춘 자들이 범죄를 저지른다. • 범죄의식 희박 • 연소화 경향 • 초범성 : 컴퓨터 범죄행위는 대부분 초범자들이 많다. • 완전범죄 : 대부분 내부인의 소행이며, 단독범행이 쉽고 완전범죄의 가능성이 높으며, 범행 후 도주할 수 있는 시간적 여유가 충분하다.

범죄행위 측면	• 범행의 연속성 : 컴퓨터 부정조작의 경우 행위자가 조작방법을 터득하면 범행이 연속적이며 지속적으로 이루어질 수 있다.
	• 범행의 광역성과 자동성
	  – 광역성(광범위성) : 컴퓨터 조작자는 원격지에서 단말기를 통하여 단시간 내에 대량의 데이터를 처리하므로 광범위하게 영향을 미친다.
	  – 자동성 : 불법한 프로그램을 삽입한 경우나 변경된 고정자료를 사용할 때마다 자동적으로 범죄를 유발하게 된다.
	• 발각과 증명의 곤란 : 데이터가 그 대상이 되므로 자료의 폐쇄성, 불가시성, 은닉성 때문에 범죄 사건의 발각과 증명이 어렵다.
	• 고의의 입증 곤란 : 단순한 데이터의 변경, 소멸 등의 형태에 불과할 경우 범죄의 고의성을 입증하기 어렵다.

69 정답 ④

자체경비는 계약경비에 비해 임금이 높고 안정적이므로 이직률이 낮은 편이고, 고용주의 요구에 신속하게 대처할 수 있다.

70 정답 ②

민간경비산업의 발전방안은 국가정책적 육성방안과 민간경비회사 자체의 육성방안으로 구분된다. 경비협회 활동의 활성화는 국가정책적 육성방안이 아닌 민간경비회사 자체의 육성방안에 해당한다 할 것이다.

핵심만콕 민간경비산업의 발전방안

국가정책적 육성방안	• 경비관련 자격증제도의 전문화 • 기계경비 중심의 민간경비산업 지향 • 민간경비 관련 법규 정비 • 민간경비체제의 다양화 및 업무의 다양화 • 경찰체제의 개편 및 첨단경비의 개발 • 국가전담기구의 설치와 행정지도 • 세제상 및 금융지원을 통한 민간경비업체의 보호 육성
민간경비회사 자체의 육성방안	• 우수인력의 확보와 홍보활동의 강화 • 영세업체의 자생력 향상 • 경비협회활동의 활성화 • 경찰조직과의 협조체제 구축 • 손해배상체제의 보완 및 산업재해에 대한 예방

71 정답 ③

③ (○) 민경협력체제 강화 방안의 하나인 방범리콜은 치안행정상 주민참여와 관련이 있는 것으로 고객이 만족하는 행정서비스의 제공이 최종목표이다.
① (×) 지역경찰관의 지역경찰활동과 매스컴 등을 통해 각종 경찰업무에 대한 사항과 민원사항, 중요시책 등을 주민에게 널리 알려서 방범의식을 고양하는 동시에 각종 범죄를 방지하기 위한 지도활동을 말한다.
② (×) 범죄예방 및 안전사고 방지를 위하여 관내 주택, 고층빌딩, 금융기관 등 현금다액취급업소 및 상가·여성운영업소 등에 대하여 방범시설 및 안전설비의 설치상황, 자위방범역량 등을 점검하여 미비점을 보완하도록 지도하거나 경찰력 운용상의 문제점을 보완하는 활동을 말한다.
④ (×) 경찰관이 관내의 각 가정, 기업체, 기타 시설을 방문하여 범죄예방, 청소년 선도, 안전사고 방지 등의 지도계몽과 상담 및 연락 등을 행하고 민원사항을 청취하며 주민의 협력을 얻어 예방경찰상의 기초자료를 수집하는 활동을 말한다.

72 정답 ②

산업스파이의 활동에 관한 내용으로 ②에서 말하는 활동도 당연 그 활동범위에 포함된다고 볼 수 있다.

> **핵심만콕 산업스파이**
>
> 경쟁회사에 관한 최신 산업정보를 입수하거나 교란시키는 공작 등을 전문으로 하는 사람을 말하며, 이 세계는 수단방법을 가리지 않는 약육강식의 법칙에 의해 지배된다. 또, 산업스파이 활동은 상대회사가 기밀이 누설된 사실을 눈치채지 못하게 하는 데 가장 역점을 두는데 협박보다는 매수를, 절취보다는 복사를 앞세워 더욱 음성화한다. 이는 상대방의 정보 누설에 대한 대책 강구를 막기 위한 것이기도 하지만, 한편으로는 기업의 이미지 손상을 우려하기 때문이기도 하다. 이 밖에 도청이나 샘플·우편물 등의 절취도 자주 이용되는 수법이다. 산업스파이 활동에는 다음의 3가지 방법이 동원된다.
> 첫째, 합법적인 방법으로 경쟁회사의 간행물, 상대회사의 직원이 발설한 내용, 공공기관의 조사보고서, 상대회사의 제품분석 등을 통해 정보를 수집·정리하는 것이다.
> 둘째, 도덕적인 문제가 생길 수 있는 방법으로 특정정보의 입수를 위한 상대회사 사원의 스카우트, 상대회사의 퇴직사원 포섭, 상대회사의 최근 동향에 관한 정보수집 등을 하는 것이다.
> 셋째, 불법행위로 상대회사에 잠입하여 매수·협박 또는 본인이 직접 기밀서류를 복사·절취·강탈하는 것이다.

73 정답 ②

② (×), ③ (○) 자본주의사회에 있어 경찰의 공권력 작용은 원칙적으로 거시적인 측면에서 체제수호 등과 같은 역할과 기능으로 한정시키고, 사회구성원 개인이나 단체의 안전과 사유재산보호는 기본적으로 해당 개인이나 단체가 담당하여야 한다는 인식에 기초를 둔 이론이다.
① (○) 경찰의 근본적 역할 및 기능은 개인의 안전과 사유재산의 보호에 있다는 일반적 통념에 의문을 제기하면서 출발한다.
④ (○) 개인이 자신의 건강이나 사유재산을 보호받기 위해서 의료보험이나 자동차보험에 가입하는 것과 같이 개인의 신체나 재산의 보호는 개인적 비용의 지출에 의해 담보받을 수밖에 없다는 입장이다.

74 정답 ③

청원경찰과 민간경비제도의 이원화에 관한 문제는 활동 영역, 지휘체계, 배치와 비용, 임용과 직무, 신분, 교육훈련, 무기 휴대, 복장 및 장구, 손해배상 등과 관련하여 논의되고 있는데, 2001년 경비업법의 개정으로 특수경비원제도가 도입되면서 청원경찰과 민간경비원(특수경비원)은 보수 면에서 상당한 차이가 발생하여 청원주가 청원경찰의 배치를 기피하는 경향이다.

75 정답 ④

④ (×) 뉴테러리즘이란 미국의 뉴욕 세계무역센터 테러사건처럼 공격 주체와 목적이 없으며, 테러의 대상이 무차별적인 새로운 개념의 테러리즘을 말한다. 뉴테러리즘은 불특정 다수인을 공격대상으로 한다.
① (○) 국제화, 개방화로 인해 내국인의 해외범죄, 외국인의 국내범죄, 밀수, 테러 등의 국제범죄가 증가하고 있다.
② (○) 지역별 또는 권역별 경제공동체인 EU, 북미자유경제권 등이 활성화되고 있다.
③ (○) 국내 체류 외국인이 증가하면서 국제적 치안수요가 발생하고 있다.

76 정답 ④

평상시에 화재예방에 대한 철저한 관리를 해야 하는 것은 물론이고, 유사시 일사불란하게 화재를 진압할 수 있는 명령지휘체제를 유지하여야 한다.

77 정답 ③

컴퓨터 시스템의 보안성을 유지하기 위해서는 프로그래머, 조작요원, 시험 및 회계요원, 유지보수 요원들 간의 접촉을 최대한 줄이거나 차단시켜야 하며 통합적으로 운용하여서는 안 된다.

78 정답 ①

하나의 문이 잠길 경우에 전체의 문이 동시에 잠기도록 되어 있는 잠금장치로 교도소에서 많이 사용하는 것은 일체식 잠금장치이다.

핵심만콕 잠금장치

기억식 잠금장치	문에 전자장치가 설치되어 있어서 일정 시간에만 문이 열리는 방식을 말한다. 은행금고나 박물관 등에서 주로 사용된다.
전기식 잠금장치	문이 열리고 닫히는 것이 전기신호에 의해 이루어지는 장치를 말한다. 원거리에서 문을 열고 닫도록 제어하는 장점이 있으며, 특히 마당이 있는 가정집 내부에서 스위치를 누름으로써 외부의 문이 열리도록 작동하는 보안잠금장치이다.
일체식 잠금장치	하나의 문이 잠길 경우에 전체의 문이 동시에 잠기는 방식을 말한다. 교도소 등 동시다발적 사고 발생의 우려가 높은 장소에서 사용된다.
카드식 잠금장치	전기나 전자기 방식으로 암호가 입력된 카드를 인식시킴으로써 출입문이 열리도록 한 장치이다.

79 정답 ❷

제시된 내용 중 옳은 것은 ㄱ과 ㄴ이다.
ㄱ. (O) 외곽경비의 근본 목적은 불법침입을 지연시켜 내부의 시설·물건 및 사람을 보호하는 것이다.
ㄴ. (O) 외곽경비는 자연적 장애물(자연적인 장벽, 수목 울타리 등)과 인공적인 구조물(창문, 자물쇠, 쇠창살 등) 등을 이용하여 범죄자의 침입을 어렵게 하고, 침입시간을 지연시키는 것을 말한다.
ㄷ. (×) 모든 출입구 수는 필히 파악될 필요가 있으며, 공기흡입관, 배기관 등도 경비계획에 포함시켜야 한다.
ㄹ. (×) 안전유리의 설치는 건물 자체에 대한 경비활동의 하나로 외곽경비가 아닌 내부경비에 포함되는 것이다.
ㅁ. (×) 일정기간이나 비상시에만 사용하는 출입구는 평상시에는 폐쇄하고 잠겨 있어야 하며, 잠금장치는 특수하게 만들어져야 하고 외견상 즉시 확인할 수 있어야 한다.
ㅂ. (×) 차량출입구는 충분히 넓어야 하며, 평상시에는 양방향을 유지하지만 차량통제에 대한 필요성이 특별하게 생기면 출입구는 해당 시간에 맞추어 일방으로만 통행을 제한할 수 있다.

80 정답 ❷

② (O) 민간경비는 특정한 의뢰자를 위해 경비서비스를 제공하므로, 불특정 다수인에게 경비서비스를 제공할 의무가 없다.
① (×) 민간경비의 대상은 특정인이다.
③ (×) 현행범의 경우 공경비 및 민간경비 모두 영장 없이 체포할 수 있다.
④ (×) 범인구인은 민간경비의 주된 임무가 아니다.

제3회 법학개론

문제편 051p

정답 CHECK

01	02	03	04	05	06	07	08	09	10	11	12	13	14	15	16	17	18	19	20
④	②	④	④	②	③	④	③	③	④	④	③	①	③	①	②	③	②	③	③
21	22	23	24	25	26	27	28	29	30	31	32	33	34	35	36	37	38	39	40
③	①	②	③	③	④	②	①	①	④	③	①	②	③	③	②	②	②	①	①

01 정답 ④

④ (○) 유치권의 객체인 물건에는 동산뿐만 아니라 부동산도 포함된다.
① (×) 질권의 객체인 물건은 일정한 재산권 또는 동산에 한정된다(민법 제329조, 제345조).
② (×) 지역권은 일정한 목적을 위하여 타인의 토지를 자기 토지의 편익에 이용하는 권리로서 부동산을 객체로 한다(민법 제291조).
③ (×) 지상권은 타인의 토지에 건물 기타 공작물이나 수목을 소유하기 위하여 그 토지를 사용하는 권리로서 부동산을 객체로 한다(민법 제279조).

02 정답 ②

② (×) 기본권의 경합은 한 사람의 기본권의 주체가 국가에 대하여 동시에 여러 기본권의 효력을 주장하는 경우를 말하며, 기본권의 충돌은 복수의 기본권 주체 간에 서로 다른 기본권이 상충될 때 각각의 주체가 국가에 대하여 상호 대립되는 기본권의 효력을 주장하는 경우를 말한다. 제시된 내용은 기본권의 충돌에 관한 경우이다.
① (○) 과잉금지원칙은 국가의 권력은 무제한적으로 행사되어서는 안 되고 국민의 기본권을 제한하는 법률은 목적의 정당성・방법의 적절성・침해의 최소성・법익의 균형성을 갖추어야 한다는 원칙이다. 헌법 제37조 제2항은 과잉금지의 원칙을 '필요한 경우에 한하여' 법률로써 기본권을 제한할 수 있다고 표현하고 있다.
③ (○) 절대적 기본권은 내심의 작용으로서 어떠한 경우에도 그 내용을 제한하거나 침해할 수 없는 기본권을 말한다. 이에는 헌법상 개별적 법률유보를 정하지 아니하는 특정 기본권, 신앙의 자유, 종교의 자유, 양심형성 및 결정의 자유, 연구와 창작의 자유 등이 있다.
④ (○) 기본권은 원칙적으로 입법・사법・행정 등 국가권력을 구속하며 권력작용뿐만 아니라 비권력작용인 관리행위・국고행위에 대해서도 적용된다.

03 정답 ④

④ (O) 헌법재판소는 신행정수도 건설을 위한 특별조치법이 관습헌법에 위배된다는 이유로 위헌결정을 하였다(헌재결[전] 2004.10.21. 2004헌마554·566).
① (×) 사실인 관습은 관행이 일반적으로 사회구성원들에게 법적 확신을 인식시키지 못한 단계로서 관습법과는 달리 불문법에 포함되지 않는다.
② (×) 불문법은 문서 형식이 아니므로 법의 존재와 그 의미가 명확하지 않은 단점이 있다.
③ (×) 관습법은 사적자치의 원리가 적용되는 사법의 영역에서 중요한 법원이 된다.

04 정답 ④

법률이 정하는 주요방위산업체에 종사하는 근로자의 단체행동권은 법률이 정하는 바에 의하여 이를 제한하거나 인정하지 아니할 수 있다(헌법 제33조 제3항).

05 정답 ②

② (×) 지배인은 상인인 영업주에 갈음하여 그 영업에 관한 재판상 또는 재판 외의 모든 행위를 할 수 있는 영업보조자(상법 제11조 제1항)로서, 주식회사의 기관에 해당하지 아니한다. 상법상 주식회사의 기관으로는 주주총회, 이사회, 대표이사 및 감사가 있다.
① (O) 주주총회는 주식회사의 최고의사결정기관이다.
③ (O) 대표이사는 주식회사의 업무집행을 담당하고 회사를 대표한다.
④ (O) 이사회는 주식회사의 업무집행에 관한 의결기관이다.

06 정답 ③

제시문은 법실증주의에 관한 설명이다. 법실증주의는 초경험적인 자연법의 존재를 무시하고 오로지 실정법에 존재 가치를 부여하는 사상이다. ㄱ, ㄹ은 자연법사상에 관한 내용이다.

07 정답 ④

비상계엄이 선포된 때에는 법률이 정하는 바에 의하여 영장제도, 언론·출판·집회·결사의 자유, 정부나 법원의 권한에 관하여 특별한 조치를 할 수 있다(헌법 제77조 제3항).

08 정답 ③

제시문의 ㄱ~ㄹ에 들어갈 내용은 순서대로 자구행위, 정당방위, 긴급피난, 정당행위이다.

09 정답 ③

③ (○) 사회법은 사회적·경제적 약자의 이익 보호를 목적으로 하는 법으로서 사법에 있어서의 평균적 정의의 원리에 합리적 기준에 따라 '같은 것은 같게, 다른 것은 다르게' 대우하는 배분적 정의를 폭넓게 가미하였다.

① (×) 사회법은 사유재산제와 시장경제를 근간으로 하는 자본주의 사회를 근본적으로 부정하는 것이 아니라, 자본주의의 부분적 모순을 수정하기 위하여 등장한 법이다.

② (×), ④ (×) 사회법은 자본주의의 문제와 모순을 합리적으로 해결하여 경제적·사회적 약자를 보호할 목적으로 비교적 근래에 등장한 제3의 법 영역이다. 즉, 사회법은 사법과 공법의 성격을 모두 가진 법으로 법의 사회화·사법의 공법화 경향을 띤다. 따라서 사법원리를 배제하는 것은 아니다.

10 정답 ④

공문서에 관한 죄가 외국인의 국외범 적용대상 범죄에 해당한다.

> **관계법령** 외국인의 국외범(형법 제5조)★
>
> 본법은 대한민국영역 외에서 다음에 기재한 죄를 범한 외국인에게 적용한다.
> 1. 내란의 죄
> 2. 외환의 죄
> 3. 국기에 관한 죄
> 4. 통화에 관한 죄
> 5. 유가증권, 우표와 인지에 관한 죄
> 6. 문서에 관한 죄 중 제225조 내지 제230조(공문서)
> 7. 인장에 관한 죄 중 제238조(공인장)

11 정답 ④

이행불능이란 채권의 성립 후에 채무자의 책임 있는 사유로 채무의 이행이 불능하게 된 경우를 말한다. 민법상 이행불능에 따른 효과로 채권자는 손해배상(전보배상)청구권, 계약해제권, 대상(代償)청구권을 행사할 수 있다. 채무의 이행이 불능하게 된 경우이므로 채무자는 본래의 급부의무를 면하고, 채권자는 강제이행을 청구할 수 없다.

12 정답 ❸

사용대차계약은 무상·편무계약에 해당한다.
- 계약의 쌍방 당사자가 서로 대가적 채무를 부담하는 계약을 쌍무계약(매매, 교환, 유상소비대차, 임대차, 고용, 도급, 여행계약, 유상위임, 유상임치, 조합, 화해), 그렇지 않은 계약을 편무계약(증여, 무상소비대차, 사용대차, 현상광고, 무상위임, 무상임치)이라 한다.
- 계약의 쌍방 당사자가 서로 대가적 의미를 가지는 출연 내지 출재를 하는 계약을 유상계약(매매, 교환, 유상소비대차, 임대차, 고용, 도급, 여행계약, 현상광고, 유상위임, 유상임치, 조합, 유상종신정기금, 화해), 그렇지 않은 계약을 무상계약(증여, 무상소비대차, 사용대차, 무상위임, 무상임치, 무상종신정기금)이라 한다.

13 정답 ❶

① (×) 지점의 상호에는 본점과의 종속관계를 표시하여야 한다(상법 제21조 제2항).
② (○) 상호는 재산적 가치가 인정되어 양도 및 상속이 가능하다.
③ (○) 상법 제25조 제1항
④ (○) 상법 제26조

14 정답 ❸

③ (×) 피고인의 배우자, 직계친족, 형제자매 또는 원심의 대리인이나 변호인은 피고인을 위하여 상소할 수 있다(형사소송법 제341조 제1항). 전항의 상소는 피고인의 명시한 의사에 반하여 하지 못한다(형사소송법 제341조 제2항).
① (○) 형사소송법 제338조·제339조
② (○) 형사소송법 제340조
④ (○) 형사소송법 제352조 제1항

15 정답 ❶

제시된 내용 중 물론해석의 예에 해당하는 것은 ㄱ과 ㄴ이다. ㄷ은 반대해석, ㄹ은 확장해석의 예에 해당한다.

핵심만콕	법해석의 종류
해석의 구속력에 따라	• 유권해석 : 입법해석, 사법해석, 행정해석 • 무권해석(학리해석) : 문리해석, 논리해석
해석의 방법에 따라	• 확장해석 : 법문상 자구(字句)의 의미를 통상의 의미 이상으로 확장하여 해석 • 축소(제한)해석 : 법문상 자구(字句)의 의미를 통상의 의미보다 축소하여 해석 • 반대해석 : 법문이 규정하는 요건과 반대의 요건이 존재하는 경우에 그 반대의 요건에 대해 법문과 반대의 법적 판단을 하는 해석 • 물론해석 : 법문이 일정한 사항을 정하고 있을 때 그 이외의 사항에 관해서도 사물의 성질상 당연히 그 규정에 포함되는 것으로 보는 해석 • 유추해석 : 두 개의 사실 중 법규에서 어느 하나의 사실에 관해서만 규정하고 있는 경우에 나머지 다른 사실에 대해서도 마찬가지의 효과를 인정하는 해석 • 보정해석 : 법조문이 입법자의 의사에 반하여 잘못 표현되고 있는 것이 명백한 경우에 그것을 바로잡는 해석

16 정답 ❷

제시된 내용 중 옳지 않은 것은 ㄱ, ㄹ, ㅁ이다.
ㄱ.(×) 사회법은 자본주의의 문제와 모순을 합리적으로 해결하여 경제적·사회적 약자를 보호할 목적으로 비교적 근래에 등장한 제3의 법영역이다. 즉, 사법과 공법의 성격을 모두 가진 법으로 법의 사회화·사법의 공법화 경향을 띤다. 따라서 사법원리를 배제하는 것은 아니다.
ㄹ.(×) 실정성 여부에 따른 구분은 자연법과 실정법이다. 강행법과 임의법은 당사자의 의사로 법 적용을 배제할 수 있는지에 따른 구분이다.
ㅁ.(×) 민법 제580조(매도인의 하자담보책임)와 민법 제109조(착오로 인한 의사표시)의 관계와 같이 단일 법률의 규정 상호 간에도 특별법과 일반법의 관계가 성립할 수 있다.
ㄴ.(○) 새로이 제·개정된 법이 있을 때는 신법이 구법에 우선한다. 단, 구법이 상위법이거나 특별법일 때는 신법우선의 원칙이 적용되지 않는다. 따라서 절차법(형식법)에서도 원칙적으로 신법우선의 원칙이 적용된다.
ㄷ.(○) 실체법은 권리·의무의 실체, 즉 발생·변경·소멸·성질·내용 및 범위 등을 규율하는 법으로 헌법, 민법, 형법, 상법 등이 이에 해당한다.

17 정답 ❸

③ (×) 성문법은 문서화된 법인 동시에 일정한 절차를 거쳐 일정한 형식으로 공포된 법을 말한다. 성문법은 제정 주체에 따라 헌법(국민), 법률(국회), 명령(행정부), 조례(지방의회), 규칙(지방자치단체의 장), 조약(다수의 국가)으로 구분할 수 있다.
① (○) 법원이란 법의 연원이라고도 하며, 법에 대한 인식수단 내지는 존재형식을 말한다.
② (○) 영미법계 국가에서는 선례구속의 원칙에 따라 판례의 법원성이 인정된다.
④ (○) 대통령은 법률에서 구체적으로 범위를 정하여 위임받은 사항과 법률을 집행하기 위하여 필요한 사항에 관하여 대통령령을 발할 수 있다(헌법 제75조). 국무총리 또는 행정각부의 장은 소관사무에 관하여 법률이나 대통령령의 위임 또는 직권으로 총리령 또는 부령을 발할 수 있다(헌법 제95조).

18 정답 ❷

② (○) 설문은 행정행위는 법률에 근거를 두고 이루어져야 한다는 법률유보의 원칙에 위배된다.
① (×) 비례의 원칙 : 행정주체가 구체적인 행정목적을 실현함에 있어서 목적과 수단 간에 합리적 비례관계가 유지되어야 한다는 원칙으로, 과잉금지의 원칙이라고도 한다.
③ (×) 법률우위의 원칙 : 행정행위는 법률의 규정에 위배되어서는 아니 된다는 원칙이다.
④ (×) 신뢰보호의 원칙 : 행정청의 어떠한 선행조치에 대해 사인이 그 존속성, 정당성 등을 신뢰하여 행위를 하였을 때 사인의 신뢰가 보호가치 있는 경우에는 그 신뢰를 보호해 주어야 한다는 원칙이다(행정기본법 제12조).

19 정답 ❸

산업재해보상보험법에 따른 산업재해보상보험 사업은 고용노동부장관이 관장한다(산업재해보상보험법 제2조 제1항).

핵심만콕

① (○) 「산업재해보상보험법」은 가구 내 고용활동에는 적용되지 않는다(산업재해보상보험법 제6조 단서, 동법 시행령 제2조 제1항 제4호).
② (○) 근로자의 업무와 상당인과관계가 없는 재해는 업무상 재해로 인정되지 않는다(산업재해보상보험법 제37조 제1항 단서).
④ (○) 산업재해보상보험법 제5조 제3호, 제64조 제1항 제2호의 반대해석상 사망한 자의 사실혼 관계에 있는 배우자는 재혼을 하지 않은 경우 유족보상연금 수급자격이 있으므로, 동법 제62조에 따라 유족급여의 대상이 된다.

20 정답 ❸

③ (×) 미수의 교사에 관한 설명으로 현행 형법상 이에 관한 규정은 존재하지 아니한다.
① (○) 협의의 교사의 미수에 관한 설명으로 형법 제31조 제1항에 따라 처벌된다.
② (○) 기도된 교사 중 실패한 교사에 관한 설명으로 형법 제31조 제3항에 따라 처벌된다.
④ (○) 기도된 교사 중 효과 없는 교사에 관한 설명으로 형법 제31조 제2항에 따라 처벌된다.

핵심만콕

협의의 교사의 미수(제31조 제1항)		• 피교사자가 실행에 착수했으나 미수에 그친 경우 • 미수범처벌 규정이 있으면 미수죄의 교사범으로 처벌
기도된 교사	실패한 교사(제31조 제3항)	• 피교사자가 응하지 않거나 교사 전에 이미 결의하고 있는 경우 • 교사자는 예비·음모에 준하여 처벌
	효과 없는 교사(제31조 제2항)	• 피교사자가 승낙하였으나 실행의 착수에 이르지 아니한 경우 • 교사자와 피교사자를 모두 예비·음모에 준하여 처벌

21 정답 ❸

③ (×) 정당의 목적이나 활동이 민주적 기본질서에 위배될 때 정부는 헌법재판소에 그 해산을 제소할 수 있고, 정당은 헌법재판소의 심판에 의하여 해산된다(헌법 제8조 제4항).
① (○) 헌법 제8조 제1항
② (○) 헌법 제8조 제2항 전단
④ (○) 헌법 제8조 제3항 후단

22 정답 ❶

우리나라 형사소송법은 실체적 진실주의, 적법절차의 원칙, 신속한 재판의 원칙을 지도이념으로 하며, 탄핵주의 소송구조, 당사자주의와 직권주의 절충, 증거재판주의, 공판중심주의를 기본구조로 한다. 우리나라 형사소송법은 당사자주의를 기본적인 소송구조로 삼고 형벌권의 적정·신속을 위하여 직권주의도 아울러 채택하는 절충주의적 태도를 보이고 있다. 따라서 우리나라 형사소송법은 직권주의가 아닌 당사자주의를 원칙으로 한다는 것이 옳은 기술이다.

23 정답 ❷

근로자가 계속 근로한 기간이 3개월 미만인 경우에는 해고 예고제가 적용되지 않는다(근로기준법 제26조 단서 제1호).

관계법령	해고의 예고(근로기준법 제26조)

사용자는 근로자를 해고(경영상 이유에 의한 해고를 포함한다)하려면 적어도 30일 전에 예고를 하여야 하고, 30일 전에 예고를 하지 아니하였을 때에는 30일분 이상의 통상임금을 지급하여야 한다. 다만, 다음 각호의 어느 하나에 해당하는 경우에는 그러하지 아니하다.
1. 근로자가 계속 근로한 기간이 3개월 미만인 경우
2. 천재·사변, 그 밖의 부득이한 사유로 사업을 계속하는 것이 불가능한 경우
3. 근로자가 고의로 사업에 막대한 지장을 초래하거나 재산상 손해를 끼친 경우로서 고용노동부령으로 정하는 사유에 해당하는 경우

24 정답 ❸

ㄱ, ㄴ, ㄷ에는 모두 무효가 들어간다.

25 정답 ❸

③ (×) 경비업자는 경비원이 업무수행 중 고의 또는 과실로 제3자에게 손해를 입힌 경우에는 이를 배상하여야 한다(경비업법 제26조 제2항, 민법 제756조·제750조).
① (○) 채무의 내용에 좇은 이행을 하지 아니한 것이므로 경비업자는 채무불이행책임을 부담한다.
② (○) 적극적으로 이행행위를 하였으나 그 행위가 불완전하여 채권자인 고객에게 손해가 발생하였으므로 채무자인 경비업자는 불완전이행책임을 부담한다.
④ (○) 사용자 또는 감독자가 피용자의 불법행위로 인한 손해를 배상한 경우 피용자에 대하여 구상권을 행사할 수 있다(민법 제756조 제3항).

26 정답 ④

제시된 내용 중 근로기준법상 용어의 정의에 관한 설명으로 옳은 것은 ㄱ, ㄴ, ㄹ, ㅁ이다.
- ㄱ. (O) 근로기준법 제2조 제1항 제1호
- ㄴ. (O) 근로기준법 제2조 제1항 제2호
- ㄹ. (O) 근로기준법 제2조 제1항 제4호
- ㅁ. (O) "소정(所定)근로시간"이란 제50조, 제69조 본문 또는 산업안전보건법 제139조 제1항에 따른 근로시간의 범위에서 근로자와 사용자 사이에 정한 근로시간을 말한다(근로기준법 제2조 제1항 제8호).
- ㄷ. (×) 근로기준법 제2조 제1항 제6호 후문은 "근로자가 취업한 후 3개월 미만인 경우도 이에 준한다"고 규정하고 있다. 따라서 근로자가 취업한 후 3개월 미만인 경우에도 평균임금이 적용된다.
- ㅂ. (×) "단시간근로자"란 1주 동안의 소정근로시간이 그 사업장에서 같은 종류의 업무에 종사하는 통상 근로자의 1주 동안의 소정근로시간에 비하여 짧은 근로자를 말한다(근로기준법 제2조 제1항 제9호). 4주 동안(4주 미만으로 근로하는 경우에는 그 기간)을 평균하여 1주 동안의 소정근로시간이 15시간 미만인 근로자는 주휴일(제55조)과 연차 유급휴가(제60조)가 적용되지 않는 초단시간근로자이다.

27 정답 ②

행정질서벌은 일반사회의 법익에 직접 영향을 미치지는 않으나 행정상의 질서에 장해를 야기할 우려가 있는 의무위반에 대해 과태료가 가해지는 제재로서 형법총칙이 적용되지 않는다.

28 정답 ①

ㄱ과 ㄴ이 옳은 내용이다.
- ㄷ. (×) 선의취득에 의한 권리취득은 원시취득이다.
- ㄹ. (×) 등기·등록에 의해서 공시되는 동산은 선의취득의 대상이 될 수 없다.

29 정답 ①

① (O) 헌법 제111조 제2항
② (×) 헌법은 헌법재판소 재판관의 임기는 6년으로 하며, 법률이 정하는 바에 의하여 연임할 수 있다고 규정하고 있으나(헌법 제112조 제1항), 헌법재판소장의 임기를 규정하고 있지는 않다.
③ (×) 헌법재판소는 법률에 저촉되지 아니하는 범위 안에서 심판에 관한 절차, 내부규율과 사무처리에 관한 규칙을 제정할 수 있다(헌법 제113조 제2항). 따라서 법률이 헌법재판소가 제정하는 규칙보다 상위 효력을 갖는다.
④ (×) 우리나라 헌법은 대법원에 대하여 포괄적인 재판권과 사법권을 부여하지만 헌법재판소에 대하여는 헌법 제111조 제1항과 제113조 제2항에 따른 위헌법률심판권, 탄핵심판권, 위헌정당해산심판권, 권한쟁의심판권, 헌법소원심판권, 헌법재판소 규칙제정권만을 부여한다.

30 정답 ④

④ (×) 체포영장 또는 구속영장의 발부를 받은 후 피의자를 체포 또는 구속하지 아니하거나 체포 또는 구속한 피의자를 석방한 때에는 지체 없이 검사는 영장을 발부한 법원에 그 사유를 서면으로 통지하여야 한다(형사소송법 제204조).
① (○) 형사소송법 제201조 제1항 본문·제70조 제1항 제2호
② (○) 형사소송법 제202조
③ (○) 형사소송법 제203조

31 정답 ③

제시된 내용 중 산업재해보상보험법상 급여에 해당하는 것은 ㄱ, ㄴ, ㅁ이다(산업재해보상보험법 제36조 제1항). 구직급여(ㄷ)와 직업능력개발 수당(ㄹ)은 고용보험법상 실업급여에 해당한다(고용보험법 제37조).

32 정답 ①

① (○) 전문증거의 증거능력을 제한하는 전문법칙에 관한 설명이다. 즉, 전문증거(傳聞證據, hearsay)는 원진술자가 공판기일 또는 심문기일에 행한 진술 이외의 진술로서 그 주장사실이 진실임을 입증하기 위하여 제출된 것으로, 전문진술과 진술서, 자술서, 진술녹취서 등 전문서류를 말하며, 형사소송법 제310조의2는 동법 제311조 내지 제316조에 규정한 것 이외에는 증거능력을 부정하고 있다.
② (×) 자백배제법칙 : 임의성이 의심되는 자백의 증거능력을 배제하는 원칙이다(형사소송법 제309조).
③ (×) 자백의 보강법칙 : 피고인이 임의로 한 증거능력이 있고, 신용성이 있는 자백에 의하여 법관이 유죄의 심증을 얻었다고 하더라도 그 자백에 대한 다른 보강증거가 없으면 유죄를 인정할 수 없다는 원칙이다(형사소송법 제310조).
④ (×) 위법수집증거배제원칙 : 적법한 절차에 따르지 아니하고 수집한 증거는 증거로 할 수 없다는 원칙이다(형사소송법 제308조의2).

33 정답 ②

② (×) 심리에 있어 당사자 및 법원의 소송행위, 특히 변론과 증거조사를 구술로 행하도록 하는 절차원리인 구술심리주의가 원칙이다. 민사소송법은 구술심리주의를 원칙으로 하고 서면심리주의를 보충적으로 병용한다. 판결절차에 있어서는 원칙적으로 구술심리의 형식으로 변론을 열어야 하며, 변론에 관여한 법관만이 판결할 수 있다.
① (○) 소송자료, 즉 사실과 증거의 수집·제출의 책임을 당사자에게 맡기고 당사자가 수집하여 변론에서 제출한 소송자료만을 재판의 기초로 삼아야 한다는 변론주의가 원칙이다.
③ (○) 직접심리주의란 당사자의 변론 및 증거조사를 수소법원의 면전에서 직접 실시하는 주의를 말하는데 이는 수명법관이나 수탁판사의 면전에서 시행하고 그 심리결과를 수소법원이 재판의 기초로 채용하는 주의인 간접심리주의에 대립된다.
④ (○) 사건 심리에 있어서 당사자 쌍방을 평등하게 대우하여 공격·방어의 방법을 제출할 수 있는 기회를 평등하게 부여하는 입장을 쌍방심리주의 또는 당사자 대등의 원칙이라고 한다. 민사소송법은 판결절차에서 당사자를 대석시켜 변론과 증거조사를 하는 필요적 변론을 거치게 함으로써 쌍방심리주의를 기본으로 하고 있다.

34 정답 ❸

③ (×) 헌법은 장애인의 근로에 대해 특별한 보호를 규정하고 있지는 않다.
① (○) 헌법 제32조 제2항 전문
② (○) 헌법 제32조 제3항
④ (○) 헌법 제32조 제6항

관계법령 헌법 제32조

① 모든 국민은 근로의 권리를 가진다. 국가는 사회적·경제적 방법으로 근로자의 고용의 증진과 적정임금의 보장에 노력하여야 하며, 법률이 정하는 바에 의하여 최저임금제를 시행하여야 한다.
② 모든 국민은 근로의 의무를 진다. 국가는 근로의 의무의 내용과 조건을 민주주의원칙에 따라 법률로 정한다.
③ 근로조건의 기준은 인간의 존엄성을 보장하도록 법률로 정한다.
④ 여자의 근로는 특별한 보호를 받으며, 고용·임금 및 근로조건에 있어서 부당한 차별을 받지 아니한다.
⑤ 연소자의 근로는 특별한 보호를 받는다.
⑥ 국가유공자·상이군경 및 전몰군경의 유가족은 법률이 정하는 바에 의하여 우선적으로 근로의 기회를 부여받는다.

35 정답 ❸

③ (○) 부담이란 행정행위의 주된 내용에 부가하여 그 상대방에게 작위·부작위·급부·수인의무를 부과하는 부관으로서, 부담은 다른 부관과는 달리 행정행위의 불가분적인 요소가 아니고 그 존속이 본체인 행정행위의 존재를 전제로 하는 것일 뿐이므로 부담 그 자체로서 행정쟁송의 대상이 될 수 있다(대판 1992.1.21. 91누1264).
① (×) 조건이란 행정행위의 효력의 발생 또는 소멸을 발생이 불확실한 장래의 사실에 의존하게 하는 부관으로서, 조건성취에 의하여 당연히 효력을 발생하게 하는 정지조건과 당연히 그 효력을 상실하게 하는 해제조건이 있다.
② (×) 기한이란 행정행위의 효력의 발생 또는 소멸을 장래의 발생이 확실한 사실에 의존시키는 부관으로서, 기한의 도래로 행정행위가 당연히 효력을 발생하는 시기와 당연히 효력을 상실하는 종기가 있다.
④ (×) 철회권의 유보란 행정행위를 행함에 있어 일정한 경우에는 행정행위를 철회(변경)할 수 있음을 정한 부관이다(숙박업 허가를 하면서 성매매행위를 하면 허가를 취소한다는 경우).

36 정답 ❷

제시문의 ㄱ~ㄷ에 들어갈 내용은 순서대로 임시이사, 특별대리인, 직무대행자이다.

> **관계법령**
>
> **직무집행정지 등 가처분의 등기(민법 제52조의2)**
> 이사의 직무집행을 정지하거나 직무대행자를 선임하는 가처분을 하거나 그 가처분을 변경·취소하는 경우에는 주사무소가 있는 곳의 등기소에서 이를 등기하여야 한다.
>
> **임시이사의 선임(민법 제63조)**
> 이사가 없거나 결원이 있는 경우에 이로 인하여 손해가 생길 염려 있는 때에는 법원은 이해관계인이나 검사의 청구에 의하여 임시이사를 선임하여야 한다.
>
> **특별대리인의 선임(민법 제64조)**
> 법인과 이사의 이익이 상반하는 사항에 관하여는 이사는 대표권이 없다. 이 경우에는 전조의 규정에 의하여 특별대리인을 선임하여야 한다.

37 정답 ❷

상법이 규정하는 손해보험으로는 화재보험, 운송보험, 해상보험, 책임보험, 재보험, 자동차보험, 보증보험을 들 수 있다. 상해보험과 질병보험은 생명보험과 더불어 인보험에 해당한다.

> **핵심만콕**
>
> | 상법이 규정하는 손해보험의 종류 | 상법이 규정하는 인보험의 종류 |
> | --- | --- |
> | • 화재보험(상법 제683조 내지 제687조)
• 운송보험(상법 제688조 내지 제692조)
• 해상보험(상법 제693조 내지 제718조)
• 책임보험(상법 제719조 내지 제726조)
• 재보험(상법 제661조)
• 자동차보험(상법 제726조의2 내지 제726조의4)
• 보증보험(상법 제726조의5 내지 제726조의7) | • 생명보험(상법 제730조 내지 제736조)
• 상해보험(상법 제737조 내지 제739조)
• 질병보험(상법 제739조의2 내지 제739조의3) |

38 정답 ❷

② (×) 법률불소급의 원칙은 오직 신법은 기왕의 사실에 거슬러서 적용될 수 없다는 법해석 적용상의 제한이지 소급효 있는 법을 제정조차 금한다는 입법상의 원칙은 아니다. 따라서 구 민법 부칙 제2조는 "본법은 특별한 규정이 없는 한 본법 시행일 전의 사항에 대하여도 적용한다"고 규정하고 있는데 이 원칙은 절대적인 것은 아니므로 신법이 도리어 관계자에게 유리하거나 소급적용이 기득권을 침해하는 일이 없거나 또는 침해한다 할지라도 소급시킬 공익상의 필요가 있을 때에는 불소급의 원칙이 배제된다.
① (○) 법령 등 공포에 관한 법률 제13조
③ (○) 범죄 후 법률이 변경되어 그 행위가 범죄를 구성하지 아니하게 되거나 형이 구법(舊法)보다 가벼워진 경우에는 신법(新法)에 따른다(형법 제1조 제2항).
④ (○) 법령의 제정·개폐가 있었을 때 구법 시행 시의 사항에는 구법을 그대로 적용하고 신법 시행 후의 사항에 대하여는 신법이 적용되는 것이 원칙이나 어떤 사항이 구법 시행 시 발생하여 신법 시까지 진행되고 있을 경우, 구법·신법 중 어떤 것을 적용할 것인가에 대하여 그 법령의 부칙 또는 시행법령에 특별한 경과규정을 두는 것을 경과법이라고 한다.

39 정답 ❶

불고불리의 원칙에 관한 설명이다.

핵심만콕

② (×) 일사부재리의 원칙 : 어떤 사건에 대하여 판결이 확정되면, 그 사건을 다시 소송으로 심리 및 재판하지 않는다는 원칙이다.
③ (×) 일사부재의의 원칙 : 국회에서 부결된 안건을 해당 회기 내에는 재심의하지 않는다는 원칙이다.
④ (×) 불이익변경금지의 원칙 : 피고인만이 상소한 경우, 상소심에서 피고인에게 불리하게 판결을 변경하는 것을 금지하는 원칙이다.

40 정답 ❶

① (×) 위원회는 심판청구가 이유가 있다고 인정하는 경우에도 이를 인용(認容)하는 것이 공공복리에 크게 위배된다고 인정하면 그 심판청구를 기각하는 재결을 할 수 있다(행정심판법 제44조 제1항 전문). 사정재결은 청구인의 행정심판청구가 이유 있으나 공공복리를 위해 심판청구를 기각하는 기각재결의 일종이다.
② (○) 행정심판법 제44조 제1항 후문
③ (○) 행정심판법 제44조 제2항
④ (○) 행정심판법 제44조 제3항

제3회 민간경비론

문제편 063p

정답 CHECK

41	42	43	44	45	46	47	48	49	50	51	52	53	54	55	56	57	58	59	60
④	②	②	④	②	④	④	①	①	②	②	①	①	④	②	②	④	③	④	④
61	62	63	64	65	66	67	68	69	70	71	72	73	74	75	76	77	78	79	80
④	④	③	②	④	③	③	②	④	③	④	①	①	③	④	①	③	②	④	②

41 정답 ④

④ (×) 한국의 청원경찰제도는 우리나라 특유의 제도로서 다른 나라에서는 활성화되지 않았다.
① (O) 영국의 민간경비의 발전은 18세기 중반부터 19세기 초반까지(1760~1820)의 산업혁명의 영향이 크다. 산업혁명으로 인한 농민의 도시 이동이 그 요인이라고 할 수 있다.
② (O) 미국에서는 제2차 세계대전 시 국가 중요산업과 주요 군수장비를 생산하는 업체의 시설, 인원, 장비, 물자 등을 지키는 민간경비원들에게 예비 헌병적인 지위에 상당하는 권한이 주어지기도 하였다.
③ (O) 일본에서 전업(專業) 경비업자가 출현한 것은 제2차 세계대전 후 1962년 7월에 일본경비보장주식회사(SECOM의 전신으로 스웨덴의 경비회사와 제휴)가 설립된 것에서 비롯되었다.

42 정답 ②

② (×) 경계구역과 건물출입구 수는 안전규칙의 범위 내에서 최소한으로 유지되어야 한다.
① (O) 경비원의 필요인원은 시설의 규모에 의해 결정되고, 경비원 1인이 경계해야 할 구역의 범위는 안전규칙상 적당해야 한다.
③ (O) 건물 외부의 틈으로 접근·탈출이 가능한 지점 및 경계구역(천장, 공기환풍기, 하수도관, 맨홀 등)은 보호되어야 한다.
④ (O) 잠금장치는 정교하고 파손이 어렵게 만들어져야 하고, 열쇠를 분실할 경우에 대비하여 적절한 조치를 취해야 한다.

핵심만콕 경비계획 수립의 기본원칙

- 직원의 출입구는 주차장으로부터 가급적 멀리 떨어진 곳에 위치해야 한다.
- 경비원의 대기실은 시설물의 출입구와 비상구에서 인접한 곳에 위치해야 한다.
- 경비관리실은 출입자 등의 통행이 많은 곳에 설치해야 한다.
- 경계구역과 건물출입구 수는 안전규칙의 범위 내에서 최소한으로 유지되어야 한다.
- 경비원 1인이 경계해야 할 구역의 범위는 안전규칙상 적당해야 한다.
- 건물 외부의 틈으로 접근·탈출이 가능한 지점 및 경계구역(천장, 공기환풍기, 하수도관, 맨홀 등)은 보호되어야 한다.

- 잠금장치는 정교하고 파손이 어렵게 만들어져야 하고, 열쇠를 분실할 경우에 대비하여 적절한 조치를 취해야 한다.
- 비상시에만 사용하는 외부출입구에는 경보장치를 설치해야 하고, 외부출입구의 통행은 통제가 가능해야 한다.
- 항구·부두 지역은 차량운전자가 바로 물건을 창고 지역으로 움직이지 못하도록 하고, 경비원에게 물건의 선적이나 하차를 보고할 수 있도록 설계되어야 한다.
- 효과적인 경비를 위해서는 안전경비조명이 설치되어야 하고, 물건을 선적하거나 수령하는 지역은 분리되어야 한다.
- 외딴 곳이나 비상구의 출입구는 경보장치를 설치해 둔다.
- 유리창이 지면으로부터 약 4m 이내의 높이에 설치되어 있는 경우에는 센서, 강화유리 등 안전장치를 설치해야 한다.

43 정답 ❷

② (○) 프로그램조작은 프로그램을 구성하는 개개의 명령을 변경 혹은 삭제하거나 새로운 명령을 삽입하여 기존의 프로그램을 변경하는 것이다.
① (×) 입력조작은 불법적인 목적을 달성하기 위해 입력될 자료를 조작하여 컴퓨터로 하여금 거짓 처리결과를 만들어내게 하는 행위로 천공카드, 천공테이프, 마그네틱테이프, 디스크 등의 입력매체를 이용한 입력장치나 입력타자기에 의하여 행하여진다.
③ (×) 출력조작은 특별한 컴퓨터지식 없이도 할 수 있는 방법으로 올바르게 출력된 출력인쇄를 사후에 변조하는 것이다.
④ (×) 콘솔조작은 컴퓨터의 시동·정지, 운전상태 감시, 정보처리 내용과 방법의 변경·수정의 경우 사용되는 콘솔을 거짓으로 조작하여 컴퓨터의 자료처리 과정에서 프로그램의 지시나 처리될 기억정보를 변경시키는 것을 말한다.

44 정답 ❹

④ (×) 일본의 민간경비원은 경비업무를 행함에 있어서 특별한 권한이 부여되어 있지 않으므로 심문, 수색 등 경찰과 같은 법집행권한은 없다.
① (○) 민간경비원의 활동에 의한 증거는 소송법상 직접적인 규정이 없다. 다만 법정에서 증거로서 원용될 경우 증거능력이 인정된다.
② (○) 미국의 민간경비원에 의한 실력행사는 특권이나 동의 없이 타인의 권리에 대한 침해가 민간경비원에 의해서 발생한 경우 그에게 책임이 발생할 수 있다. 다만, 동의가 없더라도 일반적으로 재산소유자가 자신의 재산에 대한 침해를 막을 수 있는 재산보호라는 자기방어의 경우와 신체적 해악을 가하려는 의도가 명백한 타인에 대하여 정당한 실력행사를 할 수 있는 경우에는 경비활동의 정당성을 부여할 수 있다.

〈출처〉 김두현·박형규, 「신민간경비론」, 솔과학, 2018, P. 101~102

③ (○) 독일은 민간경비원의 무력행사에 권한을 부여하는 명시적인 법적 근거는 없다.

〈출처〉 김두현·박형규, 「신민간경비론」, 솔과학, 2018, P. 111

45 정답 ❷

인력경비 중심이 아닌 <u>기계경비 중심의 민간경비산업을 지향</u>하여야 한다.

핵심만콕	민간경비산업의 발전방안
국가정책적 육성방안	• 경비관련 자격증제도의 전문화 • 기계경비 중심의 민간경비산업 지향 • 민간경비 관련 법규 정비 • 민간경비체제의 다양화 및 업무의 다양화 • 경찰체제의 개편 및 첨단경비의 개발 • 국가전담기구의 설치와 행정지도 • 세제상 및 금융지원을 통한 민간경비업체의 보호 육성
민간경비회사 자체의 육성방안	• 우수인력의 확보와 홍보활동의 강화 • 영세업체의 자생력 향상 • 경비협회활동의 활성화 • 경찰조직과의 협조체제 구축 • 손해배상체제의 보완 및 산업재해에 대한 예방

46 정답 ❹

④ (✕) 기계경비는 기계경비시스템을 통하여 각종 위해(범죄, 화재, 재난)로부터 인적 · 물적 가치를 보호하는 경비시스템을 말하기 때문에 <u>고객과의 접촉가능성이 낮고 관계형성이 용이하지 않다</u>. 고객접점서비스 효과가 있는 것은 인적 요소에 기초한 인력경비의 장점이다.
① (○) 인력경비는 경비업무 이외에 안내, 질서유지, 보호 · 보관업무 등을 하나로 통합한 서비스가 가능하다.
② (○) 인력경비는 인력이 상주함으로써 현장에서 상황이 발생했을 때 신속한 조치가 가능하다.
③ (○) 기계경비는 24시간 동일한 조건으로 지속적인 감시가 가능하다.

핵심만콕	인력경비와 기계경비
인력경비	기계경비
• 경비업무 이외에 안내, 질서유지, 보호 · 보관업무 등을 하나로 통합한 통합서비스가 가능 • 인력이 상주함으로써 현장에서 상황이 발생했을 때 신속한 조치가 가능 • 인적 요소이기에 경비업무를 전문화할 수 있고, 고용창출 효과와 고객접점서비스 효과가 있음	• 24시간 경비가 가능 • 장기적으로 소요비용이 절감되는 효과가 있음 • 감시지역이 광범위하고 정확성을 기할 수 있음 • 시간적 취약대인 야간에도 효율성이 높아 시간적 제약을 적게 받음 • 화재예방시스템 등과 동시에 통합운용이 가능 • 강력범죄와 화재, 가스 등으로 인한 인명사상을 예방하거나 최소화할 수 있음 • 기록장치에 의해 사고발생 상황이 저장되어 증거보존의 효과와 책임한계를 명확히 할 수 있음 • 오작동(오경보)률이 낮을 경우 범죄자에게는 경고의 효과가 있고, 사용자로부터는 신뢰를 얻을 수 있음

47 정답 ❹

화재의 4단계 중 열 단계에 관한 설명이다.

핵심만콕	화재 발생의 단계★		
구 분	내 용	감지원	적합한 감지기
초기 단계	연기와 불꽃, 빛 등은 보이지 않고 약간의 열기만 감지할 수 있고 열과 빛이 나타나지 않은 발화상태로, 가연성 물질이 나온다.	가연성 물질	이온감지기
그을린 단계	불꽃은 보이지 않고 약간의 연기만 감지된다.	연 기	연기감지기, 광전자감지기
불꽃발화 단계	실제 불은 눈에 보이지 않지만 불꽃과 연기는 보이는 상태이다.	불 꽃	적외선감지기
열 단계	불꽃과 연기, 그리고 강한 열이 감지되면서 계속적으로 불이 외부로 확장되는 상태로, 공기는 가열되어 위험할 정도로 팽창되는 상태이다.	열	열감지기

48 정답 ❶

① (×) 치안수요의 다양성과 전문성에 효과적으로 대응하기 위해서는 양자가 상호역할의 중요성과 필요성을 인식하고 <u>치안서비스의 공동생산의 동반자관계</u>를 정립해 나가는 것이 양자에 도움이 되고 양자가 발전할 수 있을 것이다. 양자 간에 새로운 경험과 상대방의 입장을 충분히 이해할 수 있도록 노력하려면 <u>수평적 관계</u> 속에서 상호 간의 교류가 이루어져야 한다.
② (○) 민간경비와 경찰 간의 접촉이나 연락과정을 공식화시킬 전담책임제도와 업무의 실질적인 협력 증진 방안으로 합동순찰제도를 들 수 있다. 전임책임자제도란 경찰 조직과 민간 경비조직의 접촉을 공식화하여 양 조직의 무분별한 접촉으로 발생할 수 있는 부정적 요소를 방지하고 상호 신뢰하는 관계를 지속적으로 유지할 수 있도록 경찰 측에서는 민간경비와의 접촉을 전담하는 공식연락관을, 민간경비 측에서는 경찰과 접촉을 전담하는 연락담당자를 공식적으로 임명하는 제도이다. 합동순찰제도란 경찰 조직과 민간 경비 조직의 실질적인 협력 증진 방안으로 관할지역 내에서 업무의 이해와 능률을 증진시키고 경비인력을 적절히 배분하기 위해서 고려되며, 외국의 경우 일반시민들까지 참여시키고 있다.
③ (○) 범죄 신고절차의 신속화로 범죄 예방률과 범인 검거율을 높이기 위해 경찰관서와 민간경비업체와의 비상연락망 구축은 정책적으로 권장하여 나아갈 필요가 있다.
④ (○) 경찰 조직과 민간경비 조직 상호 간의 교류를 통하여 새로운 경험을 하고 관련 정보를 적극적으로 교환하여 상대방의 입장을 이해하도록 노력하는 방안으로서 책임자 간담회를 정기적으로 개최하여 경찰 조직과 민간경비 조직의 방범능력 향상을 위한 발전적 방안을 마련한다.

49 정답 ❶

공동화이론은 경찰이 수행하고 있는 경찰 본연의 기능이나 역할을 민간경비가 보완하거나 대체한다는 이론으로 경찰의 범죄예방능력이 국민의 욕구를 충족시키지 못할 때의 공동상태를 민간경비가 보충함으로써 민간경비가 성장한다는 이론이다.

핵심만콕 민간경비 성장의 이론적 배경

- **경제환원론적 이론(경제환원론)** : 특정한 사회현상이 직접적으로는 경제와 무관한 것임에도 불구하고 그 발생원인을 경제문제에서 찾으려는 이론으로, 경기침체로 인해 실업자가 늘어나면 자연적으로 범죄가 증가하고, 이에 민간경비가 직접 범죄에 대응하게 됨으로써 민간경비시장이 성장·발전한다고 주장한다.
- **공동화이론** : 경찰이 수행하고 있는 경찰 본연의 기능이나 역할을 민간경비가 보완·대체한다는 이론으로, 경찰의 범죄예방능력이 국민의 욕구를 충족시키지 못할 때의 공동상태(Gap)를 민간경비가 보충함으로써 민간경비시장이 성장한다고 주장한다.
- **이익집단이론** : 경제환원론적 이론이나 공동화이론을 부정하는 입장에서 '그냥 내버려 두면 보호받지 못한 채로 방치될 만한 재산을 민간경비가 보호한다'는 이론으로, 민간경비도 자신의 집단적 이익을 극대화하기 위해 규모를 팽창시키고 새로운 규율이나 제도를 창출시키는 등의 노력을 해야 한다고 주장한다.
- **수익자부담이론** : 자본주의사회에 있어 경찰의 공권력 작용은 원칙적으로 거시적 측면에서 질서유지나 체제수호 등과 같은 역할과 기능으로 한정시키고, 사회구성원 개개인 차원이나 여타 집단과 조직 등의 안전과 보호는 결국 해당 개인이나 조직이 담당하여야 한다는 인식에 기초한 이론이다.
- **민영화이론** : 1980년대 이후 복지국가의 이념에 대한 반성으로서 국가독점에 의한 비효율성을 극복하고자 시장경쟁논리를 도입한 이론으로, 민영화는 공공지출과 행정비용의 감소효과를 유발하기 위한 방법이다.
- **공동생산이론** : 민간경비를 공경비의 보조적 차원이 아닌 주체적 차원으로 인식하는 이론으로, 경찰이 안고 있는 한계를 일부 극복하고, 시민의 안전욕구를 증대시키기 위해 민간부문의 능동적 참여를 다각적으로 유도한다.

50 정답 ❷

부하의 자질이 높을수록 상관의 통솔범위가 넓다.

핵심만콕 통솔범위의 결정요인★

구 분	내 용	통솔범위
시간적 요인	신설조직보다 구조직이	넓다.
장소적 요인	지역적 분산이 적을수록	
직무의 성질	직무의 성질이 단순할수록	
리더의 능력	리더의 능력이 탁월할수록	
구성원의 능력	구성원의 능력이 탁월할수록	
참모기관과 정보관리체계	참모기관과 정보관리체계가 발달할수록	
교통, 통신의 발달	교통 및 통신기술이 발달할수록	
계층제의 수	계층의 수가 적을수록	

51 정답 ②

② (○) 1999년 3월에 "용역경비업법"의 명칭을 "경비업법"으로 바꾸어 포괄적 개념의 전문경비제도를 도입하는 계기가 되었다.
① (×) 한국의 용역경비는 1950년대부터 미군 군납형태로 제한적으로 실시하게 되었으며[1953년 용진보안공사, 1958년 영화기업(주), 1959년 신원기업(주)], 1962년 화영기업과 경원기업이 미8군부대의 용역경비를 담당한 것이 현대적 의미의 민간경비의 효시라 할 수 있다. 용역경비업법은 1976년에 제정되었으므로 용역경비업법에 근거하여 미8군부대 용역경비를 실시하였다는 설명은 옳지 않다.
③ (×) 1990년대에 이르러 국내 최초로 은행자동화코너 무인경비(無人警備)를 개시하였다.
④ (×) 2001년 경비업법이 전면개정되면서 경비업의 종류에 명시적으로 기계경비업무가 추가되고, 특수경비업무가 신설되었다. 나아가 기계경비산업이 급속히 발전하여 기계경비업무를 신고제에서 허가제로 변경하였으며, 특수경비원제도를 도입하였다.

52 정답 ①

설문의 이론은 동심원영역론(Concentric Zone Theory)이며, J. Dingle이 제시하였다.

53 정답 ①

① (×) 컴퓨터등 정보처리장치를 손괴하여 정보처리에 장애를 발생하게 하여 타인의 업무를 방해하는 행위는 컴퓨터 업무방해죄에 해당한다(형법 제314조 제2항).
② (○) 컴퓨터등 사용사기죄(형법 제347조의2)
③ (○) 비밀침해죄(형법 제316조 제2항)
④ (○) 사전자기록의 위작・변작죄(형법 제232조의2)

54 정답 ④

④ (×) 경찰관은 사람을 정지시킨 장소에서 질문을 하는 것이 그 사람에게 불리하거나 교통에 방해가 된다고 인정될 때에는 질문을 하기 위하여 가까운 경찰서・지구대・파출소 또는 출장소로 동행할 것을 요구할 수 있는데 동행을 요구받은 사람은 그 요구를 거절할 수 있다(경찰관직무집행법 제3조 제2항).
① (○) 경찰관직무집행법 제3조 제1항 제1호
② (○) 경찰관직무집행법 제3조 제3항
③ (○) 경찰관직무집행법 제3조 제4항

55 정답 ②

제시문은 경비위해요소의 인지단계에 관한 설명이다.

핵심만콕 경비위해요소의 분석단계
• 경비위험요소 인지단계 : 개인 및 기업의 보호영역에서 손실을 일으키기 쉬운 취약부분을 확인하는 단계
• 손실발생 가능성 예측단계 : 경비보호대상의 보호가치에 따른 손실발생 가능성을 예측하는 단계
• 경비위험도(손실) 평가단계 : 특정한 손실이 발생하였다면 얼마나 심각한 영향을 미쳤는가를 고려하는 단계
• 경비비용효과 분석단계 : 범죄피해로 인한 인적・물적 피해의 정도, 고객의 정신적 안정성, 개인 및 기업체의 비용부담 정도 등을 고려하는 단계

56 정답 ❷

제시된 내용 중 ㄹ, ㅂ을 제외한 나머지 내용은 모두 경비원의 바람직한 근무자세에 해당한다.
ㄹ.(✕) 경비원은 고객의 안전도 중요하지만 자신의 안전도 고려해서 근무해야 한다.
ㅂ.(✕) 상급자의 <u>정당한 지시명령</u>에 대하여 경비원은 <u>절대복종하여야 한다</u>.

57 정답 ❹

제시된 내용 중 경보센서와 특징의 연결이 옳지 않은 것은 ④이다. ㉣ 압력반응식 센서는 ⓔ와 연결된다. ⓒ는 콘덴서 경보시스템에 관한 설명이다.

58 정답 ❸

③ (✕) <u>현행범인은 누구든지 영장 없이 체포할 수 있다</u>(형사소송법 제212조). 민간경비는 공경비에 비해 강제력 사용에 제약을 받지만, <u>현행범의 경우 민간경비도 영장 없이 체포할 수 있다</u>.
① (○) 민간경비와 공경비는 공통적으로 범죄예방·범죄감소·재산보호, 사회질서 유지, 위험방지를 그 임무로 한다.
② (○) 민간경비의 법률관계의 근거는 경비계약, 권한의 근거는 위탁자의 사권(私權)이다. 반면에 공경비의 법률관계의 근거는 법령, 권한의 근거는 통치권이다.
④ (○) 오늘날 공동체의 안전과 질서유지는 민간경비와 공경비의 협력·상호보완을 통해 실현되고 있다.

핵심만콕 공경비와 민간경비의 비교

구 분	공경비(경찰)	민간경비(개인 또는 경비업체)
대 상	일반국민(시민)	계약당사자(고객)
임 무	범죄예방 및 범죄대응	범죄예방
공통점	범죄예방 및 범죄감소, 위험방지, 질서유지	
범 위	일반(포괄)적 범위	특정(한정)적 범위
주 체	정부(경찰)	영리기업(민간경비회사 등)
목 적	법집행 (범인체포 및 범죄수사·조사)	개인의 재산보호 및 손실감소
제약조건	강제력 있음	강제력 사용에 제약 있음
권한의 근거	통치권	위탁자의 사권(私權)

59 정답 ❹

④ (✕) <u>시설방범경비서비스</u>는 고층빌딩, 교육시설, 숙박시설, 의료시설, 판매시설, 금융시설 등에 대한 각종 위해로부터 시설물 내의 인적·물적 가치를 보호하는 형태이다. 기계경비서비스는 경보응답에 경비원을 급파하고, 이 사실을 일반경찰관서에 송신하는 역할을 한다.
① (○) 사설탐정은 계약경비의 일종이며, 지문의 내용은 옳다. 참고로 일본의 경우에는 2006년 6월에 「탐정업법」이 제정되어 운용 중에 있으며, 현재 약 6만여 명의 탐정들이 활동하고 있고 최근까지도 일본에서 탐정업은 자유업인 일반서비스 업종의 하나로 취급되고 있다.

② (ㅇ) 경보응답서비스는 보호하는 지역 내 설치된 경보감지장비 및 이와 연결된 중앙통제시스템과 연결되어 경보 발생 시 신속하게 출동하여 대응하는 서비스이다.
③ (ㅇ) 순찰서비스는 계약경비의 일종으로서 도보나 순찰차로 한 사람 또는 여러 명의 경비원이 고객의 시설물들을 내・외곽에서 순찰하는 형태이다.

60 정답 ④

콘크리트나 석재 담장과 유사한 보호기능을 하면서도 저렴하다는 장점이 있는 구조물은 체인링크(Chain Link)이다. 안전유리는 동일한 두께의 콘크리트 벽에 비해 충격에 강하고 외관상 미적 효과가 있다.

61 정답 ④

레지스 헨리시법(The Legis Henrici Law)은 헨리국왕 집권 때인 1116년경에 국왕이 경비책임을 국가적 치안 개념으로 발전시킨 법으로, 민간경비차원의 경비개념에서 공경비차원의 경비개념으로 바뀌게 된 중요한 역사적 사실이 되었다.

62 정답 ④

제시문의 ( ) 안에 들어갈 내용은 ㄱ : 반달리즘, ㄴ : 사보타주이다.

> **핵심만콕**
>
> - 사보타주(Sabotage) : 프랑스어의 사보(Sabot : 나막신)에서 나온 말로, 중세 유럽 농민들이 영주의 부당한 처사에 항의하여 수확물을 사보로 짓밟은 데서 연유한다. 한국에서는 흔히 태업(怠業)으로 번역하는데, 실제로는 태업보다 넓은 내용이다. 태업은 파업과는 달리 노동자가 고용주에 대해 노무제공을 전면적으로 거부하는 것이 아니라 형식상으로는 취업태세를 취하면서 몰래 작업능률을 저하시키는 것을 말한다.
> - 반달리즘(Vandalism) : 공공물이나 문화 파괴행위를 일컫는 말로서, 서로마제국을 약탈하고 파괴한 반달족의 이름에서 유래했다. 반달리즘의 대표적인 사례로는 숭례문(남대문) 방화사건, 탈레반의 바미안 석불 파괴사건 등이다.
> - 훌리거니즘(Hooliganism) : 축구장에서 팬들 사이에 발생하는 무질서한 폭력사태를 말한다.

63 정답 ③

③ (×) 금융시설경비는 특수경비원보다는 자체경비에 해당하는 <u>청원경찰 인력을 주로 활용</u>하고 있다.
① (ㅇ) 금융시설에서의 경비활동은 금융시설 내에 한정하지 않고 외부경계 및 차량감시도 대상에 포함된다.
② (ㅇ) 금융시설의 특성상 점포의 개・폐점 직후나 점심시간 등이 범죄의 취약시간대로 분석되고 있다.
④ (ㅇ) 현금수송은 원칙적으로 현금수송 전문경비회사에 의뢰해야 하며, 자체 현금 수송 시에는 가스총 등을 휴대한 청원경찰을 포함한 3명 이상을 확보해야 한다.

| 핵심만콕 | 금융시설경비 |

- 경비원의 경계는 가능한 한 2인 이상이 하는 것으로 하여야 하며 점포 내 순찰, 출입자 감시 등 구체적인 근무요령에 의해 실시한다.
- 경비책임자는 경찰과의 연락 및 방범정보의 교환과 같은 사항이 지속적으로 이루어지도록 점검하여야 한다.
- ATM의 증가는 범죄자들의 범행 욕구를 충분히 유발시킬 수 있으므로 지속적인 경비순찰을 실시하고 경비조명 뿐만 아니라 CCTV를 설치하는 등 안전대책이 수립되어야 한다.
- 현금수송은 원칙적으로 현금수송 전문경비회사에 의뢰해야 하며, 자체 현금수송 시에는 가스총 등을 휴대한 청원경찰을 포함한 3명 이상을 확보해야 한다.
- 금융시설의 특성상 개·폐점 직후나 점심시간 등이 취약시간대로 분석되고 있다.
- 금융시설 내에 한정하지 않고 외부경계 및 차량감시도 경비활동의 대상에 포함된다.
- 금융시설에서 사건이 발생할 경우를 대비하여 신속한 대응을 위한 사전 모의훈련이 필요하다.
- 금융시설의 위험요소는 외부인에 의한 침입뿐만 아니라 내부인에 의한 범죄까지 포함한다.
- 미국은 금융시설의 강도 등 외부침입을 예방·대응하기 위하여 은행보호법을 제정·시행하고 있다.

64 정답 ❷

제시된 내용 중 옳은 것은 ㄱ과 ㄴ이다.
ㄷ. (×) 청원경찰은 기관, 시설·사업장 등이 배치하는 자체경찰로 볼 수 있으므로 자체경비의 일종이다.
ㄹ. (×) 현행 경비업법은 도급계약 형태이므로 계약경비를 전제로 한다.

65 정답 ❹

(   ) 안에 들어갈 용어는 순서대로 ㄱ : 제거, ㄴ : 냉각, ㄷ : 억제이다.

| 핵심만콕 | 소화방법 |

- 제거소화 : 가연물을 제거하여 소화하는 방법
- 질식소화 : 연소범위의 산소 농도를 저하시켜 연소가 되지 않도록 하는 방법
- 냉각소화 : 연소물을 냉각하여 그 온도를 발화점 이하로 떨어뜨려 소화하는 방법으로 물을 많이 사용한다.
- 억제소화 : 연소의 연쇄반응을 부촉매 작용에 의해 억제하는 소화방법(할로겐화합물 소화약제)
- 희석소화 : 산소나 가연성 기체의 농도를 연소범위 이하로 희석시켜 소화하는 방법

66 정답 ❸

③ (×) "국가중요시설"이라 함은 공항·항만, 원자력발전소 등의 시설 중 <u>국가정보원장</u>이 지정하는 국가보안목표시설과 통합방위법의 규정에 의하여 <u>국방부장관</u>이 지정하는 국가중요시설을 말한다(경비업법 시행령 제2조).
① (○) 국가중요시설은 시설의 기능·역할의 중요성과 가치의 정도에 따라 "가"급, "나"급, "다"급으로 구분한다.
② (○) "국가중요시설"이란 공공기관, 공항·항만, 주요 산업시설 등 적에 의하여 점령 또는 파괴되거나 기능이 마비될 경우 국가안보와 국민생활에 심각한 영향을 주게 되는 시설을 말한다(통합방위법 제2조 제13호).
④ (○) 국가중요시설 내 보호지역은 그 중요도에 따라 제한지역, 제한구역 및 통제구역으로 나눈다(보안업무규정 제34조 제2항).

67 정답 ③

③ (×) 교통·통신시설의 발달로 범죄가 광역화·국제화되고 있다. 현대사회 범죄현상의 특징으로는 범죄행위 및 방법의 광역화·국제화·기동화·조직화·대형화·흉포화가 있다.
① (○) 고령화로 인해 소외된 노인들의 범죄는 계속 증가하여 심각한 사회문제로 대두되고 있다.
② (○) 도시화와 빈부격차 심화(경제적 양극화 심화)로 다양한 유형의 범죄가 발생하고 있다.
④ (○) 무선인터넷과 스마트폰의 보급 확대 및 과학기술의 발달로 지능화, 전문화된 사이버범죄가 증가하고 있다.

68 정답 ②

전용 전화회선을 통하여 비상 감지 시에 직접 외부의 각 관계기관에 자동으로 연락이 취해지는 경보체계는 외래지원경보시스템이다.

핵심만콕 경보체계(시스템)의 종류

종류	내용
중앙관제시스템 (중앙통제관리시스템)	• 일반적으로 활용하고 있는 경보체계로서 경계가 필요한 곳에 CCTV를 설치하여 활용 • 사태파악이나 조치가 빠르고 오경보나 오작동에 대한 염려가 거의 없음
다이얼 경보시스템	• 비상사태가 발생하였을 경우 사전에 입력된 전화번호(강도 등의 침입이 감지되는 경우는 112, 화재 발생 시는 119)로 긴급연락을 하는 시스템 • 설치가 간단하고 유지비가 저렴한 반면에, 전화선이 끊기거나 통화 중인 경우에는 전혀 연락이 되지 않는 단점이 있음
상주경보시스템	• 조직이 자체적으로 경비부서를 조직하고 경비활동을 실시하는 가장 고전적인 방법으로 각 주요 지점마다 경비원을 배치하여 비상시에 대응하는 방식 • 즉각적인 대응이 가능하고 가장 신속한 대응방법이지만 많은 인력이 필요함
제한적 경보시스템	• 사이렌이나 종, 비상등과 같은 제한된 경보장치를 설치한 시스템으로, 일반적으로 화재예방시설이 이 시스템의 전형 • 사람이 없으면 대응할 수 없다는 단점이 있음
국부적 경보시스템	• 가장 원시적인 경보체계 • 일정 지역에 국한해 한두 개의 경보장치를 설치하여 단순히 사이렌이나 경보음이 울리게 하거나 비상 경고등이 켜지게 하는 방식
로컬경비시스템	경비원들이 시설물의 감시센터에 근무를 하면서 이상이 발견되거나 감지될 때 사고 발생 현장으로 출동하여 사고에 대처하는 방식
외래경보시스템 (외래지원경보시스템)	전용 전화회선을 통하여 비상 감지 시에 직접 외부의 각 관계기관에 자동으로 연락이 취해지는 방식

69 정답 ④

스누핑(Snuffing)에 관한 설명이다. 스푸핑(Spoofing)은 어떤 프로그램이 마치 정상적인 상태로 유지되는 것처럼 믿도록 속임수를 쓰는 행위를 말한다.

70 정답 ③

③ (○) 국가경찰과 자치경찰의 조직 및 운영에 관한 법률 제4조 제1항 제2호 가목 2)
① (×) 범죄피해자 보호는 국가경찰사무에 해당한다(국가경찰과 자치경찰의 조직 및 운영에 관한 법률 제3조 제3호·제4조 제1항 제1호).
② (×) 대간첩·대테러 작전 수행은 국가경찰사무에 해당한다(국가경찰과 자치경찰의 조직 및 운영에 관한 법률 제3조 제4호·제4조 제1항 제1호).
④ (×) 외국 정부기관 및 국제기구와의 국제협력은 국가경찰사무에 해당한다(국가경찰과 자치경찰의 조직 및 운영에 관한 법률 제3조 제7호·제4조 제1항 제1호).

71 정답 ④

④ (×) 차동식 스포트형은 열센서 중 하나이다. 주위 온도가 일정한 온도상승률 이상이 되었을 때에 작동하는 것으로 열효과에 의해 작동된다.
① (○) 이온화식 스포트형은 주위의 공기가 일정 온도 이상의 연기를 포함한 경우에 작동하는 것으로 연기에 의한 이온전류의 변화에 의해 작동한다.
② (○) 주위의 공기가 일정한 농도 이상의 연기를 포함한 경우에 작동하는 것으로 광전소자에 의해 받는 빛의 양의 변화에 따라 작동된다.
③ (○) 주위의 공기가 일정한 농도 이상의 연기를 포함한 경우에 작동하는 것으로 광범위한 연기의 누적에 의해 광전소자가 받는 빛의 양에 따라 작동한다.

72 정답 ①

확인된 위험의 대응방법 중 ㄱ은 위험의 감소, ㄴ은 위험의 회피에 관한 설명이다.

핵심만콕	확인된 위험의 대응방법
위험의 제거	위험관리에서 최선의 방법은 확인된 모든 위험요소를 제거하는 것이다.
위험의 회피	범죄 및 손실이 발생할 기회를 아예 제공하지 않는 것이다.
위험의 감소	물리적·절차적 관점에서 위험요소를 감소시키거나 최소화시키는 방법이다.
위험의 분산	위험성이 높은 보호대상을 한 곳에 집중시키지 않고 여러 곳에 분산시키는 것이다.
위험의 대체	직접적으로 위험을 제거하거나 감소 및 최소화하는 것보다 보험과 같은 대체수단을 통해서 손실을 전보하는 방법이다.

73 정답 ①

제시문은 정보보호의 기본원칙 중 윤리성의 원칙에 관한 설명이다.

핵심만콕	정보보호의 기본원칙
구 분	내 용
책임성의 원칙	정보시스템의 소유자, 공급자, 사용자 및 기타 관련자들의 책임과 책임추적성이 명확해야 한다는 원칙
인식성의 원칙	정보시스템의 소유자, 공급자, 사용자 및 기타 관련자들은 시스템에 일관된 보안을 유지할 수 있도록 시스템에 대한 관련 지식을 쌓고 위험요소의 존재를 인식하고 이에 대한 대책을 파악할 수 있어야 한다는 원칙
윤리성의 원칙	정보시스템과 정보시스템의 보안은 타인의 권리와 합법적 이익이 존중·보호될 수 있도록 제공·사용되어야 한다는 원칙
다중협력성의 원칙	정보시스템의 보안을 위한 방법, 실행, 절차는 기술적·행정적·운영적·상업적·교육적 그리고 법제도적인 관점 등을 포함한 가능한 모든 사항을 고려해야 한다는 원칙
균형성·비례성의 원칙	정보시스템의 보안수준, 비용, 방법, 실행 그리고 절차 등은 시스템에 의해 보호받는 대상의 가치와 잠재적인 손실의 심각성 및 발생 가능성 등을 고려하여 적합하고 균형 있게 이루어져야 한다는 원칙
통합성의 원칙	최적의 정보시스템의 보안을 이루기 위해서는 보안시스템의 방법, 실행, 절차 등이 상호 동등한 입장에서 조정·통합되고, 아울러 조직의 다른 부서의 업무 관련 방법, 실행, 절차와도 상호 조정·통합될 수 있도록 해야 한다는 원칙
적시성의 원칙	국제적·국가적 수준에서 공공분야와 민간분야는 시의적절하게 상호 동등한 입장에서 조정되어 정보시스템의 보안에 대한 예방활동과 사후대응활동이 이루어져야 한다는 원칙
재평가의 원칙	정보시스템 자체 및 이에 대한 보안체계가 시간이 지남에 따라 변화하기 때문에 정보시스템의 보안은 주기적으로 재평가되어야 한다는 원칙
민주주의 원칙	민주사회에서 정보시스템의 보안은 정보(데이터)의 합법적 사용 및 전달과 상호 조화를 이루도록 해야 한다는 원칙

〈출처〉 최선우, 「민간경비론」, 진영사(송광호, 「민간경비론」, 에듀피디, 2021, P. 263에서 재인용)

74 정답 ③

③ (○) 컴퓨터 범죄의 범죄행위 측면의 특성인 범행의 연속성에 대한 설명으로 컴퓨터 부정조작의 경우 행위자가 조작방법을 터득하면 범행이 연속적이며 지속적으로 이루어질 수 있다.
① (×) 컴퓨터 부정이용을 정당한 이용으로 위장하는 경우가 많고 발각이나 사후증명을 피하기 위한 수법이 지속적으로 발전되고 있어 범행 발견과 검증이 곤란하다.
② (×) 젊은 연령층의 기술을 가진 컴퓨터 전문가가 죄의식이 빈약한 상태에서 저지르는 경우가 많아 대부분 초범이다.
④ (×) 대부분 내부인의 소행이며, 단독범행이 쉽고 완전범죄의 가능성이 높으며, 범행 후 도주할 수 있는 시간적 여유가 충분하다.

75 정답 ④

④ (✗) 수익자부담이론을 너무 확대할 경우 국가공권력에 대한 불신을 낳을 수 있고, 국가공권력의 무책임이 발생할 수 있다. 또한 민간경비 이용자의 과다한 비용부담을 야기하여 부유층만 제대로 된 치안서비스를 제공받게 되는 차별의 문제가 발생할 수 있다. 국가공권력에 대한 불신은 수익자부담이론의 성립조건이 아니라 과도한 수익자부담이론 확대로 인한 폐해라고 할 수 있다.
① (○) 개인이 자신의 건강이나 사유재산 보호를 위한 비용지출이 가능하려면 전반적인 국민소득의 증가가 필요하다.
② (○) 실제적인 범죄의 증가와 국가의 재정적 위기로 인해 국가(경찰)의 범죄예방능력이 감소하여 국민 스스로가 자신의 안전을 민간경비에 맡김으로써 민간경비가 발전할 수 있다.
③ (○) 경찰의 역할이 개인의 안전과 사유재산을 보호하는 것이라는 관념에서 벗어나 민간경비서비스를 통해 개인의 신체 및 재산의 보호가 가능하다는 인식이 필요하다.

76 정답 ①

① (✗) CCTV의 사용으로 인하여 범죄자의 범법행위가 다른 장소나 대상으로 이동할 수 있는데, 이를 전이효과라고 한다.
② (○) CCTV는 범죄기회를 감소시킴으로써 범죄자들에게 하나의 억제력으로서의 역할을 한다. 따라서 CCTV가 작동 중인 지역에서 범죄율은 감소하게 된다.
③ (○) CCTV는 한 사람에 의해 여러 곳을 감시할 수 있을 뿐만 아니라 비용절감효과를 가져다주는 장점이 있는 반면에, 초기 설치비용이 많이 들어간다는 단점이 있다.
④ (○) CCTV에 의해 사고발생 상황이 저장되어 증거보존의 효과가 있고 사후에 범죄의 수사 단서로 활용될 수 있다.

77 정답 ③

③ (✗) 청원경찰법상 청원경찰의 감독(제9조의3 제1항), 임용(제5조 제1항) 및 해임(제5조의2 제1항·제2항) 등의 권한은 청원주에게 있고, 청원경찰의 근무 배치의 권한은 시·도 경찰청장에게 있다(제4조).
① (○) 손해배상 문제에 있어서는 민간인 신분을 적용받고, 형사책임에 있어서는 공무원 신분을 적용받고 있어 신분상 책임한계와 불이익을 받고 있다.
② (○) 청원주의 입장에서 볼 때 유사한 경비업무를 담당하면서도 민간경비가 청원경찰보다 경비요금이 저렴하며, 경비담당자의 관리라는 측면에서도 민간경비를 채택하는 것이 청원경찰보다 관리가 수월하기 때문에 민간경비를 선호한다.
④ (○) 민간경비원은 청원경찰에 비해 보수 수준도 낮고 신분도 불안정하여 사기가 저하되고 이직률도 높다.

78 정답 ②

② (○) 우범자 및 우범집단을 대상으로 잠재적 범죄자를 초기에 발견하고 이들의 범죄행위를 저지하기 위한 예방활동을 말한다.
① (×) 일반시민을 대상으로 일반적 사회환경 중에서 범죄원인이 되는 조건들을 발견·개선하는 예방활동을 말한다.
③ (×) 범죄자를 대상으로 실제 범죄자(전과자)를 대상으로 더 이상 범죄가 발생하지 않도록 하는 예방활동을 말한다.
④ (×) 상황적 범죄예방은 특정 범죄유형을 대상으로 가능한 한 체계적이고 지속적으로 환경을 설계·관리하는 것이며, 잠재적 범죄자들에게 인식적 차원의 검거 위험성 및 범행 어려움을 증가시키거나 보상이나 범죄 명분을 감소시키는 것을 말한다. 범죄행위에 요구되는 노력이나 비용의 증가, 범죄행위의 위험성 증가, 범죄행위를 통한 이익의 감소, 범죄행위에 대한 죄의식 또는 수치심의 증가 등 4가지 기본원칙을 설정하고 16가지의 범죄기회를 감소시키는 세부전략을 제안하고 있다.

핵심만콕 범죄예방의 접근방법 및 과정★

구 분	1차적 범죄예방	2차적 범죄예방	3차적 범죄예방
대 상	일반 시민	우범자 및 우범집단	범죄자
내 용	일반적 사회환경 중에서 범죄원인이 되는 조건들을 발견·개선하는 예방활동	잠재적 범죄자를 초기에 발견하고 이들의 범죄행위를 저지하기 위한 예방활동	실제 범죄자(전과자)를 대상으로 더 이상 범죄가 발생하지 않도록 하는 예방활동

〈참고〉 최선우, 「민간경비론」, 진영사, 2015, P. 395

79 정답 ④

④ (○) 경비업법 제13조 제4항
① (×) 일반경비원은 시설경비, 호송경비, 신변보호, 기계경비, 혼잡·교통유도경비업무를 수행하는 자를 말한다(경비업법 제2조 제3호 가목).
② (×) 경비업자는 경비업무를 적정하게 실시하기 위하여 경비원으로 하여금 대통령령으로 정하는 바에 따라 경비원 신임교육 및 직무교육을 받게 하여야 한다(경비업법 제13조 제1항 본문).
③ (×) 경비원이 되려는 사람은 대통령령으로 정하는 교육기관에서 미리 일반경비원 신임교육을 받을 수 있다(경비업법 제13조 제2항).

80 정답 ❷

② (×) 민간경비의 개념을 민간이 주체가 되는 계약경비와 자체경비를 불문한 모든 경비활동으로 보는 것은 민간경비를 광의·협의의 개념으로 분류한 것 중 협의로 파악한 것이다.
① (○), ③ (○) 형식적 의미의 민간경비 개념은 임무 수행의 주체에 따라 공경비(경찰)와 명확히 구별되며, 경비업법 규정에 따라 허가받은 법인에 의하여 임무를 수행하는 활동을 의미한다.
④ (○) 실질적 의미의 민간경비 개념은 경비작용의 속성·성질·내용을 기준으로 한 개념으로서 국민(고객)의 생명·신체·재산보호 및 사회적 손실 감소와 질서유지를 위한 일체의 활동(정보보호, 사이버보안 등도 포함)을 의미한다.

핵심만콕 민간경비의 개념

협의의 민간경비	고객의 생명, 재산, 신체보호, 질서유지를 위한 개인 및 기업(조직)의 범죄예방활동(방범과 관련된 경비활동)을 의미한다.
	• 민간이 주체가 되는 모든 경비활동은 협의의 개념이다(계약경비, 자체경비 불문). • 고객의 생명과 신체 및 재산을 보호하는 활동은 최협의의 개념이다(계약경비 한정).
광의의 민간경비	공경비를 제외한 경비의 3요소인 방범·방재·방화를 포함하는 포괄적 경비활동을 의미한다.
형식적 의미의 민간경비	• 경비업법에 의해 허가받은 법인이 경비업법상의 업무를 수행하는 활동을 의미한다. • 형식적 의미에서의 민간경비 개념은 공경비와 명확히 구별된다.
실질적 의미의 민간경비	• 고객(국민)의 생명·신체·재산 보호 및 사회적 손실 감소와 질서유지를 위한 일체의 활동을 뜻한다[정보보안(보호), 사이버보안도 포함됨]. • 실질적 의미의 민간경비 개념은 공경비와 유사하다. 다만, 경비활동의 주체가 민간과 국가라는 차이만 있을 뿐이다.

제4회 법학개론

문제편 076p

정답 CHECK

01	02	03	04	05	06	07	08	09	10	11	12	13	14	15	16	17	18	19	20
②	③	④	②	④	②	④	④	④	④	②	④	④	①	③	④	①	④	②	③
21	22	23	24	25	26	27	28	29	30	31	32	33	34	35	36	37	38	39	40
③	③	②	③	④	③	④	④	②	④	④	④	①	③	①	④	②	④	②	④

01 정답 ②

지상권은 용익물권이고 유치권과 저당권은 담보물권이다. 전세권의 법적 성격에 관하여 종래 용익물권설, 담보물권설, 겸유설의 대립이 있었으나, 1984.4.10. 민법 개정으로 제303조 제1항에 전세권의 '우선변제권'이 명문으로 인정된 후에는, 전세권은 용익물권과 담보물권의 성질을 겸유한다고 보고 있다. 판례도 "전세권자는 전세금을 지급하고 타인의 부동산을 점유하여 그 부동산의 용도에 좇아 사용·수익하며, 그 부동산 전부에 대하여 후순위권리자 기타 채권자보다 전세금의 우선변제를 받을 권리가 있다(민법 제303조 제1항). 이처럼 전세권이 용익물권적인 성격과 담보물권적인 성격을 모두 갖추고 있는 점에 비추어 전세권 존속기간이 시작되기 전에 마친 전세권설정등기도 특별한 사정이 없는 한 유효한 것으로 추정된다. 한편 부동산등기법 제4조 제1항은 "같은 부동산에 관하여 등기한 권리의 순위는 법률에 다른 규정이 없으면 등기한 순서에 따른다"라고 정하고 있으므로, 전세권은 등기부상 기록된 전세권설정등기의 존속기간과 상관없이 등기된 순서에 따라 순위가 정해진다(대결 2018.1.25. 2017마1093)"고 하였다.

02 정답 ③

( ) 안의 ㄱ~ㄷ에 들어갈 용어는 순서대로 ㄱ : 법률, ㄴ : 공공복리, ㄷ : 정당한이다.

> **관계법령** 헌법 제23조
> ① 모든 국민의 재산권은 보장된다. 그 내용과 한계는 법률로 정한다.
> ② 재산권의 행사는 공공복리에 적합하도록 하여야 한다.
> ③ 공공필요에 의한 재산권의 수용·사용 또는 제한 및 그에 대한 보상은 법률로써 하되, 정당한 보상을 지급하여야 한다.

03 정답 ④

④ (○) 영미법계 국가에서는 불문법주의를 취하지만 오늘날 영미법계에서는 불문법의 불비를 보충 또는 수정·보완하기 위해 성문법을 제정하기도 한다.
① (✕) 사회적 변화에 신속히 대응할 수 있는 장점은 불문법의 특징이다.
② (✕) 성문법은 문서화된 법인 동시에 일정한 절차를 거쳐 일정한 형식으로 공포된 법으로서 예측가능성과 법적 안정성의 확보·유지가 용이하다는 장점이 있다.
③ (✕) 제정법에 대한 판례법의 우위는 선례구속의 원칙이 확립되어 판례법이 제1차적 법원으로서 그 구속력과 법규성이 인정되고 있는 영미법계의 특징에 해당한다.

04 정답 ②

대통령에 대한 탄핵소추 의결은 재적의원 2/3 이상의 찬성이 필요하다.

핵심만콕 국회의 특별의결정족수

정족수	사 항
재적의원 2/3 이상 찬성	• 헌법개정안 의결 • 국회의원 제명 • 대통령에 대한 탄핵소추 의결
재적의원 과반수의 찬성	• 헌법개정안 발의 • 대통령 탄핵소추 발의 • 탄핵소추 의결(대통령은 제외) • 국무총리 등 해임 건의 • 계엄해제 요구 • 국회의장 및 부의장 선출(예외적으로 선거투표제 있음)
재적의원 1/3 이상 찬성	• 국무총리 등 해임 발의 • 탄핵소추 발의(대통령은 제외)
재적의원 과반수 출석과 출석의원 2/3 이상 찬성	법률안의 재의결
재적의원 1/4 이상 찬성	임시국회 소집요구
재적의원 과반수 출석과 출석의원 다수 찬성	• 국회법상 : 임시의장·상임위원회의 위원장 선출 • 헌법상 : 국회에서의 대통령당선자 결정
출석의원 과반수 찬성	본회의 비공개 결정

05 정답 ④

④ (✕) 등기사항이 아니라 대항요건에 해당한다(상법 제15조 제2항·제11조 제3항).
① (○) 상법 제11조 제1항
② (○) 상법 제14조 제1항
③ (○) 상법 제15조 제1항

06 정답 ②

② (×) 법이 타당성은 있으나 실효성이 없는 경우에 법은 사문화될 가능성이 있고, 법이 실효성이 있으나 타당성이 없는 경우에는 법은 악법에 해당하므로 위헌법률심판 등을 통해서 그 법률의 형식적 효력을 제거해야 한다.
① (○) 법의 실효성이란 법이 현실적으로 국민들에 의해 지켜지고 실현되는 것을 말한다. 즉, 법이 강제규범으로서 국가권력에 의해 그 실현을 보장받아 강행되는 상태의 법의 효력을 의미한다.
③ (○) 국제사법 제26조
④ (○) 법 시행기간이 종료되었거나, 특정 사항을 목적으로 제정된 때 그 목적사항의 소멸 또는 신법에서 명시규정으로 구법의 일부 또는 전부를 폐지한다고 한 때에는 그 구법의 일부 또는 전부가 폐지되는 것을 명시적 폐지라 하고, 동일 사항에 관하여 서로 모순·저촉되는 신법의 제정으로 구법이 당연히 폐지되는 것을 묵시적 폐지라 한다.

07 정답 ④

ㄱ과 ㄷ은 대통령제적 요소이고 ㄴ과 ㄹ이 의원내각제적 요소이다.

핵심만콕	우리나라의 정부형태
대통령제적 요소	의원내각제적 요소
• 대통령이 국가원수 겸 행정부 수반이 됨(집행부가 일원화) • 대통령이 국민에 의해 직접 선출됨 • 행정부 구성원의 탄핵소추 • 법률안 거부권 • 국회가 대통령을 불신임하거나, 대통령이 국회를 해산하지 못함 • 국정조사 및 국정감사 제도	• 정부의 법률안 제출권 • 국무총리와 국무위원에 대한 해임건의권 • 국무총리 및 관계 국무위원의 부서 제도 • 국무총리제 • 국회의원과 국무위원의 겸직 허용 • 국무총리 및 국무위원 등의 국회 및 위원회 출석·발언권 및 출석·발언 요구권 • 국무회의제

08 정답 ④

④ (×) 재판의 기초가 되는 사실의 진상을 규명하여 객관적 진실을 추구하는 실체적 진실주의를 지도이념으로 한다.
① (○), ③ (○) 형사소송법은 국가형벌권 행사의 전 과정을 의미하는 형사소송절차를 규율하는 절차법으로서 공판절차뿐만 아니라 수사절차, 형집행절차에 대해서도 규정하고 있다.
② (○) 형사소송법의 기본구조는 당사자의 공격·방어에 의하여 진행되는 당사자주의와 법원의 직권에 의하여 소송을 진행하고 심판하는 직권주의를 아울러 채택하고 있다.

09 정답 ④

④ (○) 대통령은 국가의 안위에 관계되는 중대한 교전상태에 있어서 국가를 보위하기 위하여 긴급한 조치가 필요하고 국회의 집회가 불가능한 때에 한하여 법률의 효력을 가지는 명령을 발할 수 있다(헌법 제76조 제2항).
① (×) 국제사법은 섭외적 법률관계를 규율하는 것이지만, 명칭대로 사법(私法)에 속하는 국내법이다.
② (×) 일반법·특별법의 구별은 법의 효력이 미치는 범위를 기준으로 한다. 내용을 기준으로는 실체법·절차법으로 구분한다.
③ (×) 대법원은 법률에 저촉되지 아니하는 범위 안에서 소송에 관한 절차, 법원의 내부규율과 사무처리에 관한 규칙을 제정할 수 있다(헌법 제108조). 따라서 법률이 대법원규칙보다 상위 효력을 가진다.

10 정답 ④

④ (○) 법의 적용은 구체적 사안을 추상적인 법규범에 적용하는 것으로, 법원의 재판에 한정되지 않지만, 국가생활에서 궁극적인 법의 적용은 재판에 의해서 실현된다고 할 수 있다.
① (×) 법의 적용은 추상적인 법규범을 상위개념(대전제)으로 하고, 구체적 사안을 하위개념(소전제)으로 하여 3단논법으로써 결론을 도출하는 것이다.
② (×) 확정의 대상인 사실은 자연적으로 인식한 현상 자체를 의미하는 것이 아니라 법적으로 가치 있는 구체적 사실을 의미한다.
③ (×) 구체적 사실을 확정하는 것은 법을 적용할 만한 가치가 있는 사실들을 확정하는 것으로 어떤 사건에 관한 법규의 의미나 내용을 확정하는 법률문제가 아니다.

11 정답 ②

형의 가중·감경은 각칙 본조에 의한 가중 → 제34조 제2항의 가중 → 누범 가중 → 법률상 감경 → 경합범 가중 → 정상참작감경 순서에 따른다(형법 제56조).

관계법령	가중·감경의 순서(형법 제56조)

형을 가중·감경할 사유가 경합하는 경우에는 다음 각호의 순서에 따른다.
1. 각칙 조문에 따른 가중
2. 제34조 제2항에 따른 가중
3. 누범 가중
4. 법률상 감경
5. 경합범 가중
6. 정상참작감경

12 정답 ④

④ (×) 보증은 불확정한 다수의 채무에 대해서도 할 수 있다. 이 경우 보증하는 채무의 최고액을 서면으로 특정하여야 한다(민법 제428조의3 제1항).
① (○) 민법 제428조 제1항
② (○) 민법 제428조 제2항
③ (○) 민법 제428조의2 제1항 본문

13 정답 ④

④ (×) 상장회사의 경우 사외이사 선임이 의무사항이나 비상장회사의 경우에는 의무사항이 아니다. 다만, 상장회사의 경우에도 자산총액 1천억원 미만 벤처기업(코스닥시장 또는 코넥스시장 상장법인에 한함) 및 「채무자회생 및 파산에 관한 법률」에 따른 회생절차가 개시되었거나 파산선고를 받은 상장회사 등은 예외가 인정되어 사외이사 선임의무가 없다(상법 시행령 제34조 제1항).
① (○) 상법 제555조
② (○) 업무집행자는 유한책임회사를 대표한다(상법 제287조의19 제1항).
③ (○) 상법상 회사란 상행위나 그 밖의 영리를 목적으로 하여 설립된 법인으로서 법인격을 갖춘 것을 말한다(상법 제169조 참조). 회사는 사람들의 결합체로서(사단성), 사원 또는 주주와는 독립하여 스스로 법적 권리·의무의 주체가 되며(법인성), 상행위 기타 영리를 목적으로 하여(영리성) 그 영업의 결과로 이익이 발생하는 경우 그 이익을 사원 또는 주주에게 분배하여야 한다.

관계법령

사외이사의 선임(상법 제542조의8)
① 상장회사는 자산 규모 등을 고려하여 대통령령으로 정하는 경우를 제외하고는 이사 총수의 4분의 1 이상을 사외이사로 하여야 한다. 다만, 자산 규모 등을 고려하여 대통령령으로 정하는 상장회사의 사외이사는 3명 이상으로 하되, 이사 총수의 과반수가 되도록 하여야 한다.

상장회사의 사외이사 등(상법 시행령 제34조)
① 법 제542조의8 제1항 본문에서 "대통령령으로 정하는 경우"란 다음 각호의 어느 하나에 해당하는 경우를 말한다. 〈개정 2024.7.2.〉
1. 「벤처기업육성에 관한 특별법」에 따른 벤처기업 중 최근 사업연도 말 현재의 자산총액이 1천억원 미만으로서 코스닥시장(대통령령 제24697호 자본시장과 금융투자업에 관한 법률 시행령 일부개정령 부칙 제8조에 따른 코스닥시장을 말한다. 이하 같다) 또는 코넥스시장(「자본시장과 금융투자업에 관한 법률 시행령」 제11조 제2항에 따른 코넥스시장을 말한다. 이하 같다)에 상장된 주권을 발행한 벤처기업인 경우
2. 「채무자 회생 및 파산에 관한 법률」에 따른 회생절차가 개시되었거나 파산선고를 받은 상장회사인 경우
3. 유가증권시장(「자본시장과 금융투자업에 관한 법률 시행령」 제176조의9 제1항에 따른 유가증권시장을 말한다. 이하 같다), 코스닥시장 또는 코넥스시장에 주권을 신규로 상장한 상장회사(신규상장 후 최초로 소집되는 정기주주총회 전날까지만 해당한다)인 경우. 다만, 유가증권시장에 상장된 주권을 발행한 회사로서 사외이사를 선임하여야 하는 회사가 코스닥시장 또는 코넥스시장에 상장된 주권을 발행한 회사로 되는 경우 또는 코스닥시장 또는 코넥스시장에 상장된 주권을 발행한 회사로서 사외이사를 선임하여야 하는 회사가 유가증권시장에 상장된 주권을 발행한 회사로 되는 경우에는 그러하지 아니하다.
4. 「부동산투자회사법」에 따른 기업구조조정 부동산투자회사인 경우
5. 해산을 결의한 상장회사인 경우

14 정답 ①

① (×) 주주의 제명은 상법상 주식회사에서는 허용될 수 없다. 참고로 사원의 제명은 합명회사, 유한책임회사에서 인정된다.
② (○) 회사는 정관으로 정한 경우에는 주식의 전부를 무액면주식으로 발행할 수 있다. 다만, 무액면주식을 발행하는 경우에는 액면주식을 발행할 수 없다(상법 제329조 제1항).
③ (○) 자본금의 감소에는 제434조에 따른 결의(특별결의 : 출석한 주주의 의결권의 3분의 2 이상의 수와 발행주식총수의 3분의 1 이상의 수로써 하여야 한다)가 있어야 한다(상법 제438조 제1항).
④ (○) 회사는 이사회의 결의에 의하여 사채(社債)를 발행할 수 있다(상법 제469조 제1항).

15 정답 ③

설문은 반사적 이익에 관한 내용에 해당한다.

> **핵심만 콕** 권리와 구별되는 개념
>
> - 권한 : 타인을 위하여 법률행위를 할 수 있는 법률상의 자격을 말한다(예 이사의 대표권, 국무총리의 권한 등).
> - 권능 : 권리에서 파생되는 개개의 법률상의 작용을 말한다(예 소유권자의 소유권에서 파생되는 사용권·수익권·처분권).
> - 권력 : 일정한 개인 또는 집단이 공익을 달성할 목적으로 다른 개인 또는 집단을 강제 또는 지배하는 힘을 말한다.
> - 권원 : 일정한 법률상 또는 사실상의 행위를 하는 것을 정당화하는 법률상의 원인을 말한다(예 지상권, 대차권).
> - 반사적 이익 : 법이 일정한 사실을 명하거나 금하고 있는 결과로써 어떠한 자가 저절로 받게 되는 이익으로, 그 이익을 누리는 자에게 법적인 힘이 부여된 것은 아니므로, 타인이 그 이익의 향유를 방해하더라도 그 보호를 청구하지 못한다(예 도로·공원 등 공물의 설치로 인한 공물이용자의 이익, 공중목욕탕 영업의 거래제한으로 인하여 이미 허가를 받은 업자의 사실상의 이익).

16 정답 ④

④ (○) 실체법은 권리·의무의 실체, 즉 발생·변경·소멸·성질·내용 및 범위 등을 규율하는 법으로 헌법, 민법, 형법, 상법 등이 이에 해당한다. 반면 절차법은 권리나 의무의 실질적 내용을 실현하는 절차법으로 민사소송법, 민사집행법, 형사소송법, 행정소송법, 채무자회생 및 파산에 관한 법률, 부동산등기법 등이 있다.
① (×) 민사소송법은 헌법, 행정법, 형법, 형사소송법, 행정소송법, 국제법 등과 마찬가지로 공법(公法)에 해당한다.
② (×) 사법이 축소되고 공법이 확대되는 '사법의 공법화' 경향이 강해지고 있다.
③ (×) 형법은 장소·사람·사물에 제한 없이 일반적으로 적용되는 법으로 헌법, 민법 등과 마찬가지로 일반법에 해당한다. 반면 특별법은 특정한 장소·사람·사물에만 적용되는 법으로 상법, 군형법, 국가공무원법, 조례, 규칙 등이 있다.

17 정답 ①

① (○) 슈몰러(Schmoller)는 '법은 도덕의 최대한이며, 결코 최소한은 아니다.'라고 하면서 도덕규범 중 꼭 필요하다고 인정되는 것은 법으로 정립하여 강제성을 띤다고 보았다.
② (×) 법은 법이념에 봉사한다는 의미를 지니는 현실이다. - 라드부르흐(Radbruch)
③ (×) 법은 도덕의 최소한이다. - 옐리네크(Jellinek)
④ (×) 법은 사회적 조직체의 공동정신이다. - 몽테스키외(Montesquieu)

18 정답 ④

행정주체는 행정법관계에서 행정권을 행사하고 그 법적효과가 궁극적으로 귀속되는 당사자를 말하는데 설문은 행정주체로서 공무수탁사인에 대한 내용이다.

핵심만콕 행정주체의 종류

	국가	고유의 행정주체
공공단체	지방자치단체	일정한 구역을 기초로 그 구역 내의 모든 주민에 대해 지배권을 행사하는 공공단체로, 보통지방자치단체(특별시, 광역시, 특별자치시·도 및 특별자치도와 기초자치단체인 시·군·자치구)와 특별지방자치단체(지방자치단체조합)가 있다.
	공공조합 (공사단)	특정한 국가목적을 위하여 설립된 인적 결합체에 법인격이 부여된 것으로, 농업협동조합, 산림조합, 상공회의소, 변호사회 등이 있다.
	공재단	국가나 지방자치단체가 공공 목적을 위하여 출연한 재산을 관리하기 위하여 설립된 공법상의 재단법인으로, 한국학중앙연구원 등이 있다.
	영조물법인	행정주체에 의하여 특정한 국가목적에 계속적으로 봉사하도록 정하여진 인적·물적 결합체로, 각종의 공사, 국책은행, 서울대학교병원, 적십자병원, 한국과학기술원 등이 있다.
공무수탁사인		국가나 지방자치단체로부터 공권(공행정사무)을 위탁받아 자신의 이름으로 공권력을 행사하는 사인이나 사법인으로, 사인인 사업시행자, 학위를 수여하는 사립대학 총장, 선박항해 중인 선장, 별정우체국장 등이 있다.

19 정답 ②

산업재해보상보험법은 사회보험제도로서 사회보장법의 한 분야에 해당한다.

핵심만콕 사회법의 분류

노동법		예 근로기준법, 노동조합 및 노동관계조정법 등
경제법		예 독점규제 및 공정거래에 관한 법률, 소비자기본법 등
사회보장법	사회보험	예 국민연금법, 국민건강보험법, 산업재해보상보험법, 고용보험법 등
	공공부조	예 국민기초생활보장법, 의료급여법 등
	사회서비스	예 장애인복지법, 노인복지법, 아동복지법, 한부모가족지원법, 영유아보육법 등

20 정답 ③

③ (×) 자격의 전부 또는 일부에 대한 정지는 1년 이상 <u>15년 이하</u>로 한다(형법 제44조 제1항).
① (○) 형벌의 종류로는 형법상 9종이 있는데, 크게 생명형(사형), 자유형(징역·금고·구류), 명예형(자격상실·자격정지), 재산형(벌금·과료·몰수)으로 구분할 수 있다(형법 제41조).
② (○) 형법 제42조 본문
④ (○) 형법 제45조 본문·제47조

21 정답 ③

③ (×) 체포·구속·압수·또는 수색을 할 때에는 적법한 절차에 따라 검사의 신청에 의하여 법관이 발부한 영장을 제시하여야 한다(헌법 제12조 제3항 본문). 따라서 <u>심문은 영장주의 적용 대상이 아니다.</u>
① (○) 헌법 제12조 제1항
② (○) 헌법 제12조 제2항
④ (○) 헌법 제12조 제7항 후단

22 정답 ③

상상적 경합범은 한 개의 행위가 여러 개의 죄에 해당하나 처벌상 하나의 죄로 취급되는 경우로, <u>가장 무거운 죄에 대하여 정한 형으로 처벌한다</u>(형법 제40조).

> **핵심만콕**
> ① (○) 법조경합은 한 개의 행위 또는 수개의 행위가 외관상 수개의 형벌법규에 해당하는 것 같지만, 형벌법규의 성질상 한 개의 법규만 적용되고 다른 법규는 배척되는 단순일죄이다.
> ② (○) 포괄일죄는 '형법상 수개의 행위'가 각각 구성요건에 해당하나 각 행위가 일정한 관련성을 가지는 것으로 인해 포괄하여 1개의 구성요건에 해당하는 것으로서 1죄에 해당한다.
> ④ (○) 형법 제37조

23 정답 ②

② (○) 노동조합의 쟁의행위에 대해 사용자가 대항할 수 있는 방어방법으로 작업장을 폐쇄하고 근로자들의 노무제공을 거절함으로써 임금지급의무를 면하는 것을 말한다. 노동조합 및 노동관계조정법은 제2조 제6호에서 쟁의행위의 종류로 규정하고 제46조에서 직장폐쇄의 요건을 규정하고 있다.
① (×) 노동조합은 사용자의 점유를 배제하여 조업을 방해하는 형태로 쟁의행위를 해서는 아니 된다(노동조합 및 노동관계조정법 제37조 제3항). 파업에 참가한 근로자가 파업의 실효성을 확보하기 위하여 사용자의 사업장을 점거하는 <u>노동조합의 쟁의행위</u>이다.
③ (×) 쟁의행위는 그 쟁의행위와 관계없는 자 또는 근로를 제공하고자 하는 자의 출입·조업 기타 정상적인 업무를 방해하는 방법으로 행하여져서는 아니 되며 쟁의행위의 참가를 호소하거나 설득하는 행위로서 폭행·협박을 사용하여서는 아니 된다(노동조합 및 노동관계조정법 제38조 제1항). 쟁의행위 참가자들이 당해 쟁의행위로 인하여 중단된 업무를 수행하려고 하는 자들에게 업무수행을 하지 말 것을 평화적으로 설득하거나 권고하는 <u>노동조합의 쟁의행위</u>이다.
④ (×) 노동자가 동맹하여 그 공장의 제품을 사지 않고 더 나아가 대중에게까지 불매를 호소하는 <u>노동조합의 쟁의행위</u>이다.

24 정답 ❸

③ (×) "사단법인의 사원의 지위는 양도 또는 상속할 수 없다"고 한 민법 제56조의 규정은 강행규정은 아니라고 할 것이므로, 정관에 의하여 이를 인정하고 있을 때에는 양도·상속이 허용된다(대판 1992.4.14. 91다26850).
① (○) 신의성실의 원칙에 반하는 것 또는 권리남용은 강행규정에 위배되는 것이므로 당사자의 주장이 없더라도 법원은 직권으로 판단할 수 있다(대판 1995.12.22. 94다42129).
② (○) 민법상 능력에 관한 규정인 민법 제3조와 제5조는 강행규정이다.
④ (○) 민법 제80조 제1항, 제81조 및 제87조 등 청산절차에 관한 규정은 모두 제3자의 이해관계에 중대한 영향을 미치는 것으로서 강행규정이므로, 해산한 법인이 잔여재산의 귀속자에 관한 정관규정에 반하여 잔여재산을 달리 처분할 경우 그 처분행위는 청산법인의 목적범위 외의 행위로서 특단의 사정이 없는 한 무효이다(대판 2000.12.8. 98두5279).

25 정답 ❹

④ (×) 입법해석에 관한 설명이다. 사법해석은 재판기관(법원, 헌법재판소)이 구체적 쟁송의 해결을 목적으로 추상적인 법규범의 객관적 의미를 파악하는 해석을 말한다.
① (○) 법문이 일정한 사항을 정하고 있을 때 그 이외의 사항에 관해서도 사물의 성질상 당연히 그 규정에 포함되는 것으로 보는 물론해석에 해당한다.
② (○) 법문이 규정하는 요건과 반대의 요건이 존재하는 경우에 그 반대의 요건에 대하여 법문과 반대의 법적 판단을 하는 해석방법인 반대해석에 해당한다.
③ (○) 법문상 자구(字句)의 의미를 통상의 의미보다 축소하여 해석하는 방법으로, 축소해석에 해당한다.

26 정답 ❸

③ (×) 사용자는 근로자에 대하여 남녀의 성(性)을 이유로 차별적 대우를 하지 못하고, 국적·신앙 또는 사회적 신분을 이유로 근로조건에 대한 차별적 처우를 하지 못한다(근로기준법 제6조). 근로기준법은 채용 이후 근로조건에 대한 차별적 처우를 금지하고, 모집·채용 시의 차별에 대해서는 규정하고 있지 않다.
① (○) 근로기준법 제4조
② (○) 근로기준법 제5조
④ (○) 근로기준법 제7조

27 정답 ❹

행정조사에 관한 설명이다(행정조사기본법 제2조 제1호).

> **핵심만콕**
>
> ① (×) "청문"이란 행정청이 어떠한 처분을 하기 전에 당사자 등의 의견을 직접 듣고 증거를 조사하는 절차를 말한다(행정절차법 제2조 제5호).
> ② (×) "사전통지"란 행정청이 당사자에게 의무를 부과하거나 권익을 제한하는 처분을 하는 경우에 미리 일정한 사항을 당사자 등에게 통지하는 것을 말한다(행정절차법 제21조).
> ③ (×) "의견제출"이란 행정청이 어떠한 행정작용을 하기 전에 당사자 등이 의견을 제시하는 절차로서 청문이나 공청회에 해당하지 아니하는 절차를 말한다(행정절차법 제2조 제7호).

28 정답 ④

설문은 간접대리에 관한 설명이다. 간접대리는 행위자가 자신의 이름으로 법률행위를 하고 그 법률행위의 효과도 자기에게 귀속한다는 점에서 대리와 다르다.

핵심만콕	대리와 구별되어야 하는 것
간접대리	• 행위자가 자신의 이름으로, 그러나 타인의 계산으로 법률행위를 하고 그 법률효과도 자기에게 귀속한 후 취득한 권리 등을 타인에게 이전하는 제도로서 위탁매매업(상법 제101조)이 간접대리의 대표적인 예이다. • 경제적인 작용은 대리와 비슷하지만 행위자와 그 법률효과의 귀속이 분리되지 않은 점에서 대리와 차이가 있다.
사 자	• 본인의 의사표시를 전달하거나, 결정한 내심의 의사를 표시하는 심부름꾼을 사자라고 한다. • 사실행위에도 사자는 허용된다.
대 표	• 법인실재설에 의하면 법인의 대표기관은 법인의 본체이므로 법인의 대표자는 법인의 대리인이 아니다. • 대표는 사실행위, 불법행위에도 인정된다.

29 정답 ②

민법상의 추인으로서 무권대리행위의 추인(민법 제130조), 무효행위의 추인(민법 제139조), 취소할 수 있는 행위의 추인(민법 제143조) 등이 있으며, 무효행위의 경우 절대적 무효에 대해서는 추인할 수 없으나, 상대적 무효에 대해서는 추인이 가능하다. ②는 상대적 무효이나 ①·③·④는 절대적 무효이다.

30 정답 ④

④ (×) 횡령죄는 재물만을 객체로 하는 재물죄에 해당한다. 강도죄, 사기죄, 공갈죄가 재물 및 재산상 이익을 객체로 하는 범죄에 해당한다.
① (○) 강도죄와 손괴죄는 친족상도례를 규정한 형법 제328조를 준용한다는 규정을 두고 있지 않다.
② (○) 절도죄, 횡령죄, 장물죄, 손괴죄는 재물만을 객체로 하는 재물죄에 해당한다.
③ (○) 배임죄와 컴퓨터등 사용사기죄는 재산상 이익만을 객체로 하는 이득죄에 해당한다.

31 정답 ④

④ (○) 제시문의 (　)에 들어갈 내용은 권한의 위임이다.
① (×) 대결 : 행정청이나 기타 결재권자의 부재 또는 급박한 사고발생 시 그 직무를 대리하는 자가 대신 결재하고, 사후에 결재권자에게 보고하게 하는 것을 말한다.
② (×) 위임전결(내부위임) : 행정청이 보조기관 등에게 비교적 경미한 사무의 처리권한을 위임하여 보조기관 등이 행정청의 이름으로 그 권한을 행사하는 것을 말한다.
③ (×) 권한의 대리 : 행정청의 권한 전부나 일부를 다른 행정기관이 대리기관으로서 대신 행사하고, 그 법적 효과는 피대리청(행정청)의 행위로서 발생하는 것을 말한다.

32 정답 ④

④ (×) 고소를 취소한 자는 다시 고소할 수 없다(형사소송법 제232조 제2항). 고발에 대해서는 이와 같은 제한 규정이 없으므로 고발을 취소한 자는 다시 고발할 수 있다.
① (○) 형사소송법 제234조 제2항
② (○) 형사소송법 제235조 · 제224조
③ (○) 형사소송법 제237조 제2항

33 정답 ①

경비업무의 불완전이행 사례이다. 불완전이행이란 채무의 이행이 있기는 하지만 본래의 약정된 내용과 같은 완전한 급부를 이행하지 않은 경우이다(민법 제390조).

34 정답 ③

제시된 내용 중 옳은 것은 ㄷ, ㄹ, ㅁ이다.
ㄷ. (○) 간접선거제에 반대되는 것으로 유권자가 선거에 중간 매개인을 선정하지 않고 스스로 직접 선거하는 제도이다.
ㄹ. (○) 공개선거제에 반대되는 것으로 투표자가 어떤 후보자에게 투표하였는지 제3자가 알 수 없도록 비밀을 보장하는 제도이다.
ㅁ. (○) 강제선거제(의무투표제)에 반대되는 것으로 헌법 제41조와 제67조에는 보통 · 평등 · 직접 · 비밀선거의 4대원칙만 명시되어 있지만, 임의선거(자유선거)의 원칙 또한 당연히 인정된다.
ㄱ. (×) 보통선거제는 제한선거제에 반대되는 것으로 사회적 신분 · 재산 · 납세 · 교육 · 신앙 · 인종 · 성별 등에 차별을 두지 않고 원칙적으로 일정한 연령에 달한 모든 사람에게 선거권을 부여하는 제도이다.
ㄴ. (×) 평등선거제는 차등선거제에 반대되는 것으로 선거인의 투표가치가 평등하게 취급되는 제도이다

35 정답 ①

자연인(민법 제3조)뿐만 아니라 법인도 관청의 허가를 얻고 등기를 하면 권리 · 의무의 주체가 될 수 있다(민법 제34조 참조).

관계법령

권리능력의 존속기간(민법 제3조)
사람은 생존한 동안 권리와 의무의 주체가 된다.

법인의 권리능력(민법 제34조)
법인은 법률의 규정에 좇아 정관으로 정한 목적의 범위 내에서 권리와 의무의 주체가 된다.

36 정답 ④

④ (○) 산업재해보상보험법 제84조 제1항 제1호
① (×) 보험급여의 수급권자가 사망한 경우에 그 수급권자에게 지급하여야 할 보험급여로서 아직 지급되지 아니한 보험급여가 있으면 그 수급권자의 유족(유족급여의 경우에는 그 유족급여를 받을 수 있는 다른 유족)의 청구에 따라 그 보험급여를 지급한다(산업재해보상보험법 제81조 제1항).
② (×) 근로자의 보험급여를 받을 권리는 퇴직하여도 소멸되지 아니한다(산업재해보상보험법 제88조 제1항).
③ (×) 보험급여를 받을 권리는 양도 또는 압류하거나 담보로 제공할 수 없다(산업재해보상보험법 제88조 제2항).

37 정답 ②

제시문의 ( )의 ㄱ과 ㄴ에 들어갈 내용은 순서대로 1, 3이다.

> **관계법령** 고지의무위반으로 인한 계약해지(상법 제651조)
>
> 보험계약 당시에 보험계약자 또는 피보험자가 고의 또는 중대한 과실로 인하여 중요한 사항을 고지하지 아니하거나 부실의 고지를 한 때에는 보험자는 그 사실을 안 날로부터 1월 내에, 계약을 체결한 날로부터 3년 내에 한하여 계약을 해지할 수 있다. 그러나 보험자가 계약 당시에 그 사실을 알았거나 중대한 과실로 인하여 알지 못한 때에는 그러하지 아니하다.

38 정답 ④

제시문의 내용은 모두 옳다.

> **핵심만콕** 형법상 장소적 적용범위 ★
>
> - 속지주의(제2조) : 본법은 대한민국영역 내에서 죄를 범한 내국인과 외국인에게 적용한다.
> - 속인주의(제3조) : 본법은 대한민국영역 외에서 죄를 범한 내국인에게 적용한다.
> - 기국주의(제4조) : 본법은 대한민국영역 외에 있는 대한민국의 선박 또는 항공기 내에서 죄를 범한 외국인에게 적용한다.
> - 보호주의(제5조) : 본법은 대한민국영역 외에서 다음에 기재한 죄를 범한 외국인에게 적용한다.
>   - 내란의 죄
>   - 외환의 죄
>   - 국기에 관한 죄
>   - 통화에 관한 죄
>   - 유가증권, 우표와 인지에 관한 죄
>   - 문서에 관한 죄 중 공문서 관련 죄
>   - 인장에 관한 죄 중 공인 등의 위조, 부정사용
> - 보호주의(제6조) : 본법은 대한민국영역 외에서 대한민국 또는 대한민국국민에 대하여 전조에 기재한 이외의 죄를 범한 외국인에게 적용한다. 단, 행위지의 법률에 의하여 범죄를 구성하지 아니하거나 소추 또는 형의 집행을 면제할 경우에는 예외로 한다.
> - 세계주의 : 총칙에서는 규정이 없으나 각칙에서는 세계주의를 인정하고 있다(제296조의2).

39 정답 ❷

② (○) 형사소송법 제31조
① (✕) 피고인 또는 피의자는 변호인을 선임할 수 있다(형사소송법 제30조 제1항).
③ (✕) 공소제기 전의 변호인 선임은 제1심에도 그 효력이 있다(형사소송법 제32조 제2항). 따라서 공소제기 전에 선임된 변호인은 제1심의 변호인이 될 수 있다.
④ (✕) 변호인은 독립하여 소송행위를 할 수 있다. 단, 법률에 다른 규정이 있는 때에는 예외로 한다(형사소송법 제36조).

40 정답 ❹

제시문의 ㄱ과 ㄴ에 들어갈 내용은 순서대로 비례의 원칙, 부당결부금지의 원칙이다.

ㄱ : 수사 및 재판단계에서 유죄가 확정되지 아니한 미결수용자에게 재소자용 의류를 입게 하는 것은 미결수용자로 하여금 모욕감이나 수치심을 느끼게 하고, 심리적인 위축으로 방어권을 제대로 행사할 수 없게 하여 실체적 진실의 발견을 저해할 우려가 있으므로, 도주 방지 등 어떠한 이유를 내세우더라도 그 제한은 정당화될 수 없어 헌법 제37조 제2항의 기본권 제한에서의 비례원칙에 위반되는 것으로서, 무죄추정의 원칙에 반하고 인간으로서의 존엄과 가치에서 유래하는 인격권과 행복추구권, 공정한 재판을 받을 권리를 침해하는 것이다[헌재결[전] 1999.5.27. 97헌마137·98헌마5(병합)].

ㄴ : 수익적 행정행위에 있어서는 법령에 특별한 근거규정이 없다고 하더라도 그 부관으로서 부담을 붙일 수 있으나, 그러한 부담은 비례의 원칙, 부당결부금지의 원칙에 위반되지 않아야만 적법하다. 지방자치단체장이 사업자에게 주택사업계획승인을 하면서 그 주택사업과는 아무런 관련이 없는 토지를 기부채납하도록 하는 부관을 주택사업계획승인에 붙인 경우, 그 부관은 부당결부금지의 원칙에 위반되어 위법하지만, 지방자치단체장이 승인한 사업자의 주택사업계획은 상당히 큰 규모의 사업임에 반하여, 사업자가 기부채납한 토지 가액은 그 100분의 1 상당의 금액에 불과한 데다가, 사업자가 그 동안 그 부관에 대하여 아무런 이의를 제기하지 아니하다가 지방자치단체장이 업무착오로 기부채납한 토지에 대하여 보상협조요청서를 보내자 그때서야 비로소 부관의 하자를 들고 나온 사정에 비추어 볼 때 부관의 하자가 중대하고 명백하여 당연무효라고는 볼 수 없다(대판 1997.3.11. 96다49650).

제4회 민간경비론

> 문제편 087p

정답 CHECK

41	42	43	44	45	46	47	48	49	50	51	52	53	54	55	56	57	58	59	60
②	②	①	④	④	①	②	④	④	①	④	③	①	①	②	④	①	②	④	②
61	62	63	64	65	66	67	68	69	70	71	72	73	74	75	76	77	78	79	80
③	④	②	③	③	④	②	④	①	①	②	③	②	④	②	①	④	①	②	③

41 정답 ②

② (✕) 경비업법에 의한 허가받은 업무를 수행하는 경비활동은 <u>형식적 의미</u>의 민간경비이다.
① (○) 민간경비는 기본적으로 특정 의뢰자로부터 보수를 받고 경비 및 안전에 필요한 서비스를 제공한다는 점에서 영리성을 본질로 한다. 다만 민간경비의 주요 업무인 범죄예방, 질서유지, 위험방지활동은 공공성과 관련되는 활동이므로 민간경비에도 공공성이 요구된다.
③ (○) 경비업법 제2조 제1호
④ (○) 경비업은 법인이 아니면 이를 영위할 수 없다(경비업법 제3조).

42 정답 ②

② (✕) 인식된 위험요소의 척도화는 인지된 사실들을 경비대상물이 갖고 있는 환경을 고려하여 위험성이 큰 순서대로 서열화하는 것을 말한다.
① (○) 경비위해분석이란 경비활동의 대상이 되는 위험요소들을 대상별로 추출하여 성격을 파악하는 경비진단활동을 말한다.
③ (○) 비용효과분석은 투입비용 대비 산출효과를 비교하여 적정한 경비수준을 결정하는 과정으로, 경비활동의 비용효과분석은 절대적인 잣대로 평가할 수는 없다.
④ (○) 위험요소분석에 있어서 가장 선행되어야 하는 것은 모든 경비지역 내에서 손실의 취약성이 있는 위험요소를 인지하는 것이다.

43 정답 ①

① (×) 영국에서는 사설 경찰활동이 공적인 경찰활동보다 먼저 존재하였으며, 다양한 범죄에 대한 개인권리 보호의 미흡으로 인하여 공경찰의 도입 필요성을 제기하는 계기가 되었다.
② (○) 규환제도는 개인과 집단이 치안에 대해 공동책임을 진 것으로 인식되어 건장한 모든 사람들은 범법자 체포에 참여해야 하는데, 이러한 의도는 현대사회의 시민체포의 발상으로 인식할 수 있다.
③ (○) 영국의 헨리 필딩(Henry Fielding)은 보우가(The Bow Street)의 타락하고 무질서한 당시의 치안을 바로잡기 위해 시민들 중 지원자를 중심으로 소규모 단위의 범죄예방조직을 만들어 보수를 지급하였으며, 이러한 활동은 1785년경 인류 역사상 최초의 형사기동대라고 할 수 있는 '보우가 주자(Bow Street Runners)' 창설로 이어졌다.
④ (○) 내무부장관이었던 로버트 필(Robert Peel)은 1829년 수도경찰법을 의회에 제출하여 런던수도경찰을 창설하였다.

44 정답 ④

④ (○) 총체적 경비(종합적 경비)에 관한 설명이다.
① (×) 1차원적 경비에 관한 설명이다.
② (×) 단편적 경비에 관한 설명이다.
③ (×) 반응적 경비에 관한 설명이다.

> **핵심만콕** 경비실시방식에 따른 경비의 분류
>
> - 1차원적 경비 : 경비원에 의한 경비 등과 같이 단일 예방체제에 의존하는 경비형태를 말한다.
> - 단편적 경비 : 포괄적·전체적 계획 없이 필요할 때마다 단편적으로 손실예방 등의 역할을 수행하기 위해 추가되는 경비형태를 말한다.
> - 반응적 경비 : 단지 특정한 손실이 발생할 때마다 그 사건에만 대응하는 경비형태를 말한다.
> - 총체적 경비(종합적 경비) : 특정의 위해요소와 관계없이 언제 발생할지 모르는 상황에 대비하여 인력경비와 기계경비를 종합한 표준화된 경비형태를 말한다.

45 정답 ④

④ (○) 러셀 콜링(R. Colling)은 미국 병원 경비협회의 책임자로서 경비원의 기능을 통제하고 향상시키기 위해서는 경비원 전문자격증제도가 필요하다고 주장하였다.
① (×) 어거스틴 포프(A. Pope)는 1853년 최초로 전자 도난방지 경보시스템의 특허를 받았으며, 이를 에드윈 홈즈(E. Holmes)에게 판매하였다.
② (×) 에드윈 홈즈(E. Holmes)는 1858년에 야간 경비회사인 홈즈 방호회사(Holms Protection Inc.)를 설립하여 최초의 중앙감시방식의 경보서비스 사업을 시작하였다.
③ (×) 페리 브링크(W. Brink)는 전 세계 귀중품 운송서비스로 유명한 다국적 기업인 브링크스 주식회사를 설립하였다.

46 정답 ❶

① (×) 청원경찰은 배치된 기관·시설 또는 사업장 등의 구역을 관할하는 경찰서장의 감독을 받아 그 경비구역만의 경비를 목적으로 필요한 범위에서 경찰관직무집행법에 따른 경찰관의 직무를 수행한다(청원경찰법 제3조).
② (○) 청원경찰법 제3조, 경찰관직무집행법 제3조·제10조의4
③ (○) 경비업법 시행령 제20조 제5항
④ (○) 민간경비원은 일반 사인과 같으므로, 현행범 체포, 정당방위, 긴급피난 등을 할 수 있다.

47 정답 ❷

② (○) 제시문이 설명하는 컴퓨터 범죄는 컴퓨터 스파이이다.
① (×) 컴퓨터 부정조작은 행위자가 컴퓨터의 처리결과 혹은 출력인쇄를 변경시키거나, 자신이나 제3자가 재산적 이익을 얻도록 컴퓨터 시스템 자료처리 영역의 정상적인 운영을 방해하는 행위이다.
③ (×) 컴퓨터 부정사용은 컴퓨터에 접속할 정당한 권한이 없는 자가 사용자의 허락 없이 무단으로 타인의 컴퓨터를 자기의 목적 달성을 위하여 일정한 시간 동안 사용하는 행위로서, 시간절도라고도 한다.
④ (×) 컴퓨터 파괴는 컴퓨터 하드웨어의 전부 또는 일부를 파괴하거나 작동이 되지 않도록 하는 행위와 데이터나 프로그램을 저장하고 있는 매체, 즉 자기테이프, 자기디스크 등을 파괴하는 행위를 말한다.

48 정답 ❹

④ (×) 최초의 중앙감시방식의 경보서비스 사업을 시작한 사람은 에드윈 홈즈(Edwin Holmes)이다. 홈즈는 1858년에 최초의 중앙감시방식의 경보서비스를 제공하는 야간 경비회사인 홈즈 방호회사(Holms Protection Inc.)를 설립하였다.
① (○) 핑커톤 탐정사무소는 열차강도를 체포하는 데 주력하여 철도회사의 전반적인 경비체제를 확립하였다.
② (○) 범죄자들에 대한 각종 신상정보와 범죄수법을 기록하여 오늘날 프로파일링 수사기법에 영향을 주었다.
③ (○) 링컨 대통령은 남북전쟁 기간 내내 핑커톤 탐정사무소의 탐정들을 고용해 자신의 경호를 맡겼다.

49 정답 ❹

④ (×), ③ (○) 공동화이론은 사회의 다원화와 분화에서 초래되는 사회적 긴장과 갈등, 대립 등에 의한 무질서나 범죄의 증가에 대응하기 위해서는 경찰력의 증가가 필요하나 현실적으로 어려운 상태이므로 그 결과 생겨나는 공백을 메우기 위해서 민간경비가 발전한다는 이론이다. 그냥 내버려두면 보호받지 못한 채로 방치될 재산을 민간경비가 보호한다는 것은 이익집단이론의 내용이다.
① (○) 공동화이론은 경찰과 민간경비가 상호 갈등이나 투쟁관계에 있는 것이 아니라 상호 보완적, 역할분담적 관계를 갖는다고 한다.
② (○) 공동화이론은 공경비에 대한 민간경비의 보완, 대체성을 강조한다.

50 정답 ❶

① (×) 국가정보원의 직무에 해당한다(국가정보원법 제4조 제1항 제1호 나목).
② (○) 국가경찰과 자치경찰의 조직 및 운영에 관한 법률 제3조 제4호
③ (○) 국가경찰과 자치경찰의 조직 및 운영에 관한 법률 제3조 제7호
④ (○) 국가경찰과 자치경찰의 조직 및 운영에 관한 법률 제3조 제5호

관계법령

경찰의 임무(국가경찰과 자치경찰의 조직 및 운영에 관한 법률 제3조)
경찰의 임무는 다음 각호와 같다.
1. 국민의 생명·신체 및 재산의 보호
2. 범죄의 예방·진압 및 수사
3. 범죄피해자 보호
4. 경비·요인경호 및 대간첩·대테러작전 수행
5. 공공안녕에 대한 위험의 예방과 대응을 위한 정보의 수집·작성 및 배포
6. 교통의 단속과 위해의 방지
7. 외국 정부기관 및 국제기구와의 국제협력
8. 그 밖에 공공의 안녕과 질서유지

경찰의 사무(국가경찰과 자치경찰의 조직 및 운영에 관한 법률 제4조)
① 경찰의 사무는 다음 각호와 같이 구분한다.
1. 국가경찰사무 : 제3조에서 정한 경찰의 임무를 수행하기 위한 사무. 다만, 제2호의 자치경찰사무는 제외한다.
2. 자치경찰사무 : 제3조에서 정한 경찰의 임무범위에서 관할지역의 생활안전·교통·경비·수사 등에 관한 다음 각목의 사무
   가. 지역 내 주민의 생활안전활동에 관한 사무
      1) 생활안전을 위한 순찰 및 시설의 운영
      2) 주민참여 방범활동의 지원 및 지도
      3) 안전사고 및 재해·재난 시 긴급구조 지원
      4) 아동·청소년·노인·여성·장애인 등 사회적 보호가 필요한 사람에 대한 보호업무 및 가정폭력·학교폭력·성폭력 등의 예방
      5) 주민의 일상생활과 관련된 사회질서의 유지 및 그 위반행위의 지도·단속. 다만, 지방자치단체 등 다른 행정청의 사무는 제외한다.
      6) 그 밖에 지역주민의 생활안전에 관한 사무
   나. 지역 내 교통활동에 관한 사무
      1) 교통법규 위반에 대한 지도·단속
      2) 교통안전시설 및 무인 교통단속용 장비의 심의·설치·관리
      3) 교통안전에 대한 교육 및 홍보
      4) 주민참여지역 교통활동의 지원 및 지도
      5) 통행허가, 어린이 통학버스의 신고, 긴급자동차의 지정신청 등 각종 허가 및 신고에 관한 사무
      6) 그 밖에 지역 내의 교통안전 및 소통에 관한 사무
   다. 지역 내 다중운집행사 관련 혼잡교통 및 안전관리
   라. 다음의 어느 하나에 해당하는 수사사무
      1) 학교폭력 등 소년범죄
      2) 가정폭력, 아동학대범죄
      3) 교통사고 및 교통 관련 범죄
      4) 「형법」 제245조에 따른 공연음란 및 「성폭력범죄의 처벌 등에 관한 특례법」 제12조에 따른 성적 목적을 위한 다중이용장소 침입행위에 관한 범죄
      5) 경범죄 및 기초질서 관련 범죄
      6) 가출인 및 「실종아동 등의 보호 및 지원에 관한 법률」 제2조 제2호에 따른 실종아동 등 관련 수색 및 범죄

51 정답 ❹

④는 기계경비의 장점에 해당한다.

핵심만콕	인력경비와 기계경비	
구 분	인력경비	기계경비
장 점	• 경비업무 이외에 안내, 질서유지, 보호·보관업무 등을 하나로 통합한 통합서비스가 가능 • 인력이 상주함으로써 현장에서 상황이 발생했을 때 신속한 조치가 가능 • 인적 요소이기에 경비업무를 전문화할 수 있고, 고용창출 효과와 고객접점서비스 효과가 있음	• 24시간 경비가 가능 • 장기적으로 소요비용이 절감되는 효과가 있음 • 감시지역이 광범위하고 정확성을 기할 수 있음 • 시간적 취약대인 야간에도 효율성이 높아 시간적 제약을 적게 받음 • 화재예방시스템 등과 동시에 통합운용이 가능 • 강력범죄와 화재, 가스 등으로 인한 인명사상을 예방하거나 최소화할 수 있음 • 기록장치에 의해 사고발생 상황이 저장되어 증거보존의 효과와 책임한계를 명확히 할 수 있음 • 오작동(오경보)률이 낮을 경우 범죄자에게는 경고의 효과가 있고, 사용자로부터는 신뢰를 얻을 수 있음
단 점	• 인건비의 부담으로 경비에 많은 비용이 소요 • 사건이 발생했을 때 인명피해의 가능성이 있음 • 상황연락이 신속하게 이루어지지 않아 사건의 전파에 장애가 발생 • 야간에는 경비활동의 제약을 받아 효율성이 감소 • 경비원이 저임금, 저학력, 고령일 경우 경비의 질 저하가 우려	• 사건 발생 시 현장에서의 신속한 대처가 어려우며, 현장에 출동하는 시간이 필요 • 최초의 기초 설치비용이 많이 소요 • 허위경보 및 오경보 등의 발생률이 비교적 높음 • 전문인력이 필요하며, 유지보수에 비용이 많이 소요 • 고장 시 신속한 대처가 어려움 • 방범 관련 업무에만 가능하며, 경비시스템을 잘 알고 있는 범죄자들에게 역이용당할 우려가 있음

52 정답 ❸

경비계획의 수립과정은 문제의 인지 → 목표의 설정 → 경비위해요소 조사·분석 → 전체계획 검토 → 경비계획안 비교검토 → 최선안 선택 → 실시 → 평가 순으로 진행된다. 따라서 (   ) 안에는 ㄱ : 문제의 인지, ㄴ : 목표의 설정, ㄷ : 전체계획 검토, ㄹ : 비교검토가 들어간다.

53 정답 ❶

① (×) 인식성의 원칙은 정보시스템의 소유자, 공급자, 사용자 및 기타 관련자들은 시스템에 일관된 보안을 유지할 수 있도록 시스템에 대한 관련 지식을 쌓고 위험요소의 존재를 인식하고 이에 대한 대책을 파악할 수 있어야 한다는 원칙이다. 적시성의 원칙은 국제적·국가적 수준에서 공공분야와 민간분야는 시의적절하게 상호 동등한 입장에서 조정되어 정보시스템의 보안에 대한 예방활동과 사후대응활동이 이루어져야 한다는 것을 말한다.

② (○) 책임성의 원칙은 정보시스템의 소유자, 공급자 및 기타 관련자들의 책임과 책임추적성이 명확해야 한다는 것을 말한다.

③ (○) 민주주의 원칙은 민주사회에서 정보시스템의 보안은 정보(데이터)의 합법적 사용 및 전달과 상호 조화를 이루도록 해야 한다는 것을 말한다.
④ (○) 재평가의 원칙은 정보시스템 자체 및 이에 대한 보안체계가 시간이 지남에 따라 변화하기 때문에 정보시스템의 보안은 주기적으로 재평가되어야 한다는 것을 말한다.

핵심만콕 정보보호의 기본원칙

구 분	내 용
책임성의 원칙	정보시스템의 소유자, 공급자, 사용자 및 기타 관련자들의 <u>책임과 책임추적성이 명확해야 한다는 원칙</u>
인식성의 원칙	정보시스템의 소유자, 공급자, 사용자 및 기타 관련자들은 <u>시스템에 일관된 보안을 유지할 수 있도록 시스템에 대한 관련 지식을 쌓고 위험요소의 존재를 인식하고 이에 대한 대책을 파악할 수 있어야 한다는 원칙</u>
윤리성의 원칙	<u>정보시스템과 정보시스템의 보안은 타인의 권리와 합법적 이익이 존중·보호될 수 있도록 제공·사용되어야 한다는 원칙</u>
다중협력성의 원칙	<u>정보시스템의 보안을 위한 방법, 실행, 절차는 기술적·행정적·운영적·상업적·교육적 그리고 법제도적인 관점 등을 포함한 가능한 모든 사항을 고려해야 한다는 원칙</u>
균형성·비례성의 원칙	<u>정보시스템의 보안수준, 비용, 방법, 실행 그리고 절차 등은</u> 시스템에 의해 보호받는 대상의 가치와 잠재적인 손실의 심각성 및 발생 가능성 등을 고려하여 <u>적합하고 균형 있게 이루어져야 한다는 원칙</u>
통합성의 원칙	최적의 정보시스템의 보안을 이루기 위해서는 보안시스템의 방법, 실행, 절차 등이 상호 동등한 입장에서 조정·통합되고, 아울러 조직의 다른 부서의 업무 관련 방법, 실행, 절차와도 상호 조정·통합될 수 있도록 해야 한다는 원칙
적시성의 원칙	<u>국제적·국가적 수준에서 공공분야와 민간분야는 시의적절하게 상호 동등한 입장에서 조정되어 정보시스템의 보안에 대한 예방활동과 사후대응활동이 이루어져야 한다는 원칙</u>
재평가의 원칙	정보시스템 자체 및 이에 대한 보안체계가 시간이 지남에 따라 변화하기 때문에 <u>정보시스템의 보안은 주기적으로 재평가되어야 한다는 원칙</u>
민주주의 원칙	<u>민주사회에서 정보시스템의 보안은 정보(데이터)의 합법적 사용 및 전달과 상호 조화를 이루도록 해야 한다는 원칙</u>

〈출처〉 최선우, 「민간경비론」, 진영사/송광호, 「민간경비론」, 에듀피디, 2021, P. 263에서 재인용〉

54 정답 ❶

① (×) 1972년 경비업법 제정 당시에는 <u>신고제</u>로 운영되었으나, <u>1982년 허가제</u>로 바뀌었다.
② (○) 제2차 세계대전 이전, 대부분의 일본 산업계에서는 야경, 수위, 순시 또는 보안원 등의 이름으로 각기 자체경비를 실시하여 왔다.
③ (○) 1950년대 말부터 1960년대 초에 미국으로부터 민간경비 제도를 도입한 일본의 민간경비산업은 급속한 경제성장과 최첨단 전자기술을 경비업에 응용하여 40년 만에 일본 최대 성장산업으로 성장하였다.
④ (○) 일본 경비산업은 경찰과 밀접한 상호협력관계를 유지함으로써 지역단위 및 직장단위의 안전 확보에 큰 역할을 수행하여 왔다.

55 정답 ❷

대규모 군중의 이동 시에는 일정한 방향과 속도로 이동할 수 있도록 하여야 한다.

> **핵심만콕** 군중관리의 기본원칙
>
> - 밀도의 희박화 : 제한된 지역에 많은 사람들이 모이는 것을 피하게 한다.
> - 이동의 일정화 : 일정한 방향, 일정한 속도로 군중을 이동시킨다.
> - 경쟁적 상황의 해소 : 질서를 지키면 손해를 본다는 경쟁적 상황을 해소한다.
> - 지시의 철저 : 자세한 안내방송을 하여 사고와 혼잡상태를 예방한다.

56 정답 ❹

전자폭탄에 관한 설명이다. 논리폭탄(Logic Bomb)은 컴퓨터의 일정한 작동 시마다 부정행위가 일어날 수 있도록 프로그램을 조작하는 수법이다.

57 정답 ❶

민영화이론은 1980년대 이후 복지국가의 이념에 대한 반성으로서 국가독점에 의한 비효율성을 극복하고자 시장경쟁논리를 도입한 이론으로서, 공공지출과 행정비용의 감소효과를 유발하기 위한 방법으로서 제시되었다. ②는 이익집단이론, ③은 경제환원론, ④는 공동생산이론에 관한 설명이다.

58 정답 ❷

② (○) 경비업법 제13조 제2항
① (×) <u>특수경비원</u>의 교육 시 관할경찰서 소속 경찰공무원이 교육기관에 입회하여 지도·감독하여야 한다 (경비업법 제13조 제4항).
③ (×) 교육훈련을 통해 경비원들의 업무 숙달은 빨라질 것이며, 업무가 숙달되면 직무수행상 능력부족으로 저지르게 되는 사고나 과오를 방지할 수 있고, 따라서 그로 인한 인적·물적 낭비를 줄일 수 있다. <u>업무상 실수를 사전에 줄이는 수단으로 교육훈련을 이용하는 것이지, 실수에 대한 제재 수단으로 이용하는 것은 아니다.</u>
④ (×) 특수경비업자는 채용 전 <u>3년 이내</u>에 특수경비업무에 종사하였던 경력이 있는 사람을 특수경비원으로 채용한 경우에는 해당 특수경비원을 특수경비원 신임교육 대상에서 제외할 수 있다(경비업법 시행령 제19조 제2항).

59 정답 ❹

혼잡경비는 경비대상에 따라 여러 가지 유형으로 분류할 수 있는데, 대표적으로 교통유도경비와 이벤트경비 (86아시안게임, 88서울올림픽, 93대전엑스포, 2002한·일 공동월드컵 등)가 있다. 이 중 이벤트 경비업무는 크게 이벤트 행사에 참석한 '참가자를 대상으로 한 경비'와 '시설과 장소를 대상으로 한 경비'로 구분할 수가 있다. 이에 따라 혼잡경비업무의 대상은 장소와 시설에 국한되지 않는다고 볼 수 있다.

〈참고〉 박성수, 「민간경비론」, 윤성사, 2021, P. 202~203

60 정답 ❷

② (×) 초음파 탐지장치는 송신장치와 수신장치를 설치하여 양 기계 간에 진동파를 주고받는 과정에서 어떠한 물체가 들어오면 그 파동이 변화됨을 감지하는 장치이다. 센서가 매우 민감하여 <u>오경보 가능성이 높은</u> 편이다.
① (○) 전자기계식 센서는 접촉의 유무를 감지하는 가장 단순한 경비센서로 문틀과 문 사이에 접지극을 설치해 두고서 이것이 붙어 있을 경우에는 정상적으로 작동하게 되고 문이 열리게 되면 회로가 차단되어 센서가 작동하게 된다. 창문을 통한 침입을 감지하기 위해 전자기계식 센서가 설치되면 비용 면에서도 저렴하다.
③ (○) 자석감지기(마그네틱 감지기)는 영구자석과 리드(Reed)스위치로 구성되며, 창이나 문이 열리면 동작하는 원리이다. 감지장치로서 동작전원이 필요 없고 구조가 간단하여 쉽게 설치할 수 있다.
④ (○) 무선주파수 장치는 레이저광선이 아닌 무선주파수를 사용하는 장치로, 침입자에게서 나오는 열에 의해 전파의 이동이 방해받으면 그 즉시 경보를 울리는 방식이다.

61 정답 ❸

제시된 내용 중 옳은 것은 ㄴ, ㄷ, ㄹ이다.
ㄱ. (×) 건국 초기 미국 국민들은 영국왕실의 권위주의적인 통치방식을 싫어하고 자치적인 지방분권주의적 통치방식을 선호하였으며, 범죄에 대응하는 방식에 있어서도 강력한 경찰조직보다는 자치경비조직의 형태를 추구하였다.
ㅁ. (×) CPP는 공인경비사 자격제도로서 연방정부 차원이 아닌 민간경비업체가 시행하면서 전국적인 수준으로 발전시킨 것이다. 현재 미국산업안전협회(ASIS ; American Society for Industrial Security)가 주정부 관할하에 주정부별로 CPP제도를 시행하고 있다.
＊ 참고로 ASIS(American Society for Industrial Security)를 미국산업안전협회라는 단체명 대신에 미국산업경비협회라는 명칭으로 사용하기도 한다.

62 정답 ❹

④ (×) 오늘날 교육시설의 범죄문제를 해결하고자 지역사회에 기초한 범죄예방프로그램 등이 논의 중이므로, <u>교육시설의 위험요소 조사 시 지역사회와의 상호관계는 고려대상에 포함된다.</u>
① (○) ATM의 증가는 금융시설에 대한 범죄자들의 범행 욕구를 충분히 유발시킬 수 있으므로 지속적인 경비순찰을 실시하고 경비조명뿐만 아니라 CCTV를 설치하는 등 안전대책이 수립되어야 한다.
② (○) 의료시설은 관리상의 어려움으로 인하여 사후통제보다는 사전예방에 초점을 두는 것이 바람직하다.
③ (○) 국제화 및 국제행사의 증가로 내국인의 잦은 해외출장, 외국 주요 인사들의 국내 체류가 증가함에 따라 숙박시설경비의 중요성이 나날이 커지고 있다.

63 정답 ❷

② (○) 방범단속은 형사사범, 경찰법규 위반행위 또는 각종 사고를 예방하거나 단속하기 위하여 방범지도, 불심검문, 경고, 제지, 출입, 조사 또는 검사하는 근무로 범죄가 발생하지 않도록 미리 그 원인을 제거하고 피해확대를 방지하는 방범활동의 일환이다.
〈출처〉한국형사정책연구원, 파출소단위 방범활동의 개선방안 연구, 1990, P. 32
① (×) 방범심방이란 경찰관이 관내의 각 가정, 기업체, 기타 시설을 방문하여 범죄예방, 청소년 선도, 안전사고 방지 등의 지도·계몽과 상담 및 연락 등을 행하고 민원사항을 청취하며 주민의 협력을 얻어 예방경찰상의 기초 자료를 수집하는 활동을 말한다.

③ (✕) 임의동행이란 피의자의 승낙하에 수사관서까지 피의자와 동행하는 것을 말하며, 임의성의 판단은 동행의 시간과 장소, 동행의 방법과 동행거부 의사의 유무, 동행 이후의 조사방법과 퇴거의사의 유무 등 여러 사정을 종합하여 객관적인 상황을 기준으로 하여야 한다.
④ (✕) 방범홍보는 지역경찰관의 지역경찰활동과 매스컴 등을 통해 각종 경찰업무에 대한 사항과 민원사항, 중요시책 등을 주민에게 널리 알려서 방범의식을 고양하는 동시에 각종 범죄를 방지하기 위한 지도활동을 말한다.

64 정답 ❸

③ (✕) 비상구나 긴급 목적을 위한 출입문은 평상시 외부의 침입으로부터 열리지 않도록 하는 특별한 장치를 갖추고 있어야 한다.
① (○) 외곽경비의 근본 목적은 자연적 장애물(자연적인 장벽, 수목 울타리 등)과 인공적 구조물(창문, 자물쇠, 쇠창살 등)을 이용하여 범죄자의 침입을 어렵게 하고 침입시간을 지연시켜 내부의 시설·물건 및 사람을 보호하는 것이다.
② (○) 자연적 방벽은 침입에 대한 적극적인 예방대책이 아니므로 추가적인 경비장치가 필요하며, 다른 구조물에 의해 보강된다. 따라서 인공적인 구조물을 설치하여 보강할 수 있다.
④ (○) 외곽감지시스템 중 펜스충격감지시스템은 울타리 침입 시 발생되는 진동, 충격을 감지한다.

65 정답 ❸

③ (✕) 경비업자는 행정안전부령으로 정하는 바에 따라 경비원의 명부를 작성·비치하여야 한다. 다만, 집단민원현장에 배치되는 일반경비원의 명부는 그 경비원이 배치되는 장소에도 작성·비치하여야 한다(경비업법 제18조 제1항). 경비지도사의 직무는 집단민원현장에 배치된 경비원에 대한 지도·감독이다(경비업법 제12조 제1항 제4호).
① (○) 경비업법 제12조 제1항 제1호
② (○) 경비업법 제12조 제1항 제2호
④ (○) 경비업법 제12조 제1항 제3호

66 정답 ❹

④ (✕) 일반적으로 경비인력의 수요는 해당 경비시설물의 규모에 비례한다. 즉, 해당 시설물의 구획의 면적과 규모, 조직 전체 직원의 수 등을 고려해야 한다.
① (○) 경비부서를 조직화하는 데 있어 중요하게 고려되는 사항 중 하나인 권한의 위임에 관한 설명이다.
② (○) 부하직원의 자질이 높을수록 관리자(상급자)의 통솔범위가 넓다.
③ (○) 민간경비조직의 운영원리 중 명령통일의 원리에 관한 설명이다.

67 정답 ❷

나트륨등에 관한 설명이다. 수은등은 푸른색의 매우 강한 빛을 방출하며, 수명이 오랫동안 지속된다는 특징이 있다.

핵심만콕	경비조명등의 종류 및 경비등의 형태	
경비조명등의 종류		
백열등	• 가정집에서 주로 사용되는 조명으로 점등과 동시에 빛을 방출 • 경비조명으로 광범위하게 이용	
가스방전등	수은등	푸른색의 강한 빛, 긴 수명
	나트륨등	연한 노란색의 빛을 내며 안개지역에 사용
석영등	• 매우 밝은 하얀 빛 • 경계구역과 사고 발생 다발지역에 사용 • 가격이 비쌈	
경비등의 형태		
가로등	• 설치 장소와 방법에 따라 대칭적인 방법과 비대칭적인 방법으로 설치 • 대칭적인 가로등은 빛을 골고루 발산하며, 특별히 높은 지점의 조명을 필요로 하지 않는 넓은 지역에서 사용되고, 설치 위치도 보통 빛이 비춰지는 지역의 중앙에 위치한다. • 비대칭적인 가로등은 조명이 필요한 지역에서 다소 떨어진 장소에 사용된다.	
투광조명등	• 300~1,000W까지 사용 • 특정 지역에 빛을 집중시키거나 직접적으로 비추는 광선의 형태로 상당히 밝은 빛을 만들 수 있다.	
프레이넬등	• 300~500W까지 사용 • 넓은 폭의 빛을 내는 조명으로 경계구역에의 접근방지를 위해 길고 수평하게 빛을 확장하는 데 유용하게 사용 • 수평으로 약 180°, 수직으로 15~30° 정도의 폭이 좁고 긴 빛을 투사 • 비교적 어두운 시설물에서 침입을 감시하는 경우 유용하게 사용	
탐조등	• 250~3,000W까지 다양하게 사용 • 사고 우려지역을 정확하게 관찰하기 위해 사용하는 데 백열등이 자주 이용된다. • 휴대가 가능 • 외딴 산간지역이나 작은 배로 쉽게 시설물에 접근할 수 있는 위치에 설치	

68 정답 ❹

④ (×) 경찰은 민간경비와 마찬가지로 1차적으로 범죄예방에 초점을 두고 대응하고 있다.
① (○) 매년 범죄 증가율이 경찰인력 증가율보다 높기 때문에 경찰인력 부족현상이 나타나고, 범죄의 흉포화로 인해 경찰은 역할 한계에 직면하고 있다.
② (○) 제주자치경찰은 2006년 7월 1일「제주특별자치도 설치 및 국제자유도시 조성을 위한 특별법」에 근거하여 제주특별자치도 출범과 함께 대한민국 최초의 자치경찰로 창설되어 현재까지 제주도민과 함께 해오고 있다.
③ (○) 경찰관수는 지속적으로 증가하는 추세로 인구 10만 명당 경찰관수는 1987년 159명에서 2022년 254명으로 지난 30여 년간 약 1.6배 증가하였다. 그러나 다른 나라들과 비교해 보면, 한국의 인구 10만 명당 경찰관수는 멕시코, 독일, 호주 등에 비해 크게 적다.

69 정답 ❶

제시된 내용은 신종금융범죄 중 피싱(Phishing)의 사례에 해당한다.

핵심만콕 신종금융범죄

신종금융범죄란 기망행위(전기통신수단을 이용한 비대면거래)로써 타인의 재산을 편취하는 특수사기범죄로, 주로 금융 분야에서 발생한다.

피싱(Phishing)	개인정보(Private Data)와 낚시(Fishing)의 합성어로, 금융기관으로 가장하여 이메일 등을 발송하고, 그 이메일 등에서 안내하는 인터넷주소를 클릭하면 가짜 사이트로 접속을 유도하여 은행계좌정보나 개인신상정보를 불법적으로 알아내 이를 이용하는 수법을 말한다.
스미싱(Smishing)	문자메시지(SMS)와 피싱(Phishing)의 합성어로, '무료쿠폰 제공, 모바일 청첩장, 돌잔치 초대장' 등을 내용으로 하는 문자메시지를 발송하고, 그 문자메시지 내 인터넷주소를 클릭하면 스마트폰에 악성코드가 설치되어 소액결제 피해를 발생시키거나 (소액결제 방식으로 돈을 편취하거나) 개인의 금융정보를 탈취하는 수법을 말한다.
파밍(Pharming)	PC가 악성코드에 감염되어 정상 사이트에 접속해도 가짜 사이트로 유도되고, 이를 통해 금융정보를 빼돌리는 수법을 말한다
메모리 해킹(Memory Hacking)	PC의 메모리에 상주한 악성코드로 인해 정상 은행사이트에서 보안카드번호 앞뒤 2자리만 입력해도 부당인출되는 수법을 말한다.

70 정답 ❶

① (×) 과학기술이 발달하기는 했으나 아직까지 허위경보 및 오경보 등의 발생률이 비교적 높다.
② (○) 기계경비를 너무 맹신할 경우 경비시스템을 잘 아는 범죄자에게 역이용당할 가능성이 있다.
③ (○) 인력경비는 인력이 상주함으로써 현장에서 상황이 발생했을 때 신속한 조치가 가능하다는 장점을 가지고 있지만 상황연락이 신속하게 이루어지지 않아 사건의 전파에 장애가 발생할 수 있는 단점이 있다.
④ (○) 인력경비는 인적 요소이기에 경비업무를 전문화할 수 있고, 고용창출 효과와 고객접점서비스 효과가 있다.

71 정답 ❷

민간경비원의 비상사태 발생 시 임무에는 비상사태에 대한 신속한 초동조치, 외부지원기관(경찰서, 소방서, 병원 등)과의 통신업무, 특별한 대상(장애인, 노약자 등)의 보호 및 응급조치, 경제적으로 보호해야 할 자산의 보호, 비상인력과 시설 내 이동통제, 출입구·비상구 및 위험지역의 출입통제 등이 있다. 비상계획서 작성 및 책임자 지정(ㄷ)은 비상사태 발생 전의 비상계획 수립 시 고려사항이다.

72 정답 ❸

○△× 제시된 내용 중 옳은 것은 ㄱ, ㄹ이다.
ㄱ.(○) 개인정보보호법 제1조, 제25조
ㄹ.(○) 아날로그(VCR) 방식에서 디지털(DVR) 방식으로 전환되어 그 효율성이 증대되었다.
ㄴ.(×) CCTV의 영상정보에 포함된 개인정보의 유출 위험이 있으므로 불특정 다수가 아니라 경찰청 등 관계기관에 전달하는 것이 바람직하다. 범죄 발생 시 신속한 대응을 위해서도 경찰청 등 관계기관에 전달하여야 한다.
ㄷ.(×) 고정형 영상정보처리기기를 설치·운영하는 자(고정형 영상정보처리기기운영자)는 정보주체가 쉽게 인식할 수 있도록 일정한 사항이 포함된 안내판을 설치하는 등 필요한 조치를 하여야 한다. 다만, 「군사기지 및 군사시설 보호법」 제2조 제2호에 따른 군사시설, 「통합방위법」 제2조 제13호에 따른 국가중요시설, 그 밖에 대통령령으로 정하는 시설(「보안업무규정」 제32조에 따른 국가보안시설)의 경우에는 그러하지 아니하다(개인정보보호법 제25조 제4항, 동법 시행령 제24조 제4항).

73 정답 ❷

○△× 통상 공경비의 주체는 정부(경찰)이나, 민간경비의 주체는 영리기업(민간경비회사 등)이다.

핵심만콕 공경비와 민간경비의 비교

구 분	공경비(경찰)	민간경비(개인 또는 경비업체)
대 상	일반국민(시민)	계약당사자(고객)
임 무	범죄예방 및 범죄대응	범죄예방
공통점	범죄예방 및 범죄감소, 위험방지, 질서유지	
범 위	일반(포괄)적 범위	특정(한정)적 범위
주 체	정부(경찰)	영리기업(민간경비회사 등)
목 적	법집행(범인체포 및 범죄수사·조사)	개인의 재산보호 및 손실감소
제약조건	강제력 있음	강제력 사용에 제약 있음
권한의 근거	통치권	위탁자의 사권(私權)

74 정답 ❹

○△× 한국에서 기계경비시스템이 본격적으로 도입되기 시작한 것은 1980년대(아시안게임, 서울올림픽) 이후이다.

75 정답 ❷

제시문의 ㄱ~ㄷ에 들어갈 내용은 순서대로 A형, C형, E형이다.

| 핵심만콕 | 화재의 유형 |

- A형 화재(일반화재) : 종이, 쓰레기, 나무와 같이 일반적인 가연성 물질이 발화하는 경우로 백색연기를 발생하는 화재유형이다. 물을 사용하여 온도를 발화점 밑으로 떨어뜨려 진압하는 것이 가장 효과적이다.
- B형 화재(유류화재) : 휘발성 액체, 알코올, 기름, 기타 잘 타는 유연성 액체에 의한 화재로 물을 뿌리게 되면 더욱 화재가 확대되게 된다. 산소공급을 중단시키거나 불연성의 무해한 기체인 이산화탄소의 살포 등이 가장 효과적인 진화방법이다.
- C형 화재(전기화재) : 전압기나 변압기, 기타의 전기설비에 의해 발생한 화재로 일반적인 소화방식으로 화재를 진압하지만 물을 사용할 때는 절연성의 방전복을 입는 것이 중요하다.
- D형 화재(금속화재) : 마그네슘, 나트륨, 수소화물, 탄화알루미늄, 황린·금속분류와 알칼리금속의 과산화물 등이 포함된 물질에 화재가 발생한 경우로 건성분말의 화학식 화재진압이 효과적이다.
- E형 화재(가스화재) : 취급자의 부주의와 시설 불량으로 촉발되어 순식간에 대형화재로 발전한다.

76 정답 ❶

① (×) 경비진단을 위한 물리적 사전조사는 경비대상시설의 물리적 구조와 환경을 조사하여 경비위험요소를 파악하고 이를 개선하기 위한 방안 마련을 목적으로 이루어진다. 물리적 사전조사의 착안사항으로는 경비대상시설의 형태와 용도, 시설 내의 예측할 수 있는 침입경로, 주변 구조물 등의 상황, 시설 내의 주요 시설물 및 재산, 시설 내의 경비장비 및 시스템 등이 있다. 위험을 야기할 수 있는 인물의 유무는 물리적 사전조사와 관련이 없다.
② (○) 시설 내의 주요 시설물 및 재산은 경비대상시설의 경비대상을 파악하기 위한 중요한 요소이다. 시설 내의 귀중품이나 중요 정보가 보관되어 있다면 이를 보호하기 위한 경비대책이 필요하다.
③ (○) 시설 내의 경비장비 및 시스템은 경비대상시설의 경비수준을 파악하기 위한 중요한 요소이다. 시설 내의 경비장비가 노후화되어 있거나 경비시스템이 제대로 작동하지 않는다면 경비위험요소가 높아질 수 있다.
④ (○) 주변 구조물 등의 상황은 경비대상시설의 경비환경을 파악하기 위한 중요한 요소이다. 시설 주변에 높은 건물이 있거나 시설이 어두운 곳에 위치한다면 침입자들이 시설에 침입하기 쉬워질 수 있다.

77 정답 ❹

어떤 경우에라도 시설물 외부에는 컴퓨터센터를 보호하는 담이나 장벽 같은 것이 설치되어야 하고, 컴퓨터센터 내부에는 충분한 조명시설을 갖추어야 한다.

78 정답 ❶

융합보안은 각종 내·외부적 정보침해에 따른 대응으로서 기술적 대응을 포함한다.

> **핵심만콕** 융합보안(Convergence Security)
>
> - 물리보안과 정보보안을 융합한 경비개념으로, 물리적 보안요소(출입통제, 접근감시, 잠금장치 등)·기술적 보안요소(방화벽, 바이러스·취약성 관리, 사용자 인가절차, 백업복구 등)·관리적 보안요소(범죄조사, 정책개발, 인사관리, 윤리조사, 보안감사 등)를 상호 연계하여 보안의 효과성을 높이는 것을 내용으로 한다.
> - 보안산업의 새로운 트렌드로 자리 잡은 광역화·통합화·융합화의 사회적 요구를 수용하기 위해 각종 내외부적 정보침해에 따른 대응으로서 침입탐지, 접근통제, 재난·재해 상황에 대한 관제 등을 포함한다.
> - 전통 보안산업은 물리영역과 정보(IT)영역으로 구분되어 성장해 왔으나, 현재는 출입통제, CCTV, 영상보안 등의 물리적 환경에서 이루어지는 전통 보안산업과, 네트워크상 정보를 보호하는 정보보안을 접목한 융합보안이 차세대 고부가가치 보안산업으로서 급부상하고 있다.

79 정답 ❷

② (○) 노인들의 안부를 확인하고 위급상황에 대비할 수 있어 고령시대에 있어 좋은 대안이 되고 있다.
① (×) 지역 단위의 방범활동은 타운 시큐리티에 대한 설명이다.
③ (×) 주로 기계경비시스템을 중심으로 서비스를 제공한다.
④ (×) 비상경보가 전화회선을 통하여 전달되기 때문에 정보량에 한계가 있는 단점이 있다.

80 정답 ❸

제시된 내용 중 옳은 것은 ㄴ, ㄷ, ㄹ이다.
ㄱ.(×) 민간경비의 수요 및 시장규모가 전국에 걸쳐 보편화되었다기보다는 일부 지역에 편중되어 있어 모든 경비업체의 매출이 증가하는 것은 아니다.
ㅁ.(×) 우리나라 민간경비산업은 인력경비업체가 대부분을 차지하고 있으나 향후 인건비 절감을 위해서 인력경비보다 기계경비의 성장이 가속화될 것이다.

제5회 　 법학개론

● 문제편 098p

● 정답 CHECK

01	02	03	04	05	06	07	08	09	10	11	12	13	14	15	16	17	18	19	20
①	②	④	③	④	③	②	②	④	①	④	③	①	①	③	①	④	①	①	④
21	22	23	24	25	26	27	28	29	30	31	32	33	34	35	36	37	38	39	40
①	①	①	③	④	③	④	④	④	②	④	③	②	②	③	②	④	③	①	①

01 　 정답 ❶

① (○) 법이 효력을 발생하려면 일정한 사항을 요구하고 금지할 수 있는 법의 '규범적 타당성'과 법규범이 정한 대로 사회적 사실을 움직이는 힘인 '사실적 실효성'이 있어야 한다.

② (×) 위법상태의 발생 시 강제수단을 발동하여 국가권력으로써 그 효력을 보장하는 것을 법의 실효성이라 하며, 국가권력은 국민으로부터 나오는 것이므로 법의 실효성은 궁극적으로 국민과 국가권력에 의해 보장된다고 할 수 있다.

③ (×) 법률은 특별한 규정이 없는 한 공포한 날로부터 20일을 경과함으로써 효력을 발생한다(헌법 제53조 제7항).

④ (×) 특별법은 특정인 또는 특정사항·지역에 한하여 적용되는 것을 말한다. 법의 효력기간이 미리 정해진 법률은 한시법이다.

02 　 정답 ❷

② (×) 문리해석은 무권해석(학리해석)의 한 유형이다. 유권해석은 권한을 가진 국가기관에 의하여 행하여지는 법해석으로서 공적인 구속력을 가지는 공권적 해석이다. 기관에 따라 입법해석·행정해석·사법해석으로 구분된다.

① (○) 물론해석은 법문이 일정한 사항을 정하고 있을 때 그 이외의 사항에 관해서도 사물의 성질상 당연히 그 규정에 포함되는 것으로 보는 해석으로 예를 들어 '실내에 개를 데리고 들어갈 수 없다'는 규정은 개뿐만 아니라 고양이, 돼지 등의 다른 동물도 물론 데리고 들어갈 수 없다고 해석하는 것을 말한다.

③ (○) 입법해석은 입법기관이 입법권에 근거하여 일정한 법규정이나 법개념의 해석을 당시 법규정으로 정해 놓은 것으로, 유권해석의 일종이다.

④ (○) 유추(類推)란 어떤 사항에 관한 직접적 규정이 없을 때 그와 유사한 법규를 끌어와 적용한다는 것을 의미하는 것으로, 제시된 내용은 유추해석에 대한 옳은 설명이다.

제5회 | 법학개론 107

핵심만콕	법해석의 종류
해석의 구속력에 따라	• 유권해석 : 입법해석, 사법해석, 행정해석 • 무권해석(학리해석) : 문리해석, 논리해석
해석의 방법에 따라	• 확장해석 : 법문상 자구(字句)의 의미를 통상의 의미 이상으로 확장하여 해석 • 축소(제한)해석 : 법문상 자구(字句)의 의미를 통상의 의미보다 축소하여 해석 • 반대해석 : 법문이 규정하는 요건과 반대의 요건이 존재하는 경우에 그 반대의 요건에 대해 법문과 반대의 법적 판단을 하는 해석 • 물론해석 : 법문이 일정한 사항을 정하고 있을 때 그 이외의 사항에 관해서도 사물의 성질상 당연히 그 규정에 포함되는 것으로 보는 해석 • 유추해석 : 두 개의 사실 중 법규에서 어느 하나의 사실에 관해서만 규정하고 있는 경우에 나머지 다른 사실에 대해서도 마찬가지의 효과를 인정하는 해석

03 정답 ❹

④ (×) 실종선고를 받은 자는 실종기간이 만료한 때에 사망한 것으로 간주한다(민법 제28조).
① (○) 민법 제262조 제2항
② (○) 민법 제844조 제1항
③ (○) 민법 제30조

04 정답 ❸

제시된 내용 중 옳지 않은 것은 ㄷ, ㄹ, ㅁ이다.
ㄷ. (×) 경제활동의 발전으로 사법상 법인실재설에 대응하여 법인(法人)에 대하여도 국민의 권리와 의무에 관한 규정이 인정된다고 본다(통설). 다만 성질상 내국법인은 법 앞의 평등, 직업선택의 자유, 주거의 자유, 거주이전의 자유, 통신의 불가침, 언론·출판·집회·결사의 자유, 재산권의 보장, 재판청구권 등의 기본권을 누릴 수 있으나, 생명권, 프라이버시권, 선거·피선거권, 행복추구권, 사회적 기본권(생존권) 등은 성질상 누릴 수 없다.
ㄹ. (×) 외국인에 대한 기본권의 주체성은 해당 기본권의 성질이나 국제법상 상호주의원칙에 따라서 판단한다. 외국인에게 제한되는 기본권에는 입국의 자유, 선거권, 피선거권, 공무담임권, 근로의 권리, 인간다운 생활을 할 권리 등이 있다. 외국인이 입국할 때에는 유효한 여권과 법무부장관이 발급한 사증(査證)을 가지고 있어야 한다(출입국관리법 제7조 제1항).
ㅁ. (×) 대부분의 자유권적 기본권은 인간의 권리를 의미하기 때문에 원칙적으로 외국인에게도 보장된다.

05 정답 ❹

④ (×) 사법경찰관은 제212조의 규정(현행범인의 체포)에 의하여 피의자를 체포하는 경우에 필요한 때에는 영장 없이 체포현장에서의 수색을 할 수 있다(형사소송법 제216조 제1항 제2호 참조).
① (○) 형사소송법 제211조 제1항
② (○) 현행범인은 누구든지 영장 없이 체포할 수 있다(형사소송법 제212조). 따라서 사법경찰관리도 현행범인을 영장 없이 체포할 수 있다.
③ (○) 형사소송법 제213조 제2항

06 정답 ❸

③ (○) 권리 및 의무의 측면에서 법은 양면성을 갖지만 도덕은 의무에 대응하는 권리가 없어 일면성(편면성)을 갖는다.
① (×) 법은 사람의 외면에 나타난 행위만을 규율할 뿐이고 내심에까지 간섭하지 않으나, 도덕은 내심(양심)만을 대상으로 하고 있다.
② (×) 법은 복종자에 대하여 밖에서 의무를 지우는 타율성의 규범이고, 도덕은 고유한 인격을 통한 자발적인 자율성의 규범이다.
④ (×) 법에는 강제가 있으나 도덕에는 강제가 없다. 즉, 법에 위반되는 행위가 있었을 때에는 강제가 따르는데 도덕의 명령에 위반했을 때에는 이러한 강제가 따르지 않는다.

핵심만콕 법과 도덕의 비교

구 분		법(法)	도덕(道德)
목 적		정의(Justice)의 실현	선(Good)의 실현
규율 대상		평균인의 현실적 행위·결과	평균인의 내면적 의사·동기·양심
규율 주체		국 가	자기 자신
준수 근거		타율성	자율성
표현형식		법률·명령형식의 문자로 표시	표현양식이 다양함
특 징	외면성 : 인간의 외부적 행위·결과 중시		내면성 : 인간의 내면적 양심과 동기를 중시
	강제성 : 위반 시 국가권력에 의해 처벌 받음		비강제성 : 규범의 유지·제재에 강제가 없음
	양면성 : 권리에 대응하는 의무가 존재		일면성(편면성) : 의무에 대응하는 권리가 부존재

07 정답 ❷

② (○) 국정조사는 국회가 그 입법 등에 관한 권한을 유효적절하게 행사하기 위하여 특정한 국정사안에 대해 수시로(부정기적으로) 조사할 수 있는 권한을 말하고 국정감사는 우리나라 헌법상 특유하게 인정되는 권리로서 국회가 매년 정기적으로 국정전반에 대해 감사할 수 있는 권한을 말한다(헌법 제61조, 국정감사 및 조사에 관한 법률 제2조·제3조 참조).
① (×) 국회의원이 회기 전에 체포 또는 구금된 때에는 현행범인이 아닌 한 국회의 요구가 있으면 회기 중 석방된다(헌법 제44조 제2항).
③ (×) 대통령·국무총리·국무위원·행정각부의 장·헌법재판소 재판관·법관·중앙선거관리위원회 위원·감사원장·감사위원 기타 법률이 정한 공무원이 그 직무집행에 있어서 헌법이나 법률을 위배한 때에는 국회는 탄핵의 소추를 의결할 수 있다(헌법 제65조 제1항). 따라서 국회의원은 헌법상 탄핵소추 대상에 해당하지 않는다.
④ (×) 국회는 정부의 동의 없이 정부가 제출한 지출예산 각항의 금액을 증가하거나 새 비목을 설치할 수 없다(헌법 제57조).

08 정답 ②

② (✗) 노동위원회에 대한 구제의 신청은 부당노동행위가 있은 날(계속하는 행위는 그 종료일)부터 3월 이내에 이를 행하여야 한다(노동조합 및 노동관계조정법 제82조 제2항).
① (○) 사용자의 부당노동행위로 인하여 그 권리를 침해당한 근로자 또는 노동조합은 노동위원회에 그 구제를 신청할 수 있다(노동조합 및 노동관계조정법 제82조 제1항).
③ (○) 노동조합 및 노동관계조정법 제84조 제1항
④ (○) 노동조합 및 노동관계조정법 제86조

09 정답 ④

④ (○) 대법원장은 국회의 동의를 얻어 대통령이 임명하며, 임기는 6년이고 중임할 수 없다. 대법관은 대법원장의 제청으로 국회의 동의를 얻어 대통령이 임명하며, 임기는 6년이고 연임할 수 있다(헌법 제104조 제1항·제2항, 헌법 제105조 제1항·제2항).
① (✗) 명령과 규칙 등을 보면 국회 외의 국가기관이 법규를 제정할 수 있음을 알 수 있다.
② (✗) 국회는 정부의 동의 없이 정부가 제출한 지출예산 각항의 금액을 증가하거나 새 비목을 설치할 수 없다(헌법 제57조).
③ (✗) 군인은 현역을 면한 후가 아니면 국무위원으로 임명될 수 없다(헌법 제87조 제4항).

10 정답 ①

사회법은 사법의 공법화 경향을 말하므로, 사법 영역에 공법적 요소를 가미하는 제3의 법 영역에 해당한다.

핵심만콕 법의 체계 및 분류

국내법											국제법	
공 법						사 법			사회법			
실체법			절차법			실체법			실체법		국제법규, 조약	국제관습법
헌 법	형 법	행정법	민사소송법	형사소송법	행정소송법	민 법	상 법	국제사법	노동법	경제법	사회보장법		

11 정답 ④

죄형법정주의는 일정한 행위를 범죄로 하고 형벌을 과하기 위해서는 반드시 성문의 법규를 필요로 한다는 원칙이다. 죄형법정주의를 표현하는 "법률이 없으면 범죄도, 형벌도 없다"에서의 법률이란 국가의 형벌과 보안처분 등을 규정한 모든 법규범(국민의 자유와 권리를 박탈·제한하는 것)을 의미하는 실질적 의미의 형법(광의의 형법)을 의미한다. 법률주의 원칙상 범죄와 형벌은 국회가 제정한 형식적 의미의 법률에 의해야 하지만, 입법기술상 한계와 사회변화 대응 적합성 측면에서 하위법령으로의 위임이 불가피하므로 현대의 죄형법정주의에서의 법률은 실질적 의미의 형법(광의의 형법)을 의미한다고 보아야 한다.

12 정답 ❸

③ (○) 민법 제322조 제1항
① (×) 유치권의 행사는 채권의 소멸시효의 진행에 영향을 미치지 아니한다(민법 제326조).
② (×) 유치권은 점유의 상실로 인하여 소멸한다(민법 제328조).
④ (×) 유치권자는 선량한 관리자의 주의로 유치물을 점유하여야 한다(민법 제324조 제1항).

13 정답 ❶

①은 상법 제289조 제1항 제8호의 정관의 절대적 기재사항에 해당한다.

핵심만콕 주식회사 정관의 기재사항

절대적 기재사항(상법 제289조 제1항)	상대적 기재사항(=변태설립사항, 상법 제290조)
• 목 적(제1호) • 상 호(제2호) • 회사가 발행할 주식의 총수(제3호) • 액면주식을 발행하는 경우 1주의 금액(제4호) • 회사의 설립 시에 발행하는 주식의 수(제5호) • 본점의 소재지(제6호) • 회사가 공고를 하는 방법(제7호) • 발기인의 성명・주민등록번호 및 주소(제8호)	다음의 사항은 정관에 기재함으로써 그 효력이 있다. • 발기인이 받을 특별이익과 이를 받을 자의 성명(제1호) • 현물출자를 하는 자의 성명과 그 목적인 재산의 종류, 수량, 가격과 이에 대하여 부여할 주식의 종류와 수(제2호) • 회사 성립 후에 양수할 것을 약정한 재산의 종류, 수량, 가격과 그 양도인의 성명(제3호) • 회사가 부담할 설립비용과 발기인이 받을 보수액(제4호)

14 정답 ❶

① (○) 고소권자로서 고소를 한 자(「형법」 제123조부터 제126조까지의 죄에 대하여는 고발을 한 자를 포함한다. 이하 이 조에서 같다)는 검사로부터 공소를 제기하지 아니한다는 통지를 받은 때에는 그 검사 소속의 지방검찰청 소재지를 관할하는 고등법원에 그 당부에 관한 재정을 신청할 수 있다. 다만, 「형법」 제126조의 죄에 대하여는 피공표자의 명시한 의사에 반하여 재정을 신청할 수 없다(형사소송법 제260조 제1항).
② (×) 검사의 불기소처분에 불복하는 고소인이나 고발인은 그 검사가 속한 지방검찰청 또는 지청을 거쳐서 서면으로 관할 고등검찰청 검사장에게 항고할 수 있다. 이 경우 해당 지방검찰청 또는 지청의 검사는 항고가 이유 있다고 인정하면 그 처분을 경정(更正)하여야 한다(검찰청법 제10조 제1항). 검사의 불기소처분에 대한 재정신청을 하려면 원칙적으로 검찰청법 제10조에 따른 항고를 거쳐야 한다(형사소송법 제260조 제2항 본문).
③ (×) 검찰총장은 판결이 확정한 후 그 사건의 심판이 법령에 위반한 것을 발견한 때에는 대법원에 비상상고를 할 수 있다(형사소송법 제441조).
④ (×) 재심은 피고인의 유죄판결이 확정된 후 피고인의 무죄를 입증할 만한 새로운 증거를 제시하여 다시 재판해줄 것을 청구하는 제도이다(형사소송법 제420조 참고).

15 정답 ❸

③ (×) 공권력의 행사 또는 불행사(不行使)로 인하여 헌법상 보장된 기본권을 침해받은 자는 법원의 재판을 제외하고는 헌법재판소에 헌법소원심판을 청구할 수 있다. 다만, 다른 법률에 구제절차가 있는 경우에는 그 절차를 모두 거친 후에 청구할 수 있다(헌법재판소법 제68조 제1항). 헌법소원은 청구인 자신의 기본권이 침해당한 경우에만 제기할 수 있다.
① (○) 헌법재판소 재판관 중 3인은 대법원장이 지명하는 자를 대통령이 임명하고(헌법 제111조 제3항), 중앙선거관리위원회 중 3인은 대법원장이 지명하는 위원으로 구성한다(헌법 제114조 제2항).
② (○) 헌법 제106조 제1항 전단
④ (○) 헌법 제113조 제1항

16 정답 ❶

제시문의 ㄱ~ㄷ에 들어갈 내용은 순서대로 공유, 합유, 총유이다.

관계법령

물건의 공유(민법 제262조)
① 물건이 지분에 의하여 수인의 소유로 된 때에는 공유로 한다.
② 공유자의 지분은 균등한 것으로 추정한다.

물건의 합유(민법 제271조)
① 법률의 규정 또는 계약에 의하여 수인이 조합체로서 물건을 소유하는 때에는 합유로 한다. 합유자의 권리는 합유물 전부에 미친다.
② 합유에 관하여는 전항의 규정 또는 계약에 의하는 외에 다음 3조의 규정에 의한다.

물건의 총유(민법 제275조)
① 법인이 아닌 사단의 사원이 집합체로서 물건을 소유할 때에는 총유로 한다.
② 총유에 관하여는 사단의 정관 기타 계약에 의하는 외에 다음 2조의 규정에 의한다.

17 정답 ❹

④ (○) 제시문의 밑줄 친 부분은 사회적 혼란을 방지하기 위해 해당 민법 조항들의 효력을 호적법이 개정될 때까지 유지하도록 하는 것이므로 법의 이념 중 법적 안정성을 중시하는 입장이다.
① (×) 법 적용의 융통성을 강조한 법언이다.
② (×) 정의를 중시하는 법언이다.
③ (×) 합목적성을 중시하는 법언이다.

18 정답 ❶

① (O) 공정력(행정의 안정성과 실효성 확보를 이론적 근거로 하여, 당연무효가 아닌 한 상대방 또는 이해관계인은 권한 있는 기관에 의해 취소되기 전까지 그 효력을 부인할 수 없다는 효력)과 구성요건적 효력(국가기관 간 권한존중의 원칙을 이론적 근거로 하여, 당연무효가 아닌 한 모든 국가기관은 그 행위의 존재, 유효성, 내용을 존중하여 스스로 판단의 기초 내지 구성요건으로 삼아야 한다는 효력)의 구별에 대하여 상대방에 따라 모습이 다를 뿐 실질적으로 같은 효력이므로 구별을 할 필요가 없다는 견해도 있으나, 내용과 범위, 근거에 차이가 있다고 하여 구별하는 견해가 일반적이다.
② (×) 행정행위의 상대방 기타 이해관계인은 원칙적으로 일정한 불복신청 기간 내에 행정쟁송을 통하여 행정행위의 효력을 다툴 수 있으나 쟁송제기기간이 경과하거나 법적 구제수단을 포기 또는 쟁송수단을 다 거친 후에는 더 이상 그에 대하여 다툴 수 없게 하는 행정행위의 효력을 <u>행정행위의 불가쟁력</u>이라고 한다.
③ (×) 행정행위가 발해진 이후 그 행정행위가 위법하거나 공익에 적합하지 않을 때에는 행정청은 직권에 의하여 이를 취소하거나 철회할 수 있는 것이 원칙이다. 그러나 일정한 경우 행정청 자신도 직권으로 자유로이 이를 취소·변경·철회할 수 없는바, 이를 <u>행정행위의 불가변력 또는 실질적 존속력</u>이라고 한다.
④ (×) 행정행위가 적법한 요건을 갖추어 행정행위의 내용에 따른 법적 효과를 발생시키고 행정청과 상대방 및 이해관계인을 구속하는 효력을 행정행위의 <u>내용상 구속력</u>이라고 한다. 행정행위의 강제력(집행력)이란 행정주체의 의사에 위배되는 행위에 대하여는 법원을 거치지 않고 일단 행정청이 일정한 제재를 과하거나 당해 행정청에 의한 강제집행이 허용되는 것을 말한다.

19 정답 ❶

제시된 내용 중 진폐보험급여에 해당하지 않는 것은 ㄴ과 ㅁ이다.

핵심만콕 산업재해보상보험법상 보험급여의 종류(산업재해보상보험법 제36조 제1항)

- 보험급여 : 요양급여, 휴업급여, 장해급여, 간병급여, 유족급여, 상병보상연금, 장례비, 직업재활급여
- 진폐보험급여 : 요양급여, 간병급여, 장례비, 직업재활급여, 진폐보상연금, 진폐유족연금
- 건강손상자녀에 대한 보험급여 : 요양급여, 장해급여, 간병급여, 장례비, 직업재활급여

20 정답 ❹

아파트 경비원 A씨의 행위는 사인이 행한 현행범 체포행위로서 형법상 법률에 의한 정당행위에 해당한다.

핵심만콕 정당행위의 구분★★

- 법령에 의한 행위 : 공무원의 직무집행행위, 징계행위, 사인의 현행범 체포행위, 노동쟁의행위 등
- 업무로 인한 행위 : 의사의 치료행위, 안락사, 변호사·성직자의 직무수행행위 등
- 기타 사회상규에 위배되지 아니하는 행위 : 소극적 저항행위, 징계권 없는 자의 징계행위, 권리실행행위 등

21 정답 ❶

제시된 내용 중 헌법상 비상적 헌법보호수단은 ㄱ과 ㄴ이다.
국가긴급권[대통령의 계엄선포권(헌법 제77조 제1항), 긴급명령권(헌법 제76조 제2항), 긴급재정경제처분·명령권(헌법 제76조 제1항)], 저항권(저항권이란 헌법질서 또는 기본권을 침해하는 공권력에 대하여 주권자로서의 국민이 헌법질서를 유지·회복하고 기본권을 수호하기 위하여 공권력에 저항할 수 있는 비상수단적 권리인 동시에 헌법수호제도에 해당한다. 우리 헌법상 저항권에 관한 직접적인 규정이 없어, 저항권을 인정할 수 있을지 문제되는데, 대법원은 부정하나 헌법재판소는 긍정하는 입장이다)이 헌법상 비상적 헌법보호수단에 해당한다. 위헌정당해산제도와 국회의 계엄해제요구제도는 평상적 헌법보호수단 중 사후교정적 수단에 해당하고, 공무원 및 군의 정치적 중립성 보장은 평상적 헌법보호수단 중 사전예방적 수단에 해당한다.

핵심만 콕

평상적 헌법수호	사전예방적 헌법수호	헌법의 최고규범성의 선언(헌법 제107조, 제111조 제1항), 헌법수호의무의 선서(헌법 제69조), 국가권력의 분립(헌법 제40조, 제66조 제4항, 제101조 제1항), 경성헌법성(헌법 제128조 내지 제130조), 방어적 민주주의의 채택(헌법 제8조 제4항), 공무원 및 군의 정치적 중립성의 보장(헌법 제7조 제2항, 제5조 제2항)
	사후교정적 헌법수호	위헌법령·처분심사제도(헌법 제107조 제1항·제2항), 탄핵제도(헌법 제65조 제1항, 제111조 제1항 제2호), 헌법소원제도(헌법 제111조 제1항 제5호), 위헌정당해산제도(헌법 제8조 제4항, 제111조 제1항 제3호), 국무총리 및 국무위원 해임건의제도(헌법 제63조 제1항), 국정감사 및 조사제도(헌법 제61조 제1항), 긴급명령 등의 승인제도 및 계엄해제요구제도(헌법 제76조 제3항, 제77조 제5항), 공무원의 책임제도(헌법 제29조 제1항) 등
비상적 헌법수호		국가긴급권[대통령의 계엄선포권(헌법 제77조 제1항), 긴급명령권(헌법 제76조 제2항), 긴급재정경제처분·명령권(헌법 제76조 제1항)], 저항권

22 정답 ❶

① (×) 미수범은 형법 각칙의 해당 죄에서 정하는 경우에만 처벌되며(형법 제29조), 그 형도 기수범보다 감경할 수 있다(임의적 감경, 형법 제25조 제2항).
② (○) 범인이 실행에 착수한 행위를 자의(自意)로 중지한 것을 중지미수라고 하며, 형법은 그 경우 형을 감경하거나 면제한다(필요적 감면, 형법 제26조).
③ (○) 형법 제28조 반대해석
④ (○) 형법 제27조(불능범) : 불능미수를 의미

23 정답 ①

보증보험에 관한 설명이다(상법 제726조의5).

> **핵심만콕**
>
> ② (×) 생명보험 : 당사자의 일방이 상대방 또는 제3자의 생사에 관하여 일정한 금액을 지급할 것을 약정하고 상대방이 이에 대하여 보수(보험료)를 지급하는 보험으로, 정액보험이다(상법 제730조 내지 제736조).
> ③ (×) 상해보험 : 보험자가 피보험자의 신체의 상해를 보험사고로 하여 보험금액, 기타의 급여를 지급할 것을 약정하고 보험계약자가 보험료를 지급하는 보험으로, 정액보험과 부정액보험이 있다(상법 제737조 내지 제739조).
> ④ (×) 책임보험 : 피보험자가 보험기간 중에 사고로 인하여 제3자에게 배상할 책임을 지는 경우에 이를 보상하는 보험이다(상법 제719조 내지 제726조).

24 정답 ③

제시문의 ㄱ~ㄷ에 들어갈 내용은 순서대로 당사자능력, 소송능력, 변론능력이다.

25 정답 ④

④ (×) 법인은 이사 기타 대표자가 그 직무에 관하여 타인에게 가한 손해를 배상할 책임이 있다(민법 제35조 제1항 전문). 이를 법인의 불법행위책임이라고 한다.
① (○) 법인은 법률의 규정에 의함이 아니면 성립하지 못하는데(민법 제31조), 이를 준칙주의라고 한다.
② (○) 학술, 종교, 자선, 기예, 사교 기타 영리 아닌 사업을 목적으로 하는 사단 또는 재단은 주무관청의 허가를 얻어 이를 법인으로 할 수 있다(민법 제32조).
③ (○) 민법 제34조

26 정답 ③

제시된 내용의 ( )에 들어갈 내용은 ㄱ : 검사, ㄴ : 법관, ㄷ : 현행범인, ㄹ : 3년이다.

27 정답 ④

④ (×) 권한쟁의심판은 헌법재판소법 제61조 내지 제67조에서 규정하는 헌법재판소가 관할하는 헌법재판의 종류 중 하나로서 국가기관 상호 간, 국가기관과 지방자치단체 간 및 지방자치단체 상호 간의 권한쟁의(權限爭議)에 관한 심판을 말한다.

① (○) 항고소송은 행정청의 처분등이나 부작위에 대하여 제기하는 소송으로 행정소송법상 행정소송의 종류에 해당한다(행정소송법 제3조 제1호).

② (○) 당사자소송은 행정청의 처분등을 원인으로 하는 법률관계에 관한 소송 그 밖에 공법상의 법률관계에 관한 소송으로서 그 법률관계의 한쪽 당사자를 피고로 하는 소송으로 행정소송법상 행정소송의 종류에 해당한다(행정소송법 제3조 제2호).

③ (○) 민중소송은 국가 또는 공공단체의 기관이 법률에 위반되는 행위를 한 때에 직접 자기의 법률상 이익과 관계없이 그 시정을 구하기 위하여 제기하는 소송으로 행정소송법상 행정소송의 종류에 해당한다(행정소송법 제3조 제3호).

관계법령　행정소송의 종류(행정소송법 제3조)

행정소송은 다음의 네 가지로 구분한다.
1. 항고소송 : 행정청의 처분등이나 부작위에 대하여 제기하는 소송
2. 당사자소송 : 행정청의 처분등을 원인으로 하는 법률관계에 관한 소송 그 밖에 공법상의 법률관계에 관한 소송으로서 그 법률관계의 한쪽 당사자를 피고로 하는 소송
3. 민중소송 : 국가 또는 공공단체의 기관이 법률에 위반되는 행위를 한 때에 직접 자기의 법률상 이익과 관계없이 그 시정을 구하기 위하여 제기하는 소송
4. 기관소송 : 국가 또는 공공단체의 기관 상호 간에 있어서의 권한의 존부 또는 그 행사에 관한 다툼이 있을 때에 이에 대하여 제기하는 소송. 다만, 헌법재판소법 제2조의 규정에 의하여 헌법재판소의 관장사항으로 되는 소송은 제외한다.

28 정답 ④

④ (×) 민법 제256조는 부동산의 소유자는 그 부동산에 부합한 물건의 소유권을 취득한다. 그러나 타인의 권원에 의하여 부속된 것은 그러하지 아니 한다라고 규정하고 있는데, 민법 제256조 단서 소정의 "권원"이라 함은 지상권, 전세권, 임차권 등과 같이 타인의 부동산에 자기의 동산을 부속시켜서 그 부동산을 이용할 수 있는 권리를 뜻하므로 그와 같은 권원이 없는 자가 토지소유자의 승낙을 받음이 없이 그 임차인의 승낙만을 받아 그 부동산 위에 나무를 심었다면 특별한 사정이 없는 한 토지소유자에 대하여 그 나무의 소유권을 주장할 수 없다(대판 1989.7.11. 88다카9067).

① (○) 민법 제98조

② (○) 유체물 및 전기 기타 관리할 수 있는 자연력은 물건인데(민법 제98조), 부동산(토지 및 그 정착물) 이외의 물건은 동산이므로(민법 제99조) 관리할 수 있는 자연력은 동산이다.

③ (○) 토지 및 그 정착물은 부동산(민법 제99조 제1항)이므로 건물은 토지로부터 독립한 부동산으로 다루어질 수 있다.

29 정답 ④

④ (○) 민법 제150조 제2항
① (×) 당사자가 조건성취의 효력을 그 성취 전에 소급하게 할 의사를 표시한 때에는 그 의사에 의한다(민법 제147조 제3항). 즉, 당사자가 합의한 경우에는 조건 성취의 효력을 소급시킬 수 있다.
② (×) 조건이 선량한 풍속 기타 사회질서에 위반한 것인 때에는 그 법률행위는 무효로 한다(민법 제151조 제1항).
③ (×) 조건이 법률행위의 당시 이미 성취한 것인 경우에는 그 조건이 정지조건이면 조건 없는 법률행위로 하고 해제조건이면 그 법률행위는 무효로 한다(민법 제151조 제2항).

30 정답 ②

제시된 내용 중 옳지 않은 것은 ㄹ이다.
ㄹ. (×) 경비업자의 경비업무 이행의무는 '하는 채무'이므로 경비업자 甲이 경비업무를 이행하지 않는 경우 乙은 '주는 채무'에 대해서만 허용되는 직접강제를 청구할 수 없다. 다만, 대체집행을 청구할 수는 있으며, 이 경우 간접강제(하는 채무 중 부대체적 작위의무에 적용)는 허용되지 않는다.
ㄱ. (○) 유상계약이란 계약 당사자 쌍방 간에 대가적인 의의를 갖는 출연(경제적 손실)을 하는 계약을 의미한다. 당사자 쌍방이 서로 채무를 부담하는 쌍무계약에서는 재산상의 출연의 상호의존관계가 필연적이므로 모든 쌍무계약은 유상계약에 해당한다. 甲과 乙이 체결한 도급계약 형식의 경비계약은 수급인인 경비업자 甲이 경비업무를 완성하기로 하고 도급인 乙이 그에 대하여 보수를 지급할 것을 약정한 것이므로 쌍무·유상계약에 해당한다.
ㄴ. (○) 甲과 乙은 도급계약 형식으로 유상의 경비계약을 체결하였으므로 수급인인 경비업자 甲은 경비계약상의 채무를 선량한 관리자의 주의로 이행하여야 한다.
ㄷ. (○) 도급인이 파산선고를 받은 때에는 수급인 또는 파산관재인은 계약을 해제할 수 있다(민법 제674조 제1항 전문). 도급인 乙이 파산한 경우 수급인인 경비업자 甲은 경비계약을 해제할 수 있다.
ㅁ. (○) 수급인이 일을 완성하기 전에는 도급인은 손해를 배상하고 계약을 해제할 수 있다(민법 제673조). 도급인 乙은 수급인인 경비업자 甲이 경비업무를 완성하기 전이라면 甲의 손해를 배상하고 계약을 해제할 수 있다.

31 정답 ④

( ) 안에 들어갈 내용을 순서대로 나열하면 ㄱ : 50일, ㄴ : 고용노동부장관이다(근로기준법 제24조 제3항·제4항).

관계법령 경영상 이유에 의한 해고의 제한(근로기준법 제24조)

① 사용자가 경영상 이유에 의하여 근로자를 해고하려면 긴박한 경영상의 필요가 있어야 한다. 이 경우 경영 악화를 방지하기 위한 사업의 양도·인수·합병은 긴박한 경영상의 필요가 있는 것으로 본다.
② 제1항의 경우에 사용자는 해고를 피하기 위한 노력을 다하여야 하며, 합리적이고 공정한 해고의 기준을 정하고 이에 따라 그 대상자를 선정하여야 한다. 이 경우 남녀의 성을 이유로 차별하여서는 아니 된다.

③ 사용자는 제2항에 따른 해고를 피하기 위한 방법과 해고의 기준 등에 관하여 그 사업 또는 사업장에 근로자의 과반수로 조직된 노동조합이 있는 경우에는 그 노동조합(근로자의 과반수로 조직된 노동조합이 없는 경우에는 근로자의 과반수를 대표하는 자를 말한다. 이하 "근로자대표"라 한다)에 해고를 하려는 날의 50일 전까지 통보하고 성실하게 협의하여야 한다.
④ 사용자는 제1항에 따라 대통령령으로 정하는 일정한 규모 이상의 인원을 해고하려면 대통령령으로 정하는 바에 따라 고용노동부장관에게 신고하여야 한다.
⑤ 사용자가 제1항부터 제3항까지의 규정에 따른 요건을 갖추어 근로자를 해고한 경우에는 제23조 제1항에 따른 정당한 이유가 있는 해고를 한 것으로 본다.

32 정답 ③

③ (×) 다중이 집합하여 폭행, 협박 또는 손괴의 행위를 한 경우에 성립하는 소요죄(형법 제115조)는 공공의 안전에 대한 죄 중 공안을 해하는 죄로서 사회적 법익에 대한 죄에 해당한다.
① (○) 대한민국 영토의 전부 또는 일부에서 국가권력을 배제하거나 국헌을 문란하게 할 목적으로 폭동을 일으키거나 사람을 살해하는 등의 행위를 하여 국가의 존립을 위태롭게 하는 범죄로, 구체적으로 내란죄(형법 제87조), 내란목적 살인죄(형법 제88조), 내란 예비·음모죄(형법 제90조 제1항) 등이 있다.
② (○) 국가의 존립을 외부로부터 위태롭게 하는 범죄로 외환유치죄(형법 제92조), 여적죄(형법 제93조), 이적죄(형법 제94조 내지 제97조, 제99조), 간첩죄(형법 제98조) 등이 있다.
④ (○) 법률에 의하여 선서한 증인이 허위의 진술을 한 경우에 성립하는 위증죄(형법 제152조)는 국가의 사법권을 보호법익으로 하는 범죄로서 국가의 기능을 해하는 죄에 해당한다.

33 정답 ②

② (×) 보증인이 변제나 그 밖의 출재로 주채무를 소멸하게 한 때에는 주채무자 또는 다른 연대채무자에 대하여 구상권을 행사할 수 있다(민법 제441조·제442조·제444조·제447조).
① (○) 보증채무의 부종성
③ (○) 보증채무의 보충성
④ (○) 보증채무는 채권자와 보증인 사이에 보증계약에 의하여 성립하는 주채무와는 독립한 별개의 채무이다(보증채무의 독립성).

34 정답 ②

제시된 내용 중 현행 헌법전문에 명문으로 규정되어 있지 않은 것은 ㅁ과 ㅂ이다.
ㅁ. (×) 침략전쟁의 부인은 본문 제5조 제1항에서 규정하고 있다.
ㅂ. (×) 개인과 기업의 경제상의 자유와 창의는 본문 제119조 제1항에서 규정하고 있다.

35 정답 ③

③ (○) 민법 제388조 제2호
① (×) <u>무상임치란 당사자 일방이 무상으로 상대방에게 물건의 보관을 위탁하고 상대방이 이를 승낙함으로써 효력이 발생하는 전형계약으로, 기한의 이익은 오직 채권자(임치인)에게만 있다.</u>
② (×) <u>기한의 이익은 이를 포기할 수 있다. 그러나 상대방의 이익을 해하지 못한다</u>(민법 제153조 제2항). 즉, 제한이 있을 뿐 그 포기는 가능하다.
④ (×) 대법원은 「기한이익 상실의 특약은 그 내용에 의하여 일정한 사유가 발생하면 채권자의 청구 등을 요함이 없이 당연히 기한의 이익이 상실되어 이행기가 도래하는 것으로 하는 <u>정지조건부 기한이익 상실의 특약과 일정한 사유가 발생한 후 채권자의 통지나 청구 등 채권자의 의사행위를 기다려 비로소 이행기가 도래하는 것으로 하는 형성권적 기한이익 상실의 특약의 두 가지로 대별할 수 있고, 기한이익 상실의 특약이 위의 양자 중 어느 것에 해당하느냐는 당사자의 의사해석의 문제이지만 일반적으로 기한이익 상실의 특약이 채권자를 위하여 둔 것인 점에 비추어 명백히 정지조건부 기한이익 상실의 특약이라고 볼 만한 특별한 사정이 없는 이상 형성권적 기한이익 상실의 특약으로 추정하는 것이 타당하다</u>(대판 2002.9.4. 2002다28340)」고 <u>판시</u>하여 <u>기한이익의 상실에 관한 특약의 유효성을 인정하고 있다.</u>

36 정답 ②

② (×) <u>감사위원의 임기는 4년</u>(헌법 제98조 제3항)이나, <u>중앙선거관리위원회 의원의 임기는 6년</u>(헌법 제114조 제3항)이다.
① (○) 헌법 제98조 제1항
③ (○) 헌법 제98조 제2항
④ (○) 헌법 제99조

37 정답 ④

④ (○) 국민연금법상 수급권은 양도·압류하거나 담보로 제공할 수 없다(국민연금법 제58조 제1항).
① (×) <u>사회보험료는</u> 사회적 위험(질병, 장애, 실업, 노령 등)에 공통적으로 노출되어 있는 모든 국민 개개인을 공동체로 결합시킨 후 <u>그 부담을 국가·사용자·근로자에게 일정 비율로 분산시켜 책정한다.</u>
② (×) 사회보험은 강제가입, 사보험은 임의가입이 원칙이다.
③ (×) <u>국민 단일연금체계로 운영하여 사회통합에 기여하는 것은, 국민연금법상 국민연금의 특성에 해당한다.</u>

38 정답 ③

③ (×) <u>증인신문은 당사자에 의한 교호신문이 끝난 뒤에 재판장이 신문할 수 있다</u>(형사소송법 제161조의2 제1항·제2항).
① (○) 증거재판주의 : 형사소송법 제307조 제1항
② (○) 추정된 사실과 다른 주장을 하는 자는 반증을 들어 추정의 효과를 뒤집을 수 있다.
④ (○) 피고인의 자백이 그 피고인에게 불이익한 유일의 증거인 때에는 이를 유죄의 증거로 하지 못한다(불이익한 자백의 증거능력 : 형사소송법 제310조).

39 정답 ①

① (×) 형의 선고유예를 받은 자가 <u>유예기간 중 자격정지 이상의 형에 처한 판결이 확정되거나 자격정지 이상의 형에 처한 전과가 발견된 때</u>에는 유예한 형을 선고한다(형법 제61조 제1항).
② (○) 형법 제59조 제2항
③ (○) 형법 제59조의2 제1항
④ (○) 형법 제60조

40 정답 ①

명령적 행정행위는 국민에게 특정한 의무를 명하여 자연적 자유를 제한하거나, 부과된 의무를 해제하여 자연적 자유를 회복시키는 행위를 말한다. 이에는 하명(ㄱ), 허가(ㄴ), 면제가 있다.

핵심만콕 행정행위의 구분★★

법률행위적 행정행위	명령적 행위	하명, 허가, 면제 (두 : 하·면·허)
	형성적 행위	특허, 인가, 대리 (두 : 특·임(인)·대)
준법률행위적 행정행위		확인, 공증, 통지, 수리 (두 : 공·통·수·확)

제5회 민간경비론

문제편 109p

정답 CHECK

41	42	43	44	45	46	47	48	49	50	51	52	53	54	55	56	57	58	59	60
③	④	③	①	④	③	④	④	③	④	④	④	④	③	④	④	④	②	②	④	④

61	62	63	64	65	66	67	68	69	70	71	72	73	74	75	76	77	78	79	80
④	④	③	②	②	④	①	③	④	③	①	③	②	③	③	②	③	①	③	③

41 정답 ③

③ (○) 대륙법계는 전통적으로 국가권력의 우월적 지위를 인정하므로 민간경비는 국가(경찰)의 지도·감독 하에 관련법규에 한정된 소극적 역할을 맡았다.
① (×) 실질적 개념의 민간경비는 고객의 생명과 신체에 대한 위해를 방지하고 재산을 보호하는 제반활동으로 인식되므로 공공의 안녕과 질서유지 등 공경비가 수행하는 경비활동과 본질적인 차이가 없다. 다만, 경비활동의 주체가 민간과 국가라는 차이만 있을 뿐이다.
② (×) 형식적 개념의 민간경비는 경비업법에 의해 허가받은 법인이 경비업법상의 업무를 수행하는 활동을 의미하므로, 자율방범대 및 개인적 차원의 범죄예방활동은 포함되지 않는다.
④ (×) 영미법계는 실질적 개념의 민간경비로 이해하고 민간경비와 공경비의 업무범위가 유사하나, 법 집행 권한에 대한 차이가 있다고 하였다.

핵심만콕 민간경비의 개념

형식적 의미의 민간경비	• 경비업법에 의해 허가받은 법인이 경비업법상의 업무를 수행하는 활동을 의미한다. • 형식적 의미에서의 민간경비 개념은 공경비와 명확히 구별된다.
실질적 의미의 민간경비	• 고객(국민)의 생명·신체·재산 보호 및 사회적 손실 감소와 질서유지를 위한 일체의 활동을 뜻한다[정보보안(보호), 사이버보안도 포함됨]. • 실질적 의미의 민간경비 개념은 공경비와 유사하다. 다만, 경비활동의 주체가 민간과 국가라는 차이만 있을 뿐이다.
대륙법계 민간경비	대륙법계는 전통적으로 국가권력의 우월적 지위를 인정하므로 민간경비는 국가(경찰)의 지도·감독하에 관련법규에 한정된 소극적 역할을 맡았고 사전적·예방적 기능만을 제한적으로 담당한다.
영미법계 민간경비	영미법계는 실질적 개념의 민간경비로 이해하고 민간경비와 공경비의 업무범위가 유사하나, 법 집행 권한에 대한 차이가 있다고 하였다. 일반적으로 영미법계 민간경비원은 대륙법계 민간경비원에 비해 그 권한이 많다고 할 수 있다.

42 정답 ④

제시문은 경비위해요소 분석단계 중 경비비용효과 분석단계에 관한 설명이다.

핵심만콕	경비위해요소의 분석단계

- 경비위험요소 인지단계 : 개인 및 기업의 보호영역에서 손실을 일으키기 쉬운 취약부분을 확인하는 단계
- 손실발생 가능성 예측단계 : 경비보호대상의 보호가치에 따른 손실발생 가능성을 예측하는 단계
- 경비위험도 평가단계 : 특정한 손실이 발생하였다면 얼마나 심각한 영향을 미쳤는가를 고려하는 단계
- 경비비용효과 분석단계 : 범죄피해로 인한 인적·물적 피해의 정도, 고객의 정신적 안정성, 개인 및 기업체의 비용부담 정도 등을 고려하는 단계

43 정답 ③

외래지원 경보시스템에 관한 설명이다. 제한적 경보시스템은 사이렌이나 타종, 비상등과 같은 제한된 경보장치를 설치한 시스템으로, 일반적인 화재예방시설이 이 시스템의 전형에 해당한다.

44 정답 ①

예산과 재정상의 감독이 경비관리 책임자의 관리상의 역할에 해당한다. ②는 경영상의 역할이고, ③은 예방상의 역할이며, ④는 조사상의 역할에 해당한다.

핵심만콕	경비관리 책임자(=경비부서 관리자)의 역할
구 분	내 용
예방상의 역할	경비원에 대한 감독, 순찰, 화재와 경비원의 안전, 경비활동에 대한 규칙적인 감사, 출입금지구역에 대한 감시, 교통통제, 경보시스템, 조명, 울타리, 통신장비 등과 같은 모든 경비장비들의 상태 점검 등
관리상의 역할	예산과 재정상의 감독, 경비문제를 관할하는 정책의 설정, 사무행정, 조직체계와 절차의 개발, 경비부서 직원에 대한 교육·훈련 과정의 개발, 모든 고용인들에 대한 경비교육 등
경영상의 역할	기획, 조직화(기획의 조직화), 채용, 지도, 감독, 혁신 등
조사상의 역할	경비의 명확성, 회사규칙의 위반과 이에 따르는 모든 손실에 대한 조사, 회계 감사, 일반 경찰과 소방서와의 유대관계, 관련 문서의 분류(확인) 등

45 정답 ④

조명은 직접적으로 사고 발생지역에 비춰져야 하며, 보호하고자 하는 지역에서 떨어져 있어야 한다. 조명시설의 위치는 경비원의 눈을 부시게 하는 것을 피하며, 그림자가 생기지 않도록 해야 한다.

46 정답 ❸

최초의 기마경찰대의 창설 시기는 제2차 세계대전 발발 훨씬 이전인 영국의 보우가 주자(Bow Street Runner)시대이다.

47 정답 ❹

甲은 경찰이 안고 있는 한계를 일부 극복하고, 시민의 안전욕구를 증대시키기 위해 민간부문의 능동적 참여를 다각적으로 유도하는 공동생산이론(ㅁ)과 연결되며, 乙은 경찰의 공권력 작용은 질서유지나 체제수호 등과 같은 거시적 역할에 한정하고 개인이나 집단의 안전과 보호는 해당 개인이나 집단이 담당하여야 한다고 주장하는 수익자부담이론(ㄹ)과 연결된다.

> **핵심만콕** 민간경비 성장의 이론적 배경
>
> - 경제환원론적 이론(경제환원론) : 특정한 사회현상이 직접적으로는 경제와 무관한 것임에도 불구하고 그 발생원인을 경제문제에서 찾으려는 이론으로, 경기침체로 인해 실업자가 늘어나면 자연적으로 범죄가 증가하고, 이에 민간경비가 직접 범죄에 대응하게 됨으로써 민간경비시장이 성장・발전한다고 주장한다.
> - 공동화이론 : 경찰이 수행하고 있는 경찰 본연의 기능이나 역할을 민간경비가 보완・대체한다는 이론으로, 경찰의 범죄예방능력이 국민의 욕구를 충족시키지 못할 때의 공동상태(Gap)를 민간경비가 보충함으로써 민간경비시장이 성장한다고 주장한다.
> - 이익집단이론 : 경제환원론적 이론이나 공동화이론을 부정하는 입장에서 '그냥 내버려 두면 보호받지 못한 채로 방치될 만한 재산을 민간경비가 보호한다'는 이론으로, 민간경비도 자신의 집단적 이익을 극대화하기 위해 규모를 팽창시키고 새로운 규율이나 제도를 창출시키는 등의 노력을 해야 한다고 주장한다.
> - 수익자부담이론 : 자본주의사회에 있어 경찰의 공권력 작용은 원칙적으로 거시적 측면에서 질서유지나 체제수호 등과 같은 역할과 기능으로 한정시키고, 사회구성원 개개인 차원이나 여타 집단과 조직 등의 안전과 보호는 결국 해당 개인이나 조직이 담당하여야 한다는 인식에 기초한 이론이다.
> - 민영화이론 : 1980년대 이후 복지국가의 이념에 대한 반성으로서 국가독점에 의한 비효율성을 극복하고자 시장경쟁논리를 도입한 이론으로, 민영화는 공공지출과 행정비용의 감소효과를 유발하기 위한 방법이다.
> - 공동생산이론 : 민간경비를 공경비의 보조적 차원이 아닌 주체적 차원으로 인식하는 이론으로, 경찰이 안고 있는 한계를 일부 극복하고, 시민의 안전욕구를 증대시키기 위해 민간부문의 능동적 참여를 다각적으로 유도한다.

48 정답 ❹

제시문은 규환제도에 관한 설명이다. 영국의 규환제도(Hue and Cry)는 개인차원의 경비개념이 보다 확대된 것으로 볼 수 있으며, 치안에 대한 개인과 집단의 공동책임을 강조하였다. 개인과 집단이 치안에 대해 공동책임을 진 것으로 인식되어 건장한 모든 사람들은 범법자 체포에 참여해야 하는데, 이러한 의도는 현대사회의 시민체포의 발상으로 인식할 수 있다.

49 정답 ❸

③ (×) 범죄의 예방・진압 및 수사는 경찰의 임무에 해당한다(국가경찰과 자치경찰의 조직 및 운영에 관한 법률 제3조 제2호).
① (○) 시민단체에 의한 방범활동은 야간 순찰 등 직접적인 방범활동과 홍보・연구 활동 등 간접적인 방범활동으로 구분할 수 있다.

② (○) 오늘날의 언론매체는 사회 전반에 걸쳐 많은 영향력을 미치고 있으므로, 언론매체의 대중성·홍보성 등을 잘 활용하면 범죄예방활동에 큰 효과를 볼 수 있다.
④ (○) 자율방범대는 자원봉사자를 중심으로 지역 주민이 지역 단위로 조직하여 관할 지구대와 상호 협력관계를 갖고 방범활동을 하는 자율봉사 조직으로 경찰과 합동 또는 자체적으로 3~5명이 조를 편성하여 심야의 취약 시간에 순찰활동을 실시하며, 순찰 중에 범죄현장의 신고, 부녀자나 노약자의 안전귀가, 청소년 선도·보호 활동 등을 실시한다.

50 정답 ④

④ (×) 신설조직보다 안정된 기존조직의 관리자가 더 많은 부하를 통솔할 수 있다.
① (○) 단순하고 동질적인 업무일수록 통솔범위가 넓어진다.
② (○) 막료부서(참모)의 지원을 많이 받을수록 관리자의 통솔범위가 넓어진다.
③ (○) 분산된 장소보다 집결된 장소에서 더 많은 부하를 통솔할 수 있다.

51 정답 ④

④ (×) 현장방범활동이란 지역 경찰관이 관내에 진출하여 직접 주민을 상대로 범죄예방에 관한 지도계몽, 상담, 홍보활동을 하는 것을 말한다. 현장방범활동으로는 경찰방문, 방범진단, 방범홍보가 있다. 불심검문은 현장방범활동에 해당하지 않는다.
① (○) 순찰이란 지역경찰관이 개괄적인 경찰임무의 수행과 관내 정황을 파악하기 위하여 범죄 취약지, 사건·사고 잦은 곳을 순회·시찰하는 근무이다.
② (○) 경찰방문이란 경찰관이 관할구역 내의 각 가정, 상가 및 기타 시설 등을 방문하여 청소년 선도, 소년소녀가장 및 독거노인·장애인 등 사회적 약자 보호활동 및 안전사고 방지 등의 지도·상담·홍보 등을 행하며 민원사항을 청취하고, 필요시 주민의 협조를 받아 방범진단을 하는 등의 예방경찰활동이다.
③ (○) 불심검문이란 수상한 행동이나 그 밖의 주위 사정을 합리적으로 판단하여 볼 때 어떠한 죄를 범하였거나 범하려 하고 있다고 의심할 만한 상당한 이유가 있는 사람, 이미 행하여진 범죄나 행하여지려고 하는 범죄행위에 관한 사실을 안다고 인정되는 사람을 경찰관이 정지시켜 질문을 하는 것을 말한다.

52 정답 ④

수재, 산사태, 해일, 지진은 자연적인 위해에 해당한다.

핵심만콕 경비위해요소의 형태

- **자연적 위해** : 화재, 폭풍, 지진, 홍수 기타 건물붕괴, 안전사고 등 자연적 현상에 의해 일어나는 위해를 말한다. 여기서 화재나 안전사고는 많은 부분에서 인위적일 수 있다.
- **인위적 위해** : 신체를 위협하는 범죄, 절도, 좀도둑, 사기, 횡령, 폭행, 태업, 시민폭동, 폭탄위협, 화재, 안전사고, 기타 특정상황에서 공공연하게 발생하는 위해를 말한다.
- **특정한 위해** : 위해에 노출되는 정도가 시설물 또는 특정 상황에 따라 다양하게 나타나는 위해를 말한다. 예컨대, 화재나 폭발의 위험은 화학공장에서 더 크게 나타나고, 강도나 절도는 소매점이나 백화점에서 더 크게 나타난다.

53 정답 ❸

치안서비스의 순수공공재 이론의 특성과 해당 내용을 바르게 연결하면 ㄱ : C, ㄴ : A, ㄷ : B이다.

> **핵심만콕**   순수공공재 이론의 특성(기준)
>
> - 비경합성(공동소비) : 어떤 서비스를 소비할 때 한 사람이 그 서비스를 소비하더라도 다른 사람의 소비기회가 줄어들지 않음을 의미하는데, "치안서비스의 이용에 있어서 추가이용자의 추가비용이 발생하지 않는다"는 것을 내용으로 한다.
> - 비배제성 : 어떤 서비스를 소비할 때 생산비를 부담하지 않은 사람이라 해도 그 서비스의 소비에서 배제시킬 수 없음을 의미하는데, "치안서비스라는 재화는 이용 또는 접근에 대해서 제한할 수 없다"는 것을 내용으로 한다.
> - 비거부성 : 어떤 서비스가 공급될 때 모든 사람이 자신의 의지와는 상관없이 그 서비스를 소비하게 됨을 의미하는데, "치안서비스의 객체인 시민들은 서비스의 이용에 대한 선택권이 없다"는 것을 내용으로 한다.

54 정답 ❹

④ (O) 초기 국내 기계경비산업은 외국과의 합작 또는 기술제휴 방식으로 이루어졌다. 구체적으로 (현)에스원(S1)이 1980년 (일본) SECOM과 합작하면서 외국경비기술을 국내에 이전할 수 있게 되었으며, 1981년 한국종합기계경비는 일본종합경비조장회사와, 대한중앙경비보장은 일본 Central사와, 한국보안공사는 미국 Adam사와 각각 제휴하였다.

① (×) 우리나라의 경우 민간조사업은 아직까지 하나의 정형화된 형식을 갖추고 제도적으로 정착되어 운영되고 있지 않다. 이에 따라 민사조사와 관련하여 유사한 업무를 수행하기를 원하는 자는 특별한 법규정 없이도 관할 관청에 서비스업으로 신고만 하면 가능하다.

② (×) 2001년 경비업법 개정으로 국가중요시설 경비의 효율성을 제고하는 방안으로 특수경비업무 역시 경비업무의 한 형태로 도입되어, 청원경찰의 입지가 축소되었으며 청원경찰과 민간경비의 이원화문제가 대두되었다.

③ (×) 민간경비산업은 공경비에 비해 양적으로는 크게 성장을 하였으나, 여러 가지 질적 문제점들이 노출되고 있다.

55 정답 ❹

④ (×) 전기나 전자기 방식으로 암호가 입력된 카드를 인식시킴으로써 출입문이 열리도록 한 장치는 카드식 잠금장치에 관한 설명이다. 전기식 잠금장치는 문이 열리고 닫히는 것이 전기신호에 의해 이루어지는 장치를 말한다. 원거리에서 문을 열고 닫도록 제어하는 장점이 있으며, 특히 마당이 있는 가정집 내부에서 스위치를 누름으로써 외부의 문이 열리도록 작동하는 보안잠금장치이다.

① (O), ② (O) 패드록 장치는 시설물과 탈부착이 가능한 형태로 작동하고, 강한 외부 충격에도 견딜 수 있다. 자물쇠의 단점을 보완하고 경비의 안전성을 강화하기 위해 고안되었다. 자물쇠와 유사한 기능을 가지지만 문의 몸체 중간에 설치되어 키를 삽입하게 되면 문이 열리는 장치로, 현재 대부분의 아파트나 가정집, 사무실 등에 설치되어 가장 보편적인 안전장치이다.

③ (O) 기억식 잠금장치는 문에 전자장치가 설치되어 있어서 일정 시간에만 문이 열리는 방식으로 은행금고나 박물관 등에서 주로 사용된다.

56 정답 ❹

도표의 ( ) 안에는 순서대로 B : 유류, C : 청색, D : 금속, E : 가스와 연결된다.

핵심만콕	화재의 유형과 소화기 표시색 ★★	(무 : 일백·유황·전청·금무·가황)
구 분	**화재의 유형**	**표시색**
A	일반화재	백 색
B	유류화재	황 색
C	전기화재	청 색
D	금속화재	무 색
E	가스화재	황 색

57 정답 ❷

민간경비의 목적은 사익보호이며, 공경비의 목적은 공익 및 사익보호이다. 공경비의 목적은 주로 법집행에 있고, 민간경비의 주된 목적은 손실감소 및 재산보호에 있기 때문에 전자와 같은 표현으로 나타낼 수 있다.

핵심만콕	공경비와 민간경비의 비교	
구 분	**공경비(경찰)**	**민간경비(개인 또는 경비업체)**
대 상	일반국민(시민)	계약당사자(고객)
임 무	범죄예방 및 범죄대응	범죄예방
공통점	범죄예방 및 범죄감소, 위험방지, 질서유지	
범 위	일반(포괄)적 범위	특정(한정)적 범위
주 체	정부(경찰)	영리기업(민간경비회사 등)
목 적	법집행 (범인체포 및 범죄수사·조사)	개인의 재산보호 및 손실감소
제약조건	강제력 있음	강제력 사용에 제약 있음
권한의 근거	통치권	위탁자의 사권(私權)

58 정답 ❷

화재로 불이 옮겨 붙는 위험을 막기 위하여 다른 건물과 충분히 거리를 두고 있어도 건물 내에는 각종 방화설비를 설치하는 것이 좋다.

59 정답 ❹

제시문이 설명하고 있는 경비는 주체(형태)에 따른 경비의 분류 중 기계경비의 내용에 해당한다.

60 정답 ❹

경비관리실은 가능한 한 건물에서 통행이 많은 곳에 설치하고 직원의 출입구는 주차장으로부터 가급적 멀리 떨어진 곳에 위치해야 한다.

> **핵심만콕** 경비계획의 기본원칙(경비와 시설보호의 기본원칙)★★
>
> - 직원의 출입구는 주차장으로부터 가급적 멀리 떨어진 곳에 위치해야 한다.
> - 경비원의 대기실은 시설물의 출입구와 비상구에서 인접한 곳에 위치해야 한다.
> - 경비관리실은 출입자 등의 통행이 많은 곳에 설치하여야 한다.
> - 경계구역과 건축물 출입구 수는 안전규칙의 범위 내에서 최소한으로 유지되어야 한다.
> - 경비원 1인이 경계해야 할 구역의 범위는 안전규칙상 적당해야 한다.
> - 건물 외부의 틈으로 접근 및 탈출 가능한 지점 및 경계 구역(천장, 공기환풍기, 하수도관, 맨홀 등)은 보호되어야 한다.
> - 잠금장치는 정교하고 파손이 어렵게 만들어져야 하고 열쇠를 분실할 경우에 대비하여 적절한 조치를 취해야 한다.
> - 비상시에만 사용하는 외부출입구에는 경보장치를 설치하여야 하고, 외부출입구의 통행은 통제가 가능하여야 한다.
> - 항구・부두지역은 차량운전자가 바로 물건을 창고지역으로 움직이지 못하도록 하고, 경비원에게 물건의 선적이나 하차를 보고할 수 있도록 설계되어야 한다.
> - 효과적인 경비를 위해서는 안전경비조명이 설치되어야 하고 물건을 선적하거나 수령하는 지역은 분리되어야 한다.

61 정답 ❹

④ (×) 현재 미국에서 경찰과 민간경비는 범죄예방활동을 위해 긴밀한 상호 협조체계를 유지하고 있다. 각 주마다 약간의 차이는 있지만, 직업소개소 역할을 하는 경찰노조를 통해 경찰의 50% 정도가 민간경비회사에서 부업을 하고 있을 만큼, 상호 간의 신분이나 직위 그리고 보수 등에 큰 차이 없이 함께 범죄예방활동을 수행한다. 따라서 경찰과 민간경비는 업무수행에 있어 상명하복의 관계가 명확하다는 표현은 옳다고 보기 어렵다.
① (○) 미국의 민간경비산업은 제1・2차 세계대전 이후 급속히 발전하였고, 특히 제2차 세계대전을 계기로 산업경비의 필요성에 대한 인식 증대로 민간경비가 비약적으로 발전하였다.
② (○) 경비업체는 크게 계약경비업체와 자체경비업체로 나눌 수 있는데, 계약경비업체가 자체경비업체보다 비약적으로 발전하고 있다.
③ (○) 9・11 테러사건 이후 공항, 항만, 은행 등 주요 시설과 건물들에 대한 민간경비의 부재는 곧 사회안전망의 붕괴까지 초래할 수 있다고 인식되면서 민간경비는 주요한 사회기능을 담당하게 되었다.

62 정답 ❹

④ (O) ㉣ - ⓒ : 큰 물품창고, 제조공장, 대형 소매점이 중간수준경비의 대표적인 예이다.
① (×) ㉠ - ⓑ : 작은 소매상점, 저장창고는 하위수준경비의 대표적인 예이다.
② (×) ㉡ - ⓐ : 일반가정은 최저수준경비의 대표적인 예이다.
③ (×) ㉢ - ⓓ : 교도소, 제약회사, 전자회사는 상위수준경비의 대표적인 예이다.

핵심만콕 경비의 중요도에 따른 분류(경비계획의 수준)

최저수준경비, 하위수준경비, 중간수준경비, 상위수준경비, 최고수준경비의 5단계로 구분할 수 있다.

구분	내용
최저수준경비 (Level I)	일정한 패턴이 없는 불법적인 외부침입을 방해할 수 있도록 계획된 경비시스템으로, 보통 출입문, 자물쇠를 갖춘 창문과 같은 단순한 물리적 장벽이 설치된다(예 일반가정 등).
하위수준경비 (Level II)	일정한 패턴이 없는 불법적인 외부침입을 방해하고 탐지할 수 있도록 계획된 경비시스템으로, 일단 최저수준경비의 단순한 물리적 장벽이 설치되고, 거기에 보강된 출입문, 창문의 창살, 보다 복잡한 수준의 자물쇠, 조명시스템, 기본적인 경보시스템 및 안전장치가 설치된다(예 작은 소매상점, 저장창고 등).
중간수준경비 (Level III)	대부분의 패턴이 없는 불법적인 외부침입과 일정한 패턴이 없는 일부 내부침입을 방해·탐지·사정할 수 있도록 계획된 경비시스템으로, 경계지역의 보다 높은 수준의 물리적 장벽, 보다 발전된 원거리 경보시스템, 기본적인 의사소통장비를 갖춘 경비원 등을 갖추고 있다(예 큰 물품창고, 제조공장, 대형 소매점 등).
상위수준경비 (Level IV)	대부분의 패턴이 없는 외부 및 내부의 침입을 발견·저지·방어·예방할 수 있도록 계획된 경비시스템으로, CCTV, 경계경보시스템, 고도의 조명시스템, 고도로 훈련받은 무장경비원, 경비원과 경찰의 협력시스템 등을 갖추고 있다(예 교도소, 제약회사, 전자회사 등).
최고수준경비 (Level V)	일정한 패턴이 전혀 없는 외부 및 내부의 침입을 발견·억제·사정·무력화할 수 있도록 계획된 경비시스템으로, 최첨단의 경보시스템과 현장에서 즉시 대응할 수 있는 24시간 무장체계 등을 갖추고 있다(예 핵시설물, 중요 군사시설 및 교도소, 정부의 특별연구기관, 일부 외국 대사관 등).

63 정답 ❸

재해예방과 비상계획 수립의 순서는 문제의 인지(ㄱ) → 목표의 설정(ㄴ) → 경비위해요소 조사·분석(ㅁ) → 전체계획 검토(ㄹ) → 경비계획안의 작성 및 비교·검토(ㄷ) → 최선안 선택(ㅂ) → 경비의 실시 및 평가 → 피드백의 과정을 거친다.

64 정답 ②

② (○) 1997년 2월 23일에 제1회 경비지도사 시험을 실시하였고, 제2회 시험은 1999년, 제3회 시험은 2001년 실시하였다. 2002년 11월 10일 제4회 시험부터 매년 정기적으로 실시하고 있다.
① (✕) <u>1995년 9월 22일 용역경비에 관한 연구·지도를 경찰청 경비국 경비과에서 방범국 방범기획과로 이관하였다</u>(경찰청과 그 소속기관 등 직제 제11조 제3항 제2호, 제14조 제3항 제7호 참고). 현재는 범죄예방대응국 국장이 경비업에 관한 연구 및 지도를 담당하고 있다(경찰청과 그 소속기관 직제 제10조의3 제3항 제3호).
③ (✕) 2001년 경비업법 전부개정 시 경비업의 종류에 명시적으로 기계경비업무가 추가되고, 특수경비업무(특수경비원제도)가 신설되었으며, 기계경비산업의 급속한 발전으로 기계경비업무를 신고제에서 허가제로 변경하였다. <u>신변보호업무가 경비업무의 하나로 도입된 것은 1995년 12월 30일 용역경비업법 개정 시이다.</u>
④ (✕) 영세한 민간경비업체들은 대기업의 경비시장 진출로 시장에서의 입지가 더욱 축소되고 있었기 때문에 <u>대기업의 진출을 반기지 않았다.</u>

65 정답 ②

제시문이 설명하는 호송경비업무의 방식은 통합호송방식이다.

핵심만콕 호송경비업무의 방식

- 단독호송방식
  - 통합호송방식 : 경비업자가 무장호송차량 또는 일반차량을 이용하여 운송과 경비업무를 겸하는 호송경비방식이다.
  - 분리호송방식 : 호송대상 물건은 운송업자의 차량으로 운송하고, 경비업자는 경비차량과 경비원을 투입하여 물건을 호송하는 방식이다.
  - 동승호송방식 : 물건을 운송하는 차량에 호송경비원이 동승하여 호송업무를 수행하는 경비방식이다.
  - 휴대호송방식 : 호송경비원이 직접 호송대상 물건을 휴대하여 운반하는 경비방식이다.
- 편성호송방식 : 호송방식과 방향 등을 고려하여 지역별로 또는 구간별로 조를 편성하여 행하는 경비방식이다.

66 정답 ②

② (✕) 청원경찰의 신임교육의 기간은 <u>2주</u>로 한다(청원경찰법 시행규칙 제6조).
① (○) 청원경찰의 임용자격·임용방법·교육 및 보수에 관하여는 대통령령으로 정한다(청원경찰법 제5조 제3항).
③ (○) 청원경찰법 제3조 참고
④ (○) 청원경찰법 제6조 제1항

67 정답 ④

④ (×) 펜스에 설치된 광케이블의 충격과 절단을 감지하는 외곽감지시스템은 광케이블감지시스템이다. 펜스충격감지시스템은 울타리 침입 시 발생되는 진동, 충격을 감지한다.
① (○) 시설물에 대한 물리적 통제는 기본적으로 경계지역(건물주변), 건물 외부지역, 건물 내부지역으로 구분되고, 외곽경비의 1차적인 경계지역은 건물주변이다.
② (○) 자연적 방벽은 침입에 대한 적극적인 예방대책이 아니므로 추가적인 경비장치가 필요하며, 다른 구조물에 의해 보강된다. 따라서 인공적인 구조물을 설치하여 보강할 수 있다.
③ (○) 모든 출입구의 수를 파악하고 하수구, 배수로, 배수관, 사용하는 터널, 배기관, 공기 흡입관, 맨홀 뚜껑, 낙하 장치, 엘리베이터 등도 출입구와 같은 차원에서 경비계획에 포함시켜야 한다.

68 정답 ①

컴퓨터 범죄 행위자의 대부분은 연령이 낮으며, 초범자인 경우가 많다.

핵심만콕 　컴퓨터 범죄의 특징

범죄동기 측면	• 단순한 유희나 향락 추구 • 지적 탐험심의 충족 욕구 • 정치적 목적이나 산업경쟁 목적 • 회사에 대한 사적 보복 목적
범죄행위자 측면	• 컴퓨터 전문가 : 컴퓨터 시스템이나 회사 경영조직에 전문적인 지식을 갖춘 자들이 범죄를 저지른다. • 범죄의식 희박 • 연소화 경향 • 초범성 : 컴퓨터 범죄행위는 대부분 초범자들이 많다. • 완전범죄 : 대부분 내부인의 소행이며, 단독범행이 쉽고 완전범죄의 가능성이 높으며, 범행 후 도주할 수 있는 시간적 여유가 충분하다.
범죄행위 측면	• 범행의 연속성 : 컴퓨터 부정조작의 경우 행위자가 조작방법을 터득하면 범행이 연속적이며 지속적으로 이루어질 수 있다. • 범행의 광역성과 자동성 　- 광역성(광범위성) : 컴퓨터 조작자는 원격지에서 단말기를 통하여 단시간 내에 대량의 데이터를 처리하므로 광범위하게 영향을 미친다. 　- 자동성 : 불법한 프로그램을 삽입한 경우나 변경된 고정자료를 사용할 때마다 자동적으로 범죄를 유발하게 된다. • 발각과 증명의 곤란 : 데이터가 그 대상이 되므로 자료의 폐쇄성, 불가시성, 은닉성 때문에 범죄 사건의 발각과 증명이 어렵다. • 고의의 입증 곤란 : 단순한 데이터의 변경, 소멸 등의 형태에 불과할 경우 범죄의 고의성을 입증하기 어렵다.

69 정답 ③

③ (○) 제시된 내용은 무결성(Integrity)에 대한 설명이다.
① (✕) 적법성은 정보보호의 목표와 관련이 없다.
② (✕) 가용성(Availability)은 정보와 시스템의 사용을 허가받은 사람이 이를 사용하고자 할 경우, 언제든지 사용할 수 있도록 보장되어야 함을 말한다.
④ (✕) 비(기)밀성(Confidentiality)은 비인가된 접근이나 지능적 차단으로부터 중요한 정보를 보호하고, 허가받은 사람만이 정보와 시스템을 사용할 수 있도록 함을 말한다.

> **핵심만콕** 정보보호의 목표
> - 비(기)밀성(Confidentiality) : 비인가된 접근이나 지능적 차단으로부터 중요한 정보를 보호하고, 허가받은 사람만이 정보와 시스템을 사용할 수 있도록 한다.
> - 무결성(Integrity) : 정보와 정보처리방법의 완전성·정밀성·정확성을 유지하기 위해 한 번 생성된 정보는 원칙적으로 수정되어서는 안 되고, 만약 수정이 필요한 경우에는 허가받은 사람에 의해 허용된 절차와 방법에 따라 수정되어야 한다.
> - 가용성(Availability) : 정보와 시스템의 사용을 허가받은 사람이 이를 사용하고자 할 경우, 언제든지 사용할 수 있도록 보장되어야 한다.

70 정답 ④

④ (○) 기계경비업무는 경비대상시설에 설치한 기기에 의하여 감지·송신된 정보를 그 경비대상시설 외의 장소에 설치한 관제시설의 기기로 수신하여 도난·화재 등 위험발생을 방지하는 업무이다(경비업법 제2조 제1호 라목).
① (✕) 자체경비는 신규모집계획, 선발인원의 신원확인 및 훈련 프로그램에 대한 개발과 관리를 자체적으로 실시함으로 인하여 인사관리 및 행정관리가 힘들고 비용이 많이 소모된다.
② (✕) 최근에는 계약경비가 자체경비보다 더 빠르게 증가하고 있다.
③ (✕) 민간경비는 인력경비와 기계경비로 구분하는데 기계경비가 많이 발전하였음에도 아직까지 인력경비에 기반을 두고 있다. 또한 인력경비 없이 기계경비시스템만으로는 경비활동의 목표달성이 가능한 수준에는 이르지 못하고 있다.

71 정답 ③

③ (✕) 비상사태 발생 시 지휘명령체계는 가장 신속하게 명령을 내릴 수 있는 사람에게 명령권을 주어 미리 준비된 절차에 의해 명령체계가 효과적으로 발휘될 수 있도록 하여야 한다.
① (○) 재난 발생 시 경비원은 관계기관에 즉시 신고하여야 한다.
② (○) 경비원은 재난 발생 시 주위의 사람들과 부상자 여부를 확인하여 부상자에 대한 의료구조와 방치된 사람에 대한 피난처 확보에 주력하여야 한다.
④ (○) 범죄현장의 발견자나 목격자는 중요한 참고인인 경우가 많으므로 남아 있도록 적극 요청하고, 부득이 자리를 비워야 할 경우에는 추후 협력을 요청하기 위하여 전화번호 등을 적어두어야 한다.

72 정답 ❶

|○△×| 국가기관에 근무하는 청원경찰의 직무상 불법행위에 대한 배상책임에 관하여는 국가배상법에 의한다(청원경찰법 제10조의2 반대해석, 국가배상법 제2조 및 대판 92다47564).

> **핵심만콕**
>
> ② (○) 청원경찰법 제10조 제2항 참고
> ③ (○) 경비업법 제26조 제2항
> ④ (○) 청원경찰이 불법행위로 타인에게 손해를 가한 경우 시설주인 청원주는(청원경찰법은 사경비를 전제로 함) 민법의 적용을 받아 사용자책임(민법 제756조) 또는 도급인의 책임(민법 제757조)을 부담하여 타인에게 손해배상책임을 부담하지만, 청원경찰과의 관계에서는 불법행위로 인한 피해자로 볼 수 있다.

73 정답 ❸

|○△×| 제시된 내용 중 분산 서비스거부 공격에 해당하는 것은 ㄴ(마이둠)과 ㅁ(슬래머)이다.

사이버공격의 유형으로는 멀웨어 공격(Malware)과 분산 서비스거부 공격이 있다. 멀웨어(Malware : Malicious software, '악의적인 소프트웨어'의 약어)는 시스템을 파괴하거나 정보를 유출하기 위해 개발된 프로그램이나 파일을 총칭하는데, 대표적인 멀웨어 공격으로는 ㄱ(바이러스), ㄷ(버퍼 오버플로 공격), ㄹ(트로이 목마), 스파이웨어, 악성 웹 기반 코드 등이 있다. 분산 서비스거부 공격(공격 대상이 되는 서버에 과도한 트래픽을 유발시키거나 비정상적인 접속 등을 시도하여 해당 서버의 네트워크를 독점하거나 시스템 리소스의 낭비를 유발시켜 서버가 정상적으로 작동하지 못하게 만드는 기법)에는 ㄴ(마이둠)과 ㅁ(슬래머)이 대표적인 예에 해당한다.

74 정답 ❷

|○△×| ② (○) 제시문은 스케줄러 점검에 관한 설명이다.
① (×) 극비의 경영자료 등이 수록된 파일이나 중요한 상품의 프로그램이 수록되어 있는 테이프나 디스크 파일에는 별도의 명칭을 부여한다.
③ (×) 콘솔시트에는 컴퓨터 시스템의 사용일자와 취급자의 성명, 프로그램 명칭 등이 기록되므로 임의로 파괴해 버릴 수 없는 체제를 도입함으로써 부당사용 후 흔적을 없애는 사태를 방지한다.
④ (×) 데이터의 경우 특정직급 이상이어야만 해독할 수 있도록 키나 패스워드 등을 부여하여 권한등급별로 접근을 허용한다.

75 정답 ③
현대사회 범죄현상의 특징으로는 조직화(ㄴ)·국제화(ㅁ)·사회화·기동화(ㄹ)·흉포화·대형화 등이 있다.

76 정답 ②
폐쇄된 출입구를 포함한 모든 출입문은 정기적인 확인이 필요하다.

77 정답 ③
③ (○) 경찰방범활동 중 방범홍보에 관한 설명이다. 참고로 경찰방범활동이란 외근 경찰관의 일상생활을 내용으로 하는 근무로 범죄 발생을 미연에 방지하기 위하여 순찰, 불심검문, 방범심방, 방범진단, 방범상담, 방범홍보, 방범단속 등을 행하는 것을 말한다.
① (×) 경찰방문 : 경찰관이 관할 구역 내의 각 가정, 상가 및 기타시설 등을 방문하여 청소년선도, 소년소녀가장 및 독거노인·장애인 등 사회적 약자 보호활동 및 안전사고 방지 등의 지도·상담·홍보 등을 행하며, 민원사항을 청취하고, 필요시 주민의 협조를 받아 방범진단을 하는 등의 예방경찰활동을 말한다.
② (×) 방범진단 : 범죄예방 및 안전사고 방지를 위해 관내 금융기관 등 현금다액취급업소, 상가, 여성운영업소 등에 대하여 방범시설 및 안전설비의 설치상황, 자위방범역량 등을 점검하여 미비점을 보완하도록 지도하기 위한 경찰활동을 말한다.
④ (×) 생활방범 : 일상생활에서 범죄가 발생하지 않도록 미리 그 원인을 제거하고 범인성 환경(범죄를 촉진시키고 또한 유인하는 환경)을 정비하여 그 피해가 확산되는 것을 방지하는 제반활동을 말한다.

78 정답 ①
제한지역에 관한 설명에 해당한다(보안업무규정 시행규칙 제54조 제1항 제1호).

핵심만콕	보호지역의 구분(보안업무규정 시행규칙 제54조 제1항)
제한지역	비밀 또는 국·공유재산의 보호를 위하여 울타리 또는 방호·경비인력에 의하여 영 제34조 제3항에 따른 승인을 받지 않은 사람의 접근이나 출입에 대한 감시가 필요한 지역(제1호)
제한구역	비인가자가 비밀, 주요시설 및 Ⅲ급 비밀 소통용 암호자재에 접근하는 것을 방지하기 위하여 안내를 받아 출입하여야 하는 구역(제2호)
통제구역	보안상 매우 중요한 구역으로서 비인가자의 출입이 금지되는 구역(제3호)

79 정답 ❸

제시된 내용 중 개선방안에 해당하지 않는 것은 ㄱ과 ㄹ이다.

ㄱ. (×) 경찰과 민간경비의 실질적인 협력 증진 방안으로 관할지역 내에서 업무의 이해와 능률을 증진시키고 경비인력을 적절히 배분하기 위하여 <u>합동순찰제도</u>를 고려할 수 있다.

ㄹ. (×) 민간경비에 대한 감독, 제재 강화가 아닌 <u>경찰과 민간경비의 동반자 의식 확립이 협력관계 개선방안에 해당</u>한다.

ㄴ. (○) 경찰과 민간경비 간의 교류를 통하여 관련 정보를 적극적으로 교환하여 상대방의 입장을 이해하도록 노력하여야 한다. 책임자 간담회, 비상연락망 구축은 그 방법이 될 수 있다.

ㄷ. (○) 민간경비와 경찰 간의 접촉이나 연락과정을 공식화시킬 전담책임자제도 등을 활성화하고, 경찰조직 내 민간경비 전담부서를 설치하여야 한다.

ㅁ. (○) 경찰조직과 민간경비조직 간의 마찰 해소와 업무 수행의 효율성을 높이기 위한 차원에서 기본적인 업무 기준 설정이 이루어져야 한다.

80 정답 ❸

③ (○) 도시 시큐리티는 개별빌딩이나 단독주택 단위가 아닌 지역단위의 방범활동이라는 특징이 있으며 선진국에서는 일반화되고 있는 추세이다. 도시 시큐리티 시스템은 아파트나 연립 공동주택의 방범에 대단히 유용한 시스템으로 인식되고 있다.

① (×) 융합 시큐리티는 물리보안과 정보보안을 융합한 경비개념으로, 물리적 보안요소(CCTV, 출입통제장치 등)·기술적 보안요소(불법출입자 정보인식시스템 등)·관리적 보안요소(조직·인사관리 등)를 상호 연계하여 시큐리티의 효율성을 높이고자 하는 접근방법이다.

② (×) 종합 시큐리티는 정보화 사회에 따른 정보통신기술의 발달로 사회적 경비수요의 증가와 추세에 대응하여 기계경비시스템 및 보안시스템을 통합한 것을 말한다.

④ (×) 홈 시큐리티는 외부의 침입이나 화재 및 가스누출과 같은 비상경보기가 탐지한 정보를 경비회사에 전송하면 경비회사가 이상 유무를 확인하여 경찰서, 소방서, 가스회사에 통보하고 출동하는 시스템을 말한다.

제6회 법학개론

문제편 122p

정답 CHECK

01	02	03	04	05	06	07	08	09	10	11	12	13	14	15	16	17	18	19	20
④	②	①	④	④	④	③	②	④	②	①	③	①	③	①	④	②	③	③	①
21	22	23	24	25	26	27	28	29	30	31	32	33	34	35	36	37	38	39	40
②	①	①	④	④	①	④	③	②	②	④	③	③	④	②	③	④	①	③	③

01 정답 ④

제시문의 ㄱ, ㄴ에 들어갈 용어는 순서대로 '준용한다'와 '본다'이다.
- 경비협회에 관하여 경비업법에 특별한 규정이 있는 것을 제외하고는 민법 중 사단법인에 관한 규정을 준용한다(경비업법 제22조 제4항). — '준용'이란 비슷한 사항에 관하여 법률을 제정할 때 법률을 간결하게 할 목적으로 다른 유사한 법규정을 그 성질에 따라 다소 수정하여 적용하도록 하는 것을 말한다.
- 청원경찰 업무에 종사하는 사람은「형법」이나 그 밖의 법령에 따른 벌칙을 적용할 때에는 공무원으로 본다(청원경찰법 제10조 제2항). — 법문상 '~으로 본다'는 것은 사실의 진실성 여부와는 관계없이 확정된 사실로 의제하여 일정한 법률효과를 부여하고 반증을 허용하지 않는 '간주'의 의미이다.

02 정답 ②

② (×) 근로3권은 자유권적 성격과 사회권적 성격을 동시에 가지는 기본권으로 의무의 성격을 가지는 기본권에 해당하지 않는다.
① (○) 모든 국민은 건강하고 쾌적한 환경에서 생활할 권리를 가지며, 국가와 국민은 환경보전을 위하여 노력하여야 한다(헌법 제35조 제1항).
③ (○) 모든 국민은 근로의 의무를 진다(헌법 제32조 제2항 전문).
④ (○) 모든 국민은 그 보호하는 자녀에게 적어도 초등교육과 법률이 정하는 교육을 받게 할 의무를 진다(헌법 제31조 제2항).

03 정답 ①

"형법 제329조 절도죄의 객체인「재물」에 부동산은 포함되지 아니한다"고 보는 것은 법문상 자구(字句)의 의미를 통상의 의미보다 축소하여 해석하는 방법으로, 축소해석에 해당한다.

04 정답 ④

④ (×) 행복추구권의 주체는 인간으로서 내국인뿐만 아니라 외국인도 포함하나, 법인(法人)은 그 주체에 해당하지 않는다.
① (○) 헌법은 제10조에서 인간의 존엄과 가치의 존중, 행복추구권을 규정하여 기본권 보장의 대전제로 삼고, 이하에서 각종 개별적 기본권을 보장하고 있다.
② (○) 포괄적 기본권이란 헌법에 개별적으로 열거되지 않아도 보장하는 기본권을 말한다. 인간의 존엄과 가치, 행복추구권, 평등권과 같은 포괄적 기본권은 다른 개별적 기본권에 대한 보충적 기본권으로서의 성격을 지닌다.
③ (○) 미국은 행복추구권을 1776년 버지니아 권리장전에 처음으로 규정하였으나, 현재의 미연방헌법은 행복추구권에 관한 규정을 두고 있지 않다. 우리나라에서는 1980년 제8차 개헌으로 헌법에 명시적으로 규정되었다(제5공화국 헌법).

05 정답 ④

④ (○) 형사소송법 제327조 제5호
① (×) 면소판결을 해야 하는 경우이다(형사소송법 제326조 제2호).
② (×) 공소기각의 결정을 해야 하는 경우이다(형사소송법 제328조 제1항 제1호).
③ (×) 공소기각의 결정을 해야 하는 경우이다(형사소송법 제328조 제1항 제4호).

06 정답 ④

제시된 내용 중 옳지 않은 것은 ㄷ, ㄹ이다.
ㄷ. (×) 속지주의에 대한 설명이다.
ㄹ. (×) 공해상의 선박·항공기는 국적을 가진 국가의 배타적 관할에 속한다는 국제법상의 원칙을 기국주의라 하는데, 우리 형법 제4조(국외에 있는 내국선박 등에서 외국인이 범한 죄)는 "본법은 대한민국영역 외에 있는 대한민국의 선박 또는 항공기 내에서 죄를 범한 외국인에게 적용한다"고 규정하여 기국주의를 명문화하고 있다.
ㄱ. (○) 속지주의는 자국 영토 내에서 죄를 범한 내국인과 외국인에게 자국의 형법을 적용하는 주의이다.
ㄴ. (○) 속인주의는 외국에서의 행위라도 자국민의 행위에 대해서는 자국법을 적용한다는 주의이다.

07 정답 ③

③ (×) 대법원장과 대법관이 아닌 법관은 대법관회의의 동의를 얻어 대법원장이 임명한다(헌법 제104조 제3항).
① (○) 헌법 제104조 제1항
② (○) 헌법 제104조 제2항
④ (○) 헌법 제107조 제1항 참고

08 정답 ②

② (×) 허위의 사실을 유포하거나 기타 위계로써 사람의 신용을 훼손한 경우에 성립하는 신용훼손죄(형법 제313조)는 개인적 법익에 대한 죄 중 명예와 신용을 해하는 죄에 해당한다.
① (○) 행사할 목적으로 통용하는 대한민국의 화폐, 지폐 또는 은행권을 위조한 경우에 성립하는 통화위조죄(형법 제207조)는 사회적 법익에 대한 죄 중 공공의 신용을 해하는 죄에 해당한다.
③ (○) 육로, 수로 또는 교량을 손괴 또는 불통하게 하거나 기타 방법으로 교통을 방해한 경우에 성립하는 일반교통방해죄(형법 제185조)는 사회적 법익에 대한 죄 중 공공의 안전과 평온을 해하는 죄에 해당한다.
④ (○) 정당한 이유 없이 도로·공원 등 불특정 또는 다수의 사람이 이용하거나 통행할 수 있는 공공장소에서 사람의 생명, 신체에 위해를 가할 수 있는 흉기를 소지하고 이를 드러내어 공중에게 불안감 또는 공포심을 일으킨 경우에 성립하는 공공장소 흉기소지죄(형법 제116조의3)는 사회적 법익에 대한 죄 중 공공의 안전과 평온을 해하는 죄에 해당한다. 2025.4.8.에 신설되었다.

09 정답 ④

권리·의무의 실체를 다루는 실체법과는 달리 권리·의무를 실현하는 절차와 관련된 절차법에는 민사소송법, 민사집행법, 형사소송법, 행정소송법, 채무자회생 및 파산에 관한 법률, 부동산등기법 등이 있다.

핵심만콕 법의 체계 및 분류

국내법												국제법	
공 법						사 법			사회법			국제법규, 조약	국제관습법
실체법			절차법			실체법			실체법				
헌법	형법	행정법	민사소송법	형사소송법	행정소송법	민법	상법	국제사법	노동법	경제법	사회보장법		

10 정답 ②

권리와 의무는 대응하는 것이 보통이지만 권리와 의무가 항상 대응하는 것은 아니다. 즉 권리만 있고 그에 대응하는 의무가 없는 경우(취소권, 해제권, 해지권, 상계권, 추인권 등의 형성권)도 있고, 의무만 있고 그에 대응하는 권리가 없는 경우(민법 제52조·제85조·제94조 등의 등기의무, 민법 제755조의 감독의무 등)도 있다.

11 정답 ①

① (○) 제시문의 '이것'은 정당방위(형법 제21조)이다. 따라서 ①과 연결된다.
② (×) 공무원의 집무집행행위는 위법성조각사유 중 정당행위에 해당한다(형법 제20조).
③ (×) 의무의 충돌에 관한 설명이다.
④ (×) 자구행위에 관한 설명이다(형법 제23조).

12 정답 ③

③ (✕) 점유권은 물건을 사실상 지배하는 권리로 소유권 보유 여부와 상관없이 사실상의 지배만으로 인정된다.
① (○) 물권은 지배권, 배타적 권리에 해당한다.
② (○) 민법 제187조
④ (○) 물건 위에 1개의 물권이 성립하면 그 물건 위에 같은 내용의 물권이 양립할 수 없다는 일물일권주의(一物一權主義)의 원칙상 하나의 물건 위에 둘 이상의 소유권은 인정되지 않는다.

13 정답 ①

회사의 자본금은 상법에서 달리 규정한 경우 외에는 발행주식의 액면총액으로 한다(상법 제451조 제1항).

> **핵심만콕**
>
> ② (○) 상법 제329조 제1항·제3항
> ③ (○) 상법 제331조
> ④ (○) 주권 발행 이후의 주식의 양도는 원칙적으로 허용된다(상법 제335조 제1항 본문). 다만, 회사는 정관으로 정하는 바에 따라 그 발행하는 주식의 양도에 관하여 이사회의 승인을 받도록 할 수 있다(상법 제335조 제1항 단서).

14 정답 ③

임의수사란 강제력을 행사하지 않고 당사자의 승낙을 얻어서 하는 수사를 말하며, 피의자 신문(ㄴ), 사실조회(ㄷ), 출석요구, 참고인진술 청취 등의 방법이 있다.

> **핵심만콕**   수사의 방법
>
> 임의수사가 원칙이고, 강제수사는 예외적으로 법의 규정이 있을 때 가능하다.
> • 임의수사
>   - 의의 : 강제력을 행사하지 않고 당사자의 승낙을 얻어서 행하는 수사
>   - 방법 : 출석요구, 참고인진술 청취, 통역·번역·감정의 위촉, 피의자 신문, 사실조회(형사소송법 제199조 제2항) 등
> • 강제수사
>   - 영장 없는 수사 : 현행범 체포(형사소송법 제212조), 특수한 경우의 압수·수색·검증(형사소송법 제216조 제1항 제2호) 등
>   - 영장에 의한 수사 : 구속(형사소송법 제201조), 압수·수색(형사소송법 제215조) 등
>   - 수사기관의 청구에 의해서 법관이 하는 것 : 증거보전(형사소송법 제184조) 등

15 정답 ❶

① (○) 채권자 평등의 원칙에 따라, 동일채무자에 대한 여러 개의 채권은 그의 발생 원인·발생 시기의 선후·채권액의 다소를 묻지 않고서 평등하게 다루어진다.
② (×) 하나의 물건에 대하여 물권과 채권이 병존하는 경우에는 그 성립시기를 불문하고 원칙적으로 물권이 우선한다. 예외적으로 대항요건을 갖춘 부동산의 임차권은 나중에 성립한 전세권에 우선한다.
③ (×) 소유권과 제한물권 사이에서는 제한물권이 언제나 소유권에 우선한다.
④ (×) 서로 종류를 달리하는 물권일 때에는 일정한 원칙이 없고, 법률의 규정에 의하여 순위가 정하여진다.

16 정답 ❹

④ (×) 소멸시효의 기간만료 전 6개월 내에 제한능력자에게 법정대리인이 없는 경우에는 그가 능력자가 되거나 법정대리인이 취임한 때부터 6개월 내에는 시효가 완성되지 아니한다(민법 제179조).
① (○) 민법 제169조
② (○) 민법 제170조 제1항
③ (○) 민법 제178조 제1항

17 정답 ❷

② (×) 아리스토텔레스는 개인 각자의 능력과 가치에 따라 적합하게 분배되어야 한다는 실질적·상대적 평등의 원리인 배분적 정의를 본질적 정의라고 하였다.
①(○), ③(○), ④(○) 아리스토텔레스의 정의론에 따르면 정의는 일반적(광의) 정의와 특수적(협의) 정의로 나뉘며, 특수적 정의는 다시 평균적(절대적·형식적 평등) 정의와 배분적(상대적·실질적 평등) 정의로 구분된다.

18 정답 ❸

③ (×) 법률우위의 원칙은 제한 없이 모든 행정영역에 적용되므로 수익적 행정인지 침익적 행정인지 불문하고 적용된다. 공법형식의 행정작용뿐만 아니라 사법형식의 행정작용에도 적용되고, 법적행위뿐만 아니라 사실행위에도 적용된다. 또한 법률의 우위는 법률의 행정입법에 대한 우위를 포함한다(행정기본법 제38조 제1항).
① (○) 권력적 사실행위의 경우 처분성을 인정하므로 행정쟁송의 대상이 될 수 있지만, 비권력적 사실행위의 처분성 인정 여부에 관하여 견해의 대립이 있다.
② (○) 사실행위에는 작용법적 근거는 필요하지 않지만 조직법적 근거는 필요하다.
④ (○) 행정조사란 행정기관이 정책을 결정하거나 직무를 수행하는 데 필요한 정보나 자료를 수집하기 위하여 현장조사·문서열람·시료채취 등을 하거나 조사대상자에게 보고요구·자료제출요구 및 출석·진술요구를 행하는 활동(행정조사기본법 제2조 제1호)으로서 직접적인 법적 효과는 발생시키지 않는다는 점에서 사실행위의 일종으로 볼 수 있다.

19 정답 ❸

③ (✕) 사업주가 제공한 시설물 등을 이용하던 중 그 시설물 등의 결함이나 관리소홀로 발생한 사고가 업무상 사고이고 제공하지 않은 시설물로 인한 사고는 업무상 사고에 해당하지 않는다(산업재해보상보험법 제37조 제1항 제1호 나목).
① (○) 산업재해보상보험법 제37조 제1항 제1호 가목
② (○) 산업재해보상보험법 제37조 제1항 제1호 라목
④ (○) 산업재해보상보험법 제37조 제1항 제1호 마목

20 정답 ❶

① (✕) 죄를 지은 후 수사기관에 자수한 경우에는 형을 감경하거나 면제할 수 있다(임의적 감면, 형법 제52조 제1항).
② (○) 형법 제25조 제2항
③ (○) 형법 제26조
④ (○) 형법 제32조 제2항

21 정답 ❷

② (✕) 형사피의자 또는 형사피고인으로서 구금되었던 자가 법률이 정하는 불기소처분을 받거나 무죄판결을 받은 때에는 법률이 정한 바에 의하여 국가에 정당한 보상을 청구할 수 있다(헌법 제28조).
① (○) 헌법 제26조 제1항
③ (○) 헌법 제29조 제2항
④ (○) 헌법 제27조 제3항·제5항

22 정답 ❶

① (○) 한 개의 행위(설치한 폭발물을 원격조종으로 폭발시킨 행위)가 여러 개의 죄에 해당하는 경우(살인죄, 상해죄, 재물손괴죄)는 상상적 경합범으로서 가장 무거운 죄에 대하여 정한 형으로 처벌한다(형법 제40조).
② (✕) 판결이 확정되지 아니한 수개의 죄 또는 금고 이상의 형에 처한 판결이 확정된 죄와 그 판결확정 전에 범한 죄를 경합범으로 한다(형법 제37조). 실체적 경합범은 여러 개의 행위가 실질적으로 여러 개의 구성요건을 충족하는 경우이다.
③ (✕) 한 개 또는 여러 개의 행위가 외관상 여러 개의 형벌법규에 해당하는 것 같이 보이지만 형벌법규의 성질상 하나의 법규만 적용되고 다른 법규는 배척되는 것을 말한다.
④ (✕) 여러 개의 행위가 포괄적으로 한 개의 구성요건에 해당하여 일죄를 구성하는 경우를 말한다.

23 정답 ❶

화재보험은 손해보험에 속한다.

핵심만콕

- 인보험 : 생명보험(사망보험, 생존보험, 혼합보험), 상해보험, 질병보험 등★★
- 손해보험 : 화재보험, 운송보험, 해상보험, 책임보험, 자동차보험, 보증보험 등★★

24 정답 ❹

신의칙의 파생원칙 중 실효의 원칙에 관한 설명이다.

핵심만콕 신의성실의 원칙의 파생원칙

사정변경의 원칙	계약체결 당시의 사회 사정이 계약체결 후 현저히 변경되면, 계약은 그 구속력을 잃는다는 원칙
실효의 원칙	권리자가 장기간에 걸쳐 그 권리를 행사하지 아니함에 따라 그 의무자인 상대방이 더 이상 권리자가 그 권리를 행사하지 아니할 것으로 신뢰할 만한 정당한 기대를 가지게 되는 경우에 새삼스럽게 권리자가 그 권리를 행사하는 것은 법질서 전체를 지배하는 신의성실의 원칙에 위반되어 허용되지 않는다는 원칙
금반언의 원칙	행위자가 일단 특정한 표시를 한 이상 나중에 그 표시를 부정하는 주장을 하여서는 안 된다는 원칙(즉, 자신의 선행행위와 모순되는 후행행위는 허용되지 않는다는 원칙)

25 정답 ❹

④ (×) 저당권의 순위승진이나 임차권의 대항력 취득은 권리의 내용의 변경이 아니라 작용(효과)의 변경에 해당한다.
① (○) 건물 신축은 원시취득에 해당한다.
② (○) 매매의 경우 매수인 丙의 입장에서 보면 권리의 이전적 승계 중 특정승계에 해당하고, 매도인 乙의 입장에서 보면 주택에 대한 소유권을 상실한 것이므로 권리의 상대적 소멸에 해당한다.
③ (○) 상속은 권리의 이전적 승계 중 포괄승계에 해당한다.

26 정답 ❶

① (×) 사용자는 사고의 발생이나 그 밖의 어떠한 이유로도 근로자에게 폭행을 하지 못한다(근로기준법 제8조). 제36조(금품청산), 제43조(임금지급), 제44조(도급사업에 대한 임금지급), 제44조의2(건설업에서의 임금지급 연대책임), 제46조(휴업수당), 제51조의3(근로한 기간이 단위기간보다 짧은 경우의 임금정산), 제52조 제2항 제2호(1개월을 초과하는 정산기간을 정하는 경우, 통상임금의 100분의50 이상을 가산지급) 또는 제56조(연장ㆍ야간 및 휴일근로)를 위반한 자에 대하여는 피해자의 명시적인 의사와 다르게 공소를 제기할 수 없다(근로기준법 제109조 제2항). 제109조 제2항은 제8조에 대해서는 피해자의 명시적인 의사와 다르게 공소를 제기할 수 없다고 규정하고 있지 않다.
② (○) 근로기준법 제10조 본문
③ (○) 근로기준법 제10조 단서
④ (○) 근로기준법 제11조 제1항

27 정답 ④

사정판결에 관한 설명이다.

> **관계법령** 사정판결(행정소송법 제28조)
> ① 원고의 청구가 이유 있다고 인정하는 경우에도 처분등을 취소하는 것이 현저히 공공복리에 적합하지 아니하다고 인정하는 때에는 법원은 원고의 청구를 기각할 수 있다. 이 경우 법원은 그 판결의 주문에서 그 처분등이 위법함을 명시하여야 한다.
> ② 법원이 제1항의 규정에 의한 판결을 함에 있어서는 미리 원고가 그로 인하여 입게 될 손해의 정도와 배상방법 그 밖의 사정을 조사하여야 한다.

28 정답 ③

③ (○) 권한은 타인을 위하여 법률행위를 할 수 있는 법률상의 자격으로, 이사의 대표권이나 국무총리의 권한 등이 대표적이다.
① (×) 권리의 내용을 이루는 개개의 법률상 작용은 권능(權能)이다.
② (×) 일정한 법률상 또는 사실상의 행위를 하는 것을 정당화하는 법률상의 원인은 권원(權原)이다.
④ (×) 반사적 이익은 법의 보호를 받지 못하는 이익으로, 그것이 침해된 자는 법률상 구제를 받을 수 없다.

> **핵심만콕** 권리와 구별되는 개념
> - 권한 : 타인을 위하여 법률행위를 할 수 있는 법률상의 자격을 말한다(예 이사의 대표권, 국무총리의 권한 등).
> - 권능 : 권리에서 파생되는 개개의 법률상의 작용을 말한다(예 소유권자의 소유권에서 파생되는 사용권·수익권·처분권 등).
> - 권력 : 일정한 개인 또는 집단이 공익을 달성할 목적으로 다른 개인 또는 집단을 강제 또는 지배하는 힘을 말한다.
> - 권원 : 일정한 법률상 또는 사실상의 행위를 하는 것을 정당화하는 법률상의 원인을 말한다(예 지상권, 대차권 등).
> - 반사적 이익 : 법이 일정한 사실을 명하거나 금하고 있는 결과로써 어떠한 자가 저절로 받게 되는 이익으로, 그 이익을 누리는 자에게 법적인 힘이 부여된 것은 아니므로, 타인이 그 이익의 향유를 방해하더라도 그 보호를 청구하지 못한다(예 도로·공원 등 공물의 설치로 인한 공물이용자의 이익, 공중목욕탕 영업의 거래제한으로 인하여 이미 허가를 받은 업자의 사실상의 이익 등).

29 정답 ②

총회는 사단법인의 의사결정기관으로 재단법인에는 존재하지 않는다(재단법인의 최고의사는 정관에 의해 정해짐). 따라서 총회의 결의는 사단법인에만 있는 해산사유에 해당한다.

> **관계법령** 해산사유(민법 제77조)
> ① 법인은 존립기간의 만료, 법인의 목적의 달성 또는 달성의 불능 기타 정관에 정한 해산사유의 발생, 파산 또는 설립허가의 취소로 해산한다.
> ② 사단법인은 사원이 없게 되거나 총회의 결의로도 해산한다.

30 정답 ②

② (×) 경비계약상의 채무의 성질이 강제이행을 하지 못할 것이라 할 수 없으므로 고객은 경비계약상의 채무가 이행되지 않은 경우 강제이행을 청구할 수 있다(민법 제389조 제1항).
① (○) 도급의 보수시기에 관한 민법 제665조 제2항은 "보수는 약정한 시기에 지급하여야 하며 시기의 약정이 없으면 관습에 의하고 관습이 없으면 약정한 노무를 종료한 후 지체 없이 지급하여야 한다"는 제656조 제2항을 준용하므로 관습이 없으면 경비업무를 종료한 후 지체 없이 지급하여야 한다.
③ (○) 근무태만으로 도난사고가 발생한 것은 채무의 내용에 좇은 이행을 하지 아니한 것이므로 경비업자는 채무불이행책임을 지게 된다(민법 제390조).
④ (○) 채무불이행으로 인한 손해배상은 통상의 손해를 그 한도로 한다(민법 제393조 제1항).

31 정답 ④

④ (×) 휴업급여는 산업재해보상보험법 제52조 내지 제56조에서 규정하고 있는 급여이다.
① (○) 고용보험법 제70조 내지 제74조에서 육아휴직급여에 관하여 규정하고 있다.
② (○) 고용보험법 제75조 내지 제77조에서 출산전후휴가급여에 관하여 규정하고 있다.
③ (○) 고용보험법 제37조 내지 제69조의9에서 실업급여에 관하여 규정하고 있다.

32 정답 ③

③ (×) 법원은 당사자의 구두에 의한 변론(주장과 증명)을 근거로 재판해야 한다는 구두변론주의가 공판절차의 기본원칙이다.
① (○) 공판기일절차가 당해 사건과 관련된 모든 형사소송의 중심이 되어야 한다는 원칙이다.
② (○) 공판기일의 심리는 집중되어야 하고, 공판기일을 연장하는 경우 시간적 간격을 두지 않고 계속적으로 심리해야 한다는 원칙이다.
④ (○) 법관의 심증 형성은 공판정에서 직접 조사한 원본증거에 의하여야 한다는 원칙이다.

33 정답 ③

ㄴ, ㄹ, ㅁ은 취소할 수 있는 법률행위에 해당한다.

핵심만콕 무효인 행위와 취소할 수 있는 행위★★

무효인 법률행위	취소할 수 있는 법률행위
• 의사무능력자의 법률행위 • 불능한 법률행위 • 강행규정에 위반하는 법률행위 • 반사회질서의 법률행위 • 불공정한 법률행위 • 민법 제107조 제1항 단서의 비진의 표시 (표의자의 진의를 상대방이 알았거나 알 수 있었을 때) • 허위표시 • 불법조건이 붙은 경우	• 제한능력자의 행위 • 착오에 의한 의사표시 • 사기·강박에 의한 의사표시

34 정답 ④

④ (×) 헌법전문을 통하여 곧바로 개별적 기본권을 도출할 수 있는가에 관하여서는 학설이 대립하나, 헌법재판소는 부정적 입장이다. "헌법전문에 기재된 3·1정신"은 우리나라 헌법의 연혁적·이념적 기초로서 헌법이나 법률해석에서의 해석기준으로 작용한다고 할 수 있지만, 그에 기하여 곧바로 국민의 개별적 기본권성을 도출해낼 수는 없다고 할 것이므로, 헌법소원의 대상인 "헌법상 보장된 기본권"에 해당하지 아니한다[헌재결[전] 2001.3.21. 99헌마139·142·156·160(병합)].

① (○) 헌법전문은 헌법의 지도이념과 기본원리를 규정하고 있으므로 전면적으로 개정하거나 지도이념을 폐기하는 것은 헌법의 동일성을 상실시키는 것이므로 인정되지 않는다. 즉, 헌법전문의 개정은 헌법의 기본원리와 동일성이 유지되는 범위 내에서 이루어져야 한다는 일정한 한계를 갖는다.

② (○) 헌법전문은 헌법본문을 비롯한 모든 하위 법령의 해석기준이 될 뿐만 아니라, 헌법재판소에 의하면 헌법전문은 구체적이고 개별적인 입법을 함에 있어 따라야 할 기준이 된다(헌재결[전] 1989.1.25. 88헌가7).

③ (○) 헌법전문의 법적 효력을 인정하는 입장에서도 헌법전문이 직접적인 재판규범인지에 대해서는 긍정설과 부정설로 나뉜다. 헌법재판소는 헌법전문의 재판규범성을 인정하고 있다(헌재결[전] 1992.3.13. 92헌마37·39).

35 정답 ②

② (×) 상대방에게 특정한 권리나 능력 또는 포괄적 법률관계 기타 법률상의 힘을 발생·변경·소멸시키는 행위를 형성적 행정행위라고 한다. 형성적 행정행위에는 특정인에게 새로운 권리·능력 또는 포괄적인 법률관계를 설정·변경·소멸시키는 특허, 행정청이 타인의 법률행위를 보충하여 그 행위의 효력을 완성시켜 주는 인가, 타인이 하여야 할 행위를 행정청이 갈음하여 함으로써 본인이 한 것과 같은 법적 효과를 발생시키는 대리가 있다. 면제는 명령적 행정행위에 해당한다.

① (○) 국민에게 특정한 의무를 명하여 자연적 자유를 제한하거나 부과된 의무를 해제하여 자연적 자유를 회복시키는 행위를 명령적 행정행위라고 한다. 명령적 행정행위에는 일정한 작위·부작위·급부·수인 의무를 부과하는 하명, 일반적·상대적 금지를 특정한 경우에 해제하여 적법하게 그 행위를 할 수 있도록 자연적 자유를 회복하여 주는 허가, 법령 또는 그에 의거한 행정행위에 의하여 일반적으로 과하여진 작위·급부·수인의 의무를 특정한 경우에 소멸시키는 면제가 있다.

③ (○) 이를 제3자효적 행정행위라고도 한다.

④ (○) 준법률행위적 행정행위는 의사표시 이외의 정신작용(인식·관념 등) 등의 표시를 요소로 하고 그 법률적 효과는 행위자의 의사 여하를 불문하고 직접 법규가 정하는 바에 따라 발생하는 행위로서 확인, 공증, 통지, 수리가 이에 해당한다.

36 정답 ③

③ (○) 헌법 제111조 제1항 제4호
① (×) 명령·규칙 또는 처분이 헌법이나 법률에 위반되는 여부가 재판의 전제가 된 경우에는 대법원은 이를 최종적으로 심사할 권한을 가진다(헌법 제107조 제2항).
② (×) 선거소송 및 당선소송은 대법원에 제기하는 소송이다(공직선거법 제222조·제223조).
④ (×) 공권력의 행사 또는 불행사로 인하여 헌법상 보장된 기본권을 침해받은 자는 법원의 재판을 제외하고는 헌법재판소에 헌법소원심판을 청구할 수 있다(헌법재판소법 제68조 제1항 본문).

> **관계법령** 헌법 제111조
>
> ① 헌법재판소는 다음 사항을 관장한다.
>   1. 법원의 제청에 의한 법률의 위헌여부 심판
>   2. 탄핵의 심판
>   3. 정당의 해산 심판
>   4. 국가기관 상호 간, 국가기관과 지방자치단체 간 및 지방자치단체 상호 간의 권한쟁의에 관한 심판
>   5. 법률이 정하는 헌법소원에 관한 심판
> ② 헌법재판소는 법관의 자격을 가진 9인의 재판관으로 구성하며, 재판관은 대통령이 임명한다.
> ③ 제2항의 재판관중 3인은 국회에서 선출하는 자를, 3인은 대법원장이 지명하는 자를 임명한다.
> ④ 헌법재판소의 장은 국회의 동의를 얻어 재판관 중에서 대통령이 임명한다.

37 정답 ④

④ (×) 보험료 반환의무를 지는 자는 보험료를 수령하는 보험자이고, 보험계약자는 보험료 지급의무를 부담하는 자이다.
① (○) 보험계약은 우연한 사고를 전제로 하는 사행계약적 성질을 가지므로 선의계약성을 요구하게 된다. 보험계약자에게 자신에게 불리한 사실까지 보험자에게 적극적으로 알려야 하는 고지의무 등 선의 또는 신의성실의 의무가 요구된다.
② (○) 상법 제651조의2
③ (○) 상법 제643조(소급보험)

38 정답 ①

( ) 안에 들어갈 법원은 순서대로 ㄱ : 명령, ㄴ : 조례, ㄷ : 규칙이다.

39 정답 ❸

제시된 내용 중 국가적 법익에 대한 죄에 해당하는 것은 내란죄(ㄴ)와 외환유치죄(ㄹ)이다. 범죄단체조직죄(ㄱ)와 소요죄(ㄷ)는 사회적 법익에 대한 죄 중 공안을 해하는 죄에 해당한다.

핵심만콕	법익에 따른 범죄의 분류	
개인적 법익에 대한 죄	생명과 신체에 대한 죄	살인죄, 상해와 폭행의 죄, 과실치사상의 죄, 낙태의 죄, 유기·학대의 죄
	자유에 대한 죄	협박의 죄, 강요의 죄, 체포와 감금의 죄, 약취·유인 및 인신매매죄, 강간과 추행의 죄
	명예와 신용에 대한 죄	명예에 관한 죄, 신용·업무와 경매에 관한 죄
	사생활의 평온에 대한 죄	비밀침해의 죄, 주거침입의 죄
	재산에 대한 죄	절도의 죄, 강도의 죄, 사기의 죄, 공갈의 죄, 횡령의 죄, 배임의 죄, 장물의 죄, 손괴의 죄, 권리행사를 방해하는 죄
사회적 법익에 대한 죄	공공의 안전과 평온에 대한 죄	공안을 해하는 죄, 폭발물에 관한 죄, 방화와 실화의 죄, 일수와 수리에 관한 죄, 교통방해의 죄
	공공의 신용에 대한 죄	통화에 관한 죄, 유가증권·인지와 우표에 관한 죄, 문서에 관한 죄, 인장에 관한 죄
	공중의 건강에 대한 죄	먹는 물에 관한 죄, 아편에 관한 죄
	사회의 도덕에 대한 죄	성풍속에 관한 죄, 도박과 복표에 관한 죄, 신앙에 관한 죄
국가적 법익에 대한 죄	국가의 존립과 권위에 대한 죄	내란의 죄, 외환의 죄, 국기에 관한 죄, 국교(國交)에 관한 죄
	국가의 기능에 대한 죄	공무원의 직무에 관한 죄(뇌물 관련범죄 등), 공무방해에 관한 죄, 도주와 범인은닉의 죄, 위증과 증거인멸의 죄, 무고의 죄

40 정답 ❸

③ (○) 미납된 세금의 강제징수와 같이 행정법상의 금전지급의무가 이행되지 아니한 경우에 의무자의 재산에 실력을 가함으로써 그 의무가 이행된 것과 같은 상태를 실현시키는 행정상의 강제집행의 일종이다.
① (×) 의무자가 의무를 불이행한 데 대한 제1차적 수단으로 당해 행정청이 의무자가 행할 작위를 스스로 행하거나 또는 제3자로 하여금 이를 행하게 하고 그 비용을 의무자로부터 징수하는 것이다. 행정대집행은 법적규율로서 수인의무를 부과하는 수인하명과 물리적 집행행위(철거행위)가 결합된 권력적 사실행위로서 처분성이 인정된다.
② (×) 의무자가 의무를 이행하지 아니하는 경우에 직접적으로 의무자의 신체 또는 재산에 실력을 가함으로써 행정상 필요한 상태를 실현하는 작용이다.
④ (×) 비대체적 작위의무·부작위의무·수인의무의 불이행 시에 일정 금액의 금전이 부과될 것임을 의무자에게 미리 계고함으로써 의무이행의 확보를 도모하는 강제수단을 말한다. 경우에 따라서는 강제금이 대체적 작위의무의 강제를 위해서도 사용될 수 있을 것이다.

제6회 민간경비론

> 문제편 134p

정답 CHECK

41	42	43	44	45	46	47	48	49	50	51	52	53	54	55	56	57	58	59	60
③	①	①	③	①	④	①	①	③	②	②	②	④	①	③	④	②	①	④	①	④
61	62	63	64	65	66	67	68	69	70	71	72	73	74	75	76	77	78	79	80
③	①	④	④	③	②	②	④	①	④	④	①	①	②	④	③	④	③	②	③	②

41 정답 ③

제시문은 치안서비스의 순수공공재 이론 중 비배제성에 관한 설명이다.

핵심만 콕 순수공공재 이론의 특성(기준)

- 비경합성(공동소비) : 어떤 서비스를 소비할 때 한 사람이 그 서비스를 소비하더라도 다른 사람의 소비기회가 줄어들지 않음을 의미하는데, "치안서비스의 이용에 있어서 추가이용자의 추가비용이 발생하지 않는다"는 것을 내용으로 한다.
- 비배제성 : 어떤 서비스를 소비할 때 생산비를 부담하지 않은 사람이라 해도 그 서비스의 소비에서 배제시킬 수 없음을 의미하는데, "치안서비스라는 재화는 이용 또는 접근에 대해서 제한할 수 없다"는 것을 내용으로 한다.
- 비거부성 : 어떤 서비스가 공급될 때 모든 사람이 자신의 의지와는 상관없이 그 서비스를 소비하게 됨을 의미하는데, "치안서비스의 객체인 시민들은 서비스의 이용에 대한 선택권이 없다"는 것을 내용으로 한다.

42 정답 ①

① (×) 공경비는 사전적 범죄예방과 사후적 범인체포나 범죄수사를 임무로 한다. 사후적 범인체포와 범죄수사 임무가 민간경비와 가장 구별되는 공경비의 임무라 할 수 있다.
② (○) 민간경비가 영리성을 본질로 하는 반면, 공경비는 비영리성을 본질로 한다.
③ (○) 치안서비스란 공공의 안녕과 질서를 유지하면서 범죄와 무질서 그리고 각종 재해 등의 위험으로부터 국민의 생명・신체와 재산을 보호하는 공공서비스(국방, 소방, 교육, 보건, 경찰 등) 가운데 가장 기본적인 것을 의미한다. 공공서비스 중 공공성의 정도가 강할수록 민간보다는 정부에서 그 서비스를 제공하는 것이 바람직하며, 이러한 기반에서 논의된 것이 치안서비스의 순수공공재 이론이다.
④ (○) 공경비란 민간경비와 상대적인 개념으로, 국가공권력을 집행하는 국가기관인 대통령경호처, 검찰, 경찰, 교정기관, 소방과 같은 기관이 주체에 해당하며, 일반적으로 경찰에 의하여 제공되는 치안서비스를 의미한다. 공경비의 주요 임무에는 사전적 범죄예방과 사후적 범인체포・범죄수사 외에 사회 전반적인 질서유지와 개인의 생명과 신체, 재산보호도 포함되므로 교정, 소방기관도 공경비의 주체에 해당한다.

43 정답 ①

제시된 내용은 모두 대륙법계 국가에서의 경비에 관한 설명이다. 대륙법계는 전통적으로 국가권력의 우월적 지위를 인정하므로 민간경비는 국가(경찰)의 지도·감독하에 관련법규에 한정된 소극적 역할을 맡았고 사전적·예방적 기능만을 제한적으로 담당한다.

> **핵심만콕** 영미법계 국가와 대륙법계 국가의 민간경비 차이점
>
> - 영미법계 국가(영국, 미국)
>   영미법계 국가에서는 민간경비와 공경비를 대등한 관계로 인정하며 민간경비는 국민의 생명·신체·재산보호와 사회질서유지의 임무를 수행한다고 본다.
> - 대륙법계 국가(독일, 프랑스)
>   대륙법계 국가에서는 공경비의 우월적 지위를 인정하는 전제에서 경찰의 지도하에 민간경비는 한정적이고 소극적인 역할만 담당하며 사전적·예방적 기능을 수행한다고 본다.
>
> 〈출처〉 서진석, 「민간경비론」, 백산출판사, 2008

44 정답 ③

③ (×) 경비지도사 및 일반경비원의 결격사유를 규정한 경비업법 제10조 제1항 제2호의 "파산선고를 받고 복권되지 아니한 자"는 2025.4.1. 개정을 통해 삭제되었다(2025.10.2. 시행). 경비업법 제10조 제2항 제3호는 "제1항 제2호부터 제8호까지의 어느 하나에 해당하는 자"를 특수경비원의 결격사유에 해당하는 사람으로 규정하고 있으므로 제1항 제2호 삭제로 인하여 "파산선고를 받고 복권되지 아니한 자"는 특수경비원의 결격사유에도 해당하지 않는다.
① (○) 경비업법 제10조 제2항 제1호
② (○) 경비업법 제10조 제2항 제4호
④ (○) 경비업법 제10조 제2항 제2호, 동법 시행령 제10조의2 제1호

> **관계법령** 경비지도사 및 경비원의 결격사유(경비업법 제10조)
>
> ② 다음 각호의 어느 하나에 해당하는 자는 특수경비원이 될 수 없다.
>   1. 18세 미만이거나 60세 이상인 사람 또는 피성년후견인
>   2. 심신상실자, 알코올 중독자 등 대통령령으로 정하는 정신적 제약이 있는 자
>
>   > **특수경비원의 결격사유(경비업법 시행령 제10조의2)**
>   > 법 제10조 제2항 제2호에서 "심신상실자, 알코올 중독자 등 대통령령으로 정하는 정신적 제약이 있는 자"란 다음 각호의 사람을 말한다.
>   >   1. 심신상실자
>   >   2. 마약·대마·향정신성의약품 또는 알코올 중독자
>   >   3. 「치매관리법」제2조 제1호에 따른 치매, 조현병·조현정동장애·양극성정동장애(조울병)·재발성우울장애 등의 정신질환이나 정신 발육지연, 뇌전증 등이 있는 사람. 다만, 해당 분야 전문의가 특수경비원으로서 적합하다고 인정하는 사람은 제외한다.
>
>   3. 제1항 제2호부터 제8호까지의 어느 하나에 해당하는 자
>   4. 금고 이상의 형의 선고유예를 받고 그 유예기간 중에 있는 자
>   5. 행정안전부령으로 정하는 신체조건에 미달되는 자
>
>   > **특수경비원의 신체조건(경비업법 시행규칙 제7조)**
>   > 법 제10조 제2항 제5호에서 "행정안전부령이 정하는 신체조건"이라 함은 팔과 다리가 완전하고 두 눈의 맨눈시력 각각 0.2 이상 또는 교정시력 각각 0.8 이상을 말한다.

45 정답 ❶

제시된 내용은 모두 시설경비의 기본원칙에 해당한다.
시설경비의 기본원칙으로는 사전에 시설경비계획 수립할 것(시설경비계획에 따른 경비), 경비위해요소를 사전에 확인하고 숙지할 것, 경비원은 시설경비대상물의 특성을 잘 파악하고 적절한 방호시설물을 이용할 것, 위해 발생 시 신속한 경보가 전파될 수 있을 것, 비용효과분석을 할 것 등이 있다.

46 정답 ❹

경비업법상 민간조사업무는 경비업무의 한 영역이라고 보기 어렵고, 민간조사원이 별도로 규정되어 있지도 않다.

핵심만콕

① (O) 청원경찰법과 용역경비업법이 제정되면서 제도적인 발전의 기틀이 마련되었다.
② (O) 한국의 청원경찰제도는 경찰과 민간경비제도를 혼용한 것으로 외국에서는 볼 수 없는 특별한 제도이다.
③ (O) 경비지도사의 직무는 경비업법 제12조 제2항에서 규정하고 있다.

47 정답 ❶

① (×) 1785년경 최초의 형사기동대에 해당하는 범죄예방조직인 보우가의 주자(The Bow Street Runners)를 만드는 데 기여한 사람은 헨리 필딩(Henry Fielding)이다.
② (O) 영국으로부터 이주해 온 초기 이주민들로부터 시작된 미국 민간경비의 역사는 영국의 강력한 통치하에 있었던 18세기 무렵 신개척지에 거주하던 주민들을 보호하기 위한 야간경비원으로부터 시작된다.
③ (O) 일본의 경우에는 2006년 6월에「탐정업법」이 제정되어 운용 중에 있으며, 현재 약 6만여 명의 탐정들이 활동하고 있고 최근까지도 일본에서 탐정업은 자유업인 일반 서비스업종의 하나로 취급되고 있다.
④ (O) 2001년 경비업법 개정으로 국가중요시설 경비의 효율성을 제고하는 방안으로 특수경비업무 역시 경비업무의 한 형태로 도입되어, 청원경찰의 입지가 축소되었으며 청원경찰과 민간경비의 이원화문제가 대두되었다.

48 정답 ❶

① (×) 경비의 목적을 달성하기 위해서는 고객과의 소통뿐만 아니라 일반 시민과 상호작용하는 것도 중요하다. 민간경비는 국가안전장치의 보완적 기구로서 개인의 생명과 재산, 사회 치안질서유지의 역할을 하고 있으므로, 민간경비가 일반 시민들로부터 긍정적 인식을 얻는 것은 국가 내지 사회 전체적인 안전 확보에도 기여한다.
② (O) 대다수 민간경비업체의 영세성과 민간경비의 시장이 경인지역에 편중되어 분포해 있는 점 등을 고려하면 지역사회와 상호협력을 구축하는 것이 필요하다.
③ (O) 경비활동을 보다 더 향상시키고 자신의 신체적 위험에 대비하기 위해서 우리나라도 외국처럼 휴대하기 편리한 무전기, 가스 분사기 등이 보편화되어야 한다.
④ (O) 경비원의 자질향상을 위해서 국가가 각 경비원들에게 전문기술과 지식을 검정하는 국가검정제도를 실시하여 경비원들의 자질을 향상시킬 필요가 있다.

49 정답 ❸

③ (○) 민영화이론은 1980년대 이후 복지국가의 이념에 대한 반성으로서 국가독점에 의한 비효율성을 극복하고자 시장경쟁논리를 도입한 이론으로, 공공지출과 행정비용의 감소효과를 유발하기 위한 방법으로서 제시되었다.

① (×) 경기침체로 인해 실업자가 증가하면 범죄율이 증가하고 민간경비의 발전으로 이어진다는 이론은 경제환원론에 대한 내용이다. 비용공동부담이론은 민간경비의 성장이론과 직접적인 관련이 없는 이론이다.

② (×) 수익자부담이론은 사회구성원 개인이나 단체의 안전과 사유재산보호는 기본적으로 해당 개인이나 단체가 담당하여야 한다는 인식에 기초를 둔 이론이다.

④ (×) 민간경비가 자신의 집단적 이익을 극대화하기 위하여 규모를 팽창시키고, 새로운 규율이나 제도를 창출시키는 등의 노력을 한다는 이론은 이익집단이론이다. 치안서비스 공동생산이론은 민간경비를 공경비의 보조적 차원이 아닌 주체적 차원으로 인식하여, 치안서비스 생산과정에서 공공부분의 역할수행과 민간부분의 공동참여로 인해 민간경비가 성장했으며, 민간경비가 독립된 주체로서 참여한다는 이론이다.

핵심만콕 민간경비 성장의 이론적 배경

- **경제환원론적 이론(경제환원론)** : 특정한 사회현상이 직접적으로는 경제와 무관한 것임에도 불구하고 그 발생원인을 경제문제에서 찾으려는 이론으로, 경기침체로 인해 실업자가 늘어나면 자연적으로 범죄가 증가하고, 이에 민간경비가 직접 범죄에 대응하게 됨으로써 민간경비시장이 성장·발전한다고 주장한다.
- **공동화이론** : 경찰이 수행하고 있는 경찰 본연의 기능이나 역할을 민간경비가 보완·대체한다는 이론으로, 경찰의 범죄예방능력이 국민의 욕구를 충족시키지 못할 때의 공동상태(Gap)를 민간경비가 보충함으로써 민간경비시장이 성장한다고 주장한다.
- **이익집단이론** : 경제환원론적 이론이나 공동화이론을 부정하는 입장에서 '그냥 내버려 두면 보호받지 못한 채로 방치될 만한 재산을 민간경비가 보호한다'는 이론으로, 민간경비도 자신의 집단적 이익을 극대화하기 위해 규모를 팽창시키고 새로운 규율이나 제도를 창출시키는 등의 노력을 해야 한다고 주장한다.
- **수익자부담이론** : 자본주의사회에 있어 경찰의 공권력 작용은 원칙적으로 거시적 측면에서 질서유지나 체제수호 등과 같은 역할과 기능으로 한정시키고, 사회구성원 개개인 차원이나 여타 집단과 조직 등의 안전과 보호는 결국 해당 개인이나 조직이 담당하여야 한다는 인식에 기초한 이론이다.
- **민영화이론** : 1980년대 이후 복지국가의 이념에 대한 반성으로서 국가독점에 의한 비효율성을 극복하고자 시장경쟁논리를 도입한 이론으로, 민영화는 공공지출과 행정비용의 감소효과를 유발하기 위한 방법이다.
- **공동생산이론** : 민간경비를 공경비의 보조적 차원이 아닌 주체적 차원으로 인식하는 이론으로, 경찰이 안고 있는 한계를 일부 극복하고, 시민의 안전욕구를 증대시키기 위해 민간부문의 능동적 참여를 다각적으로 유도한다.

50 정답 ❷

① 경영상의 역할, ③ 예방상의 역할, ④ 관리상의 역할에 해당한다.

핵심만콕 | 경비관리 책임자(=경비부서 관리자)의 역할

구 분	내 용
예방상의 역할	경비원에 대한 감독, 순찰, 화재와 경비원의 안전, 경비활동에 대한 규칙적인 감사, 출입금지구역에 대한 감시, 교통통제, 경보시스템, 조명, 울타리, 통신장비 등과 같은 모든 경비장비들의 상태 점검 등
관리상의 역할	예산과 재정상의 감독, 경비문제를 관할하는 정책의 설정, 사무행정, 조직체계와 절차의 개발, 경비부서 직원에 대한 교육·훈련 과정의 개발, 모든 고용인들에 대한 경비교육 등
경영상의 역할	기획, 조직화(기획의 조직화), 채용, 지도, 감독, 혁신 등
조사상의 역할	경비의 명확성, 회사규칙의 위반과 이에 따르는 모든 손실에 대한 조사, 회계 감사, 일반 경찰과 소방서와의 유대관계, 관련 문서의 분류(확인) 등

51 정답 ❷

경찰방문에 관한 설명이다.

핵심만콕

① (×) 방범홍보 : 지역경찰관의 지역경찰활동과 매스컴 등을 통해 각종 경찰업무에 대한 사항과 민원사항, 중요시책 등을 주민에게 널리 알려서 방범의식을 고양하는 동시에 각종 범죄를 방지하기 위한 지도활동
③ (×) 방범진단 : 범죄예방 및 안전사고 방지를 위해 관내 금융기관 등 현금다액취급소, 상가, 여성운영업소 등에 대하여 방범시설 및 안전설비의 설치상황, 자위방범역량 등을 점검하여 미비점을 보완하도록 지도하기 위한 경찰활동
④ (×) 생활방범 : 다양한 종류의 실시간 감시카메라와 영상 분석, 영상 저장, VMS 등의 시스템을 연계하여 대규모의 광역감시체계를 운영하는 시스템

52 정답 ❹

경비실시방식에 따른 분류이다.

핵심만콕 | 경비업무의 유형 분류★

성격에 따른 분류	형태에 따른 분류	목적에 따른 분류	실시방식에 따른 분류	경비업법상의 분류
• 자체경비 • 계약경비	• 인력경비 • 기계경비	• 신변보호경비 • 호송경비 • 특수경비 • 시설경비 • 혼잡경비	• 1차원적 경비 • 단편적 경비 • 반응적 경비 • 총체적 경비	• 신변보호경비 • 호송경비 • 기계경비 • 특수경비 • 시설경비

53 정답 ❶

외부장소에 보관한 백업용 기록문서화의 종류는 최소한으로 하는 것이 좋으나, 컴퓨터 운용체제의 추가선택 기능에 대한 설명 및 운용 시스템의 갱신·기록, 사용 중인 업무처리 프로그램의 설명서, 주요 파일구성 내용 및 거래 코드 서명서, 운용매뉴얼, 사용자 매뉴얼, 자료파일, 변경 전의 마스터 파일, 거래기록 파일은 재해 발생 시 컴퓨터 업무처리를 계속 유지하기 위한 기본적인 파일이므로 내부와 외부에 이중으로 파일을 보관하여야 한다.

〈출처〉 김두현·박형규, 「신민간경비론」, 솔과학, 2018, P. 317

54 정답 ❸

제시된 내용 중 옳지 않은 것은 ㅁ과 ㅂ이다.

- ㅁ. (✕) 도시와 농촌 간의 범죄 발생차이가 상당하므로 차별화된 치안활동이 요구된다.
- ㅂ. (✕) 외국인노동자, 다문화가정의 증가 등으로 인하여 새로운 치안수요가 발생하고 있다.
- ㄱ. (〇) 국제화·개방화로 인해 내국인의 해외범죄, 외국인의 국내범죄, 밀수, 테러 등의 국제범죄가 증가하고 있다.
- ㄴ. (〇) 과학기술의 발달, 무선인터넷과 스마트폰 등의 보급 확대로 인해 사이버범죄가 날로 지능화·전문화되어 더욱 증가하고 있다.
- ㄷ. (〇) 과거에 비해 인터넷, 클럽, SNS 등 마약류의 구입경로 다양화와 저렴한 신종마약류 증가로 인하여 청소년이 마약류에 쉽게 노출되었고 청소년을 대상으로 한 마약범죄 및 청소년에 의한 마약범죄가 증가하였다.
- ㄹ. (〇) 고령화로 인해 소외된 노인들의 범죄와 노인들을 대상으로 하는 범죄가 계속 증가하여 심각한 사회문제가 되고 있다.

55 정답 ❹

- ④ (✕) 조선시대에는 포도청, 금군(내시위, 별시위, 내금위), 궁병 등의 공경비조직이 다양하게 존재하였으며, 상대적으로 민간경비조직은 미약했다.
- ① (〇) 고대는 부족이나 촌락 또는 지역사회 전체가 공동운명체적 성격을 띠고 외부의 침략으로부터 자신들을 보호하기 위하여 서양의 감시자나 자경단원과 같은 역할을 하는 자체경비조직을 활용하였다.
- ② (〇) 삼국시대와 통일신라시대에는 청해진세력, 당성진세력, 혈구진세력 등 지방의 실력자들이 해상을 중심으로 사적 경비조직을 활용하였다.
- ③ (〇) 지방호족이나 중앙의 세도가들이 자신의 권력유지나 재산보호를 위하여 무사를 고용하는 등 다양한 형태의 경비조직이 출현하였다.

56 정답 ❷

개인의 본래 활동을 방해하지 않으면서 범죄예방효과를 극대화하는 데 목표를 두고 있다.

핵심만 콕 환경설계를 통한 범죄예방(Crime Prevention Through Environmental Design)

- 의의 : 물리적 환경을 개선함으로써 범죄를 억제하고 주민의 불안감을 해소하는 제도이다.
- 연혁 : 뉴만(Newman)이 확립한 방어공간(Defensible Space) 개념으로부터 제퍼리(Jeffery)가 CPTED의 개념을 제시하였다.
- 목표 : 개인의 본래 활동을 방해하지 않으면서 범죄예방효과를 극대화하는 데 목표를 두고, 범죄의 원인을 개인적 요인보다는 환경적 요인에서 찾는다.
- 전통적 CPTED와 현대적 CPTED : 전통적 CPTED는 단순히 외부공격으로부터 보호대상을 강화하는 THA(Target Hardening Approach)방법을 사용하여 공격자가 보호대상에 접근하지 못하도록 할 뿐이었지만, 현대적 CPTED는 시민들의 삶의 질 향상까지 고려한다.
- CPTED의 전략
  - 1차적 기본 전략 : 자연적 접근통제와 감시, 영역성 강화
    일정한 지역에 접근하는 사람들을 정해진 공간으로 유도하거나 외부인의 출입을 통제하도록 설계하여 접근에 대한 심리적 부담을 증대시키고(자연적 접근통제), 건축물 설계 시 가시권을 최대한 확보하며(자연적 감시), 사적인 공간에 대해 경계를 표시하여 주민의 책임의식을 증대시킨다(영역성 강화).
  - 2차적 기본 전략 : 조직적 통제(경비원), 기계적 통제(자물쇠), 자연적 통제(공간구획)
- 동심원영역론(Concentric Zone Theory) : 시설물의 물리적 통제시스템 구축과 관련하여 보호가치가 높은 자산일수록 보다 많은 방어공간을 구축해야 한다는 이론으로, 딩글(Dingle)이 제시하였으며, CPTED의 접근방법 중 하나라고 볼 수 있다. 참고로 동심원영역론은 1단계 - 2단계 - 3단계로 정리한다.

57 정답 ❶

핑커톤(A. Pinkerton)은 1850년 탐정사무소를 설립한 후 1857년에 국가탐정회사로 회사명을 바꿨다.

58 정답 ❹

④ (×) 경비업무 이외에 안내, 질서유지, 보호·보관업무 등을 하나로 통합한 서비스가 가능한 것은 <u>인력경비</u>의 장점이다.
① (○) 단기적으로 설치비용은 많이 들지만, 장기적으로는 운영비용의 절감효과를 기대할 수 있다.
② (○) 기계경비시스템이 외부의 침입행위로 인한 상태변화를 감지하여 경비기기 운용자뿐만 아니라 침입자에게 경고하기 때문에 잠재적인 범죄자 등에 대한 경고(예방) 효과가 크다.
③ (○) 화재예방시스템을 포함한 다양한 방재시스템과의 통합운용이 가능하다.

59 정답 ①

① (✕) 3지대 방호 개념은 제1지대는 경계지대, 제2지대는 주방어지대, 제3지대는 핵심방어지대로 구분할 수 있다.
② (○) 통합방위법 제2조 제3호, 제6호 내지 제8호
③ (○) 보안업무규정 제34조 제2항
④ (○) 통합방위법 제21조 제4항

60 정답 ④

특정지역에 빛을 집중시키거나 직접적으로 비출 필요가 있을 때 사용하는 것은 <u>투광조명등</u>이다.

핵심만콕 경비조명등의 종류 및 경비등의 형태

경비조명등의 종류		
백열등	• 가정집에서 주로 사용되는 조명으로 점등과 동시에 빛을 방출 • 경비조명으로 광범위하게 이용	
가스방전등	수은등	푸른색의 강한 빛, 긴 수명
	나트륨등	연한 노란색의 빛을 내며 안개지역에 사용
석영등	• 매우 밝은 하얀 빛 • 경계구역과 사고 발생 다발지역에 사용 • 가격이 비쌈	

경비등의 형태	
가로등	• 설치 장소와 방법에 따라 대칭적인 방법과 비대칭적인 방법으로 설치 • 대칭적인 가로등은 빛을 골고루 발산하며, 특별히 높은 지점의 조명을 필요로 하지 않는 넓은 지역에서 사용되며, 설치 위치도 보통 빛이 비춰지는 지역의 중앙에 위치한다. • 비대칭적인 가로등은 조명이 필요한 지역에서 다소 떨어진 장소에 사용된다.
투광조명등	• 300~1,000W까지 사용 • 특정 지역에 빛을 집중시키거나 직접적으로 비추는 광선의 형태로 상당히 밝은 빛을 만들 수 있다.
프레이넬등	• 300~500W까지 사용 • 넓은 폭의 빛을 내는 조명으로 경계구역에의 접근방지를 위해 길고 수평하게 빛을 확장하는 데 유용하게 사용 • 수평으로 약 180°, 수직으로 15~30° 정도의 폭이 좁고 긴 빛을 투사 • 비교적 어두운 시설물에서 침입을 감시하는 경우 유용하게 사용
탐조등	• 250~3,000W까지 다양하게 사용 • 사고 우려지역을 정확하게 관찰하기 위해 사용하는 데 백열등이 자주 이용된다. • 휴대가 가능 • 외딴 산간지역이나 작은 배로 쉽게 시설물에 접근할 수 있는 위치에 설치

61 정답 ③

경비업법 제정 당시에는 신고제로 운영되었다가 1982년 허가제로 바뀌었다.

62 정답 ①

목검은 경비업법령상 경비원이 휴대할 수 있는 장비에 포함되지 않는다.

관계법령 경비원 휴대장비의 구체적인 기준(경비업법 시행규칙 [별표 5])

장 비	장비기준
1. 경 적	금속이나 플라스틱 재질의 호루라기
2. 단 봉	금속(합금 포함)이나 플라스틱 재질의 전장 700mm 이하의 호신용 봉
3. 분사기	「총포·도검·화약류 등의 안전관리에 관한 법률」에 따른 분사기
4. 안전방패	플라스틱 재질의 폭 500mm 이하, 길이 1,000mm 이하의 방패로 경찰공무원이 사용하는 안전방패와 색상 및 디자인이 명확히 구분되어야 함
5. 무전기	무전기 송신 시 실시간으로 수신이 가능한 것
6. 안전모	얼굴을 가리지 아니하면서, 머리를 보호하는 장비로 경찰공무원이 사용하는 방석모와 색상 및 디자인이 명확히 구분되어야 함
7. 방검복	경찰공무원이 사용하는 방검복의 색상 및 디자인이 명확히 구분되어야 함

63 정답 ④

제시된 내용 중 옳지 않은 것은 ㄷ, ㄹ, ㅁ이다.
ㄷ. (×) 직원의 출입구는 주차장으로부터 가급적 멀리 떨어진 곳에 위치해야 한다.
ㄹ. (×) 항구·부두지역은 차량운전자가 바로 물건을 창고지역으로 움직이지 못하도록 하고, 경비원에게 물건의 선적이나 하차를 보고할 수 있도록 설계되어야 한다.
ㅁ. (×) 효과적인 경비를 위해서는 안전경비조명이 설치되어야 하고, 물건을 선적하거나 수령하는 지역은 분리되어야 한다.

핵심만콕 경비계획 수립의 기본원칙(경비와 시설보호의 기본원칙)★★

- 직원의 출입구는 주차장으로부터 가급적 멀리 떨어진 곳에 위치해야 한다.
- 경비원의 대기실은 시설물의 출입구와 비상구에서 인접한 곳에 위치해야 한다.
- 경비관리실은 출입자 등의 통행이 많은 곳에 설치하여야 한다.
- 경계구역과 건축물 출입구 수는 안전규칙의 범위 내에서 최소한으로 유지되어야 한다.
- 경비원 1인이 경계해야 할 구역의 범위는 안전규칙상 적당해야 한다.
- 건물 외부의 틈으로 접근 및 탈출 가능한 지점 및 경계구역(천장, 공기환풍기, 하수도관, 맨홀 등)은 보호되어야 한다.
- 잠금장치는 정교하고 파손이 어렵게 만들어져야 하고 열쇠를 분실할 경우에 대비하여 적절한 조치를 취해야 한다.
- 비상시에만 사용하는 외부출입구에는 경보장치를 설치하여야 하고, 외부출입구의 통행은 통제가 가능하여야 한다.
- 항구·부두지역은 차량운전자가 바로 물건을 창고지역으로 움직이지 못하도록 하고, 경비원에게 물건의 선적이나 하차를 보고할 수 있도록 설계되어야 한다.
- 효과적인 경비를 위해서는 안전경비조명이 설치되어야 하고, 물건을 선적하거나 수령하는 지역은 분리되어야 한다.
- 외딴 곳이나 비상구의 출입구는 경보장치를 설치하여 둔다.
- 유리창이 지면으로부터 약 4m 이내 높이에 설치되어 있는 경우에는 센서, 강화유리 등 안전장치를 설치해야 한다.

64 정답 ④

④ (×) 컴퓨터실과 파일보관 장소는 허가받은 사람만 출입할 수 있도록 통제하는 것은 컴퓨터 시스템의 물리적 안전대책에 해당한다.
① (○) 암호화는 데이터를 특수처리하여 비인가자가 그 내용을 알 수 없도록 하는 것으로 컴퓨터 시스템의 기술적 안전대책에 해당한다.
② (○) 시스템상의 침입자를 색출하는 프로그램으로 시스템과 네트워크작업을 분석하여 권한이 없는 사용자가 로그인하거나 악의성 작업이 있는지 찾아내는 활성 프로세스 또는 장치로서 컴퓨터 시스템의 기술적 안전대책에 해당한다. 네트워크 활동을 감시하고 네트워크와 시스템 설정에 취약점이 있는지 확인하며 데이터 무결성을 분석하는 등의 다양한 작업을 수행할 수 있다.
③ (○) 방화벽(침입차단시스템)은 정보의 악의적인 흐름이나 침투 등을 방지하고, 비인가자나 불법침입자로 인한 정보의 손실·변조·파괴 등의 피해를 보호하거나 최소화시키는 총체적인 안전장치로서 컴퓨터 시스템의 기술적 안전대책에 해당한다.

65 정답 ③

반응적 경비에 관한 설명이다. 총체적 경비는 특정의 위해요소와 관계없이 언제 발생할지 모르는 상황에 대비하여 인력경비와 기계경비를 종합한 표준화된 경비형태를 말한다.

66 정답 ②

자체경비는 계약경비에 비하여 해임이나 감원, 충원 등이 필요한 경우에 탄력성이 떨어진다.

핵심만콕 자체경비와 계약경비의 비교

구분	자체경비	계약경비
장점	• 자체경비는 계약경비에 비해 임금이 높고 안정적이므로, 이직률이 낮은 편이다. • 시설주가 경비원들을 직접 관리함으로써 경비원들에 대한 통제를 강화할 수 있다. • 비교적 높은 급료를 받을 뿐만 아니라, 경비원에 대한 위상이 높기 때문에 자질이 우수한 사람들이 지원한다. • 계약경비원보다 고용주에 대한 충성심이 더 높다. • 자체경비는 고용주(사용자)의 요구에 신속하게 대처할 수 있다. • 자체경비원은 고용주에 의해 조직의 구성원으로 채용됨으로써 안정적이기 때문에 고용주로부터 업무수행능력을 인정받기를 원하며, 자기발전과 자기개발을 위한 노력을 아끼지 않는다. • 자체경비원은 경비부서에 오래 근무함으로써 회사의 운영·매출·인사 등에 관한 지식이 높다. • 시설주의 필요에 따라 적절하게 교육·훈련과정의 효율성을 쉽게 측정할 수 있다.	• 고용주의 요구에 맞는 경비서비스를 제공함으로써 경비프로그램 전반에 걸쳐 전문성을 갖춘 경비인력을 쉽게 제공할 수 있다. • 봉급, 연금, 직무보상, 사회보장, 보험, 장비, 신규모집, 직원관리, 교육훈련 등의 비용을 절감할 수 있어 비용 면에서 저렴하다(경제적이다). • 자체경비에 비해 인사관리 차원에서 결원의 보충 및 추가인력의 배치가 용이하다. • 고용주를 의식하지 않고 소신껏 경비업무에 전념할 수 있다. • 경비수요의 변화에 따라 기존 경비인력을 감축하거나 추가적으로 고용을 확대할 수 있다. • 질병이나 해임 등으로 구성원의 업무수행상 문제가 발생했을 경우, 인사이동과 대처(대책)에 따라 행정상 문제를 쉽게 해결할 수 있다.

단 점	• 계약경비에 비해 다른 부서의 직원들과 지나치게 친밀한 관계를 형성함으로써 효과적인 직무수행을 하지 못할 수 있다. • 신규모집계획, 선발인원의 신원확인 및 훈련프로그램에 대한 개발과 관리를 자체적으로 실시하므로, 인사관리 및 행정관리가 힘들고 비용이 많이 소요된다. • 계약경비에 비해 해임이나 감원, 충원 등이 필요한 경우에 탄력성이 떨어진다.	• 자체경비에 비해 조직(시설주)에 대한 충성심이 낮은 것이 일반적이다. • 자체경비에 비해 급료가 낮고 직업적 안정감이 떨어지기 때문에 이직률이 높은 편이다. • 회사 내부의 기밀이나 중요정보가 외부에 유출될 가능성이 더 높은 편이다.

67 정답 ❷

② (×) 폐쇄된 출입구 통제에 있어서 일정기간이나 비상시에만 사용하는 문은 평상시에는 폐쇄하고 또한 잠겨 있어야 한다. 잠금장치는 특수하게 만들며, <u>외견상 즉시 확인할 수 있어야 한다</u>.
① (○) 담장은 시설물의 경계나 시설물 내의 업무활동을 은폐하기 위해서 설치하므로, 내부 관찰이 불가능하도록 설치해야 한다.
③ (○) 가시지대 내에서 감시활동이 이루어질 때에는 잠금장치가 된 문을 항상 주의 깊게 점검해야 한다.
④ (○) 차량 출입구는 충분히 넓어야 하며, 평상시에는 양방향을 유지하지만 차량통제에 대한 필요성이 특별하게 생기면 출입구를 해당시간에 맞추어 일방으로 통행을 제한할 수 있다.

68 정답 ❹

고출력 전자기장을 발생시켜 컴퓨터의 자기기록 정보를 파괴하는 사이버테러는 허프건(Huffgun)이다. 플레임(Flame)은 네티즌들이 공통의 관심사를 논의하기 위해 개설한 토론방에 고의로 가입하여 개인 등에 대한 악성루머를 유포하는 행위이다.

69 정답 ❶

( ) 안에 들어갈 내용은 순서대로 ㄱ : 초연결, ㄴ : 초지능, ㄷ : 융복합이다.

70 정답 ❹

고급 주거시설의 경우에는 주변과의 관계성을 구축하기보다는 자체적이고 독립적인 규모와 기능의 극대화에 초점을 두는 경향이 있다.

71 정답 ❹

모두 옳은 내용이다.

> **핵심만콕**
>
> 민간경비원의 비상시 임무로는 비상사태에 대한 초동조치, 외부지원기관(경찰서, 소방서, 병원 등)과의 통신업무, 특별한 대상자(장애인, 노약자 등)의 보호 및 응급처치, 경제적으로 보호해야 할 가치가 있는 것들에 대한 보호조치 실행, 비상인력과 시설 내의 이동통제, 출입구와 비상구 및 위험지역의 출입통제 등이 있다.

72 정답 ❶

민간경비원은 사인(일반인)에 불과하다. 또한, 근무구역 내에서 경찰관직무집행법에 따라 경찰관의 직무를 수행하는 자는 청원경찰이다.

> **핵심만콕** **민간경비원의 법적 지위**
>
> - 민간경비원은 일반 사인과 같으므로 현행범에 대한 체포권한만 있으며, 법적 제재는 가할 수 없다.
> - 민간경비원은 수사권이 없다.
> - 민간경비원의 모든 업무행위가 위법성이 결여되는 것이 아니라 정당방위, 자구행위, 정당행위 등에서 형법상 위법성이 결여된다.

73 정답 ❶

① (○) 형식적 의미에서 민간경비 개념은 공경비와 명확히 구별되나, 실질적 의미에서 민간경비 개념은 공경비와 유사하다.
② (×) 고객의 생명과 재산을 보호하기 위하여 일정한 비용을 지불한 특정 고객에게 안전 관련 서비스(범죄예방활동)를 제공하는 것은 협의의 개념이고, 광의의 민간경비는 공경비를 제외한 방범, 방재, 방화 등의 포괄적 경비활동을 의미한다.
③ (×) 협의의 민간경비 개념은 주체면에서 고객으로부터 보수를 받고 이에 따른 경비서비스를 제공하는 개인, 단체, 영리기업에 한정한다.
④ (×) 경비업법에서 규정하는 허가를 받고 경비업무를 수행하는 활동은 형식적 의미의 민간경비이다.

74 정답 ❹

④ (×) 열센서는 설치장소의 아래쪽 0.3m 이내, 연기센서는 설치장소의 아래쪽 0.6m 이내의 위치에 설치한다.
① (○) 화재경보센서는 연기센서, 열센서, 불꽃센서로 구분할 수 있고 연기센서의 종류로는 이온화식 스포트형, 광전식 스포트형, 광전식 분리형이 있다.
② (○) 불꽃센서는 화재 시에 불꽃에서 나오는 자외선이나 적외선, 혹은 그 두 가지의 일정량을 감지하여 내장된 MPU가 신호를 처리하는 것으로 감지속도가 빠르고 확실하게 감지할 수 있으며, 옥외에서도 사용할 수 있다.

③ (○) 설치장소의 높이가 20m 이상인 장소, 옥상이나 기타 공기가 유통하는 장소로서 센서에 따라서는 그 장소의 화재발생을 효과적으로 감지할 수 없는 장소, 천장 안쪽의 높이가 0.5m 미만인 장소에는 센서를 설치할 필요가 없다.

> **핵심만콕** 화재경보센서의 설치기준★
>
> - 열센서는 설치장소의 아래쪽 0.3m 이내, 연기센서는 0.6m 이내의 위치에 설치한다.
> - 공기의 배출구로부터 1.5m 이상 떨어진 장소에 설치한다.
> - 다음과 같은 장소는 센서를 설치할 필요가 없다.
>   - 설치장소의 높이가 20m 이상인 장소
>   - 옥상이나 기타 공기가 유통하는 장소로서, 센서에 따라서는 그 장소의 화재발생을 효과적으로 감지할 수 없는 장소
>   - 천장 안쪽의 높이가 0.5m 미만인 장소

75 정답 ③

③ (×) 경찰의 고유 업무가 아닌 다른 부서의 협조 업무가 전체 임무 중 많은 비율을 차지함으로써 경찰의 민생치안 고유 업무 수행에 막대한 지장을 초래하고 있다.
① (○) 매년 범죄 증가율이 경찰인력 증가율보다 높기 때문에 경찰인력 부족현상이 나타나고, 범죄의 흉포화로 인해 경찰은 역할 한계에 직면하고 있다.
② (○) 개인장비가 표준화되어 있지 않고 기관단위별로 지급되어 있어 개인당 수량이 부족하거나 관리상 많은 문제점이 있다. 일선경찰관들이 사용하는 개인장비의 표준화와 보급 및 관리는 지속적으로 개선되어야 한다.
④ (○) 경찰에 대한 부정적 이미지나 불신 등의 이유로 주민과 경찰과의 관계 개선이나 범죄 발생 시 신고 등의 협조가 미비하다. 이를 개선하기 위해 현재 경찰의 이미지 및 경찰활동에 대한 국민들의 인식을 높이고자 노력하고 있다.

76 정답 ④

가스화재(화재의 분류)와 황색(소화기 표시색상)이 올바른 연결이다.

> **핵심만콕** 화재의 유형과 소화기 표시색★★ (두 : 일백・유황・전청・금무・가황)
>
> | 구 분 | 화재의 유형 | 표시색 |
> | --- | --- | --- |
> | A | 일반화재 | 백 색 |
> | B | 유류화재 | 황 색 |
> | C | 전기화재 | 청 색 |
> | D | 금속화재 | 무 색 |
> | E | 가스화재 | 황 색 |

77 정답 ③

제시문은 최근 이슈화되고 있는 신종금융범죄 중 악성코드에 감염된 사용자 PC를 조작하여 금융정보를 빼내는 수법인 파밍(Pharming)에 관한 설명이다.

78 정답 ❷

판날름쇠 자물쇠와 핀날름쇠 자물쇠를 구분하여야 한다. 제시문은 판날름쇠 자물쇠에 관한 설명이다.

> **핵심만콕**   핀날름쇠 자물쇠(Pin Tumbler Locks)
>
> - 일반 산업분야, 일반 주택에서도 널리 사용되는 것으로 열쇠의 모양은 자물쇠에 비해 복잡하다.
> - 핀날름쇠 자물쇠는 열쇠의 양쪽 모두에 홈이 불규칙적으로 파여져 있는 형태이고, 보다 복잡하며 안전성을 제공할 수 있기 때문에 널리 사용된다.
> - 핀날름쇠 자물쇠를 푸는 데는 약 10분 정도가 소요된다.

79 정답 ❸

③ (×) 출입통제, 접근감시, 잠금장치 등은 정보보안요소가 아닌 <u>물리보안요소</u>에 해당한다.
① (○) 융합보안은 출입통제, 접근감시, 잠금장치 등의 물리보안요소와 불법침입자 정보인식시스템 등의 정보보안요소를 상호 연계하는 활동이다. 즉, 물리적·기술적·관리적 보안요소를 상호 연계하여 보안의 효과성을 높이는 것을 내용으로 한다.
② (○) 전통 보안산업은 물리영역과 정보(IT)영역으로 구분되어 성장해 왔으나, 현재는 출입통제, CCTV, 영상보안 등의 물리적 환경에서 이루어지는 전통 보안산업과 네트워크상 정보를 보호하는 정보보안을 접목한 융합보안이 차세대 고부가가치 보안산업으로서 급부상하고 있다.
④ (○) 융합보안은 보안산업의 새로운 트렌드로 자리 잡은 광역화·통합화·융합화의 사회적 요구를 수용하기 위해 각종 내외부적 정보침해에 따른 대응으로서 침입탐지, 재난재해 방지, 접근통제, 관제·감시 등을 포함한다.

80 정답 ❷

제시문의 ㄱ~ㄷ에 들어갈 내용은 순서대로 허즈버그(F. Herzberg), 매슬로(A. Maslow), 맥그리거(D. McGregor)이다.

제7회 법학개론

문제편 146p

정답 CHECK

01	02	03	04	05	06	07	08	09	10	11	12	13	14	15	16	17	18	19	20
②	③	②	②	②	②	③	②	①	①	③	④	②	①	③	③	①	③	④	②
21	22	23	24	25	26	27	28	29	30	31	32	33	34	35	36	37	38	39	40
③	①	②	①	④	②	③	③	③	①	①	①	③	②	①	④	④	②	④	②

01 정답 ②

제시된 내용 중 옳지 않은 것은 ㄱ, ㄴ, ㄷ이다.

- ㄱ. (×) 실정법론자들은 법과 도덕의 구별을 인정하는 반면, 자연법론자들은 법과 도덕의 구별을 부인한다.
- ㄴ. (×) 합목적성은 목적에 맞추어 방향을 결정하라는 원리로서 어느 국가의 법질서가 어떠한 표준과 가치관에 의하여 구체적으로 제정·실시되어야 한다는 원칙을 말한다. 관습은 사회생활상 일정한 사실이 장기간 반복되고 있는 현상을 말하므로 당위성과는 관련이 없다. 즉, 관습은 마땅히 그러해야 하는 것의 문제가 아니라 반복된 사회적 현상을 의미한다.
- ㄷ. (×) 권리와 의무의 관계에 있어서는 권리가 있으면 이에 대응하는 의무가 있는 것이 원칙이다. 그러나 권리와 의무가 언제나 서로 대응하여 존재하는 것은 아니다.
- ㄹ. (○) 법은 사람의 외면에 나타난 행위만을 규율할 뿐이고 내심에까지 간섭하지 않으나, 도덕은 내심(양심)만을 대상으로 하고 있다. 그러나 최근의 입법례에 있어서는 법도 행위자의 외면적인 행위보다는 내면적인 동기, 고의, 과실, 선의, 악의 등에 대한 관심이 커지고 있다.

02 정답 ③

- ③ (○) 헌법 제63조 제1항
- ① (×) 국회는 헌법 또는 법률에 특별한 규정이 없는 한 재적의원 과반수의 출석과 출석의원 과반수의 찬성으로 의결한다. 가부동수인 때에는 부결된 것으로 본다(헌법 제49조).
- ② (×) 국회의 회의는 공개한다. 다만, 출석의원 과반수의 찬성이 있거나 의장이 국가의 안전보장을 위하여 필요하다고 인정할 때에는 공개하지 아니할 수 있다(헌법 제50조 제1항).
- ④ (×) 의원을 제명하려면 국회재적의원 3분의 2 이상의 찬성이 있어야 한다(헌법 제64조 제3항).

03 정답 ②

② (×) 대법원은 법률에 저촉되지 아니하는 범위 안에서 소송에 관한 절차, 법원의 내부규율과 사무처리에 관한 규칙을 제정할 수 있다(헌법 제108조). 따라서 법률이 대법원규칙보다 상위 효력을 갖는다.
① (○) 오스트리아 헌법의 기초자였던 Hans Kelsen은 '순수법학'을 주창했으며, 상위법규는 하위법규 효력의 근거라는 '법단계설'을 확립했다.
③ (○) 대통령령·총리령·부령은 법률의 위임근거가 있거나 법률을 집행하는 데 필요한 사항을 대상으로 한다는 점에서 법률보다 하위에 있음은 분명하다. 그리고 대통령령과 총리령 내지 부령과의 관계는 제정권자 또는 제정절차에서 보거나 헌법 제95조에서 대통령령의 위임에 의하여 제정되는 총리령과 부령의 존재를 인정하고 있는 점에서 전자가 후자보다 상위에 있고, 총리령과 부령은 서로 대등한 관계에 있다.
④ (○) 대통령은 국가의 안위에 관계되는 중대한 교전상태에 있어서 국가를 보위하기 위하여 긴급한 조치가 필요하고 국회의 집회가 불가능한 때에 한하여 법률의 효력을 가지는 명령을 발할 수 있다(헌법 제76조 제2항).

04 정답 ②

② (○) 헌법 제44조 제2항
① (×) 국회의원은 현행범인인 경우를 제외하고는 회기 중 국회의 동의 없이 체포 또는 구금되지 아니한다(헌법 제44조 제1항).
③ (×) 국회의원은 국회에서 직무상 행한 발언과 표결에 관하여 국회 외에서 책임을 지지 아니한다(헌법 제45조).
④ (×) 대통령·국무총리·국무위원·행정각부의 장·헌법재판소 재판관·법관·중앙선거관리위원회 위원·감사원장·감사위원 기타 법률이 정한 공무원이 그 직무집행에 있어서 헌법이나 법률을 위배한 때에는 국회는 탄핵의 소추를 의결할 수 있다(헌법 제65조 제1항). 따라서 국회의원은 헌법상 탄핵소추 대상에 해당하지 않는다.

05 정답 ②

①·③·④는 주식회사 정관의 절대적 기재사항(상법 제289조 제1항)에 해당하나, ②는 상대적 기재사항(상법 제290조)에 해당한다.

핵심만콕	주식회사 정관의 기재사항
절대적 기재사항(상법 제289조 제1항)	상대적 기재사항(=변태설립사항, 상법 제290조)
• 목 적(제1호) • 상 호(제2호) • 회사가 발행할 주식의 총수(제3호) • 액면주식을 발행하는 경우 1주의 금액(제4호) • 회사의 설립 시에 발행하는 주식의 수(제5호) • 본점의 소재지(제6호) • 회사가 공고를 하는 방법(제7호) • 발기인의 성명·주민등록번호 및 주소(제8호)	다음의 사항은 정관에 기재함으로써 그 효력이 있다. • 발기인이 받을 특별이익과 이를 받을 자의 성명(제1호) • 현물출자를 하는 자의 성명과 그 목적인 재산의 종류, 수량, 가격과 이에 대하여 부여할 주식의 종류와 수(제2호) • 회사 성립 후에 양수할 것을 약정한 재산의 종류, 수량, 가격과 그 양도인의 성명(제3호) • 회사가 부담할 설립비용과 발기인이 받을 보수액(제4호)

06 정답 ②

제시된 내용 중 옳지 않은 것은 ㄱ, ㄴ, ㄷ이다.
- ㄱ. (×) 경비업법 시행령은 부령이 아닌 대통령령에 해당한다.
- ㄴ. (×) 민사에 관하여 법률에 규정이 없으면 관습법에 의하고 관습법이 없으면 조리에 의한다(민법 제1조).
- ㄷ. (×) 상사에 관하여 본법에 규정이 없으면 상관습법에 의하고 상관습법이 없으면 민법의 규정에 의한다(상법 제1조).
- ㄹ. (○) 헌법 제117조 제1항은 "지방자치단체는 주민의 복리에 관한 사무를 처리하고 재산을 관리하며, 법령의 범위 안에서 자치에 관한 규정을 제정할 수 있다"라고 규정하여, 지방자치단체의 자치입법권을 보장하고 있다. 이에 의거하여 지방자치법은 조례와 규칙의 2형식을 인정하고 있고(제28조·제29조), 지방교육자치에 관한 법률은 자치입법으로 교육규칙을 인정하고 있다(제25조).

07 정답 ③

포괄적 기본권에 해당하는 권리는 인간의 존엄과 가치(ㄱ), 행복추구권(ㅂ), 평등권(ㄷ)이다.

핵심만콕 기본권의 분류★★

포괄적 기본권		인간의 존엄과 가치·행복추구권(자기결정권, 일반적 행동자유권, 인격권), 평등권
자유권적 기본권	인신의 자유권	생명권, 신체를 훼손당하지 않을 권리, 신체의 자유
	사생활의 자유권	사생활의 비밀과 자유, 주거의 자유, 거주·이전의 자유, 통신의 자유
	정신적 자유권	양심의 자유, 종교의 자유, 언론·출판의 자유, 집회·결사의 자유, 학문과 예술의 자유
	제생활영역의 자유	재산권, 직업의 자유, 소비자의 권리
정치적 기본권		정치적 자유권, 참정권
청구권적 기본권		청원권, 재판청구권, 국가배상청구권, 형사보상청구권, 범죄피해자구조청구권
사회권적 기본권		인간다운 생활을 할 권리, 교육을 받을 권리, 근로의 권리, 근로3권, 환경권, 혼인과 가족생활의 보장, 모성의 보호와 보건권

* 제생활영역의 자유를 독자적으로 경제적 기본권으로 분류하는 견해도 있다.

〈참고〉김유향, 「기본강의 헌법」, WILLBES, 2020

08 정답 ②

- ② (×) 국가안전보장에 관련되는 대외정책·군사정책과 국내정책의 수립에 관하여 국무회의의 심의에 앞서 대통령의 자문에 응하기 위하여 국가안전보장회의를 둔다(헌법 제91조 제1항). 국가안전보장회의는 국가안전보장에 관련되는 대외정책·군사정책과 국내정책의 수립에 관한 국무회의의 전심기관으로서 필수적 자문기관이다.
- ① (○) 헌법 제88조 제2항
- ③ (○) 헌법 제89조 제15호
- ④ (○) 헌법 제87조 제3항

09 정답 ❶

① (×) 기간의 계산은 법령, 재판상의 처분 또는 법률행위에 다른 정한 바가 없으면 본장의 규정에 의한다(민법 제155조). 민법 제155조에 의하면 법령이나 법률행위 등에 의하여 초일 불산입 원칙과 달리 정하는 것도 가능하므로 기간을 일, 주, 월 또는 년으로 정한 때에 그 기간의 초일을 산입하기로 한 당사자 사이의 약정은 유효하다(대판 2007.8.23. 2006다62942). 따라서 기간의 계산에 관한 민법규정은 임의규정으로 보아야 한다.
② (○) 민법 제156조
③ (○) 민법 제160조 제1항·제3항
④ (○) 민법 제161조가 정하는 기간의 말일이 공휴일에 해당한 때에는 기간은 그 익일로 만료한다는 규정의 취의는 명문이 정하는 바와 같이 기간의 말일이 공휴일인 경우를 정하는 것이고, 이는 기간의 만료일이 공휴일에 해당함으로써 발생할 불이익을 막고자 함에 그 뜻이 있는 것이므로 기간 기산의 초일은 이의적용이 없다고 풀이하여야 할 것이다(대판 1982.2.23. 81누204). 따라서 기간의 초일이 공휴일이라 하더라도 그 기간은 초일부터 기산한다.

10 정답 ❶

① (×) 소(訴)는 피고의 보통재판적(普通裁判籍)이 있는 곳의 법원이 관할한다(민사소송법 제2조). 원고는 원칙적으로 피고의 주소지의 관할 지방법원에 소를 제기하여야 한다.
② (○) 민사소송법 제43조 제1항
③ (○) 미성년자 또는 피성년후견인은 법정대리인에 의해서만 소송행위를 할 수 있다(민사소송법 제55조 제1항 본문). 미성년자는 독립하여 법률행위를 할 수 있는 경우 외에는 소송능력이 없으므로 그 법정대리인이 소송행위를 대리한다.
④ (○) 법률에 따라 재판상 행위를 할 수 있는 대리인 외에는 변호사가 아니면 소송대리인이 될 수 없다(민사소송법 제87조).

11 정답 ❸

③ (×) 심신장애로 인하여 사물을 변별할 능력이 없거나 의사를 결정할 능력이 없는 자의 행위는 벌하지 아니하나(형법 제10조 제1항), 위험의 발생을 예견하고 자의로 심신장애를 야기한 경우에는 처벌한다(형법 제10조 제3항).
① (○) 형법 제9조
② (○) 형법 제10조 제2항
④ (○) 형법 제11조

12 정답 ❹

저당권에 관한 설명이다.

핵심만콕

① (×) 질권 : 채권자가 그의 채권을 담보하기 위하여 채무의 변제기까지 채무자로부터 인도받은 동산을 점유·유치하기로 채무자와 약정하고, 채무의 변제가 없는 경우에는 그 동산의 매각대금으로부터 우선변제를 받을 수 있는 담보물권(동산질권)
② (×) 지역권 : 타인의 토지를 자기 토지의 편익을 위하여 이용하는 물권
③ (×) 유치권 : 타인의 물건(민법상 동산 및 부동산)이나 유가증권을 점유한 자가 그 물건이나 유가증권에 관하여 생긴 채권이 있는 경우에 변제받을 때까지 그 물건이나 유가증권을 유치할 수 있는 담보물권

13 정답 ❷

② (✕) 보험계약은 청약과 승낙이라는 당사자 쌍방의 의사표시의 합치만으로 성립하고 아무런 급여를 요하지 않으므로 낙성계약이며, 또 그 의사표시에는 특별한 방식이 없으므로 법률상 불요식계약이다. 다만, 상법은 보험자가 서면으로 질문한 사항은 중요한 사항으로 추정한다(상법 제651조의2)고 규정하고 있다.
① (○) 계약당사자가 이행하여야 할 급여의무 또는 급여내용의 전부 또는 일부가 계약성립의 처음부터 불확실성에 의존하여 있는 계약을 사행계약이라 하는데, 보험계약은 우연한 사고의 발생으로 인하여 보험금액의 액수가 정해지므로 사행계약에 해당한다.
③ (○), ④ (○) 보험계약은 보험사고의 발생을 전제로 보험계약자의 보험료지급에 대하여 보험자는 일정한 보험금액, 기타의 급여를 지급할 것을 약정하므로 유상계약이고, 보험계약의 보험료지급채무와 보험자의 위험부담채무가 보험계약과 동시에 채무로서 이행되어야 하므로 대가관계에 있는 쌍무계약이다.

14 정답 ❶

① (✕) 회사는 다른 회사의 무한책임사원이 되지 못한다(상법 제173조).
② (○) 상법 제171조
③ (○) 상법 제172조
④ (○) 상법 제170조

15 정답 ❸

③ (✕) 장례비는 근로자가 업무상의 사유로 사망한 경우에 지급하되, 평균임금의 120일분에 상당하는 금액을 그 장례를 지낸 유족에게 지급한다(산업재해보상보험법 제71조 제1항 본문). 근로자가 업무상 사망한 경우에는 사용자는 근로자가 사망한 후 지체 없이 평균임금 90일분의 장례비를 지급하여야 한다(근로기준법 제83조).
① (○) 산업재해보상보험법 제40조 제1항
② (○) 산업재해보상보험법 제57조 제1항
④ (○) 산업재해보상보험법 제52조 본문

16 정답 ❸

③ (✕) 문리해석에 대한 설명이다. 논리해석이란 법의 문자나 문구의 의미에 구애받지 않고 법의 입법취지, 목적 등을 고려해서 논리적 추론에 의하여 법의 객관적 의미를 밝히는 것을 말한다.
① (○) 법의 적용은 추상적인 법규범을 상위개념(대전제)으로 하고, 구체적 사안을 하위개념(소전제)으로 하여 3단논법으로써 결론을 도출하는 것이다.
② (○) 법해석의 목표는 어디까지나 법적 안정성을 저해하지 않는 범위 내에서 구체적 타당성을 찾는 데 두어야 한다. 그리고 그 과정에서 가능한 한 법률에 사용된 문언의 통상적인 의미에 충실하게 해석하는 것을 원칙으로 하고, 나아가 법률의 입법 취지와 목적, 그 제·개정 연혁, 법질서 전체와의 조화, 다른 법령과의 관계 등을 고려하는 체계적·논리적 해석방법을 추가적으로 동원함으로써, 앞서 본 법해석의 요청에 부응하는 타당한 해석이 되도록 하여야 한다(대판 2009.4.23. 2006다81035).
④ (○) 유권해석은 권한을 가진 국가기관에 의하여 행하여지는 해석으로서 공적인 구속력을 가지는 공권적 해석이다.

17 정답 ❶

개인 재산을 국가가 환수하는 것이므로 재산권 행사의 자유를 제한한다. '원인 행위시'는 일제 강점기를 말하므로 법률의 소급효를 인정하는 셈이다. 친일반민족행위자 재산의 국가귀속에 관한 특별법은 국내법이고 법적 안정성보다는 정의를 중시함을 추론할 수 있다.

18 정답 ❸

③ (○) 하자 있는 행정행위를 적법한 다른 행정행위로 전환시키는 것을 하자 있는 행정행위의 전환이라고 하는데, 그 예로 사망자에 대한 조세부과처분은 무효이므로 이를 상속인에 대한 조세부과처분으로 유효하게 보는 경우를 들 수 있다. 하자 있는 행정행위의 치유나 전환은 행정행위의 성질이나 법치주의의 관점에서 볼 때 원칙적으로 허용될 수 없는 것이지만, 행정행위의 무용한 반복을 피하고 당사자의 법적 안정성을 위해 이를 허용하는 때에도 국민의 권리와 이익을 침해하지 않는 범위에서 구체적 사정에 따라 합목적적으로 인정해야 할 것이다(대판 1983.7.26. 82누420).
① (×) 행정행위가 발령 당시 흠이 있는 경우 그 흠을 사후에 보완하면 발령 당시의 흠에도 불구하고 그 행위의 효과를 다툴 수 없도록 유지하는 것을 말한다.
② (×) 둘 이상의 행정행위가 일련의 절차를 이루고 있는 경우, 선행행위에 하자가 있으나 그에 대해 불가쟁력이 발생했을 때, 후행행위 자체는 적법함에도 불구하고 후행행위 자체를 대상으로 하여 그에 대해 선행행위의 하자를 이유로 다툴 수 있는가의 문제이다.
④ (×) 적법요건을 구비하여 완전히 효력을 발하고 있는 행정행위를 사후적으로 효력의 전부 또는 일부를 장래에 향해 소멸시키는 별개의 행정행위이다.

19 정답 ❹

④ (×) 국민연금은 미래에 예상되는 총 지출을 기금적립금과 운용수익으로 완전히 충당할 수 없어 일정 부분만을 적립하고 나머지는 수급자의 급여로 지출하는 부분적립방식을 채택하고 있다. 즉, 지급할 연금액을 모두 적립하는 것이 아니라 어느 정도 후세대의 부담을 담보로 일부만 적립하고 있다.
① (○), ② (○) 국민연금은 사회보험의 하나로 국가가 그 주체가 되어 관리·운영하는 공적연금이다.
③ (○) 국민연금은 노후소득 보장체계의 안정성을 도모하기 위해 공무원, 군인, 사립학교교직원 등과 같이 특수직역에 종사하는 자를 제외한 모든 국민을 하나의 연금체계에 편입·관리하는 단일연금체계이다.

20 정답 ❷

② (×) 기피신청을 기각한 결정에 대한 즉시항고는 재판의 집행을 정지하는 효력이 없다(형사소송법 제23조 제2항).
① (○) 제척은 법관에게 불공평한 재판을 할 현저한 법정의 사유가 있을 때, 그 법관을 자동적으로 당해 재판에 대한 직무집행에서 배제하는 제도이다(형사소송법 제17조).
③ (○) 형사소송법 제19조 제1항
④ (○) 형사소송법 제24조 제2항

21 정답 ❸

③ (×) 헌법의 개정은 헌법에 규정된 개정절차에 따라 헌법의 동일성을 유지하면서 의식적으로 헌법전의 내용을 수정·삭제·추가하는 것이다.
① (○) 칼 슈미트는 헌법은 헌법제정권력의 행위에 의한 정치생활의 종류와 형태에 관한 근본적 결단이라 하였고, 헌법제정권력을 법적 의사나 규범적인 것이 아닌 사실적인 힘으로 보았다.
② (○) 시에예스는 헌법제정권력을 시원적이고 창조적인 권력으로 보았고, 시원성을 강조하여 헌법제정권력의 한계를 부정하였다.
④ (○) 헌법 제128조 제1항

22 정답 ❶

① (×) 벌금과 과료는 판결확정일로부터 30일 내에 납입하여야 한다(형법 제69조 제1항 본문).
② (○) 형법 제69조 제2항 후단
③ (○) 형법 제67조
④ (○) 형법 제70조 제1항

23 정답 ❷

② (×) "유족"이란 사망한 사람의 배우자(사실상 혼인 관계에 있는 사람을 포함한다)·자녀·부모·손자녀·조부모 또는 형제자매를 말한다(산업재해보상보험법 제5조 제3호).
① (○) 산업재해보상보험법 제5조 제1호
③ (○) 산업재해보상보험법 제5조 제4호
④ (○) 산업재해보상보험법 제5조 제5호

24 정답 ❶

형법은 피해자의 승낙의 경우 처분할 수 있는 자의 승낙에 의하여 그 법익을 훼손한 행위는 법률에 특별한 규정이 없는 한 벌하지 아니한다(형법 제24조)고 규정하여 긴급피난, 자구행위, 정당방위와 달리 '상당한 이유'를 요건으로 하고 있지 않다.

> **관계법령**
>
> **정당방위(형법 제21조)**
> ① 현재의 부당한 침해로부터 자기 또는 타인의 법익(法益)을 방위하기 위하여 한 행위는 상당한 이유가 있는 경우에는 벌하지 아니한다.
> ② 방위행위가 그 정도를 초과한 경우에는 정황(情況)에 따라 그 형을 감경하거나 면제할 수 있다.
> ③ 제2항의 경우에 야간이나 그 밖의 불안한 상태에서 공포를 느끼거나 경악(驚愕)하거나 흥분하거나 당황하였기 때문에 그 행위를 하였을 때에는 벌하지 아니한다.

긴급피난(형법 제22조)
① 자기 또는 타인의 법익에 대한 현재의 위난을 피하기 위한 행위는 <u>상당한 이유가 있는</u> 때에는 벌하지 아니한다.
② 위난을 피하지 못할 책임이 있는 자에 대하여는 전항의 규정을 적용하지 아니한다.
③ 전조 제2항과 제3항의 규정은 본조에 준용한다.

자구행위(형법 제23조)
① 법률에서 정한 절차에 따라서는 청구권을 보전(保全)할 수 없는 경우에 그 청구권의 실행이 불가능해지거나 현저히 곤란해지는 상황을 피하기 위하여 한 행위는 <u>상당한 이유가 있는</u> 때에는 벌하지 아니한다.
② 제1항의 행위가 그 정도를 초과한 경우에는 정황에 따라 그 형을 감경하거나 면제할 수 있다.

피해자의 승낙(형법 제24조)
처분할 수 있는 자의 승낙에 의하여 그 법익을 훼손한 행위는 법률에 특별한 규정이 없는 한 벌하지 아니한다.

25 정답 ❹

④ (×) 사권은 <u>권리의 내용에 따라</u> 인격권, 가족권(신분권), 재산권, 사원권으로 분류되고, 권리의 작용(효력)에 따라 지배권, 청구권, 형성권, 항변권으로 분류된다.
① (○) 인격권은 권리자 자신을 객체로 하는 것으로서 권리자와 분리할 수 없는 권리이므로 상속이나 양도를 할 수 없는 것이 원칙이다.
② (○) 사원권은 단체의 구성원이 그 구성원의 지위에서 단체에 대하여 갖는 권리로서 의결권, 업무집행감독권, 이익배당청구권 등이 있다.
③ (○) 친권은 권리이면서 동시에 의무적 성질을 갖는다.

26 정답 ❷

제시된 내용 중 옳지 않은 것은 ㄷ과 ㄹ이다.
ㄷ. (×) 항소는 판결서가 송달된 날부터 2주 이내에 하여야 한다. 다만, <u>판결서 송달 전에도 할 수 있다</u>(민사소송법 제396조 제1항).
ㄹ. (×) 법원은 변론 전체의 취지와 증거조사의 결과를 참작하여 자유로운 심증으로 사회정의와 형평의 이념에 입각하여 논리와 경험의 법칙에 따라 사실주장이 진실한지 아닌지를 판단하며(민사소송법 제202조), <u>원심판결이 이와 같은 자유심증주의의 한계를 벗어나지 아니하여 적법하게 확정한 사실은 상고법원을 기속한다</u>(민사소송법 제432조).
ㄱ. (○) 민사소송법 제390조 제1항 본문
ㄴ. (○) 민사소송법 제395조 제1항
ㅁ. (○) 민사소송법 제439조

27 정답 ③

법원에 계속되어 있는 사건에 대하여 당사자는 다시 소를 제기하지 못한다(민사소송법 제259조). 이를 중복된 소제기의 금지 또는 이중소송의 금지라고 한다. 그 취지는 동일한 사건에 대하여 다시 소제기를 허용하는 것은 소송제도의 남용으로서 법원이나 당사자에게 시간·노력·비용을 이중으로 낭비하게 하는 것이어서 소송경제상 좋지 않고, 판결이 서로 모순 및 저촉될 우려가 있기 때문이다.

28 정답 ③

③ (×) 법치행정의 원칙이란 행정작용은 법률에 위반되어서는 아니 되며, 국민의 권리를 제한하거나 의무를 부과하는 경우와 그 밖에 국민생활에 중요한 영향을 미치는 경우에는 법률에 근거하여야 한다는 것을 의미한다(행정기본법 제8조). 제시된 설명은 실효의 원칙에 대한 것이다. 헌법과 정의의 관념에서 당연히 도출되는 행정법 해석의 기준이 되는 원칙(조리)을 2021년 제정된 행정기본법은 행정법의 일반원칙으로 명문화하였고, 신뢰보호원칙을 규정한 제12조에서 실효의 원칙을 규정하고 있다(제2항).
① (○) 행정기본법 제9조
② (○) 행정기본법 제12조 제1항
④ (○) 행정기본법 제13조

29 정답 ③

여관, 음식점, 대석, 오락장의 숙박료, 음식료, 대석료, 입장료, 소비물의 대가 및 체당금의 지원은 1년의 단기소멸시효가 적용된다(민법 제164조 제1호).

관계법령

3년의 단기소멸시효(민법 제163조) (두 : 이·의·도·변·변·생·수)
다음 각호의 채권은 3년간 행사하지 아니하면 소멸시효가 완성한다.
1. 이자, 부양료, 급료, 사용료 기타 1년 이내의 기간으로 정한 금전 또는 물건의 지급을 목적으로 한 채권
2. 의사, 조산사, 간호사 및 약사의 치료, 근로 및 조제에 관한 채권
3. 도급받은 자, 기사 기타 공사의 설계 또는 감독에 종사하는 자의 공사에 관한 채권
4. 변호사, 변리사, 공증인, 공인회계사 및 법무사에 대한 직무상 보관한 서류의 반환을 청구하는 채권
5. 변호사, 변리사, 공증인, 공인회계사 및 법무사의 직무에 관한 채권
6. 생산자 및 상인이 판매한 생산물 및 상품의 대가
7. 수공업자 및 제조자의 업무에 관한 채권

1년의 단기소멸시효(민법 제164조) (두 : 여·의·노·학)
다음 각호의 채권은 1년간 행사하지 아니하면 소멸시효가 완성한다.
1. 여관, 음식점, 대석, 오락장의 숙박료, 음식료, 대석료, 입장료, 소비물의 대가 및 체당금의 채권
2. 의복, 침구, 장구 기타 동산의 사용료의 채권
3. 노역인, 연예인의 임금 및 그에 공급한 물건의 대금채권
4. 학생 및 수업자의 교육, 의식 및 유숙에 관한 교주, 숙주, 교사의 채권

30 정답 ❶

① (×) 헌법은 널리 일반적으로 적용되므로 특별법이 아니라 일반법에 해당된다.
② (○) 강행법은 당사자의 의사와는 관계없이 절대적(강제적)·일반적으로 적용되는 법으로 헌법·형법 등 공법의 대부분이 이에 해당한다.
③ (○) 실체법은 권리·의무의 실체, 즉 발생·변경·소멸·성질·내용 및 범위 등을 규율하는 법으로 헌법, 민법, 형법, 상법 등이 이에 해당한다. 반면 절차법은 권리나 의무의 실질적 내용을 실현하는 절차법으로 민사소송법, 민사집행법, 형사소송법, 행정소송법, 채무자회생 및 파산에 관한 법률, 부동산등기법 등이 있다.
④ (○) 새로이 제·개정된 법이 있을 때는 신법이 구법에 우선한다. 단, 구법이 상위법이거나 특별법일 때는 신법우선의 원칙이 적용되지 않는다. 따라서 절차법에서도 원칙적으로 신법우선의 원칙이 적용된다.

31 정답 ❶

① (×) "사회보장"이란 출산, 양육, 실업, 노령, 장애, 질병, 빈곤 및 사망 등의 사회적 위험으로부터 모든 국민을 보호하고 국민 삶의 질을 향상시키는 데 필요한 소득·서비스를 보장하는 사회보험, 공공부조, 사회서비스를 말한다(사회보장기본법 제3조 제1호). 제시된 내용은 공공부조(사회보장기본법 제3조 제3호)에 관한 설명이다.
② (○) 사회보장기본법 제3조 제4호
③ (○) 사회보장기본법 제3조 제5호
④ (○) 사회보장기본법 제3조 제6호

32 정답 ❶

공소기각의 결정에 관한 설명이다(형사소송법 제328조 제1항 제2호).

핵심만콕	종국재판의 종류 및 구체적 사유
유죄판결	사건의 실체에 관하여 피고인 범죄사실의 증명이 있는 때
무죄판결 (형사소송법 제325조)	• 피고사건이 범죄로 되지 아니하는 때(구성요건해당성이 없거나 또는 위법성조각사유나 책임조각사유가 존재한다는 것이 밝혀진 경우) • 범죄사실의 증명이 없는 때
관할위반의 판결 (형사소송법 제319조)	피고사건이 법원의 관할에 속하지 아니한 때

공소기각의 결정 (형사소송법 제328조 제1항)	(두 : 공·취·사·소/수·법·계·관·경/범·사·포·아) • 공소가 취소되었을 때(제1호) • 피고인이 사망하거나 피고인인 법인이 존속하지 아니하게 되었을 때(제2호) • 동일사건이 사물관할을 달리하는 수개의 법원에 계속되거나 관할이 경합하는 경우(제12조 또는 제13조)의 규정과 관련하여 재판할 수 없는 때(제3호) • 공소장에 기재된 사실이 진실하다 하더라도 범죄가 될 만한 사실이 포함되지 아니하는 때(제4호)
공소기각의 판결 (형사소송법 제327조)	(두 : 재·절·무/위반 공소/친·반) • 피고인에 대하여 재판권이 없을 때(제1호) • 공소제기의 절차가 법률의 규정을 위반하여 무효일 때(제2호) • 공소가 제기된 사건에 대하여 다시 공소가 제기되었을 때(제3호) • 제329조(공소취소와 재기소)를 위반하여 공소가 제기되었을 때(제4호) • 고소가 있어야 공소를 제기할 수 있는 사건(친고죄)에서 고소가 취소되었을 때(제5호) • 피해자의 명시한 의사에 반하여 공소를 제기할 수 없는 사건(반의사불벌죄)에서 처벌을 원하지 아니하는 의사표시를 하거나 처벌을 원하는 의사표시를 철회하였을 때(제6호)
면소판결 (형사소송법 제326조)	(두 : 확·사·시·폐) • 확정판결이 있은 때(제1호) • 사면이 있은 때(제2호) • 공소의 시효가 완성되었을 때(제3호) • 범죄 후 법령개폐로 형이 폐지되었을 때(제4호)

33 정답 ❸

③ (×) 타인을 사용하여 어느 사무에 종사하게 한 자는 피용자가 그 사무집행에 관하여 제3자에게 가한 손해를 배상할 책임이 있다. 그러나 사용자가 피용자의 선임 및 그 사무감독에 상당한 주의를 한 때 또는 상당한 주의를 하여도 손해가 있을 경우에는 그러하지 아니하다(민법 제756조 제1항). 사용자책임을 면하기 위해서는 사용자가 자신에게 선임·감독상의 과실 없음을 증명해야 한다(대판 2018.4.24. 2016다220808).

① (○) 채무의 내용에 좇은 이행을 하지 아니한 것이므로 경비업자는 채무불이행책임을 부담한다.

② (○) 수인이 공동의 불법행위로 타인에게 손해를 가한 때에는 연대하여 그 손해를 배상할 책임이 있다(민법 제760조 제1항).

④ (○) 사용자가 피용자의 업무집행으로 행해진 불법행위로 인하여 직접 손해를 입었거나 또는 사용자로서의 손해배상책임을 부담한 결과로 손해를 입게 된 경우에는 사용자는 그 사업의 성격과 규모, 사업시설의 상황, 피용자의 업무내용, 근로조건이나 근무태도, 가해행위의 상황, 가해행위의 예방이나 손실의 분산에 관한 사용자의 배려정도 등의 제반사정에 비추어 손해의 공평한 분담이라는 견지에서 신의칙상 상당하다고 인정되는 한도 내에서만 피용자에 대하여 위와 같은 손해의 배상이나 구상권을 행사할 수 있다(대판 1987.9.8. 86다카1045).

34 정답 ②

제시된 내용 중 사회적 기본권에 해당하는 것은 ㄱ, ㄴ, ㅁ이다. 헌법상 사회적 기본권에는 인간다운 생활을 할 권리, 교육을 받을 권리, 근로의 권리, 근로3권, 환경권 등이 있다.
ㄷ.(×) 형사보상청구권은 청구권적 기본권에 속한다.
ㄹ.(×) 생명권은 신체의 자유와 함께 자유권적 기본권 중 인신의 자유권에 속한다.

35 정답 ①

행정청에 관한 설명이다.

핵심만콕

② (×) 의결기관은 행정주체의 의사를 결정하는 권한만을 가지고 이를 외부에 표시할 권한은 가지지 못하는 기관을 말한다. 이 점에서 외부에 표시할 권한을 가지는 행정청과 다르다.
③ (×) 집행기관은 실력을 행사하여 행정청의 의사를 집행하는 기관을 말한다. 대표적인 예로 경찰공무원, 소방공무원, 세무공무원 등이 이에 해당한다.
④ (×) 자문기관은 행정청의 자문에 응하여 행정청에 전문적인 의견(자문)을 제시하는 것을 임무로 하는 기관을 말한다. 자문기관은 합의제인 것이 보통이나 독임제인 것도 있다. 행정청은 자문기관의 의견에 구속되지 않는다.

36 정답 ④

④ (×) 공권력의 행사 또는 불행사(不行使)로 인하여 헌법상 보장된 기본권을 침해받은 자는 법원의 재판을 제외하고는 헌법재판소에 헌법소원심판을 청구할 수 있다. 다만, 다른 법률에 구제절차가 있는 경우에는 그 절차를 모두 거친 후에 청구할 수 있다(헌법재판소법 제68조 제1항). 헌법소원은 청구인 자신의 기본권이 침해당한 경우에만 제기할 수 있다.
① (○) 헌법재판소는 국가기관 상호 간, 국가기관과 지방자치단체 간 또는 지방자치단체 상호 간의 권한쟁의에 관한 심판을 한다(헌법 제111조 제1항 제4호).
② (○) 헌법 제113조 제1항
③ (○) 헌법재판소법 제41조 제1항

37 정답 ④

④ (×) 질병보험(상법 제739조의2, 제739조의3)은 상법이 규정하는 인보험에 해당한다.
① (○), ② (○), ③ (○) 자동차보험(상법 제726조의2 내지 제726조의4), 책임보험(상법 제719조 내지 제726조), 보증보험(상법 제726조의5 내지 제726조의7)은 상법이 규정하는 손해보험의 종류에 해당한다.

38 정답 ②

② (×) 법관이 불공평한 재판을 할 염려가 있는 경우 검사 또는 피고인은 법관의 기피를 신청할 수 있다(형사소송법 제18조 제1항 제2호).
① (○) 형사소송법 제283조의2 제1항
③ (○) 형사소송법 제27조 제1항
④ (○) 변호인(辯護人)과의 자유로운 접견(接見)은 신체구속을 당한 사람에게 보장된 변호인(辯護人)의 조력(助力)을 받을 권리(權利)(헌법 제12조 제4항)의 가장 중요한 내용이다(헌재결[전] 1992.1.28. 91헌마111).

39 정답 ④

④ (×) 증거조사는 법원이 사건의 사실인정과 양형에 관한 심증을 얻기 위하여 각종의 증거방법(증인, 물증, 서증)을 조사하는 것으로 수사 개시의 단서에 해당하지 않는다.
① (○), ② (○), ③ (○) 수사는 수사기관의 주관적 범죄혐의에 의하여 개시되는데, 이러한 수사개시의 원인이 되는 것을 수사의 단서라 한다. 형사소송법상 수사의 단서에 관한 규정으로는 현행범인의 체포(형사소송법 제212조), 변사자의 검시(형사소송법 제222조 제1항), 고소(형사소송법 제223조 내지 제233조), 고발, 자수 등이 있다. 이외에도 피해자의 신고와 같이 수사의 단서에 해당하나 명시적 규정이 없는 것도 있다.

40 정답 ②

② (×) 행정지도의 상대방은 해당 행정지도의 방식·내용 등에 관하여 <u>행정기관에 의견제출을 할 수 있다</u>(행정절차법 제50조).
① (○) 행정절차법 제2조 제3호
③ (○) 행정절차법 제51조
④ (○) 토지의 매매대금을 허위로 신고하고 계약을 체결하였다면 이는 계약예정금액에 대하여 허위의 신고를 하고 토지 등의 거래계약을 체결한 것으로서 구 국토이용관리법(1993.8.5. 법률 제4572호로 개정되기 전의 것) 제33조 제4호에 해당한다고 할 것이고, 행정관청이 국토이용관리법 소정의 토지거래계약신고에 관하여 공시된 기준시가를 기준으로 매매가격을 신고하도록 행정지도를 하여 그에 따라 허위신고를 한 것이라 하더라도 이와 같은 행정지도는 법에 어긋나는 것으로서 그와 같은 행정지도나 관행에 따라 허위신고행위에 이르렀다고 하여도 이것만 가지고서는 그 범법행위가 정당화될 수 없다(대판 1994.6.14. 93도3247).

제7회 민간경비론

> 문제편 158p

정답 CHECK

41	42	43	44	45	46	47	48	49	50	51	52	53	54	55	56	57	58	59	60
③	②	④	②	④	②	③	①	③	①	③	③	②	①	②	②	①	①	②	①
61	62	63	64	65	66	67	68	69	70	71	72	73	74	75	76	77	78	79	80
①	③	③	③	②	②	④	③	②	②	②	③	③	④	④	①	③	②	②	③

41 정답 ③

③ (×) 민간경비의 주요 업무인 범죄예방, 질서유지, 위험방지활동은 공공성과 관련된 활동이므로 민간경비에도 공공성이 요구된다고 할 수 있지만, 민간경비는 특정고객으로부터 보수를 받고 서비스를 제공하는 영리성을 본질로 한다. 민간경비의 서비스 제공 대상은 비용을 지불할 수 있는 특정고객(제한적 일반인)에 한정되므로, 불특정 다수인에게 경비서비스를 제공할 의무가 없다.

① (○) 경비업법은 시설경비, 호송경비, 신변보호, 기계경비, 특수경비의 5종을 경비업무로 규정하고 있었는데, 2024.1.30. 개정으로 혼잡·교통유도경비업무도 경비업무로 추가되었고 2025.1.31.부터 시행되어 현행법상 경비업법은 6종의 경비업무를 규정하고 있다.

② (○) 민간경비원의 법적 지위는 일반시민과 동일하다.

④ (○) 민간경비의 역할은 범죄예방과 손실방지(손실감소 및 재산보호)에 있다.

42 정답 ②

민간경비와 공경비를 구분하는 기준으로서 경비서비스 항목은 투입, 역할 및 기능, 서비스 대상, 전달조직, 산출이 있다. 적법성은 민간경비와 공경비를 구분하는 기준으로서 경비서비스 항목에 해당하지 않는다.

핵심만콕 공경비와 민간경비의 관계

경비서비스	공경비	민간경비
투입	시민	고객
역할 및 기능	범죄대응	범죄예방
서비스 대상	일반시민	특정고객
전달조직	정부	영리기업
산출	법 집행 및 범인체포	손실감소 및 재산보호

〈출처〉 이윤근, 「민간경비원론」, 엑스퍼트, 2001, P. 5
(김두현·박형규, 「신민간경비론」, 솔과학, 2018, P. 17에서 재구성)

43 정답 ④

제시된 내용의 우리나라 민간경비의 연혁을 역사적 순서에 따라 배열하면 ㄷ. 청원경찰법 제정(1962년 4월 3일) → ㄱ. 용역경비업법 제정(1976년 12월 31일) → ㄹ. 한국경비협회 설립(1978년 9월) → ㄴ. 특수경비원 제도 도입(2001년 4월 7일 제정, 시행 2001월 7월 8일) 순이다.

44 정답 ②

제시된 내용 중 옳지 않은 것은 ㄱ과 ㅁ이다.
- ㄱ.(×) 경비지도사 또는 일반경비원의 결격사유 중 연령과 관계된 것은 "18세 미만인 사람"이다. 연령의 상한에 관한 규정은 없다. 다만, 특수경비원의 결격사유는 "18세 미만이거나 60세 이상인 사람"으로 규정되어 있다(경비업법 제10조 제2항 제1호).
- ㅁ.(×) 특수경비원의 결격사유에 해당한다(경비업법 제10조 제2항 제4호).
- ㄴ.(○) 경비업법 제10조 제1항 제1호
- ㄷ.(○) 경비업법 제10조 제1항 제3호
- ㄹ.(○) 경비업법 제10조 제1항 제4호

45 정답 ④

교통유도경비는 경찰관이나 교통순경이 실시하는 교통정리와 달리 법적 강제력은 없다.

46 정답 ②

제시문이 설명하는 경비수준은 하위수준경비(Level Ⅱ)이다.

핵심만콕	경비의 중요도에 따른 분류(경비계획의 수준)
최저수준경비, 하위수준경비, 중간수준경비, 상위수준경비, 최고수준경비의 5단계로 구분할 수 있다.	
최저수준경비 (Level Ⅰ)	일정한 패턴이 없는 불법적인 외부침입을 방해할 수 있도록 계획된 경비시스템으로, 보통 출입문, 자물쇠를 갖춘 창문과 같은 단순한 물리적 장벽이 설치된다(예 일반가정 등).
하위수준경비 (Level Ⅱ)	일정한 패턴이 없는 불법적인 외부침입을 방해하고 탐지할 수 있도록 계획된 경비시스템으로, 일단 최저수준경비의 단순한 물리적 장벽이 설치되고, 거기에 보강된 출입문, 창문의 창살, 보다 복잡한 수준의 자물쇠, 조명시스템, 기본적인 경보시스템 및 안전장치가 설치된다(예 작은 소매상점, 저장창고 등).
중간수준경비 (Level Ⅲ)	대부분의 패턴이 없는 불법적인 외부침입과 일정한 패턴이 없는 일부 내부침입을 방해·탐지·사정할 수 있도록 계획된 경비시스템으로, 경계지역의 보다 높은 수준의 물리적 장벽, 보다 발전된 원거리 경보시스템, 기본적인 의사소통장비를 갖춘 경비원 등을 갖추고 있다(예 큰 물품창고, 제조공장, 대형 소매점 등).
상위수준경비 (Level Ⅳ)	대부분의 패턴이 없는 외부 및 내부의 침입을 발견·저지·방어·예방할 수 있도록 계획된 경비시스템으로, CCTV, 경계경보시스템, 고도의 조명시스템, 고도로 훈련받은 무장경비원, 경비원과 경찰의 협력시스템 등을 갖추고 있다(예 교도소, 제약회사, 전자회사 등).
최고수준경비 (Level Ⅴ)	일정한 패턴이 전혀 없는 외부 및 내부의 침입을 발견·억제·사정·무력화할 수 있도록 계획된 경비시스템으로, 최첨단의 경보시스템과 현장에서 즉시 대응할 수 있는 24시간 무장체계 등을 갖추고 있다(예 핵시설물, 중요 군사시설 및 교도소, 정부의 특별연구기관, 일부 외국대사관 등).

47 정답 ③

③ (×) 경찰청 경비국에 경비과·대테러위기관리과·경호과 및 항공과를 두는데(경찰청과 그 소속기관 직제 시행규칙 제10조 제1항), 경찰부대 운영·지도 및 전국단위 경력운용은 경비과장의 분장사무에 해당한다(경찰청과 그 소속기관 직제 시행규칙 제10조 제3항 제2호).
① (○) 경찰청과 그 소속기관 직제 시행규칙 제10조 제4항 제9호
② (○) 경찰청과 그 소속기관 직제 시행규칙 제10조 제4항 제1호
④ (○) 경찰청과 그 소속기관 직제 시행규칙 제10조 제4항 제5호

48 정답 ①

① (○) 방범심방 : 경찰관이 관내의 각 가정, 기업체, 기타 시설을 방문하여 범죄예방, 청소년 선도, 안전사고 방지 등의 지도계몽과 상담 및 연락 등을 행하고 민원사항을 청취하며 주민의 협력을 얻어 예방경찰상의 기초 자료를 수집하는 활동을 말한다.
② (×) 임의동행(任意同行) : 경찰이 용의자나 참고인을 당사자의 동의하에 검찰청, 경찰서 등에 연행하는 것을 말한다.
③ (×) 방범단속 : 형사사범, 경찰법규 위반행위 또는 각종 사고를 예방하거나 단속하기 위하여 방범지도, 불심검문, 경고, 제지, 출입, 조사 또는 검사하는 근무로 범죄가 발생하지 않도록 미리 그 원인을 제거하고 피해확대를 방지하는 방범활동의 일환이다.
〈출처〉한국형사정책연구원, 파출소단위 방범활동의 개선방안 연구, 1990, P. 32
④ (×) 불심검문(不審檢問) : 경찰관직무집행법 제3조에 따라 경찰관이 거동이 수상한 자를 발견한 때에 이를 정지시켜 조사하는 행위를 말한다.

49 정답 ③

제시문은 공동생산이론에 대한 설명이다. 민간경비를 공경비의 보조적 차원이 아닌 주체적 차원으로 인식하는 이론으로 민간경비 활동에 있어서 '서비스주체의 다원화'에 초점을 맞추고 등장한 공동생산이론은 치안서비스 생산과정에서 경찰의 역할수행과 민간경비의 공동참여로 인해 민간경비가 성장했으며, 경찰이 안고 있는 한계를 일부 극복하고, 시민의 안전욕구를 증대시키기 위해 민간부문의 능동적 참여를 다각적으로 유도한다는 이론이다.

50 정답 ①

청원주는 소속 청원경찰에게 그 직무집행에 필요한 교육을 매월 4시간 이상 하여야 한다(청원경찰법 시행규칙 제13조 제1항).

> **핵심만콕**
>
> ② (○) 청원경찰법 시행규칙 제6조
> ③ (○) 청원경찰법 시행규칙 [별표 1]
> ④ (○) 청원경찰법 시행규칙 제13조 제2항

51 정답 ❸

③ (×) 방범리콜제도의 성공을 위해서는 치안행정상 주민참여의 활성화가 전제되어야 한다.
① (○) 방범리콜제도는 잘못된 행정서비스에 대한 불만제기권을 주민에게 부여하고, 주민들의 요망사항을 수렴하여 치안시책에 반영한 뒤 개선 여부와 효과 등에 대한 주민들의 의견을 다시 받아 주민들이 원하는 치안서비스를 제공하는 것을 말한다.
② (○) 치안행정서비스를 제공하는 기관에 권한과 재량이 없다면 주민의 요망사항을 반영하기 어렵다.
④ (○) 주민의 요망사항 수렴·반영 후 개선 여부와 효과에 대한 의견을 다시 받아 주민들이 원하는 치안서비스를 제공하므로 고객이 만족하는 행정서비스의 제공이 최종목표라고 할 수 있다.

52 정답 ❸

경비위해요소 분석단계에 관한 설명으로 옳다.

핵심만콕

① (×) 경비위해분석을 통해 손실의 취약성, 손실가능성을 객관적으로 파악하며 분석 결과에 따라 장비 및 인원 등의 투입이 결정된다.
② (×) 인지단계에서는 개인 및 기업의 보호영역에서 손실을 일으키기 쉬운 취약부분을 확인하는 단계이다.
④ (×) 각종 사고 및 손실 예방과 안전 확보를 위해서는 경비위해요소에 대한 인지와 평가가 선행되어야 한다.

53 정답 ❷

관리적 대책은 ㄱ, ㄴ, ㄹ이다. ㄷ은 기술적 대책이고, ㅁ, ㅂ은 물리적 대책이다.

핵심만콕 컴퓨터 범죄의 예방대책

컴퓨터 시스템 안전대책	물리적 대책	건물에 대한 안전조치, 물리적 재해에 대한 보호조치(백업시스템), 출입통제
	관리적(인적) 대책	직무권한의 명확화와 상호 분리 원칙, 프로그램 개발 통제, 도큐멘테이션 철저, 스케줄러의 점검, 액세스 제한 제도의 도입, 패스워드의 철저한 관리, 레이블링(Labeling)에 의한 관리, 감사증거기록 삭제 방지, 근무자들에 대한 정기적 배경조사, 회사 내부의 컴퓨터 기술자·사용자·프로그래머의 기능을 각각 분리, 안전관리 기타 고객과의 협력을 통한 감시체제, 현금카드 운영의 철저한 관리, 컴퓨터 시스템의 감사 등이 있다.
	기술적 대책	암호화, 방화벽(침입차단시스템), 침입탐지시스템(IDS : Intrusion Detection System)
입법적 대책	현행 형법상 규정	컴퓨터 업무방해죄(형법 제314조 제2항), 컴퓨터 사기죄(형법 제347조의2), 전자기록 손괴죄(형법 제366조), 사전자기록의 위작·변작죄(형법 제232조의2), 비밀침해죄(형법 제316조 제2항)
	기타 규제법률	컴퓨터 통신망 보호(정보통신망 이용촉진 및 정보보호 등에 관한 법률), 통신침해(전기통신기본법, 전기통신사업법, 전파법), 개인정보 침해(개인정보보호법, 신용정보의 이용 및 보호에 관한 법률), 소프트웨어 보호(소프트웨어 진흥법, 저작권법, 특허법), 도청행위(통신비밀보호법), 전자문서(정보통신망 이용촉진 및 정보보호 등에 관한 법률, 물류정책기본법)
형사정책적 대책		수사관의 수사능력 배양, 검사 또는 법관의 컴퓨터 지식 함양 문제는 오늘날 범죄의 극복을 위한 중요한 과제이다. 수사력의 강화, 수사장비의 현대화, 컴퓨터 요원의 윤리교육, 컴퓨터 안전기구의 신설, 컴퓨터 범죄 연구기관의 설치가 요구되고 있다.

54 정답 ❶

한국의 청원경찰제도는 경찰과 민간경비제도를 혼용한 것으로 외국에서는 볼 수 없는 특별한 제도이다.

55 정답 ❷

물건이나 장비를 고지대로 이동시키는 것은, 지대가 낮은 지역에서 홍수에 대응하는 방법이다.

56 정답 ❷

CPTED는 환경의 효과적인 이용을 통해 범죄예방을 극대화하기 위하여 본질적으로 조직적이고 기계적인 전략에서 자연적인 전략으로 중점을 바꾸는 데 기여하고 있다.

〈출처〉 건양대학교 산학협력단, 「경기도 유해환경 정비를 통한 범죄예방(CPTED) 및 안전도시 구상」, 2016

핵심만콕 환경설계를 통한 범죄예방(Crime Prevention Through Environmental Design)

- 의의 : 물리적 환경을 개선함으로써 범죄를 억제하고 주민의 불안감을 해소하는 제도이다.
- 연혁 : 뉴만(Newman)이 확립한 방어공간(Defensible Space) 개념으로부터 제퍼리(Jeffery)가 CPTED의 개념을 제시하였다.
- 목표 : 개인의 본래 활동을 방해하지 않으면서 범죄예방효과를 극대화하는 데 목표를 두고, 범죄의 원인을 개인적 요인보다는 환경적 요인에서 찾는다.
- 전통적 CPTED와 현대적 CPTED : 전통적 CPTED는 단순히 외부공격으로부터 보호대상을 강화하는 THA(Target Hardening Approach)방법을 사용하여 공격자가 보호대상에 접근하지 못하도록 할 뿐이었지만, 현대적 CPTED는 시민들의 삶의 질 향상까지 고려한다.
- CPTED의 전략
  - 1차적 기본 전략 : 자연적 접근통제와 감시, 영역성 강화
    일정한 지역에 접근하는 사람들을 정해진 공간으로 유도하거나 외부인의 출입을 통제하도록 설계하여 접근에 대한 심리적 부담을 증대시키고(자연적 접근통제), 건축물 설계 시 가시권을 최대한 확보하며(자연적 감시), 사적인 공간에 대해 경계를 표시하여 주민의 책임의식을 증대시킨다(영역성 강화).
  - 2차적 기본 전략 : 조직적 통제(경비원), 기계적 통제(자물쇠), 자연적 통제(공간구획)
- 동심원영역론(Concentric Zone Theory) : 시설물의 물리적 통제시스템 구축과 관련하여 보호가치가 높은 자산일수록 보다 많은 방어공간을 구축해야 한다는 이론으로, 딘글(Dingle)이 제시하였으며, CPTED의 접근방법 중 하나라고 볼 수 있다. 참고로 동심원영역론은 1단계 - 2단계 - 3단계로 정리한다.

57 정답 ❶

① (○) 제시문이 설명하는 사이버테러는 버퍼 오버플로(Buffer Overflow)에 해당한다.
② (×) 플레임(Flame) : 네티즌들이 공통의 관심사를 논의하기 위해 개설한 토론방에 고의로 가입하여 개인 등에 대한 악성루머를 유포하는 행위이다.
③ (×) 슈퍼재핑(Super Zapping) : 컴퓨터의 고장을 수리하면서 호텔의 만능키처럼 패스워드나 각종 보안장치 기능을 상실시켜 컴퓨터의 기억장치에 수록된 모든 파일에 접근해 자료를 복사하는 수법이다. 운영자 가장수법이라고도 한다.
④ (×) 허프건(Huffgun) : 고출력 전자기장을 발생시켜 컴퓨터의 자기기록정보를 파괴시키는 수법이다.

58 정답 ❶

백업시스템의 비상계획 수립 시 제3자에 의한 핫 사이트(Hot Site) 구비를 고려해야 한다.

> **핵심만콕**
>
> **핫 사이트(Hot Site)**
> - 실시간으로 데이터 및 시스템과 환경을 원격지에 복제하여 이중화하는 시스템 재해복구 방식이다.
> - 재해 발생 시 최단 시간 내에 데이터를 유실 없이 복구할 수 있다.
>
> **공백 셀 계약방식**
> 전원시설, 공조기, 통신선로 등을 갖추고, 재해 발생 시 하드웨어, 소프트웨어 설치가 가능하도록 공간을 확보하는 방식이다. 핫 사이트에 비해 비용은 적게 들지만 백업처리를 준비하는 데 많은 시간이 소요된다.
>
> **분산 형태의 보완시스템**
> 2대의 컴퓨터 가운데 1대는 예비용으로 사용되는 시스템이다.

59 정답 ❷

계약경비의 장점으로 옳은 내용은 ②이다.

> **핵심만콕** 자체경비와 계약경비의 비교
>
> | 구 분 | 자체경비 | 계약경비 |
> | --- | --- | --- |
> | 장 점 | • 자체경비는 계약경비에 비해 임금이 높고 안정적이므로, 이직률이 낮은 편이다.
• 시설주가 경비원들을 직접 관리함으로써 경비원들에 대한 통제를 강화할 수 있다.
• 비교적 높은 급료를 받을 뿐만 아니라, 경비원에 대한 위상이 높기 때문에 자질이 우수한 사람들이 지원한다.
• 계약경비원보다 고용주에 대한 충성심이 더 높다.
• 자체경비는 고용주(사용자)의 요구에 신속하게 대처할 수 있다.
• 자체경비원은 고용주에 의해 조직의 구성원으로 채용됨으로써 안정적이기 때문에 고용주로부터 업무수행능력을 인정받기를 원하며, 자기발전과 자기개발을 위한 노력을 아끼지 않는다.
• 자체경비원은 경비부서에 오래 근무함으로써 회사의 운영·매출·인사 등에 관한 지식이 높다.
• 시설주의 필요에 따라 적절하게 교육·훈련과정의 효율성을 쉽게 측정할 수 있다. | • 고용주의 요구에 맞는 경비서비스를 제공함으로써 경비프로그램 전반에 걸쳐 전문성을 갖춘 경비인력을 쉽게 제공할 수 있다.
• 봉급, 연금, 직무보상, 사회보장, 보험, 장비, 신규모집, 직원관리, 교육훈련 등의 비용을 절감할 수 있어 비용 면에서 저렴하다(경제적이다).
• 자체경비에 비해 인사관리 차원에서 결원의 보충 및 추가인력의 배치가 용이하다.
• 고용주를 의식하지 않고 소신껏 경비업무에 전념할 수 있다.
• 경비수요의 변화에 따라 기존 경비인력을 감축하거나 추가적으로 고용을 확대할 수 있다.
• 질병이나 해임 등으로 구성원의 업무수행상 문제가 발생했을 경우, 인사이동과 대처(대책)에 따라 행정상 문제를 쉽게 해결할 수 있다. |
> | 단 점 | • 계약경비에 비해 다른 부서의 직원들과 지나치게 친밀한 관계를 형성함으로써 효과적인 직무수행을 하지 못할 수 있다.
• 신규모집계획, 선발인원의 신원확인 및 훈련프로그램에 대한 개발과 관리를 자체적으로 실시하므로, 인사관리 및 행정관리가 힘들고 비용이 많이 소요된다.
• 계약경비에 비해 해임이나 감원, 충원 등이 필요한 경우에 탄력성이 떨어진다. | • 자체경비에 비해 조직(시설주)에 대한 충성심이 낮은 것이 일반적이다.
• 자체경비에 비해 급료가 낮고 직업적 안정감이 떨어지기 때문에 이직률이 높은 편이다.
• 회사 내부의 기밀이나 중요정보가 외부에 유출될 가능성이 더 높은 편이다. |

60 정답 ❶

경비등의 형태에 관한 설명으로 옳은 것은 ①이다. ②·④는 탐조등, ③은 프레이넬등에 관한 설명에 해당한다.

61 정답 ❶

① (○) 건국 초기 미국 국민들은 영국왕실의 권위주의적인 통치방식을 싫어하여 강력한 연방 중심의 중앙집권적 통치방식보다 자치적인 지방분권주의적 통치방식을 선호하였으며, 범죄에 대응하는 방식에 있어서도 강력한 경찰조직보다는 자치경비조직의 형태를 추구하였다.
② (×) 홈스테드 파업분쇄사건은 홈스테드의 카네기제철소에서 일어난 파업을 분쇄하기 위해 핑커톤 경비회사가 노조 파괴꾼들을 고용해 파업 노동자들과 유혈충돌을 일으켜 경비회사에 대한 불신을 심어주어 민간경비산업의 발전을 저해한 사건이다.
③ (×) 어거스틴 포프(A. Pope)는 1853년 최초로 전자 도난방지 경보시스템의 특허를 받았으며, 이를 에드윈 홈즈(E. Holmes)에게 판매하였다. 경비원의 기능을 통제하고 향상시키기 위해서는 경비원 전문자격증제도가 필요하다고 주장한 사람은 러셀 콜링(R. Colling)이다.
④ (×) CPP는 공인경비사 자격제도로서 연방정부 차원이 아닌 민간경비업체가 시행하면서 전국적인 수준으로 발전시킨 것이다. 현재 미국산업안전협회(ASIS ; American Society for Industrial Security)가 주정부 관할하에 주정부별로 CPP제도를 시행하고 있다.
 * 참고로 ASIS(American Society for Industrial Security)를 미국산업안전협회라는 단체명 대신에 미국산업경비협회라는 명칭으로 사용하기도 한다.

62 정답 ❸

경비계획의 수립 시 문제의 인지 → 목표의 설정 → 경비위해요소 조사·분석 → 전체계획 검토 → 경비계획안의 작성 및 비교·검토 → 최선안 선택 → 경비의 실시 및 평가 → 피드백의 과정을 거친다.

63 정답 ❸

③ (×) 경비원들이 시설물의 감시센터에 근무를 하면서 이상이 발견되거나 감지될 때 사고발생현장으로 출동하여 사고에 대처하는 경비방식은 로컬경비시스템에 대한 설명이다. 제한적 경보시스템은 사이렌이나 종, 비상등과 같은 제한된 경보장치를 설치한 시스템으로, 일반적으로 화재예방시설이 이 시스템의 전형으로 사람이 없으면 대항할 수 없다는 단점이 있다.
① (○) 가장 원시적인 경보체계로서 일정 지역에 국한해 한두 개의 경보장치를 설치하여 단순히 사이렌이나 경보음이 울리게 하거나 비상 경고등이 켜지게 하는 방식이다.
② (○) 외래경보시스템은 전용전화회선을 통하여 비상 감지 시에 직접 외부의 각 관계기관에 자동으로 연락이 취해지는 방식이다. 즉, 건물 각 지점에 감지기가 전화선에 연결되어 있기 때문에 화재, 외부침입, 유독가스발생 등의 사태 시 각각의 감지기에서 감지된 상황이 전화선을 통해 자동으로 해당기관에 전달되는 시스템이다.
④ (○) 다이얼 경보시스템은 비상사태가 발생하였을 경우 사전에 입력된 전화번호(강도 등의 침입이 감지되는 경우는 112, 화재발생 시는 119)로 긴급연락을 하는 시스템으로 설치가 간단하고 유지비가 저렴한 반면에, 전화선이 끊기거나 통화 중인 경우에는 전혀 연락이 되지 않는 단점이 있다.

핵심만콕   경보체계(시스템)의 종류

중앙관제시스템 (중앙통제관리시스템)	• 일반적으로 활용하고 있는 경보체계로서 경계가 필요한 곳에 CCTV를 설치하여 활용 • 사태파악이나 조치가 빠르고 오경보나 오작동에 대한 염려가 거의 없음
다이얼 경보시스템	• 비상사태가 발생하였을 경우 사전에 입력된 전화번호(강도 등의 침입이 감지되는 경우는 112, 화재 발생 시는 119)로 긴급연락을 하는 시스템 • 설치가 간단하고 유지비가 저렴한 반면에, 전화선이 끊기거나 통화 중인 경우에는 전혀 연락이 되지 않는 단점이 있음
상주경보시스템	• 조직이 자체적으로 경비부서를 조직하고 경비활동을 실시하는 가장 고전적인 방법으로 각 주요 지점마다 경비원을 배치하여 비상시에 대응하는 방식 • 즉각적인 대응이 가능하고 가장 신속한 대응방법이지만 많은 인력이 필요함
제한적 경보시스템	• 사이렌이나 종, 비상등과 같은 제한된 경보장치를 설치한 시스템으로, 일반적으로 화재예방시설이 이 시스템의 전형 • 사람이 없으면 대응할 수 없다는 단점이 있음
국부적 경보시스템	• 가장 원시적인 경보체계 • 일정 지역에 국한해 한두 개의 경보장치를 설치하여 단순히 사이렌이나 경보음이 울리게 하거나 비상 경고등이 켜지게 하는 방식
로컬경비시스템	경비원들이 시설물의 감시센터에 근무를 하면서 이상이 발견되거나 감지될 때 사고 발생 현장으로 출동하여 사고에 대처하는 방식
외래경보시스템 (외래지원경보시스템)	전용 전화회선을 통하여 비상 감지 시에 직접 외부의 각 관계기관에 자동으로 연락이 취해지는 방식

64   정답 ❸

③ (×) 1976년 12월 용역경비업법 제정 당시에는 시설경비와 호송경비의 두 가지 업무만 규정되어 있었다. 그러다가 1989년 12월 경비업법에 최초로 '기계경비'라는 단어가 등장한다. 다만 당시의 기계경비는 지금처럼 독립된 '기계경비업무'가 아니었으며, 허가사항이 아니라 신고사항이었다. 그리고 1995년 12월 30일 신변보호업무가 경비업무의 하나로 도입된다. '○○경비업무'처럼 독립된 제목을 부여한 것은 2001년 4월 전부개정이다. 그리고 이 개정을 통해 기계경비를 시설경비에서 분리하여 허가업무로 독립시킨다. 오보가 많고 출동체제를 구축하지 않은 업체가 많은 점을 고려하여 기계경비업무를 독립시켜 허가를 받게 하는 한편, 관제시설 및 대처차량 등 대응체제 구축을 의무화한다. 그리고 특수경비업무를 신설하였다.
〈출처〉 박병식, 경비업법의 현안과 해결방안, 한국경호경비학회, 2011

① (○) 한국경비실업(韓國警備實業)은 1977년 설립되어 내무부장관(현 행정안전부장관) 경비업 허가 제1호를 취득하였고, 이듬해 한국경비보장(韓國警備保障)으로 회사명을 변경하였다. 이후 1980년 삼성그룹이 일본의 경비업체 세콤(SECOM)과의 합작을 통해 한국경비보장을 인수하였고, 1991년 한국안전시스템(韓國安全시스템)으로, 그 후 1996년 에스원(S1)으로 회사명을 변경하였다.

② (○) 1976년 용역경비업법이 제정되어 법적 기반이 마련되었고, 1978년 사단법인 한국용역경비협회가 설립되었다.

④ (○) 1980년대(아시안게임, 서울올림픽) 이후 외국 경비회사와의 합작이나 기술제휴로 기계경비시대가 본격적으로 시작되어 일반 국민들도 기계경비의 필요성과 효율성을 인식하는 단계에 이르러 경비업무의 기계화 및 과학화가 활성화되었다.

> **핵심만콕** 한국 민간경비의 발전과정
>
> - 1960년대 초 화영기업, 경원기업 2개 회사가 미군의 군납형태로 미8군부대의 용역경비를 담당한 것이 현대적 의미의 민간경비의 효시라 할 수 있다.
> - 1964년에는 봉신기업과 경화기업, 1965년에는 신원기경, 1966년에는 화영기업의 후신인 용진실업 그리고 1968년 초해산업 등이 설립되었다.
> - 1962년 청원경찰법 제정, 1973년 청원경찰법 전면개정, 1976년 용역경비업법이 제정되었고 1978년에는 사단법인 한국경비협회가 설립되었다.
> - 한국경비실업(韓國警備實業)은 1977년 설립되어 내무부장관(현 행정안전부장관) 경비업 허가 제1호를 취득하였고, 이듬해 한국경비보장(韓國警備保障)으로 회사명을 변경하였다. 이후 1980년 삼성그룹이 일본의 경비업체 세콤(SECOM)과의 합작을 통해 한국경비보장을 인수하였고, 1991년 한국안전시스템(韓國安全시스템)으로, 그 후 1996년 에스원(S1)으로 회사명을 변경하였다.
> - 1990년대에 이르러 국내 최초로 은행자동화코너 무인경비(無人警備)를 개시하였다.
> - 한국의 민간경비는 1986년 아시안게임, 1988년 서울올림픽, 1993년 대전 EXPO 행사를 통하여 안전 및 경호경비 문제를 무사히 치르고 난 이후부터 매년 성장을 거듭하여 왔다.
> - 1999년 「용역경비업법」의 법명을 「경비업법」으로 개정하였다.
> - 2001년 「경비업법」 전부개정 시 경비업의 종류에 명시적으로 기계경비업무가 추가되고, 특수경비업무(특수경비원제도)가 신설되었으며, 기계경비산업이 급속한 발전으로 기계경비업무를 신고제에서 허가제로 변경하였다.
> - 우리나라는 2013년 경비업법상 경비지도사의 직무로 집단민원현장에 배치된 경비원에 대한 지도·감독이 추가되었다.

65 정답 ❷

○△× 사격은 특수경비원(경비업법 시행규칙 [별표 4])과 청원경찰(청원경찰법 시행규칙 [별표 1])의 신임교육과목에 해당한다.

> **관계법령** 일반경비원 신임교육의 과목 및 시간(경비업법 시행규칙 [별표 2]) <개정 2024.8.14.>
>
> | 구 분
(교육시간) | 과 목 | 시 간 |
> |---|---|---|
> | 이론교육
(4시간) | 「경비업법」 등 관계법령 | 2 |
> | | 범죄예방론 | 2 |
> | 실무교육
(19시간) | 시설경비실무 | 3 |
> | | 호송경비실무 | 2 |
> | | 신변보호실무 | 2 |
> | | 기계경비실무 | 2 |
> | | 혼잡·교통유도경비실무 | 2 |
> | | 사고예방대책 | 2 |
> | | 체포·호신술 | 2 |
> | | 장비사용법 | 2 |
> | | 직업윤리 및 인권보호 | 2 |
> | 기타(1시간) | 입교식, 평가 및 수료식 | 1 |
> | 계 | (보통 3일간 24시간 이수로 운용됨)★ | 24 |

66 정답 ❷

( ) 안에 들어갈 내용은 ㉠ : 경비실시방식, ㉡ : 총체적 경비이다.

> **핵심만콕** 경비실시방식에 따른 분류
>
> - 1차원적 경비 : 경비원에 의한 경비 등과 같이 단일 예방체제에 의존하는 경비형태를 말한다.
> - 단편적 경비 : 포괄적·전체적 계획 없이 필요할 때마다 단편적으로 손실예방 등의 역할을 수행하기 위해 추가되는 경비형태를 말한다.
> - 반응적 경비 : 단지 특정한 손실이 발생할 때마다 그 사건에만 대응하는 경비형태를 말한다.
> - 총체적 경비(종합적 경비) : 모든 상황에 대비하기 위하여 인력경비와 기계경비를 종합한 경비형태를 말한다. 특정의 위해요소와 관계없이 언제 발생할지 모르는 상황에 대비하여 인력경비와 기계경비를 종합한 표준화된 경비형태를 말한다.

67 정답 ❹

④ (×) 시설물 내에 존재하는 내부자산들은 그 가치가 다르기 때문에 별도로 경비보호계획을 수립하여 대응하여야 한다.
① (○) 지붕은 외곽시설물 경비에서 가장 취약한 부분이므로 경보시스템을 설치하여야 한다.
② (○) 담장은 시설물의 경계나 시설물 내의 업무활동을 은폐하기 위하여 설치하며, 담장 위에 철조망을 설치하면 방범 효율이 증대된다.
③ (○) 시설물에 대한 물리적 통제는 기본적으로 경계지역(건물 주변), 건물외부지역, 건물내부지역으로 구분되고, 외곽경비의 1차적인 경계지역은 건물주변이다.

68 정답 ❸

젊은 연령층의 기술과 지성을 겸비한 컴퓨터 전문가가 죄의식이 빈약한 상태에서 저지르기 때문에 초범이 많다.

69 정답 ❷

제시문은 민간경비의 조직 운영원리 중 명령통일의 원리에 해당한다. 명령통일의 원리란 각 조직구성원은 한 사람의 관리자로부터만 명령을 받아야 한다는 원리로, 경호학에서는 지휘권단일화원칙이라고도 한다.

70 정답 ③

제시된 표의 ( )의 ㄱ~ㄹ에 들어갈 내용은 순서대로 연기, 불꽃, 이온감지기, 연기감지기이다.

핵심만콕 화재 발생의 단계 ★

구 분	내 용	감지원	적합한 감지기
초기 단계	연기와 불꽃, 빛 등은 보이지 않고 약간의 열기만 감지할 수 있고 열과 빛이 나타나지 않은 발화상태로, 가연성 물질이 나온다.	가연성 물질	이온감지기
그을린 단계	불꽃은 보이지 않고 약간의 연기만 감지된다.	연 기	연기감지기, 광전자감지기
불꽃발화 단계	실제 불은 눈에 보이지 않지만 불꽃과 연기는 보이는 상태이다.	불 꽃	적외선감지기
열 단계	불꽃과 연기, 그리고 강한 열이 감지되면서 계속적으로 불이 외부로 확장되는 상태로, 공기는 가열되어 위험할 정도로 팽창되는 상태이다.	열	열감지기

71 정답 ②

② (×) 요인경호(신변보호경비)란 경제인, 정치인, 연예인 등 특정인의 신변보호와 질서유지를 목적으로 하는 경비활동을 말한다. 호송경비란 운송이 필요한 현금・보석・유가증권 등 각종 귀중품을 도난・화재 등 위험으로부터 보호하여 안전하게 이송시키는 경비활동을 말한다.
① (○) 상주경비란 대규모 주택단지, 대규모 상업시설, 중요산업시설, 학교 등과 같은 시설에서 고정적으로 상주하면서 24시간 경비를 실시하는 것을 말한다.
③ (○) 혼잡경비란 기념행사, 경기대회, 제례행사, 기타 요인으로 모인 군중에 의하여 발생되는 자연적・인위적 혼잡상태를 사전에 예방하거나 경계하고, 위험한 사태가 발생할 경우에는 신속히 진압하여 확대되는 것을 방지하는 예비활동을 말한다.
④ (○) 순찰경비란 경비원이 담당하는 특정한 구역 내에서 경비원의 일반적인 임무를 수행하여 고객의 인적・물적 안전을 확보하는 경비활동으로 도보나 차량을 이용하여 정해진 노선을 따라 경비구역 및 시설물의 상태를 점검한다.

72 정답 ③

③ (○) 일본의 민간경비산업은 1964년 동경올림픽 선수촌 경비를 계기로 민간경비의 활약과 역할을 인식하게 되었고, 1970년 오사카만국박람회를 계기로 하나의 산업으로 자리잡게 되었다.
① (×) 도쿠가와시대에는 장병위라는 이름으로 경비업을 전문으로 하는 직업경비업자가 생겨나 노동자 공급이나 경비업무를 실시하였고 도쿠가와시대 이후에는 경비업무의 범위를 넓혀 호상들의 저택경비나 물품 및 귀중품 운반까지 전문적인 직업 경비원들에 의하여 실시되었다.
② (×) 일본의 민간경비는 1980년대에 한국(1980년대 초)과 중국(1988년)으로 진출하면서 비약적인 발전을 하였다.
④ (×) 일본에서는 1972년 경비업법 제정 이래 경찰은 일관되게 경비업을 규제의 대상으로 보아 왔다. 하지만, 일본 경비업법의 획기적인 전환을 가져온 2003년의 '긴급치안대책프로그램'에는 '경비업의 육성과 활용'이라는 항목이 '범죄에 강한 사회'를 구축하는 시책의 하나로 등재되어 있다. 따라서 2003년의 '긴급치안대책프로그램'은 민간경비의 규제보다는 보호 및 자율적 성장을 위한 계기를 마련하였다 평가할 수 있다.

73 정답 ③

③ (×) 그냥 내버려두면 보호받지 못한 채로 방치될 재산을 민간경비가 보호한다는 것은 이익집단이론의 내용이다. 수익자부담이론은 경찰의 공권력 작용은 질서유지나 체제수호 등과 같은 거시적 역할에 한정하고 개인이나 집단의 안전과 보호는 해당 개인이나 집단이 담당하여야 한다는 이론이다.
① (○) 경제환원론은 경기침체로 인해 실업자가 늘어나면 자연적으로 범죄가 증가하고, 이에 민간경비가 직접 범죄에 대응하게 됨으로써 민간경비시장이 성장·발전한다는 이론이다.
② (○) 민영화이론은 정부의 역할을 줄이는 대신 민간의 역할을 증대시키는 민영화로 정의하고 있다. 민영화이론은 1980년대 이후 복지국가의 이념에 대한 반성으로서 국가독점에 의한 비효율성을 극복하고자 시장경쟁논리를 도입한 이론으로, 공공지출과 행정비용의 감소효과를 유발하기 위한 방법으로서 제시되었다.
④ (○) 공동화이론은 경찰이 수행하고 있는 경찰 본연의 기능이나 역할을 민간경비가 보완하거나 대체한다는 이론으로, 경찰의 범죄예방능력이 국민의 욕구를 충족시키지 못할 때의 공동상태를 민간경비가 보충함으로써 민간경비가 성장한다는 이론이다.

74 정답 ④

우리나라 민간경비산업의 발전과정은 ㄴ. 주한 미8군부대의 용역경비 실시(1962년) → ㄱ. 용역경비업법 제정(1976년) → ㄹ. 사단법인 한국경비협회 설립(1978년) → ㄷ. 특수경비원 제도 도입(2001년) 순이다.

75 정답 ④

현재의 국제화 시대에는 내국인의 해외범죄, 외국인의 국내범죄 등의 국제범죄가 급증하고 있다.

76 정답 ①

외부 침입 시 경비시스템 중 1차 보호시스템은 외부 출입통제시스템이고, 2차 보호시스템은 내부 출입통제시스템이다.

77 정답 ③

③ (○) 컴퓨터 범죄의 관리상 안전대책으로 예기치 못한 사고에 대비하기 위해 시스템 백업과 프로그램 백업이 필요하다.
① (×) 사후구제방법보다는 사전예방대책이 우선적으로 수립되어야 한다.
② (×) 지속적이고 장기적인 대책 수립이 필요하다.
④ (×) 네트워크 취약성으로 발생하는 문제는 물리적 통제절차가 아니라 방화벽 설치 등 기술적 안전대책으로 해결해야 한다.

78 정답 ❷

제시된 내용 중 옳은 것은 ㄱ과 ㄴ이다.
ㄱ. (○) 경비업법 제15조의2 제2항을 위반하여 경비원에게 경비업무의 범위를 벗어난 행위를 하게 한 자는 3년 이하의 징역 또는 3천만원 이하의 벌금에 처한다(경비업법 제28조 제2항 제9호).
ㄴ. (○) 청원경찰이 직무를 수행할 때 직권을 남용하여 국민에게 해를 끼친 경우에는 6개월 이하의 징역이나 금고에 처한다(청원경찰법 제10조 제1항).
ㄷ. (×) 청원경찰 업무에 종사하는 사람은 형법이나 그 밖의 법령에 따른 벌칙을 적용할 때에는 공무원으로 보나(청원경찰법 제10조 제2항), 청원경찰(국가기관이나 지방자치단체에 근무하는 청원경찰은 제외한다)의 직무상 불법행위에 대한 배상책임에 관해서는 민법의 규정을 따른다(청원경찰법 제10조의2).

79 정답 ❷

② (×) 방범서비스산업에 대한 규제보다는 보호 및 자율적 성장을 위한 법령 등의 제도 개선이 필요하다.
① (○) 치안수요의 다양성과 전문성에 효과적으로 대응하기 위해서는 양자가 상호역할의 중요성과 필요성을 인식하고 치안서비스의 공동생산의 동반자관계를 정립해 나가는 것이 양자가 발전할 수 있는 방안이 될 것이다.
③ (○) 경비활동을 보다 더 향상시키고 자신의 신체적 위협에 대비하기 위해서 우리나라도 외국처럼 휴대하기 편리한 무전기, 가스 분사기 등이 보편화되어야 한다.
④ (○) 우수한 경비인력의 확보와 경비업체의 신뢰도 향상을 위해 경비지도사제도 외에 민간경비 자격검정제도를 도입하여 경비인력의 전문화와 민간경비의 질적 향상을 도모하고, 경비전문학교 설립 등을 통해 경비원 교육·훈련을 내실화하여야 한다.

80 정답 ❸

③ (×) 청원주의 입장에서 볼 때 유사한 경비업무를 담당하면서도 민간경비가 청원경찰보다 경비요금이 저렴하며, 경비담당자의 관리라는 측면에서도 민간경비를 채택하는 것이 청원경찰보다 관리가 수월하기 때문에 민간경비를 선호하고 청원경찰 배치를 기피하는 경향이 있다. 따라서 청원경찰 인력이 지속적으로 증가하는 추세라는 설명은 옳지 않다.
① (○) 청원경찰과 민간경비원이 동시에 같은 구역 내 근무를 하는 경우 청원주가 청원경찰에 대한 근무배치 및 감독에 관한 권한의 일부를 경비업자에게 위임하더라도 실질적인 지휘·감독이 행해지지 못하여 사건 발생 시 신속하고 책임 있는 대응조치를 취할 수 없다.
② (○) 청원경찰은 봉급, 제수당, 피복비, 교육비, 보상금, 퇴직금 등 청원경찰경비의 최저부담기준액을 경찰청장이 매년 12월 중에 경찰공무원 중 순경의 것에 준하여 고시·지급받도록 되어 있으나, 민간경비의 경우는 경비업체와 시설주(고객)와의 자유로운 경비도급계약에 의하여 결정되며 실제로도 청원경찰보다 적은 금액을 받고 있다.
④ (○) 청원경찰경비가 높은 수준인 것 외에도 청원경찰이 의무적으로 배치되어야 할 중요시설물에 기술상의 문제로 기계경비를 운용하게 되어 시설주인 청원주에게 이중의 부담이 있다.

제8회 법학개론

> 문제편 171p

정답 CHECK

01	02	03	04	05	06	07	08	09	10	11	12	13	14	15	16	17	18	19	20
②	③	①	③	②	③	④	④	④	③	④	④	③	④	①	②	①	④	①	①
21	22	23	24	25	26	27	28	29	30	31	32	33	34	35	36	37	38	39	40
③	③	④	③	②	④	④	③	④	④	④	④	③	④	①	④	③	④	④	②

01 정답 ②

② (✕) 권리의 객체는 권리의 대상을 의미하며 이에 따라 권리가 다른 권리의 객체가 될 수도 있다[권리질권(민법 제345조), 지상권·전세권을 목적으로 하는 저당권(민법 제371조)].
① (○) 자연인(민법 제3조)뿐만 아니라 법인도 관청의 허가를 얻고 등기를 하면 권리·의무의 주체가 될 수 있다(민법 제34조 참조).
③ (○) 인격권은 권리자 자신을 객체로 하는 것으로서 권리자와 분리할 수 없는 권리이다. 대표적인 예로 생명권, 신체권, 초상권, 자유권, 명예권 등이 있다.
④ (○) 권리의 주체와 분리하여 양도할 수 없는 권리라 함은 권리의 귀속과 행사가 특정주체에게 전속되는 일신전속권을 말한다. 저작권은 저작인격권과 저작재산권으로 구성되는데, 양도나 이용허락이 가능한 저작재산권과 달리 저작인격권은 양도·대여가 불가능한 일신전속적 권리이다.

02 정답 ③

③ (✕) 비례대표제는 각 정당에게 그 득표수에 비례하여 의석을 배분하는 대표제로 군소정당의 난립을 가져와 정국의 불안을 가져온다는 것이 일반적 견해이다.
① (○) 소선거구제는 1선거구에서 1인의 대표자를 선출하는 제도로 하나의 선거구에서 최다득표 후보자를 당선자로 선출하는 다수대표제와 결합되어 시행된다.
② (○) 우리나라 지방자치단체 기초의회 의원 선거는 기초의원 선거는 중·대선거구제로, 한 선거구에 최소 2명에서 5명까지 당선된다.
④ (○) 선거구획정에 관하여 국회의 광범한 재량이 인정되지만 그 재량에는 평등선거의 실현이라는 헌법적 요청에 의하여 일정한 한계가 있을 수밖에 없는바, 첫째로, 선거구획정에 있어서 인구비례원칙에 의한 투표가치의 평등은 헌법적 요청으로서 다른 요소에 비하여 기본적이고 일차적인 기준이기 때문에, 합리적 이유 없이 투표가치의 평등을 침해하는 선거구획정은 자의적인 것으로서 헌법에 위반된다는 것이고, 둘째로, 특정 지역의 선거인들이 자의적인 선거구획정으로 인하여 정치과정에 참여할 기회를 잃게 되었거나, 그들이 지지하는 후보가 당선될 가능성을 의도적으로 박탈당하고 있음이 입증되어 특정 지역의 선거인들에 대하여 차별하고자 하는 국가권력의 의도와 그 집단에 대한 실질적인 차별효과가 명백히 드러난 경우, 즉 게리맨더링에 해당하는 경우에는, 그 선거구획정은 입법재량의 한계를 벗어난 것으로서 헌법에 위반된다는 것이다[헌재결[전] 2001.10.25. 2000헌마92·240(병합)]. 헌법재판소는 국회의원 선거구의 인구 편차가 2:1을 초과하면 위헌이고 각 선거구의 인구는 선거구 평균 인구 ±1/3배 이내여야 한다(헌재결[전] 2014.10.30. 2012헌마190)는 입장이다.

03 정답 ❶

국제사법은 섭외적 법률관계를 규율하는 것이지만, 명칭대로 사법(私法)에 속하는 국내법이다.

> **핵심만콕**
>
> **국제법**
> - 국가 상호 간의 관계 또는 국제 조직 등에 대하여 규율하는 국제사회의 법
> - 국제사법(섭외사법)과 구별하기 위하여 국제공법이라고도 하며 국제사법은 국내법에 속한다.
>
> **법의 체계 및 분류**
>
> | 국내법 | | | | | | | | | | | 국제법 | |
> |---|---|---|---|---|---|---|---|---|---|---|---|---|
> | 공 법 | | | | | | 사 법 | | | 사회법 | | 국제법규, 조약 | 국제관습법 |
> | 실체법 | | | 절차법 | | | 실체법 | | | 실체법 | | | |
> | 헌 법 | 형 법 | 행정법 | 민사소송법 | 형사소송법 | 행정소송법 | 민 법 | 상 법 | 국제사법 | 노동법 | 경제법 | 사회보장법 | |

04 정답 ❸

③ (×) 국회의원은 표결에 대하여 표시한 의사를 변경할 수 없다(국회법 제111조 제2항).
① (○) 헌법 제104조 제1항
② (○) 헌법 제52조
④ (○) 헌법 제53조 제1항

05 정답 ❷

제시문의 (　)의 ㄱ~ㄷ에 들어갈 숫자의 합은 8이다.

> **관계법령** **소멸시효(상법 제662조)**
>
> 보험금청구권은 3년간, 보험료 또는 적립금의 반환청구권은 3년간, 보험료청구권은 2년간 행사하지 아니하면 시효의 완성으로 소멸한다.

06 정답 ❸

제시문은 아리스토텔레스의 정의론 중 평균적 정의에 관한 설명이다.

> **핵심만콕** **아리스토텔레스의 정의론★**
>
> 정의를 일반적 정의(광의)와 특수적 정의(협의)로 구분하였고, 특수적 정의는 다시 아래와 같이 분류하였다.
> - 평균적 정의 : 개인은 동일한 가치를 가지고 평등하게 다루어져야 한다는 형식적·절대적 평등을 주장하는 산술적·교환적 정의
> - 배분적 정의 : 개인 각자의 능력과 가치에 따라 적합하게 분배되어야 한다는 실질적·상대적 평등을 주장하는 상대적·비례적 정의
> * 일반적 정의는 법을 지키는 등의 일반적인 옳고 그름을 지키는 것을 의미

07 정답 ④

헌법은 대통령·국무총리·국무위원·행정각부의 장·헌법재판소 재판관·법관·중앙선거관리위원회 위원·감사원장·감사위원 기타 법률이 정한 공무원이 그 직무집행에 있어서 헌법이나 법률을 위배한 때에는 국회는 탄핵의 소추를 의결할 수 있다(헌법 제65조 제1항)고 규정하고 있으므로 국회의원은 탄핵심판의 대상이 아니다.

> **관계법령** 헌법 제111조
> ① 헌법재판소는 다음 사항을 관장한다.
>   1. 법원의 제청에 의한 법률의 위헌여부 심판
>   2. 탄핵의 심판
>   3. 정당의 해산 심판
>   4. 국가기관 상호 간, 국가기관과 지방자치단체 간 및 지방자치단체 상호 간의 권한쟁의에 관한 심판
>   5. 법률이 정하는 헌법소원에 관한 심판
> ② 헌법재판소는 법관의 자격을 가진 9인의 재판관으로 구성하며, 재판관은 대통령이 임명한다.
> ③ 제2항의 재판관 중 3인은 국회에서 선출하는 자를, 3인은 대법원장이 지명하는 자를 임명한다.
> ④ 헌법재판소의 장은 국회의 동의를 얻어 재판관 중에서 대통령이 임명한다.

08 정답 ④

상상적 경합범의 성립요건으로 옳지 않은 것은 ㄷ과 ㄹ이다.
ㄷ. (×) 동종의 죄이건 이종의 죄이건 불문한다.
ㄹ. (×) 고의범이건 과실범이건 불문 한다.

09 정답 ④

④ (○) 민법 제102조 제1항
① (×) 주물과 종물에 관해 정한 민법 제100조는 물건 상호 간의 관계에 관한 것이지만 권리 상호 간의 관계에도 유추적용된다(대판 2006.10.26. 2006다29020).
② (×) 주물과 종물은 동산이든 부동산이든 상관없다.
③ (×) 물건의 용법에 의하여 수취하는 산출물은 천연과실이다(젖소의 우유 등). 법정과실은 원물을 타인에게 사용하게 한 대가로서 얻는 과실을 말한다(집세, 이자 등)(민법 제101조 참조).

10 정답 ③

③ (○) 간접의무의 대표적인 예로는 청약자의 승낙연착에 대한 통지의무(민법 제528조)가 있다.
① (×) 일반적으로 권리와 의무는 사법(私法)관계뿐만 아니라 모든 법률관계에서 표리관계를 이루며 서로 대응한다.
② (×) 의무는 보통 권리와 대응하지만, 권리만 있고 의무는 없는 경우(취소권, 해제권, 추인권 등과 같은 형성권)도 있고 의무만 있고 권리는 없는 경우(청산인의 공고 의무, 법인의 설립등기 의무)도 있다.
④ (×) 어떤 행위를 하지 않아야 하는 의무가 부작위의무이고, 어떤 행위를 하여야 하는 의무가 작위의무이므로 제시된 내용은 경비업자의 부작위의무에 해당한다.

11 정답 ④

④ (×) 사형, 무기 또는 <u>10년</u> 이상의 징역이나 금고가 선고된 사건에 있어서 중대한 사실의 오인이 있어 판결에 영향을 미친 때 또는 형의 양정이 심히 부당하다고 인정할 현저한 사유가 있는 때(형사소송법 제383조 제4호)
① (○) 형사소송법 제383조 제1호
② (○) 형사소송법 제383조 제2호
③ (○) 형사소송법 제383조 제3호

> **관계법령** 상고이유(형사소송법 제383조)
>
> 다음 사유가 있을 경우에는 원심판결에 대한 상고이유로 할 수 있다.
> 1. 판결에 영향을 미친 헌법·법률·명령 또는 규칙의 위반이 있는 때
> 2. 판결 후 형의 폐지나 변경 또는 사면이 있는 때
> 3. 재심청구의 사유가 있는 때
> 4. 사형, 무기 또는 10년 이상의 징역이나 금고가 선고된 사건에 있어서 중대한 사실의 오인이 있어 판결에 영향을 미친 때 또는 형의 양정이 심히 부당하다고 인정할 현저한 사유가 있는 때

12 정답 ④

선고유예와는 달리 집행유예는 자격정지를 대상으로 하지 않는다.

> **관계법령** 집행유예의 요건(형법 제62조)
>
> ① <u>3년 이하의 징역이나 금고 또는 500만원 이하의 벌금의 형을 선고할 경우</u>에 제51조의 사항을 참작하여 그 정상에 참작할 만한 사유가 있는 때에는 1년 이상 5년 이하의 기간 형의 집행을 유예할 수 있다. 다만, 금고 이상의 형을 선고한 판결이 확정된 때부터 그 집행을 종료하거나 면제된 후 3년까지의 기간에 범한 죄에 대하여 형을 선고하는 경우에는 그러하지 아니하다.
> ② 형을 병과할 경우에는 그 형의 일부에 대하여 집행을 유예할 수 있다.

13 정답 ③

타인과 영업의 손익 전부를 같이 하는 계약이 상법상 주주총회의 특별결의사항에 해당한다.

> **관계법령** 영업양도, 양수, 임대 등(상법 제374조)
>
> ① 회사가 다음 각호의 어느 하나에 해당하는 행위를 할 때에는 제434조에 따른 결의가 있어야 한다.
>
> > **정관변경의 특별결의(상법 제434조)**
> > 제433조 제1항의 결의는 출석한 주주의 의결권의 3분의 2 이상의 수와 발행주식총수의 3분의 1 이상의 수로써 하여야 한다.
>
> 1. 영업의 전부 또는 중요한 일부의 양도
> 2. 영업 전부의 임대 또는 경영위임, 타인과 영업의 손익 전부를 같이 하는 계약, 그 밖에 이에 준하는 계약의 체결·변경 또는 해약
> 3. 회사의 영업에 중대한 영향을 미치는 다른 회사의 영업 전부 또는 일부의 양수

14 정답 ❹

제시된 내용은 모두 형사소송법상 증거의 기본원칙에 해당한다.
- ㄱ. (O) 피고인의 자백이 증거능력이 있고 신빙성이 인정되어 법관이 유죄의 심증을 얻은 경우라도 보강증거가 없으면 유죄로 인정할 수 없다는 원칙을 말한다(형사소송법 제310조 참고).
- ㄴ. (O) 위법한 방법에 의하여 임의성이 의심스러운 자백의 증거능력을 부정하는 법칙을 말한다. 헌법 제12조 제7항은 "피고인의 자백이 고문. 폭행. 협박. 구속의 부당한 장기화 또는 기망 기타의 방법에 의하여 자의(自意)로 진술한 것이 아니라고 인정될 때에는 유죄의 증거로 삼을 수 없다"고 규정하고, 이에 따라 형사소송법 제309조는 "피고인의 자백이 고문, 폭행, 협박, 신체구속의 부당한 장기화 또는 기망 기타의 방법으로 임의(任意)로 진술한 것이 아니라고 의심할 만한 이유가 있는 때에는 이를 유죄의 증거로 하지 못한다"고 규정하고 있다.
- ㄷ. (O) 적법한 절차에 따르지 아니하고 수집한 증거는 증거로 할 수 없다는 원칙을 말한다(형사소송법 제308조의2).
- ㄹ. (O) 사실인정의 기초가 되는 사실을 체험자 자신이 직접 진술하지 않고 타인의 증언이나 진술 등 간접적인 매체를 통하여 법원에 보고하는 전문증거는 증거로 할 수 없다는 원칙으로 형사소송법 제310조의2는 "제311조 내지 제316조에 규정한 것 이외에는 공판준비 또는 공판기일에서의 진술에 대신하여 진술을 기재한 서류나 공판준비 또는 공판기일 외에서의 타인의 진술을 내용으로 하는 진술은 이를 증거로 할 수 없다"고 규정하고 있다.

15 정답 ❶

제시문의 ㄱ과 ㄴ에 들어갈 내용은 순서대로 1, 5이다.

> **관계법령** **채권자취소권(민법 제406조)**
> ① 채무자가 채권자를 해함을 알고 재산권을 목적으로 한 법률행위를 한 때에는 채권자는 그 취소 및 원상회복을 법원에 청구할 수 있다. 그러나 그 행위로 인하여 이익을 받은 자나 전득한 자가 그 행위 또는 전득당시에 채권자를 해함을 알지 못한 경우에는 그러하지 아니하다.
> ② 전항의 소는 채권자가 취소원인을 안 날로부터 1년, 법률행위 있은 날로부터 5년 내에 제기하여야 한다.

16 정답 ❷

형법에서는 불이익한 유추해석이나 확대해석을 금지하며(죄형법정주의의 원칙), 피고인에게 유리한 유추해석만 가능하다고 본다.

17 정답 ❶

① (×) 법은 사회구성원들이 지켜야 할 행위의 준칙을 정하는 당위법칙으로서, 있는 그대로의 존재를 설명하는 자연현상의 존재법칙과는 구별된다.
② (O) 법은 사회질서를 유지하기 위하여 사회의 구성원이 준수하여야 할 행위의 준칙을 의미한다.
③ (O) 법은 관습이나 도덕규범과 같이 인간의 행위를 규율하는 행위규범이다. 즉, 어떠한 행위를 행하도록 명하거나 어떠한 행위를 하지 말도록 금지하는 관계를 규정한다.
④ (O) 법규범의 제정·적용·집행을 담당하는 기관의 조직과 이 조직을 구성하는 기관에 일정한 권한을 부여하는 조직규범이다.

18 정답 ④

④ (×) 보조기관이란 행정기관의 의사 또는 판단의 결정이나 표시를 보조함으로써 행정기관의 목적달성에 공헌하는 기관을 말한다(행정기관의 조직과 정원에 관한 통칙 제2조 제6호). 제시된 내용은 부속기관에 관한 설명이다(행정기관의 조직과 정원에 관한 통칙 제2조 제3호).
① (○) 행정청이란 행정에 관한 의사를 결정하여 표시하는 국가 또는 지방자치단체의 기관과 그 밖에 법령등에 따라 행정에 관한 의사를 결정하여 표시하는 권한을 가지고 있거나 그 권한을 위임 또는 위탁받은 공공단체 또는 그 기관이나 사인(私人)을 말한다(행정기본법 제2조 제2호).
② (○) 행정기관의 조직과 정원에 관한 통칙 제2조 제4호
③ (○) 행정기관의 조직과 정원에 관한 통칙 제2조 제7호

19 정답 ①

① (○) 사회보장기본법 제3조 제2호
② (×) 국가와 지방자치단체의 책임하에 생활 유지 능력이 없거나 생활이 어려운 국민의 최저생활을 보장하고 자립을 지원하는 제도를 말한다(사회보장기본법 제3조 제3호).
③ (×) 국가·지방자치단체 및 민간부문의 도움이 필요한 모든 국민에게 복지, 보건의료, 교육, 고용, 주거, 문화, 환경 등의 분야에서 인간다운 생활을 보장하고 상담, 재활, 돌봄, 정보의 제공, 관련 시설의 이용, 역량 개발, 사회참여 지원 등을 통하여 국민의 삶의 질이 향상되도록 지원하는 제도를 말한다(사회보장기본법 제3조 제4호).
④ (×) 생애주기에 걸쳐 보편적으로 충족되어야 하는 기본욕구와 특정한 사회위험에 의하여 발생하는 특수 욕구를 동시에 고려하여 소득·서비스를 보장하는 맞춤형 사회보장제도를 말한다(사회보장기본법 제3조 제5호).

20 정답 ①

① (×) 사람을 협박하여 의사결정의 자유를 침해하는 협박죄(형법 제283조 내지 제286조)는 개인적 법익에 관한 죄 중 자유에 대한 죄에 해당한다.
② (○), ③ (○) 사람을 기망하여 재물의 교부를 받거나 재산상의 이익을 취득하는 사기죄와 사람을 공갈하여 재물의 교부를 받거나 재산상의 이익을 취득하는 공갈죄는 개인적 법익에 관한 죄 중 재산에 대한 죄에 해당한다.
④ (○) 타인의 사무를 처리하는 자가 그 임무에 위배하는 행위로써 재산상의 이익을 취득하거나 제3자로 하여금 이를 취득하게 하여 본인에게 손해를 가하는 배임죄는 개인적 법익에 관한 죄 중 재산에 대한 죄에 해당한다.

21 정답 ③

헌법 제130조 제2항

핵심만콕

① (×) 헌법개정은 국회재적의원 과반수 또는 대통령의 발의로 제안되며(헌법 제128조 제1항), 제안된 개정안은 대통령이 20일 이상의 기간 이를 공고하여야 한다(헌법 제129조).
② (×) 국회는 헌법개정안이 공고된 날로부터 60일 이내 의결하여야 하며, 국회 의결은 재적의원 3분의 2 이상의 찬성을 얻어야 한다(헌법 제130조 제1항).
④ (×) 헌법개정이 확정되면 대통령은 즉시 이를 공포하여야 한다(헌법 제130조 제3항).

22 정답 ③

③ (×) 불특정 또는 다수의 사람의 생명, 신체에 위해를 가할 것을 내용으로 공연히 공중을 협박한 경우에 성립하는 공중협박죄(형법 제116조의2)는 사회적 법익에 대한 죄 중 공공의 안전과 평온을 해하는 죄에 해당한다. 2025.3.18.에 신설되었다.
① (○) 대한민국 영토의 전부 또는 일부에서 국가권력을 배제하거나 국헌을 문란하게 할 목적으로 폭동을 일으키거나 사람을 살해하는 등의 행위를 하여 국가의 존립을 위태롭게 하는 범죄로, 구체적으로 내란죄(형법 제87조), 내란목적 살인죄(형법 제88조), 내란 예비・음모죄(형법 제90조 제1항) 등이 있다.
② (○) 국가의 존립을 외부로부터 위태롭게 하는 범죄로 외환유치죄(형법 제92조), 여적죄(형법 제93조), 이적죄(형법 제94조부터 제97조, 제99조), 간첩죄(형법 제98조) 등이 있다.
④ (○) 공무원이 정당한 이유 없이 그 직무수행을 거부하거나 그 직무를 유기한 경우에 성립하는 직무유기죄(형법 제122조)는 국가적 법익에 대한 죄 중 국가의 기능을 해하는 죄에 해당한다.

23 정답 ④

④ (○) 상법은 회사의 실체 형성에 관한 대내적 요건과 거래 안전을 위한 대외적 요건을 법률에 정하고, 그 요건을 구비하면 회사의 성립을 인정하여 법인격을 취득하게 하는 준칙주의를 채택하여 조직과 내용을 공시하기 위한 등기나 등록을 성립요건으로 한다.
① (×) 회사 설립에 아무런 제한이 없는 입법주의이다. 준칙주의는 회사 설립의 책임에 관하여 상세한 규정을 두지 않는 단순준칙주의와 회사 설립을 담당한 자(주식회사의 발기인)에게 엄격한 책임을 묻는 규정을 두는 엄격준칙주의가 있는데, 단순준칙주의의 경우 자유설립주의와 유사하게 운영될 소지가 있다. 자유설립주의는 투기의 조장 및 회사 법인격 남용의 위험이 있다.
② (×) 군주의 특허 또는 특허입법에 의하여 개별적으로 회사의 설립을 인정하는 입법주의이다.
③ (×) 행정관청의 설립인가 또는 설립허가를 받도록 하는 입법주의이다.

24 정답 ③

③ (○) 법인 설립에 관하여 법정요건을 충족하고 행정관청의 허가를 받도록 하는 입법주의이다. 우리 민법은 허가주의를 채택하고 있다.
① (×) 법인 설립에 관하여 아무런 제한을 두지 않고 법인의 실체를 갖추면 당연히 법인격을 인정하는 입법주의인데, 우리 민법 제31조는 '법인은 법률의 규정에 의함이 아니면 성립하지 못한다'고 규정하여 자유설립주의를 배제하고 있다.
② (×) 법인 설립에 관한 요건을 법률로 규정하고 그 요건을 충족하면 당연히 법인격을 취득하게 하는 입법주의이다. 우리 상법은 회사의 실체 형성에 관한 대내적 요건과 거래 안전을 위한 대외적 요건을 법률에 정하고, 그 요건을 구비하면 회사의 성립을 인정하여 법인격을 취득하게 하는 준칙주의를 채택하여 조직과 내용을 공시하기 위한 등기나 등록을 성립요건으로 한다.
④ (×) 법인 설립을 위하여 특별법의 제정을 필요로 하는 입법주의이다.

25 정답 ②

② (×) 탄핵결정은 공직으로부터 파면함에 그친다. 그러나, 이에 의하여 민사상이나 형사상의 책임이 면제되지는 아니한다(헌법 제65조 제4항).
① (○) 헌법 제65조 제1항
③ (○) 헌법 제65조 제2항 본문
④ (○) 헌법 제71조

26 정답 ④

④ (✕) 친권자, 후견인, 근로자의 위임을 받은 대리인이나 노동조합은 임금을 대리하여 수령할 수 없다.
① (○) 근로기준법 시행령 제3조
② (○) 근로기준법 제43조 제1항 본문
③ (○) 근로기준법 제43조 제2항 본문

27 정답 ④

④ (✕) 지방자치단체인 구(이하 "자치구"라 한다)는 특별시와 광역시의 관할 구역의 구만을 말하며, 자치구의 자치권의 범위는 법령으로 정하는 바에 따라 시·군과 다르게 할 수 있다(지방자치법 제2조 제2항). 서울특별시 동작구는 특별시의 관할 구역의 구이므로 지방자치법 제2조 제1항 제2호의 "시, 군, 구"에 해당(자치구)하나, 성남시 분당구는 지방자치법 제2조 제1항 제2호의 "시, 군, 구"에 해당하지 않아 자치권이 부여되는 지방자치단체가 아니다.
① (○), ② (○) 지방자치법 제2조 제1항 제1호
③ (○) 지방자치법 제2조 제1항 제2호

28 정답 ③

③ (✕) 이행의 청구는 취소권자가 청구하는 경우에만 해당하고, 이행청구를 받은 경우는 해당하지 않는다.
① (○) 취소권자가 채권자로서 강제집행하는 경우는 물론 채무자로서 강제집행을 받는 경우도 해당한다고 보는 것이 일반적인 견해이다.
② (○) 취소권자가 채무자로서 물적·인적 담보를 제공하거나 채권자로서 물적·인적 담보를 제공받는 경우 모두 해당한다.
④ (○) 취소권자가 양도하는 경우에 한한다. 취소할 수 있는 행위에 의하여 취득한 권리 위에 제한물권이나 임차권 등 다른 권리를 설정하는 것도 이에 포함되지만, 취소함으로써 비로소 발생하게 될 부당이득반환청구권 등과 같은 장래의 채권의 양도는 포함되지 않는다.

> **관계법령** 법정추인(민법 제145조)★
>
> 취소할 수 있는 법률행위에 관하여 전조의 규정에 의하여 추인할 수 있는 후에 다음 각호의 사유가 있으면 추인한 것으로 본다. 그러나 이의를 보류한 때에는 그러하지 아니하다. (두 : 전·이·경/담·양·강)
> 1. 전부나 일부의 이행
> 2. 이행의 청구
> 3. 경개
> 4. 담보의 제공
> 5. 취소할 수 있는 행위로 취득한 권리의 전부나 일부의 양도
> 6. 강제집행

29 정답 ④

④ (×) 동기의 착오가 법률행위의 내용의 중요부분의 착오에 해당함을 이유로 표의자가 법률행위를 취소하려면 그 동기를 당해 의사표시의 내용으로 삼을 것을 상대방에게 표시하고 의사표시의 해석상 법률행위의 내용으로 되어 있다고 인정되면 충분하고 당사자들 사이에 별도로 그 동기를 의사표시의 내용으로 삼기로 하는 합의까지 이루어질 필요는 없지만, 그 법률행위의 내용의 착오는 보통 일반인이 표의자의 입장에 섰더라면 그와 같은 의사표시를 하지 아니하였으리라고 여겨질 정도로 그 착오가 중요한 부분에 관한 것이어야 한다(대판 2000.5.12. 2000다12259). 판례는 동기가 계약의 내용이 된 경우에는 동기가 중요부분의 착오에 해당하고 그에 대한 중대한 과실이 없는 등 일정한 요건을 충족하면 취소할 수 있다는 입장이다.

① (O) 상대방과 통정한 허위의 의사표시는 무효로 한다(민법 제108조 제1항).

② (O) 의사표시는 표의자가 진의 아님을 알고 한 것이라도 그 효력이 있다. 그러나 상대방이 표의자의 진의 아님을 알았거나 이를 알 수 있었을 경우에는 무효로 한다(민법 제107조 제1항).

③ (O) 당사자의 궁박, 경솔 또는 무경험으로 인하여 현저하게 공정을 잃은 법률행위는 무효로 한다(민법 제104조).

30 정답 ④

④ (×) 재심의 청구가 이유 있다고 인정한 때에는 재심개시의 결정을 하여야 하고, 재심개시의 결정을 할 때에는 결정으로 형의 집행을 정지할 수 있다(형사소송법 제435조).

① (O) 형사소송법 제423조
② (O) 형사소송법 제427조
③ (O) 형사소송법 제428조

31 정답 ④

제시된 내용 중 국민연금법상 급여에 해당하는 것은 ㄱ, ㄴ, ㄹ, ㅂ이다. 직업재활급여(ㄷ)와 장례비(ㅁ)는 산업재해보상보험법상 급여에 해당한다(산업재해보상보험법 제36조 제1항 제8호·제7호).

> **관계법령** 급여의 종류(국민연금법 제49조)
>
> 이 법에 따른 급여의 종류는 다음과 같다.
> 1. 노령연금
> 2. 장애연금
> 3. 유족연금
> 4. 반환일시금

32 정답 ❸

③ (✕) 배심원의 평결은 법원을 기속하지 아니하므로(국민의 형사재판 참여에 관한 법률 제46조 제5항) 법원은 배심원의 평결결과와 다른 판결을 선고할 수 있다. 다만 배심원의 평결결과와 다른 판결을 선고하는 때에는 판결서에 그 이유를 기재하여야 한다(국민의 형사재판 참여에 관한 법률 제49조 제2항).
① (○) 이 법은 사법의 민주적 정당성과 신뢰를 높이기 위하여 국민이 형사재판에 참여하는 제도를 시행함에 있어서 참여에 따른 권한과 책임을 명확히 하고, 재판절차의 특례와 그 밖에 필요한 사항에 관하여 규정함을 목적으로 한다(국민의 형사재판 참여에 관한 법률 제1조).
② (○) 국민의 형사재판 참여에 관한 법률 제12조 제2항·제3항
④ (○) 국민의 형사재판 참여에 관한 법률 제50조

33 정답 ❹

④ (✕) 수사의 일반원칙으로 임의수사의 원칙, 영장주의 원칙, 강제수사 법정주의 원칙, 수사비례의 원칙, 수사비공개의 원칙 등이 있다.
① (○) 법관이 발부한 영장에 의하지 않고서는 원칙적으로 강제수사를 할 수 없다.
② (○) 강제수사는 법률에 규정된 경우에 한하여 그 요건과 절차에 따라서만 할 수 있다.
③ (○) 수사에 의하여 달성하려는 공익과 그에 의하여 침해되는 사익 사이에는 정당한 균형관계가 있어야 한다.

34 정답 ❶

헌법은 제10조에서 인간의 존엄과 가치의 존중, 행복추구권을 규정하여 기본권 보장의 대전제로 삼고, 이하에서 각종 개별적 기본권을 보장하고 있다.

35 정답 ❹

④ (✕) 타인의 법률행위를 보충하여 그 행위의 효력을 완성시켜 주는 인가는 법률행위적 행정행위 중 상대방에게 특정한 권리나 능력 또는 포괄적 법률관계 기타 법률상의 힘을 발생·변경·소멸시키는 형성적 행정행위에 해당한다.
① (○) 타인의 행위를 유효하게 수령하는 수리로서 준법률행위적 행정행위에 해당한다.
② (○) 특정한 사실이나 법률관계의 존재를 공적으로 증명하는 공증으로서 준법률행위적 행정행위에 해당한다.
③ (○) 특정인 또는 불특정다수인에 대하여 특정한 사실을 알리는 통지로서 준법률행위적 행정행위에 해당한다.

36 정답 ③

③ (○) 민법 제273조 제1항
① (×) 합유가 성립하기 위해서는 그 전제로서 조합체의 존재가 필요하며, 조합체의 성립원인에는 계약과 법률규정이 있다(민법 제271조 제1항 전문). 따라서 합유가 조합계약에 의해서만 성립한다는 표현은 옳지 않다.
② (×) 합유물의 보존행위는 각자가 할 수 있다(민법 제272조 단서).
④ (×) 합유자는 조합이 존속하고 있는 한 합유물의 분할을 청구할 수 없다(민법 제273조 제2항 참고).

37 정답 ④

④ (×) 사회보장수급권은 관계법령에서 정하는 바에 따라 다른 사람에게 양도하거나 담보로 제공할 수 없으며, 이를 압류할 수 없다(사회보장기본법 제12조).
① (○) 사회보장기본법 제14조 제1항
② (○) 사회보장기본법 제14조 제3항
③ (○) 사회보장기본법 제15조

38 정답 ④

④ (○) 대통령은 국가의 안위에 관계되는 중대한 교전상태에 있어서 국가를 보위하기 위하여 긴급한 조치가 필요하고 국회의 집회가 불가능한 때에 한하여 법률의 효력을 가지는 명령을 발할 수 있다(헌법 제76조 제2항).
① (×) 대법원은 법률에 저촉되지 아니하는 범위 안에서 소송에 관한 절차, 법원의 내부규율과 사무처리에 관한 규칙을 제정할 수 있다(헌법 제108조). 따라서 법률이 대법원규칙보다 상위 효력을 갖는다.
② (×) 대통령령·총리령·부령은 법률의 위임근거가 있거나 법률을 집행하는 데 필요한 사항을 대상으로 한다는 점에서 법률보다 하위에 있음은 분명하다. 그리고 대통령령과 총리령 내지 부령과의 관계를 본다면 제정권자 또는 제정절차에서 보거나 헌법 제95조에서 대통령령의 위임에 의하여 제정되는 총리령과 부령의 존재를 인정하고 있는 점에서 전자가 후자보다 상위에 있고, 총리령과 부령은 서로 대등한 관계에 있다.
③ (×) 헌법에 의하여 체결·공포된 조약은 국내법과 같은 효력을 가진다(헌법 제6조 제1항).

39 정답 ❹

사선변호인이 선임되어 있지 않거나 선임되어 있더라도 출석하지 않은 경우, 피고인에게 ①·②·③의 사유가 있는 때에 법원은 직권으로 국선변호인을 선정하여야 한다(형사소송법 제33조 제1항 제1호·제2호·제3호·제6호). ④의 경우에는 예외적으로 피고인의 선임청구가 있을 때에 한하여 국선변호인을 선임하는 경우이다(형사소송법 제33조 제2항).

관계법령 | 국선변호인(형사소송법 제33조)

① 다음 각호의 어느 하나에 해당하는 경우에 변호인이 없는 때에는 법원은 직권으로 변호인을 선정하여야 한다.
  1. 피고인이 구속된 때
  2. 피고인이 미성년자인 때
  3. 피고인이 70세 이상인 때
  4. 피고인이 듣거나 말하는 데 모두 장애가 있는 사람인 때
  5. 피고인이 심신장애가 있는 것으로 의심되는 때
  6. 피고인이 사형, 무기 또는 단기 3년 이상의 징역이나 금고에 해당하는 사건으로 기소된 때
② 법원은 피고인이 빈곤이나 그 밖의 사유로 변호인을 선임할 수 없는 경우에 피고인이 청구하면 변호인을 선정하여야 한다.
③ 법원은 피고인의 나이·지능 및 교육 정도 등을 참작하여 권리보호를 위하여 필요하다고 인정하면 피고인의 명시적 의사에 반하지 아니하는 범위에서 변호인을 선정하여야 한다.

40 정답 ❷

- 명령적 행정행위 : ㄱ, ㄴ
- 형성적 행정행위 : ㄷ, ㄹ
- 준법률행위적 행정행위 : ㅁ, ㅂ, ㅅ, ㅇ

핵심만콕 | 행정행위의 구분★★

법률행위적 행정행위	명령적 행위	하명, 허가, 면제 (두 : 하·면·허)
	형성적 행위	특허, 인가, 대리 (두 : 특·임(인)·대)
준법률행위적 행정행위		확인, 공증, 통지, 수리 (두 : 공·통·수·확)

제8회 민간경비론

문제편 183p

정답 CHECK

41	42	43	44	45	46	47	48	49	50	51	52	53	54	55	56	57	58	59	60
④	④	④	②	②	②	③	②	③	②	④	④	③	③	①	④	②	③	③	①
61	62	63	64	65	66	67	68	69	70	71	72	73	74	75	76	77	78	79	80
③	③	③	②	④	①	③	④	④	②	②	②	③	②	②	④	③	④	②	④

41 정답 ④

④ (✕) 미국은 경찰관 신분을 가진 민간경비원이 활동하는 경우가 있으나, 우리나라에는 경찰관 신분을 가진 민간경비원이 존재하지 않는다.
① (○) 공경비의 주요 임무는 사전적 범죄예방과 사후적 범인체포나 범죄수사, 사회질서유지, 개인의 생명과 신체·재산 보호이다. 이러한 임무 중 사후적 범인체포와 범죄수사가 민간경비와 가장 구별되는 공경비의 임무라 할 수 있다.
② (○) 공경비는 일반시민(모든 시민)을 상대로 경비업무를 수행하고 민간경비는 특정고객을 상대로 경비업무를 수행한다.
③ (○) 경비업법 제2조 제1호

42 정답 ④

조정·통합의 원리에 관한 설명이다.

핵심만콕 민간경비조직의 운영원리

- **명령통일의 원리** : 각 조직구성원은 한 사람의 관리자로부터만 명령을 받아야 한다는 원리로, 경호학에서는 지휘권단일화원칙이라고도 한다.
- **전문화의 원리** : 조직구성원에게 한 가지 업무를 전담시켜 전문적인 지식·기술을 습득케 함으로써 전문화를 유도하고, 능률향상을 기대할 수 있는 원리로, 분업-전문화의 원리라고도 한다.
- **계층제의 원리** : 조직구성원 간에 상하 등급, 즉 계층을 설정하여 각 계층 간에 권한과 책임을 배분하고, 명령계통과 지휘·감독체계를 확립하는 원리를 말한다.
- **통솔범위의 원리** : 한 사람의 관리자가 통제할 수 있는 부하 또는 조직단위의 수는 그 관리자의 통솔범위 내로 한정되어야 한다는 원리를 말한다.
- **조정·통합의 원리** : 조직의 공동목표를 달성하기 위해 각 조직구성원들을 통합하고, 집단의 노력을 질서 있게 배열하여 조직의 안정성과 효율성을 도모하는 원리를 말한다.

43 정답 ④

- ④ (○) 금융·보험, 신용카드, 컴퓨터 등과 관련된 지능화·전문화된 화이트칼라 범죄가 증가하고 있다.
- ① (×) 1인 가구 증가로 이들을 대상으로 하는 조직범죄 및 여성범죄 등이 증가하고 있다.
- ② (×) 국내 마약류 사범은 2000년대 이래로, 지속적으로 역대 최대치를 기록하고 있으며, 마약류 압수량 또한 지속적인 증가세를 보여 확산세가 매우 심각한 상황이다.

〈출처〉 대검찰청 마약조직범죄부, 「2023년 마약류 범죄백서」, P. 32

- ③ (×) 치안환경이 악화되면서 보이스피싱 등 신종범죄가 증가하고 있다. 특히 금융, 보험, 신용카드, 컴퓨터 등과 관련된 범죄의 지능화·전문화로 인하여 피해규모가 더욱 확대되고 있다.

44 정답 ②

- ② (×) 특수경비업자는 소속 특수경비원에 대하여 매월 3시간 이상의 직무교육을 받도록 하여야 한다(경비업법 시행령 제19조 제3항, 동법 시행규칙 제16조 제1항).
- ① (○) 경비업법 제13조 제3항 후단
- ③ (○) 경비업법 제13조 제4항
- ④ (○) 경비업법 시행령 제19조 제2항

45 정답 ②

- ② (○) 3지대 방호개념에서 제1지대는 경계지대, 제2지대는 주방어지대, 제3지대는 핵심방어지대라고 한다. 이 중 제3지대인 핵심방어지대는 시설의 가동에 결정적으로 영향을 미치는 특성을 갖는 구역에 해당한다.
- ① (×) 국가중요시설의 분류에 따르면 국가보안상 국가경제, 사회생활에 중대한 영향을 끼치는 행정 및 산업시설을 나급으로 분류한다.
- ③ (×) 비인가자의 출입이 일체 금지되는 보안상 극히 중요한 구역은 통제구역이다. 제한구역은 비인가자가 비밀, 주요시설 및 Ⅲ급 비밀 소통용 암호자재에 접근하는 것을 방지하기 위하여 안내를 받아 출입하여야 하는 구역이다(보안업무규정 시행규칙 제54조 제1항 제2호·제3호).
- ④ (×) 국가중요시설의 통합방위사태는 갑종사태, 을종사태, 병종사태로 구분된다(통합방위법 제2조 제3호).

46 정답 ②

- ② (×) 시설물 내에 존재하는 내부 자산들은 그 가치가 다르기 때문에 상이한 경비보호계획을 수립하여 대응해야 한다.
- ① (○) 시설물에 대한 물리적 통제는 기본적으로 경계지역(건물주변), 건물 외부지역, 건물 내부지역으로 구분되고, 외곽경비의 1차적인 경계지역은 건물주변이다.
- ③ (○) 출입문의 경첩(Hinge)은 외부로 노출되면 파손가능성이 있으므로 출입문 내부에 설치하여 보안성을 강화해야 한다.
- ④ (○) 철사를 다이아몬드 형으로 엮은 울타리인 체인링크(Chain link)는 상대적으로 외관이 깔끔하고 설치가 용이하며 콘크리트나 석재 담장과 유사한 보호기능을 하면서도 저렴하다는 장점이 있다.

47 정답 ❸

제시문은 콘솔 조작에 관한 설명이다.

핵심만콕	컴퓨터의 부정조작 종류★
입력 조작	불법적인 목적을 달성하기 위해 입력될 자료를 조작하여 컴퓨터로 하여금 거짓 처리결과를 만들어내게 하는 행위로 천공카드, 천공테이프, 마그네틱테이프, 디스크 등의 입력매체를 이용한 입력장치나 입력타자기에 의하여 행하여진다.
프로그램 조작	프로그램을 구성하는 개개의 명령을 변경 혹은 삭제하거나 새로운 명령을 삽입하여 기존의 프로그램을 변경하는 것이다.
콘솔 조작	컴퓨터의 시동・정지, 운전상태 감시, 정보처리 내용과 방법의 변경・수정의 경우 사용되는 콘솔을 거짓으로 조작하여 컴퓨터의 자료처리 과정에서 프로그램의 지시나 처리될 기억정보를 변경시키는 것을 말한다.
출력 조작	특별한 컴퓨터 지식 없이도 할 수 있는 방법으로 올바르게 출력된 출력인쇄를 사후에 변조하는 것이다.

48 정답 ❷

제시된 내용의 올바른 순서는 ㄱ → ㄴ → ㄹ → ㄷ이다.
한국 민간경비는 청원경찰법 제정(1962.4.3.) → 용역경비업법 제정(1976.12.31.) → 한국경비협회 설립(1978.9.) → 경비지도사시험 실시(1997.2.23.) 순으로 발전하였다.

49 정답 ❸

공동생산이론에 관한 설명으로 옳은 것은 ㄱ, ㄴ, ㄷ이다.
ㄹ. (×) 민간경비는 집단적 이익의 실현을 위해 규모를 팽창시킨다는 이론은 이익집단이론에 관한 내용이다.

50 정답 ❷

② (×) 복수순찰은 2인 이상이 팀을 이루어 순찰하므로, 여러 지역을 분산하여 순찰하거나 다수의 범죄자에 대한 대처가 가능하다는 장점이 있으나, 단독순찰보다 경제적 부담이 크다는 단점이 있다.
① (○) 순찰경비는 인력경비의 종류 중 하나로, 정기적으로 일정 구역을 순찰하여 범죄 등으로부터 고객의 안전을 확보하거나, 도보나 차량을 이용하여 정해진 노선을 따라 시설물의 상태를 점검하는 경비활동을 말한다. 순찰경비는 순찰인원 수에 따라 단독순찰과 복수순찰로 구분된다.
③ (○), ④ (○) 청원경찰법 시행규칙 제14조 제3항

51 정답 ❹

④ (×) 민간경비업체의 증가는 경찰과 민간경비의 치안공조를 통해 경찰방범활동의 장애요인을 극복할 수 있는 수단이 될 수 있다.
① (○) 매년 범죄 증가율이 경찰인력 증가율보다 높기 때문에 경찰인력 부족현상이 나타난다.

② (○) 민생치안부서의 업무량 과다 및 인사 복무상 불리한 근무여건 등으로 근무 기피현상이 나타나고 있다.
③ (○) 경찰에 대한 부정적 이미지나 불신 등의 이유로 주민과 경찰과의 관계 개선이나 범죄 발생 시 신고 등의 협조가 미비하다. 이를 개선하기 위해 현재 경찰의 이미지 및 경찰활동에 대한 국민들의 인식을 높이고자 노력하고 있다.

52 정답 ④

④ (○) 경비관리 책임자의 조사상의 역할에 대한 옳은 설명이다.
① (×) 경영상의 역할은 조직 내에 있는 모든 다른 부서의 경영자들과 일치하는 역할로서 기획, 조직화(기획의 조직화), 채용, 지도, 감독, 혁신 등을 포함한다.
② (×) 예방상의 역할은 경비원에 대한 감독, 순찰, 화재와 경비원의 안전, 경비활동에 대한 규칙적인 감사, 출입금지구역에 대한 감시, 교통통제, 경보시스템, 조명, 울타리, 통신장비 등과 같은 모든 경비장비들의 상태 점검 등을 포함한다.
③ (×) 관리상의 역할은 예산과 재정상의 감독, 경비문제를 관할하는 정책의 설정, 사무행정, 조직체계와 절차의 개발, 경비부서 직원에 대한 교육·훈련 과정의 개발, 모든 고용인들에 대한 경비교육 등을 포함한다.

53 정답 ③

③은 입법적 대책에 해당한다.

핵심만콕	컴퓨터 범죄의 예방대책	
컴퓨터 시스템 안전대책	물리적 대책	건물에 대한 안전조치, 물리적 재해에 대한 보호조치(백업시스템), 출입통제
	관리적(인적) 대책	직무권한의 명확화와 상호 분리 원칙, 프로그램 개발 통제, 도큐멘테이션 철저, 스케줄러의 점검, 액세스 제한 제도의 도입, 패스워드의 철저한 관리, 레이블링(Labeling)에 의한 관리, 감사증거기록 삭제 방지, 근무자들에 대한 정기적 배경조사, 회사 내부의 컴퓨터 기술자·사용자·프로그래머의 기능을 각각 분리, 안전관리 기타 고객과의 협력을 통한 감시체제, 현금카드 운영의 철저한 관리, 컴퓨터 시스템의 감사 등이 있다.
	기술적 대책	암호화, 방화벽(침입차단시스템), 침입탐지시스템(IDS : Intrusion Detection System)
입법적 대책	현행 형법상 규정	컴퓨터 업무방해죄(형법 제314조 제2항), 컴퓨터 사기죄(형법 제347조의2), 전자기록 손괴죄(형법 제366조), 사전자기록의 위작·변작죄(형법 제232조의2), 비밀침해죄(형법 제316조 제2항)
	기타 규제법률	컴퓨터 통신망 보호(정보통신망 이용촉진 및 정보보호 등에 관한 법률), 통신침해(전기통신기본법, 전기통신사업법, 전파법), 개인정보 침해(개인정보보호법, 신용정보의 이용 및 보호에 관한 법률), 소프트웨어 보호(소프트웨어 진흥법, 저작권법, 특허법), 도청행위(통신비밀보호법), 전자문서(정보통신망 이용촉진 및 정보보호 등에 관한 법률, 물류정책기본법)
형사정책적 대책		수사관의 수사능력 배양, 검사 또는 법관의 컴퓨터 지식 함양 문제는 오늘날 범죄의 극복을 위한 중요한 과제이다. 수사력의 강화, 수사장비의 현대화, 컴퓨터 요원의 윤리교육, 컴퓨터 안전기구의 신설, 컴퓨터 범죄 연구기관의 설치가 요구되고 있다.

54 정답 ③

③ (○) 일본에서 전업(專業) 경비업자가 출현한 것은 제2차 세계대전 후 1962년 7월에 일본경비보장주식회사(SECOM의 전신으로 스웨덴의 경비회사와 제휴)가 설립된 것에서 비롯되었다.
① (×) 영국에서는 사설 경찰활동이 공적인 경찰활동보다 먼저 존재하였으며, 다양한 범죄에 대한 개인 권리 보호의 미흡으로 인하여 공경찰의 도입 필요성을 제기하는 계기가 되었다.
② (×) 미국 민간경비산업은 기업과 시스템의 통합이 이루어져 거대화가 진행되고 있으며, 또한 관련 분야의 세분화가 이루어지면서 그 속도가 빨라지고 있다.
④ (×) 한국은 1962년 청원경찰법이 제정되었으며, 1976년 용역경비업법이 제정되었다.

55 정답 ①

경비원은 폭발물 협박이 있는 경우 경비책임자에게 보고하고, 내부 인원을 대피시킨 후 폭발물이 설치되어 있을 것으로 예상되는 지역을 봉쇄한 다음 전문가를 동원하여 폭탄이 있는지 여부를 탐색하여야 한다.

56 정답 ④

제한구역에 관한 설명이다(보안업무규정 시행규칙 제54조 제1항 제2호).

관계법령 보호지역의 구분(보안업무규정 시행규칙 제54조)

① 영 제34조 제2항에 따른 제한지역, 제한구역 및 통제구역이란 각각 다음 각호의 지역 또는 구역을 말한다.
  1. 제한지역 : 비밀 또는 국·공유재산의 보호를 위하여 울타리 또는 방호·경비인력에 의하여 영 제34조 제3항에 따른 승인을 받지 않은 사람의 접근이나 출입에 대한 감시가 필요한 지역
  2. 제한구역 : 비인가자가 비밀, 주요시설 및 Ⅲ급 비밀 소통용 암호자재에 접근하는 것을 방지하기 위하여 안내를 받아 출입하여야 하는 구역
  3. 통제구역 : 보안상 매우 중요한 구역으로서 비인가자의 출입이 금지되는 구역

57 정답 ②

제시문은 공동화이론에 관한 설명이다.

58 정답 ❸

불의의 사고에 대비해 시스템 백업은 물론 프로그램 백업도 필수적으로 이루어져야 하며, 오퍼레이팅 시스템과 업무처리 프로그램도 반드시 복제 프로그램을 작성해두어야 한다.

> **핵심만콕** 컴퓨터 시스템의 물리적 안전대책
>
> - 컴퓨터실 및 파일 보관장소는 허가된 사람에 의해서만 출입이 가능하도록 하고 접근 권한의 갱신은 정기적으로 검토될 필요가 있다.
> - 컴퓨터실은 벽면이나 바닥을 강화콘크리트 등으로 보호하고 화재에 대비하여 불연재를 사용하여야 한다.
> - 컴퓨터실의 내부에는 화재방지장치를 설치해야 하며 갑작스러운 정전에 대비하여 무정전장치를 설치해야 한다.
> - 컴퓨터실은 출입자기록제도를 시행하고 지정된 비밀번호는 주기적으로 변경해 주는 것이 좋다.
> - 불의의 사고에 대비해 시스템 백업은 물론 프로그램 백업도 이루어져야 하며, 오퍼레이팅 시스템과 업무처리 프로그램은 반드시 복제 프로그램을 작성해두어야 한다.

59 정답 ❸

③ (○) 범죄 예방을 위한 이웃 간의 협의, 주민공동의 경비원 고용 또는 지역주민들이 독립적·자율적으로 주민단체를 결성하여 지역주민의 범죄예방을 위한 정보 제공, 자체적 지역순찰, 야간등 보수 및 증설하는 것이 이에 해당한다.
① (×) 자신과 가족을 범죄로부터 보호하는 활동으로서 비상벨과 추가 자물쇠 설치, 호신술 훈련, 호루라기 휴대, 위험한 곳 피해 다니기 등이 이에 해당한다.
② (×) 경찰 신고행위, 목격한 범죄행위 신고·증언 등이 이에 해당한다.
④ (×) 이웃안전감시단 활동 또는 시민자율순찰대 활동이 이에 해당한다.

60 정답 ❶

물을 사용하여 발화점 밑으로 온도를 떨어뜨려 진압하는 것이 효과적인 것은 일반화재이고, 유류화재는 산소 공급을 중단시키거나 불연성의 무해한 기체인 이산화탄소의 살포 등이 가장 효과적인 진압방법이다.

61 정답 ❸

③ (×) 1858년 에드윈 홈즈(Edwin Holmes)가 설립한 야간경비회사인 홈즈방호회사는 최초의 중앙감시방식의 경보서비스 사업을 시작하였다.
① (○) 시카고 경찰국의 최초의 탐정인 핑커톤은 새로 구성된 시카고 경찰에서 물러나 1850년 탐정사무소를 설립한 후 1857년에 핑커톤 국가탐정회사(Pinkerton National Detective Agency)로 회사명을 바꾸고 철도수송 안전 확보에 일익을 담당하였다.
② (○) 핑커톤은 남북전쟁 당시 '육군첩보부'를 설립하여 남부군이 북부지역의 경제교란을 위해 대량 발행한 위조화폐 적발 임무를 수행하는 데 결정적 공헌을 하여 부보안관으로 임명되었다.
④ (○) 정부 어느 기관에서도 범죄자들에 관한 정보를 기록·관리하지 않을 때 핑커톤은 유형별로 범죄자 기록을 정리하여 오늘날 프로파일링 수사기법에 영향을 주었다.

핵심만콕   핑커톤 경비조직

1850년 핑커톤은 열차강도사건만을 전문적으로 처리하는 사설 탐정사무소를 차려 서부개척시대 미국 철도수송의 경비를 담당하였다. 그는 70만 달러에 이르는 애덤스속달회사 절도사건의 주모자들을 체포했고, 링컨은 그런 핑커톤을 신뢰하여 남북전쟁 기간 내내 핑커톤 탐정사무소의 탐정들을 고용해 자신의 경호를 맡겼을 정도였다. 1861년 2월 볼티모어에서는 링컨 대통령의 암살 음모를 사전에 제지했으며 남북전쟁 시대에는 육군첩보부(위조화폐 적발임무를 담당)를 설립하여 활약하였고 링컨이 암살될 당시에는 잠시 핑커톤 탐정사무소가 아니라 미 육군이 경호를 맡고 있었던 탓에 아이러니컬하게도 핑커톤 탐정사무소의 명성은 더욱 높아졌다. 핑커톤 탐정사무소는 Kreizler 박사의 심리학 이론에 신체비례법의 베트리용기법과 첨단 수사기법(프로파일링), 지문법 등을 도입하여 빠른 수사를 전개하여 과학적인 수사와 경비의 개념을 최초로 정립했다는 평가를 받는다.

62 정답 ❸

③ (×) 직원용 출입구는 외부 방문객과 구분하여 하나의 문만 사용하도록 하고 출입구의 폭은 통행하는 직원의 적절한 통제를 위해 가능한 한 최소화[4~7피트(약 1.2~2.1m)]하는 것이 좋다.
① (○) 외부인이 예약 없이 방문하는 경우에는 외부인을 별도의 대기실에 대기시킨 후 방문 대상자에게 통보하는 것이 효과적이다.
② (○) 모든 출입구에 근무하는 경비원은 상근직원이라 하더라도 세심한 주의를 기울여 신분증을 확인해야 한다.
④ (○) 외부인의 신원이 확인되었다 하더라도 건물 내부로 출입시키는 경우에는 활동에 제한을 주기 위하여 이동 가능한 지역을 반드시 지정해 주어야 한다.

63 정답 ❸

위험의 분산에 관한 설명이다. 위험의 감소는 완벽한 위험의 제거 내지 위험의 회피가 불가능한 경우 가장 현실적인 최선의 대응방법으로 물리적·절차적 관점에서 위험요소를 감소시키거나 최소화시키는 방법을 강구하는 것을 의미한다.

64 정답 ❷

② (×) 경비회사의 수나 인원 면에서 아직까지 기계경비보다는 인력경비에 대한 의존도가 높다. 향후 인건비 절감을 위해 인력경비보다 기계경비의 성장이 가속화될 것으로 전망된다.
① (○) 우리나라의 청원경찰제도는 경찰과 민간경비제도를 혼용한 것으로 외국에서는 볼 수 없는 특별한 제도이다.
③ (○) 민간경비의 수요 및 시장규모는 전국에 걸쳐 보편화되었다기보다는 일부 지역에 편중되어 있으며, 이에 따라 경비인력 및 업체 수 또한 지역적 편중을 겪고 있다.
④ (○) 경비업법 제13조 제2항

65 정답 ④

④는 혼합 기계경비에 관한 설명이다. 순수 무인기계경비는 각종 감지기 또는 CCTV 등 감시 기계를 설치하여 불법침입이 있으면 경보음을 울리게 하거나 미리 기억된 자동전화번호를 통해 경찰서 등에 설치된 수신기에 경보음을 울리게 하는 경비형태이다.

핵심만콕 | 인력경비와 기계경비

구 분	인력경비	기계경비
장 점	• 경비업무 이외에 안내, 질서유지, 보호·보관업무 등을 하나로 통합한 통합서비스가 가능 • 인력이 상주함으로써 현장에서 상황이 발생했을 때 신속한 조치가 가능 • 인적 요소이기에 경비업무를 전문화할 수 있고, 고용창출 효과와 고객접점서비스 효과가 있음	• 24시간 경비가 가능 • 장기적으로 소요비용이 절감되는 효과가 있음 • 감시지역이 광범위하고 정확성을 기할 수 있음 • 시간적 취약대인 야간에도 효율성이 높아 시간적 제약을 적게 받음 • 화재예방시스템 등과 동시에 통합운용이 가능 • 강력범죄와 화재, 가스 등으로 인한 인명사상을 예방하거나 최소화할 수 있음 • 기록장치에 의해 사고발생 상황이 저장되어 증거보존의 효과와 책임한계를 명확히 할 수 있음 • 오작동(오경보)률이 낮을 경우 범죄자에게는 경고의 효과가 있고, 사용자로부터는 신뢰를 얻을 수 있음
단 점	• 인건비의 부담으로 경비에 많은 비용이 소요 • 사건이 발생했을 때 인명피해의 가능성이 있음 • 상황연락이 신속하게 이루어지지 않아 사건의 전파에 장애가 발생 • 야간에는 경비활동의 제약을 받아 효율성이 감소 • 경비원이 저임금, 저학력, 고령일 경우 경비의 질 저하가 우려	• 사건 발생 시 현장에서의 신속한 대처가 어려우며, 현장에 출동하는 시간이 필요 • 최초의 기초 설치비용이 많이 소요 • 허위경보 및 오경보 등의 발생률이 비교적 높음 • 전문인력이 필요하며, 유지보수에 비용이 많이 소요 • 고장 시 신속한 대처가 어려움 • 방범 관련 업무에만 가능하며, 경비시스템을 잘 알고 있는 범죄자들에게 역이용당할 우려가 있음

66 정답 ①

① (○) 제시문이 설명하는 민간경비는 혼잡경비이다.
② (×) 호송경비란 운반 중에 있는 현금·유가증권·귀금속·상품 그 밖의 물건에 대하여 도난·화재 등 위험발생을 방지하는 업무를 말한다.
③ (×) 특수경비란 항공기를 포함한 공항 등 대통령령이 정하는 국가중요시설의 경비 및 도난·화재 그 밖의 위험발생을 방지하는 업무를 말한다.
④ (×) 경호경비(신변보호경비)란 사람의 생명이나 신체에 대한 위해의 발생을 방지하고 그 신변을 보호하는 업무를 말한다.

67 정답 ❸

상위수준경비에 관한 설명이다.

핵심만콕	경비의 중요도에 따른 분류(경비계획의 수준)
최저수준경비, 하위수준경비, 중간수준경비, 상위수준경비, 최고수준경비의 5단계로 구분할 수 있다.	
최저수준경비 (Level Ⅰ)	일정한 패턴이 없는 불법적인 외부침입을 방해할 수 있도록 계획된 경비시스템으로, 보통 출입문, 자물쇠를 갖춘 창문과 같은 단순한 물리적 장벽이 설치된다(예 일반가정 등).
하위수준경비 (Level Ⅱ)	일정한 패턴이 없는 불법적인 외부침입을 방해하고 탐지할 수 있도록 계획된 경비시스템으로, 일단 최저수준경비의 단순한 물리적 장벽이 설치되고, 거기에 보강된 출입문, 창문의 창살, 보다 복잡한 수준의 자물쇠, 조명시스템, 기본적인 경보시스템 및 안전장치가 설치된다(예 작은 소매상점, 저장창고 등).
중간수준경비 (Level Ⅲ)	대부분의 패턴이 없는 불법적인 외부침입과 일정한 패턴이 없는 일부 내부침입을 방해・탐지・사정할 수 있도록 계획된 경비시스템으로, 경계지역의 보다 높은 수준의 물리적 장벽, 보다 발전된 원거리 경보시스템, 기본적인 의사소통장비를 갖춘 경비원 등을 갖추고 있다(예 큰 물품창고, 제조공장, 대형 소매점 등).
상위수준경비 (Level Ⅳ)	대부분의 패턴이 없는 외부 및 내부의 침입을 발견・저지・방어・예방할 수 있도록 계획된 경비시스템으로, CCTV, 경계경보시스템, 고도의 조명시스템, 고도로 훈련받은 무장경비원, 경비원과 경찰의 협력시스템 등을 갖추고 있다(예 교도소, 제약회사, 전자회사 등).
최고수준경비 (Level Ⅴ)	일정한 패턴이 전혀 없는 외부 및 내부의 침입을 발견・억제・사정・무력화할 수 있도록 계획된 경비시스템으로, 최첨단의 경보시스템과 현장에서 즉시 대응할 수 있는 24시간 무장체계 등을 갖추고 있다(예 핵시설물, 중요 군사시설 및 교도소, 정부의 특별연구기관, 일부 외국대사관 등).

68 정답 ❹

대부분 내부인의 소행이며, 단독범행이 쉽고 완전범죄의 가능성이 높으며, 컴퓨터 범죄 행위는 대부분 초범자들이 많다.

69 정답 ❹

시카고 경찰국 최초의 탐정으로, 철도수송 경비회사를 설립한 인물은 앨런 핑커톤이다. 에드윈 홈즈는 1858년 야간 경비회사인 홈즈방호회사를 설립하여 최초의 중앙감시방식의 경보서비스 사업을 시작한 인물이다.

70 정답 ❷

② (×) 계약경비는 신분보장의 불안정성과 저임금으로 이직률이 상대적으로 높은 편이다.
① (○) 경비업법은 경비업을 경비업무의 전부 또는 일부를 도급받아 행하는 영업이라고 정의하고 있다(경비업법 제2조 제1호). 따라서 현행 경비업법은 도급계약을 전제로 한 것이다.
③ (○) 자체경비원은 회사의 운영・매출・인사 등에 관한 높은 지식을 기반으로 회사의 특성에 맞게 최적의 경비서비스를 제공할 수 있다.

④ (○) 계약경비는 봉급, 연금, 직무보상, 사회보장, 보험, 장비, 신규모집, 직원관리, 교육훈련 등의 비용을 절감할 수 있어 비용 면에서 저렴하다(경제적이다).

핵심만콕	자체경비와 계약경비의 비교
자체경비	**계약경비**
• 자체경비는 계약경비에 비해 임금이 높고 안정적이므로, 이직률이 낮은 편이다. • 시설주가 경비원들을 직접 관리함으로써 경비원들에 대한 통제를 강화할 수 있다. • 비교적 높은 급료를 받을 뿐만 아니라, 경비원에 대한 위상이 높기 때문에 자질이 우수한 사람들이 지원한다. • 계약경비원보다 고용주에 대한 충성심이 더 높다. • 자체경비는 고용주(사용자)의 요구에 신속하게 대처할 수 있다. • 자체경비원은 고용주에 의해 조직의 구성원으로 채용됨으로써 안정적이기 때문에 고용주로부터 업무수행능력을 인정받기를 원하며, 자기발전과 자기개발을 위한 노력을 아끼지 않는다. • 자체경비원은 경비부서에 오래 근무함으로써 회사의 운영·매출·인사 등에 관한 지식이 높다. • 시설주의 필요에 따라 적절하게 교육·훈련과정의 효율성을 쉽게 측정할 수 있다.	• 고용주의 요구에 맞는 경비서비스를 제공함으로써 경비프로그램 전반에 걸쳐 전문성을 갖춘 경비인력을 쉽게 제공할 수 있다. • 봉급, 연금, 직무보상, 사회보장, 보험, 장비, 신규모집, 직원관리, 교육훈련 등의 비용을 절감할 수 있어 비용 면에서 저렴하다(경제적이다). • 자체경비에 비해 인사관리 차원에서 결원의 보충 및 추가인력의 배치가 용이하다. • 고용주를 의식하지 않고 소신껏 경비업무에 전념할 수 있다. • 경비수요의 변화에 따라 기존 경비인력을 감축하거나 추가적으로 고용을 확대할 수 있다. • 질병이나 해임 등으로 구성원의 업무수행상 문제가 발생했을 경우, 인사이동과 대처(대책)에 따라 행정상 문제를 쉽게 해결할 수 있다.

71 정답 ❷

경비위해요소 중 화학공장의 화학적 화재나 폭발 위험은 특정한 위해에 해당한다. 즉, 특정한 위해란 위해에 노출되는 정도가 시설물 또는 특정 상황이나 장소에서 더욱 다양하게 나타나는 위해를 말한다.

72 정답 ❷

한국에서 공인탐정제도와 관련된 법안은 지난 17대 국회 때부터 현재까지 10회 이상 발의된 일은 있으나 법안이 통과되지는 못했다.

핵심만콕	일본의 민간조사제도 합법화

일본의 경우에도 2006년 6월 이전까지는 우리나라와 마찬가지로 단순한 행정법상의 규제 대상에 불과하였다. 민간조사원제도는 일반 서비스업종의 하나로 취급되었으며, 따라서 민간조사 관련 업체와 민간조사 관련 학원이 난립하였다.
생활 속의 다양한 의뢰에 의해 수요가 증가하였고, 장기간의 경기 침체로 인해 부업으로 민간조사업을 하는 사람들도 적지 않았다. 특히, 일본사회에서는 1960년대까지 미개발 빈민지역이라 할 수 있는 특정지역인 동화지구(同化地區)의 부락민 출신에 대한 사회적 차별문제가 매우 심각하였다. 이에 따라 결혼상대자나 기업 등의 취업대상자가 해당지역의 부락민 출신인지의 여부를 알아보기 위해 흥신소 등의 민간조사업체에 의뢰하는 등 인권침해 사례가 사회적으로 큰 파장을 일으켰다.
이처럼 일본에서는 민간조사업과 관련된 문제들이 증가함에 따라 오랫동안 이의 입법화를 추진해 왔고, 2006년 6월에 이르러 '탐정업무의 적정화에 관한 법률(이하, 탐정업법)'을 공포하였으며, 2007년 6월에 시행되었다.

〈출처〉 최선우, 「민간경비론」, 2015, P. 103~105

73 정답 ③

머스그레이브(Musgrave)는 순수공공재의 기준으로서 비경합성, 비배제성, 비거부성을 제시하였는데, 설문은 비거부성에 관한 설명이다.

> **핵심만콕** 순수공공재 이론의 특성(기준)
>
> - 비경합성(공동소비) : 어떤 서비스를 소비할 때 한 사람이 그 서비스를 소비하더라도 다른 사람의 소비기회가 줄어들지 않음을 의미하는데, "치안서비스의 이용에 있어서 추가이용자의 추가비용이 발생하지 않는다"는 것을 내용으로 한다.
> - 비배제성 : 어떤 서비스를 소비할 때 생산비를 부담하지 않은 사람이라 해도 그 서비스의 소비에서 배제시킬 수 없음을 의미하는데, "치안서비스라는 재화는 이용 또는 접근에 대해서 제한할 수 없다"는 것을 내용으로 한다.
> - 비거부성 : 어떤 서비스가 공급될 때 모든 사람이 자신의 의지와는 상관없이 그 서비스를 소비하게 됨을 의미하는데, "치안서비스의 객체인 시민들은 서비스의 이용에 대한 선택권이 없다"는 것을 내용으로 한다.

74 정답 ②

제시된 내용 중 옳지 않은 것은 ㄹ이다.

ㄹ. (×) 방범서비스산업에 대한 규제 강화보다는 보호 및 자율적 성장을 위한 법령 등의 제도 개선과 적절한 행정지도가 필요하다.

ㄱ. (○) 청원경찰과 민간경비제도의 이원화에 관한 문제는 활동 영역, 지휘체계, 배치와 비용, 임용과 직무, 신분, 교육훈련, 무기 휴대, 복장 및 장구, 손해배상 등과 관련하여 논의되고 있는바, 민간경비와 청원경찰제도의 단일화는 경비업의 전문성과 능률성 제고 방안의 하나라고 할 수 있다.

ㄴ. (○) 경비원뿐만 아니라 경비업자 그리고 경비지도사의 자질향상을 위한 교육훈련, 훈련계획, 교과편성 그리고 교육훈련의 사후 평가 등과 같은 일련의 모든 과정을 총괄하는 경비업무 교육훈련 전담기관(경비전문교육학교)이 필요하다.

ㄷ. (○) 민간경비업체들의 영세성을 탈피하기 위하여 민간경비체계의 다양화 및 경비업체 업무의 다변화가 필요하다.

75 정답 ②

② (×) 안전을 확보하기 위하여 비상계획서를 작성하고 책임자를 지정하는 것은 비상사태 발생 전의 비상계획 수립 시 고려사항이다.

① (○) 현장에 중상자가 있는 경우에는 즉시 구급차를 요청하는 동시에 응급조치를 해야 한다.

③ (○) 인파가 무질서한 경우가 많으므로 적절한 안내와 통솔을 통하여 질서를 도모하고, 탈출 시 발생하는 혼란상황을 방지하기 위해 출입구와 비상구를 확실하게 장악하고 통제한다.

④ (○) 상황에 따라 소방서와 경찰서, 병원에 보고 및 지원 요청 등의 업무를 수행하여야 한다.

76 정답 ❹

④의 내용은 외래경보시스템(외래지원 경보시스템)에 관한 설명이다. 다이얼 경보시스템은 비상사태가 발생하였을 경우 사전에 입력된 전화번호(강도 등의 침입이 감지되는 경우는 112, 화재 발생 시는 119 등)로 긴급연락을 하는 시스템이다.

핵심만콕 경보체계(시스템)의 종류

중앙관제시스템 (중앙통제관리시스템)	• 일반적으로 활용하고 있는 경보체계로서 경계가 필요한 곳에 CCTV를 설치하여 활용 • 사태파악이나 조치가 빠르고 오경보나 오작동에 대한 염려가 거의 없음
다이얼 경보시스템	• 비상사태가 발생하였을 경우 사전에 입력된 전화번호(강도 등의 침입이 감지되는 경우는 112, 화재 발생 시는 119)로 긴급연락을 하는 시스템 • 설치가 간단하고 유지비가 저렴한 반면에, 전화선이 끊기거나 통화 중인 경우에는 전혀 연락이 되지 않는 단점이 있음
상주경보시스템	• 조직이 자체적으로 경비부서를 조직하고 경비활동을 실시하는 가장 고전적인 방법으로 각 주요 지점마다 경비원을 배치하여 비상시에 대응하는 방식 • 즉각적인 대응이 가능하고 가장 신속한 대응방법이지만 많은 인력이 필요함
제한적 경보시스템	• 사이렌이나 종, 비상등과 같은 제한된 경보장치를 설치한 시스템으로, 일반적으로 화재예방시설이 이 시스템의 전형 • 사람이 없으면 대응할 수 없다는 단점이 있음
국부적 경보시스템	• 가장 원시적인 경보체계 • 일정 지역에 국한해 한두 개의 경보장치를 설치하여 단순히 사이렌이나 경보음이 울리게 하거나 비상 경고등이 켜지게 하는 방식
로컬경비시스템	경비원들이 시설물의 감시센터에 근무를 하면서 이상이 발견되거나 감지될 때 사고 발생 현장으로 출동하여 사고에 대처하는 방식
외래경보시스템 (외래지원경보시스템)	전용 전화회선을 통하여 비상 감지 시에 직접 외부의 각 관계기관에 자동으로 연락이 취해지는 방식

77 정답 ❸

플레임에 관한 설명이다.

핵심만콕

① (×) 스토킹은 인터넷을 이용하여 타인의 신상정보를 공개하거나 거짓 메시지를 남겨 괴롭히는 행위를 말한다.
② (×) 전자폭탄은 고출력 에너지로 순간적인 마이크로웨이브파를 발생시켜 컴퓨터 내의 전자 및 전기회로를 파괴한다.
④ (×) 허프건은 고출력 전자기장을 발생시켜 컴퓨터의 자기기록 정보를 파괴한다.

78 정답 ❹

제시문은 탐조등에 관한 설명이다.

핵심만콕 경비조명등의 종류 및 경비등의 형태

경비조명등의 종류		
백열등	• 가정집에서 주로 사용되는 조명으로 점등과 동시에 빛을 방출 • 경비조명으로 광범위하게 이용	
가스방전등	수은등	푸른색의 강한 빛, 긴 수명
	나트륨등	연한 노란색의 빛을 내며 안개지역에 사용
석영등	• 매우 밝은 하얀 빛 • 경계구역과 사고 발생 다발지역에 사용 • 가격이 비쌈	

경비등의 형태	
가로등	• 설치 장소와 방법에 따라 대칭적인 방법과 비대칭적인 방법으로 설치 • 대칭적인 가로등은 빛을 골고루 발산하며, 특별히 높은 지점의 조명을 필요로 하지 않는 넓은 지역에서 사용되며, 설치 위치도 보통 빛이 비춰지는 지역의 중앙에 위치한다. • 비대칭적인 가로등은 조명이 필요한 지역에서 다소 떨어진 장소에 사용된다.
투광조명등	• 300~1,000W까지 사용 • 특정 지역에 빛을 집중시키거나 직접적으로 비추는 광선의 형태로 상당히 밝은 빛을 만들 수 있다.
프레이넬등	• 300~500W까지 사용 • 넓은 폭의 빛을 내는 조명으로 경계구역에의 접근방지를 위해 길고 수평하게 빛을 확장하는 데 유용하게 사용 • 수평으로 약 180°, 수직으로 15~30° 정도의 폭이 좁고 긴 빛을 투사 • 비교적 어두운 시설물에서 침입을 감시하는 경우 유용하게 사용
탐조등	• 250~3,000W까지 다양하게 사용 • 사고 우려지역을 정확하게 관찰하기 위해 사용하는 데 백열등이 자주 이용된다. • 휴대가 가능 • 외딴 산간지역이나 작은 배로 쉽게 시설물에 접근할 수 있는 위치에 설치

79 정답 ②

② (×) 경비업법령은 경호복장과 장비, 출동차량에 대하여 경찰공무원 또는 군인의 복장, 장비 및 차량과 명확히 구별될 수 있게 해야 한다고 규정하고 있다. 민간경비원은 일반시민과 같은 법적 지위를 가지고 경찰공무원과 달리 강제력을 행사할 수 없기 때문에 민간경비원과 경찰의 복장과 장비는 엄격하게 구별되어야 한다. 복장과 장비를 유사하게 하는 것은 경찰과 민간경비 간 협력과 관계가 없다.
① (○) 책임자 간담회를 정기적으로 개최하여 경찰 조직과 민간경비 조직의 방범능력 향상을 위한 발전적 방안을 마련한다.
③ (○) 범죄 예방률과 범인 검거율 상승을 위해 범죄 신고절차를 신속화하여 경찰관서와 민간경비업체 간 비상연락망 구축을 정책적으로 권장하고, 합동순찰제도 등을 통해 경찰과 민간경비의 협조체제를 진전시킬 필요가 있다.
④ (○) 민간경비의 지속적인 발전과 육성을 위해서는 국가적 차원에서의 민간경비 전담기구가 필요하다. 민간경비시장의 확대에 따른 적절하고 효율적인 통제를 위해서는 우선적으로 경찰청 내에 민간경비를 담당하는 전담 '과'를 설치하고 일본과 같이 '경찰위원회'가 민간경비의 전체적인 규율을 관장하는 기관으로서 역할을 수행할 수 있도록 해야 한다.

80 정답 ④

④ (×) 비상경보가 전화회선을 통하여 전달되기 때문에 정보량에 한계가 있고, 전화회선이 끊어진 경우 경보신호가 전송되지 않아 시스템 작동에 문제가 발생할 수 있다는 단점이 있다.
① (○) 고령사회에서 노인들의 안부를 확인하고 위급상황에 대비할 수 있다.
② (○) 외부의 침입이나 화재 및 가스누출과 같은 비상경보가 CCTV회선을 통해 경비회사에 전송되면, 경비회사는 그 이상 여부를 확인하여 경찰서, 소방서, 가스회사에 통보하고 출동하는 기계경비시스템을 중심으로 한 서비스가 실시되고 있다.
③ (○) 홈 시큐리티는 단순히 침입을 감지하는 것뿐만 아니라, 화재예방시스템을 포함한 다양한 방재시스템과의 통합운용을 통해 화재 감지 및 가스 누출 감지 등이 가능하고, 원격 제어와 비상 의료 서비스 연동 등 다양한 부가 기능을 제공하여 사용자의 편의성과 안전성을 높일 수 있다. 이러한 홈 시큐리티의 발전은 관련 업계의 기술 발전을 이끌어 풍부한 부가가치를 창출할 수 있다.

제9회 법학개론

문제편 194p

정답 CHECK

01	02	03	04	05	06	07	08	09	10	11	12	13	14	15	16	17	18	19	20
③	①	④	③	①	②	①	③	④	④	③	①	③	④	③	④	②	④	④	③
21	22	23	24	25	26	27	28	29	30	31	32	33	34	35	36	37	38	39	40
②	③	④	②	④	③	①	②	②	④	①	①	②	③	②	③	③	③	②	②

01 정답 ③

③ (×) 청구권을 보전하기 위하여 국가기관의 구제를 기다릴 여유가 없는 경우에, 권리자가 스스로 사력으로써 구제하는 행위가 자력구제 또는 자조(自助)이다. 정당방위나 긴급피난은 현재의 침해에 대한 방위행위인 데 반하여, 자력구제는 주로 과거의 침해에 대한 회복이라는 점에서 차이가 있다. 우리 민법은 이에 관한 일반규정을 두고 있지 않으며, 다만 점유침탈에 관하여서만 자력구제를 인정하는 규정(민법 제209조)을 두고 있다.

① (○) 과거에는 권리자가 자기의 힘으로 권리를 보호 · 구제하는 이른바 사력구제(私力救濟)가 인정되었으나, 근대 법치국가에서의 권리의 보호는 국가구제가 원칙이고, 사력구제는 예외적으로 부득이한 경우에 한하여 인정된다.

② (○) 권리자가 사권의 내용을 실현하려고 할 때에, 이를 방해하는 자가 있어서 실현할 수 없는 때에는 국가가 그 권리의 실현에 협력한다. 국가구제의 제도로서 재판제도와 재판 외 분쟁해결제도(화해, 조정 및 중재 등)가 있다.

④ (○) 민법 제761조는 정당방위와 긴급피난에 대하여 규정하고 있다.

02 정답 ①

제시문의 ( ) 안에는 순서대로 ㄱ : 제한선거, ㄴ : 유무, ㄷ : 차등선거, ㄹ : 내용이 들어간다.

핵심만콕 선거제도의 기본원칙

보통선거의 원칙	제한선거에 대응된 개념으로 사회적 신분 · 재산 · 납세 · 교육 · 신앙 · 인종 · 성별 등에 차별을 두지 않고 원칙적으로 모든 성년자에게 선거권을 부여하는 원칙이다. 즉, 평등원리의 선거법상의 실현을 의미한다.
평등선거의 원칙	차등선거에 대응된 개념으로 선거인의 투표가치가 평등하게 취급되는 원칙이다. 즉, 보통선거의 원칙이 선거권의 유무에 관하여 차별을 금지하는 것이라면, 평등선거의 원칙은 선거권의 내용에 관하여 차별을 금지하는 것이다.
직접선거의 원칙	간접선거에 대응된 개념으로 선거인이 직접 대표자를 선출하는 원칙이다.

제9회 | 법학개론 213

비밀선거의 원칙	공개선거(공개투표)에 대응된 개념으로 선거인의 의사결정이 타인에게 알려지지 않도록 하는 원칙이다.
자유선거의 원칙 (임의선거의 원칙)	강제선거에 대응된 개념으로 선거인이 외부의 어떠한 강제나 간섭 없이 자유롭게 선거권을 행사할 수 있어야 한다는 원칙이다. 다른 원칙과 달리 헌법상 자유선거에 관한 명문규정은 없다.

03 정답 ❹

④ (✕) 대통령후보자가 1인일 때에는 그 득표수가 선거권자 총수의 <u>3분의 1 이상</u>이 아니면 대통령으로 당선될 수 없다(헌법 제67조 제3항).
① (○) 헌법 제114조 제4항
② (○) 헌법 제117조 제1항
③ (○) 헌법 제86조 제3항·제87조 제4항

04 정답 ❸

③ (✕) 헌법재판소 재판관 중 3인은 대법원장이 지명하는 자를 대통령이 임명하고(헌법 제111조 제3항), 중앙선거관리위원회는 대통령이 임명하는 3인, 국회에서 선출하는 3인과 대법원장이 지명하는 3인의 위원으로 구성한다(헌법 제114조 제2항). 그러나 <u>감사원의 감사위원은 감사원장의 제청으로 대통령이 임명한다</u>(헌법 제98조 제3항).
① (○) 선거소송 및 당선소송은 대법원에 제기하는 소송이다(공직선거법 제222조 제1항·제223조 제1항).
② (○) 헌법 제106조 제1항
④ (○) 헌법 제108조

05 정답 ❶

① (○) 상법 제47조 제1항
② (✕) 상인의 행위는 영업을 위하여 하는 것으로 <u>추정한다</u>(상법 제47조 제2항).
③ (✕) 상행위의 위임을 받은 자는 <u>위임의 본지에 반하지 아니한 범위 내에서 위임을 받지 아니한 행위를 할 수 있다</u>(상법 제49조).
④ (✕) 상인이 그 영업에 관하여 수여한 대리권은 <u>본인의 사망으로 인하여 소멸하지 아니한다</u>(상법 제50조).

06 정답 ②

② (✕) 법률은 특별한 규정이 없는 한 <u>공포한 날로부터 20일을 경과함으로써 효력을 발생한다</u>(헌법 제53조 제7항).
① (○) <u>법의 효력은 시행일로부터 폐지일까지 계속되는데 이를 시행기간 또는 유효기간이라 한다</u>.
③ (○) 형법 제1조 제2항
④ (○) 형법 제3조(내국인의 국외범)

07 정답 ①

① (○) 공권력의 행사 또는 불행사로 인하여 헌법상 보장된 기본권을 침해받은 자는 법원의 재판을 제외하고는 헌법재판소에 헌법소원심판을 청구할 수 있다(헌법재판소법 제68조 제1항 본문). 법원의 재판은 헌법소원의 대상이 아니다.
② (✕) 위헌 여부 심판의 제청에 관한 결정에 대하여는 <u>항고할 수 없다</u>(헌법재판소법 제41조 제4항). 헌법재판소법 제41조 제4항은 위헌여부심판의 제청에 관한 결정에 대하여는 항고할 수 없다고 규정하고 있으므로 <u>위헌제청신청을 기각하는 결정에 대하여는 민사소송에 의한 항고나 재항고를 할 수 없다</u>(대결 1993.8.25. 93그34). 위헌제청신청을 기각하는 결정에 대하여 항고할 수 없으므로 위헌제청신청을 한 당사자는 헌법재판소에 헌법소원심판을 청구할 수 있다(헌법재판소법 제68조 제2항 전문).
③ (✕) 공권력의 행사 또는 불행사로 인하여 헌법상 보장된 기본권을 침해받은 자는 법원의 재판을 제외하고는 헌법재판소에 헌법소원심판을 청구할 수 있다(헌법재판소법 제68조 제1항 본문). <u>사인(私人)으로부터 받은 기본권 침해행위는 헌법소원의 대상이 되지 않는다</u>.
④ (✕) 정당의 목적이나 활동이 민주적 기본질서에 위배될 때에는 <u>정부는 국무회의의 심의를 거쳐 헌법재판소에 정당해산심판을 청구할 수 있다</u>(헌법재판소법 제55조).

08 정답 ③

A는 자신의 부주의로 위난을 자초한 경우이다. 이러한 자초위난에 대하여 현재의 위난이 피난자의 유책한 사유로 발생한 때에는 긴급피난을 할 수 없다는 견해도 있으나, 피난 상황에 대하여 책임이 없을 것이 긴급피난의 요건이 되는 것은 아니므로 위난이 책임 있는 사유로 발생한 때에도 상당성이 인정되는 한 긴급피난은 가능하다. 다만 목적 또는 고의에 의한 자초위난에 대해서는 긴급피난이 허용되지 않는다고 볼 수 있다. 사안의 경우 A는 부주의, 즉 과실로 위난을 자초한 경우이므로 상당성이 인정되는 한 <u>긴급피난</u>이 가능하다.

09 정답 ④

④ (✕) <u>사회법은 자본주의의 문제와 모순을 합리적으로 해결하여 경제적 · 사회적 약자를 보호할 목적으로 비교적 근래에 등장한 제3의 법영역이다. 즉, 사회법은 사법과 공법의 성격을 모두 가진 법으로 법의 사회화 · 사법의 공법화 경향을 띤다</u>. 따라서 <u>사법원리를 배제하는 것은 아니다</u>.
① (○) 절차법에서도 원칙적으로 신법우선의 원칙이 적용된다.
② (○) 일반법과 특별법이 충돌하는 경우 특별법우선의 원칙이 적용되어 특별법이 우선한다.
③ (○) 법률행위의 당사자가 법령 중의 선량한 풍속 기타 사회질서에 관계없는 규정(임의규정)과 다른 의사를 표시한 때에는 그 의사에 의한다(민법 제105조).

10 정답 ④

④ (○) "필요 없으면 형벌 없다"는 필요성 원칙과 "불법 없으면 형벌 없다"는 실질적 불법성의 원칙, "책임 없으면 형벌 없다"는 죄형균형성의 원칙을 내용으로 하는 적정성의 원칙은 기본적 인권을 보장할 수 있도록 국민의 자유를 가장 적게 침해할 수 있는 형벌을 선택하고 형벌은 범죄의 불법과 책임에 비례하여야 한다(적정하게 처벌해야 한다)는 원칙이다.

① (×) 관습형법금지의 원칙은 법률주의와 관습형법 적용 금지를 내용으로 하는데, 관습형법 적용 금지와 관련하여 피고인에게 유리한 관습법 적용 인정 문제가 있다. 형법에는 관습법의 법원성을 인정하는 규정이 없으므로 피고인에게 불리한 것뿐만 아니라 유리한 관습법도 적용할 수 없다는 견해도 있으나, 피고인에게 유리한 소급효와 유추해석이 인정된다는 점을 고려할 때 피고인에게 유리한 경우에는 관습법의 적용을 인정하는 일반적인 견해가 타당하다.

② (×) 소급효금지의 원칙은 형법은 그 실시 이후의 행위만 규율할 뿐, 그 이전의 행위에는 효력이 미치지 않는다는 원칙으로, 인권침해의 염려가 없거나 피고인에게 유리한 경우에는 예외적으로 소급효가 인정될 수 있다.

③ (×) 명확성의 원칙은 범죄의 구성요건과 형사제재에 관한 규정을 구체적으로 명확하게 규정하여야 한다는 원칙으로 여기에는 절대적 부정기형 금지의 원칙이 포함된다. 장·단기가 특정된 상대적 부정기형은 형벌의 목적 달성을 위해 필요하며 예견 가능한 범주 안에 있으므로 허용되지만, 형기를 정하지 않은 절대적 부정기형은 명확성 원칙에 위반되므로 금지된다.

11 정답 ③

제시문의 ㄱ~ㄹ에 들어갈 내용은 순서대로 실질범, 즉시범, 자수범, 목적범이다.

12 정답 ①

① (×) 형사상 재물손괴죄는 과실로 인한 손괴의 경우에는 성립하지 않기 때문에 민법상 손해배상을 청구할 수 있음은 별론으로 하고 형사상의 책임은 발생하지 않는다.
② (○) 형법 제267조
③ (○) 민법 제759조 제1항 본문·제2항
④ (○) 민법 제759조 제1항 단서·제2항

13 정답 ③

③ (○) 상법 제393조 제1항, 제391조 제1항
① (×) 지배인의 선임과 해임은 정관에 다른 정함이 없으면 업무집행사원이 있는 경우에도 총사원 과반수의 결의에 의하여야 한다(상법 제203조).
② (×) 지배인의 선임과 해임은 업무집행사원이 있는 경우에도 무한책임사원 과반수의 결의에 의하여야 한다(상법 제274조).
④ (×) 유한회사의 경우 지배인의 선임과 해임은 이사 과반수의 결의 또는 사원총회의 보통결의(정관 또는 본법에 다른 규정이 있는 경우 외에는 총사원의 의결권의 과반수를 가지는 사원이 출석하고 그 의결권의 과반수)에 의하여야 한다(상법 제564조 제1항·제2항, 제574조).

14 정답 ④

④ (×) 심리에 관여한 판사의 의견과 배심원의 평결은 법원을 기속하지 아니한다(국민의 형사재판 참여에 관한 법률 제46조 제5항).
① (○) 국민의 형사재판 참여에 관한 법률 제3조 제1항
② (○) 국민의 형사재판 참여에 관한 법률 제3조 제2항
③ (○) 국민의 형사재판 참여에 관한 법률 제12조 제1항

15 정답 ③

③ (×) 보험금액이 보험계약의 목적의 가액을 현저하게 초과한 때에는 보험자 또는 보험계약자는 보험료와 보험금액의 감액을 청구할 수 있다. 그러나 보험료의 감액은 장래에 대하여서만 그 효력이 있다(상법 제669조 제1항).
① (○) 상법 제665조
② (○) 상법 제667조
④ (○) 상법 제669조 제2항

16 정답 ④

입증부담을 완화하기 위하여 입증이 용이하지 않은 확정되지 않는 사실을 통상의 상태를 기준으로 하여 사실로 인정하고 이에 상당한 법률효과를 주는 것을 추정이라고 한다.

17 정답 ②

밑줄 친 부분은 법적 안정성을 중시하는 입장이다.
② (×) 합목적성을 강조하는 법언이다.
① (○), ③ (○), ④ (○) 법적 안정성을 강조하는 법언이다.

핵심만콕	법의 이념과 법언(法諺)
정 의	정의는 법이 추구하는 이념의 출발점인 동시에 궁극적인 목적이다. • "세상이 망하더라도 정의를 세우라." • "정의만이 통치의 기초이다."
합목적성	법이 따라야 할 가치의 기준으로 같은 것은 같게 다른 것은 다르게 구별해 주는 구체적인 기준이다. • "민중의 행복이 최고의 법률이다." • "국민이 원하는 것이 곧 법이다."
법적 안정성	법에 의하여 보호되는 사회생활의 안정성으로서, 사회구성원들이 법의 권위를 믿고 안심하고 활동할 수 있는 상태를 말한다. • "악법도 법이다." • "부정의의 법도 무질서보다는 낫다." • "정의의 극치는 부정의의 극치다." • "정의는 망해도 세계는 살아야 한다." • "권리 위에 잠자는 자는 보호받지 못한다."

18 정답 ④

④ (×) 대통령령, 총리령, 부령은 법규명령의 제정권자를 기준으로 하는 구분이다.
① (○) 행정조직 내부에서 그 조직과 활동을 규율하기 위해서 발하는 일반적·추상적인 명령으로서 법규적 성질을 가지지 않는 것을 행정규칙이라고 한다. 일반적·추상적인 명령이라는 점에서 법규명령과 같지만, 법규적 성질을 가지지 않아 대외적 구속력이 인정되지 않는다는 점에서 법규명령과 구별된다.
② (○) 행정규칙은 상급행정기관이 하급행정기관에 대하여 업무처리지침이나 법령의 해석적용에 관한 기준을 정한 것으로서 일반적으로 행정조직 내부에서만 효력을 가질 뿐 대외적인 구속력을 갖는 것은 아니다.
③ (○) 행정소송법상 항고소송의 대상은 처분이어야 하는데, 행정규칙은 일반적·추상적 규율에 해당하므로 처분성이 인정되지 않아 원칙적으로 항고소송의 대상이 될 수 없다.

19 정답 ④

연금보험료, 환수금, 그 밖의 이 법에 따른 징수금을 징수하거나 환수할 권리는 3년간, 급여(제77조 제1항 제1호에 따른 반환일시금은 제외한다)를 받거나 과오납금을 반환받을 수급권자 또는 가입자 등의 권리는 5년간, 제77조 제1항 제1호에 따른 반환일시금을 지급받을 권리는 10년간 행사하지 아니하면 각각 소멸시효가 완성된다(국민연금법 제115조 제1항).

20 정답 ③

재범방지를 위하여 지도 및 원호가 필요한 때에는 보호관찰을 받을 것을 명할 수 있으며, 그 기간은 1년으로 한다(형법 제59조의2).

관계법령

선고유예의 요건(형법 제59조)
① 1년 이하의 징역이나 금고, 자격정지 또는 벌금의 형을 선고할 경우에 제51조의 사항을 고려하여 뉘우치는 정상이 뚜렷할 때에는 그 형의 선고를 유예할 수 있다. 다만, 자격정지 이상의 형을 받은 전과가 있는 사람에 대해서는 예외로 한다.
② 형을 병과할 경우에도 형의 전부 또는 일부에 대하여 선고를 유예할 수 있다.

보호관찰(형법 제59조의2)
① 형의 선고를 유예하는 경우에 재범방지를 위하여 지도 및 원호가 필요한 때에는 보호관찰을 받을 것을 명할 수 있다.
② 제1항의 규정에 의한 보호관찰의 기간은 1년으로 한다.

선고유예의 효과(형법 제60조)
형의 선고유예를 받은 날로부터 2년을 경과한 때에는 면소된 것으로 간주한다.

21 정답 ❷

자유권 중심의 기본권 보장은 근대 입헌주의 헌법의 특징에 해당한다.

핵심만콕	근대 · 현대 헌법의 비교
근대 입헌주의 헌법	현대 복지국가 헌법
• 기본권의 보장(형식적 평등) • 권력분립 • 의회주의 • 형식적 법치주의(합법성 중시) • 성문헌법 · 경성헌법 • 시민적 법치국가 • 국민주권주의	• 생존권의 보장(실질적 평등) • 행정국가화 경향, 권력분립의 완화 • 사회적 시장경제질서, 사회복지국가 • 실질적 법치주의(합법성과 정당성 중시) • 헌법재판제도의 강화 • 국제평화주의, 복지국가적 경향 • 국민주권주의의 실질화(국민투표제도)

22 정답 ❸

③ (○) 공범과 구별되는 개념으로 구성요건상 범죄가 성립하기 위해서는 처음부터 다수인의 공동을 필요로 하는 경우를 필요적 공범이라 하는데, 이는 집합범과 대향범이 있다. 다수인이 동일한 방향에서 같은 목표를 향하여 공동으로 작용하는 범죄(소요죄, 내란죄 등)를 집합범이라 하고, 2인 이상의 대향적 협력에 의하여 성립하는 범죄[대향자 쌍방의 법정형이 같은 경우(아동혹사죄, 도박죄), 대향자 사이의 법정형이 다른 경우(뇌물죄에 있어서 수뢰죄와 증뢰죄), 대향자의 일방만을 처벌하는 경우(범인은닉죄)]를 대향범이라고 한다. 필요적 공범은 그 자체가 독립된 범죄이므로 형법 총칙상의 공범 규정이 적용되지 않는다.
① (×) 2인 이상이 공동하여 죄를 범한 것으로 각자가 역할 분담에 따라 범죄를 실행하는 것을 말한다(형법 제30조).
② (×) 2인 이상이 범죄를 공모하였으나, 그중 일부만이 범죄를 실행하였을 때 범죄에 참여하지 않은 나머지에 대해 공동정범을 인정하는 개념이다.
④ (×) 어느 행위로 인하여 처벌되지 아니하는 자(책임무능력자) 또는 과실범으로 처벌되는 자를 교사 또는 방조하여, 즉 타인을 생명 있는 도구로 이용하여 범죄행위의 결과를 발생하게 한 자를 말한다(형법 제34조 제1항).

23 정답 ❹

④ (×) 근로계약은 계약의 형식이나 명칭을 불문하고 명시 및 묵시의 계약의 체결도 가능하다. 또한 효력 발생을 위해 반드시 서면으로 체결할 필요는 없다.
① (○) 근로기준법 제3조
② (○) 근로기준법 제9조
③ (○) 근로기준법 제11조 제1항 단서

24 정답 ❷

|O△X| 제시된 내용 중 옳은 것은 ㄱ, ㄴ, ㄹ이다.
ㄱ. (○) 종국판결이란 소 또는 상소에 의하여 계속되어 있는 사건의 전부나 일부에 대하여 당해 심급에서 완결하는 판결을 말한다. 종국판결의 예로는 본안판결, 소각하판결, 소송종료선언 등이 있다.
ㄴ. (○) 법원은 독립된 공격 또는 방어의 방법, 그 밖의 중간의 다툼에 대하여 필요한 때에는 중간판결(中間判決)을 할 수 있다. 청구의 원인과 액수에 대하여 다툼이 있는 경우에 그 원인에 대하여도 중간판결을 할 수 있다(민사소송법 제201조).
ㄹ. (○) 이행판결은 원고의 이행청구권의 존재를 확인하고 그 이행을 명하는 판결을 말한다.
ㄷ. (×) 권리·법률관계의 존재나 부존재를 확정하는 것을 내용으로 하는 판결은 확인판결이다. 형성판결은 법원이 재판상 행사할 수 있는 형성권의 존재를 확정하여 그 내용에 따라 일정한 권리 또는 법률관계를 발생·변경·소멸시키는 판결을 말한다.
ㅁ. (×) 원고의 청구가 이유 없다고 배척하는 판결은 기각판결이다. 각하판결은 원고가 제기한 소가 소송요건을 갖추지 못하여 본안의 심판을 하지 아니하고 소송을 종료시키는 판결을 말한다.

25 정답 ❹

|O△X| ④ (×) 권리의 내용의 변경은 권리의 내용 중 성질(질적 변경)이나 수량(양적 변경)이 변경되는 것이다. 질적 변경에는 물상대위·대물변제·특정물인도를 내용으로 하는 채권이 손해배상채권으로 변하는 경우·선택채권이 단순채권으로 변하는 경우 등이 있고, 양적 변경에는 소유권의 객체에 제한물권이 설정되는 경우·이미 설정된 제한물권이 소멸되는 경우 등이 있다. 임차권의 대항력 취득은 권리의 작용(효과)의 변경에 해당한다.
① (○) 원시취득(권리의 절대적 발생)은 존재하지 않던 권리가 특정인에게 새로이 발생하는 것으로, 타인의 권리가 이전되는 것이 아니라 없던 권리가 새로이 발생된다는 점에서 승계취득과 구별된다. 원시취득에는 신축한 건물의 소유권 취득, 취득시효, 선의취득, 무주물 선점, 유실물 습득, 매장물 발견 등이 있다.
② (○) 승계취득(권리의 상대적 발생)은 타인의 권리에 기초하여 권리를 발생케 하는 경우로 구권리자의 권리가 그 동일성을 유지하면서 신권리자에게 이전되는 이전적 승계와 구권리자의 권리는 그대로 존속하면서 신권리자가 그 권리의 일부를 취득하는 설정적 승계로 나누어진다. 이전적 승계는 매매·증여, 교환 등의 특정승계와 상속·포괄유증·회사합병 등의 포괄승계로 구분된다.
③ (○) 권리의 소멸(상실)은 권리 자체가 종국적으로 영원히 소멸하는 절대적 소멸과, 권리가 이전되는 경우 상대방의 입장에서는 취득이 되는 것, 권리의 주체만 변경되는 것인 상대적 소멸이 있다. 절대적 소멸에는 목적물 멸실, 권리의 포기, 소멸시효, 변제에 의한 채권의 소멸 등이 있다.

26 정답 ❸

|O△X| ③ (×) 사회보장수급권은 정당한 권한이 있는 기관에 서면으로 통지하여 포기할 수 있고(사회보장기본법 제14조 제1항), 사회보장수급권의 포기는 취소할 수 있다(동법 제14조 제2항).
① (○) 사회보장기본법 제5조 제2항
② (○) 사회보장기본법 제20조 제1항
④ (○) 사회보장기본법 제12조

27 정답 ❶

① (○) 헌법 제117조 제1항 후단
② (×) 헌법에 의하여 체결·공포된 조약과 일반적으로 승인된 국제법규는 국내법과 같은 효력을 가진다(헌법 제6조 제1항).
③ (×) 사회변화에 따른 필요에 신속히 대응할 수 있는 것(유동적인 법 현실이 잘 반영됨)은 불문법의 장점이다. 성문법은 개정절차가 필요하여 사회변동에 능동적으로 대처하기 어려우므로 법 현실이 잘 반영되지 못한다.
④ (×) 상급법원 재판에서의 판단은 해당 사건에 관하여 하급심(下級審)을 기속(羈束)한다(법원조직법 제8조). 따라서 대법원의 판결은 모든 사건이 아닌 해당 사건에 관하여만 하급심을 기속한다.

28 정답 ❸

③ (×) 상대방 있는 의사표시에 관하여 제3자가 사기나 강박을 행한 경우에는 상대방이 그 사실을 알았거나 알 수 있었을 경우에 한하여 그 의사표시를 취소할 수 있다(민법 제110조 제2항).
① (○) 민법 제107조 제1항 단서
② (○) 상대방 또는 제3자의 강박에 의하여 의사결정의 자유가 완전히 박탈된 상태에서 이루어진 의사표시는 효과의사에 대응하는 내심의 의사가 결여된 것이므로 무효라고 볼 수밖에 없다(대판 1984.12.11. 84다카1402).
④ (○) 민법 제108조 제1항

29 정답 ❷

제시된 내용 중 형법상 친고죄에 해당하지 않는 것은 ㄴ과 ㄷ이다.
ㄴ.(×), ㄷ.(×) 제307조와 제309조의 죄는 피해자의 명시한 의사에 반하여 공소를 제기할 수 없다(형법 제312조 제2항). 명예훼손죄(제307조)와 출판물 등에 의한 명예훼손죄(제309조)는 반의사불벌죄에 해당한다.
ㄱ.(○) 제308조(사자의 명예훼손)와 제311조(모욕)의 죄는 고소가 있어야 공소를 제기할 수 있다(형법 제312조 제1항).
ㄹ.(○), ㅁ.(○) 본장의 죄(비밀침해죄, 업무상비밀누설죄)는 고소가 있어야 공소를 제기할 수 있다(형법 제318조).

핵심만콕

구 분	친고죄	반의사불벌죄
의 의	공소제기를 위하여 피해자 기타 고소권자의 고소가 있을 것을 요하는 범죄	피해자의 의사에 관계없이 공소를 제기할 수 있으나, 피해자의 명시한 의사에 반하여 처벌할 수 없는 범죄
종 류	• **절대적 친고죄** 　- **모욕죄**(제311조) 　- 비밀침해죄(제316조) 　- **업무상비밀누설죄**(제317조) 　- **사자명예훼손죄**(제308조) • 상대적 친고죄(친족상도례규정) 　절도, 사기, 공갈, 횡령, 배임, 장물, 권리행사방해죄의 일부(제328조 준용)	• 외국원수 및 외국사절에 대한 폭행, 협박, 모욕죄(제107조 및 제108조) • 외국국기, 국장모독죄(제109조) • 폭행, 존속폭행죄(제260조) • 협박, 존속협박죄(제283조) • **명예훼손죄**(제307조) • **출판물 등에 의한 명예훼손죄**(제309조) • 과실치상죄(제266조)

30 정답 ❷

② (×) 기한은 채무자의 이익을 위한 것으로 추정한다(민법 제153조 제1항).
① (○) 민법 제153조 제2항
③ (○) 민법 제152조 제1항
④ (○) 민법 제152조 제2항

31 정답 ❹

④ (×) 노동위원회는 근로자위원과 사용자위원 및 공익위원으로 구성한다(노동위원회법 제6조 제1항).
① (○) 노동위원회법 제2조 제1항
② (○) 노동위원회법 제2조 제3항
③ (○) 노동위원회법 제4조 제2항

32 정답 ❶

① (○) 현행범인과 현행범인은 아니지만 현행범인으로 간주되는 준현행범인은 누구든지 영장 없이 체포할 수 있다(형사소송법 제211조・제212조 참조).
② (×) 검사 또는 사법경찰관리가 아닌 자가 현행범인을 체포한 때에는 즉시 검사 또는 사법경찰관리에게 인도하여야 한다(형사소송법 제213조 제1항).
③ (×) 사법경찰관리가 현행범인의 인도를 받은 때에는 체포자의 성명, 주거, 체포의 사유를 물어야 하고 필요한 때에는 체포자에 대하여 경찰관서에 동행함을 요구할 수 있다(형사소송법 제213조 제2항).
④ (×) 검사 또는 사법경찰관이 제200조의3의 규정에 의하여 피의자를 체포한 경우 피의자를 구속하고자 할 때에는 지체 없이 검사는 관할 지방법원판사에게 구속영장을 청구하여야 하고, 사법경찰관은 검사에게 신청하여 검사의 청구로 관할 지방법원판사에게 구속영장을 청구하여야 한다. 이 경우 구속영장은 피의자를 체포한 때부터 48시간 이내에 청구하여야 하며, 제200조의3 제3항에 따른 긴급체포서를 첨부하여야 한다(형사소송법 제200조의4 제1항).

33 정답 ❶

① (×) 변론에 관여한 법관이 바뀐 경우에 다시 처음부터 심리를 되풀이하는 것은 소송경제에 반하기 때문에 당사자가 새로 심리에 관여한 법관의 면전에서 종전의 변론결과를 진술하는 것으로 충분하다(민사소송법 제204조 제2항 참조).
② (○) 공개심리주의는 재판의 심리와 판결선고를 일반인이 방청할 수 있는 상태에서 행해야 한다는 절차원리이다.
③ (○) 공격 또는 방어의 방법은 소송의 정도에 따라 적절한 시기에 제출하여야 한다(민사소송법 제146조).
④ (○) 민사소송법은 구술주의를 원칙으로, 서면심리주의를 보충적으로 병용한다.

34 정답 ③

③ (×) 대의제의 문제점을 보완하기 위해 도입된 직접 민주제적 요소로는 국민투표, 국민발안, 국민소환제도가 있는데 우리 헌법은 국민투표(제72조의 국가안위에 관한 중요정책에 대한 국민투표, 제130조의 헌법개정안에 대한 국민투표)만 규정하고 있다.

① (○) 참정권이란 국민이 주권자로서 국정에 직·간접적으로 참여할 수 있는 기본권으로 국정 참여뿐만 아니라 국가 기관의 구성원이 되어 정치할 수 있는 권리까지 포함한다.

② (○) 우리 헌법은 제24조에서 선거권, 제25조에서 공무담임권, 제72조와 제130조에서 국민투표권을 규정하고 있다.

④ (○) 지방자치법 제25조는 지방자치단체의 장 및 지방의회의원의 소환에 관해 규정하고, 지방교육자치에 관한 법률 제24조의2는 교육감의 소환에 관해 규정하고 있다.

35 정답 ②

② (×) 명령·규칙 또는 처분이 헌법이나 법률에 위반되는 여부가 재판의 전제가 된 경우에는 대법원은 이를 최종적으로 심사할 권한을 가진다(헌법 제107조 제2항). 법규명령의 위헌·위법 여부는 법원의 관할이고 대법원이 최종적으로 심사할 권한을 가진다.

① (○) 행정권이 제정하는 일반적·추상적인 명령으로서 국민의 권리·의무에 영향을 미치는 법규적 성질을 가지는 것을 법규명령이라고 한다. 일반적·추상적인 명령이라는 점에서 행정규칙과 같지만, 법규적 성질을 가지므로 대외적 구속력이 인정된다는 점에서 행정규칙과 구별된다.

③ (○) 법규명령은 국민과 법원을 구속하는 대외적 구속력이 있으므로 법규명령에 위반한 행정행위는 위법하므로 국민은 행정쟁송을 제기하여 구제받을 수 있다.

④ (○) 위임입법(委任立法)에 관한 헌법(憲法) 제75조는 처벌법규(處罰法規)에도 적용되는 것이지만 처벌법규(處罰法規)의 위임(委任)은 특히 긴급한 필요가 있거나 미리 법률(法律)로써 자세히 정할 수 없는 부득이한 사정이 있는 경우에 한정되어야 하고 이 경우에도 법률(法律)에서 범죄(犯罪)의 구성요건(構成要件)은 처벌대상(處罰對象)인 행위(行爲)가 어떠한 것일 것이라고 이를 예측할 수 있을 정도로 구체적으로 정하고 형벌(刑罰)의 종류(種類) 및 그 상한(上限)과 폭을 명백히 규정하여야 한다(헌재결[전] 1991.7.8. 91헌가4).

36 정답 ②

제시된 내용 중 제한능력자의 상대방 보호를 위한 제도가 아닌 것은 ㄹ이다.

ㄹ. (×) 후견인제도는 제한능력자를 보호하기 위한 제도이다. 제한능력자의 상대방 보호를 위한 제도는 상대방의 최고권, 철회권과 거절권, 제한능력자의 취소권 배제, 법정추인, 취소권의 단기소멸이 있다.

37 정답 ❸

보험계약의 종류는 인보험증권의 필요적 기재사항에만 해당한다(상법 제728조 제1호).

> **관계법령**
>
> **손해보험증권(상법 제666조)**
> 손해보험증권에는 다음의 사항을 기재하고 보험자가 기명날인 또는 서명하여야 한다.
> 1. 보험의 목적
> 2. 보험사고의 성질
> 3. 보험금액
> 4. 보험료와 그 지급방법
> 5. 보험기간을 정한 때에는 그 시기와 종기
> 6. 무효와 실권의 사유
> 7. 보험계약자의 주소와 성명 또는 상호
> 7의2. 피보험자의 주소, 성명 또는 상호
> 8. 보험계약의 연월일
> 9. 보험증권의 작성지와 그 작성연월일
>
> **인보험증권(상법 제728조)**
> 인보험증권에는 제666조에 게기한 사항 외에 다음의 사항을 기재하여야 한다.
> 1. 보험계약의 종류
> 2. 피보험자의 주소·성명 및 생년월일
> 3. 보험수익자를 정한 때에는 그 주소·성명 및 생년월일

38 정답 ❸

③ (×) 우리나라의 행정법의 기본원리는 중앙집권주의의 원리가 아닌 지방분권주의의 원리이다. 지방분권주의의 원리란 모든 행정작용이 중앙정부의 통제하에 있는 것보다는 지방자치제도의 이념에 부합하도록 주민의 의사를 반영하고 지방의 특수상황을 고려한 행정작용이 이루어져야 한다는 것을 의미한다.

① (○) 법치행정의 원리란 행정기관의 행정작용이 헌법과 법률에 적합하여야 한다는 것을 의미하며, 이를 행정의 법률적합성의 원칙이라 부르기도 한다. 행정의 법률적합성의 원칙은 '법률의 법규창조력', '법률우위의 원칙', '법률유보의 원칙'을 그 내용으로 한다.

② (○) 민주행정의 원리란 국민주권의 원리에 부합하게 행정작용은 국민의 의사에 부합하는 방향으로 수행되어야 하고, 국민의 이익을 위해 추진되어야 한다는 것을 의미한다.

④ (○) 복지행정의 원리란 행정작용은 소극적으로 국민의 자유를 보장하는 데 그치는 것이 아니라, 적극적으로 국민의 인간다운 생활을 보장할 수 있도록 계획을 수립하고, 이를 추진해야 한다는 것을 의미한다.

39 정답 ②

② (○) 범죄 혐의가 인정되고 소송조건이 구비되었으나 범인의 연령·성행·지능과 환경, 피해자에 대한 관계, 범행의 동기·수단과 결과, 범행 후의 정황 등을 참작하여 검사가 공소를 제기하지 아니하기로 하는 처분이다.
① (×) 검사가 피의자의 소재불명 등의 사유로 수사를 종결할 수 없는 경우에 그 사유가 해소될 때까지 하는 처분이다.
③ (×) 피의자의 사망, 사면, 공소시효 완성, 반의사불벌죄의 경우 피해자가 처벌을 원하지 않는 등 소추조건이 구비되지 않은 때의 처분이다.
④ (×) 검사는 사건이 그 소속검찰청에 대응한 법원의 관할에 속하지 아니한 때에는 사건을 서류와 증거물과 함께 관할법원에 대응한 검찰청검사에게 송치하여야 한다(형사소송법 제256조). 형사소송에서 토지관할은 범죄지, 피고인의 주소, 거소 또는 현재지로 하는데(형사소송법 제4조), 관할법원에 대응하는 검찰청이 아닌 다른 곳에 고소 등이 접수된 경우 관할 검찰청에 송치하는 것을 말한다.

40 정답 ②

② (○) 행정절차법 제2조 제6호
① (×) "청문"이란 행정청이 어떠한 처분을 하기 전에 당사자등의 의견을 직접 듣고 증거를 조사하는 절차를 말한다(행정절차법 제2조 제5호).
③ (×) "사전통지"란 행정청이 당사자에게 의무를 부과하거나 권익을 제한하는 처분을 하는 경우에 미리 일정한 사항을 당사자등에게 통지하는 것을 말한다(행정절차법 제21조).
④ (×) "의견제출"이란 행정청이 어떠한 행정작용을 하기 전에 당사자등이 의견을 제시하는 절차로서 청문이나 공청회에 해당하지 아니하는 절차를 말한다(행정절차법 제2조 제7호).

제9회 민간경비론

문제편 205p

정답 CHECK

41	42	43	44	45	46	47	48	49	50	51	52	53	54	55	56	57	58	59	60
④	③	③	②	①	③	③	②	②	②	③	②	②	③	③	③	③	②	③	②
61	62	63	64	65	66	67	68	69	70	71	72	73	74	75	76	77	78	79	80
①	②	④	②	①	③	④	③	④	③	④	④	④	③	②	②	④	③	①	④

41 정답 ④

제시된 내용 중 옳은 것은 ㄷ, ㄹ, ㅂ이다.

ㄷ. (○) 대륙법계는 전통적으로 국가권력의 우월적 지위를 인정하므로 민간경비는 국가(경찰)의 지도·감독하에 관련법규에 한정된 소극적 역할을 맡았고 사전적·예방적 기능만을 제한적으로 담당한다.
ㄹ. (○) 영미법계는 실질적 개념의 민간경비로 이해하고 민간경비와 공경비의 업무범위가 유사하나, 법 집행권한에 대한 차이가 있다고 하였다. 일반적으로 영미법계 민간경비원은 대륙법계 민간경비원에 비해 그 권한이 많다고 할 수 있다.
ㅂ. (○) 형식적 의미에서 민간경비 개념은 공경비와 명확히 구별되나 실질적 의미에서 민간경비 개념은 공경비와 유사하다.
ㄱ. (×) 민간이 주체가 되는 모든 경비활동을 협의의 민간경비라고 한다.
ㄴ. (×) 광의의 민간경비는 공경비를 제외한 경비의 3요소인 방범·방재·방화를 포함하는 포괄적 경비활동을 의미하나, 협의의 민간경비는 일정한 비용을 지불한 특정고객에게 안전관리 서비스(범죄예방활동)를 제공하는 개인 및 기업(조직)의 활동을 의미한다.
ㅁ. (×) 실정법인 경비업법에서 규정하는 허가를 받고 경비업무를 수행하는 활동은 형식적 개념의 민간경비이다.

42 정답 ③

③ (×) 특수경비업자는 소속 특수경비원에게 법 제12조에 따라 선임한 경비지도사가 수립한 교육계획에 따라 매월 3시간 이상 직무교육을 받도록 하여야 한다(경비업법 시행령 제19조 제3항, 동법 시행규칙 제16조 제1항).
① (○) 경비업법 제13조 제3항 전단
② (○) 경비업법 제13조 제4항
④ (○) 경비업법 제13조 제3항 후단

43 정답 ❸

③ (✕) 기원전 27년 고대 로마시대 아우구스투스 황제는 법 집행을 위해 최초의 국가경찰인 자경단원이라고 불리는 수천 명의 비무장군대를 각 관할 구역의 질서유지를 위해서 임명하였다. 이는 역사상 최초의 비무장 수도경찰로 간주된다.
① (○) 원시시대의 대표적인 경비형태로 절벽에 위치한 동굴, 땅에서 사다리를 타고 나무에 올라가는 주거형태나 수상가옥 등이 있다.
② (○) 고대 바빌론 왕 함무라비에 의해 법 집행 개념이 최초로 명문화되었다. 세계 최초로 문서화된 법령에 의하여 정부가 법 집행을 할 수 있었고, 또 개인에게 책임을 부여할 수 있었으며, 이때부터 개인차원의 민간경비의 개념과 국가차원의 공경비의 개념이 분리되기 시작하였다.
④ (○) 개인의 생명과 재산을 보호하는 경비는 인류 역사상 가장 오래된 과제 중 하나이다. 실제로 고대 문헌이나 성서와 같은 많은 자료에서 개인의 안전과 재산을 지키기 위해 야간감시자나 신변보호요원을 이용했음을 발견할 수 있다.

44 정답 ❷

아직까지는 인력경비 없이 기계경비시스템만으로 경비활동의 목표달성이 가능한 수준에는 이르지 못하였다.

45 정답 ❶

① (○) 일정기간이나 비상시에만 사용하는 문은 평상시에는 폐쇄하고 잠겨 있어야 하며, 잠금장치는 특수하게 만들어져야 하고, 외견상 즉시 확인할 수 있어야 한다.
② (✕) 모든 출입구의 수를 파악하고 하수구, 배수로, 배수관, 사용하는 터널, 배기관, 공기흡입관, 맨홀뚜껑, 낙하 장치, 엘리베이터 등도 출입구와 같은 차원에서 경비계획에 포함시켜야 한다.
③ (✕) 출입문은 출입자의 편리성과 안전성이 함께 고려되어야 한다.
④ (✕) 외부의 침입자들은 주로 창문을 통해 침입하며, 일반 유리창은 높은 가시성으로 인해 침입이 빈번하다.

46 정답 ❸

③ (✕) 청원경찰을 배치받으려는 자는 대통령령으로 정하는 바에 따라 관할 시·도 경찰청장에게 청원경찰 배치를 신청하여야 한다(청원경찰법 제4조 제1항).
① (○) 경비업법 제15조 제2항
② (○) 경비업법 제15조 제3항, 청원경찰법 제9조의4
④ (○) 청원경찰 업무에 종사하는 사람은 「형법」이나 그 밖의 법령에 따른 벌칙을 적용할 때에는 공무원으로 본다(청원경찰법 제10조 제2항).

47 정답 ③

|○△×| 링컨 대통령은 남북전쟁 기간 내내 핑커톤 탐정사무소의 탐정들을 고용해 자신의 경호를 맡겼다.

> **핵심만콕** | **핑커톤 경비조직**
>
> - 시카고 경찰국 최초의 탐정인 핑커톤은 새로 구성된 시카고 경찰에서 물러나 1850년 탐정사무소를 설립한 후 1857년에 핑커톤 국가탐정회사(Pinkerton National Detective Agency)로 회사명을 바꾸고 철도수송 안전 확보에 일익을 담당하였다.
> - 남북전쟁 당시에는 링컨 대통령의 경호업무를 담당하기도 하였고 '육군첩보부'를 설립하여 북군의 경제 교란작 전으로 대량 발행된 위조화폐에 대한 적발 임무를 수행하는 데 결정적 공헌을 하여 부보안관으로 임명되었다.
> - 1883년 보석상 연합회의의 위탁을 받아 도난 보석이나 보석 절도에 관한 정보를 집중 관리하는 조사기관이 되었다.
> - 경찰당국의 자료 요청에 응하여 경찰과 민간경비업체의 바람직한 관계를 정립하였다.
> - 범죄자를 유형별로 정리하는 방식은 오늘날 프로파일링 수사기법에 영향을 주었다.
> - 20세기에 들어와 FBI 등 연방 법집행기관이 범죄자(犯罪者) 정보를 수집·관리하게 되었기 때문에 핑커톤 회사가 수집·관리할 수 있는 민간대상의 정보는 한정되었다.

48 정답 ②

|○△×|
② (×) 계약경비는 봉급, 연금, 직무보상, 사회보장, 보험, 장비, 신규모집, 직원관리, 교육훈련 등의 비용을 절감할 수 있어 비용 면에서 자체경비보다 경제적이다. 비용뿐만 아니라 인사관리 차원에서 결원의 보충 및 추가인력의 배치가 용이하여 계약경비가 자체경비보다 더 빠르게 증가하고 있다.
① (○) 기계경비가 많이 발전하였음에도 불구하고 아직까지 인력경비 위주의 영세성을 벗어나지 못하고 있는 경비업체가 많고, 인력경비 없이 기계경비시스템만으로는 경비활동의 목표달성이 가능한 수준에는 이르지 못하고 있으나 향후 인건비 절감 및 민간경비의 질적 향상을 위해 인력경비보다 기계경비의 성장이 가속화될 것으로 전망된다.
③ (○) 민간경비의 수요 및 시장규모는 전국에 걸쳐 보편화되었다기보다는 일부 지역에 편중되어 있으며, 이에 따라 경비인력 및 업체 수 또한 지역적 편중을 겪고 있다.
④ (○) 2010년 10월 우리나라에서도 경기도 여주에 최초의 민영교도소인 아가페 소망교도소가 개소하였다. 경찰 및 교정업무의 민영화 추세는 민간경비업 확장의 한 요인이 된다.

49 정답 ②

|○△×|
② (○) 공동화이론은 경찰의 범죄예방능력이 국민의 욕구를 충족시키지 못할 때의 공동상태(Gap)를 민간경비가 보충함으로써 민간경비시장이 성장한다는 이론으로, 경찰의 허술한 법적 대응력을 보충 내지 보조하여 공경비의 힘이 미치지 못하는 치안환경의 사각지대를 메워주면서 민간경비가 성장한다는 것이다.
① (×) 경제환원론에 관한 설명이다.
③ (×) 공동생산이론에 관한 설명이다.
④ (×) 수익자부담이론에 관한 설명이다.

50 정답 ❷

|O△X| ② (✕) 시설의 형태와 용도는 경비대상시설의 경비위험요소를 파악하기 위한 중요한 요소이다. 금융기관이나 공항과 같은 중요시설은 일반 건물보다 경비위험요소가 높다. 경비대상시설의 경비환경을 파악하기 위한 중요한 요소는 주변 구조물 등의 상황이다.
① (○) 경비진단을 위한 물리적 사전조사는 경비대상시설의 물리적 구조와 환경을 조사하여 경비위험요소를 파악하고 이를 개선하기 위한 방안 마련을 목적으로 이루어진다. 물리적 사전조사의 착안사항으로는 경비대상시설의 형태와 용도, 시설 내의 예측할 수 있는 침입경로, 주변 구조물 등의 상황, 시설 내의 주요 시설물 및 재산, 시설 내의 경비장비 및 시스템 등이 있다.
③ (○) 시설 내의 경비장비 및 시스템은 경비대상시설의 경비수준을 파악하기 위한 중요한 요소이다. 시설 내의 경비장비가 노후화되어 있거나 경비시스템이 제대로 작동하지 않는다면, 경비위험요소가 높아질 수 있다.
④ (○) 시설 내의 예측할 수 있는 침입경로는 경비대상시설의 경비취약점을 파악하기 위한 중요한 요소이다. 시설 내의 창문이나 출입문이 쉽게 개방될 수 있다면, 침입자들이 이를 이용하여 시설에 침입할 가능성이 높으므로 이에 대한 대책이 필요하다.

51 정답 ❸

|O△X| ③ (✕) 시설물 주변 주민들의 경제적 수준은 범죄 발생률과 관련이 있을 수 있으나 시설경비와 직접적인 관련은 없다. 시설 자체의 특성 및 용도, 내부구성원의 업무형태 등의 내부 상황, 주변 환경 등을 고려하는 것이 더욱 중요하다.
① (○) 시설물의 용도와 내부 귀중품의 유무에 따라 보호해야 할 경비대상과 그 보호방법이 달라진다.
② (○) 내부구성원의 업무형태와 행동에 따라 발생 가능한 위험요소(경비위해요소)가 달라질 수 있다.
④ (○) 긴급 상황이 발생할 경우 신속하게 도움을 요청할 수 있는 주변의 경찰관서, 소방관서, 병원의 위치를 파악하고 연락방법을 강구하여야 한다.

52 정답 ❷

|O△X| ② (✕) 낡은 시설물의 경우 시설물 보수가 중요한 부분이지만, 경비계획은 시설물 자체의 보안뿐만 아니라 주변 환경, 범죄 발생 가능성, 경비 인력 및 자원 등을 종합적으로 고려하여 수립해야 한다. 따라서 시설물 보수에만 치중한다면 보안 취약점을 남겨 놓거나 불필요한 경비 비용이 증가할 수 있다.
① (○) 경비계획 수립자는 대상 시설물에 대한 기본적 경비조사를 실시하고 시설물이 갖고 있는 특수성에 따라 보다 전문적으로 경비계획을 수립하는 것이 필요하다.
③ (○) 이웃 건물과 가로지르는 옥상이나 사용하지 않고 방치된 문 등은 잠재적인 침입경로가 될 수 있으므로, 이를 방치할 경우 범죄 발생 가능성이 높아질 뿐만 아니라, 피해 규모도 확대될 수 있다.
④ (○) 현대식 건물이 첨단 경비시스템을 설치하는 등 안전요소를 고려하여 설계되는 경우도 있으나, 완벽하다고 할 수는 없다. 또한 경비시스템의 결함이나 담당하는 사람의 오작동으로 인해 범죄가 발생할 수 있으므로 현대식 건물이라 하여 일반시설물 경비계획에서 제외할 수 없다.

53 정답 ②

②는 물리적 대책으로서 출입통제에 해당한다.

핵심만콕	컴퓨터 범죄의 예방대책	
컴퓨터 시스템 안전대책	물리적 대책	건물에 대한 안전조치, 물리적 재해에 대한 보호조치(백업시스템), 출입통제
	관리적(인적) 대책	직무권한의 명확화와 상호 분리 원칙, 프로그램 개발 통제, 도큐멘테이션 철저, 스케줄러의 점검, 액세스 제한 제도의 도입, 패스워드의 철저한 관리, 레이블링(Labeling)에 의한 관리, 감사증거기록 삭제 방지, 근무자들에 대한 정기적 배경조사, 회사 내부의 컴퓨터 기술자·사용자·프로그래머의 기능을 각각 분리, 안전관리 기타 고객과의 협력을 통한 감시체제, 현금카드 운영의 철저한 관리, 컴퓨터 시스템의 감사 등이 있다.
	기술적 대책	암호화, 방화벽(침입차단시스템), 침입탐지시스템(IDS : Intrusion Detection System)
입법적 대책	현행 형법상 규정	컴퓨터 업무방해죄(형법 제314조 제2항), 컴퓨터 사기죄(형법 제347조의2), 전자기록 손괴죄(형법 제366조), 사전자기록의 위작·변작죄(형법 제232조의2), 비밀침해죄(형법 제316조 제2항)
	기타 규제법률	컴퓨터 통신망 보호(정보통신망 이용촉진 및 정보보호 등에 관한 법률), 통신침해(전기통신기본법, 전기통신사업법, 전파법), 개인정보 침해(개인정보보호법, 신용정보의 이용 및 보호에 관한 법률), 소프트웨어 보호(소프트웨어 진흥법, 저작권법, 특허법), 도청행위(통신비밀보호법), 전자문서(정보통신망 이용촉진 및 정보보호 등에 관한 법률, 물류정책기본법)
형사정책적 대책		수사관의 수사능력 배양, 검사 또는 법관의 컴퓨터 지식 함양 문제는 오늘날 범죄의 극복을 위한 중요한 과제이다. 수사력의 강화, 수사장비의 현대화, 컴퓨터 요원의 윤리교육, 컴퓨터 안전기구의 신설, 컴퓨터 범죄 연구기관의 설치가 요구되고 있다.

54 정답 ③

③ (×) 미국 경비협회의 책임자로서 경비원의 기능을 통제하고 역량을 향상시키기 위해 경비원자격증제도가 필요하다고 주장한 사람은 러셀 콜링(Russel Colling)이다. 포프는 1853년에 최초로 출입문과 창문에 설치된 전자석에 배터리와 벨을 전선으로 연결한 전자 도난방지 경보시스템의 특허를 받았다.

① (○) 빌렉은 민간경비원의 유형을 '경찰관 신분을 가진 민간경비원(경찰관 신분으로 민간경비 분야에 부업으로 근무하는 민간경비원으로 두 가지 신분을 가지고 일한다고 할 수 있다. 현재 우리나라에는 경찰관 신분을 가진 민간경비원이 없으며, 경찰관이 부업으로 민간경비원의 업무를 수행할 수 없다)', '특별한 권한이 있는 민간경비원(특별권한을 가지는 민간경비원은 제한된 근무지역 내에서 경찰업무를 일부 행하는 경비원으로서 학교, 공원지역이나 주지사, 보안관, 시 당국, 정부기관에 의해 특별한 경찰업무를 위임받은 민간경비원을 말한다. 우리나라의 청원경찰이 이 유형에 해당한다고 할 수 있다)', '일반시민과 같은 민간경비원(공공기관으로부터 선서에 의해 임명되거나 경찰기관으로부터 특별한 임무의 위임이나 자격증 등을 받지 못한 상태의 법적 권한을 가지고 경비업무를 수행하는 민간경비원으로서 일반시민과 똑같은 법적 권리를 갖는 경비원이다. 우리나라 대부분의 민간기업체의 경비원이 이에 해당한다)'으로 구분하였다.

② (○) 홈즈는 1858년에 야간경비회사인 홈즈방호회사를 설립하여 최초의 중앙감시방식 경보서비스 사업을 시작하였다. 포프는 홈즈에게 전자 도난방지 경보시스템 특허를 판매하였다.

④ (○) 핑커톤은 1861년 2월 볼티모어에서 링컨 대통령의 암살 계획이 비밀리에 진행됨을 사전에 알아내어 이미 알려진 기차 대신 다른 기차를 이용하여 링컨을 암살 위험으로부터 구했다.

55 정답 ❸

범죄 은신처를 제거하기 위해 담을 없애거나 높이를 제한하는 것이 환경설계를 통한 범죄예방(CPTED)의 활용 예에 해당한다.

> **핵심만콕** CPTED의 활용 예
>
> - 조도가 높은 가로등을 설치하는 경우
> - 범죄 은신처를 제거하기 위해 담을 없애거나 높이를 제한하는 경우
> - 주민의 동의 아래 범죄가 잦은 골목길에 CCTV를 설치하는 경우
> - 퀄드색(또는 쿨데삭, Cul-de-sac) : 막다른 골목이라는 뜻으로 도시계획 때부터 범인이 쉽게 도망갈 수 없도록 골목을 설계한 경우
> - 앨리게이터(Alleygater) : 범죄가 자주 일어나는 샛길에 주민만 이용할 수 있는 대문을 설치하는 경우

56 정답 ❸

일반적으로 출입보안구역은 제한구역과 통제구역을 통합하여 지칭한다. 보안구역 출입자는 구역별 출입목적에 따라 개인별 출입권한을 차등화(출입증 색상구분·전자칩내장 등)하여 통제할 필요가 있다. 이는 불순한 목적을 가진 사람이 무단 접근하지 못하도록 차단하여 산업보안은 물론 시설의 안전을 확보하려는 취지이다.

57 정답 ❸

특정한 계약당사자(고객)를 대상으로 특정한 범위 내에서 임무를 수행하는 것은 민간경비원(사경비)의 임무이다.

> **핵심만콕** 공경비와 민간경비의 비교
>
> | 구 분 | 공경비(경찰) | 민간경비(개인 또는 경비업체) |
> | --- | --- | --- |
> | 대 상 | 일반국민(시민) | 계약당사자(고객) |
> | 임 무 | 범죄예방 및 범죄대응 | 범죄예방 |
> | 공통점 | 범죄예방 및 범죄감소, 위험방지, 질서유지 | |
> | 범 위 | 일반(포괄)적 범위 | 특정(한정)적 범위 |
> | 주 체 | 정부(경찰) | 영리기업(민간경비회사 등) |
> | 목 적 | 법집행
(범인체포 및 범죄수사·조사) | 개인의 재산보호 및 손실감소 |
> | 제약조건 | 강제력 있음 | 강제력 사용에 제약 있음 |
> | 권한의 근거 | 통치권 | 위탁자의 사권(私權) |

58 정답 ❷

[O△X] 메모리 해킹에 관한 설명이다.

핵심만콕	신종금융범죄

신종금융범죄란 기망행위(전기통신수단을 이용한 비대면거래)로써 타인의 재산을 편취하는 특수사기범죄로, 주로 금융 분야에서 발생한다.

피싱(Phishing)	개인정보(Private Data)와 낚시(Fishing)의 합성어로, 금융기관으로 가장하여 이메일 등을 발송하고, 그 이메일 등에서 안내하는 인터넷주소를 클릭하면 가짜 사이트로 접속을 유도하여 은행계좌정보나 개인신상정보를 불법적으로 알아내 이를 이용하는 수법을 말한다.
스미싱(Smishing)	문자메시지(SMS)와 피싱(Phishing)의 합성어로, '무료쿠폰 제공, 모바일 청첩장, 돌잔치 초대장' 등을 내용으로 하는 문자메시지를 발송하고, 그 문자메시지 내 인터넷주소를 클릭하면 스마트폰에 악성코드가 설치되어 소액결제 피해를 발생시키거나 (소액결제 방식으로 돈을 편취하거나) 개인의 금융정보를 탈취하는 수법을 말한다.
파밍(Pharming)	PC가 악성코드에 감염되어 정상 사이트에 접속해도 가짜 사이트로 유도되고, 이를 통해 금융정보를 빼돌리는 수법을 말한다
메모리 해킹 (Memory Hacking)	PC의 메모리에 상주한 악성코드로 인해 정상 은행사이트에서 보안카드번호 앞뒤 2자리만 입력해도 부당인출되는 수법을 말한다.

59 정답 ❸

[O△X] ③은 자체경비의 장점이다.

핵심만콕	자체경비와 계약경비의 비교

구 분	자체경비	계약경비
장 점	• 자체경비는 계약경비에 비해 임금이 높고 안정적이므로, 이직률이 낮은 편이다. • 시설주가 경비원들을 직접 관리함으로써 경비원들에 대한 통제를 강화할 수 있다. • 비교적 높은 급료를 받을 뿐만 아니라, 경비원에 대한 위상이 높기 때문에 자질이 우수한 사람들이 지원한다. • 계약경비원보다 고용주에 대한 충성심이 더 높다. • 자체경비는 고용주(사용자)의 요구에 신속하게 대처할 수 있다. • 자체경비원은 고용주에 의해 조직의 구성원으로 채용됨으로써 안정적이기 때문에 고용주로부터 업무수행능력을 인정받기를 원하며, 자기발전과 자기개발을 위한 노력을 아끼지 않는다. • 자체경비원은 경비부서에 오래 근무함으로써 회사의 운영·매출·인사 등에 관한 지식이 높다. • 시설주의 필요에 따라 적절하게 교육·훈련과정의 효율성을 쉽게 측정할 수 있다.	• 고용주의 요구에 맞는 경비서비스를 제공함으로써 경비프로그램 전반에 걸쳐 전문성을 갖춘 경비인력을 쉽게 제공할 수 있다. • 봉급, 연금, 직무보상, 사회보장, 보험, 장비, 신규모집, 직원관리, 교육훈련 등의 비용을 절감할 수 있어 비용 면에서 저렴하다(경제적이다). • 자체경비에 비해 인사관리 차원에서 결원의 보충 및 추가인력의 배치가 용이하다. • 고용주를 의식하지 않고 소신껏 경비업무에 전념할 수 있다. • 경비수요의 변화에 따라 기존 경비인력을 감축하거나 추가적으로 고용을 확대할 수 있다. • 질병이나 해임 등으로 구성원의 업무수행상 문제가 발생했을 경우, 인사이동과 대처(대책)에 따라 행정상 문제를 쉽게 해결할 수 있다.

단 점	• 계약경비에 비해 다른 부서의 직원들과 지나치게 친밀한 관계를 형성함으로써 효과적인 직무수행을 하지 못할 수 있다. • 신규모집계획, 선발인원의 신원확인 및 훈련프로그램에 대한 개발과 관리를 자체적으로 실시하므로, 인사관리 및 행정관리가 힘들고 비용이 많이 소요된다. • 계약경비에 비해 해임이나 감원, 충원 등이 필요한 경우에 탄력성이 떨어진다.	• 자체경비에 비해 조직(시설주)에 대한 충성심이 낮은 것이 일반적이다. • 자체경비에 비해 급료가 낮고 직업적 안정감이 떨어지기 때문에 이직률이 높은 편이다. • 회사 내부의 기밀이나 중요정보가 외부에 유출될 가능성이 더 높은 편이다.

60 정답 ❷

판날름 자물쇠에 관한 설명이다. 판날름 자물쇠는 열쇠의 홈이 한쪽이 아닌 양쪽 모두에 불규칙적으로 파여 있는 형태로, 판날름 자물쇠보다 상대적으로 복잡하며 안정성을 제공할 수 있기 때문에 널리 사용되고 있다.

61 정답 ❶

제2차 세계대전 이전의 일본의 민간경비에 관한 설명으로 옳다.

> **핵심만콕**
>
> ② (×) 1964년 동경올림픽 선수촌 경비를 계기로 민간경비의 역할이 널리 인식되었다.
> ③ (×) 1970년 오사카 만국박람회(EXPO) 개최 시 민간경비가 투입되었다.
> ④ (×) 일본 민간경비는 1980년대에 한국과 중국에 진출하였다.

62 정답 ❷

안전유리는 가볍기 때문에 설치하기 쉬우나, 가격이 비싸다는 단점이 있다.

63 정답 ❹

내부절도의 방지대책으로 주기적 순찰은 물론 감시경비원 및 CCTV의 확충, 경비인력의 다중화(이중경비-사복·정복 혼합운영)가 필요하다.

64 정답 ❷

청원경찰제도는 우리나라에만 있는 독특한 제도이다.

핵심만콕	2001년 개정 경비업법 주요 내용

- 기계경비업무를 경비업의 종류로 명시적으로 추가하면서, 신고제에서 허가제로 변경함(참고로 '기계경비'라는 단어는 1989.12.27. 용역경비업법에 최초로 등장)
- 국가중요시설의 경비를 담당하는 특수경비업무를 경비업의 종류로 신설함
- 경비업 허가의 실효성을 확보하기 위하여 경비업 허가를 5년마다 갱신하도록 함
- 국가중요시설을 경비하는 특수경비업자는 부득이한 사유로 경비업무를 계속할 수 없는 경우에 대비하여 경비대행업자를 지정하도록 함
- 기계경비업자는 경비대상시설에 대한 경보를 수신한 때에는 신속하게 대응조치를 취하도록 하고, 계약상대방에게 기기사용요령 등을 설명하도록 함
- 특수경비원의 복종의무 및 경비구역 이탈금지의무와 무기안전수칙을 준수할 의무를 구체적으로 명시함
- 특수경비원의 단체행동권을 금지하고, 무기 오남용을 방지하기 위하여 무기안전수칙을 구체적으로 명시함

65 정답 ❶

① (×) 기계경비시스템은 '불법침입에 대한 감지 및 경고 → 침입정보의 전달 → 침입에 대한 대응'의 과정을 거친다.
② (○) 불법침입의 감지 및 경고과정은 외부의 침입행위로 인한 상태변화를 여러 가지 형태의 센서에 의하여 감지하고 운용자뿐만 아니라 침입자에게 경고하는 과정이라고 할 수 있다.
③ (○) 기계경비시스템은 현장에 투입되는 상황대처요원에게 신속하게 연락할 수 있고 시설물에 대한 각종 물리적 보호장치가 작동하도록 하여 침입자의 행위를 일정시간 지연시킬 수 있는 기능을 갖추어야 한다. 침입에 대한 대응과정은 현장에 투입되는 상황대처요원에게 신속하게 연락하고 각종 물리적 보호장치가 작동하도록 하는 것이다.
④ (○) 경비업법 시행령 제7조

66 정답 ❸

민간경비 조직의 특수성에는 위험성, 돌발성, 기동성, 조직성 등이 있으며, 이러한 특수성은 공경비(경찰)와 마찬가지로 민간경비의 조직화 과정에서도 중요하게 고려된다. 권력성은 고립성, 정치성, 보수성과 더불어 공경비인 경찰 조직이 지니는 특수성과 관련된 요소이다.

67 정답 ❹

석영등에 관한 설명에 해당한다. 가스방전등은 수은등(푸른색의 강한 빛을 방출하며, 백열등보다 수명이 길어 효과적)과 나트륨등(연한 노란색의 빛을 발하며, 안개가 자주 끼는 지역에 사용)이 있다.

68 정답 ③

③ (✕) 컴퓨터실 및 파일 보관장소는 허가된 사람에 의해서만 출입이 가능하도록 하고, 접근 권한의 갱신은 정기적으로 검토될 필요가 있다.
① (○) 컴퓨터 시스템센터 출입에 있어서 허가된 직원의 행동제한이나 출입이 금지된 사람들에 대한 접근통제 절차를 수립하여야 한다. 컴퓨터 시스템센터에는 최소한의 출입구만 설치되어야 하고, 출입구에는 항상 안전장치가 되어 있어야 하며, 어떤 경우에도 출입 시에는 안전요원의 지시에 따라야 한다.
② (○) 할로겐화합물 소화기는 무취, 비활성인 기체로 전도성이 없고 연소물 주위에 체류하여 질식소화작용과 동시에 냉각소화작용으로 소화시키며, 화재 진압에 매우 효율적이다. 이산화탄소 소화기는 일정 농도에서는 치명적이기 때문에 살포하기 전에 모든 직원을 대피시켜야 한다.
④ (○) 컴퓨터 시스템의 물리적 안전대책으로서 옳은 설명이다.

69 정답 ④

경비업을 영위하고자 하는 법인은 도급받아 행하고자 하는 경비업무를 변경하는 경우에도 시·도 경찰청장의 허가를 받아야 한다(경비업법 제4조 제1항 후문).

관계법령 경비업의 허가(경비업법 제4조)

① 경비업을 영위하고자 하는 법인은 도급받아 행하고자 하는 경비업무를 특정하여 그 법인의 주사무소의 소재지를 관할하는 시·도 경찰청장의 허가를 받아야 한다. 도급받아 행하고자 하는 경비업무를 변경하는 경우에도 또한 같다.
③ 제항의 규정에 의하여 경비업의 허가를 받은 법인은 다음 각호의 어느 하나에 해당하는 때에는 시·도 경찰청장에게 신고하여야 한다. 〈개정 2024.2.13.〉
1. 영업을 폐업하거나 휴업한 때
2. 법인의 명칭이나 대표자·임원을 변경한 때
3. 법인의 주사무소나 출장소를 신설·이전 또는 폐지한 때
4. 기계경비업무의 수행을 위한 관제시설을 신설·이전 또는 폐지한 때
5. 특수경비업무를 개시하거나 종료한 때
6. 그 밖에 대통령령이 정하는 중요사항을 변경한 때

70 정답 ③

경비의 형태별 위해요소는 크게 자연적 위해, 인위적 위해, 특정한 위해로 구분할 수 있는데, 제시된 보기는 이 중 특정한 위해에 관한 설명이다.

핵심만콕 경비위해요소의 형태

- 자연적 위해 : 화재, 폭풍, 지진, 홍수 기타 건물붕괴, 안전사고 등 자연적 현상에 의해 일어나는 위해를 말한다. 여기서 화재나 안전사고는 많은 부분에서 인위적일 수 있다.
- 인위적 위해 : 신체를 위협하는 범죄, 절도, 좀도둑, 사기, 횡령, 폭행, 태업, 시민폭동, 폭탄위협, 화재, 안전사고, 기타 특정상황에서 공공연하게 발생하는 위해를 말한다.
- 특정한 위해 : 위해에 노출되는 정도가 시설물 또는 특정 상황에 따라 다양하게 나타나는 위해를 말한다. 예컨대, 화재나 폭발의 위험은 화학공장에서 더 크게 나타나고, 강도나 절도는 소매점이나 백화점에서 더 크게 나타난다.

71 정답 ④

경비감독관은 비상위원회에 반드시 포함시켜야 한다.

> **핵심만콕** 비상계획서에서 포함되어야 할 사항
>
> - 비상업무를 수행할 기관명, 명령지휘부 지정
> - 비상시 명령체계와 보고 업무체계의 수립(전화번호, 기관)
> - 경비감독관은 비상위원회에 반드시 포함
> - 신속한 이동을 위한 비상팀의 훈련과 조직
> - 특별한 대상의 보호, 응급구조 조치
> - 비상시 사용될 장비, 시설의 위치 지정(목록, 위치, 수량, 설계도면 등)
> - 외부기관과의 통신수단 마련과 대중 및 언론에 대한 정보제공

72 정답 ④

④ (○) 여성의 사회진출 증가와 핵가족화로 혼자 사는 여성들이 범죄에 노출될 가능성이 높다.
① (×) 집단이기주의로 인한 불법적 집단행동이 증가되고 있다.
② (×) 외국인노동자, 다문화가정의 증가 등으로 인하여 새로운 치안수요가 발생하고 있다.
③ (×) 인구의 도시집중화에 따른 개인주의적 경향으로 인간소외 현상, 범죄발생 등 심각한 사회문제가 대두되어 치안활동의 필요성이 증대되고 있다.

73 정답 ④

④ (×) 공동화이론의 주된 관심과 출발점이 경찰과 민간경비의 관계에 대한 성격을 밝혀내고자 하는 데 있는 반면, 이익집단이론은 민간경비를 하나의 독립적인 행위자로 인식하고 민간경비가 자체적으로 고유한 이해관계를 가질 수 있는 것으로 파악한다는 점이다.
① (○) 이익집단이론은 경제환원론이나 경찰과 민간경비가 상호보완적 관계에 있다는 공동화이론을 부정한다.
② (○) 한 사회 내에 존재하는 많은 이익집단들이 그들의 이익을 최대화시키기 위해서 행위하는 것과 유사한 방식으로 민간경비도 자신의 집단적 이익을 극대화하기 위해 규모를 팽창시키고 새로운 규율이나 제도를 창출시키는 등의 노력을 한다는 것이다.
③ (○) 민간경비의 양적 성장은 초기적 단계에서 일어나는 현상이며, 궁극적으로는 이익집단으로서의 내부적 결속과 제도화 및 조직화의 결과 민간경비의 세력과 입지를 강화하게 되어 민간경비가 성장한다.

74 정답 ❸

특수경비원은 특별한 경우 무기를 휴대할 수 있다(경비업법 제14조 제8항 참조).

> **관계법령** 특수경비원의 무기사용(경비업법 제14조)
>
> ⑧ 특수경비원은 국가중요시설의 경비를 위하여 무기를 사용하지 아니하고는 다른 수단이 없다고 인정되는 때에는 필요한 한도 안에서 무기를 사용할 수 있다. 다만, 다음 각호의 어느 하나에 해당하는 때를 제외하고는 사람에게 위해를 끼쳐서는 아니 된다. 〈개정 2024.2.13.〉
> 1. 무기 또는 폭발물을 소지하고 국가중요시설에 침입한 자가 특수경비원으로부터 3회 이상 투기(投棄) 또는 투항(投降)을 요구받고 이에 불응하면서 계속 항거하는 경우 이를 억제하기 위하여 무기를 사용하지 아니하고는 다른 수단이 없다고 인정되는 때
> 2. 국가중요시설에 침입한 무장간첩이 특수경비원으로부터 투항(投降)을 요구받고 이에 불응한 때
> ⑨ 특수경비원의 무기휴대, 무기종류, 그 사용기준 및 안전검사의 기준 등에 관하여 필요한 사항은 대통령령으로 정한다.
>
> **특수경비원 무기휴대의 절차 등(경비업법 시행령 제20조)**
> ⑤ 법 제14조 제9항의 규정에 의하여 특수경비원이 휴대할 수 있는 무기종류는 권총 및 소총으로 한다.

75 정답 ❷

② (○) 제시문은 허프건에 관한 설명이다.
① (×) 플레임(Flame) : 네티즌들이 공통의 관심사를 논의하기 위해 개설한 토론방에 고의로 가입하여 개인 등에 대한 악성 루머를 유포하여 개인이나 기업을 곤경에 빠뜨리는 수법이다.
③ (×) 논리폭탄(Logic Bomb) : 컴퓨터의 일정한 사항이 작동될 때마다 부정행위가 일어날 수 있도록 프로그램을 조작하는 수법이다.
④ (×) 전자폭탄(Electronic Bomb) : 약 1백억 와트의 고출력 에너지로 순간적으로 마이크로웨이브파를 발생시켜 컴퓨터 내의 전자 및 전기회로를 파괴한다.

76 정답 ❷

비상인력과 경비대상시설 내의 이동을 통제하여야 한다. 민간경비원의 비상사태 발생 시 임무에는 비상사태에 대한 신속한 초동조치, 외부지원기관(경찰서, 소방서, 병원 등)과의 통신업무, 특별한 대상(장애인, 노약자 등)의 보호 및 응급조치, 경제적으로 보호가치 있는 자산의 보호, 비상인력과 시설 내 이동통제, 출입구·비상구 및 위험지역의 출입통제 등이 있다.

77 정답 ❹

①·②·③은 컴퓨터 범죄의 특징 중 범죄행위적 측면에 속한다.

핵심만콕	컴퓨터 범죄의 특징
범죄동기 측면	• 단순한 유희나 향락 추구 • 지적 탐험심의 충족 욕구 • 정치적 목적이나 산업경쟁 목적 • 회사에 대한 사적 보복 목적
범죄행위자 측면	• 컴퓨터 전문가 : 컴퓨터 시스템이나 회사 경영조직에 전문적인 지식을 갖춘 자들이 범죄를 저지른다. • 범죄의식 희박 • 연소화 경향 • 초범성 : 컴퓨터 범죄행위는 대부분 초범자들이 많다. • 완전범죄 : 대부분 내부인의 소행이며, 단독범행이 쉽고 완전범죄의 가능성이 높으며, 범행 후 도주할 수 있는 시간적 여유가 충분하다.

범죄행위 측면	• 범행의 연속성 : 컴퓨터 부정조작의 경우 행위자가 조작방법을 터득하면 범행이 연속적이며 지속적으로 이루어질 수 있다.
	• 범행의 광역성과 자동성
	  - 광역성(광범위성) : 컴퓨터 조작자는 원격지에서 단말기를 통하여 단시간 내에 대량의 데이터를 처리하므로 광범위하게 영향을 미친다.
	  - 자동성 : 불법한 프로그램을 삽입한 경우나 변경된 고정자료를 사용할 때마다 자동적으로 범죄를 유발하게 된다.
	• 발각과 증명의 곤란 : 데이터가 그 대상이 되므로 자료의 폐쇄성, 불가시성, 은닉성 때문에 범죄 사건의 발각과 증명이 어렵다.
	• 고의의 입증 곤란 : 단순한 데이터의 변경, 소멸 등의 형태에 불과할 경우 범죄의 고의성을 입증하기 어렵다.

78 정답 ❸

③ (○) 살라미 기법에 관한 설명이다.
① (×) 컴퓨터의 일정한 작동 시마다 부정행위가 이루어질 수 있도록 프로그램을 조작하는 수법은 논리폭탄이다. 데이터 디들링은 '자료의 부정변개'라고도 하며, 데이터를 입력하는 동안이나 변환하는 시점에서 최종적인 입력 순간에 자료를 절취 또는 변경, 추가, 삭제하는 모든 행동을 말한다.
② (×) 악성코드에 감염된 사용자 PC를 조작하여 금융정보를 빼내는 수법은 파밍(Pharming)이다. 스푸핑(Spoofing)은 어떤 프로그램이 마치 정상적인 상태로 유지되는 것처럼 믿도록 속임수를 쓰는 것을 뜻한다.
④ (×) 프로그램 속에 은밀히 범죄자만 아는 명령문을 삽입하여 이를 범죄자가 이용하는 수법은 트로이 목마이다. 스팸은 악의적인 내용을 담은 전자우편을 인터넷상의 불특정 다수에게 무차별로 살포하여 컴퓨터 시스템을 마비시키거나 온라인 공해를 일으키는 행위로서, 전자우편 폭탄이라고도 한다.

79 정답 ❶

제시된 내용 모두 민·경 협력 범죄예방에 관한 옳은 설명에 해당한다.
- ㄱ. (○) 오늘날 언론매체는 사회 전반에 걸쳐 많은 영향을 미치고 있으므로 언론매체의 대중성·홍보성을 잘 활용하면 방범활동에 큰 효과를 볼 수 있다.
- ㄴ. (○) 지역사회 경찰활동의 핵심은 경찰과 지역주민이 함께 지역사회의 문제해결에 노력해야 한다는 것이다.
- ㄷ. (○) 민경협력체제 강화 방안으로 경찰은 민간방범활동의 중요성을 지속적으로 홍보하여야 한다.
- ㄹ. (○) 자율방범대는 자원봉사자를 중심으로 지역주민이 지역단위로 조직하여 관할 지구대와 상호협력관계를 갖고 방범활동을 하는 자율봉사조직이다.

80 정답 ❹

홈 시큐리티는 개별 빌딩이나 단독주택 단위의 방범활동에 해당하고, 타운 시큐리티는 지역단위의 방범활동에 해당한다.

핵심만 콕 홈 시큐리티와 타운 시큐리티

- 홈 시큐리티 : 외부의 침입이나 화재 및 가스누출과 같은 비상경보기가 탐지한 정보를 경비회사에 전송하면 경비회사는 이상 유무를 확인하여 경찰서, 소방서, 가스회사에 통보하고 출동하는 시스템이다.
- 타운 시큐리티 : 개별 빌딩이나 단독주택 단위가 아닌 지역단위의 방범활동이라는 점에서 가장 큰 특징이 있으며 선진국에서는 일반화되고 있는 추세이다. 아파트나 연립공동주택의 방범에 대단히 유용한 시스템으로 인식되고 있다.

제10회 법학개론

문제편 216p

정답 CHECK

01	02	03	04	05	06	07	08	09	10	11	12	13	14	15	16	17	18	19	20
③	③	④	④	①	①	②	③	③	④	④	④	③	④	①	②	④	②	③	④
21	22	23	24	25	26	27	28	29	30	31	32	33	34	35	36	37	38	39	40
①	④	③	①	②	③	④	③	④	①	①	④	③	③	④	②	③	③	①	④

01 정답 ③

( ) 안에는 순서대로 ㄱ : 보통, ㄴ : 제한, ㄷ : 평등, ㄹ : 차등이 들어간다.

핵심만콕 선거제도의 기본원칙

보통선거의 원칙	제한선거에 대응된 개념으로 사회적 신분·재산·납세·교육·신앙·인종·성별 등에 차별을 두지 않고 원칙적으로 모든 성년자에게 선거권을 부여하는 원칙이다. 즉, 평등원리의 선거법상의 실현을 의미한다.
평등선거의 원칙	차등선거에 대응된 개념으로 선거인의 투표가치가 평등하게 취급되는 원칙이다. 즉, 보통선거의 원칙이 선거권의 유무에 관하여 차별을 금지하는 것이라면, 평등선거의 원칙은 선거권의 내용에 관하여 차별을 금지하는 것이다.
직접선거의 원칙	간접선거에 대응된 개념으로 선거인이 직접 대표자를 선출하는 원칙이다.
비밀선거의 원칙	공개선거(공개투표)에 대응된 개념으로 선거인의 의사결정이 타인에게 알려지지 않도록 하는 원칙이다.
자유선거의 원칙 (임의선거의 원칙)	강제선거에 대응된 개념으로 선거인이 외부의 어떠한 강제나 간섭 없이 자유롭게 선거권을 행사할 수 있어야 한다는 원칙이다. 다른 원칙과 달리 헌법상 자유선거에 관한 명문규정은 없다.

02 정답 ③

설문은 연대채무에 대한 내용이다. 연대채무란 수인의 채무자가 채무전부를 각자 이행할 의무가 있고 채무자 1인의 이행으로 다른 채무자도 그 의무를 면하게 되는 다수 당사자의 채무관계이다(민법 제413조 참조).

03 정답 ④

④ (×) 사회의 거듭된 관행으로 생성된 사회생활규범이 관습법으로 승인되었다고 하더라도 사회 구성원들이 그러한 관행의 법적 구속력에 대하여 확신을 갖지 않게 되었다거나, 사회를 지배하는 기본적 이념이나 사회질서의 변화로 인하여 그러한 관습법을 적용하여야 할 시점에 있어서의 전체 법질서에 부합하지 않게 되었다면 그러한 관습법은 법적 규범으로서의 효력이 부정될 수밖에 없다(대판[전합] 2005.7.21. 2002다1178).
① (○) 민법은 사인 상호 간의 생활관계인 재산관계와 가족관계를 규율하는 사법(私法)이다. 국가와 개인 간 또는 국가기관 간의 공적인 생활관계를 규율하는 공법과 구별된다.
② (○) 민법은 당사자의 권리와 의무의 실체적 사항을 규정하는 실체법으로서 행위규범인 동시에 재판규범이 된다. 실체적 권리를 보장하기 위한 절차를 규정하는 법은 절차법과 구별된다.
③ (○) 민법 제1조는 "민사에 관하여 법률에 규정이 없으면 관습법에 의하고 관습법이 없으면 조리에 의한다"라고 규정하여 성문법우선주의를 취하고 있으며, 동시에 관습법의 보충적 효력과 조리의 법원성을 인정하고 있다.

04 정답 ④

④ (○) 소선거구제는 양대정당이 육성되어 정국이 안정된다는 장점이 있다.
① (×) 소선거구제는 사표가 많이 발생하여 득표율과 정당별 의석수의 불일치가 나타나므로, 각 정당에게 그 득표수에 비례하여 의석을 배분하는 비례대표제를 가미한다. 제시된 내용은 비례대표제의 장점이다.
② (×) 인물 선택의 범위 확대는 중·대선거구제의 장점이다.
③ (×) 게리맨더링(Gerrymandering)이란 특정 정당이나 특정 후보자에게 유리하도록 선거구를 획정하는 것으로 소선거구제의 대표적인 단점이다. 게리맨더링의 해결책은 중·대선거구제로 바꾸는 것이다.

05 정답 ①

① (×) 상사에 관한 법원의 적용순서는 상사자치법 – 상사특별법 – 상법 – 상사관습법 – 민법 – 민사관습법이다. 상법은 사법(私法)에 해당하기 때문에 사적 자치의 원칙이 적용되어 최우선적으로 상사자치법(정관 등)을 따라야 한다.
② (○) 상사에 관하여 상법에 규정이 없으면 상관습법에 의하고 상관습법이 없으면 민법의 규정에 의한다(상법 제1조).
③ (○) 상법 제2조
④ (○) 상법 제3조

06 정답 ①

아리스토텔레스가 말하는 평균적 정의란 개인은 동일한 가치를 가지고 평등하게 다루어져야 한다는 형식적·절대적 평등과 산술적·교환적 정의를 의미한다.

> **핵심만콕**   아리스토텔레스의 정의론
>
> 정의를 일반적 정의(광의)와 특수적 정의(협의)로 구분하였고, 특수적 정의는 다시 아래와 같이 분류하였다.
> - 평균적 정의 : 개인은 동일한 가치를 가지고 평등하게 다루어져야 한다는 형식적·절대적 평등을 주장하는 산술적·교환적 정의
> - 배분적 정의 : 개인 각자의 능력과 가치에 따라 적합하게 분배되어야 한다는 실질적·상대적 평등을 주장하는 상대적·비례적 정의
> * 일반적 정의는 법을 지키는 등의 일반적인 옳고 그름을 지키는 것을 의미

07 정답 ②

② (×) 대통령은 법률안의 일부에 대하여 또는 법률안을 수정하여 재의를 요구할 수 없다(헌법 제53조 제3항).
① (○) 헌법 제61조 제1항 전단
③ (○) 헌법 제81조
④ (○) 헌법 제77조 제5항

08 정답 ③

③ (○) 새로운 법률관계를 발생시키거나 기존의 법률관계를 변경·소멸하게 하는 소송은 형성의 소이다. 사해행위취소의 소, 공유물분할의 소, 경계확정의 소, 이혼의 소 등이 형성의 소에 해당한다.
① (×), ② (×) 물건의 인도를 구하는 경우와 금전의 지급을 구하는 경우는 원고가 사법상 청구권의 존재를 기초로 하여 이행청구권의 확정과 피고에게 일정한 이행명령을 선고함을 목적으로 하는 이행의 소에 해당한다.
④ (×) 대여금채권의 부존재의 확인을 구하는 경우는 당사자 간의 법률적 불안을 제거하기 위하여 실체법상의 권리 또는 법률관계의 존부나 법률관계를 증명하는 서면의 진부 확인을 목적으로 하는 확인의 소에 해당한다.

09 정답 ③

조리란 사람의 건전한 상식으로 판단할 수 있는 사물의 본질적 도리로서 경험법칙, 사회통념, 사회적 타당성, 공서양속, 신의성실, 정의, 형평원칙 등을 총칭하는 것으로, 법의 흠결 시에 최후의 법원으로서 재판의 준거가 된다.

10 정답 ④

④ (✕) 본법은 대한민국영역 외에 있는 대한민국의 선박 또는 항공기 내에서 죄를 범한 외국인에게 적용한다(형법 제4조). 우리나라 선박에서 일본인이 중국인을 살해한 경우 속지주의(기국주의는 속지주의의 연장) 원칙에 따라 우리 형법으로 처벌할 수 있다.
① (○) 형법 제1조 제1항
② (○) 형법 제1조 제3항
③ (○) 형법 제5조 제4호

11 정답 ④

④ (✕) 검사·피고인 또는 변호인의 배심원후보자에 대한 기피신청을 기각하는 법원의 결정에 대하여는 즉시 이의신청을 할 수 있으나, 이의신청에 대한 결정에 대하여는 불복할 수 없다(국민의 형사재판 참여에 관한 법률 제29조 제1항·제3항).
① (○) 피고인이 국민참여재판을 원하지 아니하거나 제9조 제1항에 따른 배제결정이 있는 경우는 국민참여재판을 하지 아니한다(국민의 형사재판 참여에 관한 법률 제5조 제2항).
② (○) 국민의 형사재판 참여에 관한 법률 제6조 제1항 본문
③ (○) 이 법에 따른 국민참여재판에 관하여 변호인이 없는 때에는 법원은 직권으로 변호인을 선정하여야 한다(국민의 형사재판 참여에 관한 법률 제7조).

12 정답 ④

④ (○) 피상속인의 형제자매의 유류분에 관하여 규정한 민법 제1112조 제4호는 위헌결정(즉시 효력 상실)을 받았고, 2024.9.20. 개정을 통해 삭제되었다. 따라서 피상속인의 형제자매는 유류분의 권리자에 해당하지 않는다.
① (✕) 17세에 달하지 못한 자는 유언을 하지 못한다(민법 제1061조).
② (✕) 피성년후견인은 의사능력이 회복된 때에만 유언을 할 수 있다(민법 제1063조 제1항).
③ (✕) 상속인은 상속개시 있음을 안 날로부터 3월 내에 단순승인이나 한정승인 또는 포기를 할 수 있다(민법 제1019조 제1항 본문).

13 정답 ③

③ (✕) 회사는 사단이다. 사단이란 공동의 목적을 가진 복수인의 결합체를 의미한다. 2011.4.14. 개정 전 상법 제169조는 "본법에서 회사라 함은 상행위 기타 영리를 목적으로 하여 설립한 사단을 이른다."고 하여 회사의 사단성을 명시하였으나 현행 상법 제169조는 "이 법에서 '회사'란 상행위나 그 밖의 영리를 목적으로 하여 설립한 법인을 말한다."고 하여 사단성을 명시하고 있지 않다.
① (○) 상법 제170조
② (○) 유한책임회사란 출자자인 사원이 직접 경영에 참여하면서, 자신이 출자한 투자액을 한도로 법적인 책임을 부담하는 형태의 회사로 2011년 상법 개정으로 도입되었다. 유한책임회사는 내부적으로는 정관자치가 보장되는 조합의 실질을 갖추고, 외부적으로는 투자액의 범위 내에서 유한책임을 부담하는 주식회사의 장점을 결합하여 만들어진 회사로서, 투자와 경영인이 같다는 점에서 높은 기술을 보유한 창업 벤처 기업, 사모투자펀드 등 신규 기업에 적합하다고 할 수 있다.
④ (○) 합자회사는 무한책임사원과 유한책임사원으로 조직한다(상법 제268조).

14 정답 ④

④ (×) 의제상인이 아닌 소상인에 대한 설명이다(상법 제9조, 동법 시행령 제2조).
① (○) 상법 제7조
② (○) 상법 제6조
③ (○) 상법 제8조 제1항

15 정답 ①

사권은 권리의 이전성(양도성)에 따라 일신전속권과 비전속권으로 구분된다. 절대권과 상대권은 권리의 효력 범위에 대한 분류이다.

16 정답 ②

제시문의 ㄱ~ㄷ에 들어갈 내용은 순서대로 사용대차, 임대차, 소비대차이다.

관계법령

소비대차의 의의(민법 제598조)
소비대차는 당사자 일방이 금전 기타 대체물의 소유권을 상대방에게 이전할 것을 약정하고 상대방은 그와 같은 종류, 품질 및 수량으로 반환할 것을 약정함으로써 그 효력이 생긴다.

사용대차의 의의(민법 제609조)
사용대차는 당사자 일방이 상대방에게 무상으로 사용, 수익하게 하기 위하여 목적물을 인도할 것을 약정하고 상대방은 이를 사용, 수익한 후 그 물건을 반환할 것을 약정함으로써 그 효력이 생긴다.

임대차의 의의(민법 제618조)
임대차는 당사자 일방이 상대방에게 목적물을 사용, 수익하게 할 것을 약정하고 상대방이 이에 대하여 차임을 지급할 것을 약정함으로써 그 효력이 생긴다.

17 정답 ❹

밑줄 친 부분은 법적 안정성을 중시하는 입장이다. 따라서 정의롭지 못한 법도 무질서보다는 낫다는 법언과 연결된다.

> **핵심만콕 | 법언(法諺)**
>
> - 사회규범 : 사회가 있는 곳에 법이 있다.
> - 강제성 : 강제력이 없는 법은 타지 않는 불이요, 비치지 않는 등불이다.
> - 정의(正義) : 세상이 망하더라도 정의를 세우라.★
> - 합목적성★
>   - 민중의 행복이 최고의 법률
>   - 국민이 원하는 것이 법이다.
> - 법적 안정성★
>   - 정의의 극치는 부정의의 극치이다.
>   - 무질서한 것보다 오히려 불평등한 것이 낫다.
>   - 악법도 법이다.
> - 법과 도덕과의 관계 : 도덕은 법의 최대한이고, 법은 도덕의 최소한이다.★
> - 법치주의 : 국왕도 법 아래에 있다.
> - 권리의 절대성 : 자기 권리를 행사하는 자는 어느 누구도 해하지 않는다.

18 정답 ❷

제시문의 ㄱ~ㄷ에 들어갈 내용은 순서대로 보조기관, 보좌기관, 감사기관이다.
- ㄱ : 행정기관의 의사 또는 판단의 결정이나 표시를 보조함으로써 행정기관의 목적달성에 공헌하는 기관을 보조기관이라 한다(행정기관의 조직과 정원에 관한 통칙 제2조 제6호). 행정각부의 차관, 차장, 실장, 국장, 과장 등이 이에 해당한다.
- ㄴ : 행정기관이 그 기능을 원활하게 수행할 수 있도록 그 기관장이나 보조기관을 보좌함으로써 행정기관의 목적달성에 공헌하는 기관을 보좌기관이라 한다(행정기관의 조직과 정원에 관한 통칙 제2조 제7호). 대통령실, 국무총리실, 행정 각부의 차관보, 담당관 등이 이에 해당한다.
- ㄷ : 행정기관의 회계처리 및 사무집행을 감시하고 검사하는 권한을 가진 기관을 감사기관이라 한다. 감사원은 대표적인 감사기관이다.

19 정답 ❸

이 법은 국민의 질병·부상에 대한 예방·진단·치료·재활과 출산·사망 및 건강증진에 대하여 보험급여를 실시함으로써 국민보건 향상과 사회보장 증진에 이바지함을 목적으로 한다(국민건강보험법 제1조). 이처럼 국민건강보험법 제1조는 질병과 부상에 대한 예방을 규정하고 있다. 사고에 대한 예방은 산업안전보건법의 목적[이 법은 산업 안전 및 보건에 관한 기준을 확립하고 그 책임의 소재를 명확하게 하여 산업재해를 예방하고 쾌적한 작업환경을 조성함으로써 노무를 제공하는 사람의 안전 및 보건을 유지·증진함을 목적으로 한다(산업안전보건법 제1조)]과 관련이 있다고 할 것이다.

20 정답 ❹

사안은 두 개 이상의 작위의무를 동시에 행할 수 없는 긴급상태에서 그중 어느 한 의무를 이행하고 다른 의무를 방치한 결과 그 방치한 의무불이행이 구성요건에 해당하는 가벌적 행위가 되는 경우인 의무의 충돌에 해당한다. 의무의 충돌에서는 상위 가치 보호의무, 동 가치 보호의무를 이행한 경우에는 위법성이 조각된다.

21 정답 ❶

① (○) 헌법 제77조 제4항
② (×) 비상계엄이 선포된 때에는 법률이 정하는 바에 의하여 영장제도, 언론·출판·집회·결사의 자유, 정부나 법원의 권한에 관하여 특별한 조치를 할 수 있다(헌법 제77조 제3항). 비상계엄 선포에 의하여 국회의 권한에 관하여 특별한 조치를 할 수는 없다.
③ (×) 중앙선거관리위원회는 대통령이 임명하는 3인, 국회에서 선출하는 3인과 대법원장이 지명하는 3인의 위원으로 구성한다. 위원장은 위원 중에서 호선한다(헌법 제114조 제2항). 대통령은 중앙선거관리위원회 위원 3인을 임명할 권한이 있을 뿐, 위원장을 대통령이 임명하는 것은 아니다.
④ (×) 위헌법률심판제청권이란 법률이 헌법에 위반되는지의 여부가 재판의 전제가 된 경우, 법원이 직권 또는 당사자의 신청에 의한 결정으로 헌법재판소에 위헌법률심판을 제청할 수 있는 권한을 말한다. 따라서 위헌법률심판제청권은 법원의 권한에 속한다.

22 정답 ❹

현행범인은 누구든지 영장 없이 체포할 수 있으나(형사소송법 제212조), 검사 또는 사법경찰관리 아닌 자가 현행범인을 체포한 때에는 즉시 검사 또는 사법경찰관리에게 인도하여야 한다(형사소송법 제213조). 경비원이 현행범인을 적법하게 체포하였더라도 경찰관서에 인도하지 않고 장기간 구속한 경우에는 감금죄가 성립하게 된다(형법 제276조).

23 정답 ❸

③ (○) 쟁의행위는 그 쟁의행위와 관계없는 자 또는 근로를 제공하고자 하는 자의 출입·조업 기타 정상적인 업무를 방해하는 방법으로 행하여져서는 아니 되며 쟁의행위의 참가를 호소하거나 설득하는 행위로서 폭행·협박을 사용하여서는 아니 된다(노동조합 및 노동관계조정법 제38조 제1항).
① (×) 노동조합은 사용자의 점유를 배제하여 조업을 방해하는 형태로 쟁의행위를 해서는 아니 된다(노동조합 및 노동관계조정법 제37조 제3항). 파업에 참가한 근로자가 파업의 실효성을 확보하기 위하여 사용자의 사업장을 점거하는 노동조합의 쟁의행위이다.
② (×) 노동자가 동맹하여 그 공장의 제품을 사지 않고 더 나아가 대중에게까지 불매를 호소하는 노동조합의 쟁의행위이다.
④ (×) 노동조합이 형식적으로 노동력을 제공하지만 고의적으로 불성실하게 근무함으로써 업무능률을 저하시키는 쟁의행위이다.

24 정답 ①

① (○) 민법 제143조 제1항
② (×) 취소할 수 있는 법률행위에서 취소권자가 이행을 청구하는 경우에는 민법 제145조 제2호의 법정추인 사유에 해당하지만, 취소권자의 상대방이 이행을 청구하는 경우에는 법정추인사유에 해당하지 않는다.
③ (×) 법정추인사유가 되는 취소할 수 있는 행위로 취득한 권리의 전부나 일부의 양도(민법 제145조 제5호)는 취소권자가 양도하는 경우를 말하므로, 취소권자의 상대방이 제3자에게 양도하는 경우에는 법정추인이 인정되지 아니한다.
④ (×) 취소권은 추인할 수 있는 날로부터 3년 내에 법률행위를 한 날로부터 10년 내에 행사하여야 한다(민법 제146조).

25 정답 ②

법의 해석은 일반적·추상적으로 규정되어 있는 법규범을 구체적인 사건에 적용하여 집행하기 위해 그 의미와 내용을 명확히 밝히는 것을 말한다.

26 정답 ③

③ (×), ④ (○) "노동쟁의"라 함은 노동조합과 사용자 또는 사용자단체 간에 임금·근로시간·복지·해고 기타 대우 등 근로조건의 결정에 관한 주장의 불일치로 인하여 발생한 분쟁상태를 말한다. 이 경우 주장의 불일치라 함은 당사자 간에 합의를 위한 노력을 계속하여도 더 이상 자주적 교섭에 의한 합의의 여지가 없는 경우를 말한다(노동조합 및 노동관계조정법 제2조 제5호). 즉, 쟁의행위가 아닌 노동쟁의의 정의이다. "쟁의행위"라 함은 파업·태업·직장폐쇄 기타 노동관계 당사자가 그 주장을 관철할 목적으로 행하는 행위와 이에 대항하는 행위로서 업무의 정상적인 운영을 저해하는 행위를 말한다(노동조합 및 노동관계조정법 제2조 제6호).
① (○) 노동조합 및 노동관계조정법 제2조 제3호
② (○) 노동조합 및 노동관계조정법 제2조 제4호 본문

27 정답 ④

④ (×) 행정심판법은 부작위위법확인심판이 아닌 의무이행심판을 규정하고 있으므로 행정청의 위법 또는 부당한 부작위에 대해서는 의무이행심판을 청구하여야 한다. 행정소송법에서는 행정청의 위법한 부작위에 대한 권리구제수단으로 의무이행소송이 아닌 부작위위법확인소송을 규정하고 있다(행정소송법 제4조 제3호).
① (○) 취소심판은 행정청의 위법 또는 부당한 처분을 취소하거나 변경하는 행정심판이다(행정심판법 제5조 제1호).
② (○) 무효등확인심판은 행정청의 처분의 효력 유무 또는 존재 여부를 확인하는 행정심판이다.(행정심판법 제5조 제2호).
③ (○) 의무이행심판은 당사자의 신청에 대한 행정청의 위법 또는 부당한 거부처분이나 부작위에 대하여 일정한 처분을 하도록 하는 행정심판이다(행정심판법 제5조 제3호).

28 정답 ❸

③ (×) 격지자 간의 계약은 승낙의 통지를 발송한 때에 성립한다(민법 제531조).
① (○) 민법 제528조 제1항
② (○) 민법 제529조
④ (○) 민법 제596조

29 정답 ❹

④ (×) 유치권자의 점유하에 있는 유치물의 소유자가 변동하더라도 유치권자의 점유는 유치물에 대한 보존행위로서 하는 것이므로 적법하고 그 소유자변동 후 유치권자가 유치물에 관하여 새로이 유익비를 지급하여 그 가격의 증가가 현존하는 경우에는 이 유익비에 대하여도 유치권을 행사할 수 있다(대판 1972.1.31. 71다2414). 따라서 소유자의 목적물이 양도되어 유치물의 소유자가 변경되더라도 유치권은 소멸하지 않으며 양수인에게 유치권으로 대항할 수 있다.
① (○) 유치권은 법정담보물권이기는 하나 채권자의 이익보호를 위한 채권담보의 수단에 불과하므로 이를 포기하는 특약은 유효하고, 유치권을 사전에 포기한 경우 다른 법정요건이 모두 충족되더라도 유치권이 발생하지 않는 것과 마찬가지로 유치권을 사후에 포기한 경우 곧바로 유치권은 소멸한다. 그리고 유치권 포기로 인한 유치권의 소멸은 유치권 포기의 의사표시의 상대방뿐 아니라 그 이외의 사람도 주장할 수 있다(대판 2016.5.12. 2014다52087).
② (○) 유치권은 모든 물권의 공통된 일반적인 소멸 원인인 목적물의 전부 멸실로 소멸한다.
③ (○) 유치권의 행사는 채권의 소멸시효의 진행에 영향을 미치지 않으므로(민법 제326조), 피담보채권의 소멸시효가 완성되면 유치권은 소멸한다.

30 정답 ❶

① (○) 국가형벌권의 발동한계를 명확히 하여 국가형벌권의 자의적인 행사로부터 국민의 자유와 권리를 보장하는 기능을 말한다. 보장적 기능으로 인해 형법은 일반국민뿐만 아니라 범죄인의 '마그나 카르타(Magna Carta)'라고 할 수 있다.
② (×) 사회질서의 근본적 가치, 즉 법익과 사회윤리적 행위가치를 보호하는 기능을 말한다.
③ (×) 행위규범 내지 재판규범으로서 일반국민과 사법 관계자들을 규제하는 기능을 말한다.
④ (×) 형벌수단을 통하여 범죄행위를 방지함으로써 범죄자로부터 사회질서를 유지·보호하는 기능을 말한다.

31 정답 ❶

제시문은 유니언 숍 조항에 관한 설명이다. 유니언 숍 조항에 따르면 고용된 근로자가 일정기간 이내에 조합에 가입하지 아니하거나 가입한 조합으로부터 제명 또는 탈퇴하는 경우에는 사용자는 그 근로자를 해고해야 할 의무를 부담한다.

> **핵심만콕**
>
> ② (×) 클로즈드 숍 : 근로자 고용 시 노동조합의 가입을 필수조건으로 하는 제도
> ③ (×) 오픈 숍 : 노동조합의 가입·탈퇴를 근로자가 자유롭게 결정하는 제도
> ④ (×) 프리퍼렌셜 숍 : 근로자 채용 시 조합원에게 우선 순위를 주는 제도

32 정답 ❹

④ (○) 무죄, 면소, 형의 면제, 형의 선고유예, 형의 집행유예, 공소기각 또는 벌금이나 과료를 과하는 판결이 선고된 때에는 구속영장은 효력을 잃는다(형사소송법 제331조).
① (×) 공소사실이 모두 증명되었더라도 피고사건이 범죄로 되지 아니한다면, 즉 구성요건해당성이 없거나 위법성조각사유나 책임조각사유가 있다면 판결로써 무죄를 선고하여야 한다(형사소송법 제325조).
② (×) 공소기각의 재판(공소기각판결, 공소기각결정)을 할 것이 명백한 사건에 관하여는 피고인의 출석을 요하지 아니한다. 이 경우 피고인은 대리인을 출석하게 할 수 있다(형사소송법 제277조 제2호).
③ (×) 항고는 즉시항고(7일) 외에는 언제든지 할 수 있다. 단, 원심결정을 취소하여도 실익이 없게 된 때에는 예외로 한다(형사소송법 제404조, 제405조).

33 정답 ❸

③ (×) 도급인이 파산선고를 받은 때에는 수급인 또는 파산관재인은 계약을 해제할 수 있다(민법 제674조 제1항 전문).
① (○) 민법 제664조
② (○) 민법 제665조 제1항 본문
④ (○) 민법 제674조 제2항

34 정답 ❸

③ (×) 기판력(旣判力)은 확정된 재판의 판단 내용이 소송당사자와 후소법원을 구속하므로, 당사자는 이와 모순되는 주장을 하지 못하고 후소법원은 모순되는 판단을 할 수 없다는 소송법상의 효력을 말한다. 이는 행정행위가 갖는 특징과는 관련이 없다.
① (○) 행정행위의 상대방 기타 이해관계인은 원칙적으로 일정한 불복신청 기간 내에 행정쟁송을 통하여 행정행위의 효력을 다툴 수 있으나 쟁송제기기간이 경과하거나 법적 구제수단을 포기 또는 쟁송수단을 다 거친 후에는 더 이상 그에 대하여 다툴 수 없게 하는 행정행위의 효력을 행정행위의 불가쟁력이라고 한다.
② (○) 행정행위에 비록 위법·부당의 하자가 있더라도 그것이 중대·명백하여 당연무효가 아닌 한, 권한 있는 기관에 의하여 취소되기 전까지는 유효한 것으로 통용되는 효력을 행정행위의 공정력이라고 한다.
④ (○) 행정주체의 의사에 위배되는 행위에 대하여는 법원을 거치지 않고 일단 행정청이 일정한 제재를 과하거나 당해 행정청에 의한 강제집행이 허용되는 것을 행정행위의 강제력(집행력)이라고 한다.

35 정답 ❹

밑줄 친 "이 기본권"은 "신체적 자유권"을 의미하는데, 제시된 보기에서 이와 관련된 내용으로 옳은 것은 ㄱ, ㄴ, ㄹ이다.
- ㄱ. (○) 헌법 제12조 제4항
- ㄴ. (○) 헌법 제13조 제1항
- ㄹ. (○) 헌법 제12조 제7항
- ㄷ. (×) 공무원의 직무상 불법행위로 인한 손해배상청구권은 신체의 자유를 보장하기 위한 직접적인 제도라고 보기 어렵다(헌법 제29조 제1항).

36 정답 ❷

- ② (×) 의사표시의 효력이 의사의 흠결, 사기, 강박 또는 어느 사정을 알았거나 과실로 알지 못한 것으로 인하여 영향을 받을 경우에 그 사실의 유무는 대리인을 표준하여 결정한다(민법 제116조 제1항).
- ① (○) 민법 제114조 제1항
- ③ (○) 민법 제115조 본문
- ④ (○) 대리에 있어 본인을 위한 것임을 표시하는 이른바 현명은 반드시 명시적으로만 할 필요는 없고 묵시적으로도 할 수 있는 것이다(대판 2004.2.13. 2003다43490).

37 정답 ❸

- ③ (×) 책임보험계약의 보험자는 피보험자가 보험기간 중의 사고로 인하여 제3자에게 배상할 책임을 진 경우에 이를 보상할 책임이 있다(상법 제719조). 책임보험에 관한 설명이다. 보증보험은 보험계약자가 피보험자에게 계약상의 채무불이행 또는 법률상의 의무불이행으로 입힌 손해의 보상을 목적으로 한다(상법 제726조의5).
- ① (○) 해상보험계약의 보험자는 해상사업에 관한 사고로 인하여 생길 손해를 보상할 책임이 있다(상법 제693조).
- ② (○) 자동차보험계약의 보험자는 피보험자가 자동차를 소유, 사용 또는 관리하는 동안에 발생한 사고로 인하여 생긴 손해를 보상할 책임이 있다(상법 제726조의2).
- ④ (○) 운송보험계약의 보험자는 다른 약정이 없으면 운송인이 운송물을 수령한 때로부터 수하인에게 인도할 때까지 생길 손해를 보상할 책임이 있다(상법 제688조).

38 정답 ❸

불문법에는 관습법, 판례법, 조리가 있다. 조례는 지방자치단체가 그 권한에 속하는 사무에 관하여 법령의 범위 내에서 지방의회의 의결을 통해 제정하는 성문법이다(지방자치법 제28조 제1항 본문).

39 정답 ❶

① (×) 관습형법금지의 원칙은 법률주의와 관습형법 적용 금지를 내용으로 하는데, 관습형법 적용 금지와 관련하여 피고인에게 유리한 관습법 적용 인정 문제가 있다. 형법에는 관습법의 법원성을 인정하는 규정이 없으므로 피고인에게 불리한 것뿐만 아니라 유리한 관습법도 적용할 수 없다는 견해도 있으나, 피고인에게 유리한 소급효와 유추해석이 인정된다는 점을 고려할 때 피고인에게 유리한 경우에는 관습법의 적용을 인정하는 일반적인 견해가 타당하다.
② (○) 소급효금지의 원칙은 형법은 그 실시 이후의 행위만 규율할 뿐, 그 이전의 행위에는 효력이 미치지 않는다는 원칙으로, 인권침해의 염려가 없거나 피고인에게 유리한 경우에는 예외적으로 소급효가 인정될 수 있다.
③ (○) 형법은 문서에 좇아 엄격히 해석되어야 하며(문리해석), 법문의 의미를 넘는 유추해석은 허용되지 않는다는 원칙으로, 피고인에게 유리한 유추해석은 예외적으로 허용된다.
④ (○) 명확성의 원칙은 범죄의 구성요건과 형사제재에 관한 규정을 구체적으로 명확하게 규정하여야 한다는 원칙으로 여기에는 절대적 부정기형 금지의 원칙이 포함된다. 장·단기가 특정된 상대적 부정기형은 형벌의 목적 달성을 위해 필요하며 예견 가능한 범주 안에 있으므로 허용되지만, 형기를 정하지 않은 절대적 부정기형은 명확성 원칙에 위반되므로 금지된다.

40 정답 ❹

행정행위의 효력 중 구성요건적 효력에 관한 설명이다.

핵심만콕 행정행위의 효력

- **구성요건적 효력** : 유효한 행정행위가 존재하는 이상 모든 국가기관은 그 존재를 존중하고 스스로의 판단에 대한 기초로 삼아야 한다는 효력
- **공정력** : 비록 행정행위에 하자가 있는 경우에도 그 하자가 중대하고 명백하여 당연무효인 경우를 제외하고는, 권한 있는 기관에 의해 취소될 때까지는 일응 적법 또는 유효한 것으로 보아 누구든지(상대방은 물론 제3의 국가기관도) 그 효력을 부인하지 못하는 효력
- **구속력** : 행정행위가 그 내용에 따라 관계행정청, 상대방 및 관계인에 대하여 일정한 법적 효과를 발생하는 힘으로, 모든 행정행위에 당연히 인정되는 실체법적 효력
- **형식적 존속력**
  - 불가쟁력(형식적 확정력) : 행정행위에 대한 쟁송제기기간이 경과하거나 쟁송수단을 다 거친 경우에는 상대방 또는 이해관계인은 더 이상 그 행정행위의 효력을 다툴 수 없게 되는 효력
  - 불가변력(실질적 확정력) : 일정한 경우 행정행위를 발한 행정청 자신도 행정행위의 하자 등을 이유로 직권으로 취소·변경·철회할 수 없는 제한을 받게 되는 효력

제10회 민간경비론

> 문제편 227p

정답 CHECK

41	42	43	44	45	46	47	48	49	50	51	52	53	54	55	56	57	58	59	60
④	③	③	④	③	③	②	①	③	④	①	③	①	④	④	③	①	①	④	④
61	62	63	64	65	66	67	68	69	70	71	72	73	74	75	76	77	78	79	80
②	②	①	③	②	②	③	①	②	④	③	①	④	②	④	①	③	②	③

41 정답 ④

민간경비의 역할(임무)과 기능은 범죄예방과 개인의 재산보호 및 손실감소이고, 공경비의 역할(임무)과 기능은 범죄예방과 범죄대응(범죄수사 및 범인체포)이다.

42 정답 ③

③ (O) 경비업법 제10조 제2항 제3호, 제1항 제3호에 의하면 "금고 이상의 실형의 선고를 받고 그 집행이 종료(집행이 종료된 것으로 보는 경우를 포함한다)되거나 집행이 면제된 날부터 5년이 지나지 아니한 자"가 특수경비원 결격사유에 해당하는 사람이므로 5년이 지난 자는 결격사유에 해당하지 않아 특수경비원이 될 수 있다.
① (×) 경비업법 제10조 제2항 제1호의 결격사유에 해당한다.
② (×) 경비업법 제10조 제2항 제5호의 결격사유에 해당한다.
④ (×) 경비업법 제10조 제2항 제4호의 결격사유에 해당한다.

43 정답 ③

경비위해요소 분석단계 중 손실(경비위험도) 평가단계에 관한 설명이다.

> **핵심만콕** 경비위해요소의 분석단계
>
> - 경비위험요소 인지단계 : 개인 및 기업의 보호영역에서 손실을 일으키기 쉬운 취약부분을 확인하는 단계
> - 손실발생 가능성 예측단계 : 경비보호대상의 보호가치에 따른 손실발생 가능성을 예측하는 단계
> - 경비위험도 평가단계 : 특정한 손실이 발생하였다면 얼마나 심각한 영향을 미쳤는가를 고려하는 단계
> - 경비비용효과 분석단계 : 범죄피해로 인한 인적·물적 피해의 정도, 고객의 정신적 안정성, 개인 및 기업체의 비용부담정도 등을 고려하는 단계

44 정답 ④

④ (○) 경비실시방식에 따른 분류 중 총체적(종합적) 경비에 대한 옳은 설명이다.
① (×) 경비원에 의한 경비 등과 같이 단일 예방체제에 의존하는 경비형태는 <u>1차원적 경비</u>이다.
② (×) 단지 특정한 손실이 발생할 때마다 그 사건에만 대응하는 경비형태는 <u>반응적 경비</u>이다.
③ (×) 포괄적·전체적 계획 없이 필요할 때마다 단편적으로 손실예방 등의 역할을 수행하기 위해 추가되는 경비형태는 <u>단편적 경비</u>이다.

45 정답 ③

③ (×) 비용절감 등의 정책시행으로 인하여 <u>자체경비보다 계약경비가 발전</u>하고 있다.
① (○) 2001년 경비업법 개정으로 국가중요시설 경비의 효율성을 제고하는 방안으로 특수경비업무 역시 경비업무의 한 형태로 도입되어, 청원경찰의 입지가 축소되었으며 청원경찰과 민간경비의 이원화문제가 대두되었다.
② (○) 우리나라는 1960~1970년대 청원경찰에 의한 국가 주요 기간산업체의 경비가 주류를 이루었는데, 한국의 청원경찰제도는 경찰과 민간경비제도를 혼용한 것으로 외국에서는 볼 수 없는 특별한 제도이다.
④ (○) 2013년 경비업법상 경비지도사의 직무로서 집단민원현장에 배치된 경비원에 대한 지도·감독이 추가되었다.

46 정답 ③

국가경찰사무는 경찰법 제3조에서 정한 경찰의 임무를 수행하기 위한 사무로서 자치경찰사무는 제외한다(경찰법 제4조 제1항 제1호).

47 정답 ②

② (×) 중앙컴퓨터실 화재 발생 시 <u>스프링클러 사용은 컴퓨터에 심각한 부작용을 야기할 수 있으므로, 할로겐화합물 소화설비 등을 설치하는</u> 것이 바람직하다.
① (○) 컴퓨터 시스템의 보안성 유지를 위하여 프로그램 개발자와 컴퓨터 운영자 상호 간의 접촉을 가능한 한 줄이거나 없애야 한다. 특히 컴퓨터 프로그래머는 개인적으로나 또는 직원과 연결되어 기계조작에 관여하는 것이 금지되어야 한다.
③ (○) 암호는 특정 시스템에 대한 접근권을 가진 이용자의 식별장치라 할 수 있다. 컴퓨터 보안을 위해 암호는 숫자·특수문자 등을 사용하고, 최소 암호수명을 설정하여 주기적으로 관리해야 한다.
④ (○) 컴퓨터실의 화재감지에는 화재를 초기에 감지할 수 있는 광전식이나 이온화식 감지기를 사용하여야 한다.

> **핵심만콕** 스프링클러 사용에 대한 견해대립
>
> - Factory Mutual 계통의 미국 보험회사들은 기기에 대한 소화를 우선하여 컴퓨터실 내 스프링클러 설치를 권장하고 있다.
> - 컴퓨터 제조업체인 IBM은 기기의 기능을 우선하여 스프링클러 사용은 기계에 해로우므로, 절대 사용하지 말 것을 권장하고 있다.

48 정답 ❶

제시문의 ㄱ, ㄴ에 들어갈 내용은 순서대로 포프, 홉즈이다.

49 정답 ❸

경기 침체로 인해 실업자가 증가하면 범죄율이 증가하고 민간경비의 발전으로 이어진다는 이론은 경제환원론에 관한 내용이다. 비용공동부담이론은 민간경비의 성장이론과 직접적인 관련이 없는 이론이다.

> **핵심만콕** 민간경비 성장의 이론적 배경
>
> - 경제환원론적 이론(경제환원론) : 특정한 사회현상이 직접적으로는 경제와 무관한 것임에도 불구하고 그 발생원인을 경제문제에서 찾으려는 이론으로, 경기침체로 인해 실업자가 늘어나면 자연적으로 범죄가 증가하고, 이에 민간경비가 직접 범죄에 대응하게 됨으로써 민간경비시장이 성장·발전한다고 주장한다.
> - 공동화이론 : 경찰이 수행하고 있는 경찰 본연의 기능이나 역할을 민간경비가 보완·대체한다는 이론으로, 경찰의 범죄예방능력이 국민의 욕구를 충족시키지 못할 때의 공동상태(Gap)를 민간경비가 보충함으로써 민간경비시장이 성장한다고 주장한다.
> - 이익집단이론 : 경제환원론적 이론이나 공동화이론을 부정하는 입장에서 '그냥 내버려 두면 보호받지 못한 채로 방치될 만한 재산을 민간경비가 보호한다'는 이론으로, 민간경비도 자신의 집단적 이익을 극대화하기 위해 규모를 팽창시키고 새로운 규율이나 제도를 창출시키는 등의 노력을 해야 한다고 주장한다.
> - 수익자부담이론 : 자본주의사회에 있어 경찰의 공권력 작용은 원칙적으로 거시적 측면에서 질서유지나 체제수호 등과 같은 역할과 기능으로 한정시키고, 사회구성원 개개인 차원이나 여타 집단과 조직 등의 안전과 보호는 결국 해당 개인이나 조직이 담당하여야 한다는 인식에 기초한 이론이다.
> - 민영화이론 : 1980년대 이후 복지국가의 이념에 대한 반성으로서 국가독점에 의한 비효율성을 극복하고자 시장경쟁논리를 도입한 이론으로, 민영화는 공공지출과 행정비용의 감소효과를 유발하기 위한 방법이다.
> - 공동생산이론 : 민간경비를 공경비의 보조적 차원이 아닌 주체적 차원으로 인식하는 이론으로, 경찰이 안고 있는 한계를 일부 극복하고, 시민의 안전욕구를 증대시키기 위해 민간부문의 능동적 참여를 다각적으로 유도한다.

50 정답 ❹

민간경비 조직의 특수성에는 위험성, 돌발성, 기동성, 조직성 등이 있으며, 이러한 특수성은 공경비(경찰)와 마찬가지로 민간경비의 조직화 과정에서도 중요하게 고려된다. 고립성은 권력성, 정치성, 보수성과 더불어 공경비인 경찰 조직이 지니는 특수성과 관련된 요소이다.

> **핵심만콕** 민간경비 조직과 경찰 조직의 특수성★★
>
> - **민간경비 조직** : **위험성**, **돌발성**, **기동성**, **조직성** 등
> - **경찰 조직** : **위험성**, **돌발성**, **기동성**, **조직성**, **권력성**, **정치성**, **고립성**, **보수성**
>
> 〈출처〉 최선우, 「민간경비론」, 진영사, 2014

51 정답 ①

자체경비는 계약경비에 비하여 해임이나 감원, 충원 등이 필요한 경우에 탄력성이 떨어진다.

핵심만콕 자체경비와 계약경비의 비교

구분	자체경비	계약경비
장점	• 자체경비는 계약경비에 비해 임금이 높고 안정적이므로, 이직률이 낮은 편이다. • 시설주가 경비원들을 직접 관리함으로써 경비원들에 대한 통제를 강화할 수 있다. • 비교적 높은 급료를 받을 뿐만 아니라, 경비원에 대한 위상이 높기 때문에 자질이 우수한 사람들이 지원한다. • 계약경비원보다 고용주에 대한 충성심이 더 높다. • 자체경비는 고용주(사용자)의 요구에 신속하게 대처할 수 있다. • 자체경비원은 고용주에 의해 조직의 구성원으로 채용됨으로써 안정적이기 때문에 고용주로부터 업무수행능력을 인정받기를 원하며, 자기발전과 자기개발을 위한 노력을 아끼지 않는다. • 자체경비원은 경비부서에 오래 근무함으로써 회사의 운영·매출·인사 등에 관한 지식이 높다. • 시설주의 필요에 따라 적절하게 교육·훈련과정의 효율성을 쉽게 측정할 수 있다.	• 고용주의 요구에 맞는 경비서비스를 제공함으로써 경비프로그램 전반에 걸쳐 전문성을 갖춘 경비인력을 쉽게 제공할 수 있다. • 봉급, 연금, 직무보상, 사회보장, 보험, 장비, 신규모집, 직원관리, 교육훈련 등의 비용을 절감할 수 있어 비용 면에서 저렴하다(경제적이다). • 자체경비에 비해 인사관리 차원에서 결원의 보충 및 추가인력의 배치가 용이하다. • 고용주를 의식하지 않고 소신껏 경비업무에 전념할 수 있다. • 경비수요의 변화에 따라 기존 경비인력을 감축하거나 추가적으로 고용을 확대할 수 있다. • 질병이나 해임 등으로 구성원의 업무수행상 문제가 발생했을 경우, 인사이동과 대처(대책)에 따라 행정상 문제를 쉽게 해결할 수 있다.
단점	• 계약경비에 비해 다른 부서의 직원들과 지나치게 친밀한 관계를 형성함으로써 효과적인 직무수행을 하지 못할 수 있다. • 신규모집계획, 선발인원의 신원확인 및 훈련프로그램에 대한 개발과 관리를 자체적으로 실시하므로, 인사관리 및 행정관리가 힘들고 비용이 많이 소요된다. • 계약경비에 비해 해임이나 감원, 충원 등이 필요한 경우에 탄력성이 떨어진다.	• 자체경비에 비해 조직(시설주)에 대한 충성심이 낮은 것이 일반적이다. • 자체경비에 비해 급료가 낮고 직업적 안정감이 떨어지기 때문에 이직률이 높은 편이다. • 회사 내부의 기밀이나 중요정보가 외부에 유출될 가능성이 더 높은 편이다.

52 정답 ③

③ (×) 현장청취는 직접 현장에 가서 시설물의 상태를 확인하고 실무자들의 의견을 청취하여 잠재된 위험을 찾아내는 업무이고, 현장조사는 관련 정보를 확인하고 실제 조사를 통해 잠재된 위험을 찾아내는 업무이다.
① (○) 경비계획이란 경비업무의 전반적인 방향과 성패를 좌우하는 가장 기초적인 활동으로 계약처가 요구하는 경비내용을 구체적으로 실시하는 방법을 정하는 것이다.
② (○) 경비계획서는 계약처가 요구하는 경비내용에 따라 경비장소에 관한 경비의 기본방침, 구체적인 경비의 실시방법 등 당해 경비업무의 내용을 정하여 작성한다. 경비계획서는 사전조사를 통한 경비진단에서 파악된 내용을 기초로 작성하는데, 사전조사는 현장청취와 현장조사로 이루어진다.
④ (○) 경비계획 및 평가의 순환과정은 경비계획 → 경비 조직관리·실행 → 경비평가 순이다. 경비계획은 경비부서의 조직관리·실행과정과 평가과정의 관계 속에서 역동적으로 작용하고 있다.

53 정답 ❶

멀웨어는 시스템을 파괴하거나 정보를 유출하기 위해 개발된 프로그램이나 파일을 총칭하는데, 대표적인 멀웨어 공격으로는 바이러스, 트로이 목마, 버퍼 오버플로 공격, 스파이웨어, 악성 웹 기반 코드 등이 있다. 슬래머는 마이둠과 더불어 대표적인 분산 서비스거부 공격에 해당한다.

54 정답 ❹

④ (×), ③ (○) 빌렉(A. J. Bilek)은 민간경비원의 유형을 '경찰관 신분을 가진 민간경비원', '특별한 권한이 있는 민간경비원', '일반시민과 같은 민간경비원'으로 구분하였는데, 그중 우리나라의 청원경찰과 같은 개념이라고 할 수 있는 유형은 '특별한 권한이 있는 민간경비원'이다. 특별한 권한이 있는 민간경비원은 제한된 근무지역 내에서 경찰업무를 일부 행하는 경비원으로서 학교, 공원지역이나 주지사, 보안관, 시 당국, 정부기관에 의해 특별한 경찰업무를 위임받은 민간경비원을 말한다.

① (○) 미국의 민간경비시장은 엄청난 성장을 거듭하여 왔다. 현재 경찰과 민간경비와의 관계는 범죄예방활동을 위하여 긴밀한 상호협조체제를 유지하고 있고, 각 주(州)마다 약간의 차이는 있지만 경찰이 민간경비회사에 Part-time Job을 실시할 만큼 상호 간의 직위·보수·신분상의 커다란 차이를 느끼지 않으면서 함께 범죄예방활동을 실시해 오고 있다.

② (○) 일반적으로 연방헌법에서는 시민의 사적인 권한에 관한 문제에 대해서는 언급한 조항이 없고 정부나 국가의 활동에 연관되는 사항을 주로 언급하고 있다. 그러나 민간경비원도 경찰들과 협력하에 활동하거나 기소에 사용하기 위하여 경찰에게 제공할 목적으로 증거를 수집하는 대리인으로 활동할 경우에는 헌법적 제한이 적용된다.

55 정답 ❹

④는 청소년보호과장의 분장 사무에 해당한다(경찰청과 그 소속기관 직제 시행규칙 제8조 제7항 제2호).

관계법령

범죄예방대응국(경찰청과 그 소속기관 직제 시행규칙 제7조)
⑤ 범죄예방정책과장은 다음 사항을 분장한다.
1. 범죄예방에 관한 연구 및 계획의 수립
2. 범죄예방 관련 법령·제도의 연구·개선 및 지침 수립
3. 범죄예방진단 및 범죄예방순찰에 관한 기획·운영
4. 기동순찰대 운영에 관한 사항
5. 환경설계를 통한 범죄예방(CPTED) 기획·운영
6. 협력방범에 관한 기획·연구 및 협업
7. 경비업에 관한 연구 및 지도
8. 풍속 및 성매매(아동·청소년 대상 성매매는 제외한다) 사범에 관한 지도·단속
9. 총포·도검·화약류 등의 지도·단속
10. 즉결심판청구업무의 지도
11. 각종 안전사고의 예방에 관한 사항
12. 그 밖에 국 내 다른 과의 주관에 속하지 않는 사항

생활안전교통국(경찰청과 그 소속기관 직제 시행규칙 제8조)
⑦ 청소년보호과장은 다음 사항을 분장한다. 〈개정 2024.1.18.〉
1. 소년 비행 방지에 관한 업무
2. 소년에 대한 범죄의 예방에 관한 업무
3. 비행소년의 보호지도에 관한 업무
4. 가출인 및 「실종아동등의 보호 및 지원에 관한 법률」 제2조 제2호에 따른 실종아동등과 관련된 정책 수립 및 관리
5. 실종사건 지도와 관련 정보의 처리

56 정답 ③

확인된 위험의 대응방법과 그에 관한 설명의 연결이 올바르지 않은 것은 ③이다.

핵심만콕	확인된 위험의 대응방법
위험의 제거	위험관리에서 최선의 방법은 확인된 모든 위험요소를 제거하는 것이다.
위험의 회피	범죄 및 손실이 발생할 기회를 아예 제공하지 않는 것이다.
위험의 감소	물리적·절차적 관점에서 위험요소를 감소시키거나 최소화시키는 방법이다.
위험의 분산	위험성이 높은 보호대상을 한 곳에 집중시키지 않고 여러 곳에 분산시키는 것이다.
위험의 대체	직접적으로 위험을 제거하거나 감소 및 최소화하는 것보다 보험과 같은 대체수단을 통해서 손실을 전보하는 방법이다.

57 정답 ①

① (○) 일본은 국가공안위원회에서 경비원지도교육책임자 제도를 도입·시행하고 있다.
② (×) 일본은 인력제도로서 경비원지도교육책임자 제도, 기계경비업무관리자 제도 및 경비원검정 제도를 두고 있다.
③ (×) 일본의 경비업법에서는 교통유도경비를 '사람 혹은 차량의 혼잡한 장소와 통행에 위험이 있는 장소에서의 부상 등의 사고 발생을 경계하여 방지하는 업무'로 정의한다. 경찰관이나 교통순경이 실시하는 교통정리와 달리 법적 강제력은 없다.
④ (×) 일본에는 신변보호사 제도가 없지만 우리나라는 한국경비협회, 한국씨큐리티자격평가원 등이 신변보호사 제도를 민간자격증으로 실시하여 오다가 2013년 국가공인자격으로 정식 인정되어 2013년 11월 9일 제1회 시험이 치러졌다.

58 정답 ①

① (×) 정보 접근 권한을 가진 자라도 <u>훈련이 부족하거나 자격 미달인 컴퓨터 운용요원의 경우</u>에는 문제 발생 시 적절한 대처가 어렵다.
② (○) 적절한 컴퓨터 언어를 사용하고, 시스템의 설계를 철저히 하는 등의 시스템 작동 재검토가 이루어져야 한다.
③ (○) 컴퓨터를 효율적으로 사용하기 위해서는 프로그램 운용과 관련한 시스템이 개발되어야 하며 계속적으로 데이터 갱신이 이루어져야 한다.
④ (○) 컴퓨터 관리자는 정해진 절차대로 프로그램이 실행되는지를 검토해야 하고, 어떠한 절차가 효율적인지를 합리적으로 재평가한 후 비효율성이 발견되면 이를 재검토하여야 한다.

59 정답 ④

④ (○) 유지보수에 적지 않은 비용과 전문인력이 요구되는 것은 기계경비의 단점에 해당한다.
① (×) 단기적으로 설치비용이 많이 드나, 장기적으로 소요비용이 절감된다.
② (×) 잠재적인 범죄자 등에 대해 경고 효과가 크다.
③ (×) 넓은 장소를 효과적으로 감시할 수 있고, 정확성을 기할 수 있다.

핵심만콕 인력경비와 기계경비

구 분	인력경비	기계경비
장 점	• 경비업무 이외에 안내, 질서유지, 보호·보관업무 등을 하나로 통합한 통합서비스가 가능 • 인력이 상주함으로써 현장에서 상황이 발생했을 때 신속한 조치가 가능 • 인적 요소이기에 경비업무를 전문화할 수 있고, 고용창출 효과와 고객접점서비스 효과가 있음	• 24시간 경비가 가능 • 장기적으로 소요비용이 절감되는 효과가 있음 • 감시지역이 광범위하고 정확성을 기할 수 있음 • 시간적 취약대인 야간에도 효율성이 높아 시간적 제약을 적게 받음 • 화재예방시스템 등과 동시에 통합운용이 가능 • 강력범죄와 화재, 가스 등으로 인한 인명사상을 예방하거나 최소화할 수 있음 • 기록장치에 의해 사고발생 상황이 저장되어 증거보존의 효과와 책임한계를 명확히 할 수 있음 • 오작동(오경보)률이 낮을 경우 범죄자에게는 경고의 효과가 있고, 사용자로부터는 신뢰를 얻을 수 있음
단 점	• 인건비의 부담으로 경비에 많은 비용이 소요 • 사건이 발생했을 때 인명피해의 가능성이 있음 • 상황연락이 신속하게 이루어지지 않아 사건의 전파에 장애가 발생 • 야간에는 경비활동의 제약을 받아 효율성이 감소 • 경비원이 저임금, 저학력, 고령일 경우 경비의 질 저하가 우려	• 사건 발생 시 현장에서의 신속한 대처가 어려우며, 현장에 출동하는 시간이 필요 • 최초의 기초 설치비용이 많이 소요 • 허위경보 및 오경보 등의 발생률이 비교적 높음 • 전문인력이 필요하며, 유지보수에 비용이 많이 소요 • 고장 시 신속한 대처가 어려움 • 방범 관련 업무에만 가능하며, 경비시스템을 잘 알고 있는 범죄자들에게 역이용당할 우려가 있음

60 정답 ④
경비조명은 미적인 효과보다는 시설물에 대한 감시활동이 더 중요하다.

61 정답 ②
미국 경비협회의 책임자로서 경비원의 기능을 통제하고 역량을 향상시키기 위해 경비원자격증제도가 필요하다고 주장한 사람은 러셀 콜링이다.

62 정답 ②
② (○) 딘글(J. Dingle)은 시설물의 물리적 통제시스템 구축과 관련하여 보호가치가 높은 자산일수록 보다 많은 방어공간을 형성해야 한다는 동심원영역론(concentric zone theory)을 제시한 영국의 경비전문가이다. 시설물의 보안 수준을 높이기 위해서는 단순히 핵심 자산을 보호하는 것이 아니라 주변 환경까지 고려하여 통합적인 보안시스템을 구축해야 한다고 주장하였다.
① (×) 번즈(W.J. Burns)는 민간경비회사 설립자로서 민간경비산업 발전에 기여하였다.
③ (×) 윌슨(O.W. Wilson)은 경찰행정 개혁에 기여한 인물로서 경찰조직 운영 및 관리에 대한 이론을 제시하였다.
④ (×) 커닝햄(W.C. Cunningham)은 경비관리 분야의 저술가로서 경비관련 서적을 다수 출간하였다.

63 정답 ①
① (×) 경비조명은 미적 효과보다는 <u>시설물에 대한 감시활동</u>이 더 중요하다.
② (○) 상시(계속)조명은 반사갓을 씌운 등으로부터 일정한 지역에 계속적으로 빛을 투사하도록 여러 개의 광원을 고정시킨 것을 말하고, 예비(대기)조명은 설치방법은 상시조명과 동일하지만 계속 조명하는 것이 아니고 경비원이 의심스러운 활동을 탐지하거나 경보장치의 작동으로 의심이 생겼을 때 자동 또는 수동으로 조명할 수 있게 한 것이다.
③ (○) 경비조명은 경비원의 눈을 부시게 할 수 있으므로 경비원의 시야를 방해하지 않도록 설치해야 하고, 경비조명으로 인한 그림자는 범죄자의 은신처로 이용될 수 있으므로 그림자가 생기지 않도록 설치해야 한다.
④ (○) 밝은 경비조명은 잠재적인 범죄자를 위협하여 범죄 발생을 억제하는 효과도 있다.

64 정답 ②
민간경비의 규제와 관련하여 일본과 우리나라 모두 허가제를 취하고 있다.

65 정답 ③

⊙△✕ 핀날름쇠 자물쇠(Pin Tumbler Locks)에 관한 설명이다.

> **핵심만콕**   **자물쇠의 종류**
>
> - 돌기 자물쇠(Warded Locks) : 열쇠의 구조가 간단하고, 단순 철판에 홈이 거의 없는 것이 대부분이며, 안전도는 거의 없다.
> - 판날름쇠 자물쇠(Disc Tumbler Locks) : 일반적으로 가장 많이 사용되는 자물쇠로, 열쇠의 홈이 한쪽 면에만 있지만 열쇠 구조가 복잡하여 맞는 열쇠를 꽂지 않으면 열리지 않는다. 책상, 서류함, 패드록 등 경비산업에서 보편적으로 사용되고 있다.
> - 핀날름쇠 자물쇠(Pin Tumbler Locks) : 열쇠의 양쪽 모두에 홈이 불규칙적으로 파여 있는 형태로, 판날름쇠 자물쇠보다 복잡하며 안정성을 제공할 수 있기 때문에 일반 산업분야, 일반 주택에서도 널리 사용되고 있다.
> - 전자식 자물쇠(Electromagnetic Locks) : 자력에 의해 문을 잠그는 잠금장치로 1,000파운드(약 453.6kg)의 압력에도 견디어 내는 고강도문에 많이 사용되며, 종업원들의 출입이 잦지 않은 제한구역에 주로 사용된다.
> - 숫자맞춤식 자물쇠(Combination Locks) : 자물쇠에 달린 숫자 조합을 맞춤으로써 열리는 자물쇠이다. 외부 침입이나 절도 위협으로부터 효과적이다.
> - 암호사용 자물쇠(Code Operated Locks) : 패널의 암호를 누름으로써 문이 열리는 전자제어 방식으로서 암호를 잘못 누르거나 모르는 경우에는 비상 경고등이 켜지게 되는데, 일반적으로 전문적이고 특수한 경비 필요시에 사용한다.
> - 카드작동 자물쇠(Card Operated Locks) : 전기나 전자기 방식을 활용한 것으로 카드 열쇠는 신분증의 기능을 대신하며, 종원원들의 출입이 잦지 않은 제한구역에서 주로 활용된다.
> - 지문인식 자물쇠 : 열쇠, 카드식, 비밀번호의 분실 및 도용문제를 극복하고 본인 확인을 통해 자유롭게 출입할 수 있다.

66 정답 ②

⊙△✕
② (○) 콘덴서 경보시스템에 관한 설명이다.
① (✕) 광전자식 센서는 일반적으로 레이저광선을 발사하여 비교적 넓은 범위에서 침입자를 탐지하는 장치로서 레이저광선을 외부침입자가 건드리면 경보되는 감지기이다.
③ (✕) 자력선식 센서는 교도소나 은행의 외벽보호에 사용되며, 반도체의 두 단자 간의 전류를 활용하여 자장의 변화와 이동원리를 이용한 장치이다.
④ (✕) 전자기계식 센서는 단순한 접촉의 유무를 탐지하여 경보를 전달하는 장치로서 문틀과 문 사이에 접지극을 설치하여, 이것이 붙어 있으면(문이 닫힌 상태) 정상적으로 작동하게 되고, 문이 열리면 회로가 차단되어 센서가 작동하는 원리이다. 주로 창문을 통한 침입을 감지하기 위해 설치되고 비용이 저렴하다.

67 정답 ❷

② (×) 선발기준을 완화할 경우 민간경비원의 전문성 및 자질 저하가 우려되므로, 윤리의식 제고에 역효과를 가져올 수 있다.
① (○) 민간경비원의 자질에 대한 문제는 윤리문제와 직결되기 때문에 윤리성이 확립되기 위해서는 이들의 직업적 전문화가 필요하다. 따라서 자격증제도의 도입 및 직무교육 강화 등을 통한 전문화는 민간경비의 윤리성을 제고시킬 수 있다.
③ (○) 직업윤리의 법제화는 민간경비원의 윤리적 행동을 강제하는 근거를 마련하는 것이므로 민간경비원이 윤리의식 제고방안이라 할 수 있다.
④ (○) 법령 준수의식은 윤리의식의 한 측면으로 볼 수 있다. 따라서 법령 준수의식의 제고는 윤리의식 제고로 이어질 수 있다.

68 정답 ❸

불꽃(발화) 단계란 불꽃과 연기가 보이고 높은 온도가 짧게 감지되는 단계로, 이 단계에서는 불꽃을 감지원으로 하는 적외선감지기가 적합하다. 연기감지기는 그을린 단계에 적합한 감지기이다.

핵심만콕 화재의 단계와 감지기★

구 분	내 용	감지원	적합한 감지기
초기 단계	연기와 불꽃, 빛 등은 보이지 않고 약간의 열기만 감지할 수 있는 단계로, 가연성 물질이 나온다.	가연성 물질	이온감지기
그을린 단계	불꽃은 보이지 않고 약간의 연기만 감지되는 단계	연 기	연기감지기, 광전자감지기
불꽃발화 단계	실제 불은 눈에 보이지 않지만 불꽃과 연기는 보이는 단계	불 꽃	적외선감지기
열 단계	불꽃과 연기, 그리고 강한 열이 감지되는 단계	열	열감지기

69 정답 ❶

①은 시험가동 모델링(Simulation and Modeling) 수법에 관한 설명이다. 함정문(Trap Door)은 OS나 대형 응용프로그램을 개발하면서 전체 시험실행을 할 때 오류를 쉽게 발견되게 하거나 처음부터 중간에 내용을 볼 수 있는 부정루틴을 삽입해 컴퓨터의 장비나 유지보수를 핑계 삼아 컴퓨터 내부의 자료를 뽑아가는 행위를 말한다.

70 정답 ❷

제시문은 단독호송방식 중 분리호송방식에 관한 설명이다.

| 핵심만콕 | 호송경비업무의 방식 |

- 단독호송방식
  - 통합호송방식 : 경비업자가 무장호송차량 또는 일반차량을 이용하여 운송과 경비업무를 겸하는 호송경비방식이다.
  - 분리호송방식 : 호송대상 물건은 운송업자의 차량으로 운송하고, 경비업자는 경비차량과 경비원을 투입하여 물건을 호송하는 방식이다.
  - 동승호송방식 : 물건을 운송하는 차량에 호송경비원이 동승하여 호송업무를 수행하는 경비방식이다.
  - 휴대호송방식 : 호송경비원이 직접 호송대상 물건을 휴대하여 운반하는 경비방식이다.
- 편성호송방식 : 호송방식과 방향 등을 고려하여 지역별로 또는 구간별로 조를 편성하여 행하는 경비방식이다.

71 정답 ❹

제시문은 3차적 범죄예방에 관한 내용이다.

| 핵심만콕 | 범죄예방의 접근방법 및 과정 |

구 분	1차적 범죄예방	2차적 범죄예방	3차적 범죄예방
대 상	일반시민	우범자 및 우범집단	범죄자
내 용	일반적 사회환경 중에서 범죄 원인이 되는 조건들을 발견·개선하는 예방활동	잠재적 범죄자를 초기에 발견하고 이들의 범죄행위를 저지하기 위한 예방활동	실제 범죄자(전과자)를 대상으로 더 이상 범죄가 발생하지 않도록 하는 예방활동

〈출처〉 최선우, 「민간경비론」, 진영사, 2015, P. 395

72 정답 ❸

③ (○) 건축물이 인텔리전트화되면서 민간경비는 이에 맞춘 새로운 시스템 개발과 예방적인 시큐리티 시스템을 운용할 필요가 있다.
① (×) 노인인구의 증가로 고령화 사회에 진입하게 되면서 노인인구와 관련된 경비서비스는 점점 증가할 것이며, 독거노인, 간병을 필요로 하는 노인에 대한 긴급통보 시큐리티 시스템이 실시될 것이다.
② (×) 컴퓨터 시스템의 광범위한 보급과 함께 안전관리 서비스를 제공하는 경비서비스는 증가추세에 있다.
④ (×) 민간경비는 정보통신기술의 발달로 물리보안과 사이버보안을 하나로 묶는 토탈 시큐리티 서비스의 형태로 발전할 것이다.

73 정답 ❶

① (×) 함무라비왕 시대부터 개인차원의 민간경비의 개념과 국가차원의 공경비의 개념이 분리되기 시작하였다.
② (○) 개인의 생명과 재산을 보호하는 경비는 인류 역사상 가장 오래된 과제 중 하나로서 경비제도를 역사적으로 볼 때 민간경비가 공경비보다 앞서 있다.
③ (○) 고대 바빌론 왕 함무라비에 의해 법집행 개념이 최초로 명문화되었다.
④ (○) 기원전 27년 고대 로마시대 아우구스투스 황제는 자경단원이라고 불리는 수천 명의 비무장군대를 각 관할 구역의 질서 유지를 위해서 임명하였다. 이는 역사상 최초의 비무장 수도경찰로 간주된다.

74 정답 ❹

④ (×) 정부의 역할을 줄이는 대신 민간의 역할을 증대시키는 것은 민영화이론의 내용에 해당한다.
① (○) 치안서비스 공동생산이론은 민간경비를 공경비의 보조적 차원이 아닌 주체적 차원으로 인식하여, 치안서비스 생산과정에서 공공부분의 역할수행과 민간부분의 공동참여로 인해 민간경비가 성장했으며, 민간경비가 독립된 주체로서 참여한다는 이론이다.
② (○) 치안서비스의 공동주체를 정부 혼자만이 아닌 정부와 시민의 양자로 보는 것이 대부분의 학자들의 견해이며 최근에는 민간경비분야도 치안서비스 공동생산의 한 주체로 여기는 경향이 있다.
③ (○) 치안서비스의 공동생산이론은 경찰이 치안서비스의 공급자이고 시민은 수혜자라는 접근에서 탈피하여 치안서비스의 생산에 시민들을 적극적으로 참여시켜야 한다는 접근법을 취하고 있다.

75 정답 ❷

② (○) 경찰청과 그 소속기관 직제 시행규칙 제10조 제4항 제9호
① (×) 주요 인사의 보호에 관한 사항은 경호과장의 분장사무에 해당한다(경찰청과 그 소속기관 직제 시행규칙 제10조 제5항 제2호).
③ (×) 경찰부대 운영·지도 및 전국단위 경력운용은 경비과장의 분장사무에 해당한다(경찰청과 그 소속기관 직제 시행규칙 제10조 제3항 제2호).
④ (×) 국가 중요행사 및 선거경비 지원 관련 업무는 경비과장의 분장사무에 해당한다(경찰청과 그 소속기관 직제 시행규칙 제10조 제3항 제3호).

> **관계법령** 경비국(경찰청과 그 소속기관 직제 시행규칙 제10조)
>
> ④ 대테러위기관리과장은 다음 사항을 분장한다. 〈개정 2024.7.31.〉
>   1. 대테러 종합대책 연구·기획 및 지도
>   2. 대테러 관련 법령의 연구·개정 및 지침 수립
>   3. 테러대책기구 및 대테러 전담조직 운영 업무
>   4. 대테러 종합훈련 및 교육
>   5. 경찰작전과 경찰 전시훈련에 관한 계획의 수립 및 지도
>   6. 비상대비계획의 수립 및 지도
>   7. 중요시설의 방호 및 지도
>   8. 예비군 무기·탄약관리의 지도
>   9. 청원경찰의 운영 및 지도

10. 민방위 업무의 협조에 관한 사항
11. 재난·위기 업무에 대한 지원 및 지도
12. 안전관리·재난상황 및 위기상황 관리기관과의 연계체계 구축·운영
13. 지역 내 다중운집행사 안전관리 지도
14. 비상업무에 관한 계획의 수립 및 집행

76 정답 ④

④ (×), ① (○) 기계경비시스템의 오경보로 인한 헛출동은 경찰력의 낭비를 초래하여 경찰력 운용의 효율성에 장애가 되고 있다. 오경보의 폐해를 줄이기 위해 경비시스템을 경찰관서에 직접 연결하는 방식은 오경보 발생 시 신속한 확인 및 대응이 가능하다는 장점이 있지만, 경찰관서의 업무량 증가 및 오경보에 대한 민감도 감소로 이어질 수 있다는 우려도 있다. 또한 경찰은 경찰관서와 직접 연결하는 기계경비시스템의 사용에 대해 거부감을 가질 수 있으므로 민간경비업체와 경찰의 유기적인 협력관계를 구축하고 중앙통제센터 담당자는 경보장치에 의한 정보를 경찰에게 통보하기 전에 경보의 확실성을 검토하는 등 다소의 융통성을 가지고 적절하게 대처하는 것이 필요하다.
② (○) 실제 상황이 아님에도 불구하고 기계장치의 자체결함, 이용자의 부적절한 작동, 미세한 환경변화에 민감하게 작동하는 등 다양한 원인으로 오경보의 문제가 발생하여 비능률성·비효율성의 원인이 된다.
③ (○) 기계경비의 유지·보수에 적지 않은 비용이 들고, 이를 위해 전문인력이 투입되어야 한다.

77 정답 ①

제시된 내용 중 연결이 옳지 않은 것은 ①이다.
㉠ 가로등은 공원이나 거리에서 흔히 볼 수 있는데, 대칭적 설치방법(주로 빛이 비춰지는 지역의 중앙에 위치함)과 비대칭적 설치방법(경비구역에서 다소 떨어진 장소에서 사용함)이 있다.
㉣ 비교적 어두운 시설물의 침입을 감시하는 경우 유용하게 사용되는 경비등은 프레이넬등이다.

78 정답 ③

제시문은 가시지대(Clear Zone)에 관한 설명이다.

79 정답 ❷

② (×) 경비업법 제10조 제1항 제2호부터 제8호까지는 일반경비원과 특수경비원의 공통된 결격사유에 해당하고, 제2항은 특수경비원만의 결격사유이다. 따라서 금고 이상의 형의 선고유예를 받고 그 유예기간 중에 있는 자(경비업법 제10조 제2항 제4호)는 <u>일반경비원은 될 수 있으나, 특수경비원은 될 수 없다</u>.
① (○) 경비업법 제2조 제3호 가목
③ (○) 청원경찰법 제3조 참조
④ (○) 청원경찰법 제5조 제1항

80 정답 ❸

③ (×) 영국과 미국에서는 경비산업이 아니라 안전산업이라는 개념하에, 시설경비 외에 보디가드, 정보수집, 민간탐정, 범인호송, 민간감옥 운용, 환경보호 등 다양한 안전 관련 산업을 포괄하고 있다. 이러한 관점에서 볼 때 <u>한국의 경비산업은 안전산업의 한 분야에 불과하다고 볼 수 있다</u>.

〈출처〉 김두현·박형규, 「민간경비론」, 솔과학, 2018, P. 362

① (○) 경비업법과 청원경찰법은 교육훈련을 의무적으로 실시하도록 되어 있지만, 교육장소·교육시설·교육기자재 그리고 교관 등의 부족으로 실질적이고 효율적인 교육훈련을 실시하지 못하고 있어 경비원들의 자질과 경비서비스의 질이 저하되고 있다.
② (○) 임시계약직이나 시간제 근로자로 채용된 경비원들의 낮은 임금수준과 잦은 이직은 경비업의 질적 수준 저하의 원인 중 하나라고 할 수 있다.
④ (○) 청원경찰에게 총기휴대를 법으로 허용하고 있지만 총기취급에 따른 전반적인 교육훈련 부족으로 총기사용을 극히 제한하고 있어 청원경찰의 총기소지에 대한 효용성과 존속의 필요성에 대하여 검토할 필요가 있다.

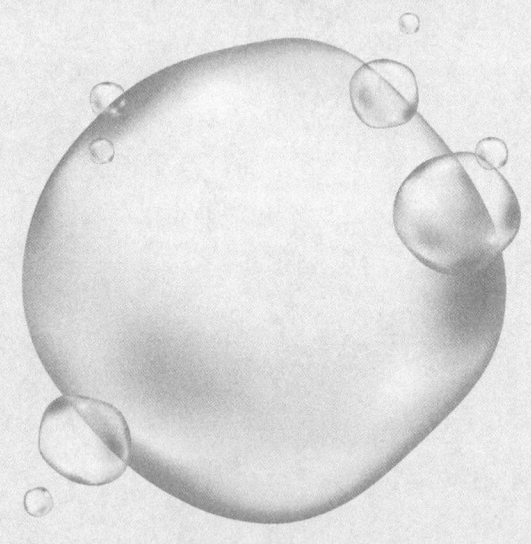

의심은 실패보다 더 많은 꿈을 죽인다.

- 카림 세디키 -

2025 시대에듀 경비지도사 1차 시험 최종점검 FINAL 모의고사 [일반·기계경비]

개정12판1쇄 발행	2025년 07월 30일(인쇄 2025년 06월 26일)
초 판 발 행	2013년 05월 10일(인쇄 2013년 05월 03일)
발 행 인	박영일
책 임 편 집	이해욱
편 저	시대에듀 경비지도사 교수진
편 집 진 행	이재성·고광옥·백승은
표지디자인	박종우
편집디자인	윤준하·임창규
발 행 처	(주)시대고시기획
출 판 등 록	제10-1521호
주 소	서울시 마포구 큰우물로 75 [도화동 538 성지 B/D] 9F
전 화	1600-3600
팩 스	02-701-8823
홈 페 이 지	www.sdedu.co.kr
I S B N	979-11-383-9459-8 (13350)
정 가	30,000원

※ 이 책은 저작권법의 보호를 받는 저작물이므로 동영상 제작 및 무단전재와 배포를 금합니다.
※ 잘못된 책은 구입하신 서점에서 바꾸어 드립니다.

정답 마킹표(40문/4지선다)

연 도		과 목	
시 간		회 독	

문 번	CHECK	문 번	CHECK
1	① ② ③ ④	21	① ② ③ ④
2	① ② ③ ④	22	① ② ③ ④
3	① ② ③ ④	23	① ② ③ ④
4	① ② ③ ④	24	① ② ③ ④
5	① ② ③ ④	25	① ② ③ ④
6	① ② ③ ④	26	① ② ③ ④
7	① ② ③ ④	27	① ② ③ ④
8	① ② ③ ④	28	① ② ③ ④
9	① ② ③ ④	29	① ② ③ ④
10	① ② ③ ④	30	① ② ③ ④
11	① ② ③ ④	31	① ② ③ ④
12	① ② ③ ④	32	① ② ③ ④
13	① ② ③ ④	33	① ② ③ ④
14	① ② ③ ④	34	① ② ③ ④
15	① ② ③ ④	35	① ② ③ ④
16	① ② ③ ④	36	① ② ③ ④
17	① ② ③ ④	37	① ② ③ ④
18	① ② ③ ④	38	① ② ③ ④
19	① ② ③ ④	39	① ② ③ ④
20	① ② ③ ④	40	① ② ③ ④
정 답		오 답	
점 수			

MEMO

정답 마킹표(40문/4지선다)

연 도		과 목	
시 간		회 독	

문 번	CHECK	문 번	CHECK
1	① ② ③ ④	21	① ② ③ ④
2	① ② ③ ④	22	① ② ③ ④
3	① ② ③ ④	23	① ② ③ ④
4	① ② ③ ④	24	① ② ③ ④
5	① ② ③ ④	25	① ② ③ ④
6	① ② ③ ④	26	① ② ③ ④
7	① ② ③ ④	27	① ② ③ ④
8	① ② ③ ④	28	① ② ③ ④
9	① ② ③ ④	29	① ② ③ ④
10	① ② ③ ④	30	① ② ③ ④
11	① ② ③ ④	31	① ② ③ ④
12	① ② ③ ④	32	① ② ③ ④
13	① ② ③ ④	33	① ② ③ ④
14	① ② ③ ④	34	① ② ③ ④
15	① ② ③ ④	35	① ② ③ ④
16	① ② ③ ④	36	① ② ③ ④
17	① ② ③ ④	37	① ② ③ ④
18	① ② ③ ④	38	① ② ③ ④
19	① ② ③ ④	39	① ② ③ ④
20	① ② ③ ④	40	① ② ③ ④
정 답		오 답	
점 수			

MEMO

정답 마킹표(40문/4지선다)

연 도					과 목				
시 간					회 독				
문 번	CHECK				문 번	CHECK			
41	①	②	③	④	61	①	②	③	④
42	①	②	③	④	62	①	②	③	④
43	①	②	③	④	63	①	②	③	④
44	①	②	③	④	64	①	②	③	④
45	①	②	③	④	65	①	②	③	④
46	①	②	③	④	66	①	②	③	④
47	①	②	③	④	67	①	②	③	④
48	①	②	③	④	68	①	②	③	④
49	①	②	③	④	69	①	②	③	④
50	①	②	③	④	70	①	②	③	④
51	①	②	③	④	71	①	②	③	④
52	①	②	③	④	72	①	②	③	④
53	①	②	③	④	73	①	②	③	④
54	①	②	③	④	74	①	②	③	④
55	①	②	③	④	75	①	②	③	④
56	①	②	③	④	76	①	②	③	④
57	①	②	③	④	77	①	②	③	④
58	①	②	③	④	78	①	②	③	④
59	①	②	③	④	79	①	②	③	④
60	①	②	③	④	80	①	②	③	④
정 답					오 답				
점 수									

MEMO

정답 마킹표(40문/4지선다)

연 도					과 목				
시 간					회 독				
문 번	CHECK				문 번	CHECK			
41	①	②	③	④	61	①	②	③	④
42	①	②	③	④	62	①	②	③	④
43	①	②	③	④	63	①	②	③	④
44	①	②	③	④	64	①	②	③	④
45	①	②	③	④	65	①	②	③	④
46	①	②	③	④	66	①	②	③	④
47	①	②	③	④	67	①	②	③	④
48	①	②	③	④	68	①	②	③	④
49	①	②	③	④	69	①	②	③	④
50	①	②	③	④	70	①	②	③	④
51	①	②	③	④	71	①	②	③	④
52	①	②	③	④	72	①	②	③	④
53	①	②	③	④	73	①	②	③	④
54	①	②	③	④	74	①	②	③	④
55	①	②	③	④	75	①	②	③	④
56	①	②	③	④	76	①	②	③	④
57	①	②	③	④	77	①	②	③	④
58	①	②	③	④	78	①	②	③	④
59	①	②	③	④	79	①	②	③	④
60	①	②	③	④	80	①	②	③	④
정 답					오 답				
점 수									

MEMO

정답 마킹표(40문/4지선다)

연 도		과 목	
시 간		회 독	
문 번	CHECK	문 번	CHECK
1	① ② ③ ④	21	① ② ③ ④
2	① ② ③ ④	22	① ② ③ ④
3	① ② ③ ④	23	① ② ③ ④
4	① ② ③ ④	24	① ② ③ ④
5	① ② ③ ④	25	① ② ③ ④
6	① ② ③ ④	26	① ② ③ ④
7	① ② ③ ④	27	① ② ③ ④
8	① ② ③ ④	28	① ② ③ ④
9	① ② ③ ④	29	① ② ③ ④
10	① ② ③ ④	30	① ② ③ ④
11	① ② ③ ④	31	① ② ③ ④
12	① ② ③ ④	32	① ② ③ ④
13	① ② ③ ④	33	① ② ③ ④
14	① ② ③ ④	34	① ② ③ ④
15	① ② ③ ④	35	① ② ③ ④
16	① ② ③ ④	36	① ② ③ ④
17	① ② ③ ④	37	① ② ③ ④
18	① ② ③ ④	38	① ② ③ ④
19	① ② ③ ④	39	① ② ③ ④
20	① ② ③ ④	40	① ② ③ ④
정 답		오 답	
점 수			

MEMO

정답 마킹표(40문/4지선다)

연 도		과 목	
시 간		회 독	
문 번	CHECK	문 번	CHECK
1	① ② ③ ④	21	① ② ③ ④
2	① ② ③ ④	22	① ② ③ ④
3	① ② ③ ④	23	① ② ③ ④
4	① ② ③ ④	24	① ② ③ ④
5	① ② ③ ④	25	① ② ③ ④
6	① ② ③ ④	26	① ② ③ ④
7	① ② ③ ④	27	① ② ③ ④
8	① ② ③ ④	28	① ② ③ ④
9	① ② ③ ④	29	① ② ③ ④
10	① ② ③ ④	30	① ② ③ ④
11	① ② ③ ④	31	① ② ③ ④
12	① ② ③ ④	32	① ② ③ ④
13	① ② ③ ④	33	① ② ③ ④
14	① ② ③ ④	34	① ② ③ ④
15	① ② ③ ④	35	① ② ③ ④
16	① ② ③ ④	36	① ② ③ ④
17	① ② ③ ④	37	① ② ③ ④
18	① ② ③ ④	38	① ② ③ ④
19	① ② ③ ④	39	① ② ③ ④
20	① ② ③ ④	40	① ② ③ ④
정 답		오 답	
점 수			

MEMO

정답 마킹표(40문/4지선다)

연 도		과 목	
시 간		회 독	
문 번	CHECK	문 번	CHECK
41	① ② ③ ④	61	① ② ③ ④
42	① ② ③ ④	62	① ② ③ ④
43	① ② ③ ④	63	① ② ③ ④
44	① ② ③ ④	64	① ② ③ ④
45	① ② ③ ④	65	① ② ③ ④
46	① ② ③ ④	66	① ② ③ ④
47	① ② ③ ④	67	① ② ③ ④
48	① ② ③ ④	68	① ② ③ ④
49	① ② ③ ④	69	① ② ③ ④
50	① ② ③ ④	70	① ② ③ ④
51	① ② ③ ④	71	① ② ③ ④
52	① ② ③ ④	72	① ② ③ ④
53	① ② ③ ④	73	① ② ③ ④
54	① ② ③ ④	74	① ② ③ ④
55	① ② ③ ④	75	① ② ③ ④
56	① ② ③ ④	76	① ② ③ ④
57	① ② ③ ④	77	① ② ③ ④
58	① ② ③ ④	78	① ② ③ ④
59	① ② ③ ④	79	① ② ③ ④
60	① ② ③ ④	80	① ② ③ ④
정 답		오 답	
점 수			

MEMO

정답 마킹표(40문/4지선다)

연 도		과 목	
시 간		회 독	
문 번	CHECK	문 번	CHECK
41	① ② ③ ④	61	① ② ③ ④
42	① ② ③ ④	62	① ② ③ ④
43	① ② ③ ④	63	① ② ③ ④
44	① ② ③ ④	64	① ② ③ ④
45	① ② ③ ④	65	① ② ③ ④
46	① ② ③ ④	66	① ② ③ ④
47	① ② ③ ④	67	① ② ③ ④
48	① ② ③ ④	68	① ② ③ ④
49	① ② ③ ④	69	① ② ③ ④
50	① ② ③ ④	70	① ② ③ ④
51	① ② ③ ④	71	① ② ③ ④
52	① ② ③ ④	72	① ② ③ ④
53	① ② ③ ④	73	① ② ③ ④
54	① ② ③ ④	74	① ② ③ ④
55	① ② ③ ④	75	① ② ③ ④
56	① ② ③ ④	76	① ② ③ ④
57	① ② ③ ④	77	① ② ③ ④
58	① ② ③ ④	78	① ② ③ ④
59	① ② ③ ④	79	① ② ③ ④
60	① ② ③ ④	80	① ② ③ ④
정 답		오 답	
점 수			

MEMO

정답 마킹표(40문/4지선다)

연 도		과 목	
시 간		회 독	
문 번	CHECK	문 번	CHECK
1	① ② ③ ④	21	① ② ③ ④
2	① ② ③ ④	22	① ② ③ ④
3	① ② ③ ④	23	① ② ③ ④
4	① ② ③ ④	24	① ② ③ ④
5	① ② ③ ④	25	① ② ③ ④
6	① ② ③ ④	26	① ② ③ ④
7	① ② ③ ④	27	① ② ③ ④
8	① ② ③ ④	28	① ② ③ ④
9	① ② ③ ④	29	① ② ③ ④
10	① ② ③ ④	30	① ② ③ ④
11	① ② ③ ④	31	① ② ③ ④
12	① ② ③ ④	32	① ② ③ ④
13	① ② ③ ④	33	① ② ③ ④
14	① ② ③ ④	34	① ② ③ ④
15	① ② ③ ④	35	① ② ③ ④
16	① ② ③ ④	36	① ② ③ ④
17	① ② ③ ④	37	① ② ③ ④
18	① ② ③ ④	38	① ② ③ ④
19	① ② ③ ④	39	① ② ③ ④
20	① ② ③ ④	40	① ② ③ ④
정 답		오 답	
점 수			

MEMO

정답 마킹표(40문/4지선다)

연 도		과 목	
시 간		회 독	
문 번	CHECK	문 번	CHECK
1	① ② ③ ④	21	① ② ③ ④
2	① ② ③ ④	22	① ② ③ ④
3	① ② ③ ④	23	① ② ③ ④
4	① ② ③ ④	24	① ② ③ ④
5	① ② ③ ④	25	① ② ③ ④
6	① ② ③ ④	26	① ② ③ ④
7	① ② ③ ④	27	① ② ③ ④
8	① ② ③ ④	28	① ② ③ ④
9	① ② ③ ④	29	① ② ③ ④
10	① ② ③ ④	30	① ② ③ ④
11	① ② ③ ④	31	① ② ③ ④
12	① ② ③ ④	32	① ② ③ ④
13	① ② ③ ④	33	① ② ③ ④
14	① ② ③ ④	34	① ② ③ ④
15	① ② ③ ④	35	① ② ③ ④
16	① ② ③ ④	36	① ② ③ ④
17	① ② ③ ④	37	① ② ③ ④
18	① ② ③ ④	38	① ② ③ ④
19	① ② ③ ④	39	① ② ③ ④
20	① ② ③ ④	40	① ② ③ ④
정 답		오 답	
점 수			

MEMO

정답 마킹표(40문/4지선다)

연 도		과 목	
시 간		회 독	
문 번	CHECK	문 번	CHECK
41	① ② ③ ④	61	① ② ③ ④
42	① ② ③ ④	62	① ② ③ ④
43	① ② ③ ④	63	① ② ③ ④
44	① ② ③ ④	64	① ② ③ ④
45	① ② ③ ④	65	① ② ③ ④
46	① ② ③ ④	66	① ② ③ ④
47	① ② ③ ④	67	① ② ③ ④
48	① ② ③ ④	68	① ② ③ ④
49	① ② ③ ④	69	① ② ③ ④
50	① ② ③ ④	70	① ② ③ ④
51	① ② ③ ④	71	① ② ③ ④
52	① ② ③ ④	72	① ② ③ ④
53	① ② ③ ④	73	① ② ③ ④
54	① ② ③ ④	74	① ② ③ ④
55	① ② ③ ④	75	① ② ③ ④
56	① ② ③ ④	76	① ② ③ ④
57	① ② ③ ④	77	① ② ③ ④
58	① ② ③ ④	78	① ② ③ ④
59	① ② ③ ④	79	① ② ③ ④
60	① ② ③ ④	80	① ② ③ ④
정답		오답	
점수			

MEMO

정답 마킹표(40문/4지선다)

연 도		과 목	
시 간		회 독	
문 번	CHECK	문 번	CHECK
41	① ② ③ ④	61	① ② ③ ④
42	① ② ③ ④	62	① ② ③ ④
43	① ② ③ ④	63	① ② ③ ④
44	① ② ③ ④	64	① ② ③ ④
45	① ② ③ ④	65	① ② ③ ④
46	① ② ③ ④	66	① ② ③ ④
47	① ② ③ ④	67	① ② ③ ④
48	① ② ③ ④	68	① ② ③ ④
49	① ② ③ ④	69	① ② ③ ④
50	① ② ③ ④	70	① ② ③ ④
51	① ② ③ ④	71	① ② ③ ④
52	① ② ③ ④	72	① ② ③ ④
53	① ② ③ ④	73	① ② ③ ④
54	① ② ③ ④	74	① ② ③ ④
55	① ② ③ ④	75	① ② ③ ④
56	① ② ③ ④	76	① ② ③ ④
57	① ② ③ ④	77	① ② ③ ④
58	① ② ③ ④	78	① ② ③ ④
59	① ② ③ ④	79	① ② ③ ④
60	① ② ③ ④	80	① ② ③ ④
정답		오답	
점수			

MEMO

정답 마킹표(40문/4지선다)

연 도					과 목				
시 간					회 독				
문 번	CHECK				문 번	CHECK			
1	①	②	③	④	21	①	②	③	④
2	①	②	③	④	22	①	②	③	④
3	①	②	③	④	23	①	②	③	④
4	①	②	③	④	24	①	②	③	④
5	①	②	③	④	25	①	②	③	④
6	①	②	③	④	26	①	②	③	④
7	①	②	③	④	27	①	②	③	④
8	①	②	③	④	28	①	②	③	④
9	①	②	③	④	29	①	②	③	④
10	①	②	③	④	30	①	②	③	④
11	①	②	③	④	31	①	②	③	④
12	①	②	③	④	32	①	②	③	④
13	①	②	③	④	33	①	②	③	④
14	①	②	③	④	34	①	②	③	④
15	①	②	③	④	35	①	②	③	④
16	①	②	③	④	36	①	②	③	④
17	①	②	③	④	37	①	②	③	④
18	①	②	③	④	38	①	②	③	④
19	①	②	③	④	39	①	②	③	④
20	①	②	③	④	40	①	②	③	④
정 답					오 답				
점 수									

MEMO

정답 마킹표(40문/4지선다)

연 도					과 목				
시 간					회 독				
문 번	CHECK				문 번	CHECK			
1	①	②	③	④	21	①	②	③	④
2	①	②	③	④	22	①	②	③	④
3	①	②	③	④	23	①	②	③	④
4	①	②	③	④	24	①	②	③	④
5	①	②	③	④	25	①	②	③	④
6	①	②	③	④	26	①	②	③	④
7	①	②	③	④	27	①	②	③	④
8	①	②	③	④	28	①	②	③	④
9	①	②	③	④	29	①	②	③	④
10	①	②	③	④	30	①	②	③	④
11	①	②	③	④	31	①	②	③	④
12	①	②	③	④	32	①	②	③	④
13	①	②	③	④	33	①	②	③	④
14	①	②	③	④	34	①	②	③	④
15	①	②	③	④	35	①	②	③	④
16	①	②	③	④	36	①	②	③	④
17	①	②	③	④	37	①	②	③	④
18	①	②	③	④	38	①	②	③	④
19	①	②	③	④	39	①	②	③	④
20	①	②	③	④	40	①	②	③	④
정 답					오 답				
점 수									

MEMO

정답 마킹표(40문/4지선다)

연도					과목				
시간					회독				
문번	CHECK				문번	CHECK			
41	①	②	③	④	61	①	②	③	④
42	①	②	③	④	62	①	②	③	④
43	①	②	③	④	63	①	②	③	④
44	①	②	③	④	64	①	②	③	④
45	①	②	③	④	65	①	②	③	④
46	①	②	③	④	66	①	②	③	④
47	①	②	③	④	67	①	②	③	④
48	①	②	③	④	68	①	②	③	④
49	①	②	③	④	69	①	②	③	④
50	①	②	③	④	70	①	②	③	④
51	①	②	③	④	71	①	②	③	④
52	①	②	③	④	72	①	②	③	④
53	①	②	③	④	73	①	②	③	④
54	①	②	③	④	74	①	②	③	④
55	①	②	③	④	75	①	②	③	④
56	①	②	③	④	76	①	②	③	④
57	①	②	③	④	77	①	②	③	④
58	①	②	③	④	78	①	②	③	④
59	①	②	③	④	79	①	②	③	④
60	①	②	③	④	80	①	②	③	④
정답					오답				
점수									

MEMO

정답 마킹표(40문/4지선다)

연도					과목				
시간					회독				
문번	CHECK				문번	CHECK			
41	①	②	③	④	61	①	②	③	④
42	①	②	③	④	62	①	②	③	④
43	①	②	③	④	63	①	②	③	④
44	①	②	③	④	64	①	②	③	④
45	①	②	③	④	65	①	②	③	④
46	①	②	③	④	66	①	②	③	④
47	①	②	③	④	67	①	②	③	④
48	①	②	③	④	68	①	②	③	④
49	①	②	③	④	69	①	②	③	④
50	①	②	③	④	70	①	②	③	④
51	①	②	③	④	71	①	②	③	④
52	①	②	③	④	72	①	②	③	④
53	①	②	③	④	73	①	②	③	④
54	①	②	③	④	74	①	②	③	④
55	①	②	③	④	75	①	②	③	④
56	①	②	③	④	76	①	②	③	④
57	①	②	③	④	77	①	②	③	④
58	①	②	③	④	78	①	②	③	④
59	①	②	③	④	79	①	②	③	④
60	①	②	③	④	80	①	②	③	④
정답					오답				
점수									

MEMO

정답 마킹표(40문/4지선다)

연 도		과 목	
시 간		회 독	|//
문 번	CHECK	문 번	CHECK
1	① ② ③ ④	21	① ② ③ ④
2	① ② ③ ④	22	① ② ③ ④
3	① ② ③ ④	23	① ② ③ ④
4	① ② ③ ④	24	① ② ③ ④
5	① ② ③ ④	25	① ② ③ ④
6	① ② ③ ④	26	① ② ③ ④
7	① ② ③ ④	27	① ② ③ ④
8	① ② ③ ④	28	① ② ③ ④
9	① ② ③ ④	29	① ② ③ ④
10	① ② ③ ④	30	① ② ③ ④
11	① ② ③ ④	31	① ② ③ ④
12	① ② ③ ④	32	① ② ③ ④
13	① ② ③ ④	33	① ② ③ ④
14	① ② ③ ④	34	① ② ③ ④
15	① ② ③ ④	35	① ② ③ ④
16	① ② ③ ④	36	① ② ③ ④
17	① ② ③ ④	37	① ② ③ ④
18	① ② ③ ④	38	① ② ③ ④
19	① ② ③ ④	39	① ② ③ ④
20	① ② ③ ④	40	① ② ③ ④
정 답		오 답	
점 수			

MEMO

정답 마킹표(40문/4지선다)

연 도		과 목	
시 간		회 독	
문 번	CHECK	문 번	CHECK
1	① ② ③ ④	21	① ② ③ ④
2	① ② ③ ④	22	① ② ③ ④
3	① ② ③ ④	23	① ② ③ ④
4	① ② ③ ④	24	① ② ③ ④
5	① ② ③ ④	25	① ② ③ ④
6	① ② ③ ④	26	① ② ③ ④
7	① ② ③ ④	27	① ② ③ ④
8	① ② ③ ④	28	① ② ③ ④
9	① ② ③ ④	29	① ② ③ ④
10	① ② ③ ④	30	① ② ③ ④
11	① ② ③ ④	31	① ② ③ ④
12	① ② ③ ④	32	① ② ③ ④
13	① ② ③ ④	33	① ② ③ ④
14	① ② ③ ④	34	① ② ③ ④
15	① ② ③ ④	35	① ② ③ ④
16	① ② ③ ④	36	① ② ③ ④
17	① ② ③ ④	37	① ② ③ ④
18	① ② ③ ④	38	① ② ③ ④
19	① ② ③ ④	39	① ② ③ ④
20	① ② ③ ④	40	① ② ③ ④
정 답		오 답	
점 수			

MEMO

정답 마킹표(40문/4지선다)

연 도		과 목	
시 간		회 독	
문 번	CHECK	문 번	CHECK
41	① ② ③ ④	61	① ② ③ ④
42	① ② ③ ④	62	① ② ③ ④
43	① ② ③ ④	63	① ② ③ ④
44	① ② ③ ④	64	① ② ③ ④
45	① ② ③ ④	65	① ② ③ ④
46	① ② ③ ④	66	① ② ③ ④
47	① ② ③ ④	67	① ② ③ ④
48	① ② ③ ④	68	① ② ③ ④
49	① ② ③ ④	69	① ② ③ ④
50	① ② ③ ④	70	① ② ③ ④
51	① ② ③ ④	71	① ② ③ ④
52	① ② ③ ④	72	① ② ③ ④
53	① ② ③ ④	73	① ② ③ ④
54	① ② ③ ④	74	① ② ③ ④
55	① ② ③ ④	75	① ② ③ ④
56	① ② ③ ④	76	① ② ③ ④
57	① ② ③ ④	77	① ② ③ ④
58	① ② ③ ④	78	① ② ③ ④
59	① ② ③ ④	79	① ② ③ ④
60	① ② ③ ④	80	① ② ③ ④
정 답		오 답	
점 수			

MEMO

정답 마킹표(40문/4지선다)

연 도		과 목	
시 간		회 독	
문 번	CHECK	문 번	CHECK
41	① ② ③ ④	61	① ② ③ ④
42	① ② ③ ④	62	① ② ③ ④
43	① ② ③ ④	63	① ② ③ ④
44	① ② ③ ④	64	① ② ③ ④
45	① ② ③ ④	65	① ② ③ ④
46	① ② ③ ④	66	① ② ③ ④
47	① ② ③ ④	67	① ② ③ ④
48	① ② ③ ④	68	① ② ③ ④
49	① ② ③ ④	69	① ② ③ ④
50	① ② ③ ④	70	① ② ③ ④
51	① ② ③ ④	71	① ② ③ ④
52	① ② ③ ④	72	① ② ③ ④
53	① ② ③ ④	73	① ② ③ ④
54	① ② ③ ④	74	① ② ③ ④
55	① ② ③ ④	75	① ② ③ ④
56	① ② ③ ④	76	① ② ③ ④
57	① ② ③ ④	77	① ② ③ ④
58	① ② ③ ④	78	① ② ③ ④
59	① ② ③ ④	79	① ② ③ ④
60	① ② ③ ④	80	① ② ③ ④
정 답		오 답	
점 수			

MEMO

정답 마킹표(40문/4지선다)

연 도		과 목	
시 간		회 독	
문 번	CHECK	문 번	CHECK
1	① ② ③ ④	21	① ② ③ ④
2	① ② ③ ④	22	① ② ③ ④
3	① ② ③ ④	23	① ② ③ ④
4	① ② ③ ④	24	① ② ③ ④
5	① ② ③ ④	25	① ② ③ ④
6	① ② ③ ④	26	① ② ③ ④
7	① ② ③ ④	27	① ② ③ ④
8	① ② ③ ④	28	① ② ③ ④
9	① ② ③ ④	29	① ② ③ ④
10	① ② ③ ④	30	① ② ③ ④
11	① ② ③ ④	31	① ② ③ ④
12	① ② ③ ④	32	① ② ③ ④
13	① ② ③ ④	33	① ② ③ ④
14	① ② ③ ④	34	① ② ③ ④
15	① ② ③ ④	35	① ② ③ ④
16	① ② ③ ④	36	① ② ③ ④
17	① ② ③ ④	37	① ② ③ ④
18	① ② ③ ④	38	① ② ③ ④
19	① ② ③ ④	39	① ② ③ ④
20	① ② ③ ④	40	① ② ③ ④
정 답		오 답	
점 수			

MEMO

정답 마킹표(40문/4지선다)

연 도		과 목	
시 간		회 독	
문 번	CHECK	문 번	CHECK
1	① ② ③ ④	21	① ② ③ ④
2	① ② ③ ④	22	① ② ③ ④
3	① ② ③ ④	23	① ② ③ ④
4	① ② ③ ④	24	① ② ③ ④
5	① ② ③ ④	25	① ② ③ ④
6	① ② ③ ④	26	① ② ③ ④
7	① ② ③ ④	27	① ② ③ ④
8	① ② ③ ④	28	① ② ③ ④
9	① ② ③ ④	29	① ② ③ ④
10	① ② ③ ④	30	① ② ③ ④
11	① ② ③ ④	31	① ② ③ ④
12	① ② ③ ④	32	① ② ③ ④
13	① ② ③ ④	33	① ② ③ ④
14	① ② ③ ④	34	① ② ③ ④
15	① ② ③ ④	35	① ② ③ ④
16	① ② ③ ④	36	① ② ③ ④
17	① ② ③ ④	37	① ② ③ ④
18	① ② ③ ④	38	① ② ③ ④
19	① ② ③ ④	39	① ② ③ ④
20	① ② ③ ④	40	① ② ③ ④
정 답		오 답	
점 수			

MEMO

정답 마킹표(40문/4지선다)

연도		과목	
시간		회독	

문번	CHECK	문번	CHECK
41	① ② ③ ④	61	① ② ③ ④
42	① ② ③ ④	62	① ② ③ ④
43	① ② ③ ④	63	① ② ③ ④
44	① ② ③ ④	64	① ② ③ ④
45	① ② ③ ④	65	① ② ③ ④
46	① ② ③ ④	66	① ② ③ ④
47	① ② ③ ④	67	① ② ③ ④
48	① ② ③ ④	68	① ② ③ ④
49	① ② ③ ④	69	① ② ③ ④
50	① ② ③ ④	70	① ② ③ ④
51	① ② ③ ④	71	① ② ③ ④
52	① ② ③ ④	72	① ② ③ ④
53	① ② ③ ④	73	① ② ③ ④
54	① ② ③ ④	74	① ② ③ ④
55	① ② ③ ④	75	① ② ③ ④
56	① ② ③ ④	76	① ② ③ ④
57	① ② ③ ④	77	① ② ③ ④
58	① ② ③ ④	78	① ② ③ ④
59	① ② ③ ④	79	① ② ③ ④
60	① ② ③ ④	80	① ② ③ ④
정답		오답	
점수			

MEMO

정답 마킹표(40문/4지선다)

연도		과목	
시간		회독	

문번	CHECK	문번	CHECK
41	① ② ③ ④	61	① ② ③ ④
42	① ② ③ ④	62	① ② ③ ④
43	① ② ③ ④	63	① ② ③ ④
44	① ② ③ ④	64	① ② ③ ④
45	① ② ③ ④	65	① ② ③ ④
46	① ② ③ ④	66	① ② ③ ④
47	① ② ③ ④	67	① ② ③ ④
48	① ② ③ ④	68	① ② ③ ④
49	① ② ③ ④	69	① ② ③ ④
50	① ② ③ ④	70	① ② ③ ④
51	① ② ③ ④	71	① ② ③ ④
52	① ② ③ ④	72	① ② ③ ④
53	① ② ③ ④	73	① ② ③ ④
54	① ② ③ ④	74	① ② ③ ④
55	① ② ③ ④	75	① ② ③ ④
56	① ② ③ ④	76	① ② ③ ④
57	① ② ③ ④	77	① ② ③ ④
58	① ② ③ ④	78	① ② ③ ④
59	① ② ③ ④	79	① ② ③ ④
60	① ② ③ ④	80	① ② ③ ④
정답		오답	
점수			

MEMO